自主创新丛书
Indigenous Innovation Series

[英] 马丁·弗朗斯曼 著
李纪珍 吴 凡 译

Martin Fransman

赢在创新

日本计算机与通信业成长之路

Japan's Computer and Communications Industry

東方出版中心

图书在版编目（CIP）数据

赢在创新：日本计算机与通信业成长之路 /（英）马丁·弗朗斯曼著；李纪珍，吴凡译. —上海：东方出版中心，2022.1

ISBN 978-7-5473-1894-2

Ⅰ. ①赢… Ⅱ. ①马… ②李… ③吴… Ⅲ. ①电子计算机工业－工业经济－经济发展－研究－日本②通信工业－工业经济－经济发展－研究－日本 Ⅳ. ①F431.366

中国版本图书馆CIP数据核字（2021）第192140号

上海市版权局著作权合同登记：图字09-2021-0547号

赢在创新：日本计算机与通信业成长之路

著　　者　[英] 马丁·弗朗斯曼
译　　者　李纪珍　吴　凡
丛书策划　刘　忠
本书策划　唐丽芳　潘灵剑
责任编辑　唐丽芳
装帧设计　李在白

出版发行　东方出版中心
地　　址　上海市仙霞路345号
邮政编码　200336
电　　话　021-62417400
印 刷 者　山东韵杰文化科技有限公司

开　　本　890mm × 1240mm　1/32
印　　张　26
字　　数　492千字
版　　次　2022年1月第1版
印　　次　2022年1月第1次印刷
定　　价　148.00元

自主创新丛书

编辑委员会

执行编委(以姓氏笔画为序):

王彦敏　中国科技体制改革研究会理事,新场学院创始人

刘　畅　钛禾智库创始人

孙　喜　首都经济贸易大学工商管理学院企业管理系副主任,副教授

陈　光　中国科学学与科技政策研究会秘书长

李晓梅　天津大学管理与经济学部副教授

李　瑞　清华大学公共管理学院助理研究员

金　珺　浙江大学管理学院副教授

封凯栋　北京大学政府管理学院副教授

眭纪刚　中国科学院科技战略咨询研究院创新发展政策所副所长,研究员

戴亦欣　清华大学公共管理学院政治与公共政策所副所长,副教授

出版者的话

党的十八大明确提出:“科技创新是提高社会生产力和综合国力的战略支撑,必须摆在国家发展全局的核心位置。”进入新发展阶段,面对中华民族伟大复兴战略全局和世界百年未有之大变局,面对日趋复杂激烈的“贸易战”和“技术战”,如何突破“卡脖子”技术,实现科技自立自强,已成为事关我国生存和发展的关键问题。

党的十九届五中全会通过的《中共中央关于制定国民经济和社会发展第十四个五年规划和二〇三五年远景目标的建议》进一步提出,“坚持创新在现代化建设全局中的核心地位,把科技自立自强作为国家发展的战略支撑”。

策划出版这套“自主创新丛书”,旨在为我国科技的自立自强和创新型国家建设提供强有力的智力支持和精神动力。丛书包括政策研究、理论研究、创新实务、创新普及四个系列,通过系统介绍经典和前沿的理论、方法、工具和优秀案例,为政府创新政策制定者和实施者、大学工程技术及科技与经济管理专业师生、科研院所研究人员、企业管理者和研发人员,以及广大读者提供权威的指南和实务参考。

我们认为,在经济全球化的背景下,我国的自主创新必须也必然是开放合作条件下的自主创新。丛书将在系统推出国内创新成果的同时,积极引进出版国际上经典和前沿的创新著作。

随着中国进入现代化建设新阶段,我国经济已进入高质量发展时期。改革开放四十多年的实践产生了一批具有中国特色的优秀创新管理理论成果,中国特色的创新制度体系和理论体系正逐步形成并在全球产生日益重要的影响。同时,越来越多的优秀创新型企业以其卓越的产品和服务向世界展示中国的崭新形象。认真而系统地组织和筛选优秀理论成果和实践案例,向世界讲好中国的创新故事,是我们的责任。

我们邀请了中国科学院科技战略咨询研究院研究员顾淑林,中国科学技术发展战略研究院院长、研究员胡志坚,浙江大学社会科学学部主任、教授吴晓波等国内从事创新政策、创新理论研究的知名学者以及优秀青年学者、企业家,组成了丛书编辑委员会,进行丛书的选题论证策划和学术把关,以期能够确保丛书的出版水平,保证高质量地满足读者的需要。

作为中国出版的“国家队”——中国出版集团的一员,我们将竭尽所能高质量地做好丛书的编辑和出版工作。

丛书将分辑出版。第一辑包括《牛津创新手册》《剑桥创造力手册》《创新的先知:熊彼特传》《研发组织管理:用好天才团队》《用户创新:提升公司的创新绩效》等精品力作。

期待丛书的出版能为我国的现代化建设和新时期高质量发展,为我国科技自立自强和创新型国家建设,起到助推的作用,竭尽一份绵薄之力。

东方出版中心

2021 年 3 月

“自主创新丛书”第二辑导读

眭纪刚　封凯栋

在科技创新日新月异和国际竞争日益激烈的今天，我国仍有很多关键核心技术受制于人，直接影响到国际竞争力的提升。因此，我国亟需提升自主创新能力，实现科技自立自强。纵观发达国家的发展历程，无不重视发展理论对发展政策的指导作用；毋庸讳言，当今的创新理论首先是以发达国家的创新实践为基础建立起来的，我国的创新理论发展相对滞后。“创新驱动高质量发展战略”的实施，为我国创新发展理论的构建提供了机遇，这也是时代赋予中国学者的历史责任。构建中国的创新发展理论，既要立足于中国国情，又要借鉴世界范围内已有的思想，这是理论发展的基本方式。因此，学习和研究创新领域的经典理论，对于构建中国特色的创新理论具有重要意义。自 20 世纪 90 年代以来，我国陆续引入一些创新领域的经典著作，但是因为不同出版社的零散出版，而且时间久远，很多经典书目早已脱销，使得今天的年轻学者无缘一睹这些著作的精彩内容。很多学者只能人云亦云地间接引用，不仅无法吸收前辈学者的思想精髓，造成对理论和概念的理解偏差，也不利于培养“读经典、看原著”的严谨学风。

“自主创新丛书”的出版可谓恰逢其时。丛书第一辑出版以来，受到学界和社会的广泛关注和好评。为进一步对中国创新发展提供理论与政策启示，此次出版的丛书第二辑包括创新领域的四本经典著作：《产业创新经济学》《经济增长的源泉》《创新的源泉》《赢在创新：日本计算机与通信业成长之路》。这四本著作均为产业和国家层面的创新研究，都非常重视理论建构，并与当时的创新发展实践紧密结合。这些著作的英文原版出版或修订于20世纪八九十年代，当时人们已经普遍意识到创新的重要性，但对一些重要问题仍缺乏清晰认识，包括创新发生发展的机制、创新的主体构成、创新依赖的制度体系、基础科研与创新的关系，以及创新对企业和市场竞争的影响等等。这些著作正是因为很好地回答了这些问题，从而成为创新研究的里程碑。虽然距离初次出版已经过去了大约30年时间，世界科技经济、国际格局已经发生了一系列重大变化，但是这些经典著作经过岁月的沉淀和检验，反而闪耀出更加耀眼的思想光芒。

在当前的时代背景下，再次出版这些经典著作的中文版仍然具有重要的学术价值和政策启示。从20世纪90年代的"新经济"范式，到目前的"数字转型""智能时代"，虽然新技术层出不穷，令人眼花缭乱，但是仅凭这些现象不能成为忽视经典的理由。各种现象背后所蕴含的创新规律并没有发生根本性改变，如不同知识的性质、创新的不同来源、产业之间创新的差异性、后发国家追赶的经验和教训、政府在创新发展中的作用等，并不会因为"革命"而割断同以前的联系。对于正在实施"创新驱动高质量发展战略"的中国而言，要实现科技自立自强、加快发展方式转变，依然需要关注这些经典著作所讨论的问题。因此，本丛书编委会经过精心选择，在第二辑推出这四本经典著作以飨读者。

1.《产业创新经济学》

克里斯·弗里曼(Chris Freeman，1921—2010)是全球科技创新政策研究重镇——英国萨塞克斯大学科技政策研究中心(SPRU)的创始人，也是现代创新经济学的奠基人之一。他与理查德·纳尔逊(Richard Nelson)、内森·罗森伯格(Nathan Rosenberg)等学者继承熊彼特的思想，开创了新熊彼特学派。在熊彼特的思想沉寂了几十年之后，他们一起恢复了熊彼特的研究传统，并将创新研究推向新的阶段，成为新时期创新研究的开创者。弗里曼在创新测度、技术长波、国家创新系统、科技创新政策等领域均有开创性贡献。在弗里曼看来，经济学家最不能忽视的就是创新，因为创新是经济进步的基本条件，也是企业和国家塑造竞争力的关键因素。但是在很长时间内，技术和创新并不是经济学家关注的对象。因为科学技术的发展极具动态性，很难用新古典经济学的方法来描述。在传统经济学看来，创新不过是一个“残差”和“黑箱”。为了提高理论的解释力，弗里曼毕生在寻找一种改进经济学的方法，他的目标是打开黑箱，审视技术创新过程。弗里曼提供了新古典经济学的替代方案——“演化理论”的雏形，大力倡导历史研究方法，而且始终把技术和制度变革置于研究的中心。他强调在研究创新时采取演化观点非常重要，因为创新不仅仅是数量的增加，更是由于变革引发质的变化。

第二次世界大战结束后，西方主要国家经历了一轮高速增长，但是无法用传统的资本和劳动力要素来解释，学者们的注意力开始转向被主流理论长期忽视的技术因素。正是在此背景下，《产业创新经济学》（*The Economics of Industrial Innovation*，曾译为《工业创新经济学》）应运而生，并成为现代创新经济学的开山之作，在本学科领域有着独特的历史地位。本书自 1974 年首次出版以来，广受创新领域的专家学者好评，并被很多大学选做教材。虽然世界科技、经济环境快速变化，但是本书的基础地位仍然不可动摇。不仅因为本书的理论具有奠基性，而且作者也根据时代变化，不断修改和增加新的内容。1997 年的第三版增加了国家创新系统、技术和经济增长、创新和国际贸易、后发国家的追赶等（当时）最新的研究成果，并对一些章节重新改写，反映了弗里曼教授严谨的治学态度。《产业创新经济学》对科学、技术、创新、企业、产业、国家、全球、增长、发展、社会、环境、政策等众多领域进行了广泛深入的探讨。这些研究内容既是对熊彼特广义创新的回归，也是对熊彼特的超越。在本书中，弗里曼对技术变革的分析从英国工业革命开始，直到 20 世纪七八十年代的信息技术革命，对历次经济长波中的重大技术变化过程进行了详细分析，这些内容占据了全书近一半的内容，这同熊彼特把历史带回经济学的观点是一致的。但弗里曼不是“技术决定论者”，他认为技术创新与组织制度创新紧密联系在一起，对经济长波中的组织制度、创新体系和政策变革也做了深入研究，指出研发的专业化是 20 世纪产业创新中最重要的社会变化之一，强调创新体系的特征对一国技术创新的绩效有至关重要的影响作用，政府对科技创新活动的资助不仅仅是弥补市场失灵,而且与国家的竞争力密切相关。

《产业创新经济学》的出版,标志着弗里曼开创了一整套研究技术创新的新传统。弗里曼的观点不仅为 SPRU 的研究人员继续采用,更为世界各地的其他学者学习和扩散,极大地推动了创新研究的发展。我国学者深受弗里曼学术思想的影响,很多人(包括笔者在内)的创新研究是从阅读这本书开始的。丛书本辑出版之际,正值弗里曼教授百年诞辰,我们以此表达中国学者和学界对弗里曼的敬意。

2.《经济增长的源泉》

对于所有真正有志于成为一名熊彼特主义者(Schumpeterian)的研究者来说,理查德·纳尔逊的作品都是他们应当要翻越的高山。而《经济增长的源泉》(*The Sources of Economic Growth*)作为纳尔逊整个职业生涯中最重要的一本论文集,更应当在其必读书目之列。理查德·纳尔逊是新熊彼特主义传统的开创者之一,更是这一领域的集大成者。作为当代演化经济学的重要奠基人[尤其鉴于他与 Sidney G. Winter(悉尼·G.温特)1982 年合著《经济变迁的演化理论》(*An Evolutionary Theory of Economic Change*)一书的卓越贡献],他不仅仅是一位经济学家,同时他在哥伦比亚大学还兼任政治学、国际关系、商学、法学和心理学等多个院系的教授。此外,他的贡献不仅仅止于学术研究,从 20 世纪 50 年代开始,纳尔逊就深入参与了美国乃至国际社会关于科技政策、发展政策和创新政策的讨论。对政策实践的深度参与又令他对创新活动的本质有了更深刻的认识,这种认识反过来又体现在他推动国家创新体系、产业创新体系等范式的创立与发展的贡献中。

《经济增长的源泉》一书收集了纳尔逊自20世纪60年代到90年代中期的10篇重要的期刊文章，围绕四个主题展开论述：长期经济增长的制度基础和学术分析范式，熊彼特式创新竞争的基本机制，科学与创新、技术进步之间的关系，以及国际视野下美国及其他各国技术竞争优势的演变。这十篇文章是如此重要，以至于本书可以为广泛的读者，包括从刚入门的学子到专业的学者，提供充足的养分。

如果我们以本书作为参照系，那么当今大量自认为研究创新、研发活动和技术进步的学者其实并不是熊彼特主义者。他们往往根据已知或给定的资源结构来分析创新，事实上正是纳尔逊在本书所批评的"新古典主义创新经济学者"，其行为实质是将创新和创新竞争纳入均衡分析；"创新"被理解为新古典主义中类似价格或产出的边际意义上的概念。而正如纳尔逊在此书中反复展现的，真正的熊彼特主义分析的核心，在于从企业到产业、国家等各层面主体所采取的主动行动，而这些行动持续改变了原有的竞争条件、塑造着新的市场和产业环境。这些主动行动在各章中体现为精英科研团队的意志、企业的战略行动、产业和国家的制度构建。而因为不同的企业、产业和国家在战略意志、政治决断、社会文化上的差异及路径依赖，不同主体的能力构建自然就在各个层面上体现出多样性，而这又为持续的演化、竞争和技术创新提供了条件。简言之，纳尔逊强调我们不应把企业和产业简化为一个生产函数，否则我们就无法理解经济增长真正的动力源泉；同时我们也不应该把技术和知识的生产简化为一个“研发函数”，否则我们就无法领会创新竞争的真正内涵，也无法解释创新竞争所带来的多样化结果；同样，我们需要深入分析制度创建和转变的过程，否则我们就无法理解政策本身的逻辑，无法有效掌握它们实际运作的机制。

当然，我们对“新古典主义创新经济学者”的批评，并不意味着我们强调狭义的熊彼特学说。创新研究并不是一成不变的。事实上，虽然熊彼特被当代创新经济学者（包括不自觉的“新古典主义创新经济学者们”）奉为创新研究的鼻祖，但他在自己的著作中很少直接对创新活动进行具体描述。熊彼特直接论述的是生产和组织技术的变迁对经济社会深刻的重塑和推动作用，即创造性毁灭。作为新熊彼特主义的奠基人，纳尔逊更深入且具体地分析了技术和创新过程、企业和组织过程、制度和社会过程。两人在分析描述的对象以及论述风格上有着巨大的差异，但纳尔逊所有作品中的分析与论述，都反复且持久地回应着熊彼特关于创造与破坏、竞争与协同、分化和追赶的主题。正是这些主题为我们提供了关于经济社会发展前进的认识，而不仅仅是对静态系统边际竞争与变化的理解。

这为理查德·纳尔逊的作品尤其是本书带来了巨大的生命力。距离本书首次出版至今已近30年，而熊彼特的著作《资本主义、社会主义与民主》《经济发展理论》也已经分别出版将近80年、110年了，对这些主题背后基本逻辑的追溯并没有因为时间的流逝而褪色。这些基本逻辑依然是我们理解创新竞争，理解经济体制演进，以及理解国际经贸关系和时代变革的重要线索。这些问题是如此基本且重大，使得任何当代人企图以“新”和“旧”来评论这些作品都是渺小且不自量的。事实上，产生这些错觉的学者都应当再次（或首次）仔细阅读本书；这个群体人数庞大，更提升和强化了此书再版的意义。

3.《创新的源泉》

埃里克·冯·希普尔（Eric von Hippel）在1988年的著作《创新的源泉》（*The Sources of Innovation*），是一本在创新研究的学术史上的重要作品。冯·希普尔是麻省理工学院斯隆管理学院的教授，他一直致力于研究分布式创新（distributed innovation），并发展了一系列在创新研究，尤其是商学类型的创新中人们耳熟能详的概念和名词。《创新的源泉》（注：英文标题中“源泉”一词为复数）这本书，以及冯·希普尔一直通过多部作品反复强调的“分布式创新”观点，即创新在本质上是在具有职能关系的参与者之间分布的，对于当时人们对创新过程和创新系统的认识与理解，以及“国家创新体系”范式的形成，都有着不容忽视的价值。

《创新的源泉》一书的价值应当放回到特定的历史时期来看待。在20世纪七八十年代，研究创新的学者对创新的基本动力到底是“科技推动”还是“需求拉动”展开了声势浩大的争论。到80年代上半期，创新研究的主要学者，如内森·罗森伯格，乔瓦尼·多西（Giovanni Dosi）和金·克拉克（Kim Clark）等人已经各自形成了各有特点、有较强的说服力的解释。而在回答前述问题时，这些探索则直接将在复杂且动态的技术和信息背景下的“生产者—用户”关系推到了创新研究的前台。

在这一背景下,欧洲学者如本特-雅克·伦德瓦尔(Bengt-Ake Lundvall)等意识到创新本质上是构造在广泛的“生产者—用户”互动的机制上的。这种互动机制传递的信号远不止是价格和数量,而是与需求、问题和期望等相关的复杂技术性信息。冯·希普尔这本《创新的源泉》同样将视角瞄准了具有职能关系的产业参与者之间互动机制的重要性和普遍性。他的实证研究揭示了大量创新事实上是由领先用户率先做出的:在多个产业中,生产者从用户处获取了关键的技术信息甚至产品原型,随后再将它们产业化。同样在其他产业中,创新有可能首先是由供应商首先做出的,或者来自竞争对手。而决定了这些不同参与者对创新的参与的,则是它们对创新优势和创新租金的追逐与分享,即熊彼特所强调的“创造性毁灭”。这些发现都对人们此前认为创新主要由制造商完成的观点形成了冲击。

埃里克·冯·希普尔的学说,后来被人们总结为“用户创新”“民主化创新”“自由创新”等诸多概念名词。但这本1988年著作的另一个重要贡献是与同时代其他学者的作品一起,成为“国家创新体系”理论的基础。因为既然创新并不仅仅是由生产商独立完成,而是分布于不同的参与者之中,那么在不同的经济体中这些参与者的互动机制是怎么样的,制度在形塑或限制这些互动机制中起到怎么样的作用,就成为影响创新活动的重要因素。由此,对国家制度和政策手段的研究,就成为人们开展创新研究的重要对象,也是人们用以辨析不同经济体长期发展绩效差异的重要工具。同时,既然创新是由一系列相关参与者共同完成的,那么在市场经济体制下,政策工具的根本目标就不应是直接作用于个别参与者，而应当是帮助不同的成员克服集体行动的困境，孵育出有利于创新活动的互动机制来。这样的启示对于今天的中国，尤其是在建设“内循环”过程中的中国创新政策，依然有着重要的参考价值。

4.《赢在创新：日本计算机与通信业成长之路》

《赢在创新：日本计算机与通信业成长之路》(*Japan's Computer and Communications Industry*)的作者是英国著名创新学者、爱丁堡大学教授马丁·弗朗斯曼(Martin Fransman)。弗朗斯曼长期研究ICT产业的创新，并因《新型信息通讯技术生态系统：对欧洲的启示》(*The New ICT Ecosystem: Implications for Europe*, 2007)一书获得2008年国际熊彼特学会颁发的熊彼特奖。20世纪七八十年代，日本抓住信息技术革命的机遇，相关产业迅速崛起，到20世纪90年代，世界十大半导体制造商有六家是日本企业。因此，日本的快速发展吸引了很多学者的目光，其中也包括马丁·弗朗斯曼。但是与其他学者不同的是，弗朗斯曼为了更深入地探究日本企业和产业的演化过程，对日本企业的发展演变历史采取了实体、实景和实时的研究，因此具有重大的里程碑式意义。更加值得中国学者学习的地方在于，弗朗斯曼为撰写此书进行了长期准备，访谈的人员超过600人次，前后历时八年之久。由于掌握了大量详实资料，有充分的论据支撑观点，所以本书能在“日本威胁论”和“日本崩溃论”两种观点之间给出自己的独立判断。

本书是第一本对日本信息通讯产业的演化历史进行全面分析的

著作,系统研究了日本信息通讯技术、组织形式、产业、政府政策和制度的演变过程。本书既有电信交换机、计算机和软件等产业的演化,也有一些代表性公司的创新发展案例,还有和西方同行企业以及日本其他产业的横向对比,可谓是全景式覆盖研究。作者介绍了日本主要 IT 公司演化的历程和企业演化理论,观察了日本通产省在信息通讯技术发展中的角色变化。因此,弗朗斯曼的研究比查默斯·约翰逊(Chalmers Johnson)的"发展型国家"(Developmental State)更进了一步。在主流经济理论占据主导地位的时代,本书"让那些致力于依赖历史证据寻找技术经济路径的制度经济学家和创新经济学家们欢欣鼓舞"。尽管本书是研究现代技术的演变,但是弗朗斯曼在本书中也回应了亚当·斯密、马歇尔和熊彼特等前辈的理论关切,不仅体现了一位学者的严谨态度,也为我们勾画了学科发展的历史脉络和规律。

当前,信息通讯技术成为国际竞争的焦点,本书对中国相关技术和产业发展极具启示意义。弗朗斯曼认为,产业的发展动力不只是技术创新,而是技术、组织、产业和政府等多个要素的协同演化。日本信息技术产业的发展动力除了技术创新外,"受控竞争"这种组织形态对于产业发展也起到关键作用,这与美国垂直整合的组织形态不同。日本信息技术产业的发展历程说明,不同国家的产业发展受到历史条件的制约,而存在各自的路径依赖,并没有放之四海而皆准的所谓最优解。在研究政府在后发国家追赶中的作用时,我们通常会以日本通产省为例。不可否认,通产省在日本二战后初期的追赶中发挥了重要作用，但是弗朗斯曼发现日本信息技术产业既有自己独特的优势，又有根本性的不足，特别是某些优势只是潜在优势，不一定能转化为国际竞争力。因此本书也直言不讳地指出，在20世纪90年代的信息通讯产业发展过程中，通产省的一些做法也有失败之处，例如因为误判了世界计算机行业的发展前景和行业变化，导致日本在技术路线上误入歧途，从此失去挑战美国的机会和能力。因此，本书对于中国如何处理创新发展中的政府与市场关系，也具有重要启示。

对本书的赞誉

弗朗斯曼的权威分析……能澄清现有的很多分析日本计算机和通信产业成功的错误认识。弗朗斯曼的书应该精读，不仅仅是日本的学生，任何对企业和国家竞争力感兴趣的读者，都应该读他的书。

——《金融时报》前主编，杰弗里·欧文爵士

对于这本权威著作所包含的众多案例研究，读者应该关注，不但如此，感兴趣的读者还会从本书中看到日本如何借助信息技术来发展经济的全景。

——贝尔实验室研究副主席，亚诺·彭泽斯

我从来没有读过一本书，可以在分析日本信息和通信产业之深度、准确性和全面性上与本书相媲美。这本书针对所有想深入认识这一产业的人。

——NEC 高级顾问，Michiyuki Uenohara

马丁·弗朗斯曼的书的一个突出的成就在于，它结合了日本主要 IT 公司发展的实际细节和公司进化的最新理论。

——萨塞克斯大学 SPRU, Keith Pavitt

一部力作。一项方法严谨、理论精深、文献丰富的研究……这本开创性的著作值得每一个希望了解日本企业整体性质和日本信息技术发展方向的人研读。

——美国贸易代表办公室前日本事务主管，格伦·S.福岛

本书……通过对（日本计算机和通信产业的）技术和制度进化进行的详细分析，带领我们超越了时下对日本道路“独特性”的鼓吹。其关于公司如何决策的“实用”理论……将会让那些致力于依赖历史证据寻找技术经济路径的制度经济学家和创新经济学家们欢欣鼓舞……本书对目前日本政府国家创新政策研究中某些过于简单的观点进行了很好的完善，也细致地观察了 MITI（日本通商产业省）在计算机和通信企业发展中的角色变化，因此本书在查默斯·詹森的基础上更进了一步。这本书通俗易懂，非常值得一读。

——苏塞克斯大学科学政策研究所（SPRU）主管，
米歇尔·吉布斯

这是一本在研究日本产业发展方面有着很高价值的书籍……那些关心高科技产业的成长、动态发展，关注公司业绩、适应和持续发展的经济学家、政策制定者和管理人员，都将能从本书中学到很多东西。

——博科尼大学创新与国际研究中心（CESPRI）
代理主管，佛朗哥·马勒巴

中文版序（一）

听到出版社决定再版著名创新学者马丁·弗朗斯曼教授的《赢在创新：日本计算机与通信产业成长之路》一书，非常高兴；在国际政治经济格局发生重大变化的背景下，再版这本书具有非常重要的理论意义和实践意义。

从理论的视角看，影响创新的主要因素究竟有哪一些？应该说，很长一段时间以来，学者们对国际政治经济关系这一因素对创新的影响的研究和认识是不够充分的，也可以说存在非常理想化的成分，比如对经济国际化抱有过高的期望，对加入美国主导的创新体系、产业体系和经济体系抱有过高的期望，对开放式创新抱有过高的期望，对引进外资和开放国内市场抱有过高的期望。今天看来，这些问题都需要重新审视，特别是需要重新思考本土企业在创新中的作用，这个世界上会不会形成独立于美国主导的、新的创新体系、产业体系和经济体系。

从实践的视角看，世界各国可能都在重新思考未来的世界创新格局、经济格局会是什么样子的，特别是从维护产业安全、经济安全的角度，进行必要的政策和战略调整。对中国而言，我们的研究表明，因为是一个发展中的大国，只要不出现大的政策失误，经济必然会持续不断地增长，因而发展政策和战略的调整可能会更为重要。

在这样的大背景下，重读弗朗斯曼教授的著作，非常有必要，特别是有利于更加深入地理解很多重要问题。需要指出的是，下面的三个问题，在上一版的序言中已经讨论过，鉴于它们的重要性，本序言仍然围绕它们展开。

首先，大型的、R&D 密集的公司的作用。弗朗斯曼教授认为，日本 ICT 产业发展的历史提供的最重要的经验是，要充分认识发展大型的、R&D 密集的公司的重要意义：全球 ICT 产业的制高点，无论现在还是将来，都掌握在这些公司手里。实际上，这一结论不仅仅适用于 ICT 产业。很多研究表明，化工、制药等很多产业都是如此。正因为如此，大力加强 R&D、开发核心技术就是中国有志于成为有国际竞争力的企业的首要任务。相反，寄希望于通过发挥劳动力成本低这一比较优势来提高竞争力就有很大的局限性；寄希望于不掌握主动权的开放式创新，也存在重大缺陷。通过大型的、R&D 密集的公司实现科技自立自强才是正确的选择。

弗朗斯曼教授特别强调大型的、R&D 密集的公司在技术进步中的核心作用，并不是不重视中小企业的作用。但是，他的观点确实不同于今天很多人的观点。特别是，一个时期以来，很多人认为中小企业才是中国创新的主力。在知识密集型行业，我们的研究更支持弗朗斯曼教授的观点。实际上，如果中小型高科技企业不能够迅速成长起来，就说明它们可能没有成长起来的潜力。

第二，政府的作用。弗朗斯曼教授把日本 ICT 产业的发展划分为两个时期：1970 年左右以前的追赶时期和以后的在国际技术前沿的探索时期。在第一个时期，也就是追赶时期，弗朗斯曼教授发现，除了企业自身的努力以外，政府保护幼稚产业的政策是日本ICT产业发展的必要前提。

实际上，日本政府在其他产业的发展中也起到了非常关键的作用。比如研究日本轿车工业的著名专家、麻省理工学院管理学教授麦克尔·库苏马诺(Michael Cusumano)在他的《日本的汽车工业》(*Japan's Automobile Industry*)一书中指出：日本政府通过限制进口保护国内企业，使得一项原本肯定会失败的事业变成了一项利润非常高的事业，这就告诉我们一个非常明显但非常关键的关系：虽然(日本)政府的政策没有直接增强日本轿车企业的国际竞争力，但是尼桑、丰田以及整个日本轿车工业成功的一个主要原因是国内市场的保护。事实是，战后日本政府长期通过严格限制轿车进口对其轿车工业进行保护，轿车进口一直只占国内销售的1%左右，直到20世纪70年代日本企业已经具备了强大的国际竞争力以后，这种保护才逐渐减少。正是在这种保护下，日本轿车企业才没有在战后被强大得多的美欧企业挤垮，才能够从容地引进、消化美欧先进的轿车技术，才能够发展出包括“精益生产方式”在内的自主核心技术。

在新的形势下，弗朗斯曼教授的发现的意义尤为重要。长期以来，我们特别强调引进外资与开放国内市场。实践证明，这样做有利有弊，以前特别强调有利的一面，现在可能需要认真思考不利的一面了。

第三，处理好自主技术创新与技术转移、技术合作的作用。弗朗斯曼教授还认为,在日本ICT企业的发展过程中,同西方公司签署了技术协议,转移先进技术,起到了同政府帮助同等重要的作用。在日本国内市场被高度保护的情况下,这一判断是正确的。今后,在条件允许的情况下,仍然需要高度重视技术引进。但是,毕竟形势变了,在很多领域,技术引进的难度大大提高了,甚至不可能了,技术封锁、技术打压会反而更加普遍。在这种情况下,最重要的已经不是技术转移、技术合作,而是自主技术创新,通过自主技术创新实现科技自立自强,掌握发展的主动权。也可以说,只有首先实现高水平的自主技术创新、科技自立自强,才有可能更好地开展技术转移、技术合作。在这一点上,认识有过摇摆,今天也存在争论。

总之,时代变了,创新的理论、创新的实践,都要有所调整,甚至是巨大的调整,尤其是真正加强自主技术创新和科技自立自强。在这种情况下,再版弗朗斯曼教授的著作,可以帮助我们深入思考很多问题。

高旭东

清华大学

2021年9月

中文版序(二)

(一)

我感到非常高兴,我的《赢在创新——日本计算机与通信业成长之路》一书的中文版就要出版了。这本书最早由牛津大学出版社在1995年出版英文版,是我在8年研究的基础上写成的,其对日本ICT产业有关公司的演进进行了详细的分析。

非常巧合的是,这本书在1995年出版时,微软的CEO比尔·盖茨在公司内部的一份备忘录中明确提出,互联网将成为ICT产业最重要的驱动力,微软除了顺应互联网发展的现实以外,没有多少别的选择余地。在那以前,盖茨还没有认识到互联网的重要性。

一个相关的问题是,有没有必要,在《赢在创新——日本计算机与通信业成长之路》英文版出版多年以后,再出它的中文版?这本书对中文读者还有价值吗?如果有的话,是什么价值?

我认为,这本书对中文读者仍然具有重要的意义,可以提供很多重要的经验教训供读者借鉴。当然,对这些经验教训的理解,需要结合现在的时代背景,因为自1995年以来,世界已经发生了一系列重要变化。因此,这个中文版序言的目的就是阐明这个变化了的世界和这些经验教训。这一任务，由我与我的同事和朋友，清华大学经济管理学院的高旭东教授一起来完成。

（二）

1995年以来，世界ICT产业发生的最重要的变化就是互联网的迅速商业化和全球化。可以毫不夸张地说，互联网已经成为ICT产业的主宰，事实上几乎改变着这一产业内的一切，无论是计算机、软件、半导体以及其他装置、电信设备，还是消费电子产品。简而言之，互联网的发展决定着上述ICT产业各分支的发展路径。

第二个显著变化是决定国际贸易条件的游戏规则的变化。具体而言，在WTO框架下，国际贸易正在缓慢但确实地朝着更加自由的时代发展。当然，这一发展并不是一帆风顺的，发达的富裕国家在农业领域的高度贸易保护依然如故。但是，世界正在走向更加自由的贸易这一总的趋势是毫无疑问的。

这种国际贸易环境对于那些希望并且有可能赶上世界领先者的国家和地区有着重要影响。以前，那些处于追赶过程的国家和地区（如日本、韩国和中国台湾），可以比较自由地使用保护政策，但是现在，这正在变得越来越困难。当然，这并不意味着保护政策和政府补贴已经不可能了。中国的经验表明，这仍然可能，尽管这些政策的运用需要比以前更加隐蔽和间接。当然，中国的市场规模和它对外国公司的吸引力意味着,相对于其他处于追赶过程的国家和地区来说,中国在运用这些政策上面,拥有更强的谈判能力。

第三个重要变化是韩国和中国台湾的崛起。可喜的是,基于一些很好的学术研究成果,现在我们对这两个国家和地区如何在ICT产业上取得如此惊人的成就已经有了一个很好的了解。我在日本为本书的写作做调研时,在我所访谈的日本主要ICT公司的领导中,没有一人预测到韩国和中国台湾的发展会如此显著、迅速。可惜的是,在这里我们不可能用足够篇幅来详细阐述韩国和中国台湾ICT产业成功的原因,它们之间的不同,以及它们的发展道路与日本的不同之处。

第四个变化就是,ICT产业由于法律上或事实上采用国际标准而产生的日益激烈的竞争。我在日本做研究时,在一些重要领域,日本特殊的标准起了重要作用。比如我在书中所述的NEC所主导的PCs标准就与通行于世界其他地方的WINTEL标准不兼容。与此类似,在电信设备的许多领域日本的标准与世界其他地方的标准也不一样。日本移动通信领域的情况也是一样。现在,情况已经变了,WINTEL标准在日本也已经处于主导地位,在移动通信方面,日本同欧洲及世界其他很多地方一样,也采用了W-CDMA标准。

标准的日益国际化使得世界ICT产业的竞争异常激烈。体现这种竞争的几个最好的标志包括:全新技术的推出速度,全新产品的推出速度,以及新产品面世之后价格的下降速度。ICT产业不像其他产业,比如制药。在ICT产业,由于知识产权从总体上讲提供的保护很少，所有竞争者的主要挑战是如何跟上技术、产品和市场的快速变化。当然，这并不是说在 ICT 产业界知识产权不重要。知识产权对微软、英特尔和其他公司的利润和利润率的贡献是显而易见的。

（三）

虽然世界已经发生了很大的变化，但本书还是相当有意义的。这体现在两个方面：对公司方面以及对国家政策方面。我认为，日本 ICT 产业发展的历史提供的最重要的经验，是充分说明了发展大型的、R&D（research and develoment）密集的公司的重要意义。当然，这一经验也可以从韩国和中国台湾 ICT 产业发展的历史中得出。简而言之，问题的核心是，全球 ICT 产业的制高点，无论现在还是将来，都掌握在大型的、R&D 密集的公司手里。这是因为，历史已经证明，大型的、R&D 密集的公司最适应 ICT 产业迅速变化的特点。当然，强调大型的、R&D 密集的公司的重要性，并不是说可以忽略中小企业的作用。中小公司作为一个整体，在 ICT 产业正在并且将继续扮演重要角色。在中国台湾（和在硅谷）的 ICT 产业充分说明了由大量既竞争又合作的中小企业所构成的体系的高效率。但是，无论这些小公司多重要，也不能改变世界 ICT 产业制高点为大型公司所控制的事实。

那么,日本的大型 ICT 公司(比如 NEC、富士通、日立、东芝以及三菱电气)是如何发展起来的呢? 从历史的角度看,始于 19 世纪末的日本电信工业起了关键的作用,对此,我在书中进行了详细的描述和分析。概括起来就是,多个相互竞争的日本公司为当时的日本通信省发展它的电信网络提供所需的电信设备,其中最有名的公司有 NEC、富士通、日立和冲电气(OKI)。毫无疑问,在这一过程中,这些公司得到了非常重要的外部支援,这包括日本政府在多方面的保护和支持。同样重要的是,这些公司同那时处于主导地位的西方公司签署了技术协议,日立是一个例外,它也一直弱于 NEC 和富士通。长话短说,这些公司由于在电信产业的发展中已经积累了技术和组织能力,它们在二战以后利用这些能力进入了刚刚兴起的、并将导致电信和计算机合一的 ICT 产业。它们就是这样进入半导体和其他电子装置、计算机和相关软件以及新一代电子通信设备行业的。

与韩国和中国台湾的情况有很大不同,在日本,生产工业用电子产品(包括计算机、半导体和电信设备)的企业(包括 NEC、富士通、日立和东芝)与生产消费电子产品的企业(包括 MATSUSHITA、索尼、夏普、佳能和三洋)的发展道路有很大的不同。生产消费电子产品的企业得到的政府援助要少,它们不是为政府和其他大型日本公司生产产品,而是为大众消费者生产产品,首先是为日本国内的消费者,继而为美国、欧洲和亚洲其他国家和地区的消费者。在韩国和中国台湾,主要的 ICT 公司,比如三星、LG 和 ACER,最初是靠为日本和美国公司装配和生产消费电子产品起家的，它们以此为起点开始了它们的学习历程，逐步学会了从事更复杂、更高级的生产经营活动，并最终开发出了自主品牌的创新产品。

需要特别指出的是，20 世纪 80 年代末我在日本开始为本书的写作做调研时，日本的 ICT 公司好像已经处在它们演进过程中的一个非常重要的时刻：尽管它们还不像其他领域的日本公司，如汽车企业和机床企业那样具有国际竞争力，尽管它们还有如书中指出的严重弱点，但看上去它们还是有可能给它们的主要竞争对手美国企业带来严峻的挑战。实际上，那时的日本特别引人注目，因为在欧洲实际上已经退出了 ICT 产业的许多重要领域后，日本是世界上唯一能够发起这样的挑战的国家。这种挑战并没有发生。大约从 1989 年开始，尽管日本公司在有些地区依旧保有它们的市场地位，尽管它们总体上保持甚至加强了它们的 R&D 能力，但是与它们的美国、韩国和中国台湾的竞争对手相比，日本 ICT 公司的表现已经大不如前了。

为什么日本 ICT 公司的地位相对于世界领先者下降了，而韩国和中国台湾企业的地位却大大提高了呢？这是一个争论颇多又难以回答的问题。我对此问题的回答是：日本公司犯了过于专注日本国内市场的错误。当然，这错误是可以理解的。直到 1989 年，日本国内市场的发展异常迅猛，日本 ICT 公司在这个市场上又拥有得天独厚的优势，与它们的用户和消费者有着紧密的正式或非正式联系。在这种情况下，日本企业从国内市场获得的利润相当可观。这样，日本企业虽然也关注世界其他市场,特别是美国、欧洲和亚洲其他市场,但日本国内市场还是处于优先地位。日本大多数 ICT 公司,包括 NEC、富士通、日立、东芝和 MATSUSHITA,把 70%的支出投入了日本市场,只有 30%投向世界其他地区,虽然索尼是个例外,日本、欧洲和美国市场各占三分之一。

直到 1989 年,把日本国内市场置于优先地位的战略一直是有效的。但是,就在那一年,"日本泡沫"爆发了。从那时直到今天,日本经济一直处于衰退之中,一个原因是日本产品在中国开辟了新市场。日本经济的缓慢增长意味着日本 ICT 公司的缓慢发展:这些公司不但身处"泡沫"之中,还要应对"泡沫"之后的困境。

需要指出的是,问题并不只是发展缓慢。同样重要的是,日本国内市场的需求状况在很多方面与世界其他地方有很大不同。由于过于专注日本国内市场,日本 ICT 公司并没有想办法去满足那些有可能在全球 ICT 产业会变得越来越重要的需求。当然,专注日本国内市场,在有些情况下问题不大,因为日本已经是世界上最发达的国家,比如移动通信,日本已经推出了世界上最发达的服务(如移动互联网)和最先进的产品(如移动电话)。但是,在其他情况下,确实有问题。一个重要的例子就是互联网。在这一领域,美国拥有最领先的开发者和用户。当利润在 ICT 产业中由低层级(lower layers)向高层级(upper layers),也就是从网络运行和设备向内容和应用转移时,是 Google、Yahoo、eBay 和 Amazon 等美国公司,而不是日本、欧洲、韩国或中国台湾的公司,很快主导了那些利润高的高层级[关于 ICT 产业的层级模型(layer model),请参见牛津大学出版社出版的我的另一本书:《互联网时代的电信》(*Telecoms in the Internet Age*)]。一个非常重要的问题是,在未来的ICT产业发展中,美国以外的国家或地区的企业是否有能力在高层级市场取得成功。Skype是一个提供网上电话(voice-over-the-internet)的欧洲公司,它的成功似乎证明,非美国公司是有可能利用无所不在的国际互联网这一平台,在ICT产业的高层级取得成功的。Skype于2005年被eBay以几十亿美元的身价收购。

与日本的情况不同,在韩国和中国台湾,主要的ICT公司对出口市场格外重视,特别是美国市场。对出口市场的重视,对韩国和中国台湾的公司而言,从某种意义上讲是必须这样做,因为它们国内和地区内市场太小了,不能满足持续发展的要求。但是,重视出口市场的主要优势是,不像日本企业,韩国和中国台湾的企业没有受到低经济增长的打击。另外,韩国和中国台湾的企业能够应对和满足全球最有活力的ICT市场的需求特点,并在这一过程中进一步发展它们的竞争能力。

如果对这一部分做一个总结,那就是,日本ICT产业的发展说明,发展R&D密集的大型企业是至关重要的。与此同时,还需要高度重视世界上最具有活力的市场,无论是国内(地区)市场,还是国外市场。韩国和中国台湾的经验也说明了这一点。另外,应该充分发挥中小企业的作用,中国台湾和硅谷的经验表明,有些中小企业是可以成长为大公司的。

(四)

现在讨论第二个问题：在发展日本的大型 ICT 公司上，日本政府扮演了什么角色？为了回答这个问题，有必要区分两个不同发展阶段的不同情况。正如书中详细分析的，直到 1970 年左右，日本政府(包括当时的 NTT)，保护和扶持了日本生产工业用电子产品的企业的发展。也就是说，日本政府的“幼稚产业”保护政策，为生产工业用电子产品的企业的学习创造了必要的条件。到 1970 年左右，日本生产工业用电子产品的企业，已经在大多技术领域走到了世界的前沿，在技术上实现了自立。但是，正如书中所强调的，除了在某些领域，比如半导体芯片，它们在日本以外的发展还没有太大的进展。这样，对日本政府的政策制定者来说，就是通过什么措施才能帮助日本的 ICT 公司取得更大进步。

在 ICT 产业中，日本政府政策的主要制定者是那时的通产省(the Ministry of International Trade and Industry, MITI)。通产省是日本政府中最有影响力的两大部门之一。通产省的政策制定者认为，他们可以通过让日本的 ICT 公司从事更加先进的 R&D，或者发展全新技术，超越美国竞争者，从而提升国际竞争力。为达到这一目标，通产省从主要的 ICT 公司抽调了 R&D 人员，一起从事一系列具有重要影响的 R&D 项目。这些项目的目标是让这些企业在“前竞争阶段”(pre-competitive)的R&D上进行合作,虽然这些企业在技术和产品的商业化过程中还会相互竞争(关于有些通产省支持的主要项目的具体执行情况,还可以参见另外一本书《市场与市场之外》,该书也由剑桥大学出版社出版)。

现在看来,通产省的这些项目对参与其中的日本公司的国际竞争力的长期影响微乎其微,尽管它们在当时对美国人和欧洲人成功地起到了威慑作用,那时他们都担心,“JAPAN INC”(日本公司,即日本企业、政府和大学三者的联盟)可能会成功地超越他们的公司。

通产省的努力为什么没有成功?这是一个太复杂的问题,在此难以给出一个非常清楚的解释,但是,下面四点原因,可以比较好地解释日本政府发起的ICT领域的R&D合作项目为什么会失败。

第一个原因是日本政府过高估计了新的替代技术可以取代现有技术的可能性。比如日本的“第五代计算机项目”,可能是日本希望实现技术跨越的最有名的例子,就是基于新的人工智能语言将要取代大型机计算的现有软件的理念而设立的。另一个类似的例子是在电子装置领域,在高速计算中以镓砷化物取代硅半导体的研究。事实证明,日本政府低估了现有主导技术渐进性的、迅速提高性能的能力。

第二个,也是紧密相关的原因是,通产省的科研项目的重点是全新技术的推动,但是对新技术的使用者情况却很少注意。比如,人工智能软件语言也许有许多吸引人的地方,但是对采用这一新技术的用户的费用却考虑不周,天真地认为,先进技术一定会被选用,而不考虑对消费者的影响。但是,居于领先地位的公司,包括日本公司,首先考虑的是提高现有技术的性能,这是资源投入的重点,虽然也有例外。

第三个原因是,通产省项目企业合作伙伴的合作最多是"半心半意"的。正如我在《市场与市场之外》一书中指出的,并不是说在这些项目中没有一点知识共享,但是由于参加合作的公司在市场上激烈竞争,这就限制了它们在项目中分享知识。

第四个原因是,日本的政策制定者没有预见到不断演进的互联网的重要性。互联网已经改变了关于 ICT 产业的许多基本假设。如果说,前三个原因在某种程度上可以理解为对日本政策制定者的批评,这第四个却不能。IBM 和微软也没有预测到互联网的重要性。

基于上述分析,有两个教训值得中国的政策制定者参考。第一,对于投入大量资源以求得在全新技术上的突破要保持谨慎。这并不是说在全新技术开发上一点也不投入。实际上,在大学、政府的研究机构和大型 R&D 密集企业的研究项目中,对全新技术的开发是重要的组成部分。我的观点是,对于促进中国 ICT 企业国际竞争力的提高来说,这类项目的中期、甚至长期贡献,总体而言,是很有限的,虽然在一些领域也有例外。

第二,尽力不要削弱中国 ICT 公司在它们的消费者身上的注意力,无论是在充满活力的中国国内市场,还是在海外市场。特别重要的是,中国 ICT 公司应该尽可能早地进入世界上最有活力的市场,这是它们学习和积累能力、从而在世界市场上更有效地竞争的最佳途径。中国公司如华为和联想已经证明了这一点。政府帮助和扶持的一个潜在的危险是分散企业的注意力,使它们不能集中精力于更好地为它们的用户提供服务这一主要任务,并在这一过程中不断学习。为了避免这一危险,韩国和中国台湾的经验值得借鉴:政府当局是在企业在出口市场已经取得良好绩效之后给予它们出口激励的。这是政府支持但不削弱企业在它们的消费者身上的注意力的典范。

(五)

马丁·弗朗斯曼教授是国际著名的技术创新学者,在技术创新研究方面有很高的成就,本书是他的代表作之一。作为他的同事和朋友,我很高兴看到这本书中文版的出版。我认为,这对于我们深刻认识和理解我国建设创新型国家的很多重要问题具有重要意义,虽然不一定提供现成的答案。

首先,R&D 密集的公司的作用。我非常赞同弗朗斯曼教授的观点:日本 ICT 产业发展的历史提供的最重要的经验,是充分说明了发展大型的、R&D 密集的公司的重要意义:全球 ICT 产业的制高点,无论现在还是将来,都掌握在这些公司手里。实际上,这一结论不仅仅适用于 ICT 产业。很多研究表明,化工、制药等很多产业都是如此。正因为如此,大力加强 R&D、开发核心技术就是中国有志于成为有国际竞争力的企业的首要任务。相反,寄希望于通过发挥劳动力成本低这一比较优势来提高竞争力就有很大的局限性。弗朗斯曼教授还特别强调了满足世界上最具有活力的市场,无论是国内市场还是国外市场的重要性。这是一个非常重要的观点,他已经分析得很清楚了。我想强调的是,千万不要误解他的观点。满足市场的要求,技术的作用是什么?是前提条件。没有核心技术,就很难做到有效地满足市场的要求。

第二,政府的作用至关重要。弗朗斯曼教授把日本 ICT 产业的发展划分为两个时期:1970 年左右以前的追赶时期和以后的在国际技术前沿的探索时期。在第一个时期,弗朗斯曼教授发现,除了企业自身的努力以外,政府保护幼稚产业的政策是日本 ICT 产业发展的必要前提。这是一个非常重要的发现,有助于我们正确理解政府与市场在企业核心能力培养中的地位和作用,特别是在我们大力发展市场经济、强调市场作用的情况下。

实际上,日本政府在其他产业的发展中也起到了非常关键的作用。比如研究日本轿车工业的著名专家、麻省理工学院管理学教授麦克尔·库苏马诺(Michael Cusumano)在他的《日本的汽车工业》(*Japan's Automobile Industry*)一书中指出:日本政府通过限制进口保护国内企业,使得一项原本肯定会失败的事业变成了一项利润非常高的事业。这就告诉我们一个非常明显但非常关键的关系:虽然(日本)政府的政策没有直接增强日本轿车企业的国际竞争力,但是尼桑、丰田，以及整个日本轿车工业成功的一个主要原因是国内市场的保护。事实是，战后日本政府长期通过严格限制轿车进口对其轿车工业进行保护，轿车进口一直只占国内销售的1%左右，直到20世纪70年代日本企业已经具备了强大的国际竞争力以后，这种保护才逐渐减少。正是在这种保护下，日本轿车企业才没有在战后被强大得多的美欧企业挤垮，才能够从容地引进、消化美欧先进的轿车技术，才能够发展出包括“精益生产方式”在内的自主核心技术。这就告诉我们一个很简单、但是很重要的道理：在中国企业还处于技术追赶时期，中国企业的国际竞争力还很弱的时候，政府的支持和保护至关重要。需要特别指出的是，在国际化日益深入的今天，正如弗朗斯曼教授指出的，政府对保护市场等政策工具的运用不像以前那样自由了。但是，这并不表明没有办法，比如通过政府采购支持国内企业的发展就是一个非常有效的办法。

第三，正确看待技术转移、技术合作的作用。弗朗斯曼教授还认为，在日本ICT企业的发展过程中，同西方公司签署了技术协议，转移先进技术，起到了同政府帮助同等重要的作用。我认为，在日本国内市场被高度保护的情况下，这一判断是正确的。但是，在国际化日益深入的今天，结论可能会有所变化，技术引进的作用要低得多。具体而言，由于我国已经加入WTO，我国企业必须直接面对越来越多的跨国公司的竞争，很可能没有足够的时间和机会对引进的技术进行消化吸收。在这种情况下，我国企业只有进行自主创新、开发核心技术，才有可能得以生存、发展。我国电视机工业的发展就是很好的例子。改革开放以来,我国的电视机制造企业通过技术引进取得了非常迅速的发展,我国也成为世界上最大的电视机生产国,长虹、海信、康佳、TCL 等也从国内众多企业中脱颖而出。但是,即使是国内这些优秀企业,在核心技术方面相比于跨国公司还有比较大的差距。随着跨国公司的本地化,国内企业在成本上已没有多少优势了。这也正是我国这些企业在同跨国公司的竞争中还面临很大困难的根本原因。

对于技术合作的作用,我认为也不能寄予过高的期望。原因很多,比如学术界已经比较普遍地认识到,一个企业要有效地利用本企业以外的知识和技术,自己首先要有比较强的"吸收能力"(absorptive capatity)。反之,即使与别的企业,包括发达国家的企业,进行了技术合作,效果也不可能好。另外,正如弗朗斯曼教授指出的,日本政府主持的企业间的合作,由于存在竞争关系,最多是"半心半意"的,知识和技术的分享是有限的。与国内企业合作是如此,与国外企业合作也是如此。实际上,弗朗斯曼教授的这一发现纠正了原先人们的一个错觉:日本企业间的合作比欧美企业间的合作更有效。事实是,企业间技术合作一般都充满了挑战。

第四,与上一个问题紧密相关的一个问题是:在国际化日益深入的大背景下,中国企业还有没有可能进行自主创新、开发核心技术?由于这个问题的特殊重要性,有必要稍微多说几句。我认为,中国企业还是有可能进行自主创新、开发核心技术的,主要是两个原因。一是因为中国是个大国,拥有巨大的国内市场。正如弗朗斯曼教授指出的,由于这一原因,中国政府在支持中国企业发展上拥有更大的谈判能力。

二是因为无论在新兴技术领域还是在成熟技术领域,中国企业都有很多进行自主创新、开发核心技术的机会。只要中国企业对此有正确的认识,就可以树立起自主开发核心技术的信心。这同传统的观点有比较大的差别。比如在新兴技术领域,机会多是因为新兴技术的一个重要特点是其进入壁垒比较低,只要有高素质的人才,很多企业都可以通过试验各种方法来发展新兴技术。

特别需要指出的是,跨国公司在新兴技术的开发和应用上不一定有优势。实际上,很多研究表明,现有的领先企业,包括跨国公司,往往处于不利地位,原因之一是现有的领先企业一般都存在开发和使用新兴技术动力不足的问题,因为新兴技术的开发和使用会对这些企业的现有业务造成威胁。原因之二是,现有的领先企业在开发和使用新兴技术上面临很多组织障碍,因为它们现有的组织结构和程序很可能使它们难以觉察到结构性的技术变化,或难以安排适当的资源和采取必要的组织措施开发和使用新兴技术。在新兴技术对企业的现有能力不是促进而是取代或使其价值降低时,情况更是如此。原因之三是,领先企业往往相信它们拥有最先进的知识和技术,而不会认真考虑其他企业拥有最先进的知识和技术的可能性,等到这些领先企业认识到新兴技术的重要性时,已经落在后面了。

实际上,我国不少企业已经通过开发新兴技术取得了成功。北大方正就是在1976年选择了开发新兴技术,即当时还没有的第四代激光照排系统,而不是当时流行的二代机或三代机,而一举成为激光照排的世界领先者的。同北大方正一样,由于坚持在新兴技术上进行探索,中兴通讯在软交换技术上已经成为世界的领先者之一;曙光在高性能计算机上已经能够与IBM、惠普、太阳微系统等同台竞争;大唐的TD-SCDMA成为国际三大3G标准之一,在产业化上也进入了快速发展时期。

另外,人们往往认为,成熟技术比较容易买到,价格也不会太高。实际上,这种认识是不正确的,成熟技术不等于简单技术,在多数情况下竞争是以成熟技术为基础的,从跨国公司购买并不容易,即使能买到,价格也可能太高。因此,“重新发明”成熟技术以及在“重新发明”的基础上进一步改进,对中国企业具有重要意义。

“重新发明”成熟技术面临很多有利因素:因为是成熟技术,有关这些技术的信息就比较容易获得(分析有关专利及产品,阅读有关出版物);新的技术开发工具的应用可以加快“重新发明”成熟技术的速度(比如按传统办法开发新型剑杆织机需要10年时间,山西经纬纺机厂用虚拟制造突破了关键技术——剑杆运动及共轭凸轮设计,开发周期缩短为2年)。现在该厂能够在中高端市场上同发达国家企业展开竞争。在“重新发明”的基础上进一步改进,还可以改进成熟技术。为我国通信设备制造业的崛起立下汗马功劳的HJD04大容量数字程控交换机就是一个很好的例子。在设计该交换机的数字交换网络结构时,我国的科研工作者打破了传统的时-空-

时(T－S－T)结构,设计了分布式复制T交换网络,大大提高了HJD04机的性能。

总之,建设创新型国家意义重大,但是也充满了挑战,特别我们现在对一些重大问题的认识还不是很清楚。在这种情况下,弗朗斯曼教授这本书中文版的出版,可以帮助我们深入思考这些问题。

最后,我们衷心感谢清华大学经管学院的李纪珍博士把这本书的英文版翻译成中文。

马丁·弗朗斯曼
爱丁堡大学
高旭东
清华大学
2006年3月

译　者　序

本书英文原著(*Japan's Computer and Communications Industry*)作者马丁·弗朗斯曼(Martin Fransman)教授是国际著名的技术创新学者,曾担任英国爱丁堡大学日欧技术研究院院长,也是译者多年的好朋友。弗朗斯曼教授长期从事日本信息技术和产业方面的研究,于1988年和1992年先后两次在日本东京大学担任客座教授,并同时主管日本电报电话公司(简写为NTT)电信领域的研究工作。

本书是第一本对日本计算机和通信产业的演化历史进行全面分析的著作,弗朗斯曼教授填补了过往研究上的空白,得到了各国众多知名学者的好评,具有重大的历史里程碑意义。比如管理大师艾尔弗雷德·钱德勒说,所有对20世纪最动态产业发展感兴趣或有经历的人都来读这本必读著作。弗朗斯曼教授为撰写此书进行了长期而大量的调研工作,他对相关公司和机构的管理人员进行了超过600人次的访谈,前后历时八年多。

正是由于基于大量翔实的资料,这本著作才得以建立在空前丰富的案例研究基础上,而不仅仅是简单的理论分析。也正因为如此,本书所呈现出来的全景是如此完整,对日本信息和通信产业的分析是如此深入,可以说是一本集大成之作。本书不仅适合相关领域的在读学生、研究人员、政策制定人员和经济管理学者阅读,而且也可以作为企业家和投资者的参考读物。甚至可以说,本书专注但不局限于日本的计算机和通信产业,所总结的经验教训同时也可以对其他国家或其他产业提供一些有益的借鉴。

本书内容围绕对日本电报电话、日本电气、住友电工、富士通、日立、东芝等日本公司的分析而铺开,详细分析了这些公司及它们所构成的整个产业的优势与缺陷、过去和未来,其中尤以对日本电报电话的研究最为深入。所有这些分析,归根到底都是要解释一个问题,那就是为什么日本的计算机和通信产业是这样发展的,既包括已经获得的成功,也包括曾经遭到的一些失败。

本书英文原版由英国牛津大学出版社于 1995 年年底出版发行,并广受关注和好评。因本书记录的是日本计算机和通信产业兴衰成败最关键的一段历史,所以即使站在 30 年后的今天,通过本书的总结和分析,读者能清晰认识日本曾经的产业演化和企业发展经历,这不但对读者了解日本产业发展具有重要的指导意义,也对读者观察中国当前的产业创新发展之路具有直接的参考价值。我们将此书翻译成中文,也是希望能够通过窥探日本的产业发展历程,获取一些经验或者教训,并提炼出其现实意义。

本书中文版最初由清华大学的一些学生参与翻译(包括吴凡、陈豪、李栋、张丹,他们大多仍在从事相关工作),并由我和吴凡审校并统稿完成,于 2005 年年底由知识产权出版社首次出版。2021 年上半年,结合对相关产业认识的不断加深,我和吴凡对第一版进行了全面的校订和完善,由东方出版中心作为“自主创新丛书”之一进行再版。

囿于能力和时间的限制，本书不可避免地存在一些翻译问题，望读者不吝指正。

本书两次出版过程中，清华大学经管学院动态竞争与创新战略研究中心、东方出版中心、知识产权出版社的诸多同仁都提供了巨大的帮助，实在不胜枚举，在此一并表示衷心的感谢！

最后，真心地希望读者能够在本书中找到他们感兴趣的内容，并从中受益。

2021 年 8 月于清华大学经管学院

前　言

本书研究的是日本经济中最重要的两大产业部门——信息和通信产业的技术、组织形式、公司、产业、政府政策和制度的演变过程。日本的信息和通信产业在全球化的发展上不像日本汽车业和消费电子业那样成绩突出，但是它远比日本的化工和制药产业成功。本书将对此一一作出解释。

写作本书的准备工作用了差不多9年的时间。在这9年时间内，我进行了超过600人次的访谈，并从中受惠颇多。但是，我不可能把所有应该感谢的人都在这里提到，因为这里只能提及那些对于撰写本书有着重要帮助的人。首先，我要感谢那些给我灵感的思想家们。因为他们通过他们的优美理论最终对现实世界变化的过程，无论是部分，还是整体的复杂与微妙，进行了全面的分析。这些理论的成果汇集到我的大脑后所产生的思维火花是我这个项目能够持续进行下去的动力。这些思想家们包括前人，如亚当·斯密（Adam Smith）、阿尔弗雷德·马歇尔（Alfred Marshall）和约瑟夫·熊彼特（Joseph Schumpeter），也包括当代智者，如阿尔弗雷德·钱德勒（Alfred Chandler）、罗纳德·多尔（Ron Dore）、克里斯多弗·弗里曼（Chris Freeman）、布赖恩·洛斯比（Brian Loasby）、理查德·纳尔逊（Dick Nelson）、伊迪丝·彭罗斯（Edith Penrose）、内森·罗森博格

(Nathan Rosenberg)、大卫·蒂斯(David Teece)和奥利佛·威廉姆森(Oliver Williamson)。他们的思想贯穿了本书,但是我对本书的解释负责。

其他许多学者对本书的写作同样重要。他们包括我在东京大学高级科学技术研究中心(RCAST)的同事们。我曾于1988年和1992年两次在那里做过NTT电信访问教授。我还要特别提到Takanori Okoshi教授、Yoichiro Murakami教授、Kei Takeuchi教授、Takeshi Hiromatsu教授、Fumio Kodama教授、Hiroyuki Sakaki教授和Yasuhiko Arakawa教授,以及众多非日本国的访问教授,如James Merz,他们和我一起分享了他们关于日本科技体系的研究。在我两次担任访问教授期间,Ikuko Suganuma给我提供了重要的帮助和友好的支持。在我查找通信省(Ministry of Communications)浩如烟海的档案、日本信息与通信(IC)企业的历史文件以及其他相关资料时,RCAST的研究生Masashi Shirabe给予了我无价的帮助,这些资料有利于我更好地认识日本20世纪20年代和30年代这个如此重要的时期,这一时期对本书构建受控竞争的概念,加深我对产业整体的认识起到了基础性作用(按照本书对NTT的研究,需要说明的是,NTT本身与RCAST的NTT电信访问教授没有关系)。同样,我还必须提到东京大学的Hiroshi Inose教授和Takahiro Fujimoto教授,他们多次为我提供了启发性和建设性的意见。同样还有Yasusuke Murakami教授和Shunpei Kumon教授(以前工作于东京大学,现在为GLOCOM的主管)。

另外，我还要感谢其他许多学者。他们包括英属哥伦比亚大学的 Mark Fruin 教授、目前在名古屋大学的 Seichi Kawasaki 教授、学习院大学的 Tsuruhiko Nambu 教授、一桥大学的 Ikujiro Nonaka 教授、筑波大学的 Hiroyuki Odagiri 教授和兰德和斯德哥尔摩大学的 Jon Sigurdson 教授。

尤其要感谢的是来自相关日本企业和其他西方国家企业的人们，他们慷慨地给予了我大量的时间和信息。最重要的是，通过分享他们的认识和理解，我了解了他们对于该产业部门的大量珍贵信息和认识（遗憾的是我保留下来的信息还不够完备）。他们中的大多数已经成为我亲密而又尊贵的朋友。虽然每次采访结束时，我都带着更丰富的认识离开，但是很遗憾，我不能在这里感谢每一个人。然而我仍然要表达对下列人士的深深谢意。我必须感谢 NTT 的 Iwao Toda 博士、Noboru Miyawaki 先生、Jun-Ichiro Miyazu 先生、Teruaki Ohara 先生、Ken'Ichiro Hirota 博士、Kazuo Asada 先生、Fukuya Ishio 先生、Ichiro Yamanouchi 先生、Koichiro Hayashi 先生、Hiromasa Ikeda 博士、Kunihiro Kato 先生、Hiroshi Ishikawa 先生、Chiaki Hishinuma 先生和 Hiroharu Kimura 先生。我要感谢 NEC 的 Koji Kobayashi 博士、Michiyuki Uenohara 博士、Toshiro Kunihiro 先生、Daizaburo Shinoda 先生、Kiyoshi Emi 先生、Keiichi Shimakura 先生、Kazuo Kiji 先生和 Hiroshi Okazaki 先生。我还要向富士通的 Motojiro Shiromizu 先生、Shigeru Sato 先生、Masaka Ogi 先生、Hirobumi Takanashi 博士、Kunihiko Asama 博士、Sukeyoshi Sakai 先生和 Masayuki Abe 博士表示感谢。

我要感谢DDI的Sachio Semmoto博士和Sanshiro Fukada先生，我同样还要感谢通过爱丁堡大学欧日技术研究院（JETS）所得到的来自通产省（MITI）、工商部（DTI）、NEC、富士通和洛锡安地方议会以及所有支持JETS的人的帮助。它们提供了丰富的信息，为本书构筑了重要的基础。我相信其将得到读者的认可，对于它们的支持并没有减少本书的客观分析、解释和评论。

我同样必须感谢下列人士提供了重要的见解：来自高等电信研究所（ATR）的Kohei Habara博士、来自AT&T贝尔实验室的Arno Penzias博士和Mel Cohen博士、来自AT&T日本公司的Glen Fukushima先生、来自BT日本的Tony Cox先生、来自Cable & Wireless日本公司的Keith Handley先生、来自佳能的Ryuzaburo Kaku先生、来自DEC的Martin Rosenblith先生、来自爱立信日本公司的Morgan Bengtsson先生、来自古河电气的Hiroshi Marata博士，来自日立的Yasutsugu Takeda博士、Yutaka Kuwahara博士和Akira Tonomura博士，来自IBM日本公司的Hiyoshi Yokogawa先生、来自ICI日本公司的Desmond O'Shea先生、来自IDC的Hideo Suetsugu先生和Barry Moul先生、来自未来技术研究所的Ken'ichiro Hirota博士、来自Info Com研究所的Takahiro Ozawa先生、Hirofumi Takahashi先生和Nobuki Hori先生，来自日本航空电子的Takeshi Takahashi先生、来自经济同友会（日本企业长官协会）的Masaru Hayami先生、来自松下的Tsunehara Nitta博士和Tohru Fukui博士、来自通产省的Shunso Ishihara博士、Masami Tanaka先生、Katsuo Seiki先生和Chihiro Watanabe博士、来自邮政省

的 Kazuhiro Suda 先生和 Masao Hirai 先生、来自摩托罗拉日本的 Ian McCrea 先生和 Robert Orr 博士、来自北电日本公司的 Roger Moore 先生、来自飞利浦的 Hans Dinklo 教授、来自西科国际的 Yuji Aoyagi 先生、来自西门子的 Heinz Teichmann 教授和来自西门子日本公司的 Stenfan Speidel 博士、来自索尼的 Toshiyuki Yamada 先生和 Seiichi Watanabe 博士、来自住友电工的 Tsuneo Nakahara 博士，以及来自东芝的 Sei-ichi Takayanagi 博士、Yoshihiko Wakumoto 先生和 Ken-ichi Mori 博士。

最后，我要感谢那些对本书给予长期支持和帮助的人。爱丁堡大学欧日技术研究院（JETS）的 Lynne Dyer 用她孜孜不倦的精神、突出的准确性和持续的支持给予了我很大的帮助。同样来自 JETS 的 Simon Collinson 和 Nils Tomes 提供了批评的意见、良好的建议和友好的气氛。我的最爱，Shiko Tanaka 常常就像一支照亮道路的蜡烛，给予我情感上的支持，并用她的细心和敏锐帮助我。我的父母，Dee 和 Elie，以及我的兄弟姐妹，Denny 和 Terry，给予我极大的鼓励。对于我的家人，Tammy、Judy、Karen 和 Jonathan，即本书要献给的人，我要表达最深的谢意，他们以极大的包容容忍了我在写作本书时的情绪起落，倾听了我的声音，并且在我感到非常暴躁和繁忙的时候给予理解。没有他们的支持，本书肯定无法完成。

马丁·弗朗斯曼

1995 年 6 月，爱丁堡

目　录

1 第一章

CHAPTER ONE

绪　论

本书概要

信息和通信产业的产品及技术已经改变了我们的世界。它们包括计算机及相关软件、电信交换机(用于将电话、计算机、传真和视频会议系统连接成为网络)、传输系统(包括能承载宽带多媒体信息的光纤)以及这些产品所需的装置,如微处理器(单片计算机)和存储器。

这些产品和技术最早大部分多是在西方国家发明并创新成功的。然而,20世纪90年代后,全球信息和通信产业的三大领域——计算机、电信设备和半导体装置——的大公司中,已经有很多日本企业了。世界十大电脑制造商中有四家是日本的:富士通(Fujitsu)、NEC、日立(Hitachi)和东芝(Toshiba);十大电信设备制造商中有两家是日本的:NEC和富士通;十大半导体制造商中有六家是日本的:NEC、东芝、日立、富士通、三菱电机(Mitsubishi Electric)和松下(Matsushiba)。以市值计算,日本最大的电信运营商NTT(日本电报电话公司)是当时全世界市值最大的公司。1994年,NTT的市值是1 290亿美元,在它之后的是市值920亿美元的荷兰皇家壳牌集团(Royal Dutch/Shell Group)。而NTT的销售总额和AT&T(美国电话电报公司)相差不多。

本书涉及与日本信息和通信产业发展相关的五组问题。第一,有关对日本信息和通信企业取得成功的解释:它们为什么以及如何能够追赶上它们的西方竞争者(而且有时甚至超越了它们)？第二，日本信息和通信企业的异常之处：既然它们已经跻身于全球最大的公司之列,那么为什么仍然主要依赖日本市场,而没有成功地进入国外市场？第三,日本信息和通信企业的特色：为什么它们有生产计算机、半导体和电信设备普适系统的能力,而比它们更加专业的美国同行却缺乏制造电信设备的能力？为什么日本信息和通信企业的全球化表现不如日本汽车和消费电子企业？第四组问题与日本政府的职责有关：到底日本政府——特别是战前的通信省以及其后的 NTT 和通商产业省(MITI)——对日本信息和通信企业的成功有何重要的意义？第五组问题即最后一组问题,涉及日本信息和通信企业的未来,日本信息和通信企业会变得日益具有国际竞争力吗?

要回答这五组问题,一个主要的前提就是必须了解日本信息和通信产业的演变过程。原因很简单,在任何时候,日本信息和通信企业的发展都受到日本信息和通信产业历史的影响。举例来说,从 20 世纪 40 年代末开始的 10 年间,日本信息和通信企业之所以能成功地进军新兴的半导体和计算机市场,主要由于战前它们已经在电信系统(比如交换机)的研发上有所积累。但是,为什么在日本有四家主要的电信设备公司——NEC、富士通、日立和冲电气(OKI)——而美国只有一家公司——西部电气(AT&T 的子公司)？要回答这个问题,本书特地引入组织形态(form of organization)中所提到的“受控竞争”(controlled competition)模式,它是日本电信设备开发和生产的一种组织方法,完善于 20 世纪 20 年代和 30 年代。

对于上述五组问题,虽然本书强调应该通过“路径依赖”这一关键概念去理解日本信息和通信产业的演变和进化过程,但另外一点同样重要,那就是公司不受过去历史影响的“路径独立”概念。路径独立在塑造日本信息和通信产业的发展上也是至关重要的。举例来说,与 NEC 相比,富士通在电信设备制造上是一个能力相对较弱的供应商,但它“路径独立”,并成功地变革成为日本第一、世界第二的计算机制造商;同样,日本铜缆公司(Japan Copper Cable)转变成为世界上最大的光纤生产商之一;NEC 转变成为日本个人电脑(PC)的最大生产商。

本书关于日本信息和通信产业演变的分析还借鉴了诸如阿尔弗雷德·马歇尔(Alfred Marshall)、约瑟夫·熊彼特(Joseph Schumpeter)、伊迪丝·彭罗斯(Edith Penrose)、阿尔弗雷德·钱德勒(Alfred Chandler)、理查德·纳尔逊(Richard Nelson)、西德尼·温特(Sidney Winter)、内森·罗森博格(Nathan Rosenberg)、克里斯多弗·弗里曼(Christopher Freeman)、罗纳德·多尔(Ronald Dore)和大卫·蒂斯(David Teece)等人的研究成果。

为了更好地理解日本信息和通信企业,以及该产业的进化过程,本书展开的是分析公司实体(real firms)在实境(real world)中实时(real time)的发展演变历史。为此,本书分析的一个基本出发点是新的“公司理论”。这一理论强调公司对于自己首创的或者其他公司首创的新技术和新组织形式以及对于周边环境中其他变化的反应,而且,这种反应及其分析特别强调公司的事前决策。正如其后将要看到的，这一理论还强调公司信念的重要性，这些信念在“解译模糊[①]”的情形下能辅助公司的决策并成为公司内生的构成要素。

在绪论的其他部分，本书将研究日本信息和通信企业的特殊性。它们与日本汽车和消费电子企业相比会怎样？接下来，本书讨论受控竞争，即那种为电信设备的开发和生产而在日本发展起来的独特组织形态。受控竞争牵涉通信省（以及后来的 NTT）和供应企业这一封闭群体之间长期的、有契约的关系。受控竞争对日本个别信息和通信企业的组织结构以及对于整个信息和通信产业产生了什么冲击呢？用于分析日本信息和通信产业发展历史的理论及其研究方法收录在附录 1 中，其中企业理论作为核心理论是需要特别注意的。

在第二章中，本书分析日本 20 世纪 20 年代和 30 年代的多方面环境要素。通过对这些要素的综合分析，本书提出受控竞争这一概念。为什么日本的电信运营商（早期的通信省）认为日本应该存在四个主要的设备供应商，而美国的 AT&T 从一开始就青睐垂直整合？正如本书后面将要提到的，通信省的这个决定，在 1952 年之后被 NTT 固化下来，并对日本的信息和通信企业以及信息和通信产业产生了重要影响。

二战后，由于晶体管的发明，电子产业的范式发生了变化（如第三章所示，晶体管在改善电信交换机的尝试中发展起来），随之信息

① 解译模糊（interpretive ambiguity）的问题是本书作者 Fransman 比较强调的一个问题，核心思想是：当众多信息群聚而至时，用户往往无法借之获得一致的推论。——译者注

和通信产业也发生了变化。与美国十家主要生产真空管(收音机)的公司中只有两家成功地转型到生产晶体管(收音机)和集成电路的情况相比,日本所有的主要信息和通信企业都成功转型。日本信息和通信企业继续开发了更多的复杂电子装置,如微处理器和动态随机存储器(DRAMs)。日本电信设备企业先后开发出了电子交换机、数字交换机和 ATM(异步传输模式)交换机。此外,它们还进入了计算机和相关软件市场,而其他那些原来生产铜缆的企业则变成了光缆的主要生产者。

为什么日本公司能在新技术浪潮到来的时候成功转型并应用新技术来提高现有产品的性能和进入新市场?为了深入地分析这一问题,本书重点选择了信息和通信产业中至关重要的三大领域:电信交换机产业、计算机及相关软件产业和光纤产业。这些产业领域分析的重点是研究当新技术出现的时候,日本公司如何实时(或者说事前)作出回应。这一分析将揭示"模糊性"[或解译模糊(interpretive ambiguity)]通常存在于新技术到来时公司作出决策的过程中。现有的大部分对于技术变革过程的研究都是事后的,结果这些事后研究对于产业演变的核心问题——新技术的首创和变革公司的回应——缺乏研究,或者弱化这一核心问题的研究。

本书详细研究的两个案例阐释了"模糊性"这一概念。直到 20 世纪 50 年代后期,日本企业才开始相信有一个重要的潜在市场——计算机的生产制造。但是,日本的第一批计算机不是诞生在企业的,而是出现在政府实验室中。当时,美国的 IBM 在小托马斯·约翰·

沃森(Thomas Watson Jr)的领导之下,已经正式踏上了建立全球计算机统治王国的征途。20 世纪 70 年代中期,NTT、NEC 和富士通都坚信,由于现有设备的技术发展,数字交换机在 20 世纪 80 年代之前是缺乏成本优势的。然而,加拿大的北方电信(Northern Telecom)却有不同的看法,并对交换机的产业格局产生了深远的影响。这些将在第三章中谈论。

实时分析表明,对新技术作出回应的不仅包括日本企业,也包括日本政府部门,如政府官员以他们认为的最适当方式作出了回应。因此,最好的分析是对技术、企业、产业和政府机构共同进化的"实时"过程解释。

在第三章,本书将分析日本的电信交换机产业。NTT 及其供应商"家族"是如何回应战后发展起来的四个重要的交换机时代(机电式纵横交换机、电子空分交换机、时分数字交换机和 ATM 交换机)?特别是 20 世纪 70 年代,其他国家企业在进入美国数字交换机市场的过程中,为什么北方电信成功而 NEC 和富士通却失败了?为什么富士通(NEC 紧随其后)成为全球第一家提供下一代商用 ATM 交换机的公司?为什么领头的公司比如 ITT、飞利浦和 GTE 退出了交换机市场而日本公司仍然生产?为什么英国公司战后初期在交换机领域是领头羊,后来却丧失了竞争力,而它们的法国同行阿尔卡特却一度成为全球最大的电信设备公司?20 世纪 80 年代中期,NTT 把北方电信纳入其供应商"家族",并与北方电信一起在受控竞争条件下开发下一代 ATM 交换机。由于西方公司与日本公司在全球电信设备市场范围内是竞争对手,因此,西方公司是如何与日本公司按照日本方式进行合作的？这些问题将在第三章中回答。

第四章分析了日本计算机产业从20世纪50年代到90年代中期的演变历史。现有的对日本计算机业的主要研究都集中在大型计算机上,因此,所研究时期也是20世纪80年代后期以前。本书第四章的分析超越了已有研究,不但调查了日本的个人计算机、微处理器和软件产业,而且分析的时间段也进入了20世纪90年代。另外,为什么日本的计算机公司不能像IBM那样,在国际大型计算机市场中取得突出成绩？为什么当富士通和日立决定跟随"IBM之路"时,NEC却选择了致力于小型计算机组成的分布式网络这一不同的道路？虽然NEC在1971年就研发出了日本第一台微处理器(单片计算机),时间上仅比英特尔宣布生产出世界第一台微处理器晚了五个月,但是为什么当20世纪90年代中期英特尔占据了全球32位微处理器市场73%市场份额的时候,NEC却只有大约1%的市场份额呢？为什么日本公司在存储半导体方面有全球性优势,但在使用相同加工工艺的微处理器的全球市场上只占有微小份额？为什么日本公司能支配全球微控制器(简单形态的微处理器,大量应用于消费电子产品中)市场,却在微处理器市场表现不佳?

为什么在所有主要的工业国家中只有日本采用定制(而不是预装)计算机软件？如果说日本公司领导了日本计算机市场,那么为什么美国公司占据了日本预装软件市场70%的份额？为什么日本主要的计算机公司只在1994年才开始出口预装软件？NTT在日本计算机产业发展中扮演了什么角色？20 世纪 80 年代中期,NTT 作出了一次重大变革。在此之前,它主要与其他日本计算机公司合作以努力缩小与 IBM 的差距,然而从 20 世纪 80 年代中期开始,NTT 改变了企业经营策略,开始与 IBM 和 DEC(数字设备公司)合作,为电信运营开发一种多用户的计算机系统。虽然这些日本公司在全球计算机市场中仍然是 IBM 和 DEC 的竞争对手,但是 IBM 和 DEC 是如何调整并适应与日本公司的合作呢？这些都是在第四章中要讨论的难题。

第五章对日本光纤产业的进化提供了一项实时的分析。最早的光纤研究始于英国,但首次技术突破是美国的康宁公司在 1970 年实现的,这为康宁在该领域赢得了具有控制权的专利。然而,日本公司在 1976 年和 1978 年两次打破了世界纪录,生产出了最低损耗率的光纤。它们是怎样获得成功的？日本公司如何在光纤产业领域成功地攀登到世界水平？它们又是如何在日本光纤市场取得绝对控制地位的？与领先的美国公司采用的光纤生产工艺相比,这些从本土发展起来的日本人是如何开发出自己的独特工艺的？住友电工(Sumitomo Electric)怎样成功地建立起进入美国光纤市场的桥头堡并成功开拓美国市场获取长远效益的？

关于日本光纤产业的分析也证实了本书所采用的公司"统一方法"(Unified Approach)的有效性。依照这种方法,可以用一个通用的知识概念来分析公司的内部环境和外部环境。这种统一方法强调光纤公司一定要有坚定的信念：光纤技术终将被应用,光纤市场必将形成。

本书的第三章至第五章集中于探讨整个产业的进化,包括电信交换机产业、计算机和软件产业,以及光纤产业。第六章分析一家公司的进化过程,以日本最大的电信设备公司NEC为案例企业,NEC在20世纪90年代初是世界唯一一个在三个关键的信息和通信产业领域(计算机、半导体和电信设备)销量都位列前五名的公司。本章一个主要的问题与公司的技术能力和内在组织形态的共同进化有关。NEC如何从一个专攻电信设备的公司转变成在计算机和半导体两方面也都有突出能力的公司?NEC的领导们构建了什么样的组织形态,如何协调好其在三个既互补又不同的技术和商业领域中的活动?NEC如何组织它的研发,以为其约10 000件产品创造出所需的技术?NEC的研发部门如何为公司长期生存而开创其所需的技术?NEC如何成为自动识别系统的世界领袖?NEC为什么采用了更为分散、分割的法人组织形态,而比它大得多的公司,例如IBM和AT&T,直到二十多年后才发现此种类似的组织形态对它们的生存至关重要?

第六章深入研究了公司愿景的复杂性。"愿景",或者说关于"为达到未来的目标必须做什么"的信念集合,在公司的进化中起到了什么作用?NEC如何发展它的"C&C愿景"(即其关于计算机和通信技术相融合的信念)?NEC为什么遭受了"愿景失败"(这延缓了它尽快开发数字交换机并从开放的美国市场中获利的进程)?NEC和NTT二者紧密关系的代价和收益是什么?在解释NEC的长期表现时,日本政府有多重要?NEC的战略联盟和它的公司治理方式起到了什么作用？这些是将在第六章中研究的问题。

在第七章,本书的注意力转向了日本主要的电信运营商 NTT。此前的几章揭示了 NTT(和它的前身通信省)在塑造日本信息和通信公司及产业结构方面的关键影响。本章还分析 NTT 目前正在进行的变革之舞,这一变革将可能影响 NTT 此后十年的结构和角色。另外,NTT 如何处理与新竞争者的关系？迄今为止,竞争对 NTT 的表现有何影响？在 1990 年面对资产剥离时,NTT 是如何避免这一威胁的？它能在 1995 年或 1996 年再次成功避免吗？在主要国家中,为什么只有日本仍坚持把国内电信运营和国际电信运营分开,从而分割了 NTT 和 KDD 的活动？NTT 能使它的运营实现多大程度的全球化？NTT 能与其他主要的运营商(如 AT&T 和 BT 这样已经作出提供全球服务这一重要承诺的公司)竞争吗？日益备受竞争压迫的 NTT 是否将被迫放弃它对日本信息和通信产业的形成有重要意义的技术领先愿景？为什么 NTT 受到邮政省(MPT)如此强硬的管制？通过严格限制 NTT, MPT 是否达到了它的“目标”？或者说,它对 NTT 的约束有什么好的理由吗？这些是将在第七章中分析的一些问题。

第八章着重分析 NTT 的主要竞争对手 DDI。这一章主要讨论的问题是,只有 30 名工程师的 DDI 如何能寄希望于同 NTT(仅在研发部门就拥有 8 200 名科学家、工程师和技术人员)展开长期竞争？DDI 将市场作为新技术和新设备来源的依赖是否对 NTT 的受控竞争做了充分回应？DDI 是怎样实现如此快速发展的？与 NTT 相比,它的优势是什么？这些问题在第八章中探讨。

第九章是结论。这一章首先是比较日本信息和通信企业的演变,与此同时,本章还对比了日本信息和通信企业与日本汽车和消费电子企业的演变,而另一方面是日本信息和通信企业与西方信息和通信企业的对比。接下来,本章分析日本信息和通信企业的绩效。在技术表现、全球竞争力和财务业绩方面,它们做得怎么样?日本信息和通信企业在全球竞争中的实力如何,弱点是什么?这些公司的竞争力有望在未来得到提升吗?在解释日本信息和通信企业表现的时候,日本政府有何重要性?在未来为NTT保留了什么?NTT有能力处理日本日益增加的竞争压力、资产剥离和全球化的挑战吗?

本书研究的问题

本书研究的是两组紧密相关的问题。第一是分析日本信息和通信产业的长期成长之路(演变过程),第二是探讨最适于分析产业长期变革动力的方法。

为什么研究日本信息和通信产业呢?有如下几个原因。

第一,现有的对于日本工业的总结和研究过多地受到了日本汽车产业和消费电子产业的影响。但是,当这两个产业在日本国内生产总值(GDP)中占有极大比重,在日本出口中占据更大的比重,以及这两个产业各自拥有其特殊产业环境时,它们的产业发展经验是不能简单地扩展到日本其他产业的。

第二个原因(和第一个相关)是20世纪80年代在西方国家有一个高估"日本"成功的趋势。"日本第一"和"日本威胁"之类的畅销书点燃了人们对日本的狂热之火。然而,随着20世纪90年代早期日本经济衰退的出现,一些日本主要公司(如富士通和NEC)陷入亏损的境地。结果是,大约一半的人对日本"仍然高估",而另外一半人则认为日本"即将崩溃"。比如,《新闻周刊》的封面文章就满怀信心地指出,日本"系统已经崩溃——它的高科技优势在衰退"。事实上,两种看法及其趋势都被过度夸大。一项关于日本信息和通信产业的严谨研究表明,尽管日本信息和通信产业有(并且已经长期有)重要的竞争优势,但同样也存在着根本的不足。

第三个原因是日本的信息和通信产业在日本经济中可能是最具发展动态性和战略重要性的产业。这个产业提供了或许是战后最重要的单项创新:计算机和出于各种使用目的而必需的软件。此外,这一产业提供了信息通信的神经系统——用20世纪90年代的专业(和滥用的)术语说,就是信息高速公路。仅仅是这个产业的战略意义,就给本书提供了充分的理由来研究它的长期发展动态性,以及所对应的优势和不足。

日本的汽车产业和消费电子产业

为了正确评价日本信息和通信产业的发展绩效,必须首先对比在日本经济增长中其他两个核心产业的表现：汽车和消费电子产业都是日本制造业和整体经济增长的重要引擎。在20世纪90年代初，制造业部门对日本国内生产总值作出了迄今为止最大的贡献，贡献了大约三分之一的国内生产总值。而运输机械业（主要是汽车）占据了制造业产出的15%，机电产业（包括消费电子产品）贡献了17%，两者贡献之和达到制造业产出的约三分之一。

更令人吃惊的是，在20世纪90年代早期，非电力机械、电力机械、运输机械和精密仪器这四大产业就占据了日本总出口的75%（这是造成日本贸易顺差的一方面原因，另一方面原因在于进口少）。如表1－1所示，运输机械贡献了日本总出口值的25%，而电力机械提供了近24%，非电力机械占据了22%。同一个表显示，汽车整车及零部件、消费电子产品和电子元件这三个领域的五组产品［第(4)—第(8)］就占了总出口值的近三分之一。

表1－1　日本的出口值　1980年与1991年　（10亿日元）

	1980年	占总出口百分比%	1991年	占总出口百分比%
(1) 总出口	29 382	—	42 360	—
(2) 机器及设备出口	18 412	62.66	31 868	75.23
包括：				
(a) 机械设备(电力机械除外)	4 091	13.92	9 362	22.10
(b) 电力机械	4 222	14.37	9 934	23.45
(c) 运输设备	7 772	26.45	10 485	24.75
(d) 精密仪器	2 327	7.92	2 087	4.93

（续表）

	1980 年	占总出口百分比%	1991 年	占总出口百分比%
(3)(2)/(1)		62.66		75.23
具体产品				
(4) 客车(轿车)	3 648	12.42	6 017	14.20
汽车零部件	456	1.55	1 524	3.60
(5) 磁带录音机、电视机、收音机	1 795	6.11	1 684	3.98
(6) 录像机，等等	444	1.51	774	1.83
(7) 电子集成电路	—	—	1 112	2.63
(8) 电子管，等等	523	1.78	2 003	4.73
(9)(4)+(5)+(6)+(7)+(8)/(1)		23.37		30.96
(10) 医学和医药	67	0.23	147	0.35

来源：日本统计年鉴，1992。

某种程度上，日本汽车产业和消费电子产业的迅速增长都有其产业自身的独特原因。虽然没有必要在这里详细说明，但是可以简要总结一下。正如大宙藤本(Takahiro Fujimoto)强调的那样，日本汽车产业的国际竞争力主要依赖于产品开发的卓越表现，而日本汽车产品开发的卓越表现则主要归功于从 20 世纪 50 年代就开始的大量组织创新。这些组织创新包括即时生产方式(JIT)、“黑盒部件”供应商系统、日本企业对产品和工艺创新活动的协调与并行的能力、产品开发工程师承担多重任务的能力，以及产品管理者的领先创新概念和协调项目活动的能力。藤本同时强调，这些决定汽车产业竞争力提高的突破性创新最早都是无意识和未预期的，而后期的表现却促成了产业绩效的根本性提高。更确切地说，它们出现于各种问题的零碎、反复的解决中,而且这些组织创新的影响也是事后才被认可并总结的。[①]

至于日本消费电子产业的快速增长,以下的原因可能是非常重要的。第一,战后的日本公司构建了新电子学范式下的技术能力,并快速积累了相关的创新能力。这不仅使日本公司吸收西方科技变得容易,也使本国产品的创新速度变快,比如索尼晶体管收音机是全世界第二台,晶体管电视机是全世界第一台,于 1960 年被生产制造出来。第二,战后早期,日本消费电子产业由于相对低廉的生产要素价格(特别是熟练与半熟练的劳动力)而具有成本的优势。

第三,与日本的信息和通信产品(例如电信交换机和专有计算系统)不同,日本企业为日本市场生产的消费电子产品可以很迅速地以相对低的代价进行改造从而适应西方市场。最后,同样与日本信息和通信企业不同,日本的消费电子企业,由于美国竞争者的迅速衰亡而"有如神助"。比如,最具有戏剧性的公司 RCA(美国无线电公司),是由 AT&T、通用电气和西屋公司在 1919 年创立的,主要开发基于无线电的技术和产品。在 20 世纪 60 年代,RCA 占据了美国彩色电视机几乎 50%的市场份额。然而,由于 RCA 在计算机产业领域

---

① 来自本书作者与大宙藤本的单独访谈,也可以参考,*inter alia*: T. Fujimoto, 'The Origin and Evolution of the "Black Box Parts" Practice in the Japanese Auto Industry', Research Institute for the Japanese Economy, Discussion Paper Series, Faculty of Economics, University of Tokyo, 1994; 'Reinterpreting the Resource-Capablity View of the Firm: A Case of the Development-Production Systems of the Japanese Auto Makers', Research Institute for the Japanese Economy, Discussion Paper Series, Faculty of Economics, University of Tokyo, 1994; K.B. Clark and T. Fujimoto, *Product Development Performance: Strategy, Organization, and Management in the World Auto Industry*, Harvard Business School Press, Boston, Mass., 1991。

的失败，以及进入了与公司能力不相关的市场，RCA 在消费电子产品市场的位置暴跌。1985 年 RCA 被出售给了通用电气。结果，20 世纪 70 年代中期，日本占据了彩色电视机全球一半以上的生产份额和世界出口份额的四分之三。①

日本的信息和通信产业

相比之下，日本的信息和通信产业的情况有着显著的不同。如图 1－1 至图 1－3 所示。日本公司在信息和通信产业的三个重要领

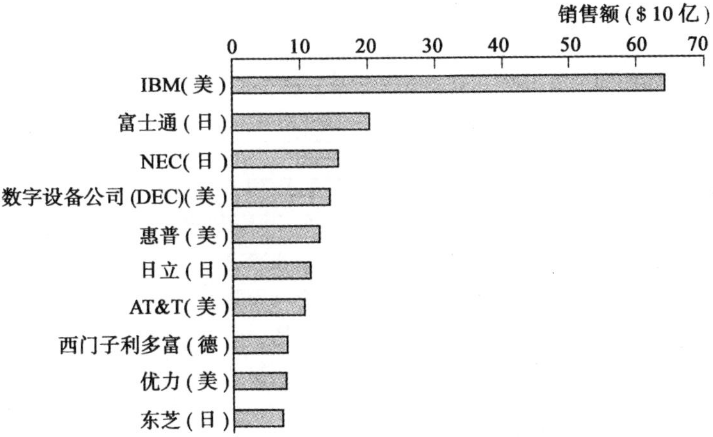

图 1－1　世界十大信息技术供应商（1992 年）

来源：Datamation。

① 关于 RCA 公司的更详细介绍，请参阅第四章。

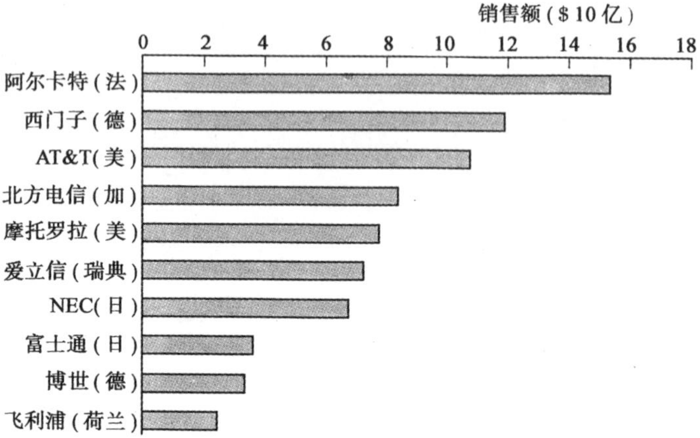

图1-2　世界十大电信设备公司(1992年)

来源：Dataquest。

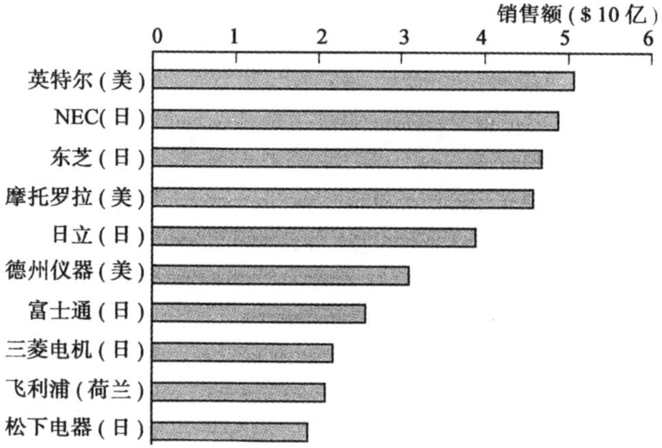

图1-3　世界十大半导体制造商(1992年)

来源：Dataquest。

域[所谓的计算机(信息技术)、电信设备和半导体领域]的世界前十大公司中扮演了显著角色。计算机方面,前十名公司中有四家是日本的(富士通、NEC、日立和东芝);在电信设备方面,前十名中有两家是日本的(NEC和富士通):而在半导体方面,前十名中有六家是日本的(NEC、东芝、日立、富士通、三菱电机和松下电器)。

乍看之下,这给人的印象非常深刻。但如果我们分析日本公司在美国这个世界上最大也是最集中的竞争市场上的位置,就可以得到一张印象完全不同的图表。表1-2来自麦肯锡董事会的一份报告,并显示了这些公司在不同市场(产业部门)的竞争态势。选定的

表1-2　日本公司在部分美国市场中的竞争能力(1990年)

日本跨国公司的相对位置	产业部门	领先的竞争者		
		日　本	美　国	欧洲/其他
高 一家或多家日本跨国公司在美国市场中是领先的竞争者	• 消费电子产品(电视、录像机、CD、高保真/立体声音响)	• 松下电器(JVC、Panasonic、Quasar) • 索尼 • 三洋 • 三菱 • 若干其他公司	• Zenith • Bose • 哈曼	• 汤姆森(GE,RCA)[①] • 飞利浦
	• 照相机	• 佳能 • 尼康 • 美能达 • 朝日(宾得)	• 柯达 • 宝丽莱	
	• 半导体存储器	• 东芝 • NEC • 日立	• 德州仪器 • 摩托罗拉	
	• 半导体制造设备	• 佳能 • 尼康	• 应用材料 • 瓦里安	

（续表）

日本跨国公司的相对位置	产业部门	领先的竞争者		
		日本	美国	欧洲/其他
中 日本跨国公司同美国和（或）欧洲公司共同占据领先优势	• 轿车和轻型卡车	• 丰田 • 本田 • 日产 • 若干其他公司	• 通用 • 福特 • 克莱斯勒	• 戴姆勒-奔驰 • 宝马 • 沃尔沃 • 大众/奥迪 • 若干其他公司
	• 中型卡车	• 五十铃 • 日产 • 日野	• 通用 • 福特 • 耐维斯塔	• 戴姆勒-奔驰 • 沃尔沃
	• 农业和建筑设备	• 久保田 • 小松/德莱塞	• 迪尔 • 福特 • Allied • 卡特比勒 • Tenneco(Case) • Harnischfeger	• 克罗克纳-霍姆伯特道依茨 • 菲亚特
	• 工作母机	• Fanuc • 山武-霍尼韦尔 • 小松 • 大隈	• 利顿 • Cross & Trecker • Cincinnati Milacron • 英格索兰	• 阿西布朗勃法瑞 • 蒂森（赫勒/Hille） • Coman
	• 电信设备（民用及工业用）	• NEC • 东芝 • 松下	• 罗克韦尔 • AT&T	• 北方电信 • 西门子 • 爱立信
	• 普通纸复印机	• 佳能 • 若干其他公司	• 施乐 • 柯达	
低 日本跨国公司不是美国市场的领先者	• 大型计算机	• 富士通/Amdahl • 日立/DES	• IBM • 优利	• Bull HN（Group Bull，NEC，Honeywell）[①]
	• 个人电脑	• 东芝（笔记本） • NEC（笔记本）	• IBM • 苹果 • 康柏	
	• 微处理器及相关 ICs	• 日立 • NEC	• 英特尔 • 摩托罗拉 • 德州仪器 • AMD	

(续表)

日本跨国公司的相对位置	产业部门	领先的竞争者		
		日 本	美 国	欧洲/其他
低 日本跨国公司不是美国市场的领先者	• 大型家用器具	• 三菱	• 通用电气 • 美莱克 • 惠而浦	• 伊莱克斯/White①
	• 小型家用器具	• 松下(只有微波) • 夏普(只有微波)	• Allegheny (Oster, Sunbeam) • Hamilton Beach • Black & Decker • NAACO(宝砂) • 吉列(贝朗)	• Krups • 三星 • 乐喜-金星
	• 汽车零部件及用品	• 电装 • 普利斯通/凡世通	• TRW • Rockwell • 伊顿 • 本迪克斯 • 固特异	• 博世 • 米其林/联合皇家古立德 • ITT Teves • Pirelli
	• 钢	• NKK/National①	• USX • 伯利恒 • LTV • Inland • Armco	
	• 科学/分析仪器	• 日立 • 岛津	• 泰克 • Perkin — Elmer • 惠普 • 瓦里安 • 密理博(Waters)	• 西门子 • 史克必成(贝克曼仪器)
	• 电气设备和通用机械	• 东芝 • 日立	• 通用电气 • 西屋 • 爱默生 • 英格索兰 • Reliance	• Asea Brown Boveri • 西门子
	• 医学成像设备	• 东芝	• 通用电气	• 西门子 • 飞利浦

① 美国企业的相对位置由于并购有所改善。

来源：H. De Nero，'Creating the "hyphenated" corporation，*McKinsey Quarterly*，4 (1990)：154－5。

美国市场被区分为三类：那些日本公司有一个相对的“高”态势（即在此产业部门，一家或更多日本企业是领先位置的竞争者），“中”态势（在此产业部门中，日本公司与美国和/或欧洲公司共同领先），“低”态势（在此产业部门中，日本公司在美国不是领先位置的竞争者）。表中分析的所有美国市场中，日本公司只在四个市场中处于“高”态势：消费电子产品（日本有竞争力的理由已简单分析）、照相机、半导体存储器和半导体制造设备。

接下来，我们分析日本公司在信息和通信产业的三个主要领域（即半导体、计算机和电信设备）中的表现。

半导体产业

在半导体产业的两个子产业部门（也就是半导体存储器和半导体制造设备产业），日本公司都处于全球半导体市场的“高”态势竞争地位。尽管半导体产业始于美国（美国在 1947 年发明了晶体管，在 1959 年发明了集成电路），但随着 1970 年动态随机存储器（DRAM，在计算机存储中广泛使用）的发明，日本公司提升了它们在半导体产业的竞争地位：它们成功地掌握了半导体的产品技术和工艺技术，同时适时投资建设了半导体工厂（和设备），结果是现在日本企业在全球半导体产业占有优势地位。

然而，日本公司在全球半导体市场中看起来毋庸置疑的领先地位受到了挑战。第一个挑战来自韩国企业，比如20世纪90年代初，三星公司等韩国企业在全球半导体存储器市场就迅速树立了其强势竞争地位，而且看起来这一追赶并不是特别困难。这有力地证明了日本企业还没有发展出半导体产业领域内的特殊的、难以赶超的能力。

第二个挑战来自日本企业同时并存的半导体存储器全球强势地位与微处理器弱势地位的“悖论”。如表1－2所示，日本公司在美国微处理器市场上处于“低”态势竞争地位。这的确是一个令人困惑的难题，因为半导体存储器和微处理器是相同的工艺技术。此外，虽然第一台微处理器是1971年英特尔生产出来的，但是仅仅5个月后，NEC就生产出日本第一台可与之相提并论的微处理器。然而，到1992年英特尔占据了全球32位微处理器市场73%的市场份额时，NEC（生产微处理器最多、市场份额最大的日本公司）却仅占全球市场的1.1%。很明显，应该分析日本企业在微处理器上的弱势地位（这在本书的第四章讨论）。①

日本公司在半导体制造设备和照相机产业部门同时取得了“高”态势竞争地位并不是巧合，这从两家相同的公司——尼康和佳能——在两个市场上都占有优势地位就非常明显。原因很简单，20

① 现有的研究日本半导体产业发展的书籍都没有作出日本企业在微处理器上的弱势解释，同样，这些书籍也没有作出日本企业在全球微控制器（简单形态的微处理器，也包含嵌入软件）市场上的优势解释。本书提出，日本企业之所以在微处理器的市场处于竞争的弱势地位，是由于日本企业没有有效地培育起软件开发的能力。当然，现在日本企业在软件开发上已经积累起较强的开发能力（比如，20世纪80年代，NTT就生产出与英特尔可以媲美的微处理器）。参考：D. I. Okimoto et al., *Competitive Edge: The Semiconductor Industry in the U. S. and Japan*, Stanford University Press, Stanford, Calif., 1984, pp.45－50。

世纪30年代，当日本政府出于研发军事设备的目的而进行市场干预的时候，日本的照相机公司积累了光学领域的能力。随着社会的发展，光学技术在半导体生产工艺中变得越发重要，甚至成为主导技术。通过持续不断的渐进性创新，光学技术被拓展和应用到亚微米电路生产中，当然，这也推迟了相关替代技术（比如电子束和X射线）的采用。如第四章所示，尼康等公司从通产省组织实施的VLSI项目（1976—1980年）中受益良多，该项目结合了半导体设备和制造公司的优势，即通过供应商—用户的合作创新突出双方优势的互补。光学能力同样为佳能公司在运用普通纸的复印机上的“中”态势和生产“激光引擎”（它和软件都是激光打印机的重要部分）的能力作出了贡献。佳能与世界最大的激光打印机生产企业惠普公司进行了联盟，即佳能提供大部分的激光引擎（能力的概念是附录1提出的企业理论的核心。日本企业的光学能力①扩展到其他的产品和市场是解释此概念的较好案例）。

计算机产业

对于日本计算机产业的演化，首先需要了解两个现象。第一个现象如表1-2所示，日本公司在美国计算机市场中只占“低”态势位

① 这一能力类似20世纪90年代开始风行全球的“核心能力”——译者注。

置，换句话说，日本公司不在领先者之列。这是在大型计算机、个人计算机和微处理器（即单片机，已讨论过）产业中的情况。第二个现象是，已有的研究日本计算机产业的书籍都在研究20世纪80年代末期以前的事情。然而，在那之后，全球的计算机产业发生了重大的结构性变化，这一变化明显影响了计算机产业的发展。对此现象的形象描述是，1993年初IBM公司宣布了其历史上的最大亏损，因为那时IBM的大型机市场被拥有开放式系统结构和分布式系统的小型机所替代，导致IBM的销售额大幅下滑。正如第四章所提出的那样，20世纪80年代，日本计算机产业有不少公司在学习IBM，并按照IBM的模式来发展自己。因此，对日本计算机业的重新分析是必要的，这将在第四章中讨论。①

如图1-1，日本公司在全球计算机产业中占据领先地位，但实际上这一地位可能需要重新评估。因为直到20世纪80年代末，日本的主要计算机公司销售额的80%基本上是在日本市场实现的。虽然这些计算机公司也得益于战后日本的高速经济增长，但是它们在国外市场上的表现（计算机系统销售）却远远低于那些日本汽车和消费电子企业。一定意义上，日本计算机企业的海外销售情况也部分反

① 对于日本计算机产业分析的4本主要书籍分别是：（1）M. Fransman, *The Market and Beyond: Information Technology in Japan*, Cambridge University Press, 1993；（2）K. Flamm, *Targeting the Compute: Government Support and International Competition*, *Brooking Institution*, Washington, D.C., 1987；（3）K. Flamm, *Creating the Compute: Government*, *Industry*, *and High Technology*, *Brooking Institution*, Washington, D.C., 1988；（4）M. Anchordoguy, *Computers Inc.: Japan's Challenge to IBM*, Harvard University Press, Cambridge, Mass., 1989。

映了它们在国外的收购情况。比如,富士通公司收购了美国 Amdahl 和英国 ICL 的大部分股权。同样,尽管数量稍微少点儿,NEC 也收购了法国 Bull 公司的部分股权。

日本公司在个人计算机(在本书刚提到的已有的研究日本计算机产业的书籍中没有涉及这一产业的分析)中的竞争地位是明显的。第四章中将分析,1975 年美国生产出来的第一台个人计算机(PC)有点类似“幕后操作”,当时 PC 是由那些远离计算机产业主流舞台和聚焦点的公司创新出来的。日本的第一部个人计算机在 1976 年和 1977 年被生产出来,在日本,个人计算机由大型综合电子公司(例如日立、夏普和 NEC)制造并销售。到 1990 年,NEC 是全球个人计算机的第四大生产者,拥有 5.7%的全球市场占有率。然而,这主要归因于其在日本市场的表现,就像第四章中所分析的原因,NEC 占据了日本个人计算机市场份额的 50%。

有必要对计算机软件进行进一步的分析,它占据了信息处理系统和应用的大部分成本。如第四章所示,对日本软件业的研究显示,日本企业开发软件的质量和生产能力与美国不相上下。但是,日本公司并未能将它们的软件产品成功地打包到全球的计算机软件市场中进行销售。相反,美国公司占领了日本计算机软件市场份额的 70%。1994 年,富士通出口了它的第一批封装软件,但 1994 年 NEC 封装软件的销售收入不到其总收入的 1%,其封装软件出口甚至少到可以忽略不计。第四章将给出对这一反常情况的解释。

另一方面,日本公司在计算机系统的某些关键零部件上的全球表现就要好得多。这包括存储器（早已讨论）、平板显示（包括薄膜晶体管液晶显示器）、激光打印机和激光打印机用的激光“引擎”。这是否意味着日本企业的能力已经很好地适应了“商品化”元件的大批量生产，而不是复杂的、软件密集的计算机系统？这一个问题也将在第四章中分析。

这些分析对于日本通产省政策的成功有什么隐含意义？很有可能（同样如第四章指出的）与信息处理部分相关的政策在通产省所有的产业政策中是最重要的。当然，在 20 世纪 70 年代初，当日本计算机产业受到了 IBM370 系列大型计算机挑战的时候，为了扶持这个产业，通产省启动了有史以来投资最大的项目。在第四章和最后一章中，本书会评价通产省计算机产业政策的成功。

电信设备产业

如图 1－2，日本公司在全球电信设备市场中的竞争态势要比计算机市场或半导体市场弱。只有两家日本公司进入到全球前十大电信设备企业的行列，即 NEC 和富士通，分别处于第七位和第八位。但同样，电信设备产业的竞争地位也需要进一步分析。

1982 年，美国在电信设备的全球贸易中有 2.75 亿美元的顺差。但是，到了 1987 年，随着 AT&T 的剥离，以及“小贝尔”（Baby Bells）可以购买非 AT&T 的设备之后，原来的贸易顺差变成了 25 亿美元的贸易逆差。这几乎抵消了美国在计算机产业贸易中的28亿美元顺差。美国电信设备25亿美元的贸易逆差中有22亿美元来自日本。1980—1987年,日本在所有经合组织(OECD)国家电信设备的市场份额从17%翻番上升到34%。

日本企业在全球电信设备市场上取得了骄人的业绩,但是,成绩的背后也有突出的问题。20世纪80年代末,由美国国家科学基金支持的一项JTECH(日本技术评估项目)所作的研究表明,日本企业在电信设备产业发展上有明显的不足。日本技术评估项目将电信设备产业进行了细分,并逐个分析了日本公司在细分的全球主要电信设备市场上的地位。研究报告显示,日本企业只在两个电信设备市场占"统治"地位:无绳电话和传真。在另外6个市场中的竞争地位是"强势的":微波仪器、按键电话系统、寻呼设备、通信元件、光纤和蜂窝电话。但是,在核心的复杂电信设备市场,特别是数字专用小交换机(PBXs)和数字中心局交换机市场,它们的竞争地位仅仅是"中等"。①

的确,20世纪80年代初,当NEC和富士通试图进入美国数字中心局交换机市场的时候,它们都失败了。1992年,AT&T在美国市场占支配地位,有48%的市场份额。作为一家与NEC和富士通在同一时间进军美国市场的加拿大企业,北方电信是38%,NEC是占有率最高的日本公司,但市场份额仅有大约0.2%。

为什么日本企业在美国中心局交换机市场中失败了?为什么北

---

① Japanese Technology Evaluation Programme, *Telecommunications Technology in Japan* (Panel Report), Science Applications International, La Jolla, Calif., 1986.

方电信成功了？为什么 ITT 这个在市场上有卓越技术能力的主要公司退出了？主要日本电信公司 NEC 与西方竞争对手爱立信比较会怎样？日本公司会在下一代交换机市场上更成功吗？这些是将在第三章中分析的几个问题。

日本产业的国际竞争力

上文简单讨论了日本信息和通信产业的优势和不足，那么，与日本其他产业相比，日本信息和通信产业的国际竞争力如何？表 1－3 的数据部分回答了这个问题。表 1－3 用国外销售率（国外销售额占日本企业全部销售额的比率）作为反映产业国际竞争力的粗略指标。国外销售率越高，公司的国际竞争力也就越强。平均数则提供了该产业总体国际竞争力的一些信息。①

如表 1－3 所示，日本信息和通信企业的国外销售率明显低于消费电子企业和汽车企业。此外，它们的销售率也比 IBM、西门子和阿尔卡特要低很多。因此，该表支持了表 1－2 中的数据，表 1－2 表明，日本公司在全球信息和通信市场的竞争力相对较弱。

---

① 虽然国外销售率这个指标很有用，但用来评价国际竞争力还存在一些问题。例如，丰田和松下分别是日本在汽车产业和消费电子领域内最大的企业，但它们分别比各自产业内的最强大竞争对手——日产和索尼的国外销售率要低。单凭国外销售率这一个指标不能说明国际竞争力的强弱，不过，国外销售率一定意义上能反映企业在国外的分销和销售情况，而且，很多时候，小企业更重视国外市场。

表 1－3　部分公司的国外销售率(20 世纪 90 年代早期)

公　　司	国外销售占总销售的比率%
西方公司	
IBM	61
西门子	40
阿尔卡特	67
平均	56
日本公司	
消费电子	
松下	49
索尼	74
平均	62
汽　　车	
丰田	36
日产	41
本田	62
三菱	48
马自达	58
平均	49
信息/通信	
NEC	23
富士通	33
日立	24
东芝	30
平均	28

来源:《日本公司手册》,各公司年度报告。

日本与美国信息和通信企业的能力

图 1－1 至 1－3 指出了主要的日本信息和通信企业和它们的美国信息和通信对手之间的一个重要的结构性差异。这些数据显示，一些日本公司在信息和通信产业的三个主要领域（即计算机、通信设备和半导体）都占有强势位置。

更确切地说，NEC 和富士通被包括在所有三个市场的前十名之中。日立在计算机和半导体市场上占强势位置，尽管在电信设备市场上相当弱小，但是它仍在出售该种产品。然而，没有一家美国公司同时在这些市场的前十名之中。举例来说，在总销售额上，IBM 仍然是有压倒性优势的全球最大计算机公司，但是，尽管 IBM 在 1984 年凭借对 Rolm（PBX 制造商）的并购尝试去积累通信领域内的能力（本着计算机和通信技术的结合能使得两个市场的能力变得重要的理念），但这种努力很快就失败了。Rolm 稍后被卖给了西门子。此外，IBM 在半导体市场的表现也差强人意，尽管它是半导体的大生产商。[①]

① 直到 20 世纪 90 年代初 IBM 才开始向外出售其微处理器。IBM 没有更早做这件事情是因为 IBM 不希望生产兼容机的竞争对手进入大型机市场。另外，也有成本的原因，最主要的一个成本因素是 IBM 在微处理器的工艺技术上虽然领先，但缺乏设计技术的竞争优势。IBM 早期授权英特尔生产所有 IBM 个人计算机的微处理器，而没有培育起 IBM 自身的微处理器技术能力，这受到了很多批判。20 世纪 90 年代，IBM 决心向微处理器的竞争对手英特尔发起挑战，准备开发自己的 PowerPC 的时候，IBM 就必须和摩托罗拉以及苹果合作，虽然这个合作看起来主要是考虑营销的因素，但借助摩托罗拉的设计技术优势也是一个重要的方面。

AT&T 在电信设备和计算机市场这两个领域都位列前十名，当然 AT&T 也是一个主要的半导体生产者（虽然不是前十名），比如，从 20 世纪 80 年代末开始，AT&T 已经开始对外销售半导体产品。但是，需要说明的是，AT&T 在计算机产业的市场地位是它恶意收购 NCR 的结果［在美国司法部与 AT&T 达成的“同意判决（Consent Decree）”中要求 AT&T 不能进入通用计算机的商用市场］。到了 20 世纪 90 年代初，AT&T 承认它并没有在通信和计算机之间获得足够的协同优势，而这曾是它收购 NCR 的重要动机。

摩托罗拉是另外一家在信息和通信产业三个领域中的两个领域都处于强势位置的美国企业。然而，摩托罗拉不是一个像 AT&T、阿尔卡特、西门子、爱立信、NEC 和富士通那样的多领域设备提供商。它在通信方面的强势，在很大程度上归因于它在基于无线电通信设备（例如移动通信基站和电话）方面的能力。摩托罗拉自 20 世纪 20 年代开始在开发、生产家用和汽车用收音机的时候，就开始积累这方面的能力。摩托罗拉对交换机没有优势，在半导体领域，它的实力主要体现在微处理器上。

与此完全相反，NEC、富士通和日立在计算机、半导体和电信设备方面都有强大的实力。换句话说，和美国公司相比，日本公司有着完全不同的能力组合。此外，它们坚信，随着信息系统的日益集成，这种能力组合将会在未来给它们带来更多的国际竞争优势。

这引发了两个问题。首先，怎样解释它们（日本企业和美国企业）的不同能力组合？其次，是否有任何证据表明这些能力可能在未来带给它们竞争优势？第二个问题将在本书的最后一章中讨论。第一个问题的答案应该追溯到日本在20世纪20年代到30年代之间形成的独特的合作组织形态。其中最早的一种组织形态是产业主要用户与大的、相互竞争的供应商之间的合作经营模式。本书称这种组织形态为“受控竞争”。

受控竞争

受控竞争是日本在20世纪20年代和30年代为了开发复杂电信设备而发展起来的一种组织形态。受控竞争的本质是，产品的主要受益者和主要用户与在外部市场相互竞争的供应商这一封闭群体间的一种合作关系。日本信息和通信产业的核心购买者或产业的主要用户在1952年前是日本通信产业省，1952年之后是NTT。供应商封闭群体中的主要成员是NEC、富士通、日立和冲电气。

受控竞争一方面是纵向整合的一种组织形态，另一方面是保持距离的市场关系。稍后我们将看到，美国电信设备组织形态的发展过程就是纵向整合。其结果是，从长期来看，美国主要信息和通信企业的能力得到了积累。

在受控竞争下，电信设备由NTT和供应商这一封闭群体共同开发，后者对产品的制造承担唯一职责。一方面，研发电信设备时，每一个供应者都和NTT及其他供应商合作开发；另一方面，销售电信设备时，每一个供应商的用户都是NTT，这样，供应者之间就有一定程度的竞争。然而,这种竞争不是“赢者通吃”那一类。相反,它是一种受控竞争:NTT 对它们的合作表现进行评判和监管,每一个供应商都有望得到 NTT 的可观订单。

这种组织形态的激励方式是很有意思的。NTT 通过选择这种组织形式(而不是其他可选择的方案)在如下几个方面获益。第一,NTT 能够将主要精力放在培育研究、开发和运营通信网络所必需的能力上,而让供应商掌握与制造有关的能力;第二,既然供应商同时还向其他市场(日本国内和日本国外)出售设备和其他产品,那么,NTT 和供应商就都可以享受规模经济、范围经济及创新的效应,NTT 同时还可以从不同供应商的不同想法和方法中获益;第三,NTT 可以通过多个供应商的相互竞争与合作来选择最好的产品,并能有效避免被某一个供应商“劫持”;第四,NTT 能够利用它作为所有供应商唯一的,也是最大的客户这一市场势力,以及 NTT 自身坚实的研发能力,确保得到它想要的。就像那些供应商所承认的那样,除了给 NTT 它所要求的之外,供应商很少有选择权。

从供应商的观点看,主要的激励是在确定的日期卖给 NTT 大量设备的可能性。此外,既然事实上供应商被保证在适当的利润率上稳定出售其设备,那么只要它们遵守 NTT 的游戏规则,就有积累所谓“交易专属资产(transaction specific assets)”的动力,即诸如设备和人工技能等,在和 NTT 的交易中它们有特殊用处,但如果用于其他方面它们的实际价值就会减少。保持距离的市场关系某种意义上也对应结果的不确定性。而由于结果的不确定性,企业积累“交易专属资产”的动力就很可能明显降低。这种降低“交易专属资产”的一个例子是每一个供应商所建立的服务于NTT的专属部门,这些专属部门由于资产的“专用性”可能会出现企业内部激励不足的情况。此外,既然供应商有理由确信它们会得到NTT订单的一部分,因此,某种程度上供应商就有动力与其他供应商共享技术和信息。然而,这种动力是由于与非NTT供应商之间的竞争所逼迫而导致的。

在受控竞争下,NTT通过稍微增加或减少某个供应商的订单比例来奖赏合作行为优异的表现,并处罚差的表现。这也给供应商提供一些时间去改正它们的行为和表现。相对于赢者通吃的保持距离型竞争,这种做法也增加了供应商对于这种组织形态的确信度。不过,当某一个供应商不愿意,或者不能生产出NTT所需要的设备时,NTT就开始启动排除该供应商的信用威胁。其中的一个例子如第四章所示,NTT决定自1968年起,从它的DIPS计算机合作开发项目中排除原来的供应商——冲电气,只和NEC、富士通和日立合作。

然而,分析一个组织形态的特性是一回事,解释这种形态如何出现,在哪里出现则完全是另一回事了。受控竞争是怎样出现的?这一个问题将在第二章中探讨。

受控竞争的效果

到第二次世界大战结束时,受控竞争已经为日本催生了四家具有较强的生产复杂电信设备能力的公司：NEC、富士通、日立和冲电气。正如第四章所示，这些公司利用它们在电信方面已经积累的能力作为进入新兴的半导体和计算机市场的跳板。因此，当第一部计算机被日本政府实验室开发出来并转移到日本企业的时候，当通产省创立了它的首家合作经营企业以发展日本计算机产业能力的时候，NTT 的供应商（日立、NEC、富士通）毫无意外地很快就承担起了领导者的角色。它们原先在电信方面锻炼出的能力给了它们一个很好的开始。尽管通产省在大部分项目中也包括东芝和三菱电机这两家企业，但是它们相对于 NTT"家族"中的成员仍然处于较弱的位置（冲电气在战后是 NTT 供应商中最弱的而且从来未能提高它的地位）。

1968 年后，如第四章所详细说明的，三个供应商的地位通过 NTT 制定的 DIPS 计算机项目而得到提高。NTT 的采购和技术输入起到了明显的作用，所以在 IBM 开发出它的 370 系列计算机后，RCA（美国无线电公司）、通用电气、东芝、三菱电机和冲电气都退出了大型计算机生产，但日立、富士通和 NEC 则试图留在大型计算机市场。

因此，受控竞争是解释领先的日本公司在通信产业所有的三个领域（计算机、通信和半导体）都有竞争优势的主要因素。但是，受控竞争是在 20 世纪 20 年代到 30 年代当时这一日本特定情况下出现的，之后，受控竞争由于其他目的而调整了。更明确地说，在 NTT 于 1985 年部分私营化之后，它就向更多的供应商开放了它的联合开发项目及它的采购。新的供应商包括了非 NTT 传统供应商"家族"的一些日本公司，也包括西方公司，例如北方电信、IBM 和数字设备公司(DEC)。那些不熟悉日本式职责关系的西方公司是怎样适应NTT的受控竞争系统的?这一问题将在关于电信交换机的第三章和第四章中研究。①

相反,美国一开始就以不同的组织形态和政治环境,促使美国的信息和通信产业的演变过程与日本完全不同。就像我们已经见到的那样,在日本,电信产业充当着不仅是电信设备产业,还有计算机和半导体产业能力孵化器的角色,而在美国,电信产业和计算机产业之间还有一个比较严格的区分。

这种区分可以追溯到AT&T的纵向整合。在美国,亚历山大·葛兰厄姆·贝尔(Alexander Graham Bell)同仪器制造商汤姆斯·沃森(Thomas Watson)在生产第一台电话机上进行过合作。正是这样的合作组织开发了远程通信网络,并开发和制造了该网络所需的设备。之后,1880年,美国贝尔电话公司开始收购西联(Western Union)的电话供应子公司——芝加哥西部电气公司(Western Electric Company of Chicago)时,这种纵向整合的合作模式就被稳固地确立下来了。依照1882年的协议,美国贝尔的全部电话设备都必须从西部电气公司购买,而后者也同意只作为美国贝尔及其许可者的供应商。这种纵向整合的组织形式的结果是,在美国只有一家主要的全面电信设备生产商,即西部电气/AT&T。(如同我们已经见到的,当GTE这样

① 英国信息和通信产业的组织形态表面上看起来与日本信息和通信产业类似,但实际上英国的组织形态与日本的受控竞争有着根本性的不同,例如,英国邮政局与设备供应商GEC、Plessey和STC的关系与日本存在很多不同,这种差异将在第三章比较日本和英国不同的交换机产业演变历史中进行分析。

的公司被限制在与 AT&T 系统无关的小电信业务市场的时候，摩托罗拉更擅于基于无线电的通信设备制造。）

毫不奇怪的是，具备电信设备开发能力的日本公司能成功进入计算机市场。但更令人惊讶的是，这种事情没有在美国发生。“官方书籍”《贝尔系统的工程和科学的历史》(*A History of Engineering and Science in the Bell System*)是这样说的：“贝尔实验室很早就关注了模拟计算机和数字计算机的早期发展，因为，这两者都在根本上与电气通信(electrical communication)的基本原则和生产工艺有关：模拟计算机是建立在典型的电话传输技术上的，而数字计算机则是建立在电话交换技术基础上的。”①

然而，在美国，1956 年 AT&T 和司法部之间达成的“同意判决”限制了 AT&T 将电信方面的能力“自然”扩展到信息处理方面。该判决阻止了 AT&T 进入通用的商用计算机领域，并把它作为 AT&T 垄断电信设备领域的代价，从而构成同意判决。但是，这一判决，连同电信产业的纵向整合一起，为美国通信产业带来了与日本对手完全不同的产业结构。同时，这也意味着美国和日本主要企业有着完全不同的能力组合。

但是，受控竞争到底起到了多大的效果？这种效果不仅仅满足了 NTT 和日本通信网络的需求，而且也促进了那些具有国际竞争力

① S. Millman (ed.), *A History of Engineering and Science in the Bell System: Communications Sciences* (1925 - 1980), AT&T Bell Laboratories, Indianapolis, 1984, pp.351 - 352.

的日本供应商的能力积累。这个问题将在讨论电信交换机、计算机和光纤产业演变历史的第三、四、五章中详细分析。在第六章，本书继续研究 NTT 和受控竞争对 NEC 发展的影响。

经济变革中的企业和产业的演进过程

本书提到的日本信息和通信产业分析，用到了我为研究企业和产业的演变过程而提出的理论研究方法。这些方法依次借鉴了如下这些当代学者们开拓性的工作，如阿尔弗雷德·钱德勒（Alfred Chandler）、罗纳德·多尔（Ronald Dore）、克里斯多弗·弗里曼（Christopher Freeman）、理查德·纳尔逊（Richard Nelson）、伊迪丝·彭罗斯（Edith Penrose）、内森·罗森博格（Nathan Rosenberg）、大卫·蒂斯（David Teece）和西德尼·温特（Sidney Winter），还有更早的学者，如阿尔弗雷德·马歇尔（Alfred Marshall）和约瑟夫·熊彼特（Joseph Schumpeter）。相关方法在附录 1 有总结，也可以参考我的另外一本书《企业愿景和日本》（*Visions of the Firm and Japan*）。

如何阅读本书

从覆盖的宽度和深度来讲，本书是一本复杂的著作，它包括了日本信息和通信产业的大部分内容。从研究方法来看,本书强调了对产业技术、相关企业、研究院所和产业自身进行的实时、详细的进化研究,并且特别注意公司信念对关键、重大决策出台的影响。本书的一部分,特别是关于光纤的第五章、NEC开发自动指纹识别系统的部分章节,以及NTT与供应商合作开发异步传输模式(ATM)交换机的章节,都包含了对最新技术及其开发工艺的详尽解释。这样做不仅仅是简单地提供技术背景和公司历史信息,而是要说明,当公司分析它所处的环境以便确定它的愿景和战略的时候,公司的信念构建(belief construction)过程深受技术变革的影响。在第一种情况,即分析技术背景和公司历史后,公司信念与技术蓝图(technology landscape)相关;第二种情况,公司信念与公司的外部环境相关。

这种分析方法可以深入研究日本信息和通信产业为什么和如何采取这种组织形态,还能详细解释这种组织形态的运作,但同时也使本书更加复杂。为了使读者不至于因为复杂而远离本书,本书的每章都包含综述该章节要点的本章概要,概要还说明本章与全书主题之间的关系。读者阅读概要后就能决定是否再深入研究该特定章节。即使读者不阅读该章,也不会影响对全文主旨的整体把握。

值得注意的是,本书的每一章都是相对独立的。这意味着,举例来说,那些只对计算机,或者交换机,或者光纤,或者NEC或NTT公司感兴趣的读者,可以只阅读相关章节。本书的绪论(第一章)和结论(第九章)都从总体上全面分析了日本信息和通信产业的演变过程。

第二章

CHAPTER TWO

公司和受控竞争的起源

本章概要

本章首先追溯了日本主要的信息和通信企业的诞生与日本电报和电话服务业之间的联系，之后分析了始建于1868年的日本国有电报企业在日本信息通信产业演进中发挥的极其重要的作用。日本信息通信产业最主要的一些公司的创办者，就是在这种电报企业中接触到了最初的信息和通信产业知识。早在1889年，伴随日本第一个电话业务的开通，这些早期的信息和通信企业就已经将公司的业务扩展到与电话相关的设备生产中。

1885年，日本通信省成立，原产业省管理的电报及电话业务改由通信省专门经营。通信省建设全日本的电信网络，并负责采购相关的通信设备。有意思的是，通信省从一开始就将部分核心电信设备委托给一些私人公司生产和制造。同时，日本通信省与其供应商之间逐渐形成了一种密切的合作关系，甚至很多时候通信省的高级官员直接去企业工作，并在企业的经营中扮演重要的角色。

20世纪20年代，在能够生产电信设备的部分日本公司中，NEC公司占据了主要的市场份额，而NEC的部分股权是由贝尔系统的内部供应商(in-house supplier)西部电气所拥有的。但是，到了20世纪30年代，虽然NEC仍保持电信设备供应的强势位置，但是它在日本电信设备市场的份额已经大为降低，其他公司如冲电气、富士通、日立等成为 NEC 的强大竞争对手。也正是这个时候,日本企业的受控竞争开始进入制度化(参考第一章关于受控竞争效果的分析)。相比之下,美国通信产业的组织形态是纵向结合,西部电气成为唯一的主要设备提供商。

本章最后的部分将研究 20 世纪 20 年代末和 30 年代初受控竞争产生的综合环境(the conjuncture of circumstances),分别讨论经济萧条、金融危机和民族主义对受控竞争演化的作用。受控竞争是这些因素综合作用的结果之一,这些因素的综合作用还表现在日本企业对外国技术的依赖在降低,而本土技术能力在提升。在分析这一过程时,本章还特别关注了 NEC 的变革演进以及日本自动交换机的发展过程。

日本电报和电话业务的发展

日本的电报业始于 19 世纪 60 年代。1868 年,即后德川明治时代的第一年,日本产业省建立了第一个国有电报设备生产企业,希望以国产设备来替代进口的电报设备。

1876 年 3 月 10 日,亚历山大 · 格雷厄姆 · 贝尔在波士顿演示了世界上第一次电话通信。1 年后,日本进口了两部电话机,在产业省的电信企业中用于逆向生产。到 1885 年,日本通信省成立之时,日本已经生产出了 252 部电话机。这些电话机都安装在重要部门,例如日本内阁、财务省、外务省、内务省和政府高级官员的官邸。不过,那时还只是两点之间的电话沟通。

1888年7月，日本通信省派遣了一名高级工程师大井才太郎（Saitaro Oi）去美国学习贝尔系统，后来他还去了欧洲。1889年，大井才太郎一回到日本，就铺设了覆盖整个东京-横滨区域的电话线路。1890年，日本引进了第一台电话交换机，这可以为东京的155位和横滨的42位电话用户服务。到1890年12月，日本的电话用户数量达到260户，而到1896年3月，这一数字攀升到了2 872户。

然而，国内电话扩散率受限于高昂的服务成本，以及当时已经取得部分进展但仍然有限的网络外部效应，即当时已有的电话用户数量太少，限制了新电话用户的加入。然而，受内外事件的激励，对电话的需求稳步增长。日本在1894年战胜中国，1904年战胜俄国，这刺激了日本经济增长，促进了通产省与正在中国及朝鲜崛起的日本通信公司的联系。

例如，当俄国的影响力消失，朝鲜成为日本的附属国之后，朝鲜政府与日本签订协议，给予日本对朝鲜通信服务的控制权。类似地，与中国签署的条约给予日本对日俄战争期间在南满洲建立的电报系统的控制权。日本通信公司在这些地方同时扩展了它们的活动。举例来说，NEC于1908年在汉城（今首尔）设立办事处，于1909年在辽东半岛的大连设立办事处。

为满足稳步增长的电话需求，通产省开始实施大量的投资项目以改善通信基础设施。第一个计划就是始于1896年花费0.127亿美元的七年计划。这个项目包括建立东京与大阪之间的长途电话联系，迈出从单纯本地网络到长途通话的第一步。第二个和第三个项目分别是 1907—1913 年和 1916—1921 年，这两个项目帮助日本供应商平安地度过了 1912—1920 年的经济衰退。

主要公司的诞生

如上所述，日本产业省在 1868 年建立了一家国有企业来生产电报设备。[①] 一位日本著名的发明家，已经 70 多岁的田中久重（H. Tanaka）被邀请到这个工厂开发这种设备。田中久重召集了一群天才的工程师，正是这个小组中那些后来建立私人公司的部分成员，开始成为即将出现的日本 IC 产业的核心。

1875 年，田中久重自己离开了这个工厂并建立了田中制作所公司，这家公司在 1904 年成为芝浦工程（Shibaura Engineering）。1939 年，芝浦与东京电气公司合并形成东芝公司。东京电气的起源要追溯到 1890 年日本东京帝国大学（perial College of Engineering in Tokyo）藤冈市助（I. Fujioka）教授的白热社公司成立。（帝国工程学院由一位格拉斯哥工程师 Henry Dyer 于 1871 年建立，1886 年该学院变成东京大学工程系。）在建立白热社的过程中，藤冈市助得到了三吉正一（S. Miyoshi）的协助，后者是产业省电报公司田中小组的一名工程师。1899 年白热社变成东京电气公司。

---

① 如果希望了解更早的历史，请参考本书作者的另外一本书《企业愿景和日本》，牛津大学出版社 1995 年版。

田中小组的另外一个成员，冲牙太郎（K. Oki）离开后建立了自己的公司明工舍，稍后变成冲电气。在19世纪与20世纪的世纪之交时，它是日本最大的电信设备供应商，到二战时仅次于NEC。

19世纪90年代后期，日本电信设备需求的增长很快引起了外国公司的注意。1896年，已经在向日本出售设备的西部电气派了一名代表来到日本，以便探究建立联合企业的可能性。考虑到它在欧洲与邻国的经验，西部电气决定应通过合资而不是子公司方式来运营。当时在日本唯一看起来可能成为合作者的公司是冲电气。然而，与冲电气的初步谈判没有成功，最后，西部电气与它先前的代理商岩重邦彦（Kunihiro Iwadare）形成了合资企业。

岩重邦彦没获得向通信省提供电话设备的许可，于是它与已获得许可的前田武四郎（Takeshiro Maeda）达成协议。岩重邦彦和前田武四郎随后购买了已经破产的由三吉正一（S. Miyoshi）（如先前提到的，在建立白热社时与藤冈市助合作）建立的公司，它们利用这次购买在1898年建立了一个有限公司。1899年，伴随着与西方国家签署的所谓修订条约，日本开始允许外国人拥有日本公司的股份，日本电气于此时创建（NEC，西部电气占有54%的股份），其主要生产电话和交换机。另外，日本也从西部电气和通用电气进口设备（这两家公司的驻日本代表都是Iwadare）。

富士通同样起源于政府活动。1896年古河市兵卫（Furukawa）建立了古河电工（Furukawa Denko），向通信省提供电线。伴随着通信省在电信上的扩展，公司决定从1921年开始生产人工交换机和电话机。由于向通信省实验室的主管利根川(M. Tonegawa)和他手下的一些工程师转让公司,古河电工很轻易地进入了这个行业。1923年,古河电工与西门子达成协议,目的在于获取后者的交换机技术。这导致了一个合资公司的产生,即富士电机(Fuji Denki)。同一年,富士电机成为通产省的官方供货商。1935年,富士电机派生出一家子公司富士电信(Fuji Tsushinki),专攻西门子交换机的生产。1967年富士电信改名为富士通。

稍后被日立吞并的东亚电机制造公司(Toa Denki Seisakusho)到1916年也被鼓励扩展到电话机生产方面。东亚电机在1918年由通产省电子厅的前主任K. Munesue建立。东亚电机的最初目标是生产电话机。1922年东亚电机成为信息产业省的磁发电机和中央电池组型电话机的官方供应商,并且于1926年成为磁发电机和中央电池组型人工交换机的官方供应商。同年,公司得到了鲇川义介(G. Ayukawa)的管理协助,鲇川义介是当时在工业界一位有影响的人物,后来成为满洲铁路公司的总经理。

日立的起源可追溯到1908年,即既是企业家又是工程师的小平浪平(Namihei Odaira)建立久原(Kuhara)矿业公司的时候。日立开始时作为久原矿业在日立矿山的电力机械修理厂。1918年,久原矿业将公司总部搬到东京,日立有限公司成立,当时是一家电力机械公司(在1920年)。

1934年东亚电机与国产工业株式会社(一家制造铁和钢零件的公司)合并,总经理是鲇川义介。三年之后,1937年,日立收购了国产工业株式会社。从那以后，在其电信产品上就不再使用东亚电机商标，而是日立商标。

日本设备制造商间日益增长的竞争

1920 年，战后的繁荣转化为通货膨胀和萧条。1921—1922 年，华盛顿海军会议派 3 艘战舰去日本以便使美英达到各 5 艘的规模，这进一步加剧了低迷景象，严重地影响了日本的重工业。劳资争议和罢工在日本许多地方爆发，而且在 1922 年数个银行的股票交易暴跌，导致情况进一步恶化。尽管电信设备公司某种程度上因通产省的电话推广项目而与衰退远离，但通产省自身承受着由于衰退而日益增长的预算压力。

1923 年 9 月 1 日的关东大地震使得情况变得更糟，这次地震中大约有 14 万人丧生，340 万人无家可归。东京的中央电话局和其他 12 处办事机构被毁，许多电缆和电话设备遭到破坏。这些事件影响很大，但却意外地导致了日本通信网络更快实现现代化。面对关东地区大量固定资本的被破坏，震前制订的引进自动电话交换机和无线电广播的计划被更快地执行。就如我们将见到的，这大大地推进了设备生产商的技术能力。

然而，伴随着日本经济不景气的开始，其民族主义情绪高涨。在工业领域，从国际贸易与产业省（Shokosho）的前身在 1926 年建立了国内产品促进委员会(Kokusanshinko linkai)可以明显看出这种情绪。民族主义情绪在通产省也十分强烈。1929年,通产省签发了"使用更多国内电信产品的指示"(Denkitsushin-kiki kokusanka taiko),在后文中将要看到,这一指令对日本的设备制造商产生了重大影响。

然而,日本民族主义不仅是一个政治意识形态的问题,也包含与日本依赖外国公司、引进外国技术和仪器的高费用相连接的经济原因。这在下面将要分析的发展国内自动交换机能力的案例中表现得更加清晰。民族主义运动实质上改变了国内电信设备制造商与国外技术提供者之间的关系。

以NEC为例,就像在富士通和日立的例子中已经讨论的,在通产省和NEC之间存在紧密的联系。举例来说,这从先前提到的大井才太郎(Saitaro Oi)的职业生涯中可以看出来。大井才太郎1888年被通产省派遣去研究美国和英国的电信系统:1919年8月,大井才太郎离开了通产省,成为NEC的一名董事。

同样的,在1924年,通产省实验室的一位前工程师丹羽保次郎(Yasujiro Niwa)加入了NEC,而且在1927年成为NEC工程部的部长。丹羽保次郎被有雄心壮志的民族主义者的降低日本对外国技术依赖的行动所鼓舞,在NEC提出了若干重要的改革以加强公司的技术能力。这包括建立厂级研发部门,以此同西部电气式的中心实验室相抗衡,并且每年招募来自著名日本大学的年轻工程师。1926年12月,NEC的创办人之一岩重邦彦让出了他的总经理位置,成为董事长。大畑源一郎(Genichiro Ohata)成为总经理,大畑源一郎在

1920 年从通产省加入 NEC,并且从 1923 年以来就一直是董事会的成员。

然而,NEC 和通产省有如此近的关系,这使得它们在 20 世纪 20 年代后期的民族主义运动中遇到了难题,难题的原因是 NEC 仍然是西部电气控股的子公司。当 1930 年 7 月通产省秘密发布了关于国家产品法令的时候,这一个困境变得更为严重。法令规定,通产省优先选择的“国内产品”是指来自日本至少占有 51% 股份的公司的产品。这是否暗示了在通产省和 NEC(作为西方公司控股的子公司)之间有民族主义利益冲突的出现?这“困难”是如何被解决的?在真正的日本风格中,各方找到了一个既可以解决这个难题,又可以保护各自利益的实用决议,结果是可以令人满意地避开这个难题。这是如何完成的呢?

事实上,这“困难”并不像它表面上那样的严重。当通产省坚守日益强烈的民族主义阵线时,为了追求金融和政治目标,它也有兴趣维护并事实上加强 NEC 的技术能力,因为 NEC 仍然是其最重要的电信设备供应商。

对 NEC 来说,合资公司中的日方决不会阻碍加强公司的能力。虽然 NEC 严重依赖西部电气的技术,但是公司中接收过日本顶尖大学教育的年轻工程师在逐渐增多,他们想扩展自身和该公司对进口设备和技术的掌握。此外,存在于通产省和 NEC 之间的紧密联系由于从前者向后者的员工转换而被强化,这有助于巩固现存的利益关系,并达成一个可接受的妥协方案。

再三考虑 NEC 和住友集团之间业已建立的紧密关系之后，这一妥协最终被接受。1919 年，国际西部电气（西部电气在 1918 年组建的一家经营海外利益的全资子公司）与 NEC 的岩重邦彦讨论了建立一个生产电缆的合资企业的可行性。因为此时 NEC 正满负荷运行，岩重邦彦正在关注（以一个更现代的术语）集中公司的核心能力，所以他提议与住友电线制作所（Sumitomo Densen Seizosho，现在称作住友电气工业株式会社）一起商议有关合资企业的事宜。住友电线是住友财团（起源于 16 世纪末，主要从事铜熔解精炼）的电缆制造单位。依照 1920 年达成的协议，NEC 获得了住友电线 25%的股份，并将本公司 5%的股份给住友电线作为回报，同时，NEC 对西部电气的双股电缆技术的权利被转移到住友电线。

20 世纪 20 年代末，这种与强大的住友财团建立的关系，被证明有助于走出通产省只从日本控股的公司采购产品的困境。1925 年，国际电话和电报公司（ITU）接管了国际西部电气和它的子公司。根据该协议，国际西部电气被更名为国际标准电子公司（ISE），并且成为 ITF 的一家子公司。这使得 NEC 成为 ISE 的一家附属企业。通过各种协议，NEC 保留了它对西部电气技术的使用权。

1929 年，ITT 的总经理 Sosthenes Behn 和住友的代表之间关于将 NEC 的管理权转让给住友的谈判开始了。考虑到当时日本政治上的主流气候，这是 Behn 乐于作出的选择。协议最终于 1932 年 5 月达成，包括将 ISE 在 NEC 中的股份转移给住友，同时将等量的住友股份转移给 ISE。这样，ISE 在 NEC 的股份从 59%降到 50%，而在住友集团的股份从5%上升到14%。同时,NEC有权接受来自ISE的持续的技术和管理支持。

尽管公司在技术上仍继续依赖ISE,但以这种方式,通产省发现了一条继续让NEC作为其主要的电信设备供应商的道路。然而,因为日本的政治形势进一步恶化,逐渐导致日本陷入了战争时期,当住友集团成为NEC最大股东的同时,ISE被强令进一步降低了它在NEC中的股份。然而战后,在1950年7月,ISE恢复了在日本进入战争前在NEC持有的32.8%的股份。

在处理NEC事件时,通产省表示它愿意采取注重实效的行为,同时,因为民族主义原因,它坚持要求公司的所有合法控制权应交到日本手中。然而,住友此时对NEC的合法控制并没有改变后者对西部电气的技术依赖,尽管NEC的人员例如Niwa等继续加大努力以加强公司的技术能力。无论如何,通产省认为提升日本的技术自主非常重要,并且由于这个原因,通产省在力所能及的范围内鼓励发展日本的技术能力。

自动交换机的例子

自动交换机的例子非常有意思,因为它详尽地展现了国内技术能力在两次战争期间是如何积聚的。国内能力积累的这一过程,也显示了通产省所起的重要作用,首先是在进口国外技术的谈判中那些最后被证明有利于日本的条款,其次是采取了措施确保日本公司不继续依赖国外技术资源而要发展自己的能力。自动交换机的例子很好地说明了在试图增加本土技术能力的时候,所有发展中国家在引进技术时面对的困难类型,同时它也提供了一个这些国家的政府如何应付这些困难的范例。①

引进国外技术

1922 年,通产省进口了第一台自动转换机系统,这是一台购自英国自动电话制造公司(ATM)的具备处理 10 000 条线路能力的史瑞乔式(Strowger-type)交换机。进口这个交换机的目的是要通产省的工程师们可以研究这个系统并从中获取更多的信息。1923 年 4 月,它被安装在中国辽东半岛的大连电话总局。NEC 协助进行了这次安装,结果它成为 ATM 产品在日本的唯一代理人。

1923 年 9 月关东大地震之后,面对包括交换机在内的电信设备的破坏,通产省决定引进自动交换机。为此,通产省从可用的各种不同的技术和系统中选择,研究了 6 种不同的正在世界各地使用的自动交换机。由于通产省的工程研究部在早期对 ATM 交换机的研究中积累了经验和知识,这种研究变得比较容易。研究的结果是,1924 年通产省将选择范围缩小到两种交换机:一种是 ATM 和另外一家自动机械股份有限公司(AEI)制造的史瑞乔式交换机;另一种是西

① 对于发展中国家的技术引进与国内技术能力提高的详细调研情况可以参考本书作者的另外一本书《技术和经济发展》,Wheatsheaf, Brighton 出版,1986 年。

门子-哈尔斯(Siemens - Halske)制造的交换机,这在当时是世界上使用最广泛的交换机。

在做选择时,通产省面临一个困境。就培训工程师及技术人员和维护设备的标准化而言,为整个国家选择一个系统将会带来明显的好处,可以排除在同一个网络内不同交换机系统的不兼容问题,也可以增加通产省技术人员的通用性。但另一方面,选择一个系统加大了日本网络被掌握此专利技术的外国公司钳制的危险,这可能意味着要为这种交换机技术支付一个很高的价格。

这个困境在通产省内的工程局和会计局之间产生了争论。前者出于技术至上的考虑,倾向于一个系统,后者更关心财务方面,希望利用存在于外国公司之间和日本公司之间的竞争作为工具,来降低电信设备的成本。结果,会计局的政策路线获胜,通产省决定引进这两种自动交换系统。因此,1924 年,在东京地区通过 NEC 从 ATM 公司引进史瑞乔式系统。这一份合同的价值是 815 万美元,这对于当时的通产省来说是一个相当大的数字。同时,横滨地区购买使用西门子的系统。这个系统比史瑞乔式系统便宜 12%,这就说明了外国交换机系统供应商之间竞争的好处。当史瑞乔式系统被用于东京、名古屋和京都的时候,稍后西门子系统被引进到大阪和神户。1925 年富士电机从西门子舒伯特东京公司(Siemens Schukert Tokyo Company)接管了进口并销售西门子-哈而斯电信设备及零部件的权利。

虽然提供这两个系统的外国公司间的竞争降低了价格,但是通产省意识到(就像许多发展中国家的政府后来认识到的),进口“散装”的系统可以进一步降低价格。因此,尽管原先的订单是来自外国供应商的整个系统,但是此后通产省将自动交换机系统分解成十个可以在日本装配的子系统,然后与每个子系统的供应商分别谈判。这样,进口技术的价格变得更加低廉。

表 2 - 1 显示了通产省成功地降低了价格。可以看到,为自动交换机设备所付的费用占向外国公司电信设备总付款的比例从 1925 年(进口交换机的第一年)的 61%降到 1929 年的 34%。1927 年开始的严重经济衰退对通产省的预算产生了负面影响,在这种情况下,在获取这项国外技术方面能取得如此大的进步非常令人感到高兴。

表 2 - 1 通产省为自动交换机向外国公司的付款(1925~1929 年)

	通产省向外国公司的总支付(千日元)(1)	为自动交换机的总支付(千日元)(2)	比例(%)(2)/(1)
1925 年	16 345	9 951	61
1926 年	12 947	8 435	65
1927 年	5 701	1 832	32
1928 年	3 065	1 526	50
1929 年	2 379	809	34

来源:NTT,日本自动电话交换机的 25 年(在日本),NTT,东京,1953。

自动交换机方面日益增加的国内能力

尽管通产省在降低进口自动交换机的价格上获得了成功,但是它感觉到还应该同时加强日本供应商在自动交换机领域的能力。从ATM进口自动交换机之时,NEC就与通产省紧密合作,1924年,在西部电气的技术支持下开发它自己的史瑞乔式交换机。如我们所看到的,1929年,当国内产品被通产省给予高优先权时,NEC在东京的一个电话总局安装了国内开发的第一台自动交换机。一年以后,日立交付了它的第一台国产自动交换机。

1927年,东亚电机(后来成为日立的一部分)决定开发它自己的交换机。这个开发得到了通产省的大力支持,它允许东亚电机对NEC从美国公司自动机械股份有限公司(AEI)获得的并且已经安装在东京中央电话局的史瑞乔式交换机进行逆向工程。1930年,通产省批准东亚电机成为自动交换机的供应商之一。1934年,东亚电机交付了它的第一台用于热海(Atami)交易所的自动交换机。

1932年,富士电机(稍后分离出富士通)向通产省提出,它愿意用从西门子进口的零部件在国内组装自动交换机。然而,通产省强烈反对这个建议,并且威胁说要为一直在使用西门子-哈而斯交换机的大阪-神户地区购买史瑞乔式交换机,除非富士电机转向完全国内生产。这种威胁引发了富士电机和西门子之间的强硬谈判,结果是富士电机得到了西门子的同意,开始生产本国产品。1934年,它提供了国产的用于横滨—鹤见和大阪—福岛区域的西门子—哈而斯交换机。这样,借着经济不景气导致的预算限制和民族主义情绪的刺激,通产省成功地提升了日本设备供应商的技术能力,同时也改善了关于获取外国交换机技术的条款。

受控竞争的制度化

受控竞争(日本电信设备发展的组织形式,在第一章中已经分析)在20世纪20年代末30年代初实现制度化。反过来,它对整个日本IC产业的塑造与发展历程产生了重要影响。

是什么样的环境因素引起了受控竞争的制度化?在本章前面,已经涉及其中有重要影响的两个因素。第一个是从1927年开始的金融危机。这些危机给政府预算带来了压力,也刺激政府尝试减少费用。在通产省,这转化为降低采购远程通信网络现代化设备的费用。如前所述,减少这些费用的方法之一是以更低的代价与提供设备的外国公司进行交易。另外一个方法是在增加国内设备供应商的技术能力的同时,增加它们之间的竞争,以便降低价格和提升质量。

第二个因素提供了将这些政策整合在一起的意识形态黏合剂。这就是在20世纪20年代末席卷政府各部门的日本民族主义的潮流。通产省就是民族主义的温床,这明显地表现于它的各种旨在支持国内产品和降低对国外供应商的依赖的公告中。尽管通产省的政策仍然高度注重实效(从它对NEC的精巧处理中可以看出),但是那个时期的民族主义充当了一个增加本土技术能力积累的重要推动力。

如果说金融危机和民族主义是推动受控竞争制度化的两股主要

力量,那么这种认为电信设备发展的有效组织形式中,必须存在若干可供选择的供应商之间相互竞争的信念,也是一股主要的力量。虽然这种信念与美国的形式相矛盾(在美国,纵向结合的贝尔系统从它的全资子公司西部电气获得设备),但是,这种信念已经很好地服务于了日本体系。如前所提,从一开始,产业省和后来的通产省就依靠数个供应商向它供应所需的电报和电话网络设备。

然而尽管长久以来,这种认为有几个供应商同时存在非常必要的信念一直存在,但是在20世纪20年代末30年代初的环境组合下,它也发生了变化。更明确地说,在受控竞争制度化的同时这种信念被奉为信条,规定通产省应该拥有从几个供应商采购所需设备的选择权,这些供应商每一个都有足够力量同其他供应商进行有效竞争。这种安排的主要好处是通产省能够不被一家占优势的供应商"所俘获",此外,通产省可以从由不同供应商根据各自不同能力形成的多种产品和技术中获益。然而,问题是20世纪20年代中期通产省却严重依赖于一家供应商,即NEC——这家世界领先的电信设备公司参股的子公司。如表2-2所示,1927年,通产省购买的总电信设备中,几乎有四分之三都来自NEC。

表2-2 通产省购买的电信设备的价值(1926—1931年)

	1926年	1927年	1928年	1929年	1930年	1931年
NEC						
价值(千日元)	14 757	8 029	3 079	3 878	1 862	1 341
占总额(%)	68.4	72.4	60.8	63.1	62.6	54.5

（续表）

	1926 年	1927 年	1928 年	1929 年	1930 年	1931 年
冲电气						
价值（千日元）	3 619	2 226	928	1 369	581	510
占总额（%）	16.8	20.1	18.3	22.3	19.5	20.7
日立						
价值（千日元）	260	153	163	323	171	150
占总额（%）	1.2	1.4	3.2	5.3	5.8	6.1
富士通						
价值（千日元）	2 415	271	586	151	191	294
占总额（%）	11.2	2.4	11.6	2.5	6.4	11.9
Anritsu						
价值（千日元）	576	413	307	425	168	166
占总额（%）	2.4	3.7	6.1	6.9	5.7	6.7
总和						
价值（千日元）	21 567	11 092	5 063	6 146	2 973	2 461
（%）	100.0	100.0	100.0	100.0	100.0	100.0

来源：NTT，日本自动电话交换机的 25 年（在日本），NTT，东京，1953。

在 20 世纪 20 年代后期出现的新环境之下，通产省开始着手尝试改变其供应商状况。考虑到优势，NEC 很明显仍然是一个重要的供应商。正是这种认识以及在通产省和 NEC 之间早就形成的紧密的人员间的联系，很好地解释了前文所述的两者间关于减少美国在 NEC 所有权的实效谈判。尽管如此，通产省仍然坚决地降低了 NEC 相对于其他供应商的优势。通产省采取措施，把供应商从以一家供应商占压倒性优势为特点的情形，转换为一种受控竞争的状态。自此以后，采购份额在日本主要的供应商之间有一个更平均的分配，这种平均在战后更加明显。

从表2－2显示的日立所占份额来看,通产省政策的改变非常明显。日立对于通产省的民族主义政策尤为重要,因为它是唯一一家设备没有主要依赖于外国技术的公司。这很好地吻合了通产省的“国产”政策。如表所示,日立在通产省的购买中的份额从1926年的1.2%增加到1931年的6.1%。其他得利者(虽然不在相同的范围)包括安立、冲电气和富士通。然而,NEC的损失却很大。到1931年,通产省的购买中只有55%来自NEC。从NEC对通产省的销售占其总销售的比重来看,变化更明显:1925年这一比例是84%,到1931年它已降到33%。通产省新增的用于购买的预算中,流向NEC的比例更好地说明了通产省降低对NEC依赖的决心,参见表2－3。该表显示,1925年NEC的份额是38%,到1931年它已经降到11%。因此,到20世纪30年代初,受控竞争在日本已经实现制度化,直到现在这种形式仍然被认可。

表2－3　NEC对通产省的销售额(MoC)(1925—1931年)

	总扩展预算(MoC)	NEC对MoC的销售额	比例(%)
1925年	37 000	13 945	37.8
1926年	48 620	16 041	33.0
1927年	47 000	13 027	27.7
1928年	40 770	8 481	20.8
1929年	30 950	6 500	21.0
1930年	21 051	1 862	8.8
1931年	11 859	1 341	11.3

来源:NTT,日本自动电话交换机的25年(在日本),NTT,东京,1953。

结　论

1949 年,日本政府与盟军总司令协商,解散通产省,同时新建两个部门,邮政省(Yuseisho)和电信省(Denki Tsushinsho)。同时,政府建立了电报和电话重建咨询委员会,以研究战后电信部门的适当框架。

咨询委员会在 1950 年 3 月出版了它的最终报告,建议日本的电报和电话网络应由一家公共公司,而不是直接由政府来垄断经营。1952 年,电信省的很大一部分被转移到新创的 NTT。与日本的国立铁路不得不在一些区域同私营铁路竞争有所不同,NTT 在电报和电话服务方面拥有垄断权。邮政省被重新命名为邮电省,并且在一些电信领域中拥有管理权。

NTT 的第一位总经理是梶井刚(Takeshi Kajii)。1938 年之前,梶井刚一直是通产省工程局的主管,之后他成为 NEC 常务董事。1943 年,他成为 NEC 的总经理。同年 NEC 被指定按政府 1943 年 10 月的《军需品公司法》作为受军管政府控制的军需品公司。根据该法,Kajii 被任命为对产品负责的官员。1946 年 1 月,他被联盟主管当局整肃,并撤掉了 NEC 总经理的职位。1952 年,他成为 NTT 的第一位总经理。

虽然形式上发生了通产省向 NTT 的变化,但是实质上有很大的连续性。更明确地说,20 世纪 20 年代到 30 年代在通产省的指导下发展起来的受控竞争的主要特性,在 1952 年后继续存在,改变非常微小。就像在本书其他部分将要看到的,甚至到 1985 年 NTT 部分私营化、外国电信供应商开始加入之时,这些特征仍然可以定义日本电信系统的特点。

第三章

CHAPTER THREE

日本电信交换机产业的进化

本章概要

本章首先回顾了日本的电信交换机从机电纵横式交换机(electromechanical crossbar switching)到电子空分交换机(electronic space-division switching)的转型过程,并将日本的电子空分交换机企业与全球领先的AT&T相比较,以论证日本在该领域与世界的领先水平有多大差距,如何赶超。

其次,本章分析了开辟交换机新市场的数字时分交换机(digital time-division switching)的发展,并就全球主要交换机企业在美国市场的一些竞争行为展开讨论。如AT&T、NTT(日本电话电报公司)、北方电信、NEC(日本电气公司)以及富士通。这些公司是如何对新的技术和市场作出不同反应的?为什么北方电信能在美国市场获得成功,而日本公司却失败了?

再次,本章对NTT公司基于合作而开发的两个数字交换机D60和D70进行了分析。合作开发的组织形态,即受控竞争,是如何展开的?NTT及其供应商——NEC、富士通、日立、冲电气在该合作开发中的成本和收益分别是多少?NTT是如何通过这些成功的交换机产品,发展出世界上最现代化与数字化的电信网络之一的?

最后,本章分别对能力的重要性、公司概念、国家创新体系进行了分析,特别是对国际电话电信公司(ITT)、NEC、富士通、爱立信、飞利浦和摩托罗拉这些企业作了详细的比较。通过对美日和英法电信交换产业进化历程的分析，本章研究了国家创新体系对产业发展的影响。为什么在法国诞生了世界上最大的中心局交换机企业阿尔卡特，而英国领先企业的交换机业务最后却被西门子并购了？

公司能力、组织结构和企业战略分别在中心局交换机公司的案例中发挥了什么样的影响和作用？与新加入该领域的公司相比，那些最早踏入这一领域的公司有什么竞争优势？这些问题都将在对主要交换机公司分析后进行讨论。

本章的最后一部分内容分析了 NTT 下一代 ATM（异步传输模式）交换机合作开发的决策过程。那些重要决策的关键决定性因素是什么？在合作开发该交换机过程中，NTT 改变了以往的受控竞争模式，吸引了部分西方公司参与其中。那么，这些西方公司是如何对日本建立在信任基础上的责任关系作出反应的？在合作开发 ATM 交换机的同时，这些西方公司在全球市场上又是如何与日本公司进行竞争的呢？

引 言

日本的中心局交换机产业有若干重要的问题与谜团。二战后，与西方公司有着明显技术差距的日本公司是如何在交换机技术上追赶的？NTT 主导下的受控竞争在追赶过程中扮演了什么样的角色？20世纪90年代初，全球有7家主要竞争厂家生产中心局交换机，日本是其中唯一拥有两家具有代表性企业（NEC和富士通）的国家，而其他国家只有一家。这是为什么呢？在20世纪70年代，像它们的西方竞争对手如加拿大的北电一样，NEC和富士通也尝试借助由新的数字交换机技术产生的机会打入美国市场。但是，北方电信成功了，而NEC和富士通却失败了。到1992年，北方电信拥有美国中心局交换机市场39.6%的份额，AT&T拥有41.3%，而作为日本最具竞争力的NEC，只拥有区区0.7%的份额。为什么日本公司失败了呢？从20世纪80年代末起，NTT就建立了世界上最大的协会来开发将会用于交换多媒体信号（如声音、数据、传真、影像等）的下一代ATM交换机。在20世纪90年代初，富士通却成为第一家实现ATM交换机商业化的公司，而NEC紧随其后。这都是因为什么呢？

进一步的问题伴随全球中心局交换机产业的发展而产生。直到20世纪80年代早期仍是美国交换机行业绝对霸主的AT&T是如何将这么大的市场份额输给了北方电信？如表3-1所示，为什么原来主流的交换机生产厂家如ITT、飞利浦、Plessey和GTE退出了交换机市场？法国的阿尔卡特是如何成为世界上最大的中心局交换机生产厂商？为什么在二战前拥有若干世界上最强大交换机公司的英国几乎完全退出了这一关键的通信设备市场？在该市场中，公司战略和结构对于解释在市场中的合作竞争绩效将扮演什么样的角色呢？

表3-1 电信交换机市场中的主要竞争者和退出者(20世纪90年代)

主要竞争者	退出者
Alcatel	ITT
AT&T	飞利浦
北方电信	GTE
爱立信	Plessey
NEC	Stromberg-Carlson
Siemens/GPT	
富士通	

从事后的角度来看,二战后交换机产业有如下三种主要变化:四代主要交换机技术的传承;全球范围内产业投资的快速集中和研发投入的迅速上涨(主要生产厂家由20世纪70年代的约15家到20世纪90年代早期的7家);一些主要的中心局交换机市场逐步放宽。但本书从实时和事前追踪的角度来看,中心局交换机产业发展的其他一些重要特征显得更为突出。

本来,每一代交换机技术的引入都有重要但模糊的解读。从主要技术的开发到第一台技术上可行的交换机的诞生,大约用了10~20年的时间。新一代交换机从诞生到经济上能与上一代的交换机抗衡,又得需要大约5~10年的时间。在这期间,对于新一代交换机是否及何时能在技术和经济上获胜,不同的国家、公司甚至公司内部所持理念都有天壤之别。这些理念反过来又影响了公司决定何时进入新技术领域。在这一章,将结合AT&T、北方电信、NTT、NEC和富士通等公司的不同理念对其各自所产生的竞争性后果进行详细分析。

上述对于技术和市场的理念都在不同的模糊的解读条件下形成,而这些不同理念并不是公司选择战略的唯一驱动。不同公司各自的“公司理念”,即它们对所认为的适应公司的业务种类的看法也十分重要。本章分析了对ITT、NEC以及爱立信等公司战略形成产生重大作用的不同“理念”,这些“理念”反过来又影响了20世纪90年代出现的中心局交换机产业的结构。简言之,本章的实时分析阐明了对全球交换机产业的形成产生重大影响的关键决策的“模糊性”。这些决策不是在明白无误中,以准确预测随之而来的后果为前提而作出的,而是在试验性的理念和期望的基础上而作出的,其中一些决策从事后看是错误的。①

从机电交换机到电子交换机

战后主要的四代交换机技术分别如下:

1. 纵横式(Crossbar);

① 本章基于对日本交换机领域厂家如NTT、NEC、富士通、日立和冲电气的主要专家大量、细致的采访写成。其中,我尤其感谢K. Hirota、H. Inose、K. Habara、H. Ikeda、M. Shiromizu、I. Toda、T. Kunihiro、H. Ishikawa和C. Hishinuma。K. Hirota博士对我重建日本战后交换机早期发展史帮助甚大。他们其中任何一人都不对我书中事实或解释中的错误负有责任。本章也从下述文章中获取了重要的参考资源:由R. J. Chapuis和A. E. Joel所著,1990年发表于*Electronics*期刊的《电子、计算机与电话交换机(*Electronics*, *Computers And Telephone Switching*)》, North Holland, Amsterdam。来自贝尔实验室的Joel是现代交换机理论的鼻祖之一。

2. 空分式(Space-division);

3. 时分数字式(Time-division digital);

4. 异步传递式(ATM)。

晶体管和交换机

在电子空分交换机中,电子器件(如晶体管和稍后出现的集成电路)代替了早期交换机中的机电器件。事实上,对用于交换机的新器件的寻找正是促进最终导致晶体管诞生研究的重要因素之一。

1947年,约翰·巴丁(John Bardeen)、沃尔特·布拉顿(Walter Brattain)和威廉·肖克利(William Shockley)在贝尔实验室发明了晶体管。三人都有量子力学和固态物理学背景。但他们所掌握的科学知识项目与背景也对他们的发明产生了重要影响(该项目背景是贝尔实验室接到的有关改进公司电信网络的任务):如肖克利最初就是在希望改进电信网络的强烈愿望驱使下进入贝尔实验室的。1929年,肖克利在麻省理工学院获得博士学位,研究方向是电子在晶体结构中的行为,之后他去了贝尔实验室,被贝尔实验室科研部主任默文·凯利(Mervin J. Kelly)招入麾下,并被指派到固态研究部工作。肖克利曾提到,凯利对开发用于电信业务的新设备的激励对他的晶体管研究产生了重要影响。[①]

---

① W. Shockley, Electronics and Holes in Semiconductors, Applications to Transistor Electronics, Van Nostrand, New York, 1950 (emphasis added).

现代交换机之父艾莫斯·乔(Amos Joel)也曾在贝尔实验室工作,他曾详细描述了他想在通信传输器和交换机技术上有所改进,上述技术曾为晶体管的发明指明道路。乔曾这样描述之后成为贝尔实验室主任的凯利:"凯利对固态物理和半导体研究的光明前景非常警觉,他不仅认为在传输器设备领域,对晶体管放大器的需求将代替对真空管的需求,他还设想一种用于自动电话交换领域的电子器件,在该器件中半导体将代替继电器成为基本元件。"乔因此断定,甚至在二战之前,电子交换机已经成为贝尔实验室(Bell Laboratories)在半导体研究方面的主要研究对象。①

尽管有导致1947年晶体管发明的交换机相关研究动机,20世纪40年代左右,交换机产业的主导者仍然对电子交换机的可行性心存怀疑。时任爱立信执行副总裁的贾克贝耶斯(C. Jacobaeus)很好地概括了这种期望:

在20世纪40年代末,电话产业开始创建实验室(尽管规模很小)来详细研究在交换机工程技术中使电子器件成为基本构架元件的可能性。相对而言,很少有人真的相信电子器件会在电话机交换技术中扮演重要角色。那个时候,交换机产业的电子实验室处于一种希望与失望交织的状态。②

对电子交换机可行性的怀疑,部分原因是AT&T和爱立信在战后早期研制出的纵横式机电交换机十分先进。实际上,直到20世纪

① 查普伊斯和乔:《电子学》(*Electronics*),第128页。
② 查普伊斯和乔:《电子学》(*Electronics*),第43页。

60 年代早期,AT&T 的纵横式交换机工程师仍然觉得,未来的交换机不会有电子交换机技术的用武之地。“在那个时候,机电交换机系统研发工程师绝不承认电子交换机的先进性,他们觉得后者想要在技术上战胜前者简直就是天方夜谭。”①

电子空分交换机(Electronic Space－Division Switching)的发展

1948 年,贝尔实验室对电子空分交换机开始的研究和对纵横式交换机的改进几乎是同时进行的。20 世纪 50 年代中期,该研究第一次在交换机领域引入了存储程序控制的概念。这个概念由冯·诺依曼(John von Neumann)于 1945 年提出,1946 年根据他提出的概念,第一台存储程序控制计算机诞生。存储程序控制(stored program control,即 SPC)“被普遍认为是对电子交换机发展最重大的贡献”②。它将软件引入计算中,并从技术上使计算机和通信集中到一起。

1960 年,第一台电子 SPC 交换机在贝尔实验室接受测试。这导致 1965 年西部电气和 AT&T 共同研制出第一台商用的 SPC 交换机——ESS 一号(No.1 ESS)。AT&T 曾在 1958 年估计,其将耗费

① 查普伊斯和乔:《电子学》(*Electronics*),第 158 页。

② 查普伊斯和乔:《电子学》(*Electronics*),第 154 页。据查普伊斯和乔,“计算机和电话机产业的技术互动(到 20 世纪 50 年代)可能被很草率地分为两个方面:电话交换机为计算机提供逻辑电路(logics),而计算机为交换机提供存储设备……存储程序的软件概念这一在计算机产业中很熟悉的名称由 20 世纪 50 年代中期计算机技术对电子电话交换机技术的最重要贡献组成”(同上。44 页)。

250万美元，用5年时间研制电子SPC交换机。① 而实际上，算上总的系统研发费用，ESS一号共花费了500万美元和7年时间。②

图3－1总结了电子空分交换机的发展过程。

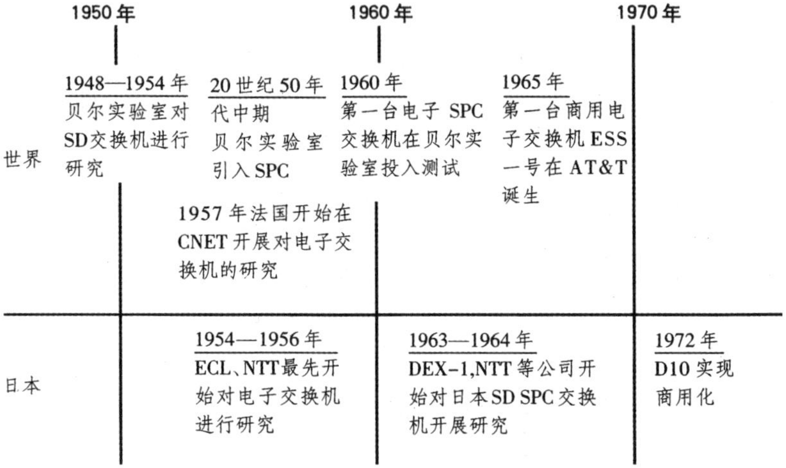

图3－1 电信交换机的发展：从纵横式交换机（crossbar）到电子空分（SD）交换机

电子空分交换机在日本的发展

日本对于电子交换机的研究始于1954年（见图3－2）。③ 但直到

① 查普伊斯和乔：《电子学》（*Electronics*），第153页。

② J. Brooks, Telephone：《第一个一百年》，Harper & Row，纽约，1975年，第278—279页，请同时参看查普伊斯和乔：《电子学》（*Electronics*），第153页。

③ 在此对ECL的Mushshino实验室的前老总K. Hirota博士表示由衷感谢，他帮我编辑了图3.2，展现了日本主流交换机的发展历史。

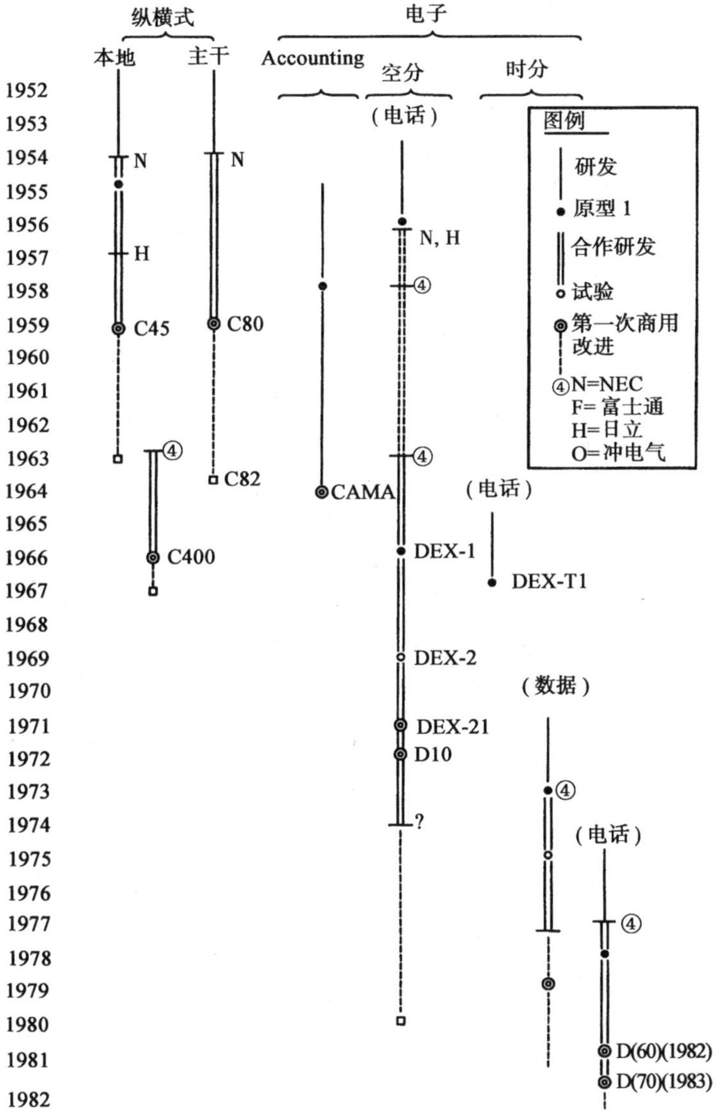

图 3－2　日本的交换机技术(1952—1982 年)

1963 年,NTT 和它的供应商才对电子 SPC 交换机的开发投入资金。就在这一年,贝尔实验室宣布它们的 ESS 一号即将问世,这表明了 AT&T 将新交换机推向商用的意向。1963 年,NTT 与 NEC、富士通、日立和冲电气的老总们进行会晤,在其电子通信实验室(Electrical Communications Laboratories,简称 ECL)建立了其历史上最大的合作项目。ECL 所有研究人员的三分之一被分派从事此项目研究。

1972 年,即 AT&T 推出 ESS 一号 7 年后,该项目实现了 D10(ESS 一号的同类产品)的商业化。

英国和法国紧随 AT&T 推出它们的第一台 SPC 空分交换机,而其他欧洲国家的步伐却显得相对迟缓。比如,瑞典的爱立信于 1968 年,即日本推出 D10 的 2 年前,才研制同类产品 AKE12;而德国西门子的 EWS1 直到 1973 年,即 D10 出现后 3 年,才问世。由此看来,日本的滞后并不是很严重。但在掌握了 SPC 空分技术并达到了国际领先水平后,日本马上被新一轮的冲击打垮了。据 NEC 当时的总裁小林宏治(Koji Kobayashi)回忆,在 20 世纪 70 年代中期,"NEC 销售纵横式交换机设备和空分电子交换机设备……1976 年 5 月,如下消息使我倍感震惊:北方电信在佛罗里达的迪斯尼世界宣布它们的电子交换机系统研制成功"①。

---

① K. Kobayashi, *Rising to the Challenge*, *Harcourt*, *Brace*, *Jovanovich*, Tokyo, 1989.

数字交换机和新的市场机遇

数字交换机技术

数字交换机技术融入了两种相关技术：脉冲编码调制技术(pulse code modulation,简称 PCM)和时分复用技术(time-division multiplexing,简称 TDM)。尽管这两种技术都是二战时在法国发明的,但与数字交换机的真正实现相隔长达 20 年的时间。

1938 年,英国专家亚历克斯·里夫(Alex. A. Reeve)在位于法国的 ITT 的通信中心实验室(Laboratorie Central de Telecommunications, LCT)发明了脉冲编码调制。(1925 年,ITT 接管了西部电气的国际业务。LCT 于 1927 年在法国建立,为 ITT 向法国电信网络出售自动交换机事先做了准备。除了 LCT,ITT 还有别的实验室：在比利时有贝尔电话制造公司,在英国有 STL,它属于 STC。)类似 PCM 的技术在此之前有重要的前例,最早可追溯到 1984 年鲍德特(Frenchman Emile Baudot)发明的一台用于传送电报信号的类似 PCM 的系统。

PCM 是一种把模拟语音信号转为数字信号的方法。它包括对语音信号进行采样并用二进制脉冲信号进行量化。如图 3－3 所示,20 世纪 60 年代早期,PCM 传输系统在数量上开始激增。正是这种

	1940年	1950年	1960年	1970年	1980年—1990年
1938年 PCM诞生 （Reeves） 世界	1945年 时分交换计划(德罗恩)	1956年 Essex项目 (贝尔实验室) 于1959年展示	20世纪60年代初 PCM传输系统 1962年 Highgate Wood交换机安装失败 1969年12月研究 ESS四号	PLATO(E10) 定制，CNET 1972年11月 ESS4号实验室模型 E10 1976年 NT开始开发DMS 1976年末 LME的AXE定制 1977年 DMS—10定制 开始开发ESS5号	第一台西门子 EWSD引入 1981年 X系统引入 1982年 ESS5号引入
日本		1959年 对时分交换的研究，东京大学	1961年 H.Inose的时段交换 (time-slot interchange) 1964年 研究DEX—T1 1965年 PCM传输系统 1967年 DEX—T1定制	1972年 纽约，NEC第一台依靠无线电的PCM 1976年12月 NEC开始开发其NEAX 1979年 第一台NEAX-61	1980年 实验机型D70（NTT） 1981年 实验机型D60（NTT） 富士通Fetex-150 日立HDX-10 1982年 第一台D60 1983年 第一台D70 1989年 富士通重新进入美国市场

图3-3　数字交换机的发展历程

数字传输系统促进了后来数字交换机系统的诞生。

时分复用（TDM）这种思想是在1945年由德罗恩（Maurice Deloraine）在美国专利应用领域首先提出的。时分复用是这样一种技术：信道通过在一个共同的通道上互相交错来及时传输信息。“时分”意味着语音信号被分成一系列时间间隔（或称为“时间隙”）。每个“时间隙”对应一个语音信号采样。在绝大多数时分系统中，这些采样值都被离散化，比如数字编码量化的PCM系统。① Sosthenes Behn于1925年创建ITT公司，并接手了西部电气的欧洲

① 这些对PCM和TDM的定义来自查普伊斯和乔，《电子学》（*Electronics*），第22页和第295页。

业务，之后，Behn 任命德罗恩主持实验室中的研究工作，此实验室后来成为 LCT。

数字交换机技术投入应用之所以有很长的滞后，有多方面的原因。首先是能使数字交换机在技术上成为可能，且在经济上能与空分交换机相抗衡的互补技术发展缓慢。比如，脉冲调制需要相当宽度的带宽，但直到 20 世纪 30 年代，超高频无线电传输技术的出现，才使这样的带宽有实现的可能。（美国第一个用于数字信号传输的无线电连接布鲁克林和北史坦顿岛之间，由 NEC 公司于 1972 年建成。）此外，为了使数字交换机在技术和经济上可行，电子器件（无论是逻辑器件还是存储设备）都需要进一步发展。数字交换机应用迟滞的第二个原因是空分交换机技术的飞速发展。这将在下一段中讨论。①

第一个数字交换机系统

对比图 3－1 和图 3－3，我们可以发现一些重要的细节，这些细节分别描绘了电子空分和数字时分交换机的发展历程。首先

① PCM 提供了另一个实验应用进步先于理论进步的例子。查普伊斯和乔指出“实际上主要是实际的实验室工作和实验成果而不是理论上的思考促进了 Reeves（于 1938 年）发明 PCM 技术（《电子学》，294 页）。直到 1943 年中……在经过贝尔实验室内部备忘讨论及对 PCM 概念背后的相关理论的系统学习后……贝尔实验室的工程师小组才知道 Reeves 的专利并意识到它的真正价值……掀起一轮出版相关出版物的狂潮。”（297—298 页）。这包括 Claude Shannon 的“一种数学的通信理论（A Mathematical Theory of Communication）（1948 年 7 月）”，这一著作导致了信息学理论的诞生。

是在贝尔实验室开始着手对电子空分交换机进行研究之前,脉冲编码调制的数字交换机技术和时分复用技术已经出现了。德罗恩作为 LCT 的负责人,基于他在 1945 年申请的专利——该专利第一次展示了如何将 PCM 传输和数字时分交换机结合起来——完成了研究。1956 年,作为贝尔实验室 ESSEX 计划[实验固态交换(Experimental Solid State Exchange)]的一部分,第一台数字时分交换机实验室模型诞生。这台交换机使用了固态设备(solid-state devices)。

尽管 ESSEC 交换机证明了时分概念的技术可行性,并且该交换机促进了对数字交换机的研究,但这些概念本身“远远超越了它们所处的时代,且相关系统的开发没有继续进行”。[①] 在 ESSEX 数字交换机计划开始 4 年后,即 1960 年,第一台商用空分交换机——贝尔实验室 Morris 交换机诞生了。在数字交换机发展上的迟滞,很大程度上是因为必要的电子器件发展缓慢。此外,大家的注意力都放到了空分交换机上,它将会满足由急剧增长的电话需求带动的不断增长的对交换机的需求。事实上,数字技术是最先在通信领域得到应用的;直到 10 余年后,数字交换机技术才开始取得重大突破。在 20 世纪 60 年代早期,由贝尔实验室研制的 T1 数字传输系统与先前的系统相比,很快实现了经济可行性,并得以迅速推广。

① 查普伊斯和乔:《电子学》(*Electronics*),第 56 页。

CNET 的 Plato 交换机(即后期的 E10)

通信传输和交换机的互相依赖,意味着电子通信系统的推广将促进数字时分交换机的进一步发展。在 1970 年 1 月,由 CNET 实验室研制的世界第一台数字交换机——Plato(它的后期版本叫作 E10)在法国投入使用,CNET 实验室于 1944 年由当时的法国通信部长建立。[①]

AT&T 公司的 ESS 四号

在此 1 个月前,即 1969 年 12 月,AT&T 公司宣布将开始研发它的数字时分交换机——届时将成为 ESS 四号。正如查普伊斯和乔所指出,对该研发工作突如其来的激励来源于对能够有效地融入已被一致认可的通信传输系统(即 T1 系统)的交换机系统的需求。[②] 为胜任这项研究,贝尔实验室成立了 4 个设计小组来探究不同的可行途径。四个中的一个是基于改进的空分交换机,而另一个是基于 PCM 时分交换机。

查普伊斯和乔指出了当时数字时分交换机在抉择上面临的巨大不确定性:“当时,对于探索时分交换机的巨大热情,只存在于很小

① 查普伊斯和乔:《电子学》(*Electronics*),第 219、223、319 页。
② 查普伊斯和乔:《电子学》(*Electronics*),第 334 页。

一部分平时默默无闻的工程师人群中。”①他们对此如此低调是由于时分交换机对仍未发展到足够水平的电子元件的依赖。1969 年 12 月，设计小组的学习结束，此时需要选择将来究竟发展哪种交换机系统，最后发展数字时分交换机的提案以微弱优势赢得了胜利。事实上，这仅仅是因为先前安装的互补数字通信传输系统（T1 系统）在设计上与时分交换机更匹配：

到 1969 年 12 月……人们发现 PCM 时分方案与它的竞争者相比，花费稍微少一些。在经过大量技术和经济上的对比性研究后，PCM 时分方案在项目的经济性上显得略胜一筹，对 PCM 时分方案的研究是由 W.H.C. Higgins——贝尔实验室交换机副主管提议的。T1 通信传输系统迅速可喜的发展，促进了对时分系统的正式研究，并在设计上向时分交换机靠拢。②

1972 年 11 月，ESS 四号的第一台实验室模型完成了。1976 年，AT&T 宣布世界上第一台存储程序控制的数字时分交换机——ESS 四号——诞生，这一年年终，4 台 ESS 四号在贝尔实验室的网络中投入运行。因为在进行数字化的主要是长途通信线路，所以 ESS 四号被定位为长途交换机。尽管如此，我们将会看到，AT&T 却很迟才推出它的本地数字交换机（local digital switch）——ESS 五号，它对公司造成了严重的不良竞争后果。第一台 ESS 四号实验室模型的出现，

① 查普伊斯和乔：《电子学》（*Electronics*），第 334 页。
② 查普伊斯和乔：《电子学》（*Electronics*），第 334 页。

与 AT&T 的第一台商用存储程序控制空分交换机——ESS 一号得到广泛使用,相隔仅 7 年(详见图 3－1)。但由于软件费用在研发 ESS 四号所需费用中占的比例急剧提高,因此研制 ESS 四号的花费比 ESS 一号多了 4 倍以上。[①] 此外,既然电子空分交换机花了相当长的时间证实其经济可行性优于机电纵横式交换机,那么数字时分交换机要对空分交换机取得压倒性优势就更需要很长一段时间。

北方电信公司和美国市场

北方电信不是第一个进入数字交换机市场的公司,尽管从图 3－3 来看,它也算是一个先行者。但到了 1988 年,北方电信在北美数字交换机市场(包括加拿大)的市场占有率已达 42%。此时 AT&T 的市场占有率为 42.6%。[②] 在这一章的稍后部分中将会提到,日本的企业 NEC 和富士通紧随北方电信之后,在其后的几年中尝试进入美国数字交换机市场但却失败了;1988 年,日本在北美市场享有最大市场份额的 NEC 公司,其市场占有率却只有 0.1%。如何解释北方电信的辉煌成就呢?

"解译模糊"和数字交换机(1979 年之前)

导致经济长期增长的创新是公司决策的结果。这些公司包括首

① 查普伊斯和乔:《电子学》(*Electronics*),第 337 页。
② *Northern Business Information*,1989; *World Switching Market*,1988.

创这些创新的公司和接受这些创新的公司。这些决策是如何作出的？这些公司如何评估它们所运营的环境？这些环境决定了什么样的创新会给它们带来成功，以及这些创新应该在什么时候推出。这些问题是技术转变和经济增长过程中的核心问题，将会在本章的以下部分占主要篇幅。

首先，很有必要强调，由于存在着很大的不确定性，因此"解译模糊"成为对数字交换机前景的展望。这种不确定性和模糊性在与数字交换机相关的第一个发明出现时就产生了，并至少一直延续到1979年。从那以后，如我们将会看到的，国际上对数字时分交换机将在技术和经济上都会超越空分交换机的趋势达成共识。在"解译模糊"阶段，将会对全球交换机产业和市场特征产生重要影响的公司和国家发生了一些重要的变化。

我曾提到，1969年围绕于AT&T决策周围的模糊性导致了最终使ESS四号诞生的相关研发工作的开展。查普伊斯和乔对20世纪70年代数字交换机前景的展望概括如下：

20世纪70年代，几乎所有对公共通信交换领域的电子交换机感兴趣的国家都想尝试不同的技术途径来减少风险，它们都密切关注模拟空分和数字时分交换机系统。在那个时候，数字交换机系统被认为需要对基础科学的长期研究，并且不太可能在短期内取得收益。因此，它们通常成为研究中心的禁地……除了少数公司如爱立信、Bell Northern（即北方电信）、ITT的一些欧洲企业和一些日本企业以外，实际上所有的交换机生产厂商只关注空分交换机系统的发展。[1]

存在于20世纪70年代中期的对于数字交换机的不确定由于法国在1976年购买交换机的决定被进一步加强。在这一年,法国在国际大范围内招标,购买交换机为100万条线路提供初始的服务。尽管受到由电信董事会控制的法国电信产业政策性激励下的调整的困扰(NEC联合CIT Alcatel,针对这次招标提供了它的D10空分交换机),但最后法国选择了两种空分交换机来使它的电信网络实现现代化,两种交换机分别是ITT的Metaconta和爱立信的AXE。值得注意的是,法国购买空分交换机的决定是在这样一个历史背景下作出的,当年(1976年)拥有100 000多家用户线的68台交换机已经采用了数字时分交换机E10(由CNET开发,原名Plato——见图3-3)。显然,当时法国并没有意识到数字交换机的经济可行性。

此外,在德国,直到1979年,德国联邦邮政局才宣布放弃空分交换机转而支持数字时分交换机。考虑到直到20世纪70年代末仍存在的对两种交换机系统孰优孰劣的不确定性,查普伊斯和乔提到当像北方电信这样的企业开始为其新的数字交换机打出广告,并为了“通过称空分交换机为‘模拟机’来表示对其蔑视”[2]而创造了“富有创意且颇具竞争力的技术上的不准确”,由此一个“夸张的时代”出现了。实际上直到1979年7月,交换机产业专家汇聚一堂,讨论交换机技术和商业发展趋势的主要论坛——巴黎国际交换机讨论会(ISS)召

① 查普伊斯和乔:《电子学》(*Electronics*),第313页。
② 查普伊斯和乔:《电子学》(*Electronics*),第380页。

开,“才在世界范围内达成对数字交换机进行支持的共识”。①

当时由此而存在的对于数字交换机中期前景的不确定为即将被分析的企业决策提供了重要的背景。

北方电信进入数字交换机产业

北方电信公司成立于 1895 年,当时的名字叫北方电气,是贝尔加拿大公司的制造子公司。1906 年,西部电气公司获得北方电气 44%的股份。但到了 1956 年,AT&T 和其下属的制造部门西部电气公司在应对美国政府的反垄断诉讼时接受了美国政府的裁决,西部电气公司同意只在 AT&T 公司内部出售其设备。因此,西部电气逐渐将其在北方电气的股份出售给了加拿大贝尔,并于 1962 年结束其在北方电气拥有的股权。

上述“同意判决”也同样规定西部电气与北方电气共同承担研究项目,1972 年,所有从西部电气到加拿大公司的技术转让都被终止了。同时,为增强其研发能力,1971 年,加拿大贝尔和北方电信(改名前的北方电气)建立了贝尔北方研究所(BNR)作为它们共有的研发子公司。实际上,加拿大贝尔的所有交换机系统都是从北方电信买来的。但正如我们将要看到的,加拿大的交换机市场仍然很小,而数字交换机的研发费用不断上涨,北方电信意识到非常有必要出口

① 查普伊斯和乔:《电子学》(*Electronics*),第 327 页。

交换机，以此来弥补相关研发经费和其他不景气的投资项目。[①]

按现代交换机之父阿莫斯·乔的话来说，北方电信公司“在交换机产业中树立了如下最好的榜样：在正确的时间、正确的地点、提供正确的产品”。[②] 但为什么是北方电信，而不是ITT、NEC或富士通，“在正确的时间、正确的地点、提供正确的产品”呢？

有效性、质量以及元器件的成本

决定可行的数字交换机能在适当时间推出的重要因素是其有效性、质量以及一些必要的电子元器件，如：处理器、存储器件以及用于实现模拟线路与数字时分交换机之间互通的名为“BORSCHT”的电路。查普伊斯和乔曾讨论1965—1975年数字交换机设计师们所面对的技术经济困难。例如他们提到“选择哪种元器件用于交换机是（设计过程中）的一个艰难阶段，因为这意味着系统设计要屈从于经济可行性。（那时）集成电路刚刚进入市场，但却有着天价！”[③]

因此，这一阶段对数字交换机的设计和它可行的合适时间存在着巨大的不确定性。在这种气氛下，对数字交换机的未来存在着程度很深的模糊解读。同一企业或是不同企业的不同个人，可以并确

---

① 这些有关北方电信公司信息的背景来源于L. Waveman的“R&D and preferred Supplier Relationship: The Growth of Northern Telecom”（研发与优先供应商关系：北方电信的发展），论文发表于1990年威尼斯世界电信协会（ITS）会议，Mimeo。

② 查普伊斯和乔：《电子学》（*Electronics*），第356页。

③ 查普伊斯和乔：《电子学》（*Electronics*），第320页。

实对数字交换机可行性抱有不同的信念。在这种条件下，没有办法来判断这些互相对立的信念哪些是理性的，哪些不是。再次引用现代交换机之父的话，“最早进入（数字交换机）市场的公司之所以进入该市场是因为它们相信数字微电子技术的未来而不是期望在电信产业中获得立竿见影的经济收益”。[①] 但恰恰相反，正如我们将看到的，它们的一些竞争对手，如一些日本公司，它们同前者拥有相同的信息基础，却抱着与前者相对立的信念进入数字交换机市场。

支持性信念的构建

北方电信是较早坚信微电子技术发展将促进数字交换机出现的电信公司之一。这从对 1969 年 1 月贝尔北方研究系统工程报告可以看出：

> 集成交换机（如 PCM 和 TDM）的可行性在许多国家通过实验得到验证，各个地方实验所获得的成功结果毫无疑问地说明：这种系统在技术上是可行的。（但）现阶段数字交换机很难与传统交换机（如空分交换机）竞争。即便在最好的情形下，技术改造获得的优势也太小以致不能证明为了改变所作出的努力的价值。不过大规模集成电路即将得到使用，这将在 5 年内——最

① 查普伊斯和乔：《电子学》（*Electronics*），第 343 页（emphasis added）。

迟绝对不会超过 10 年——极大促进数字交换机的发展并改变其在竞争中所处的位置。

此外,脉冲调制编码(PCM)传输系统正在绝大多数工业化国家健康起步,它将减少对交互设备的需求,因而无论从经济上还是从技术上,都将使集成交换机相对传统交换机拥有决定性的优势。①

尽管这些对于数字交换机的信念早在 1969 年 1 月就已在北方电信的中心研究实验室——贝尔北方研究室(BNR)内部深入人心,但它取得公司高级管理层的认可仍然花了很长时间。实际直到 1975 年初,"为了引入一条完全采用(数字)中心局交换机系统的线路②,北方电信、BNR 和加拿大贝尔才各自派出代表,组建了一个任务小组来制定发展战略规划"。关于这一时间上的安排,有必要提到,如图 3 - 3 所示,1972 年,阿尔卡特公司启用了它的 E10 数字交换机——第一台投入工作的数字交换机,而贝尔实验室在这一年完成了它的 ESS 四号数字交换机的实验室原型。

开发和产品

1976 年,BNR 开始开发小型本地数字交换机——DMS10。该服

① 引自 Waverman 的"R&D",第 13 页。
② 查普伊斯和乔:《电子学》(*Electronics*),第 349 页。

务器大量使用了集成电路并第一次使用了微处理器。但使用微处理器的优势直到10年后才得到经济上的回报。BNR/北方电信意识到该小型数字交换机系统的主要费用是花在什么地方——是在名为BORSCHT的电路上(该电路用于实现不同模拟线路互通的功能,当时被广泛用于本地交换机及时分数字交换机中)……北方电信的经理明白能使交换机系统经济上可行的技术会在将来而不是现在实现。这也意味着该交换机系统的价格将根据考虑市场进入而不是最初的利润来制订。实际在1985年前,DMS10产品并不被认为是能够赢利的。①

1977年10月,北方电信的第一台数字中心局交换机DMS10在佛罗里达的怀特堡安装。因为该服务服务于迪斯尼乐园,它给公司提供了一个重要的宣传机会。

北方电信DMS10的销售

事实上在第一台DMS10安装前,北方电信就已在1976年打着"数字世界"的"幌子",展开了宣传活动。对于在交换机产业领域对相关技术价值有详尽认识的"评论家"们来说,这种宣传活动到了"夸张"的程度。据两位交换机产业专家所说,"也许对(DMS10)真实发展状况的掩盖是……整个生产线受到了对销售的鼓励……这就

① 查普伊斯和乔:《电子学》(*Electronics*),第349页。

是一直伴随着时分数字交换机的‘夸大广告’的开始”。① 但无论夸大与否,对于数字世界的宣传不仅对潜在的客户也对北方电信的那些仍推迟引入数字交换机的竞争对手产生了戏剧性的影响。

AT&T 的竞争产品 ESS 五号

20 世纪 80 年代末,北方电信公司和 AT&T 在美国数字电话线路市场大约都占 40%的份额。但北方电信的成功不仅是因为它对数字交换机的前景抱有期望,也因为它在美国的主要竞争对手 AT&T 并不看好数字交换机。尤其是 AT&T 没有能够及时推出它的 ESS 五号,这为北方电信进入美国市场创造了绝佳的机会。但为什么 AT&T 在这方面失败了呢? 要知道,AT&T 是世界上第一家研制出基于存储程序控制的长途时分数字交换机 ESS 四号的公司。

“提到 AT&T 的 ESS 五号,贝尔实验室的阿莫斯 · 乔用了一个词——‘失败’。但乔认为导致失败并非是由于缺少兴趣: AT&T(20 世纪 70 年代)未能使其本地时分中央服务系统成功进入市场不是因为其对该问题缺乏兴趣。1969 年,贝尔实验室的麦克唐纳德(H.S. McDonald)针对本地交换机提出一种基于超大规模集成电路(VLSI)技术的新构架。”②

---

① 查普伊斯和乔:《电子学》(*Electronics*),第 349 页。
② 查普伊斯和乔:《电子学》(*Electronics*),第 379 页。

为什么那个时候AT&T公司失败了呢？乔认为有如下几点原因。[①] 首先，计划开发的新的本地数字交换机在想对已经安装的空分交换机系统取得经济上的优势这一方面遇到了困难。正如我们所曾看到的，这同样是开始研发ESS四号时所遇到的问题。但后者是长途交换机，而几乎所有连接到此类交换机的线路都已经实现数字化，这样就减少了与数字交换机进行交互所需的费用。另一方面，对于本地交换机，如DMS10和后来的ESS五号，数字线路只占终端的不到20%。"贝尔实验室的内部记录显示，他们曾花了大量精力研究借鉴ESS四号和其他的设计方案来找到一种能够像ESS一号和1A ESS那样在经济上获得巨大成功的设计方案，然后再大量投入生产。"乔作为工程师，曾频繁遇到必须以经济回报的观点事先对一个计划项目进行评估的任务，他接着（伤感地）指出："证明新设计方案在经济上比已得到不断完善并生产了一段时间的现有设计更为经济总是非常困难的。"[②]

第二个原因是伴随那时AT&T"决策环境"的性质产生的："在贝尔电信系统市场的垄断环境下，没有必要通过急于将一个并不经济的设计方案投入生产来保持在该产业的持续主导地位。"不过既然

① 因为查普伊斯和乔的著作——记录电信交换机历史的"圣经"——在本章被多处引用，有必要强调它本来是由工程师所写，面向对象也是工程师的著作。本章中的说明，引用了大量查普伊斯和乔的评论，是为了提供本人对全球交换机产业中技术和经济变化过程的解释。这些评论都相当有趣，因为两位作者都曾积极参与新交换机技术的发明，而且乔的陈述代表了基于贝尔实验室和AT&T背景的看法。我在此必须声明，两位作者并不一定认可我在本章的解释。

② 查普伊斯和乔：《电子学》（*Electronics*），第379页。

技术都受到难以预测的变化的影响，那就更不用说决策环境了。乔接着指出："不幸的是，20 世纪 80 年代早期发生的事（指 AT&T 公司被剥离），从这个角度来说决策环境完全变了。"[①]北方电信公司在安装其第一台 DMS10（1977 年 10 月）前，就已经开始进军美国市场。它的第一个目标就是贝尔电信系统以外的独立服务供应商。因为跟 AT&T 和西部电气没有联系，有时候，这些独立供应商就成为创新的沃土，并开始购买数字交换机。尽管北方电信很早就进入该市场，但它却不是第一个。Stromberg - Carlson 公司——一家长期出售其产品给独立供应商的小型设备制造公司——在北方电信之前就开始向市场提供它的本地数字交换机。[②] 尽管如此，上文曾提到的"数字化技术的夸大"和独立供应商开始购买数字交换机这一现象，对贝尔系统在这些交换机的兴趣（interest）上产生了重要影响。"管理层（Regulators）（开始）询问为什么是独立电话公司而不是贝尔营运集团（BOCs —— Bell operating companies）在购买数字时分交换机系统"[③]刺激了贝尔营运公司群对数字交换机的需求，这很好地回应了北方电信公司付出的努力。

本地数字交换机对 AT&T 公司造成了持续增长的压力，并且由于缺乏自己的产品，AT&T 最终同意与北方电信公司合作，对其 DMS10 进行改进，使其能适应贝尔营运集团（BOCs，Bell Operating

① 查普伊斯和乔：《电子学》（*Electronics*），第 379—380 页。
② 查普伊斯和乔：《电子学》（*Electronics*），第 350 页。
③ 查普伊斯和乔：《电子学》（*Electronics*），第 351 页。

Companies)的要求。无论是AT&T、西部电气,还是加拿大贝尔、北方电气,在历史上都有着渊源,这无疑促成了这次合作。(一个有趣的问题是:一家同AT&T没有历史渊源但有其合适的交换机产品的公司——如爱立信或阿尔卡特——是否能给予AT&T同样的帮助。)AT&T对DMS10进行了评估,并要求在设计上作相应的修改以适应贝尔系统的网络。北方电信公司对这些要求进行了整理,1980年初,AT&T向贝尔营运集团推荐购买DMS10新的版本。到1983年,贝尔营运集团已经购买了超过100台DMS10。这占了北方电信公司所有售出DMS10数量的15%,使公司比只依托加拿大市场取得了有效得多的市场业绩。

但必须强调指出的是,北方电信进入贝尔营运集团市场并不是简单靠运气。北方电信为了改进其交换机进行了大量投资(大部分花在软件重构上)。据估计,为进入美国市场所做的再开发工作的花费每年达1亿美元。当北方电信公司作此投资时,其他大公司如ITT和富士通(后者直到1983年左右才有所行动)却一直无动于衷。[后来,贝尔通信研究中心(Bellcore)——由贝尔实验室分出去的,隶属于曾经的贝尔营运集团剥离后的研发子公司——开始对改进设备提供支持。为此,它发布了一系列的技术准则,凡是想为原来贝尔营运集团中的7家公司提供交换机产品的公司必须符合这些准则。到20世纪80年代,这使其他的公司如NEC、富士通和西门子为竞争该市场付出了额外代价。]在DMS10之后,北方电信公司继续推出了一系列交换机产品,包括DMS200传输交换机和用于大城市的大型本地交换机——DMS100。在1982年和1983年,即AT&T公司被剥离前,AT&T允许贝尔营运集团使用这两种交换机。之所以作出这样的许可,部分原因是其在被剥离前要应对要求开放电信设备市场的压力。

1977年初,贝尔实验室就开始对后来被称为ESS五号的本地数字交换机进行研发。1979年,AT&T为开发该交换机批准了一批资金。1982年3月,第一台ESS五号安装成功。尽管AT&T相对来说在推出该交换机时动作缓慢——到1982年,阿尔卡特的E10已经在世界上卖了12年!——它所作出的反应是受了独立数字交换机制造商如阿尔卡特、北方电信、爱立信和Stromberg－Carlson的对数字交换机早期研发的影响。

据查普伊斯和乔所说:“如果不是由于当时该领域独立制造商的明显成功所带来的压力和由此引起的对前景的思考,AT&T也许不会从1984年开始就带着它起步中的竞争产品进入了剥离后的时代。”[①]尽管如此,AT&T在ESS五号上的失败对公司来说,代价仍旧是高昂的。虽然DMS10直到1985年才开始赢利,但此后不久,却使北方电信在北美数字交换机市场上占据了和AT&T大致相当的市场份额。直到1986年,使用ESS五号的线路数目才超过使用DMS10的线路数目。

---

① 查普伊斯和乔:《电子学》(*Electronics*),第381页。

美国市场里的日本公司

日本进入数字交换机领域[①]

从图 3-2 和图 3-3 可见,NTT 公司于 1964 年开始联合开发其第一台数字时分交换机——DEX-T1。(该实验交换机参照了源自贝尔实验室,为日本所采用的 PCM 传输系统。)虽然贝尔实验室在 1955 年就开始着手于其 ESSEX 数字交换机项目的研究,并于 1959 年展示了产品原型,就国际范围而言,NTT 的 DEX-T1 项目开始得相对较早。事实上,在 1969 年,即 DEX-T1 项目开始后 5 年,贝尔实验室开始了对后来成为 ESS 四号的研发。

DEX-T1 项目是一项提倡“实用原则”的研究,它使用了脉冲编码调制和时分复用技术。20 世纪 60 年代初,日本开展了对时分交换机的重要基础性研究。东京大学猪濑教授的研究就是其中一个著名的例子。

1945 年,德罗恩提出了他的“时分技术”(前文已提到),20 世纪 50 年代末,贝尔实验室完成了对 PCM 数字复用技术的研究,在此期间(1945 年到 20 世纪 50 年代末),数字时分交换机的“轮廓”开始形成。但与时分交换机系统工作方式相关的一些重要概念仍未弄

① 下面关于日本数字交换机发展的部分基于对来自 NTT、NEC、富士通、日立、冲电气和东京大学交换机领域知名人物的大量详细的个人采访写成。我非常感谢这些人给我时间采访他们并提供了很多信息,但他们不对该部分内容和相关解释负责。

清。正如查普伊斯和乔所说,甚至在公布了 ESSEX 项目的结果之后,“交换机工程师们对以 PCM 复用为终端的交换机网络的工作方式仍有点缺乏概念”①。用两位作者的话来说,正是那种试图弄清其工作方式的努力导致“第一台数字交换机产品诞生”的概念产生了。猪濑(Inose)是两批研究人员中的一个,由于他提出的“时隙交换(time slot interchange)”概念,传递“产品”这一概念的荣誉便属于了他。“时隙交换”这一概念是以猪濑和允勇(J.P. Runyon)的名义,由贝尔实验室获得的一项著名的专利主题。(因为来自东京大学的猪濑当时正在贝尔实验室休假,在那里他完成了部分研究工作。)这对时分数字交换机的概念化产生了重要的影响。②

如图 3 - 2 所示,在 NTT 开始对它的空分交换机 DEX - 1 进行合作研发之后 1 年,DEX - T1 项目启动了,这最终导致商用 D 10 空分交换机的诞生。NTT 电子通信实验室(ECL)的交换机领域负责人已感到发展商用数字交换机的时机已经成熟,DEX - T1 项目的目的就在于对该感觉的正确与否进行检验。

DEX - T1 项目包含了 ECL 和 NEC 之间的合作。该项目 NEC 方面的负责人是 Toshiro Kunihiro 先生,ECL 方面负责人是 K. Hanawa。Kunihiro 的背景非常有意思,它显示出当时交换机和计算机技术的紧密连接开始出现。特别需要指出的是,对于像 NEC、富士通和日立这样的企业来说,它们通过在通信领域如传输系统和电气交换机等

① 查普伊斯和乔:《电子学》(*Electronics*),第 310 页。
② 取自作者对猪濑教授的采访。猪濑教授去贝尔实验室的时间是 1957 年。

方面的活动,积累了研发能力,这有助于促成它们加入 20 世纪 40 年代末和 50 年代出现的计算机和半导体技术。

Kunihiro 1952 年进入 NEC 工作。他在大学的研究方向是电子交换机,但在当时的日本企业,这种交换机只有学术价值。他在 NEC 的最初几年负责的是旧机械交换机的质量监控。此后,他转到 NEC 与 NTT 共同合作的新型纵横式交换机的研发工作上(见图 3 - 2)。这些经历连同他早年对电子交换机的兴趣,使他将兴趣转移到计算机领域。20 世纪 50 年代末,他去了伊利诺伊大学——当时美国为数不多的接收外国留学生学习计算机科学的大学。在那里他加入了其他几个将会在日本计算机产业发挥重要作用的日本人的行列中,如 Aiso 教授和 Motooka 教授。从美国回来以后,Kunihiro 在 NEC 做了一些关于时分交换机方面的研发工作——如图 3 - 3 所示,从 1955 年开始,起源于计算机的存储程序控制概念开始应用于电子交换机上。当与 NTT 合作的 DEX - T1 项目开始时,Kunihiro 被任命负责 NEC 方面的工作。①

DEX - T1 的产品原型于 1967 年完成。它说明尽管时分交换机在技术上是可行的,但因为它在电子器件上耗费巨大,致使这种交换机在经济上与正在发展的空分交换机相比缺乏竞争力。因此,在 1967 年,NTT 停止了在时分交换机方面的研究,转而把注意力主要集中在空分交换机上。如本章先前所提到的,同样的变化也发生在

① 取自作者对 Toshiro Kunihiro 先生的采访。

美国和欧洲。NTT 和富士通共同承担的同类项目也作出了类似的决定。该项目采用了序列(serial)PCM 技术,其成果是 KOH 40A 实验数字交换机。

尽管这些数字交换机项目都被暂停了,但由于它们很好地服务于建立数字交换机的技术而不是经济的可行性这一直接目的,这些项目对 NEC 和富士通都产生了重要的影响(虽然当时仍无法预见)。正如将要看到的,在大约 10 年之后,这些公司都在数字领域以意想不到的速度发展,它们借助在 DEX-T1 和 KOH 40A 项目中关于数字交换机技术的积累,获得了很有价值的研发能力。

NEC 进入数字交换机市场

如图 3-3 所示,阿尔卡特在 1972 年将其商用 E 10 数字交换机投入运行,同年,贝尔实验室的 ESS 四号的实验室版本完成。1975 年初,BNR、北方电信和加拿大贝尔为研发数字交换系统组建了研究小组。

1975 年末,作为其数字通信领域发展战略的一部分,北方电信总裁罗伯特·史瑞诺(Robert C. Scrivener)联系了当时 NEC 的总裁小林宏治博士,提议该领域结成战略同盟。北方电信已经为坚定地进入数字交换机领域作出了战略性的决策。而 NEC——如第六章后所提到的——已经在数字通信领域积累了颇具竞争力的实力。(事实上,正是 NEC 于 1972 年在美国为数字传输建立了第一条无线连接。)

在一次采访中，小林宏治博士提供了他个人对于该提议的描述："史瑞诺说他承认 NEC 在数字通信领域是世界上最强的。所以他提议，'我们为什么不交换技术——北方电信向 NEC 转让数字交换机技术；而 NEC 向北方电信转让数字通信技术？'"①小林宏治拒绝了史瑞诺的提议。他之所以拒绝，其背后的思考很关键，因为这展现了小林宏治关于 NEC 作为一个企业以及该企业将来发展所需实力的一些观念。这些观念将在稍后与 ITT 的 Horold Green 的观念形成鲜明对比；ITT，正如将要看到的，是战后最戏剧性地退出交换机产业的公司。小林宏治的思考也拉开了 NEC 进军数字交换机市场的序幕。

这些思考是基于小林宏治对计算机和通信技术融合的洞察。自 20 世纪 50 年代起，这种融合随着通用固态电子（common solid-state electronics）技术的出现以及存储程序控制（stored program control）在交换机上的应用而不断加强。而到了 20 世纪 70 年代，数字交换机的普及极大地促进了这种融合，该交换机为计算机和通信技术创造了共同的数字"通货"。在小林宏治看来，为了能使 NEC 利用这种融合的优势，对公司来说很有必要在计算机和数字交换机技术上都提高自己的研发能力。他觉得 NEC 未来的竞争优势会来自计算机和通信技术的融合，而不是来自两种技术各自独立的发展。因此，NEC 不应该像 IBM 或是北方电信，它们只涉足其中的一个领域（IBM 在

① 这些关于 NEC 对交换机数字时代的反应的报告基于作者对小林宏治博士若干次详细的私人采访以及对 Toshiro Kunihiro 先生的一些采访。它也参考了对当时 NTT 交换机负责人的大量采访。下面段落的引用来自对 Kobayashi 博士的采访。

计算机领域而北方电信在通信领域)。

用小林宏治的话来说,

> 在我遇到史瑞诺10年前,我就决定不遵循IBM在计算机领域的发展思路。追随IBM是不可能的。IBM只涉足计算机而我们同时涉足计算机和通信。其他公司如富士通和日立在模仿IBM(并且生产IBM兼容机,而不注重于与通信的联系)。但因为我们的主要业务是通信,所以我们不可能追随IBM。

据小林宏治所说,

> 当史瑞诺来见我,我已有融合计算机和通信技术的想法。但我当时没有C&C(对计算机和通信技术融合的看法,由小林宏治于1977年公开提出)的具体概念。那时,我对数字交换机的前景并不是很有信心。我们已深深沉迷于计算机。计算机和数字交换机在融合。因此每个公司的需求以及各个公司的市场是大不相同的。

如果NEC接受了史瑞诺的建议,数字交换机技术就主要依靠北方电信了。这样NEC就会变成“人质”,被北方电信制定的数字交换机技术发展方向所限制。“依靠北方电信是有很大风险的。我们需要开发一种既能适用于通信也能适用于计算机的数字交换机技术。

我当时不知道北方电信的计划发展方向。我只粗略地知道NEC的发展方向。因此我告诉史瑞诺，我们将开发适合自己的数字交换机。我认为史瑞诺会理解，因为他是一个商人。”不过，尽管小林宏治早期与史瑞诺有过交流，他仍然为1976年北方电信于佛罗里达宣布它的数字世界概念所震惊，如全文所述，这开辟了“数字技术夸大时代”。[①] 据他回忆：“尽管我应该预见到什么将要到来，当北方电信宣布它的数字世界概念时，我仍情不自禁地感到北方电信比我们抢先一步做了我们想要做的。”[②]

但北方电信是如何做到比NEC抢先一步呢？这个问题让人非常感兴趣，因为正如我们所看到的，NEC于1964年就开始了在DEX－T1上的研究工作，比北方电信在这方面的研究早得多。用小林宏治的话说，“因为NTT是我们最大的客户，所以我们不能独自决定进军数字交换机领域。我们必须遵循NTT的政策。那时，NTT还没有决定开始对数字交换机的研发工作”[③]。（NTT在选择数字交换机上的滞后将在下面得到分析。）

不过这并不是唯一的原因，我们将看到，NEC并不是简单被动地追随NTT。更进一步的原因是NEC早期关于DEX－T1的经验告诉公司的交换机工程师，时分交换机用于电子元器件的花费将使得它与空分交换机相比在经济上毫无竞争力。一个更特殊的原因是当时

---

① 根据1976年5月，小林宏治的“一件让我十分震惊的事”（小林宏治，《NEC的崛起》，Basil Blackwell，牛津，1991年，第119页）。

② 小林宏治，《NEC的崛起》，第120页。

③ 作者对小林宏治博士的采访。

为交换机提供模拟线路间互通的 BORSCHT 电路(为专用时分通道将模拟语音信号转换为数字信号及再将数字信号转回为模拟信号的编/解码装置)异乎寻常地昂贵。

因此,NEC 的交换机工程师认为,巨大的成本使得数字交换机在当时不具可行性。换句话说,在当时对用于数字交换机的电子技术存在着模糊解读的情形下,NEC 的工程师断然认为数字交换机市场是“熊市”。显然,他们对该领域电子技术发展未来的看法要比在 BNR 的北方电信的同行们悲观得多。

在 20 世纪 70 年代中期,NEC 交换机研发部门负责人 Toshiro Kunihiro 读到一篇关于单个半导体编解码集成电路发展状况的论文,该集成电路有可能大大降低 BORSCHT 电路的成本。“这对我来说如晴天霹雳,”他在一次采访中回忆说,“它迅速转变了我对数字交换机可行性的看法。”①

当这帮助增加了数字交换机经济上可行性的同时,也使得 NEC 想要对由于数字交换机经济可行性增强而产生的新的竞争机会采取适当反应有了另一个理由。当 NEC 成功地掌握了纵横式交换机技术并在该领域建立了国际性竞争力时,它在空分交换机方面却进步甚微。尽管公司和 NTT 与另一家供应商合作开发 D10 空分交换机并将其成功地卖给了 NTT,但在该领域出口市场上却面临激烈的竞争。正如当时 NEC 总裁小林宏治回忆所说:

① 作者对 Kunihiro 先生的采访。

> 1962 年,NEC 在相模原市建立了世界上主要的纵横式交换机设备工厂,它仅次于西部电气的 Hawthorne 工厂。考虑到该工厂的供货能力,我们意识到如果我们的业务将来还会扩展,我们将需要开拓海外市场。依赖出口来扩展交换机业务的计划导致我们的纵横式交换机设备在美国获得巨大成功。但我们并没有能够在稍后开发的空分电子交换机系统(基于 D 10)上取得同样的成功,因为有着来自美国西部电气的 ESS 一号、ITT 的 Metaconta 10C 和爱立信 AXE 系统的强有力竞争。从这个角度看,空分交换机系统时代出人意料地短暂对我们来说也许是件幸事。①

正如 Toshiro Kunihiro 所指出的,数字交换机为 NEC 提供了一个迅速赶上世界领先的交换机企业的机会:“甚至像传统交换机供应商如爱立信、AT&T 和西门子在该领域都像是新来的。这给 NEC 提供了一个极为宝贵的机会。”②此外,考虑到北方电信注入美国交换机市场的“数字交换机夸大(digital switching hype)”——尤其是在那些早先提到的独立于贝尔系统的公司中——NEC 美国开始收到市场对数字交换机需求的强烈信号。

然而,小林宏治开始时顶住了 NEC 总部所受到的要求开始研发数字交换机的压力:“尽管我们的美国销售办事处,NEC 美国建议 NEC 应该马上销售数字设备,我却拒绝了他们的建议,考虑

① Kobayashi,《NEC 的崛起》,第 121 页。
② 作者对 Kunihiro 先生的采访。

到在日本的情况——NTT 仍紧盯着空分交换机，我认为该举动是不成熟的。”①但没多久压力便大到让人难以抵抗：没过多久，在美国“除非我们有数字交换机，没人对购买我们的产品感兴趣。当 NEC 美国再次提出要我们马上研发数字系统时，我们别无选择，只能随波逐流了”②。

NEC 最终决定转向数字交换机，这样就没有浪费迅速赶超的机会。1976 年 12 月，在北方电信于迪士尼世界宣布它的数字世界概念后仅 4 个月，NEC 开始为美国和国际市场研发它自己的数字交换机。该交换机届时将被称为 NEAX－61。

由于数字交换机在 NEC 获得了优先发展，Toshiro Kunihiro 获得了他和他的小组所需的资源。此外，他们还能够借鉴公司早年通过开发 DEX－T1 所积累的关于数字交换机的知识。并且，他的小组可以利用 NEC 在半导体领域的研发能力，公司在 20 世纪 70 年代末在该领域进行了投资。2 年半以后，在 1979 年 5 月，NEC 的第一台 NEAX－61 在美国安装成功，它被卖给了一家独立企业——Continental 公司。

NEAX－61 的竞争力如何？为了回答这个问题，我们最好将目光转移到另外一个公平竞争的对手——爱立信的 John Meurling（爱立信 AXE 交换机的设计者之一）。对 NEAX－61，Meurling 总结说：“客观上说，必须承认 NEC 做得不错。该系统于 1977 年诞生。到 1979 年，多处理器配置（multi-processor configuration）已可供用户选

① Kobayashi，《NEC 的崛起》，第 120 页。
② Kobayashi，《NEC 的崛起》，第 121 页。

择购买……NEC……毫无疑问已经挤入当今交换机主要生产厂家三甲之列。”①

NTT(相对较晚)转向数字交换机

NEC 的第一台 NEAX－61 于 1979 年在美国安装成功。(北方电信的第一台 DMS10 在此一年半前——即 1977 年 10 月安装。)从竞争角度讲,这是一个很严重的延迟。

我们已看到,NEC 之所以在决定是否转向数字交换机上犹豫不决,其主要原因就是 NTT 在该技术转向上的迟滞。实际上,考虑到来自 NEC 美国的压力,NEC 在 NTT 开始加入其数字交换机开发项目的整整一年前,已经着手开发它的 NEAX－61 数字交换机了。这对 NEC 有极其重要的意义。这意味着,NEC 将第一次,必须在有机会通过在日本市场中对交换机进行的测试,调试,改进前进入世界市场。在其他所有情况下——如汽车、消费电子产品、机械工具及照相机——成功的日本出口商都先利用本国市场作为“学习跳板”从而促进其进入西方出口市场。而在数字交换机上,NEC、富士通、日立和冲电气放弃了这个机会。

这就引发了有关日本电信业创新系统效率的一个重要问题:为什么 NTT 在转向数字交换机时显得相对迟缓?通过对 NTT、NEC、

① J. Meurling, *A Switch in Time*, Telephony Publishing Co, Chicago, 1985, p.168.

富士通和日立的关键决策者的深入采访,接下来的解释可以连接到一起。

无论如何,必须设定一个起始点。NTT 的“相对较晚”必须纳入考虑范围。直到 1977 年 12 月,NTT 才最终决定开始加入对数字交换机 D60 和 D70 的研发。这是在 NEC 开始研发 NEAX - 61 一年之后,而阿尔卡特的 E10 和 AT&T 的 ESS 四号的第一台实验室模型出现于 1972 年,其他厂商关于转向数字交换机技术的重要决策大致与 NTT 同时制定。比如,前面曾讨论过的 AT&T 准备开发它的 ESS 五号本地数字交换机的决定也是在 1977 年作出的。此外,直到 1978—1979 年左右,德国联邦邮政局才决定“转向数字化”。所以,尽管 NTT 的决定作出得相对较晚,但比起其他主要决定来说,没有迟到那种程度。虽然这么说,NTT 这次相对较晚仍是不争的事实,这对日本电信设备供应商的国际竞争力产生了重要影响。所以需要解释一下这种相对较晚的状态。

这里有几个因素。首先,处在用于数字交换机的电子元器件的前景不甚明朗的大环境下,NTT 的工程师相对于他们在阿尔卡特、北方电信和 AT&T(至少 ESS 四号还是被关注的)的同行来说是相当悲观的。至于他们为什么悲观,有若干原因。NTT 的通信工程师对数字通信系统将来在所有系统中所占的比例抱有比较悲观的态度。进一步讲,线路仍然是模拟的,电子器件还有待进一步发展且价格昂贵,那个交互电子线路仍然贵得过分。NTT 的交换机工程师另一方面又专注于降低他们空分交换机 D10 的成本,须明白,该交换机直到

1972 年才进入市场。(NTT 的很大一部分利润来源于在该交换机进入市场后,通过学习和不断改进而开发出的新交换机,明白这一点很重要。在 NTT 的工程师看来,在那时通过改进 D10 所获得的利润要比通过那仍让人怀疑的数字交换机所获得的利润要重要得多。)

此外,模糊解读意味着有可能通过对有用的信息进行解读来支持不同的、甚至相互矛盾的结论。北方电信对数字交换机的中期发展前景看好,而 NTT 却认为其处于"熊市"。而且并不缺乏"支持"NTT 的悲观解读的信息,虽然此时的北方电信却能够通过考虑到在电子元器件上所取得的进步(指集成电路和微处理器)来"支持"他们乐观得多的立场。这就是真正的模糊解读!

比如,1975 年,一位 NTT 的主要交换机工程师和 NEC 的工程师们应法国对采购大量交换机系统进行招标(前面已经提到过)的邀请到该国去支持 NEC 的投标。在这次招标中,法国选择了空分交换机而不是数字时分交换机,尽管法国当时已有了 E10 数字交换机,且有大量的该种交换机投入运行。NTT 的工程师查看了其中的一些数字交换机系统,这进一步坚定了他和他在 NTT 的同僚们的看法,即数字交换机相对空分交换机仍不具备经济上的竞争力。他们认为在电子元器件方面的进展将会是缓慢的,所以作出"转向数字化"的决定仍为时尚早。①

甚至在北方电信宣布其数字世界的概念时,NTT 的工程师们仍

① 作者对 NTT 主要交换机工程师的采访。

然抱着怀疑的态度。一位 NTT 的主要交换机工程师在一次采访中解释说：

> 当北方电信宣布其第一台数字交换机系统诞生，他们说它的主要优点是它具有数字程序控制且这将允许网络完成模拟到数字的转换。但这种变化本身与客户的观点并无关系。客户并不知道信号是以模拟还是以数字的形式被传输，更不在乎另外还有什么。客户只注重服务的质量和费用。我们知道那时候数字系统并不能提供更好的服务质量或是更经济的费用。实际上，考虑到那时电子器件技术的发展状况，数字技术只会比空分技术贵得多！①

NTT 主用交换机工程师们的这些信念被乔进一步加以确认。前面已经提到，乔也表达了他的观点，即 1976 年之后几年，极力提倡数字交换机系统的北方电信从"数字技术夸大(digital hype)"中获益，这与数字交换机相对空分交换机的技术和经济优势并不相关。NTT 的工程师在作者的一次采访中承认"回想起来，我的错误在于低估了大规模集成电路带来的成本的降低。对于电话技术，我应该早一点从对数字交换机研究开始。而我却从数字数据交换机开始。(后来成为 D50)"②。他早期的信念尽管后来被证明是错误的，但在当时

① 作者对 NTT 主要交换机工程师的采访。
② 作者对 NTT 主要交换机工程师的采访。

那种模糊解读的环境下来说却并不是没有道理的。

日本公司在美国的失败

1979 年第一台 NEAX－61 在加利福尼亚投入使用。富士通比 NEC 晚一些开发出了它的第一台数字交换机——FETEX－150。但和 NEC 在美国市场面临同样竞争的富士通,决定独立于 NTT 为国际市场开发数字交换机。富士通在 NEC 开始研发其 NEAX－61 一年之后,开始研发后来的 FETEX－150 交换机,该时间与 NTT 开始加入对 D70 的研发的时间大致相同。第一台 FETEX－150 于 1981 年在新加坡安装。日立的第一台数字交换机 HDX－10 也是于 1981 年在斯里兰卡投入运行的。NTT 的第四大设备供应商冲电气也开发了它的 KB270。

但在美国,日本公司仅取得有限的成功。开始时,只有 NEC 和富士通在该市场付出了切实的努力。(日立和冲电气把它们的精力聚焦于发展中国家。)1979 年后,NEC 继续少量供应它的 NEAX－61,主要供给那些独立通信客户。而富士通在它的第一台数字交换机于 1982 年 3 月在美国安装成功后不久,便决定退出美国市场。[①] 直到 1989 年,富士通才决定重新进入美国市场[②](稍后将会提到,此后富士通十分注重美国市场,成为在美国提供第一台下一代商用

① 查普伊斯和乔:《电子学》(*Electronics*),第 346 页。
② 查普伊斯和乔:《电子学》(*Electronics*),第 347 页。

ATM 交换机的公司)。到 20 世纪 80 年代末,如前面所提到的,NEC 只拥有美国数字交换机市场不足 0.1%的份额。

为什么这些日本公司在美国市场失败了呢?其中一个确定无疑的因素是 NTT 相对较晚进入数字交换机领域所带来的连锁效应。如前面小林宏治博士所提到的,因为 NTT 是 NEC 最大的交换机客户,这就拖延了 NEC 进入数字交换机领域。如果 NEC 和富士通当时在美国市场与北方电信一样都有着自己的具备市场竞争力的数字交换机,无疑此后他们将会处在一个好得多的位置。

但这些结论的得出会受到一些重要的限制。首先,NEC 和富士通跟随 NTT,相对较迟地作出进入数字交换机领域的决定,这并不是不可避免的。实际上,如前面所提到的,在来自美国独立电信服务商的市场压力的影响下,两家公司都决定"单干",并在没有 NTT 加入的情况下独立开发了他们的国际交换机。他们可以更早地作出该决定。

其次,即使两家日本公司和北方电信同时甚至比后者更早在美国市场拥有具备市场竞争力的数字交换机,它们也未必能以北方电信最终采用的方法进入美国市场。前面我们曾提到,部分是因为管理者的压力,AT&T 在支持北方电信改进其 DMS10 使其适应贝尔营运公司的需求中扮演了重要的角色。可能正是因为 AT&T、西部电气与加拿大贝尔、北方电信的历史渊源促成了这次协助,尽管在 AT&T 提供协助时它们之间的正式联系已经被切断。有必要由此联想到 Stromberg - Carlson 公司(一家主要为独立电信服务商提供产品的小型交换机公司，后被 Plessey 公司收购）比北方电信更早在美国市场出售其数字交换机，但却没有取得同样的进展。这也许与 20 世纪 80 年代末美国市场的四大数字交换机供应商都是基于北美的公司有关：AT&T 占美国数字交换机市场 42.6%，北方电信占 42.0%，GTE（另一家为独立电信服务商提供产品的公司）占 10.4%，而 Stromberg－Carlson 占 2.9%。排名第五的供应商是法国的阿尔卡特，占 1.2%，NEC 以它 0.1%的份额位居第六。所以即便那时日本公司拥有具备竞争力的交换机，也很难说就能获得成功。

最后，必须提到 NEC 和富士通在向它们的在美国的数字交换机用户提供足够的软件支持上遇到了困难。NEC 的 Toshiro Kunihiro 曾说："（美国的）电信公司担心我们支持它们的能力。问题不在于我们开发软件的能力，而在于理解我们（在美国的）客户的需求。这是我们公司面临的最大挑战。"[①]（须知，AT&T 是北方电信获得贝尔运营集团需求的重要信息源，这些信息使北方电信能够对 DMS10 做必要的修改。）即便 NTT 没有推迟进入数字交换机领域，NEC 和富士通也会遇到这样的问题。

综上所述，可以说日本公司在美国市场失败的原因是复杂的，因此很难简单地"责备"它们。20 世纪 80 年代末日本公司在美国取得的进展将会在稍后进行分析。

---

① 对 Guy de Jonquieres 的采访，*Financial Times*（《财经时代》），1990 年 12 月 5 日。

北方电信和日本公司的不同信念

本书所提到的“解译模糊”的概念是指一批相关信息能够支持不同的,甚至可能是互相矛盾的信念的情形。信息不完整和在构建信念时必然的模糊性带来的问题正是基于这些信息。而该问题并不是由于相对于个人或组织处理该信息的能力的信息数量导致,“有界理性行为”的概念很好地说明了这一点。①

在我们的例子里,这批信息包括有关数字交换机的概念,以及当时被认为有必要通过工作中的数字交换机的形式对上述概念加以实现的技术的发展状况。这批信息显然是非常不完整的以至它们对该技术将来会取得的进步及这些进步发生的时间都没有指导性的说明。在这种环境下,如前面提到的,北方电信的工程师和日本工程师对技术发展的速度和时限构建了相互矛盾的理念。所以,他们对数字交换机可行性实现时间的预测存在分歧。

为什么他们构建了各自不同的理念呢? 一般性的回答是,在解译模糊的情形下,理念不是以一种决定论的方式形成的。因此,构建不同的理念是经常有可能发生的。既然接受了在构建理念时不存在决定论的行为,那么说北方电信的工程师和日本工程师是在不同的“背景环境”下形成他们的理念是没有意义的。因为这些背景环境并

---

① 参看下面所提到的书中的相应章节有关模糊解读、有界理性行为及相关问题的讨论,M. Fransman,《企业愿景和日本》(*Vision of the Firm and Japan*),牛津出版社。

不决定他们的理念,他们影响其内容。

这些背景环境是指什么呢?对于北方电信来说,下面几点是很重要的。首先,北方电信的空分交换机 SP－1 并没有取得显著成功。这意味着公司对数字交换机以前的交换机技术并没有既定的兴趣。其次,(前面已提到过)北方电信很早就意识到加拿大市场规模有限,这使它觉得有必要觅求出口市场。随着对下一代交换机研发和投资经费的提高,出口的重要性进一步凸显。综上所述,上述两种环境将北方电信推入了一个尖锐的两难境地:公司怎样才能进入至今仍没有什么作为的出口市场呢?对该困境的一个计划解决方案是利用数字交换机技术正在逐步实现的可行性来对美国市场发起进攻(并做好失败的准备)。在这种背景环境下,北方电信对在中期内数字交换机的可行性构建了很积极的理念。

而另一方面,日本的决策者在不同的环境下对数字交换机的将来构建了他们自己的理念。首先,他们在完成其空分交换机 D10 前只有几年时间,并开始在进一步发展的学习曲线上走下坡路了。此外,D10 提供的服务能够满足当时所有的需求,并且是以一种很经济的方式。当出口早已对日本交换机公司变得很重要时(部分原因是四家日本交换机供应公司必须共享 NTT 的市场),它们对迅速增长的日本市场的销售就变得更为重要。尽管前面已经提到,最终是来自出口市场的对数字交换机的需求迫使 NEC 和富士通“转向数字化”,但在过渡期迫使它们向“数字方向”发展的压力并不是很大。因此,直到 1976 年年中的时候,日本公司仍然认为它们的空分交换机技术还能帮助它们在交换机市场上维持很长的一段时间。

这些不同的背景影响决定各自的理念：北方电信对数字交换机中期前景持有的是一种非常乐观的观点，而日本公司却抱有一种悲观的态度。接受采访的日本决策者们可能曾形成不同的理念，但他们事后都一致认为应该更快地转向数字交换机。

日本电信网络的数字化

D70 和 D60 的发展和受控制的竞争

自从国际交换机会议于 1976 年在京都召开，NTT 对于引入数字交换机时间的态度开始转变。部分原因在此次会议上对 AT&T 的 ESS4 的关注，这导致 NTT 的主要交换机工程师认识到必须尽快引入数字交换机。一年多以后，1977 年 12 月，NTT 开始和它的供应商 NEC、富士通、日立和冲电气合作研发两种数字交换机。这些交换机就是以后的 D70 本地交换机和 D60 长途交换机。

参与者的目的

如前面所提到的，NTT 和它的供应商有着悠久的合作传统，这可以追溯到通信省的时代。NTT 开发新数字交换机的主要目的是对其网络进行改进以提高服务质量。NTT 和它的前任,通信产业部都认为有必要积极参与到对昂贵、复杂的新设备的研发中。作为网络运营商及通过提供服务与客户进行联系的实体,NTT 认为它最清楚自己最需要什么。此外,如我们所看到的,NTT 不仅仅只是一个电信设备的使用者,更是一个极其富有经验的使用者,它的电子通信实验室(ECL)有着很强的研发能力。这些经验使 NTT 能够掌握科技发展的趋势并根据其需要在方向上给它的供应商以指导。由于有巨大的市场需要,NTT 掌握着强大的市场力量,激励它的供应商为新设备的开发提供投资、加强合作。

针对 D70 和 D60 的受控竞争是怎么运行的?

NTT 为开发其数字交换机所使用的组织形式与它为开发 D10 空分交换机所使用的组织形式很相像。在 ECL 工程师的领导下建立起了联合委员会,对交换机的整体设计及交换机系统各部分的设计进行研究。当整体方案一致通过后,各个公司被分派负责交换机系统的各部分。这是通过与 NTT 领导层的不断讨论和协商来完成的,同时也考虑了各个产品供应公司的相对实力。每一部分系统都至少由两家有时候甚至更多的公司负责研发。通过这种方式,即便是在设计阶段,NTT 也能"博采众长",减少了只依靠一家供应商的风险,获得了两家甚至两家以上供应商相互竞争而产生的优势。

最终目标是每家供应商都为NTT提供完整的可替代的交换机。这样,NTT将会从NEC、富士通、日立、冲电气四家公司中选择哪一家作为它的交换机供应商。它们的交换机的可替代性的评判标准意味着对每家公司来说都有一定程度的竞争压力,尽管(下面将要提到)NTT的采购规则表明这种竞争是受控制的,因此被称为“受控竞争”。

这种合作研发机制的主要优点在于避免了重复工作并从各个合作公司的专业分工和比较优势中获益。为了从这些优点中获益,这些合作公司间技术的相互转移是十分必要的。比如,并不是所有公司都为交换机开发自己的微处理器,而是一家公司开发其微处理器并以原设备制造商(OEM)的形式卖给其他公司,或者通过技术转移(比如以电路图的形式)来帮助别的公司开发它们自己的微处理器。公司将其技术带入到项目的那部分,允许公司向其技术所转让的公司收取技术使用费。每家公司都根据自己的战略来决定什么时候“开发”技术,什么时候从别的参与公司那儿购买技术,要知道与NTT合作的四家公司在交换机出口市场上都是竞争对手。

NTT对软件极其重视(软件研发费用占交换机总研发费用的70%)。NTT认为它必须掌握核心软件,这样它才能在后来对软件进行修改时(比如为了引入一项新的服务)拥有最大的灵活性。这样NTT无论什么时候需要对软件进行改动时,都不需要与它的供应商单独协商。因此,尽管软件这块任务是由那些参与其中的供应商负责,NTT还是坚持为开发软件支付费用并拥有该软件。为了进一步加强在这一具有重要战略意义领域的地位,NTT同时确保其工程师在开发它所需要的软件时扮演重要角色。通过这种方式,NTT 也保证并进一步提高了其在国内软件中的竞争力。

当交换机系统各部分都完成时,NTT 承担了将所有部分集成为一台数字交换机系统样品的工作。该项工作是在 ECL 实验室完成的,并且在那里对交换机作了详细的测试来纠错并确保其可靠性。供应商对测试的严格标准十分重视,该标准是 NTT 的工程师用来测试合作开发的设备的。实际上,它们提供的这些测试和学习平台是合作研发的最重要的优势。

为研发筹措资金

一般来说,各供应商承担了在合作开发中各自所承担的那部分费用。NTT 把向供应商订货作为一项特殊的投资(如软件)是个例外:这种情况下,研发费用由 NTT 承担。直到 1985 年 NTT 实现部分私有化并引入被称作"追踪系统"的采购方式,对加入到合作研发(组织)中的公司来说,其研发投入的补偿是在后期的合作设备开发过程成为 NTT 的设备采购对象,并能获得合理的采购份额。这将会对合作项目中资源提供者进行补偿,并为其提供一定比率的合理的资金返还。尽管 NTT 从不透露有关它允许其供应商在向 NTT 出售不同设备时获得的资金返还率的信息,但所返回的金额显然很高,足以保证供应商能够长期供货。[后面将会看到,预期的整体采购规模和资金返还率确实很大,以致除了确保日本公司,还保证了西方设备供应商如北方电信、IBM、美国数据设备公司(DEC)、爱立信、西门子和康宁(Corning)等公司对NTT的供货。]

但私下里,日本制造商曾告诉我,他们所得到的返还资金并不如德国联邦邮政局给予西门子的那么慷慨。每年NTT都压低采购价格以便在项目完成后创新带来的增值过程中获得优势,该增值过程发生在制造商开始大规模生产设备时。每家供应商都被要求为NTT提供关于设备的成本数据。采购价格将根据供应商的最低成本进行计算。

根据其1985年前的实际采购规则,各供应商所享有的NTT对合作开发设备的采购份额是同时基于供应商在合作项目中的贡献及它们设备的性能而设定的。该规则后面的潜在意图是,通过为进一步的创新提供激励来实现最大规模的合作。实际上,尽管这一点NTT没有点明,但默认的规则就是,为奖励其表现而给予单个供应商的任何"奖励分值(merit points)"都只会导致在采购设备时考虑略微增加该供应商所占的份额。值得注意的是,NTT保留了改变不同供应商所占份额的权力,如果供应商犯了错误,甚至还可能将其排除在采购对象之外。但通过将采购份额在供应商中大致较为平等的分配,NTT在提供给供应商相对确定的期望收入的同时保证了它们的合作和相互间的善意。反过来,这鼓励了供应商们积累"交易专业化资产(transaction-specific assets)",如员工技能及符合NTT特殊要求但在非NTT交易系统中没有什么价值的专门设备。

下面的数据是由一位供应商提供给我的,数据显示了1988年各供应商在日本数字交换机市场分别享有的市场份额(这一年,销售给

NTT 的数量占市场总量的绝大部分)。日立具有最大的份额,26.1%,冲电气排名第二,25.5%,NEC 第三,25.0%,富士通第四,22.8%,北方电信有 0.6%的份额。(北方电信是 NTT 于 1985 年实行部分私有化后第一家非日本的主要交换机供应商,它所提供的产品是 DMS 交换机。)

因为有五家公司合作生产这些交换机,所以有理由相信每家公司承担总开发费用的五分之一,否则将会导致它们都独自开发交换机。但实际情况并不是这样,有如下三个原因。其一,在使五家各自独立的公司达成协议并实施时需要协调的费用。其二,在将技术从一家公司转移到另一家公司时需要费用——尤其是那些"无形知识"。其三,由于公司想要开发交换机的核心部分来保证将来在出口市场中的竞争力的战略决策致使在实际过程中存在很严重的重复工作的现象。这些费用数目有多大呢?根据我所采访的 NEC 的一个主要交换机工程师所说,每家供应商承担了大约 40%~50%的总开发费用,但如果它们自己开发,费用将会更高。①

商业化产品

如图 3-3 所示,1980 年第一台 D70 实验机型完成,次年,第一台

① 其他关于受控竞争的利弊分析在 M. Fransman 的《日本电信设备产业的受控制的竞争:中央服务交换机(Central Office Switches)》,C. Antonelli 主编,信息网络的经济学,North-Holland,阿姆斯特丹,1992 年出版,第 253—276 页。

D60 实验机型完成。第一台 D60 和 D70 商用机分别于 1982 年和 1983 年进入市场。

D70 和 D60 的性能如何？我向爱立信一位高级员工咨询了该问题，他对日本的交换机产品有些个人体会。他回答说："这些交换机都针对日本的电信网络进行了设计，并且非常适合该网络。但感觉它们在设计上考虑得有点'画蛇添足'。显然它们并不是主要从商业角度来设计的。"我自己的采访显示 NTT 主要关注的是它的网络需要。在设计交换机的过程中，几乎没有考虑潜在的出口市场的需求，而这种需求对供应商来说，要比只考虑日本电信网络的需求重要得多。

数字交换机是日本在高科技产业失败的一个例子吗？对于该问题，享有很高声望的《日经通信》对 NTT 研发项目①的详细并极具批评性的报告和权威的日本科技评估项目（JTECH）小组对日本电信技术的评估报告②中得出的答案都是肯定的。这两份报告中的批评意见可以总结为四点"主张"。因为在其他地方对这些"主张"都有详细的分析③，这里就不重复了。在此我说明自己的结论就足够了：尽管对于日本在数字交换机领域的表现可以有根据地作出很多重要的批评，但直到 20 世纪 90 年代早期，日本在该领域

① 日经通讯（Nikkei Communications），3/12（1990 年）。

② 日本技术评估项目（JTECH），日本的电信技术，小组报告，国际科学应用，LaJolla，Calif.，1986 年（日本技术评估项目是由美国国家科学基金和美国商务部支持的）。

③ M. Frasman，《日本在高科技产业的失败？案例——中央服务电信交换机》，电信政策，16：259—276 页（1992 年）。

的“失败”并不明显。此外，这些报告都是在NTT合作研发下一代多媒体宽带ATM交换机之前所写，关于该交换机的情况将在下面进行讨论。

日本的INS和ISDN：建造日本的信息高速公路

到了20世纪80年代中期，各种相关技术日臻完美，它们的互相结合促进了日本信息高速公路的发展。光导纤维和基于微波的数字传输，加上数字交换技术及通信和信息处理，使得在同一个网络中提供对声音、数据、图像集成的服务成为可能。

在1980年初，日本有三个独立的通信网络：电话网络——它连接了传真系统；数字数据网络——它提供电路交换和分组交换服务；电报网络。传真服务的需求增长迅速，抢占了低端电报服务的市场。数字数据网络构架在D50数字数据交换机的基础上，该交换机是在NTT加入合作开发D10之后，在接下去开发的D60和D70之前的产品。日本对计算机网络迅速增长的需求是在数字数据网络扩展后产生的，虽然这方面的需求迟于西方国家（尤其是对于个人计算机）。

传真

有必要在此适当提及传真，因为这是当时在日本需求量很大的新兴非电话服务之一。传真为发明数字集成网络提供了重要的激励,该网络与其他设备一起能够提供数字传真服务并使媒体转换成为可能。

像数字交换机一样,传真的概念原型可以上溯到19世纪。在一定距离通过电的方式传输一幅图像的基本方法并不新鲜。实际上,第一个传真机专利于1843年获得,并于1865年第一次投入商业使用。开始时,人们意识到传真机可以被用于传输文字。著名的美国发明家托马斯·爱迪生颇具先见之明地意识到传真对于传输汉字特别有用(包括采用很多汉字的日本字)。直到今天,包含大量汉字符号这一情况使处理汉语和日语十分复杂,并成为日本个人电脑和电脑网络传播相对较慢的主要原因之一。

日本第一台传真机是在1928年由Yasujiro Niwa开发的,他是NEC的一名高级工程师,并参与到通信部的研发工作中。因为意识到传真业务没有什么利润,西方的公司没有将很多资源投入到该领域。但如爱迪生所预见的,日本公司对此很感兴趣,因为现有的可用技术使得传真在技术上和经济上的可行性越来越强。NTT从中扮演着一个主要的推进角色,它在20世纪70年代有着世界上最大的传真机研发能力。当NTT协调了互相竞争的日本公司的传真机标准并通过电话网络与这些公司合作提供传真服务,这样传真设备开始在日本迅速蔓延。以日本为跳板,日本公司迅速并成功地进入了全球市场。20世纪80年代末,在日本具有60%市场占有率的松下图像通信公司占据了世界市场40%的份额。其他日本公司在全球传真机市场也处于很强的地位。①

从 INS 到 ISDN

在日本,第一个提出在同一网络提供将声音、数据、图像集成的电信服务想法的人是 NTT 的 Yasuda Kitahara,他在他的信息网络系统(INS)的概念里阐述了上述想法。他于 1979 年在日内瓦举办国际通信联合会(ITU)的第三世界通信论坛上提出了 INS 这一概念。NTT 于 1982 年 9 月开始通过开发以实验为目的的模型系统,在大东京的三鹰-武藏野区实现 INS。D60 和 D70 数字交换机在该网络中发挥了关键作用。

NTT 关于它的 INS 的经验在国际电话与电报顾问委员会(CCITT)赞助下的国际讨论中作为 NTT 的讨论基础,旨在为集成服务供应制定全球标准。这些讨论导致对 ISDN(数字集成服务网络)达成一致,它是日本用于其网络的一套标准。到 20 世纪 90 年代初,日本能为 90%的客户提供 ISDN 服务。

公司的"公司理念"

不仅仅是公司对于其所处环境(包括其环境和技术)的概念和看

① 关于传真服务发展的简短的讨论,请参看 J. Coopersmith 的《传真业务的错误开始》,IEEE Spectrum(1993 年 2 月),第 46—49 页。有关日本信息网络系统的讨论,参看 Y. Kitahara 的《信息网络系统:21 世纪的电信业》,Heinemann 出版社,伦敦,1983 年出版。

法会产生很大影响,公司本身的概念——对股份公司概念的理解也很重要。[①] 不同的公司在这一点上也千差万别。这可以通过比较一些主要的电信公司得出结论。

前面已经提到,NEC 对公司概念的理解如何影响到其进入数字交换机领域的决策。NEC 以及 ITT(该公司直到 20 世纪 70 年代早期仍是 NEC 最大的股东)对公司概念的不同理解有必要在此进行细致阐述,以此说明对公司本身概念理解的重要性以及它在竞争过程中所扮演的角色。

ITT

ITT 的数字交换机:System 12

直到 1986 年,ITT 仍是世界上主要的交换机供应商。前面已经提到,它在 1925 年 Sosthenes Behn 手下时接收了西部电气的国际业务,成为国际电信市场中的主要厂商。凭着西部电气超强的竞争实力,国际业务这一块在欧洲做得非常大,在许多国家如比利时、法国、英国、甚至在西门子主宰的德国都建立了广泛的业务。在 20 世纪 80 年代早期,ITT 的子公司在上述及其他欧洲国家生产的交换机的销售占欧洲总交换机采购金额的 40%。

但 ITT 在数字交换机领域却是一个相对迟到者。尽管如此,公

① 公司自身理念的想法(它最贴近我自己关于“眼光”的概念),是在一次同 Alfred Chandler 的讨论中提出的。

司决定利用其后来居上的战略优势，抓住机会在它的数字交换机系统 System 12 中引入最新的技术。交换机工程师专家认为 System 12 是“卓越”的。[①] 此外，ITT 的努力并不仅限于技术领域。公司也为系统开展了“优秀的市场和销售活动来宣扬它的新概念”。[②]

对 ITT 在数字交换机方面所作的努力的最佳凭证是它在开发 System 12 上的总投资。到 1985 年 3 月，公司在数字交换机的开发上共投资 1.1 亿美元，使之成为“有史以来最昂贵的交换机开发项目”。[③] 尽管 System 12 的一些原始概念来自美国（其中，有一些是来自从贝尔实验室加入 ITT 的工程师），[④]系统的大部分研发工作还是在欧洲完成的。在 AT&T 被剥离后，ITT 开始进军美国区域贝尔营运集团（RBOC）。在 1986 年初，ITT 为了使其 System 12 适应 RBOC 市场共投资了 200 万美元对其进行改进。[⑤]

ITT 的公司理念

如前面一段所说，ITT 像它的竞争对手如北方电信、AT&T、NEC、爱立信和西门子一样，在数字交换机方面投入很大。但一个重要的差别是 ITT 的公司理念和它的竞争对手有着根本上的区

---

① 查普伊斯和乔：《电子学》（*Electronics*），第 569 页。
② 查普伊斯和乔：《电子学》（*Electronics*），第 418 页。
③ 查普伊斯和乔：《电子学》（*Electronics*），第 419 页。
④ 查普伊斯和乔：《电子学》（*Electronics*），第 415—416 页。
⑤ 查普伊斯和乔：《电子学》（*Electronics*），第 419 页。

别。此外,它的公司理念的原型可以追溯到 20 世纪 70 年代,那时的公司总裁是 Harold S. Geneen,此时的 ITT 已经开始摆弄多元集团化(conglomerate)的概念了。这一概念的重要性可以通过其与 NEC 的公司理念的对比来说明。

20 世纪 70 年代开始,由 ITT 和 NEC 提出的企业理念之间的区别可以由小林宏治博士的话来加以阐述,他是 20 世纪 70 年代早期 NEC 的总裁。作为总裁,他为了汇报 NEC 的营运状况必须去访问 ITT 在纽约的总部。由于小林宏治所执掌的是一家同样在电信设备领域颇有作为的公司,他自然对了解 ITT 对其自身未来的看法很感兴趣。他觉察到在"Geneen"的领导下,ITT 开始接受一项正在产生惊人结果的特殊发展战略。记者们把这种企业理念称为"多元集团化"。[①]

这种企业理念为 ITT 这样一家基于通信和信息的企业作了哪些方面的指导呢?小林宏治在回忆其与 Geneen 的讨论中谈到:

> (Geneen)是怎么计划应付信息技术日益增长的重要性呢?我问道。他回答说唯一的答案就是凝聚力。我没有能够在那次接触中进一步了解其中的逻辑。ITT 已经并购了 Avis 出租车公司并着手接收酒店业务[包括喜来登(Sheraton)集团]和食品产业。我完全不能理解为什么这些是对信息时代所作出的反应。[②]

① Kobayashi,《NEC 的崛起》,第 48—49 页。
② Kobayashi,《NEC 的崛起》,第 49 页。

Geneen 又是如何解释 ITT 的战略呢?

Geneen 这样向我解释。当来自世界各地的信息展现在人们眼前时,他们会想要自己去走一走、看一看,所以酒店业务将会火起来。当他们待在酒店里时,他们需要吃东西,所以食品产业将会繁荣起来。无论他们在哪里,是为了商业活动还是为了旅游,他们都需要交通运输:这样就需要引入出租车业务……事故意外可能发生,所以保险业将得到发展。①

小林宏治对 Geneen 的回答阐述了他和 NEC 公司的完全不同的公司理念:

> 尽管 Geneen 确定无疑地证明了他的战略是为了高增长和良好的回报,我却并不觉得这是我想带领 NEC 所走的方向……我清楚地意识到我们正在沿着各自的道路走向完全分隔的世界。也许 NEC 遵循了正统的规则。我们决定通过在国内基于自己传统技术的发展成为"资产上亿美元的公司"。开辟新领域的评判准则不仅是它们潜在的利益;它们必须共享相同的技术、客户以及我们现有的市场。我们进入计算机领域这一行为可以被称为多元化,但它其实是基于与我们的主要商业路线有着紧密联系的领域。②

① Kobayashi,《NEC 的崛起》。
② Kobayashi,《NEC 的崛起》,第 49—50 页。

蜕变

1979 年,Rand V. Araskog 接替 Geneen 成为 ITT 的新总裁,但仍然坚持了后者的公司理念。1986 年 2 月,尽管 ITT 在研发 System 12 上进行了大量投资并针对美国市场对其进行了改进,Araskog 还是决定从该市场撤离。导致该决定的直接原因是令人失望的销售状况,而其深层次的原因是 Araskog 的公司理念。(前面已经提到,如北方电信曾作好其 DMS 系列能够赢利需要 10 年时间的准备。)

对于技术“老手”如查普伊斯和乔来说,ITT 的决定是“经济权威”压倒技术的又一次明证。尽管 ITT 的 System 12 在技术上十分“卓越”,却不能在 Araskog 的公司理念中存活。查普伊斯和乔挖苦说,在 20 世纪 80 年代中期,“无论交换机产业集团的资本和储备多么雄厚,它们的财政权威总倾向于认为受研究、开发和它们的产品销售影响的发展速度开始到达一个危险的阈值”①。在他们看来,ITT 关于 System 12 的决策支持了他们有关交换机历史的一本书中的一个一般性结论:“交换机系统的成功更应该归因于生产和销售它的产业和财政力量而不是设计和研发它的工程师的努力。”②如上面那本书所说,至少公司的理念与其产业和财政力量一样重要。

① 查普伊斯和乔:《电子学》(*Electronics*),第 419 页。
② 查普伊斯和乔:《电子学》(*Electronics*),第 328 页。

Araskog 的公司理念指引他越走越远。1986 年 6 月,Araskog 和他的管理委员会决定出售 ITT 电信部分 70%的股份给法国的通用电气公司(CGE)——包括对 System 12 的所有权。自 1970 年开始,CGE 的子公司阿尔卡特在法国电信业中具有主导地位,1983 年,它与法国 Thomson 集团的电信业务部分合并。1992 年 3 月,在其公司理念的指引下,ITT 的蜕变——从一个电信企业到一个在电信设备产业上没有任何股份的公司——完成了。ITT 宣布它将以 36 亿英镑的价格出售它在阿尔卡特所拥有的 37%的股份,这样就彻底放弃了它原先的业务与电信方面的研发能力。ITT 仍保持在下述三个领域的股份: ITT 喜来登股份公司;制造业主要是在汽车零件和军工设备;以及金融服务业和保险业。

ITT 公司理念背后的理论基础是公司在由资本市场提供的金融可能性的帮助下,应该从股东的利益出发,转向那些预期回报率最吸引人的领域。与 NEC 的理念不同,根据这一理念,公司不应该被它目前在研发、生产和市场销售上所积累的资本所限制。

该理念对 ITT 和它的股东带来的利益究竟如何? 这个问题在不同条件下有不同的答案,因此不能作决断性的回答,而一些一般性的迹象对说明问题将会有所帮助。《商业周刊》在 1994 年 5 月一篇值得注意的文章中回答了该问题。据文章作者所说:“一直以来,投资者们由于 ITT 的股票萎靡不振而沮丧观望,而 Araskog 和他的助手却有着丰厚的报酬。”作者指出,自 1979 年 Araskog 上任至 1991 年底,ITT 的股票价格比标准普尔公司 500 家股票指数低 36%。到了

1991 年，在 ITT 激进派股东的压力下，公司管理委员会决定将股票价格与公司管理层收入挂钩。该策略的后果十分清楚：以共同的标准衡量，“Aaraskog”们的工作仍是“肥差”……ITT 的老板们现在每年的薪水达 160 万美元并有大约与此数目相当的年终分红。去年（1993 年），他还收到价值超过 2 200 万美元的股票期权……甚至在他 1996 年 10 月退休后，Araskog 签了一份 40 万美元的合约至 2001 年担任公司顾问，且直至 2003 年，他一直是 ITT 管理委员会的成员。

似乎有迹象说明这些激励措施影响了 Araskog 的注意力。文中引用一位前高层领导的话说：“Araskog 在关注股票价格及它是如何与红利和股票期权相联系上花费了很长时间”。此外，激励措施看上去似乎对 ITT 的股票价格产生了令人期待的影响。“它像魔法一样：ITT 的股票价格在两年内上扬 46%。且公司现在发现自己是一个由股东们管理的企业典型。”但也有迹象表明通过股票市场对 ITT 进行“评估”（如衡量公司的股票价格）的结果与通过其他方式衡量其表现的结果相矛盾：“ITT 在投资者中新的声望并不反映它在业务上有根本性的改变。”这些差异是如何产生的呢？据作者所说，是因为“Araskog 把注意力大部分放在提升 ITT 的股票价格上，追求以激发投资者兴趣为目的的战略而不是谋求在运营成果上有真实的转变”。ITT 的一个“创造性的结算方式”如下：“1993 年……ITT 停止将来自喜来登的 230 处享有特权的资产的比较平庸的运营成果纳入其年度报告中，而把以前从没有纳入其中的 149 处更令人满意的出租和经营的酒店的收入、入住率及平均拥有客房数加了进去。结果是：喜来登现在报告的收入是32亿美元而不是用以前的结算方法得出的7.84亿美元。”

尽管其股票价格在上扬，但“用其他方式衡量，ITT仍然显得落后。(1993年)它的收入减少1%……它从资产中得到的回报减少……从总资本中得到的回报下降……且ITT 7个部门中有4个的运营利润低于先前水平”。与之形成鲜明对比的是，NEC尽管处于日本经济严重不景气中且收入和利润都明显下降，但实际上仍保持了其研发的经费，“自1990年开始，ITT已经削减了19%的研发费用……并砍掉了达31%的资产费用”。作者由此得出结论：“尽管ITT表现很糟糕，Araskog却成为美国公司中收入最丰厚的CEO之一。”①

最后有必要提一组统计数据。NEC公司成立于1899年，它54%的股份属于ITT的前身。NEC成为ITT在世界所拥有的大型子公司之一。至1993年，ITT的销售总额达228亿美元；同年NEC的销售总额为306亿美元。②

NEC和富士通

与ITT形成鲜明对比的是，NEC和富士通在不同的公司理念影

① 《虽然ITT步履蹒跚，但它的股票却长腿：CEO Araskog是如何赢回更多投资者的》，《商业周刊》，1994年5月30日，第44—47页。

② 1995年6月13日，Araskog宣布ITT将分成三个独立的公司，一个是有关保险业，一个是有关军工设备和电子产品，一个是有关酒店和娱乐业。

响下为实现美国市场放宽限制作了长期的努力，承担了过渡期里不可避免的损失。两家公司都意识到在美国构建自己的实力是非常必要的，这将使它们能够评估客户的需求，针对这些需求对它们的交换机进行修改，并在它们运行其网络并提供新服务时通过保养和更新它们的交换机来为客户提供支持。

NEC 开始加强和它已经开始供货的电信运营公司之间的联系。其中尤其重要的是它与贝尔区域运营集团（ROBCs）之一的美国西部公司（US West）的联系。NEC 已经向它们出售过数字交换机出现之前的交换机产品，并接着向它们提供它的数字交换机——NEAX－61。与此类似，NEC 还向 Continental 公司——独立营运商之一——提供它的数字交换机。1987 年，NEC 在达拉斯建立了交换机技术中心，紧接着在 1987 年，同样是在达拉斯，NEC 建立了高等交换机实验室（Advanced Switching Laboratory）。这些位于美国的研发基地有助于使 NEC 的数字交换机得到 Bellcore 实验室的认可［在后者的本地接入及传输领域交换系统一般要求（LSSGR）的标准下］，这是能向 RBOCs 出售交换机的前提条件。至 1991 年，NEC 在美国拥有 300 名致力于交换机技术的软件工程师。

于 1982 年临时决定撤出美国交换机市场的富士通在 1989 年重新进入该市场。富士通认为，下一代交换机——ATM 交换机为成功进入有利可图的美国市场提供了一个新的机会。（ATM 交换机将在下面详细讨论。它能提供宽带的多媒体的交换服务而且将会成为运行信息高速公路的重要环节。)1991 年,富士通成为世界上第一家为高速双向传输和同时传输声音、影像、数据的线路提供商用 ATM 交换机的公司。富士通宣布在 1995 年 3 月前开始在美国本土制造 ATM 交换机来使其靠近该市场的客户,以克服公司早期曾存在的弱点。富士通向 MCI(AT&T 在长途业务中的主要竞争对手)、南方贝尔(Bell South)、Nynex 及两家属于 ROBCs 的公司出售 ATM 交换机试验产品。NEC 则将其 ATM 交换机试验产品出售给美国一家小型长途电信运营公司。

飞利浦和摩托罗拉

飞利浦公司成立于 1891 年,公司缔造者是年轻的工程师 Gerard Philips 和他的父亲 Frederik Philips——一位富有的烟草商兼银行家。公司开始时主要生产小型电灯泡和白炽灯。在此基础上,公司又转向其他照明设备、无线电设备、真空管、战后出现的晶体管和半导体,其他消费品如电视机、录音机、计算机及电信设备。1914 年公司雇佣了一位物理学家——Gilles Holst 来指导他们的研发。这最后促成了飞利浦研究实验室的成立。该实验室在全世界享有盛誉并作出了一些重要的贡献,包括新的磁性材料的开发如半导体磁氧体和永久磁铁。同索尼合作,飞利浦开发出了光盘。

在它发展的早期,飞利浦一直受到成立更早、更老道的德国公司的威胁。实际上,1893—1894 年飞利浦在德国公司的竞争中遭受了很大的损失。但二战导致德国公司被击败，而西门子的暂时发展停滞给了飞利浦进入电信交换机领域的机会。公司的第一个交换系统是西门子型的步进(step-by-step)系统，用于替代荷兰在战时受损的交换系统。后来，公司凭借其在电子技术方面的资历，帮助开发它的电子交换机系统。

在数字时代到来的20世纪70年代，飞利浦开发了它自己的数字交换机——PRX－D。但当交换机研发的费用不断上扬且飞利浦没有能够在20世纪70年代末成为德国电信网络的主要数字交换机供应商时，公司决定终止它自己的数字交换机项目而选择AT&T作为合作伙伴。这实质上意味着对后者的ESS五号作出修改使其适合欧洲的情况。一方面AT&T将提供技术，另一方面飞利浦会提供联系欧洲的网络——这将使AT&T进入几乎已关闭的欧洲市场。1984年1月起，两家公司建立了ATT－Philips电信(APT)——双方各占一半股份。

但这一战略性同盟并不成功。一方面，在欧洲电信公司如阿尔卡特、西门子和爱立信的激烈竞争面前，飞利浦没有能够进入重要的欧洲市场。另一方面，飞利浦在电信上的持续投入能力面对激烈的竞争尤其是来自日本消费电子产品公司(如索尼和松下)时，受到了越来越大的压力。1988年，飞利浦将其在APT中的股份减至40%，1989年，进一步减至15%。1990年，飞利浦完全从APT中撤资。1994年，在总价值达400亿美元的欧洲电信设备市场，AT&T仍然属于“二流玩家”，据估计它在中心局交换机市场占有4%的份额，在通信传输设备市场占有5%的份额。①

ITT从交换机和电信设备领域撤出是因为受其公司理念的驱使,它鼓励公司追求能获得更大利润的机遇,即便那些机遇是处于原先与公司经营范围毫不相关的领域。而飞利浦从交换机领域撤出则主要是由于它在所选择的竞争领域的广阔技术和市场上不太成功而导致的财政压力。尽管飞利浦试图在其业务相关范围内实现多元化,但它投身于太多缺乏较强国际竞争力的领域而使自己过度扩张。一旦作为其核心业务的消费电子产品受到来自日本公司竞争的威胁,飞利浦将会被迫中止那些相对较弱的领域的投入(如交换机)。至20世纪90年代早期,飞利浦只剩下了4个产品部门:照明、消费电子、零配件和半导体,以及专业产品和系统。像索尼和松下一样,飞利浦更多地转向了"消费软件",尤其是通过宝丽金(PolyGram)以图在流行音乐领域有所发展。

如果说ITT和飞利浦是决定放弃其在交换机领域已有所积累的资历的公司(尽管原因不同),那么摩托罗拉就是决定绝不涉足交换

① This section draws on a number of sources, including Chapuis and Joel, *Electronics*; a valuable paper which concentrates on switching technology development in the UK and Sweden by A. Molina, 'Building Technological Capabilities in Telecommunications Technologies: Development and Strategies in Public Digital Switching Systems', paper presented to the *International Telecommunications Society Conference*, Venice, 1990; R. Harris, 'Electronic Telephone Exchanges: An Introductory Review of Development', *POEEJ*, 59/3(1966), 211 – 219; R. Harris and J. Martin, 'The Evolution of Switching Systems Architecture', *POEEJ*, 74(1981), 187 – 193; J. Hills, *Information Technology and Industrial Policy*, Croom Helm, London, 1984; K. Morgan, 'Breaching the Monopoly: Telecommunications and the State in Britain', Working Paper Series on Government-Industry Relations, no.7, University of Sussex, 1987.

机领域的公司,尽管该领域对公司来说是必须且“补充性的”。摩托罗拉的发展主要是基于其无线电相关领域的资历。公司的通信产品(1993年占公司销售额的26%,而当年半导体占31%,普通系统产品占28%)主要还是与无线电相关的。

摩托罗拉由Paul V. Galvin于1928年创建。它的第一件产品是“电池整流器”,该产品使用户能直接使用家里的交流电替代需要前者支持的大型电池来使用无线电设备。20世纪30年代,公司的财富由于其成功开发了商用车载无线电设备而迅速增长。20世纪40年代,摩托罗拉进入半导体领域,成为最大的微处理器生产厂商之一(尽管它没能取代英特尔的主导地位)。20世纪70年代中期,在日本公司强有力的竞争面前,摩托罗拉决定放弃彩色电视机这一领域。

目前摩托罗拉54%的销售额集中在无线通信这一块。这包括移动通信设备——包括无线电基站和移动电话。但因为摩托罗拉在交换机领域缺乏资历,它必须同交换机生产厂商结盟来为自己的移动通信获取交换机。起初,摩托罗拉和美国一家相对较小的交换机生产企业——DMS公司合作。但因为像爱立信这样的竞争对手(爱立信得益于在斯堪的纳维亚半岛,移动通信启动和普及都较早)在美国移动通信市场上所占份额不断上升——这部分是由于摩托罗拉的产品较为昂贵,摩托罗拉决定需要在交换机领域拥有更强的资历。因此,摩托罗拉于20世纪90年代早期分别在北美与北方电信,在日本与NEC,在欧洲与西门子结成了战略同盟。

爱立信

像飞利浦一样,爱立信的公司理念指引它把精力越来越集中到那些它在国际上具有最强竞争力的领域。对飞利浦而言,一般来说,这些领域是照明器材和消费电子;对爱立信而言,则是通信器材。如图 3 - 3 所示,爱立信是数字交换机领域的先行者,虽然它和北方电信一样也不是"第一个吃螃蟹的人"。爱立信的 AXE 数字交换机是从它早期的空分交换机"发展"而来而不是完全从零开始重新设计。

不过与北方电信不同,爱立信接受了有关通信和计算机技术融合的战略重要性这一流行的理念,并决定转向信息技术。因此,爱立信开始生产微型电子计算机和个人计算机。20 世纪 80 年代初,公司的财政状况明显下滑,部分原因是其数字系统部门的糟糕表现。作为应对措施,在 Lars Ramqvist 的领导下,爱立信启动了名为"回到基础"的项目,在该项目下,公司将其计算机部分的业务卖给了一家芬兰公司——诺基亚(Nokia,该公司的电脑业务后来又被一家英国电脑公司——ICL 收购,ICL80%的股份属于富士通)。同时,爱立信又卖掉了它的办公设备部门。

作为其重构计划的一部分,爱立信与德州仪器(Texas Instruments)结成了一个重要的技术同盟。在该协议下,TI(德州仪器)向爱立信提供它的数字交换机所需要的电子元器件,包括关键的处理器。正是依靠与外部电子元器件供应商的长期合作关系这一决定促成了爱立信撤离计算机领域,因为公司通信设备的“核心”领域不再需要包含于计算机业务中的电子元器件的研发能力。

爱立信选择长期市场合作伙伴的决定是否意味着,它在电子器件研发能力上的需求使得它与它的竞争对手如 NEC、富士通、及 AT&T 这样在自己内部拥有电子器件研发能力的公司相比显得有劣势呢？该问题将会在比较爱立信和 NEC 在数字交换机领域的竞争力时得到解答。

从公司在国际电信设备领域不同凡响的表现来看,爱立信在“回到基础”的项目中显得十分幸运。举个例子,到 20 世纪 80 年代末,世界上大约 200 万台全自动蜂窝式移动电话中有 40% 是与爱立信的移动通信设备相连的。

法国和英国的国家创新体系

法国: 阿尔卡特的出现

20 世纪 70 年代和 80 年代,法国通信产业出现了一些重要的变化,包括阿尔卡特以及世界上最大的通信设备公司 AT&T 的出现。这些变化是如何产生的呢?

从战后直到 20 世纪 70 年代初,法国的电信服务落后于欧洲其他主要国家。在 20 世纪 70 年代初存在着一种危机感,因为在电信服务的质量以及新电信客户连接入网的时间被拖延等事件上所受的挫折被给予了政治上的表述。正是这种危机感促使了整个法国电信业的激进调整。

在20世纪70年代初,法国电信设备产业由三个集团主导。第一家是电话工业公司(CIT)。起初由于其在交换机领域的相对弱势地位以及法国有关部门对标准化的需求,CIT－Alcatel 靠的是它交换机的许可证。随着时间流逝,CIT－Alcatel 增强了它在自己的电信设备和交换机方面的实力。这一过程得到了国有的 CNET 实验室的帮助。CNET 建立于1944年,仿造贝尔实验室,后来收归法国邮电部门所属的 DGT(通用电信理事会)控制。1954年以后,CNET 在很大范围内获得了自治权并且由于参与到更多的基础研究(包括交换机)中,这种自治权力不断扩大。当 CNET 完成研究后,就由 CIT－Alcatel 完成工业上的运用。是 CNET 的研究促成了 Plato(后来成为 E10)——世界上第一台空分交换机——的发展。

第二个集团包括了 ITT 的三家子公司:CGCT(通用电话建筑公司),Le Materiel Telephonique (LMT)公司以及电信中心实验室(LCT)。早些时候 ITT 曾作出将其在欧洲的业务分散化的决定以便更有效地对主要设备生产地的欧洲国家的不同电信认证需求作出有效反应。它除了在法国拥有子公司,在英国(标准电话,Standard Telephone 和 Cables － STC),德国(Standard Electrik Lorenz A. G.－SEL,仅次于西门子的德国联邦邮政局的第二大供应商)、比利时(贝尔电话制造公司)都有重要的子公司。第三个集团是 L. M. Ericsson

的法国子公司 Societe des Telephones Ericsson（STE）。

从1974年开始，随着新的法国总统的选举产生，法国产业政策给予电信产业调整以优先权作为发展法国电信基础设施和服务项目的一部分。这对通用电信理事会（Directorate General of Telecommunications）下属的国际及工业事务理事会（Industrial and International Affairs Directorate）（DAII）产生了重要的政治影响。前面已经提到，1975年法国政府宣布对100万条线路所需的数目巨大的交换机采购实行招标。尽管E10数字时分交换机已经在法国安装，但有关部门觉得数字交换机在经济上不合算，所以决定安装空分交换机。

与产业政策相符，DGT注定要看到法国将对电信设备供应的更大程度的控制。因此，它将其对交换机的采购与法国电信设备公司的所有权重组联系起来。在最终达成的协议下，DGT使ITT的Metaconta空分交换机被法国网络选定为其所使用的系统。爱立信的AXE－10交换系统被选为该网络的第二位的交换机来源。

但ITT和爱立信必须遵从一定的条件。作为其政策的一部分，DGT决定它希望培养第二个法国的竞争者来与法国主要的电信设备供应商CIT－Alcatel相抗衡。该计划的意图是拥有两家法国的竞争厂家——它们也需要面对国际上其他供应商的竞争压力。Thomson－CSF——法国的一家生产军工设备和电子产品的公司被选择为第二位竞争者。Thomson－CSF在电信设备领域一直处于较为被动的地位，主要依靠的是认证和与CIT－Alcatel协商的市场份额。在通用电信理事会的精心安排下，Thomson－CSF买下了ITT的LMT公司。

ITT 保留了生产 Metaconta 的 CGCT。Thomson－CSF 还接管了爱立信的 STE 子公司。这意味着 Thomson－CSF 将生产 AXE－10——法国网络的二号交换机，爱立信通过出售对该交换机的所有权获得了令人满意的回报。

但随着数字交换机研发费用的增加（前面已提到过）以及在欧洲和全球电子产业其他压力的一起作用，法国电信业的结构发生了进一步的变化。1983 年，Thomson 将其电信部分的业务卖给了 CIT－Alcatel。此外，如上面所提到的，1986 年，随着它对自己公司进行调整，ITT 将它电信部分 70% 的股份卖给了 CGE——CIT－Alcatel 的母公司。协议导致的结果是，CIT－Alcatel 接手了 ITT 的 System 12 数字交换机。ITT 最终于 1992 年将其在 CIT－Alcatel 的 37% 的股份返售给 CGT。通过这种方式，在法国政府的“公司理念”的强烈影响下，阿尔卡特成为世界上最大的电信设备公司之一——另外一家则是 AT&T。

英国：早起的鸟没食吃*

对英国在电信交换机领域的努力的一个无情的评价可以被归为

---

* 这一部分参考了很多资源，包括查普伊斯和乔：《电子学》（*Electronics*）；由 A. Molina 所写的一篇关注英国和瑞典交换机技术发展的很有价值的论文：《在电信技术领域创建技术研发能力：公共数字交换机系统的发展和战略》，该文发表于 1990 年的威尼斯国际电信协会议上；R. Hrris 的《电子电话的交换：对其发展所作的介绍性的回顾》，POEEJ，59/3（1996 年），211—219 页；R. Hrris 和 J. Martin，《交换机系统体系结构》，POEEJ，74（1981 年），187—193 页；J. Hills，信息技术和产业政策，Croom Helm，伦敦，1984 年；K. Morgan，“打破垄断：电信业和英国政府”，有关政府产业关系的工作论文系列，7 号，苏塞克斯大学，1987 年。

“霉运致死”的一种经历。这一评价无情到什么程度呢?

如果说最终结果是“死亡”,那么在此之前必然有死之前的生命历程,以及生命历程中繁盛的那部分。英国以在交换技术上极强的研发能力(当时世界该领域技术实力最强的国家之一)进入战后时代。在战时积累的电子技术方面经验的基础上——如于1943年生产了解码式巨人数字计算机,英国在战后在开发电子交换机方面起步较早。对电子交换机的研究工作由Thomas H. Flowers和他在通用邮电部下属的Dollis Hill研究中心的同事指导,并很快闻名于世。

尽管有这些早期的活力,但到了20世纪80年代末,曾在战前国际市场上拥有强大地位的英国交换机几乎在这些市场上消失殆尽。英国数字交换的旗舰产品X系统尽管曾为出口市场而设计,却没能在英国以外产生影响。更重要的是,英国电信设备产业的独立性——在电信交换领域到了20世纪80年代末已减少到一家公司,GEC——由于GEC将其电信设备方面的业务与强大且国际化的西门子合并而显得太过妥协。

无论称之为“死亡”无情与否,问题是:为什么如此好的开始却导致了那样的结局?为了回答这一问题,必须马上说明一个一般性的观点——用目前技术领域流行的说法——并不是因为缺乏“技术前瞻性”——即没能领悟到即将来临的技术的重要性。事实上,正如将要看到的,一个相当重要原因是“太多的技术前瞻性”——即英国如此快地相信未来电子交换技术的重要性并迅速调整自己的位置来利用这新一波的技术。结果是,他们的问题不是在转向新技术领域上反应迟钝,而是对基于电子学的交换机技术超过传统机电交换机技术的速度过于乐观。

换句话说,它的问题主要是没有把握好时机而不是缺少前瞻性。我们还将看到,还有很多更为复杂的原因。包括该国经济和财政状况那时一直运行良好,英国设备制造商认为短期财务表现要比技术和产品上的投入更重要,以及英国邮电部对技术发展趋势和公司合作研发在制度上的要求的错误判断。

下面对一系列很复杂的事件作一个总结(一些事件被尽可能简化了),英国战前在Strowger型交换机领域有很强的国际地位,它试图越过一代交换机技术——名为纵横式交换机——直接进入电子交换机技术领域。而这种尝试的结果是他们以脸着陆而不是以腿着陆——摔得很惨。从分析的角度看,重要问题不外乎在于为什么结果是这样,为什么他们作了错误的决定以及事情是否可能有所不同。

战后早期存在于英国的对电子交换机未来生命力的乐观态度与其他主要国家的悲观态度——这在前面已经提到——形成了强烈的对比。从一定程度上讲,这种乐观的态度是在该国所作的高质量的研究工作的派生产品(后来成为不受欢迎的事物)。查普伊斯和乔竟然指出"Flowers"专家组的意见很大程度地影响了英国邮电部对电信交换的购买(及开发)。①

---

① 查普伊斯和乔,《电子学》(*Electronics*),第63页。

无论如何,这种乐观态度使得邮电部把它所有的鸡蛋放在了一个篮子里,并很早开始对电子交换机的开发进行投资。这一决定不仅较早地把方向转向了电子交换机,而且决定了把名叫机电纵横式交换机的这一主要技术替代品排除在外。不像其他的国家——如美国、德国、法国和瑞典——英国选择了很长时间都把纵横式交换机排除在外这一做法。在 20 世纪 60 年代末,纵横交换机最早在英国开发成功——然后只具有较小的市场规模——这是发觉开发电子交换机的努力失败后退回防守姿势的结果。回想起来,似乎很明显,如果所有的鸡蛋不是放在同一个“电子篮子”里,且如果其中一些为“纵横式篮子”作了预留(无论它是靠国内开发或者靠进口技术),英国可能就能向前迈入电子交换机领域——虽然慢但有效率得多。

但事实上,上述设想并没有发生。1956 年邮电部建立了联合电子研究委员会,负责开发一种替代该国陈旧的 Strowger 交换机的电子交换机。在邮电部的协调领导下,委员会包括了该国五家交换机生产厂商: Siemens Edison Swan[后来成为联合电气工业公司(AEI)]、自动电话和电气公司(ATE)、爱立信电话有限公司(ETL)、通用电气公司(GEC)、及 ITT 的子公司——标准电话电报公司(STC)。

委员会的工作最终导致对一种基于脉幅调制(PAM)的时分交换机的开发,它后来被称为 Highgate Wood 交换机。如图 3-3 所示,第一台实验室版本的交换机完成于 1959 年并于 1962 年 12 月在 Highgate Wood 安装成功。

尽管第一台时分交换机的例子——Highgate Wood 交换机没能

有效地工作，主要是因为大量使用热阴极电子管而导致的散热问题。用查普伊斯和乔的话说，它“成了 monstre sacre”。[①]

Highgate Wood 系统崩溃马上导致的是——用技术和经济来衡量——确定了电子交换机在中长期没有存活能力。但这意味着英国没有合适的交换机来替换它陈旧的 Strowger 型交换机，因为前面已经提到，它在努力发展电子交换机的同时没用通过发展纵横式交换机来保证其原有地位。而在世界其他国家，对电话服务的需求迅速增长并成了一个政治敏感问题。

邮电部对该困境的反应是世界上最糟糕的：它使英国在旧的技术上故步自封；它使得英国在进入电子交换机领域时显得保守和犹豫；它对交换机供应商的合作关系作了严格限制。邮电部的反应实际上是分三个层次的。首先，作为直到 20 世纪 60 年代中期的权宜之计，邮电部选择了一项尝试并检验过的技术——名为战前 Strowger 型技术。不可思议的是，最后一台 Strowger 交换机竟然是在 1985 年卖给了 BT（英国电信，邮电部的继承者），其由始于 1912 年的生产线生产。这是在邮电部严厉的财政限制下所作的较实用的反应，而供应商开始担心起来，原因是他们知道出口市场上需求迅速增长的是对纵横式交换机技术的需求。如果没有基于国内的纵横式交换机，它们将很难在出口市场的该技术领域与别人竞争。

其次，邮政部——虽然 Highgate Wood 失败了，仍抱有未来是属

① 查普伊斯和乔，《电子学》(*Electronics*)，第 63 页。

于电子交换机的这一想法——在开发电子交换机方面继续谨慎前进。1963年,联合电子研究委员会决定开发一大一小两种电子交换机。但也许是对 Highgate Wood 的负面影响反应过度(也许因为受收放的英国经济的财政压力的影响),委员会为这些交换机选择技术时显得过于保守。两者都使用了基于簧片继电器的人工可编程序电路控制技术而不是更灵活的存储程序控制(SPC)技术。如图3-1所示,SPC技术于20世纪50年代中期由贝尔实验室提出,第一台SPC电子交换机试验品由贝尔实验室于1960年安装成功,1965年贝尔实验室的第一台商用SPC空分交换机ESS一号安装成功。而在英国,直到1976年邮电部才开始它第一台SPC本地交换机试验品——Pathfinder的研究。

显然,在电子交换机领域,英国很谨慎地走了一条非常保守的技术路线。具有讽刺意味的是,正是这个国家10年之前曾热情满怀地投入到电子领域,比其他国家都超前。

联合电子研究委员会在它的小型电子交换机(名为TXE2)上取得了理所当然的成功,该交换机于1966年第一次投入使用。根据技术协议,该交换机迅速由邮电部所有的交换机供应商生产。但在大型交换机TXE4上却进展缓慢。这促成了邮电部第三项决议,在压力下以面对迅速增长的对电话业务的需求。以大型电信交换为目的的对纵横式交换机的支持显得太过迟缓。1968年,第一台纵横式交换机在英国电信网络投入使用。这促使供应商们——Plessey、通用电气公司(GEC)、标准电报电话公司(STC)通过在生产设备上进行必要投资而转向纵横式交换机技术领域。虽然转向纵横式交换机的时间有点晚,但却为电话业务供应的问题提供了过渡的解决方案,同时它也使英国进入一个马上就要被淘汰的技术领域。

为邮电部提供纵横式交换机的同时,STC 通过加大在 TXE4 电子交换机上的研发力度而取得了最显著的进展,最终生产出了一个改进的版本。这使 STC 从中获益,它能够在 1976 年宣布其在英国主要交换机市场的占有率从 20 世纪 60 年代末的 20%上升到当时的 35%。但由于在纵横式交换机设备上已作了投资,且仍然看不到英国在引进先进的电子交换机技术方面作了多少努力,通用电气公司和 Plessey 于是更保守地停留在了纵横式交换机技术上。在由通用电气公司和 Plessey 施加的过度的政治压力下,邮电部没有对新技术——如图 3－1 和图 3－3 所示,在那个阶段是指 SPC 空分和 PCM 时分交换机——的研究开发和购买给予领导,而是作出了十分保守的妥协方案。20 世纪 70 年代早期,邮电部决定增加对通用电气公司和 Plessey 的纵横式交换机的购买量,从 450 万英镑增至 3 500 万英镑。同时,1 800 万英镑被投资于 TXE4 电子交换机项目中。

英国在对新交换机技术进行开发的前进过程中的失败,一方面在供应商和邮电部之间,另一方面在供应商内部,都导致了严重的分裂并产生了很大的影响。20 世纪 60 年代,邮电部执行了“大批供应协定”——它与前面提到的日本的受控竞争机制相似,是为与采购相捆绑的合作研发而提供。但到了 20 世纪 60 年代末,邮电部感到它从供应商那边没有获得它想要的那种合作。那些供应商反对邮电部购买 Strowger 交换机并强烈抗议邮电部强制性的压低价格。作为回应,邮电部采取了措施,却严重破坏了合作研发所必需的信任、责任、稳定之间的微妙平衡(前面对日本例子的分析详细说明了该平衡的重要性)。

1969 年,邮电部终止了大批量供应协议(Bulk Supply Agreement),改而与它的供应商保持密切的关系并使供应商之间的竞争更加激烈。但这却导致合作转为事与愿违的竞争。开始时,问题由于不同公司供应的设备不兼容而产生,这需要花很大代价去解决。此外,供应商之间的竞争破坏了合作所需要的相互间的信任,那个时候,新的数字交换机技术使得研发费用上扬,以致只有通过很多公司进行公司间的合作才能维持交换机市场。当邮电部后来决定启动它的合作项目来开发它的时分交换机——System X 时,上述问题产生了严重的负面效应。

进一步的问题源自供应商之间的竞争。通过一系列的合并和购买事件可以看到,对英国交换机工业的市场关注在不断上升。在 20 世纪 60 年代早期,Plessey 兼并了 ATE 和爱立信电话。1968 年,通用电气(GEC)兼并了联合电气工业公司(AEI)。这样就剩下三家供应商:占英国交换机市场 41% 的 Plessey,占 36% 的通用电气及占 21% 的标准电报电话公司(STC)。①

邮电部在合作方面感到的挫败感并不是来自它的供应商,1969 年 10 月,邮电部终止了大批供给协定,上面已提到,该协定将合作研发与

① Hills,信息技术。

采购捆绑在一起,并使邮电部与它的供应商保持密切关系而使得供应商之间竞争日趋激烈。但公司之间竞争的日趋激烈显然会让它们不太愿意共享信息。合作精神的退化在1974年后变得明显起来,此时邮电部意识到非常有必要把资源集中起来去开发昂贵的数字交换机,它再一次试着与其供应商形成一种合作形式的组织来开发X系统。正如查普伊斯和乔多少有点困惑地说:“在开发X系统所必需的合作协议最终敲定之前,至少有7—8年时间的深思熟虑以及紧跟着的讨论。”①

在这个时期,围绕着谁将控制X系统非常重要的主处理器的开发,通用电气(GEC)和Plessey之间展开了激烈的竞争。开发这些处理器不仅被视为是开发X系统,也被视为是开发未来供应出口市场的数字交换机所必需的研发能力的核心。Plessey似乎在该处理器方面有较强的研发能力,它曾为Ptarmigan军用通信系统开发过类似的处理器,而通用电气是一家更大的公司且在政治上显得更强大。最终,通用电气稳稳当当地被任命为主要设计者。与前面分析过的日本的受控竞争形式不同——该形式要求至少有两家公司为开发每个系统部分及相关设备负责,邮电部只留下一个供应商控制每个交换机部分。这样,通用电气控制了处理器这部分,Plessey负责数字交换这部分,而STC负责信息传输这部分。这样便使得供应商手中有了更大的讨价还价的权利。

X系统的合作研发效率也受到英国大体的经济环境和交换机供

① 查普伊斯和乔:《电子学》(*Electronics*),第397页。

应企业的经理们在该项目财政方面投入的意愿程度的影响。从英国不调和的经济表现以及邮电部对政府预算的依赖来看，这意味着对电信设备的采购呈现时不时的收放状态。反过来，这使得在 Lord Weinstock 管理下的通用电气的以财政为导向的经理们在对像数字交换机这样的项目作出重要的长期投资时显得十分谨慎。

查普伊斯和乔对英国交换机产业陷入的恶性循环作了总结：

> 英国的实业家在对任何可能要求他们进行投资来开发融入新技术的新一代交换机系统的开创性行为中显得十分谨慎。他们经理的野心仅仅限于保持邮电部一直以来分给他们公司的采购份额，结果是使得他们优秀的研发工程师所推荐的技术创新都被埋没了。缺少富有竞争力的产品，出口市场接连关闭，这些都对英国的经济及其进出口平衡造成了损害。①

第一台 X 系统本地交换机于 1981 年 9 月安装，这比其他大多数数字交换机都晚得多。尽管 X 系统是按照邮电部的要求特别根据出口市场来进行设计的，但却没能在市场上取得进展。

从 20 世纪 80 年代初开始，英国电信系统发生了激烈的变化。1981 年，电信法案获得通过，将邮政这一块功能分离出去并创建了英国电信（BT）。1982 年，根据有关“即便是三家供应商以最小有效规

---

① 查普伊斯和乔：《电子学》（*Electronics*），第 395—396 页。

模进行生产,交换机产业生产能力仍有过剩”的内部报告,STC 被 X 系统排除在外。这促使 ITT 将它在 STC 的大部分股份卖给了英国投资者,只剩下 24%的股权。这以后,在计算机和电信融合的激励下,STC 并购了英国“民族英雄”式的电脑公司 ICL。此后,放弃交换机的 STC 被北方电信并购,富士通购买了 ICL80%的股份,而北方电信在 ICL 保留 17%的股份。

1984 年,在保守党政府的私有化项目中,BT 进行了私有化。1985 年,通用电气启动对 Plessey 的恶意收购。这最终导致联合公司 GPT 的形成,该公司集中了两家公司的电信设备股份。1988 年 9 月,通用电气和西门子为并购 Plessey 共同支付了 31 亿英镑,包括 Plessey 在 GPT 中 50%的股份。从西门子在电信领域有着更大规模和全球范围内的重要性来看,这意味着英国的电信设备领域开始受到德国公司的重要影响。

同时,由于在英国电信和电子产业里不用再考虑“国家利益”的义务影响,BT 开始致力于自己的公司理念,即以股东的利益为出发点。由于它具有自行决定权,并且由于其在电信设备的合作研发中并不成功的经验,BT 逐渐选择了国际市场作为获得它所需要设备的一条途径。①

最后,几个相关评论对英国和日本的电信设备产业作了适当的

① 这一部分为理解 BT 在 20 世纪 90 年代继续扮演的角色提供了重要背景,弗朗斯曼在《公司的眼界》一书中对 AT&T、BT 和 NTT 进行比较的附录章节对此进行了分析。

比较。正如我们前面所看到的,在这两个国家里,使用者——国家主要的电信运营商,即 BT 和 NTT——和它的几个设备供应商之间的合作研发都在进行。不过在英国,这种组织形式失败了,而在日本却被证明是成功的(参看前面的内容)。为什么有这样的差别呢?

也许英国和日本之间最显著的区别是英国邮电部在支配其供应商时显现出来的无能。与之形成鲜明对比的是 NTT(以及它的前身通信省)在开始时就能够建立起主导角色。乍一看,这种差别像谜一般。因为英国邮电部和 NTT 都由于具备采供大量设备的潜力而拥有重要的市场力量,为什么显然只有后者实现了其力量呢?

这个谜一般问题的答案由若干部分构成。首先,对于日本,NTT 从获得技术远见和正确的时间问题上获益匪浅。前面已经提到,NTT 在开发技术时倾向于比国际领先者稍微晚一点。这种延迟从数字交换机角度来看代价是高昂的,因为它使得 NEC 和富士通较晚才进入交换机市场,而它们不得不支持两种数字交换机。尽管如此,NTT 还是能够从一代技术稳步推进到下一代技术,在利用各供应商研发能力的同时给予了它们有效的领导。而另一方面,在英国,不合时宜地跃入电子交换机领域,到后来的从该领域撤出,以及缺少可供选择的具有竞争力的纵横式交换机使得正在运行的企业间合作组织形式变得很紧张。

其次,NTT 的地位也通过战后稳定迅速发展的日本经济而得以稳固,日本的经济状况造成了对电信设备大量且不断增长的订单。而另一方面,在英国,经济增长和政府财政决策意味着有时国内的“蛋糕”对英国供应商来说并不诱人,这些供应商非常关注它们中短期的财政表现以及在其他领域如军工部门获得的回报。

再次,NTT 也受到它与供应商之间受控竞争这一组织形式的长久稳定性所带来的帮助。正如我们前面所看到的,这种组织形式在 20 世纪 20 年代末 30 年代初日臻完美,直到 1985 年 NTT 实现部分私有化时仍在本质上保持不变。这意味着建立了一整套惯例,最重要的是,这些惯例是为所有包含在内的公司的共同利益服务的。而在另一方面,英国尤其是因为恶性循环的开始(原因前面已经提到过),存在的是破坏合作组织形式的不连续性和不稳定性。更糟糕的是,邮电部于 1969 年终止了批量供应协议(Bulk Supply Agreement)并以一种竞争的组织形式取而代之,这充分显示了邮电部没有理解合作的微妙动态平衡的意义。当邮电部认识到它必须回到合作的组织形式来开发昂贵的 X 系统数字交换机时,大部分有效合作所需的信任和共同责任已经被破坏得差不多了。

上述三点加在一起说明了为什么在英国和日本,电信设备的合作研发分别有着非常不同的经验。

合作的长期表现

交换机市场和合作的表现

据 Schumpeter 所说,公司并不是独立实体,而是更广泛的经济交换中互相依赖的部分。在交换机这一例子中,我们已经看到,直到开始于 20 世纪 80 年代中期的放宽限制的时期,那些包括一个或更多主要电信设备供应商的国家创新系统是互相隔离的。它们之间的相互隔离是由于贸易限制;简而言之,国家电信运营商倾向于全国的供应商(在一些情况下包括从外国公司的国家子公司购买设备,比如 ITT 在法国、英国和德国的子公司)。

但在放宽限制前,这些国家创新体系并不是完全互相隔绝的。本来,我们已看到有很多连接不同国家系统的高效的国际信息交流。从某种意义上来说,这种信息交流是制度化的;比方说,国际交换机讨论会(ISS)将来自交换机领域的管理者和工程师们聚集在一起来交流信息并共享交换机领域的开发思想。从一定意义上说,一些不那么正式的信息交流如贝尔实验室和其他主要国家实验室的技术报告被作为重要的国际技术信息。

但是运营商、供应商和国家创新体系的独立性也受到市场运营的影响。其中两个市场尤其重要,甚至在放宽限制前也是如此。其中第一个市场由美国的“独立商”组成,那些“独立商”是独立于 AT&T 的贝尔系统的较小的营运商。从对新交换技术的创新和传播速度的影响上说,该市场具有极为重要的作用,并不仅仅在美国是这样,国际上也是如此。第二个市场是“世界的剩余部分”,指那些没有自己本国电信设备供应商的发达国家和发展中国家。就是在这些市场中,世界上主要的电信设备供应商相互之间进行激烈的竞争。这些市场中的竞争过程保证了发生在每个主要供应公司中的与交换机相关的事件从某种程度上讲依赖于发生在其他竞争对手中的事件。数字交换机一种主导设计结构的发展显示了这种相互间的依赖。①

从某种意义上说,企业和国家创新体系的独立性是通过市场来调节的,而市场对竞争企业的各自表现提供了指标。在本章的剩余部分,我们将通过考察在不同市场中所占的份额,对主要设备厂商的表现进行分析。

表3-2用累计出货量排名的形式展现了在全球和美国中心局交换机市场中排名前七位的公司。

表3-2 中心局交换机设备线的累计出货量排名（千条设备线,至1992年）

	美国	%	世界范围	%	排名
AT&T	47 076.0	41.3	54 200.0	18.6	3
北方电信	45 222.0	39.6	59 100.0	20.3	2
AG 通信系统(GTE)	12 253.0	8.8	17 200.0	5.9	7
西门子	5 390.5	4.7	32 800.0	11.3	5
爱立信	1 749.6	1.5	40 300.0	13.8	4

① Meurling的故事[一种及时的交换(A Switch in Time)]从爱立信的视角提供了一个优秀的业内人士对国际交换机市场上的竞争过程的看法。从20世纪80年代中期开始,出现了一种数字交换机的主导设计结构。从那时起,“交换机产业领域对什么是最好的交换机设计产生了一种共识,它并不考虑设计结构的尺寸大小或是在公共网络中的位置如何。这种共识也影响到了……PBXs……从今往后,所有的新系统必须具有存储程序控制和数字交换机网络。对交换构架的形式也达成了共识:它无论在硬件方面还是软件方面都必须由标准组件组成(这样能使系统更容易引入新的特色,使其‘接受未来的检验’),各处都分布使用微处理器”(查普伊斯和乔:《电子学》(*Electronics*),第563页)。

（续表）

	美国	%	世界范围	%	排名
阿尔卡特	1 628.5	1.4	66 700.0	22.9	1
NEC	781.4	0.7	21 000.0	7.2	6
累计	114 101.0		291 300.0		

来源：Dataquest（1993年6月）。

排名前6位的交换机公司和排名前6位的电信设备公司之间有着很强的相互联系（第一章已经提及）。实际上，两张名单里排名前6位的是相同的6家公司。但北方电信在电信设备公司排名中名列第四，在交换机公司排名中却名列第二（这反映了它在交换机领域强大的竞争力，但在传输设备和诸如电话和传真之类用于个人顾客的设备方面却相对比较弱）。该表也显示了世界范围出货量衡量排名前3位的交换机公司——阿尔卡特、北方电信以及AT&T——它们几家公司加起来几乎占了总出货量的60%。

从表3-2中可以看出，显然AT&T和北方电信主宰了美国市场。前者占有市场的41.3%，后者占了39.6%，两者加起来占了美国市场大约80%的份额。排名第三的公司AG通信系统占了大约9%，该公司构成了前GTE的大部分，而GTE曾是美国独立公司的最大交换机供货者（主要提供给GTE营运公司）。[1987年GTE决定专注于服务并放弃了生产诸如交换机和传输设备的网络产品。因此，它将其PBX（秘密分支交换）的营运卖给了富士通，将其在美国之外交换机方面的股份卖给了西门子。1988年，GTE与AT&T结成同盟来应付购买其交换机的美国客户。]

从表中可以看出,显然北方电信公司在美国市场上有着压倒性的优势。3家欧洲公司——西门子、爱立信和阿尔卡特——只占据了7.6%的市场,而其中后两家分别只占了大约1.5%的市场。在美国最大的日本交换机公司NEC只占了微不足道的0.7%。

表3-2还说明了美国市场对AT&T和北方电信极其重要。事实上,AT&T 87%的交换机线都是在美国卖出的。最近,AT&T的网络系统组已加强了其在出口市场上的努力。

尽管我们在前面已经看到,AT&T在欧洲没有取得很大突破,但它将主要精力放在了中国。而对于北方电信来说,它77%的交换机在美国出售,所以对它来说,表中显示它在世界范围内设备线出货量比AT&T高9个百分点并没有什么意义。

表3-2显示的是累计设备线出货量,表3-3展示的是1991年和1992年在美国中心局交换机的销售情况,它通过市场占有率的数据显示了更接近当前的竞争力情况。我们可以看到,1991年和1992年,AT&T和北方电信之间的差距要比通过累计出货量衡量来得大。该差距的扩大多少符合了AT&T的心意,因为AT&T占有了市场的48%,而相比之下,北方电信占了38%。所有其他公司中,西门子是唯一在市场份额上略有增加的。3家欧洲公司1992年占据了美国市场的11%(而用累计设备线出货量衡量,只占7.6%)。

在具有国家电信设备供应商的西欧主要国家——这些国家通常比美国更晚放宽对购买国外设备的限制——市场由本国供应商主导。

表 3-3　卖给美国市场的中心局交换机出货量
（千条设备线，1991 年和 1992 年）

	1991 年	1992 年	1991—1992 年变化的幅度（%）	1991 年市场占有率（%）	1992 年市场占有率（%）
AT&T	5 136.0	6 585.0	28.2	45.0	48.2
北方电信	4 531.0	5 191.0	14.6	39.7	38.0
爱立信	678.0	749.6	10.6	5.9	5.5
西门子	523.0	705.5	34.9	4.6	5.2
AG 通信系统	454.0	353.0	-22.2	4.0	2.6
阿尔卡特	45.0	50.5	12.2	0.4	0.4
NEC	37.0	29.4	-20.5	0.3	0.2
累计	11 404.0	13 664.0	19.8	100.0	100.0

来源：Dataquest（1993 年 6 月）。

如图 3-4 所示，美国和西欧占据了世界数字中央服务线市场的 60%，只剩下 40%属于世界其他地区。

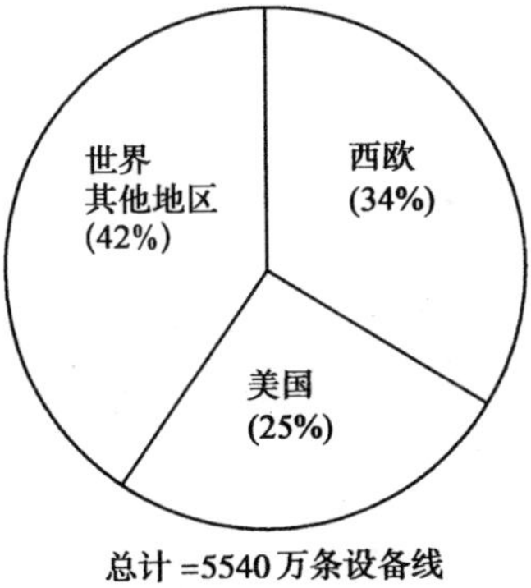

图 3-4　世界范围内中心局交换机市场：各地区本地数字交换机出货量，1992 年

注：由于占有量都凑成整数，各部分之和不等于 100%
来源：Dataquest（1993 年 8 月）。

图3－5提供了世界其他地区的详细情况。其中,日本占据了“世界其他地区”的16%。表3－4显示了1990年由主要日本供应商占据的中心局交换机的日本市场份额。NEC占据的市场份额最大,达39%,其次是富士通,占26%,东芝占19%,冲电气占16%。到1993年,北方电信进入日本交换机市场,并通过其DMS交换机占了8%的市场份额。

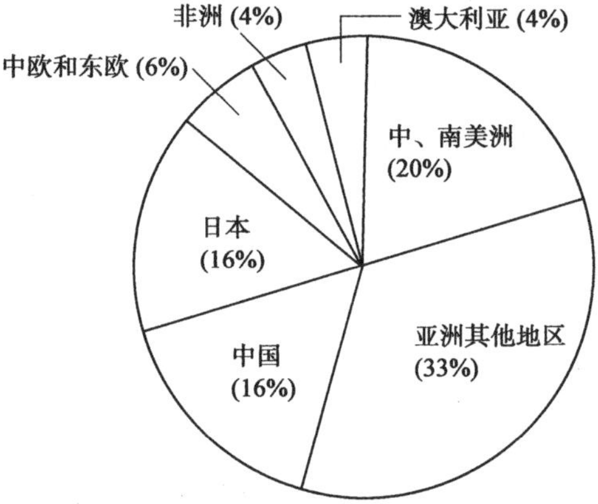

图3－5　世界其余地区中心局交换机市场：各地区本地数字交换机出货量,1992年

注：由于占有量都凑成整数,各部分之和不等于100%。
来源：Dataquest（1993年8月）。

表3－4　日本中心局交换机设备市场(1990年)

公　司	市场份额(%)
NEC	39.0
富士通	25.8
日立	19.1
冲电气	16.1

来源：Infocom。

从上述数据可以清楚地看出,在美国、西欧以及日本的主要交换机市场由这些特定区域的设备公司主宰。从很大意义上讲,这既有历史原因(地方性的公司已经将其交换机安装到该地区专门的网络中,而这些交换机已经过改进以适应当地的网络)又有政策上的原因。在国际竞争的范围内,一个尤其重要的问题是有关这些主流公司在竞争更为激烈的“世界其他地区”做得怎么样。图 3－6 提供了回答该问题的数据。

从图 3－5 中可以看出,亚洲(包括日本、中国——各占市场的16%——以及亚洲其他地区)是迄今为止该市场最重要的组成部分,占了“世界其他地区”市场的 65%。那些主流设备公司在亚洲表现如何呢?

图 3－6 显示,阿尔卡特具有该部分市场最大的份额,几乎占了30%。其次是 NEC 和富士通,分别占 15%和 12%。再次是西门子和爱立信,分别占 10%和 5%。其他还包括 AT&T、北方电信以及日本的日立和冲电气。

中、南美洲是“世界其他地区”市场的第二大组成部分,如图 3－5所示,它占了该市场 20%的份额。对于独立公司来说,爱立信在该市场做得最好,大约占 30%的市场份额。其次是阿尔卡特和 NEC,分别占 20%和 10%。西门子占 9%,富士通占 4%。阿尔卡特在上述两个地区的强劲表现值得注意。同样值得关注的是 AT&T 和北方电信未能挤入这些市场的前 5 位(在非洲、澳洲和东、中欧等地区的表现也一样糟糕)。相对来说,爱立信在中、南美洲做得很好,而在亚洲还算

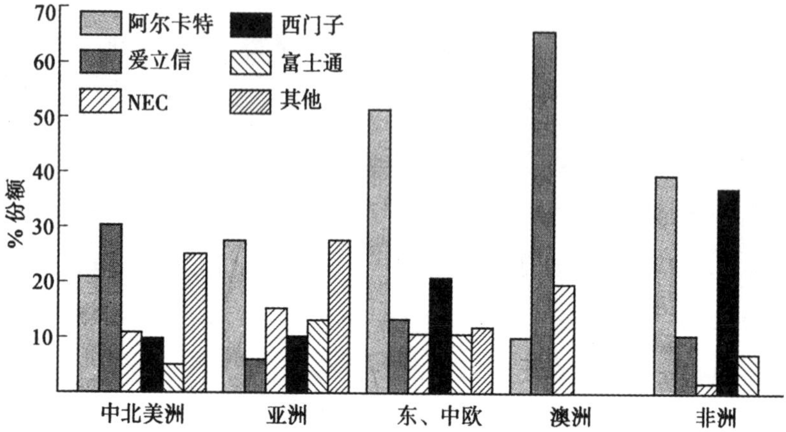

图 3-6　世界剩余部分中心局交换机：各地区本地数字设备线供应的市场份额，1992 年

来源：Dataquest（1993 年 8 月）。

不错。NEC 和西门子在亚洲和中、南美洲表现更好。富士通在上述两个地区表现都还过得去。

爱立信与 NEC

为了提供有关国际竞争力的更详细分析（通过市场份额来衡量），我们在此考察了世界市场上的两家主要竞争对手——NEC 与爱立信。附录 6 给出了基于每个国家的有关数据。① 表 A6-1 中定义的区域与图 3-4 和图 3-5 中的有所不同。

① 在此非常感谢爱立信和 NEC 的高级主管们提供的这些数据。

从整个世界范围来说，爱立信的表现要比NEC强得多。从它们各自数字交换机的本地设备线的数目来看——爱立信的AXE和NEC的NEAX－61，爱立信安装的数目是NEC的3.06倍；不过，从长途设备来看，爱立信的数据只是NEC的1.36倍，平均来说，爱立信交换机产量要比NEC多得多。

爱立信和NEC是如何在地区展开竞争的呢？亚太地区是NEC最强的区域，而对爱立信却是其相对最弱的地区（由上文可以看出），两家公司在此不分上下。爱立信的本地设备线安装数量只比NEC多1.04倍。但NEC的长途设备线安装数量却比爱立信多1.10倍。在该地区，NEC安装的电话交换台数量是爱立信的1.83倍，这再次让人想到NEC的NEAX－61较小平均产量。

对NEC来说，亚太地区是迄今为止最重要的区域。它占了该公司世界范围内安装本地设备线一半以上的份额（63%），以及世界范围内长途设备线一半的份额（50%）。欧洲—中东—非洲加起来总共占NEC世界范围内安装本地设备线的9.3%，北美和拉丁美洲共占27.5%。而在长途设备线方面，欧洲—中东—非洲加起来仅仅占NEC全球范围总数量的0.8%，而北美和拉丁美洲占一半以下。（其中的差异是由四舍五入造成的。）

对爱立信来说，欧洲—中东—非洲是公司最重要的地区市场，占其安装本地设备线总量的63.5%，占安装的长途设备线总量的60%。对于本地线路，亚太地区的地位仅次于欧洲—中东—非洲，占世界范围内本地设备线安装量的21.6%。北美和拉丁美洲提供了本地线路的 14.9%。从长途线路的角度来说,北美和拉丁美洲是爱立信第二重要的地区市场,占世界范围内长途线路总数的 25.4%;而亚太地区占了其中的 14.6%。

在每个地区中,对于爱立信和 NEC 最重要的国家分别是谁?从本地线路的角度来看,除去日本,对 NEC 最为重要的 5 个国家分别是:马来西亚、新西兰、泰国、中国以及美国;除去瑞典,对爱立信最为重要的 5 个国家分别是:英国、澳大利亚、意大利、朝鲜及西班牙。对爱立信和 NEC 都很重要且两家公司在其中展开激烈竞争的国家包括:中国(NEC 拥有 680 000 条本地线路,而爱立信拥有 254 000 条;爱立信拥有 80 000 条长途线路,而 NEC 拥有 42 000 条);马来西亚(NEC 拥有 1 052 000 条本地线路,而爱立信拥有 780 000 条;爱立信拥有 53 000 条长途线路,而 NEC 拥有 82 000 条);泰国(NEC 拥有 814 000 条本地线路,而爱立信拥有 220 000 条;爱立信拥有 22 000 条长途线路,而 NEC 拥有 166 000 条);阿根廷(NEC 拥有 193 000 条本地线路,而爱立信拥有 51 000 条;爱立信拥有 18 000 条长途线路,而 NEC 拥有 145 000 条);巴西(NEC 拥有 76 000 条本地线路,而爱立信拥有 781 000 条;爱立信拥有 181 000 条长途线路,而 NEC 拥有 55 000 条);哥伦比亚(NEC 拥有 106 000 条本地线路,而爱立信拥有 426 000 条;爱立信拥有 89 000 条长途线路,而 NEC 拥有 23 000 条);美国(NEC 拥有 617 000 条本地线路,而爱立信拥有 111 000 条;爱立信拥有 73 000 条长途线路,而 NEC 拥有 440 000 条);委内瑞拉(NEC 拥有 44 000 条本地线路,而爱立信拥有 105 000 条;爱立信拥有 22 000

条长途线路,而 NEC 拥有 4 000 条)。

尽管这并不是对两家公司在国际上竞争的一个充分描述,不过在那些爱立信和 NEC 都售出了大量数字交换机的国家里,NEC 大体上都表现得更为出色一些。

结构和战略

利用各主要电信设备公司在全球不同市场所占份额来显示和衡量其国际竞争力的强弱这一现象,可以通过各公司明显依赖于某个人对“结构和战略”的定义来发展的结构和战略得到解释。在当前的语境中,“结构和战略”指的是两种截然不同的公司特征:它的一致性与它的纵向结合程度。一致性和纵向结合程度都是公司从它外在和默许的角度作出决定的结果(即它对导向理念的规定)。

一致性与纵向结合

David Teece 和他的助手曾用以下方式定义“一致性”:

从各自具有的某种共同的技术和市场特征的角度讲,在描述一家公司的商业线(lines of business)时,其一致性就得到了展现。当每个产品线中发现的共同的技术和市场特征数目增多时,这家企业的一致性就得到了增强。一致性就是相关性的衡

> 量方式。当共同的特征随机地分布在企业的商业线时，该企业就未能表现其一致性。[1]

不过一致性必须同纵向结合区分开。公司开发和生产的为输出所需的输入增多，其纵向结合就增长。因此，具有很高程度一致性的公司有可能表现出很低的纵向结合度；反之亦然。

本章所考察的一些公司的案例将会清楚区分一致性和纵向结合度。从前面可以看到，爱立信和NEC在一致性方面比ITT要出色得多。但爱立信在纵向结合度上远不如NEC，后者自主生产其电子器件，包括处理器、内存以及计算机。而爱立信在关键器件上依靠的是其战略同盟德州仪器公司。

根据其一致性程度和纵向结合度，图3－7对本章分析过的一些主要公司进行了分类。图中将在国际电信设备市场中仍保持强劲竞争力的公司用粗体标出。其他的公司要么退出了该市场，要么在四个地区市场——西欧、美国、日本及世界其余地区——已不占份额。图中公司所处的位置与其积极涉足电信设备领域的时间相关。当然，绝大多数公司仍继续涉足其中。

从这些公司涉足的大量产品、技术和市场的角度来看，公司在上述两条轴线相关的方面仍可能存在着分歧。因此，这里会简单地提及一些基本原理。ITT位于一个极端，在右下角。这是一家在一致

---

① D. Teece et al，“对企业一致性的理解：理论和迹象”，《经济行为和组织学期刊》(*Journal of Economic Behavior and Organization*)，23(1994)，4。

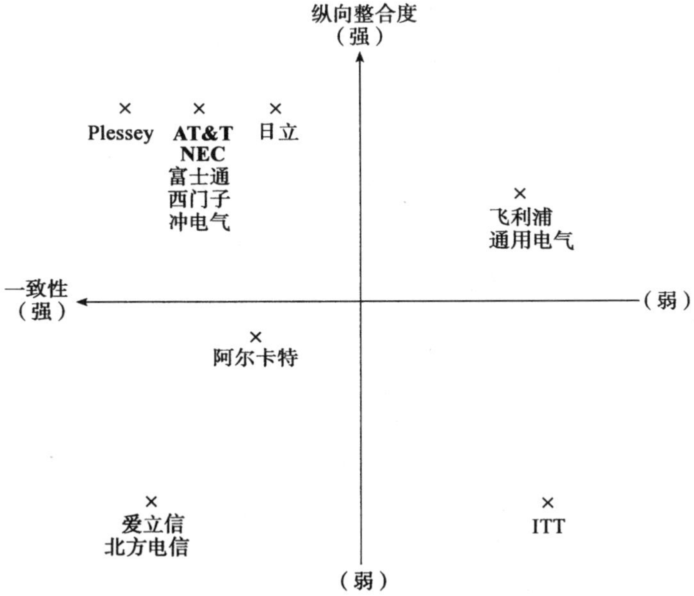

图3－7　电信设备公司的一致性和纵向结合度

注：用粗体标出的公司在全球主要市场上都有份额。

性和纵向结合方面都表现欠佳的公司。驱使公司发展的公司理念相比技术或市场更看重的是利润。位于右上角的是飞利浦和通用电气。两家公司在一致性上都表现欠佳，尽管都比ITT强（前面已经提到，ITT曾涉足酒店、金融、出租车，甚至饼干行业）。在20世纪80年代中期，由于利润压缩和随之而来的结构调整，使得飞利浦的一致性有所提高，在那些年里，飞利浦开发了自己的交换机并涉足了广泛的产品领域以及一些相互关系并不紧密的技术中。除了电信，还包括照明，消费电子（如电视机，录像机及音响等），“大型家用电器”如洗衣机和洗碗机，电子消费产品如吹风机、计算机以及半导体等。通用电气涉足了如国防

(defence)、电信、半导体以及重型电气设备等领域。考虑到电信设备,飞利浦和通用电气在半导体领域的涉足使它们有了纵向的结合。

在另一个极端,即图3-7的左上角包含了大多数公司。其中包括了排名前六位的设备和交换机公司中的四家,即AT&T,西门子,NEC和富士通。左上角包括了两家经营范围局限在日本的设备和交换机公司,日立和冲电气,这两家公司都没有在所有四个世界区域市场中有所作为,左上角中还有Plessey公司,它将其电信部分与通用电气合并到GPT中,GPT后来与西门子的电信部门合并。

从电信设备来看,除了Plessey公司,其他公司或多或少的有纵向结合。所有的公司(Plessey公司还是个例外)都自主生产半导体,且所有公司在计算机领域都有很强的竞争力。不过,它们的一致性程度多少有些差别。日立在此所表现的一致性要比它在除计算机和半导体外所涉足的其他领域如消费电子、电气产品(类似飞利浦)以及重型电气设备方面稍差。Plessey公司在此所表现的一致性与它以前所涉足的领域如国防、半导体和电信方面差不多。

最后,在上图的左下角,可以找到国际上6家主要的设备和交换机公司中的3家——阿尔卡特(应该说是前ITT公司的重要部分)、爱立信、北方电信。这些公司在纵向结合程度上没有位于图中左上角的公司高,因为它们在内部半导体和计算机方面都缺乏竞争力(即设计、开发和制造计算机)。不过,爱立信和北方电信在一致性方面比阿尔卡特强,后者最近接手了Alsthom公司的重型电子设备部分业务。

有了这些公司"结构和战略"的分类,我们可以检验如下两个假设:

假设1(一致性假设):在其他条件都相同的情况下,一家公司在一致性上表现越强,它长期的表现就越好。

立足于事实,该假设在多大程度上成立呢?图3-7看上去在事实上对该假设提供了强有力的支持。(上文中,“长期表现”是用长期市场份额而不是财政或其他衡量方式来定义的。)所有成功的公司都趋向纵轴的左边,(这表明这些公司一致性更强而不是更弱),而所有不成功的公司——那些退出市场或是没能成为全球性主流玩家的公司——都趋向纵轴右边(即这些公司一致性较差)。这样可以得出结论:一致性是公司成功的一个必要条件。该结论得到以下证据的支持:前面曾提到的在数字交换机领域研发费用的飙升——达到约10亿美元。这种高额费用也是其他如半导体等领域的特征,使得公司不可能支持太多的非相关产品和技术。

但是,图3-7也表明一致性尽管很必要,但却不是成功的充分条件。这是可以预料到的,因为除一致性外,还有很多因素对成功产生影响。

假设2(纵向结合度假设):在其他条件都相同的情况下,一家公司纵向结合程度越高,其长期表现越好。

这个假设并没有什么价值,它是一个在信息和通信产业有着最广泛影响的理念的核心,对于该理念的看法,业界至今未达成一致意见。它可以被定义为“融合理念”,即计算机和通信设备技术的融合意味着在上述两个领域都有竞争力的公司将比只在其中一个领域有竞争力的公司更有优势。该理念最初曾促使 IBM 试图通过收购私人交换机公司 Rolm(它后来被卖给了西门子)来进入电信领域,它促使 AT&T 收购 NCR,它还使日本公司对它们是否会长期在 IC 业界具有高度的国际竞争力展开讨论。

图 3-7 给了与电信设备业有关的这个假设以什么样的启示?该图一个醒目的特征是 6 家最成功的公司中有 3 家位于左下角,位于该区表明这些公司有着相对较低的纵向结合度。这些公司是阿尔卡特、爱立信以及北方电信。考虑“融合信念”,值得注意的是,上面所提到的 3 家公司中没有一家在计算机设计、开发和制造上有较深的涉足。再来看纵向结合,我们还必须看到上述 3 家公司中没有一家是半导体的重要设计者、开发者或生产者。[前面已经提到过,爱立信的交换机所需的主要定制半导体(如处理器)是靠与德州仪器结成战略同盟来获取的。换句话说,爱立信的战略是用长期的市场合作关系来替代纵向结合,该战略没有对公司在电信设备方面的国际竞争力产生不利影响。]

据此或许可作出如下结论,没有证据可以支持假设 2。①

---

① 从一定意义上讲,纵向整合对公司长期表现的作用受公司组织形式的影响。为了提高其各部门反应速度和表现,纵向整合的公司如 AT&T,NEC 以及 IBM 曾试图将其决策权分到各部门。但这却在一定程度上使它们更难发现来自纵向整合的互补或是协作。本文作者在《不同的民族,不同的鼓声:IBM、AT&T 和 NEC 如何通过分割来竞争》[1994 年秋的商业战略博览(Business Strategy Review)]一文中考察了这些公司如何试图解决这一组织结构上的困境。

国家创新机制和企业表现

以市场份额作为衡量标准，一致性对企业的长期运营表现有着重要影响，而国家创新机制由于各家企业都是在它下面进行运作，因此也非常重要。尤其是一家公司所属的国家创新机制的理念、意识形态和运营方式对其长期表现具有重要的决定性影响。阿尔卡特可以作为一个明显的例子，前面已经提到，它通过收购 ITT 的设备部门成了世界上最大的电信设备公司。而这实际是法国政府工业政策的直接结果。而日本成为世界上唯一一个拥有两家世界排名前十的公司——NEC 和富士通——在很大程度上归因于其在电信业上强调受控竞争的创新机制——尽管其中企业战略也是重要的决定性因素。而日立和冲电气在交换机市场的一直存在（尽管它们不是全球主流厂商）也可以归功于日本的系统运行方式。受控竞争机制使它们一直拥有 NTT 交换机市场中分配给它们的市场份额，这让两家公司能够保持这方面的业务。将 Plessey 公司与冲电气作对比会很有趣——前者从规模上说和冲电气相当，且和冲电气一样，涉足电信和半导体领域。在英国的创新机制下，资本市场促成的合并与收购，加之英国电信（BT）对通过国有企业获得设备和进行持续性研发的深恶痛绝，注定了 Plessey 公司最终退出舞台，被通用电气和西门子吞并。而另一方面，在日本，作为 4 家日本设备供应商中目前为止最弱的一家，冲电气一直仍是 NTT 的重要供应商。

在美国,在电信产业上拥有风格迥异的创新系统——该系统以前贝尔系统作为其强大核心,由独立生产商构成其外围边缘,这意味着只能有一家公司能成为全球设备市场的主流厂商,即 AT&T 公司。此外,美国市场的规模以及统治老 AT&T 的规则使得 AT&T 成为国内的焦点。直到 20 世纪 90 年代,AT&T 才开始尝试在电信设备领域(也包括服务和计算机领域)构建全球性的势力。

对爱立信和北方电信来说,国家创新机制所基于的国内市场的规模大小有着很重要的意义。前面已经提到,国内市场规模较小,加上维持交换机业务费用的提高,意味着这两家公司很早就开始强调出口市场的重要性。反过来,它使得获取国际竞争力成为必需,毫无疑问,这是它们在国际主要市场中所占市场份额背后的一个重要因素。另一方面,荷兰狭小的国内市场对想继续作为电信设备的主流厂家的飞利浦来说显然是不够的。对飞利浦来说,显然是与公司有关的因素——尤其是它在其核心的消费电子业务上相对日本公司来说缺少一致性和强大竞争力——而不是它所处国家创新机制的运营方式决定它在电信设备产业领域的命运。

因此我们得出的结论如下,必须考虑一家公司所处的国家创新体系和它所选择的结构和战略对其长期运营表现的影响。

交换机产业的历史

世界顶级电信设备公司的名单为进一步的思考提供了更多的资

源。首先,它对“唯意志论”,也就是把企业战略作为企业长期表现的决定性因素的观点进行了批判。尽管有确凿的证据显示,战略是企业表现的一个重要因素(由前面对一致性的分析可知),但对长期表现产生影响的因素远不止一个适当的战略选择。这可由名单上所有主流公司的“长寿”得以证明。名单上主流公司之间密切的历史联系也可以证明上述观点。事实上,对顶级公司的进一步考察可以发现,它们可以被归为一个“家族”(图 3-8)。

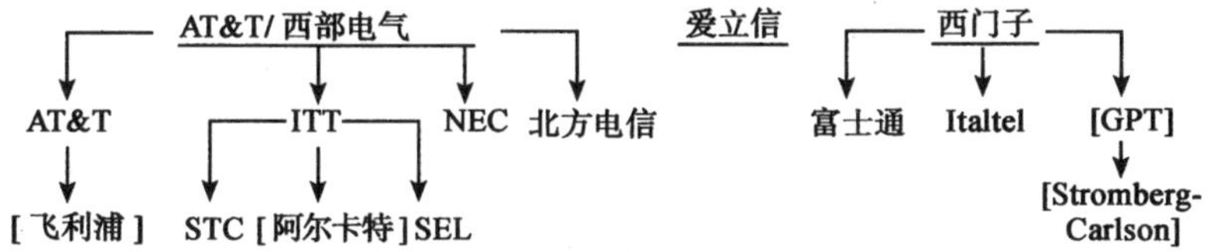

图 3-8 主流交换机企业“家族”

注:[ ]符号表明是战略同盟/合并/收购。

但“家族”携带基因遗传到下一代的观念并不是正确的类比。企业的“基因”——更确切地说是实力——被传到其他企业中,这可以从图中看出。但这些竞争力与作为接纳方的公司的其他方面的实力相混合,产生的混合物会对企业的长期表现产生影响。一个更好的类比来自生物工艺学中重组 DNA 的概念,这能体现结合的实力吸收了公司以前所拥有的实力。

为了使该讨论更具体深入,让我们进一步考察这个公司群体。由图 3-8 可以看出,主要的公司群是围绕着 AT&T/西部电气的。我们在本章靠前的部分曾提到,AT&T/西部电气的技术实力“传到”了 ITT,

ITT 在 1925 年后接手了西部电气的国际部分业务。与此类似,它们也“传到”了 NEC,后者起初曾是西部电气主要控股的子公司。西部电气的技术实力还转移到了北方电信的前身,北方电气。作为“源于西部电气实力”第二代的 ITT 的实力转移到了好几家其他的公司。其中最重要的是阿尔卡特,它收购了 ITT 法国部分的业务。不过 ITT 也将其实力传到了它在各国的隶属公司,包括英国的 STC 和德国的 SEL。最后,Philip－APT－AT&T 的短暂结合也接受了上面所说的实力的转移。

值得注意的是,6 家顶级通信和交换机公司中有 4 家属于 AT&T/西部电气群中,其中包括:AT&T、阿尔卡特、北方电信和 NEC——这些公司都在某一阶段接受来自 AT&T/西部电气的重要技术实力转移。这表明,长期缓慢积累的实力是长期表现的重要决定因素。

事实上,总共只有两个其他公司群,而其中的一个群,只有一家公司即爱立信。而另一个群是环绕西门子的。它包括富士通,前面已提到,它曾是古河矿业和西门子联合建立的富士电气的电信子公司。Itale 是意大利的国有设备公司,它曾是西门子的子公司,于 1921 年在米兰成立。前面曾提到,尽管西门子与英国的通用电气结成了战略同盟,但它还是在一定程度上将其电信方面的实力与 GPT 相结合。GPT 也拥有曾经的 Stromberg－Carlson 公司,后者为美国一家较大的独立交换器生产厂商。这由 Plessey 更早时候对 Stromberg－Carlson 的收购造成。

最后的“群”由爱立信组成。1975 年,作为向法国出售其 AXE10 空分交换机达成的协议的一部分,爱立信被要求将其在法国的子公司出售给 Thomson - CSF。这部分业务后来在阿尔卡特接手 Thomson 公司的电信业务时被阿尔卡特收购。所以爱立信也间接地为增强阿尔卡特的实力作出了一些贡献。爱立信为了向英国电信(BT)出售其 AXE 数字交换机以作为补充 X 系统的第二位供货商,还和英国的 Thorn - EMI 进行了联合。

从图 3 - 8 中可以看出,显然,过去——实际上是较远的过去——对电信设备企业目前的表现意义重大。因此,与计算机产业不同[该产业的若干新来者——如苹果、美国数据设备公司(DEC)、康柏以及戴尔——跟随着微处理器的普及化取得了相当的市场份额],电信设备工业是由“老前辈”主宰的。这一结论在对用于组织机构内部的私人交换机(PBX)也是正确的,该类交换机的增长可以在某些方面与分布式计算机网络的发展作比较。比如,美国 PBX 线路 1992 年排名前四位的公司是 AT&T,北方电信、Rolm/西门子以及 NEC,它们所占的市场份额分别为 28%、27%、15%和 7%。这里,“老前辈”再次显示了其绝对的统治力。

日本宽带信息高速公路

NTT 的观念

像在其他国家的同行一样,NTT 有一套通用的指导其行为的理念——用较宽泛的术语可以描述为观念。这些理念是什么，而 NTT 又是如何试图贯彻这些理念的呢？

NTT 的通用理念可以概括为 VI&P——形象的、智能的以及个人的。这是一种对未来世界的预测：到那时，每个人都能以较低的费用连接到提供他们所需要信息的网络上。这类网络会是固定的，基于光纤的网络以及无线网络——用当前的电信业术语来说，该网络能在“任何时间、任何地点”提供信息。这些网络将会以各种不同的方式提供信息，包括声音、数据、以及如传真和视频之类的图像。用当前的术语来说，即是提供“多媒体”服务。

NTT 的 VI&P 理念中的“V”是指，将来 NTT 的用户将能享受（或同样重要的，在一定价格下想要享受）类似交互式视频会议以及视频点播之类的服务，其中的图像将会是实时的，充满运动与变化，甚至可能是三维的。关于消费者将会以现行价格对上述服务提出需求这一信念是组成 NTT 观念的一系列相互关联的理念的完整的一部分。不过，这是一个经常被弄得不是很清晰的理念。它当前也是服从于具有重要意义的“解译模糊”。

这类服务将会是私人性质的，因为它们将允许个人与个人之间的通信。NTT 表达其观念的三个术语中最模糊的是“智能的”。什么是“智能的”服务？这个术语暗含“高科技”——类似在人工智能领域的研究——这个术语的使用不仅表达了这类服务在未来将能被提供且会有需求，且含有说服用户购买这些服务的意图。据 NTT 的文件，智能服务包括能自动在通信中翻译成其他语言。

NTT 是如何贯彻其理念的呢？1988 年 4 月，NTT 引入了 ISDN，它是世界上在这方面迈出第一步的公司。ISDN 在同一个数字网络上提供综合了声音、数据以及图像的服务。不过，当数字网络提供了比原先的模拟网络快几十倍的速度的同时，如高清晰运动图像通信之类的VI&P服务却需要比原先快10 000倍的网络速度。此外，VI&P服务包含的信息量的飞跃不仅需要更快的传输速度，还需要更宽的带宽。所以自然有必要转到基于光纤传输的宽带通信。为了交换以更快速度到达的数量剧增的信息，就需要改进交换方式。这导致了ATM（异步传输方式）交换技术的产生。

ATM 交换技术

20 世纪 70 年代，对 ATM 交换技术的早期研究在如贝尔实验室和法国的 CNET 之类拥有先进数字交换技术的实验室中展开。[①] 尽管该项研究工作早在 20 世纪 70 年代就展开了，1994 年商业周刊的一篇文章对形成信息革命的主要技术的回顾中提到，“现今，ATM 若想投入实际网络，它还没有达到足够成熟，其成本也没达到足够低”[②]，这对于已经将本章坚持读下来的读者来说，并不惊奇。

交换功能只是更大且更复杂的技术系统——电信网络的一部

① 对 CNET 中 ATM 的发展以及法国电信 ATM 的应用报告在下文有提及：D. Prinot，“法国电信：选择 ATM”，Theseus 学院，Sophia Antipolis，1992，mimeo。

② 《国际商务周刊》，1994 年 6 月 13 日，第 59 页。

分。ATM 交换技术同时受到产生于互相依赖的网络其他部分的技术变化以及包含在 ATM 交换机内部滋生的技术上改进的影响。比如,将光纤引入到通信网络(第五章进行了详细分析)使传输中发生的错误率显著减少。反过来,这使得传输网络能完全致力于信息传输,让终端来处理大部分的流量并进行错误控制。半导体技术的发展使得交换机能处理协议并自动且有效地执行交换功能,这样就减少了对软件控制的需求。这些技术的发展促成了 ATM 交换技术的产生。

在数字交换的时代,交换技术有两种基本原理:电路交换和分组交换(packet swithing)。在电路交换中,根据需求,两个或更多的终端(如电话、传真机或者计算机)间进行连接,在该连接中断前,别的终端是不能使用该线路的。由于在电路交换形式的网络中,信号以事先指定的比特率进行传输,因此导致这类网络不能有效处理不同比特率的传输。但在某些情形下,如传输信息或是采集数据时,它在传输不同的信号脉冲中的信息时显得更有效。打包交换应这些需求而产生。在分组交换形式的网络中,从某个呼叫的终端传来的信息被存储在网络中,然后被装配成不同长度的数据块(变化范围大致在几百比特到几千比特之间)。然后这些数据块被封装到“信息包”中,该“信息包”还包含了额外的信息[被称为“报头(header)”],它被用于网络中的路由(即将数据从数据源到目的地的传输)及纠错、流量控制。数据包在被存储后,再被送往呼叫的终端。

不过,电路交换和分组交换都存在缺陷,使得它们都不适合于交换宽带多媒体信息。特别是,电路交换不能轻松处理如声音、数据和视频信号之类综合多媒体信息所必须的多种传输比特率。另一方面,由于分组传输需要通过软件控制来处理传输协议,这样就会对传输速度有重要的限制。前面我们已经看到,传输包含在多媒体信号(如视频)中的大量的信息使更快的传输速度成为必要。此外,因为在这种交换方式下存储和再传输的过程有延迟,分组交换并不适用于连续信息,如语音信息。

异步传输模式交换技术(ATM)正是为了处理这些缺陷而得到开发的。ATM 是这样一种传输方式,它使要求不同传输速度的信息(如声音、数据和视频)数字化,并为了能在一个网络中传输将这些信息分成被称为"单元"的一定长度的数据块。

图 3－9 展示了一个 ATM 交换系统。其中 ATM 终端(源)是指来自声音、数据或是视频的被分成预定义"单元"的信息。"标签"和"报头"被添加到"单元"中。然后这些单元以很高的速度被传输到 ATM 网络中。这里,单元根据单元报头进行路由。然后它们被送到 ATM 终端,单元报头在那里接受检验,单元被分解,而信息以声音的形式通过终端传到用户的接收器。

ATM 交换机快速和高效的主要原因是因为其简明。因为所有的单元具有相同的预定义长度(包含 53 字节的块),而用信息/信号(information siganals)发送方式定义的协议被简化了。这种简化使得 ATM 交换机能利用超大规模集成电路半导体技术的优势,这样发送信息就是基于硬件而不是软件。这就使单元通过发送设备

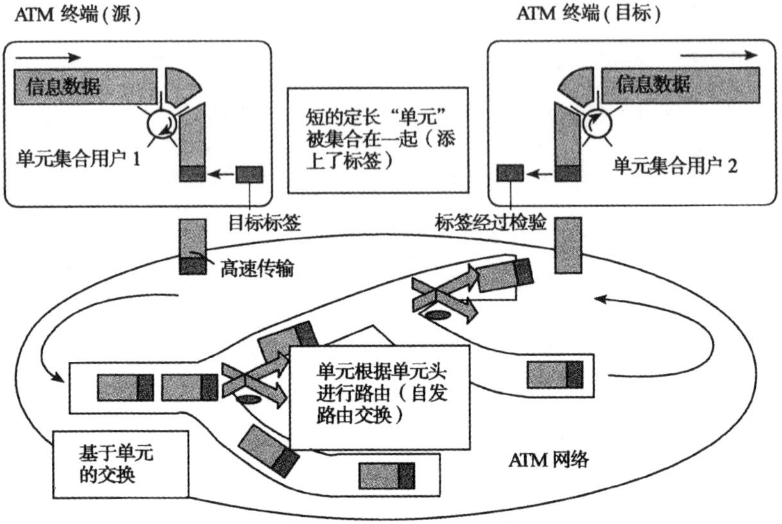

图 3－9　ATM 交换机制

来源：NTT。

以及负责通信的交换系统,能在运行的各个阶段以统一的方式被处理。

NTT 对 ATM 交换技术的开发

NTT 的 VI&P 中包含的理念是公司的活动朝一个不确定的未来世界迈进。有一系列更多的理念指引 NTT 的 ATM 交换机发展。其中第一条就是,NTT 应该在开发 ATM 交换机中扮演主导和发起者的角色,这能帮助实现其 VI&P 的观念。不只是在主流电信设备供应商的研究实验室,在计算机和半导体企业中也展开了对 ATM 技术的研究。这些公司急切希望参与到 ATM 技术的首批应用中,如计算机本地网络(Lan)互联中的使用。但 NTT 认为它不应该等待设备卖主有可出售的 ATM 交换机,而应该担当起发起者并知道它的供货商对它所需的 ATM 交换机进行开发。这种想法使得 NTT 在 1993 年往研发中投入了 25.47 亿美元,占其年度收入的 4.5%。

为什么不让设备供应商成为开发 ATM 交换机的主导,并承担相应的风险?根据 NTT 的理念系统,其中有两个原因。首先,如果 NTT 选择等待,那么它将丧失成为世界上首家引入最先进服务的主流电信公司的机会。在 NTT 看来,设备供应商有一种不确定的反对态度,只有当它们感到能够获利时,才会认真开发系统。而 NTT 能保证日后购买大量的产品,这能诱使设备供应商更早地投入到诸如 ATM 之类先进设备的开发中。其次,在交换机业中,NTT 在开发所需的 ATM 交换机中扮演主动角色还有一个更实用的原因。通过积极参与到开发过程中——尤其是参与到由宽带 ISDN 网络提供的服务所需的软件开发中——NTT 能够确保它积累和控制对交换机软件进行操作、维护甚至是修改所需的能力,从而在未来提供新的服务。如果它选择其他替代品,并只是简单地从一家或多家卖主那里购买 ATM 交换机,那它将需要依靠这些卖主来对设备进行改进。这不仅会使 NTT 通过引入新服务来快速反应的灵活性和能力降低,也会带来昂贵的费用。

对大量参与到 ATM 项目概念和计划的 NTT 高级经理们的详细采访,揭示了其他一些重要的指引项目开发的理念和实践。首先在建立这个项目上,NTT起初是受想要提供新的更完善的服务而对其网络进行改进的希望所激励。NTT的一位高级主管坚持认为,想要与自1985年来开始与NTT竞争的新电信运营商进行更有效的竞争,并不是影响ATM项目的一个因素。其次,有关执行ATM项目的决策制定时,并没有对是与供应商共同开发还是直接从卖主那里购买交换机对NTT带来的费用和利益进行严格比较。这种理念是指早先对"开发/购买"替代方案的利益分析——NTT应该领导市场而不是被市场所领导,这支撑了不以全成本启动ATM项目的决定。(该决定是以与业务费用经济中所作的假设——即在决定是"制造"还是"购买"时,决策者要对两种方式进行比较并选择费用最少者——相矛盾的方式作出的。)

还有一系列影响NTT对ATM交换机开发的理念。这些理念是NTT过去经验的延续,在本书中被称为"受控竞争"。根据这些理念,和由数量较少的设备供应商组成的封闭团体进行紧密合作对NTT来说是比较合意的。(本章前面的部分已经分析过在开发数字时分交换机中受控竞争的运行方式。)

不过变化的外部环境给这些理念以巨大压力。从20世纪20年代NTT的前身——通产省,和其后的NTT与一个固定的日本公司群[被称为电电家族(Den Den Family),由NTT、NEC、富士通、日立和冲电气组成]合作。日本内部发生的变化(第七章中对此作了详细分析)以及由日本的贸易伙伴加给它的要求开放日本市场的压力,尤其对美国来说,意味着NTT不可能维持电电家族。NTT和所涉及的日本其他部门(如邮电部)是如何应对这些压力的呢?在一些较为紧急的部门,即研发和设备采购部,引入了一种新的程序。在被称为 Track Three 的规定下(第七章有关于这个规定更详细的介绍),当 NTT 希望协同开发在市场上尚未具有的拥有令人满意形式的设备,并邀请潜在的合作伙伴加入其中时,就需要 NTT 以一种开放和无歧视的方式在国际上作宣传。在这种规定下,NTT 保持完整的理念结构是没有意义的。首先,它仍能在新设备的开发中起带头作用。此外,它能和具有较小规模的供应商群建立一种合作关系。主要的差别在于,这个供应商群既包括了西方的设备公司,也包括了新的日本企业。

ATM 项目中的参与者

延续其传统的做法,NTT 开始着手于自己的研究。因此,它于 1986 年开始研究 ATM 交换技术。至 1989 年 10 月,它已经开发出了羽翼丰满的 ATM 试验交换系统。1990 年 4 月 12 日,NTT 正式邀请合作伙伴参与它的 ATM 项目。申请截止日期是 1990 年 8 月 20 日,在 1991 年 1 月 9 日,NTT 公布了它选择合作的公司名单。

ATM 项目被分为两个截然不同的子项目:ATM 节点系统(包括交换)以及 ATM 连接系统(包括发送)。被选为 ATM 节点系统的合作伙伴是富士通、日立、NEC、北方电信、冲电气以及东芝。而被选为 ATM 连接系统的合作伙伴是 AT&T、富士通、日立、三菱电子、NEC 以及西门子。

理念、战略抉择以及两难境地[①]

我不认为经济状况会迅速改变，除非所有的毕业生都知道在公司中决策实际是如何制定的。[②]

利用他或她的概念工具对有关ATM交换技术的决策问题进行分析的经济学家们可能认为这个事情相对来说是简单明了的。但实际上，运营商（这里是NTT）必须在两者中作一个选择。选项一是NTT自己开发ATM交换机（这可以被命名为“开发”选项）——或者同将生产这些交换机的供应商合作，或者不同这些供应商合作（因为NTT自己没有生产能力）。选项二——可以被命名为“购买”选项——是指NTT规定它所需要的交换机的规格再使供应商进行投标。该决定是基于成本最低的考虑作出的，并不仅仅考虑交换机的设计、开发、制造、安装以及维护，还包括最终让交换机到位和运行所需的处理成本。（处理成本可能包括如安置成本，无论卖方是否可靠，是否有必要的能力，是否能提供维护交换机所必需的售后服务。[③]）成本

① 这部分是根据对来自NTT和那些加入ATM项目中的供应商的密切参与ATM交换机的规划、设计，以及开发的公司高级职员的采访写成的。

② H. Simon在H. Simon等人所著的《有界理性以及认知革命》（1992年，《经济学人》杂志第22页，Edward Elgar，Aldershot）中所下的结论。Simon于1978年获得诺贝尔奖。

③ 有关处理事务的成本，参见O. E. Williamson的《市场和层次：分析及反垄断意义：对国际组织中的经济学的研究》，Free出版社，纽约，1975年；以及O. E. Williamson的《资本主义制度》，Free出版社，纽约，1987年。

最小的方案将被选择。

不过这样的经济学家也许会马上发现,事情没那么简单。首先,即便选择范围只被局限在这两种方案中,有关计算最小成本所需信息的问题将随之而来。即便是作如下最不切合实际的假设:所有需要的信息都已到手,像ATM交换机这种复杂的系统,加之有数目巨大的潜在卖方,获取、处理信息,以及计算最小成本的成本将是相当巨大的。

不过显然更重要的是,如经济学家将会马上发现的,实际上大部分重要的信息不仅是不能获得,甚至在两种方案中最初成本最小的抉择所需的精确度是不能计算的(成本可能是任何值!)。原因很简单,在那个时候,NTT面临着如下的情况:ATM仍然主要由一系列的概念和实验系统组成。并且正如我们前面在早期几代交换机的衔接过程中所看到的,国际交换机产业在预测开发新交换机系统时从没有过成功的记录。我们也不能从依附未来科技发展的不能减轻不确定性的角度来期望它们成功。在这种不确定下,加之暗含的必要的模糊性解释,“理性”的最小成本计算和选择是不可能的。因此,我关于没有一家被采访的电信企业——包括NTT、英国电信、AT&T、DDI、MCI、NEC、富士通以及日立——试图作这种计算的发现并不让人感觉意外。①

那么NTT是如何作出关于开发ATM交换机的关键决策的?它是在它的通用理念下而不是基于比较“购买”来作出开发决定的。如

① 参见M. Fransman,1994年东京电信发展基金论文,《购买还是自己开发,这是一个问题:对NTT,AT&T,BT,DDI以及MCI有关开发/购买决策的分析》。

早先提到的，这种理念结构包含如下的思想：NTT 有必要在开发复杂的新技术时，在设备卖方厂商前起带头作用。不过有必要指出，由理念而不是成本最小（这是我们的经济学家早先曾倾向的做法）作为选择导向的做法既不能被称为“无理性”，也不能被称为“非理性”。从由获取和处理信息带来的花费所产生的问题的角度来看，加之不确定性和随之而来的模糊性解读，基于这种理念导向的决策制定是唯一的合理处理方法。

当然，必要的前提是这些理念本身是理性的。它们决不能是过时的，而必须与现实合拍。但“检验”或是“证明”这些理念是理性且与现实合拍经常是不可能的，而解译模糊经常同被用来处理与公司氛围要求相关的解译模糊的理念相联系，这是一个不幸的、无法更改的事实。不过经常的情况是，公司没有选择而是直接基于它构建的理念进行处理。尽管如此，公司还是经常受到来自它所处环境的反馈（这影响它如销售、市场份额以及利润之类的要素），而这种与公司理念相抵触的反馈经常受到检验。在某些情况下，从公司环境中选择的反馈将会随着时间推移证明公司的理念是否合适以及是否需要进行更改——如果公司还要继续生存的话。这正是 IBM 曾发生的——IBM 的领导层于 1991 年最终作出如下决定：他们必须对他们业务中大型机的角色理念进行修改。在第七章以及最后一章，我们将对如下问题进行讨论：NTT 处理研发和采购的理念是否随着 20 世纪 90 年代环境的变化而变得过时。但这里，我们所关心的是 NTT 对开发它的 ATM 交换机所作的决定。

在作出和一群数目较少的卖方厂商进行开发 ATM 交换机的合作中起带头作用的决定后，NTT 就面临着一个更复杂的选择。根据 NTT 自身（作为交换机的使用者）和卖方厂商之间的分工，“开发”的选择自身被进一步分为若干个选项。这些选项包括：NTT 积极参与所有任务，只把生产 ATM 交换机完整地留给卖方厂商；或者是 NTT 尽可能少地参与（只决定交换机所需的功能以及为使交换机与网络兼容所需的指定规格），把剩下的都留给卖方厂商。（这里顺便提到，NTT 的竞争者们基于他们完全不同的理念，选择了后面那个选项。见第八章 DDI 的案例。须注意到，这些进一步的子选项的存在使任何使用成本最小方法论的尝试变得更加复杂，因为有大量的选项需要进行评估。）

NTT 列出了它在处于多卖方厂商的运营环境中所具有的选项：

1. 从多于一家的卖方厂商中购买设备，允许所有的厂商按他们自己的意愿决定规格。

2. 规定通用外部接口以及功能需求，允许卖方厂商在规格上有一定的差别。

3. 规定通用软件接口，让卖方厂商决定大部分硬件和软件的规格。

4. 规定软件规格，让卖方厂商决定相对较小部分的硬件规格。

5. 规定硬件和软件的规格。

NTT 如何决定 5 个选项中哪个最符合它的意愿呢？根据前面已经讨论过的其通用理念，前两个选项对 NTT 来说是不能接受的，因为这会导致 NTT 通过开发其他功能和服务而改进交换机时需要依赖它的卖主：由于战略方面的原因，NTT 不愿意处在这种依赖别人的位置上。尽管选项 3 同样有依赖性的问题，但在依赖度上多少要比前两个选项要低。

选项 5 将对交换机的设计以及对其进行改进的能力都收归 NTT 所有，这将解决大部分依赖性问题，但它也带来了新的问题。尤其是，该选项将会限制 NTT 利用卖方厂商硬件开发的能力（如交换机处理器的设计）。由于 NTT 从未参与电信设备或电脑的生产，相比那些卖方厂商，它在这方面有相当的劣势。选项 5 被用于 20 世纪 70 年代末合作开发 D60 和 D70 数字交换机，而卖方厂商的实力自此以后有了显著的增长。尽管选项 4 比选项 5 更能使 NTT 很好地利用卖方厂商的开发能力，但它也有着同样的缺陷。

权衡所有这些选项，NTT 最终决定采取一种在选项 3 和选项 4 之间的折中。如图 3-10 所示。通过一个接口，用 4 个来自硬件的互相分离模块或“层”对 ATM 交换机的体系结构进行描述。第一层控制硬件；第二层控制交换机的逻辑功能；第三层控制呼叫；第四层，也被称为“智能层”，控制交换机提供的服务。S3 接口的目的是将第四层与其他三层（在图 3-10 中也被称为“传输层”）的操作执行相互分离。第四层的分离（或者被称为模块化）允许为了在不改变其他三层的情况下提供新的服务而对交换机进行改动。

如图中右侧所示，NTT 决定保持对第二层、第三层以及第四层的控制，把硬件控制以及第一硬件控制层留给了卖方厂商。S1 接口不

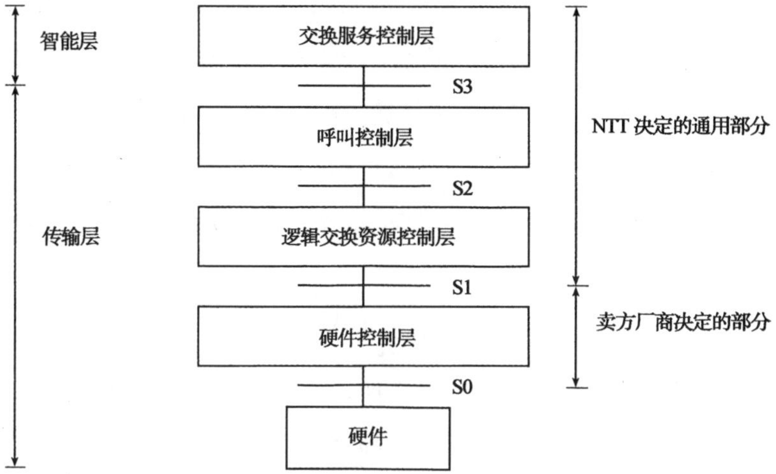

S0：硬件接口
S1：多卖方厂商接口隐蔽硬件和它的体系结构
S2：为呼叫控制层提供逻辑交换资源的接口
S3：接口，这样智能层可以独立于传输层的执行操作，有效提高服务控制功能

图 3－10　在开发 ATM 时 NTT 和卖方厂商之间的分工

来源：NTT。

仅分开了第一层和第二层，还将 NTT 和它的卖方厂商进行的责任进行分割，详细规定了卖方厂商在硬件和软件所占的部分，在此基础上进行合作。

为 ATM 修改控制能力

在决定了开发 ATM 交换机的战略变量后，NTT 又面临两个问题。其一是如何与那些一边与 NTT 合作一边在全球市场上为 ATM

交换机激烈竞争的供应商协同工作。其二是如何最大限度利用供应商的技术优势。在前面讨论过的 D10 空分交换机和 D60、D70 时分交换机案例中,NTT 和 NEC、富士通、日立和冲电气合作决定硬件和软件规格(即上面提到过的选项 5)。为了进行合作,软件和硬件都被分为许多模块。这些模块由 NTT 和至少两家供应商在 NTT 的领导下合作开发。

不过这种组织方式并不适合开发 ATM 交换机。首先,由于供应商在硬件和相关软件方面有较强的优势,这样,NTT 就没有必要“重复劳动”,在供应商已经开发了的部分和系统上(如交换机的处理器)投入开发资源。其次,因为新的供应商被选入该项目——即北方电信和东芝——(而采购份额将由更大数目的供应商来分享),这样就更难说服供应商们共享信息。

NTT 用两种方法解决了这些问题。首先,它为了使与所有供应商的 ATM 交换机必须兼容的通用多卖主接口——即图 3 - 10 中的 S1 接口——达成一致,安排了联合会议。其次,NTT 与每个供应商单独会晤,讨论相关硬件和软件的细节。因为 NTT 保证这些信息不会传到其他供应商那里,所以在这些会议中,将会讨论公司的特有技术。在对通用的 S1 接口达成一致后,供应商基于自己公司的特有技术开发它们自己的 ATM 交换机。因为它们所有的交换机将与 S1 接口兼容,因而也同与维持在此接口上的三个层(见图 3 - 10)而开发的软件相兼容,这样供应商的交换机将具有完美的可替代性,这就使得 NTT 能按自己的意愿从供应商中自由选择。

在对S1接口达成一致后，接下来的工作就是供应商生产出他们的ATM交换机原型——NTT在其中扮演调整的角色。NTT承诺支付开发原型机的费用。在ATM原型的基础上，NTT能开发所需的剩余软件——“NTT特有的通用部分”（见图3-10）。这项任务完成后，供应商将成为“合格指定供应商”，这将使它们在NTT对ATM交换机招标时提出申请。根据Track Three程序，世界上任何一家卖主厂商都可以申请成为合格指定供应商。从这种意义上说，NTT的采购是真诚对外开放的。不过，显然存在着重要的“加入费用”。尽管任何一家可能的卖方厂商，原则上都能为成为满足NTT规格的ATM交换机的合格供应商作必要的投资，但那些与NTT共同加入到开发ATM交换机联合开发项目的卖方厂商将具有显著的优势，因为NTT已偿付了原型机的开发费用，并且这些卖方厂商都具有开发经验。而可能的结果是，在采购阶段将会有“小规模的竞争”。显然，参与ATM项目的供应商的期望是他们能根据自己的努力程度、成本以及表现多少公平地分享NTT的采购量。

ATM交换技术的完成

到1989年10月，NTT已开发出完善的ATM试验交换机。1991年10月，这一ATM系统在日内瓦举办的国际电信联合会（ITU）'91电信年会上亮相。在逐渐将ATM交换机技术引入其网络后，NTT的计划是在2000年左右，用大容量带宽的ATM干线网代替目前的窄带宽数字网络。

1991年,基于在参与NTT联合项目中完成的研发工作,富士通和NEC将它们自己的ATM交换机公诸众。1991年,富士通成为世界上第一家为高速、双通道传输以及声音、影像和数据同步路由提供商业ATM交换系统的公司。富士通将ATM试验交换机卖给了MCI(AT&T的主要竞争对手)和4家区域贝尔营运公司,其中包括南方贝尔以及Nynex。NEC也将其ATM试验交换机卖给了美国。两家公司都声称其美国部门将制造和支持将它们的ATM交换机卖给美国用户。通过这种方式,它们希望能避免它们早期的劣势:在20世纪80年代早期,它们未能使其第一台数字交换机成功进入美国市场。

结　论

本章基于电信交换机的情形,对技术、公司和国家创新机制的协同发展进行了分析。其中技术是指二战后出现的四代主要交换机技术:机电纵横式交换机、空分交换机、数字时分交换机以及异步传输模式交换机(ATM)。其中公司主要包括作为胜利者进入20世纪90年代的公司,如AT&T、阿尔卡特、爱立信、北方电信、西门子、NEC和富士通,以及那些退出市场的,包括ITT、飞利浦和GTE。

本章大部分注意力放在了日本电信方面的创新机制,尤其是其关键的组织形式(受控竞争)还对以 AT&T 为中心的美国、法国和英国系统进行了对比分析。法国的创新机制产生了阿尔卡特——世界上最大的两家电信设备公司之一,它合并了前 ITT 的大部分,英国系统(早起的鸟没虫吃的案例)在它主要的电信公司 GPT 与西门子的合并中终结。

如本章和前面的章节所提到的,日本的受控竞争系统从 20 世纪 20 年代和 30 年代演化而来,是与帮助日本从技术上赶超比其先进得多的西方同行相适应的一种组织形式。具有讽刺意味的是,当 20 世纪 90 年代早期,NTT 使用其受控竞争建立了世界上最大的 ATM 研发项目,而所合作的公司正是那些该种组织形式最初想要赶超的西方公司。包括包含在两个 ATM 子项目的公司:北方电信、AT&T 以及西门子。其他主要的西方电信公司包含在 NTT 其他的一些 Track Three 项目中;其中包括爱立信(参与了移动通信设备的开发)和康宁(参与了发射领域的开发)。

尽管 NTT 打破了重要的传统,它还是发现,出乎它意料的是,修改其传统而容纳西方公司的组织形式会带来重要的优势。比如,笔者的采访显示,NTT 已从西方公司如北方电信和爱立信学到很多有关软件和人性化界面的东西。在另一方面,这些优势需与 NTT 为了将其采购及合作研发向外国公司开放而带来的更高的调查、谈判和调整费用进行平衡。

最后的文字须给予决定加入 NTT 的受控竞争(受巨额销售量诱惑)的西方公司。它们是如何应付这种具有很多陷阱的——如责任、基于相互信任的关系以及两厢情愿的决策制定(这些被很多人认为是具有日本特色的)——合作组织形式的?在对加入NTT的受控竞争的主要西方公司进行大量采访后,我很惊讶地发现,一定程度上这些公司的行为和期望与它们的日本同行们差不多。西方和日本公司都对同一家主流且老道的用户合作带来的利益表示感激,尽管它们也同样很明白其中的缺点。用来自北方电信的一位高级主管的话来说,西方电信公司比其他西方公司更多地参与到新的"NTT家族"当中,

> 我们希望能跟世界其他市场上的用户发生像同日本NTT一样多的互动。NTT乐意与你共同工作,帮助你进步,而不是当从我们这里得到不满意时就说"我们会找别的公司"。它们不会轻易抛弃你而奔向别的地方去。我们学到了很多,尤其是在提高质量以及如电子设备之类的硬件方面。另一方面,NTT从我们如软件方面的专长领域获益。总的来说,这是一个很有益的团队学习过程。①

① 作者对来自北方电信主管的采访。

第四章

CHAPTER FOUR

日本计算机产业的进化

本章概要

在全球计算机业中有支配地位的 IBM,对日本的计算机产业产生了什么样的影响?本章以分析 IBM 的“思维体系结构”开始,阐述 IBM 是如何不仅支配着全球计算机的体系结构,而且还支配着人们对“计算机是什么”这一问题的认识。本章的一个主题是到 20 世纪 90 年代早期为止,IBM 的思维体系结构对日本计算机产业发展的影响。

在 20 世纪 50 年代,影响日本公司加入计算机产业的主要因素是什么?这是本章探讨的第二个问题,主要考虑了日本通信产业和政府的作用,强调了推动日本主要的计算机公司进入这一产业的不同基础因素。

IBM 的 System 360 和 System 370 的推出,曾迫使 GE、RCA 这样强大的公司退出计算机产业,日本公司面对这两个系统是如何设法生存下来的?本章接下来的内容分析了这个问题,强调了日本计算机公司、通产省和 NTT 的回应。文章详细阐述了 NTT 在日本计算机产业中扮演的角色,它对该产业的兴趣以及由富士通、NEC 和日立公司合作开发的日本电信电话公司信息处理系统(DIPS)系列计算机的重要性。本章也解释了为什么这三家公司在大型机市场中可以生存下来,而东芝、三菱、冲电气退出该市场。作为相反案例,本章还对比分析了 RCA。

NTT 在 1988 年决定将 IBM 和美国数字设备公司(DEC)纳入它新提出的多卖主(multivendor)计算机体系结构计划中,该计划帮助富士通、NEC 和日立公司大大缩短了与 IBM 的差距。为什么 NTT 要作出这样的决定?本章结合 1988 年前后日本计算机产业开始出现的新的环境分析了这个问题。美国公司如何适应 NTT 所控制的同其供应商的竞争中的长期的、义务性的关系?通过分析 DEC 和 NTT 的关系,本章回答了这个问题。

通产省官方对 IBM 长期的支配地位感到失望,在与日本主要的计算机公司磋商后,曾在 20 世纪 80 年代多次尝试要脱离 IBM 模式。这些尝试中有一些非常著名的合作研发项目,如超大规模集成电路(VLSI)、超级计算机和第五代计算机工程。回顾历史,这些项目有多么成功?本章分析了这个问题并研究了这些项目带来的深远影响。

微处理器也许是破坏 IBM 思维体系结构的最重要的环节。为什么日本的半导体公司在全球微处理器市场中处于弱势?为什么在同一时期这些公司在微控制器和存储器方面却占据优势地位?本章紧接着分析了这一系列问题,强调了美国与日本在半导体市场需求中的不同之处,同时也分析了对两个国家 PC 产业的影响。

20 世纪 90 年代早期,日本计算机产业结构发生了根本性的改变。这些改变的主要推动力是什么?它们对日本计算机产业有什么影响?本章的倒数第二节回答了这些问题,展示了日本计算机产业,这个由于个人电脑系统和独特的软件创作与使用方式而与西方竞争对手不同的产业,和全球计算机产业的其他部分越来越协调一致了。

文章还讨论了日本软件产业的这种趋势的含义，分析了由于日本计算机业融入全球计算机产业而给日本公司带来的新的机会，着重分析了20世纪90年代中期日本公司进军全球的封装软件（packaged software）市场。

本章的最后一节把促进日本计算机产业发展的主要因素串了起来。日本政府尤其是通产省和NTT对促进日本计算机产业的发展起到了多大的作用？作者将对这个问题的分析作为本章的结尾。

引　　言

20世纪90年代初，世界十大计算机公司中有四家是日本公司。IBM虽然遇到了困难，但仍以650亿美元的销售额排在第一位。日本的富士通和NEC公司分别以200亿美元和170亿美元的销售额名列第二位和第三位。日立公司销售额约为110亿美元排在第六位，东芝以90亿美元的销售额排在第十位。

本章分析了从这个排名表上显露出的两个问题。第一，既然战后日本公司与它们的西方竞争对手相比处于劣势，它们怎么能排名如此靠前？第二，这些日本公司为什么以这样一个次序出现在排名表中？尽管日本公司在大小方面的总体表现毫无疑问地给人留下了深刻的印象，但它们仍然留给人们一些重要的困惑和矛盾。分析这些困惑和矛盾是理解日本计算机产业和日本主要计算机公司的关键所在。

困惑与矛盾

本章分析了以下七个困惑与矛盾：

1. 尽管日本计算机公司在全球前十名中位置非常显著，但它们主要是面向日本国内市场的。日本计算机公司不能像在电子消费品产业和汽车产业中的日本公司那样，在全球市场中占据支配地位。1990 年前后，富士通、NEC、日立和东芝的 80%的收入来自日本国内的市场。

2. 尽管日本计算机公司在全球计算机市场中排在领先位置，但它们在单芯片计算机(即微处理器)领域并没有起到重要作用。1971 年英特尔公司发明了世界上第一个微处理器。仅仅 5 个月后，NEC 就开发出了日本第一个微处理器。然而，到 1992 年，英特尔公司占据全球 32 位微处理器销售额的 73%；摩托罗拉公司占据 8.5%，排在第二位；AMD 公司占据 8.0%排在第三位；而排在第四位的 NEC 公司仅占 1.1%的份额。

3. 虽然日本公司在全球微处理器市场中非常弱小，但在全球的微控制器(与微处理器技术相近，但比微处理器简单)市场中却表现得非常强大。例如，NEC 是世界上最大的微控制器生产商。

4. 我们已经注意到，日本公司在微处理器中表现得比较差，但在与微处理器的技术和流程基础相同的半导体存储器(例如动态随机存取内存 DRAM)领域，日本公司在全球市场中占据领先地位。例如,在 1992 年,日本公司占据美国 45%的 MOS(金属氧化物半导体)存储器市场以及美国以外的 57%的国际市场。

5. 日本计算机公司属于世界最大的计算机公司,它们也是计算机软件的重要供应商。更进一步说,研究显示,日本公司的软件从生产能力和质量上说都可以与美国公司的软件抗衡,但在全球的封装软件市场中日本软件非常弱。在关于日本与美国软件项目比较的研究中得出以下结论:日本的软件项目在生产能力、质量以及代码复用方面表现得不比美国的软件差。① 然而,日本主要的计算机公司在全球的封装软件市场中并没有太大的作为。在 20 世纪 90 年代早期,当微软的比尔 · 盖茨被问到日本对微软的软件市场的挑战时,他回答说:“日本的什么会对微软有威胁?”截至 1994 年 3 月份,NEC 公司在封装软件上只赚了 1.52 亿美元,不足其年销售额的 1%。“它的软件出口方面到了最低限度。”②

6. 在计算机业,日本公司在“商品化零件”方面有很强的国际竞争力,但是它们不能在计算领域中的主要“结构模块”建立起统治地位。在“商品化零件”中,如动态随机存取内存(DRAM)、平板显示屏(如计算机显示器使用的薄膜晶体管液晶显示屏)、激光器以及激光打印机的“发动机”方面,日本公司有很强的国际竞争力。然而,在计算领域中占据指挥高度的“结构模块”——例如个人电脑的操作系

① M. A. Cusumano 和 C. F. Kemerer,《美国和日本软件开发实践和性能的一个定量分析》,《管理科学》,36(1990):1384。爱丁堡大学的日本-欧洲技术研究组(JETS)将在最近进行一次比较日本和英国顶尖公司的软件生产力和质量的研究。

② 《日经周刊》,1994 年 7 月 18 日:8。

统、个人电脑的网络以及微处理器的结构——它们还不能对微软、Novell 和英特尔这样一些公司构成严重的威胁。

7. 在 20 世纪 80 年代后期,理论分析家们认为日本公司已经赶上了 IBM,成为美国计算机公司的主要威胁。然而,90 年代早期,分析家们越来越多地指出,日本公司走入了误区。IBM 在 1993 年初宣布公司历史上最大的一次失误后出现的一本更老练的书,可以作为后面这种观点的一个例证。这本由费格斯(Ferguson)和莫里斯(Morris)所著的书得出了以下结论:"日本的计算机公司并不是美国(计算机)公司的主要威胁……日本(计算机)产业已经放弃了 30 年来一直专注的 IBM 在大型机方面的地位,而把注意力转向产品生产和大型机策略方面。"①

技术、公司和国家创新体制的共同发展

本章的思路框架与交换机和光纤的相关章节类似,从技术、公司和日本创新体制的共同发展入手分析。主要由公司和大学研究出的新技术为公司创造了新机会,并终结了旧技术。作为各种能力的结合体,公司会对这些新机遇和旧技术的终结作出反应从而获得进步。但是,它们影响着其他机构(如政府),同时又被这些机构所影响,它们和这些机构共同组成了国家的创新体制。在这个过程中,新的技

① C. H.费格斯和 C. R.莫里斯,《计算机战争: 在后 IBM 时代西方如何取胜》,《时代》杂志,纽约,1993,220,230。

术被开发出来，同时技术、公司和国家的创新体制以这种方式共同进步。

本章的目的是描绘出日本计算机产业中技术、公司和创新体制共同发展的轮廓。在描绘过程中，我们将对上面提出的七个困惑和矛盾作出解释。

愿景的重要性：IBM 的思维结构体系

全球计算机产业的发展，包括日本计算机产业的发展，可以看作是从“信息应该怎样被处理”这样一种愿景向一种截然不同的与信息处理相关的愿景的转变。人们把这两种愿景比喻为万花筒中看到的两幅成功的图案。

第一幅图案，或者说愿景，像是由**小一些的计算机**如由微型计算机、个人电脑和工作站组成的**影响力比较小的岛屿**包围着**由许多大型机组成的大陆**。但后来万花筒中元素的位置发生了一些变化，呈现出一幅截然不同的图案——第二种视图。代表大陆的大型机尽管位置没有变，但大小收缩到与岛屿差不多大；而岛屿的数量变得比原来多得多。每个岛屿的能力无论是绝对量还是相对于大型机都比原来强大了很多。岛屿之间的连接越来越紧密，连接岛屿的通信系统可以快速、廉价地传递大量的信息。

是什么促使万花筒从原来的图案转变成后来那幅截然不同的图

案？答案是：生成第一幅图案的那些元素的发展变化，主要是电子设备，包括微处理器和存储器。随着这些设备的性能稳步提升，用户渐渐将许多（不是全部）大型机替换为由小型机组成的分布式网络，于是“小型化”趋势出现了。这迫使其他设备也随之调整，万花筒中形成了一幅新的景象。

两个相关的事件引起了第一幅景象及其相关愿景的产生。第一个是 20 世纪 50 年代中期 IBM 崛起并占据统治地位。这种统治地位是 IBM 比其竞争对手对于资源作出了更多承诺而得到的结果，由此该公司转变为一个以研发带动的公司。增加的委任与领导权从 Thomas J. Watson Sr 到 Thomas J. Watson Jr.一致。1954 年，IBM 是美国第四大数字计算机的销售商，所有产品的销售额为 4.61 亿美元。排在它前面的有销售额为 9.41 亿美元的 RCA，6.96 亿美元的斯佩里—兰德公司，6.08 亿美元的邦迪克斯航空公司。1956 年，IBM 聘用原美国海军研究实验室的首席科学家 Emanuel R. Piore 为公司的研究所主管。IBM 的研发经费从原来净收入的 15%变为 30%。到 1963 年，IBM 的 System 360 系列计算机诞生之前，IBM 数据处理业务的收入为 12.44 亿美元，排在美国计算机公司的首位，紧随其后的是收入为 1.45 亿美元的斯佩里公司，0.85 亿美元的控制数据（Control Data）公司和 0.74 亿美元的菲力柯（Philco）无线电公司。[①]

促使第一幅景象产生的第二个事件是 IBM 的 System 360 系列

① 这些数据来自 K. Flamm，《计算机的发明：政府、产业与高技术》，Brooking Institution，Washington，DC，1988。

计算机的诞生。此系列既有功能比较小的大型机也有功能强大的大型机,它们的软件是兼容的,因此当用户需要时可以很方便地升级它们的运算能力。IBM 的观点认为,System 360 系列使公司能够标准化它的软件和硬件,因此显著减少了成本。

这两个相关的事件把 IBM 推向了计算机产业的统治地位,创造了一个由它构想的世界。这是一个由 IBM 构建的世界,其他的竞争者(包括日本公司)别无选择,只能接受这个世界并在这个世界中寻找对自己最有利的位置来对抗它们最强大的对手。

然而,IBM 在维护自己统治地位的过程中,不仅创造了新的计算机构架,更重要的是,它创造了一个思维体系结构,一个关于计算机科学到底应该是什么样的愿景。正如我们看到的,这是一幅主要的日本公司和日本政府的决策者买进的愿景,只有一家重要的日本公司例外。具有讽刺意味的是,IBM 后来也陷入了这幅愿景中,不能跳出这幅愿景来看世界。当万花筒无情地转动,开始描绘 20 世纪 90 年代计算机产业的新愿景时,IBM 创造的渐渐偏离现实的愿景阻碍了自己对产业变化的调整和适应能力。因此,尽管在 20 世纪 70 年代 IBM 已经制造出第一台个人电脑,但由于被自己过时的愿景所限制,它无法理解自己正在制造的小型计算机所组成的分布式网络的新世界。正如统治着个人电脑操作系统领域的微软公司的比尔·盖茨后来观察到的那样:“个人计算与以前的计算方式有本质的不同。”①

---

① 比尔·盖茨,引自《商业周刊》,1994 年 6 月 27 日:37。

为了解释日本计算机产业的变革,我们有必要理解"IBM 愿景"开始的统治地位以及 20 世纪 90 年代之后占主导地位的新愿景。少数几个值得注意的关于日本计算机产业的分析把自己的视线局限在"IBM 愿景"时代,而没有注意到在转向新时代过程中的重要变化。因此,日本计算机产业的故事必须被修正。[①]

20 世纪 50 年代的日本计算机产业:政府研究背景下的公司进入

源于日本通信产业

要理解日本计算机产业,了解这个产业的根源是日本的通信产业至关重要。通信产业这一温床影响着计算机业呈现出的形式。

最能说明这个事实的是日本的三个主要计算机公司——富士

---

① 这些关于日本计算机产业的分析包括 M. Fransman 的 *The Market and Beyond: Information Technology in Japan*, Cambrige University Press, 1900 and 1993. Flamm 的 *Creating the Computer*(见脚注 4) and K. Flamm 的 *Targeting the Computer: Government Support and International Competition*, Brookings Institution, Washington DC,1987.以及 M.Anchordoguy 的 *Computers Inc.: Japan's Challenge to IBM*, Harvard University Press, Cambridge, Mass.,1989.我们不得不说,所有的这些书都是在"IBM 模式"下写的,反映了那个时代的以及流行的观点。当然,这些分析也反映出日本国际贸易及工业部以及日本计算机公司尤其是富士通和日立公司决策者的想法。但是,讨论到全世界包括日本的微处理器和个人计算机的出现时,这些分析就有些站不住脚了。它们没有详细地分析日本软件产业和它的特质,以及刚刚开始转变的在日本占主流地位的独特的定制封装软件。它们也没有对本章开始提出的 7 个"困惑和矛盾"作出足够的解释。

通、NEC 和日立——在通信行业中都很有实力，而没有一个顶尖的美国公司是这样的。例如 1992 年销售额排名世界第一的 IBM，第四的 DEC，第五的惠普公司以及第九的优利系统公司都是这样。20 世纪 80 年代早期，IBM 公司做了一个失败的尝试，想要把通信能力加入到自己的计算机能力中，于是它短期内拥有了 Rolm 公司，一个做专用分组交换机的公司。第七大计算机公司 AT&T 是唯一的特例，它兼并了敌对的 NCR 公司。但 AT&T 自己也承认，虽然兼并的目的是实现通信和计算的协同合作，但目前还没有成功。日本公司将来是否能将它们这种与众不同的组合方式转化为它们的竞争优势呢？这是本书最后一章要讨论的重要问题。

然而毫无疑问，具有旧有通信能力背景的公司应该扩展到新兴的计算领域。因此，在美国的公司这种情况没有发生更让人感到吃惊。

正如官方的《贝尔体系的工程和科学史》(*A History of Engineering and Science in the Bell System*)所观察到的：

> 贝尔实验室与模拟计算机和数字计算机的产生很有关系，这并不是巧合，因为该实验室一直在研究电子通信的原理和方法。电子模拟计算的基础是传统的电话传输，数字计算的基础是电话切换。而且从一开始贝尔实验室就发现自己快速增长的设计计算任务，部分计算使用计算尺，但主要是由桌面计算器完成的。大量的例行计算任务和仔细核对的必要性要求使用新的

计算方法。①

那么为什么日本通信公司进入了计算机领域,而在美国,通信公司没有进入,而是做商用机器的公司进入了新兴的计算机产业呢?答案主要是以下两点。第一,从 1882 年,当美国贝尔公司限定自己所有的电话设备都要从西部电子(贝尔公司 1880 年从西部联盟获得了该公司)购买时,AT&T 已经成为一个纵向一体化的公司。这形成了通信行业的垄断,意味着在美国只有这一个主要的通信设备供应商。(为贝尔体系外的独立通信公司提供设备供应的少数几个小型美国设备提供商,例如 GTE,一般都没有进入计算机产业。)

第二个原因是 1956 年 AT&T 和美国司法部在后者提出的一个反托拉斯案件中达成的"赞成协定"。根据这个协定,AT&T 不得从事与其通信业务无关的商业计算机活动。这意味着 AT&T 不能进入民用的商业计算机市场,而只能做与通信相关或是军用的计算机。该公司也进行软件研究,在这个领域取得的显著成就是 UNIX 操作系统和 C 语言。

日本第一批商用计算机

直到 20 世纪 50 年代中期,计算机技术和计算机商业前景的严

① S. Millman (ed.), *A History of Engineering and Science in the Bell System: Communications Sciences (1925 - 1980)*, AT&T Bell Laboratories, Indianapolis, 1984, 351 - 352.

重不确定性使日本公司很少关注计算机。因此,第一批日本计算机是由日本政府的实验室以及一些大学,而不是日本公司制作的。后来,这些技术从这些实验室转移到了主要的日本电子公司,从而诞生了它们的第一批商用电脑。①

其中,至关重要的政府实验室是通产省的电工实验室(ETL)和日本电报电话公共公司(NTT)的电子通信实验室(ECL)。然而,这两个实验室都源于同一个政府工厂的活动。1868 年为了生产国内的电报机设备,日本工业部建立了这个工厂。后来这个工厂由日本通信部接管。这个工厂和后来建立起来的政府实验室对日本信息产业和通信产业有显著的影响。例如,它们是日本企业家和技术人员的"孵化器",这些企业家和技术人员建立并发展了东芝、NEC、富士通和冲电气等公司的前身。② 另外,20 世纪 50 年代末,日本电工实验室和电子通信实验室开发了 ETL 系列计算机和武藏野(Musashino)系列计算机。这些计算机后来转让给了 NEC、富士通、日立、东芝、三菱电子和冲电气。

日本公司对计算机作为一种有商业前景的产品的出现是如何应对的? 每个公司的回应是非常不同的,这取决于公司的业务结构、在市场中的实力、它的历史、它的信念以及它在特定环境下对机遇的看

---

① 弗朗斯曼著的 *The Market and Beyond* 一书中的第二章有关于日本计算机业发展的叙述,对本章前面总结的许多观点有详细的说明。

② 关于日本企业家最初由政府实验室训练的更详细的内容见"Theory of the Fim and Explaining the Growth of 'Real' Firms: The Case of Japanese Information and Communications Companies",在由弗朗斯曼著的哈佛大学出版社即将出版的 *Visions of the Firm and Japan* 中。这本书和本书是一套。

法。我们以富士通为例阐述这一过程,该公司到 20 世纪 90 年代早期的总销售额仅次于 IBM。

富士通公司进入计算机业:战后时期建立的愿景

20 世纪 50 年代中期,富士通已经生产出它的第一台计算机,值得注意的是,这台计算机不是用富士通自己的资源,而是用通产省为了促进新的工业产品的开发而设立的基金研制的。[①] 然而,富士通在计算机领域的未来仍然非常模糊。富士通获取必要新技术的能力、日本未来计算机市场的大小和发展情况、富士通在市场中将面临的竞争都是未知的。

而且,NTT 的“受控竞争”(本书的其他地方对这一点做了详细分析),意味着富士通在卖给 NTT 通信设备方面有了相对稳定的市场,虽然它明显落后于日本主要的通信设备供应商 NEC。在这些不明朗的前景下,富士通不同的领导对公司未来的方向持有不同的信念也不足为奇了。1981 年出任富士通董事会主席的小林泰佑(Taiyu Kobayashi)回忆道:“大多数董事支持比较谨慎的路线,做有把握的事,而不是尝试一些未知的东西(即研制计算机)……如果我们严守约定为 NTT 工作的话,我们可以获得一份长期而稳定的订单以及确定的收益。”[②]

---

① 见弗朗斯曼的 *The Market and Beyond*。
② Taiyu Kobayashi;在弗朗斯曼的 *The Market and Beyond* 中被引用。

然而,富士通还有一批参加过公司第一批计算机的开发并希望计算机能帮助公司领先的工程师,小林就是他们中的一员。小林回忆道,由于大多数董事的观点,"尽管我们(在富士通发展计算机)的计划有很多优点,但由于我们被当作继子看待,所以我们可以预料到公司糟糕的回应"。①

在富士通支持发展计算机的流行观点——虽然只有少数董事支持这个观点——改变之前,公司内需要有一场大的变革。虽然意外,但这样一场变革发生了,而且来得正是时候。1959 年,同时担任富士电气和富士通主管的和田(Wada)由于工作负担太重,请刚田次郎(Kanjiro Okada)出任富士通的主管。战前,刚田曾是古河(Furukawa)公司的主管,但在一次重组中被罢免。早在 1955 年,被调到古河集团下的一个水泥公司宇部工业的刚田已经认为,计算机会对日本公司的未来产生重大影响。小林回想了在这一年他与刚田讨论计算机的一次会面:"刚田听了我们的观点,一次次地点头赞成,并对计算机表现得非常热情,这使我很兴奋。"②

正是刚田使富士通出现了新的景象,一个以计算机为公司未来中心的景象。在他 1959 年出任富士通主管后:

> 刚田忽视董事们墨守成规的建议,迅速挑选了一些年轻人,比如我们计算机组,并把他们任命到公司的重要位置。虽然这

① Taiyu Kobayashi;在弗朗斯曼的 *The Market and Beyond* 中被引用,第 44 页。
② Taiyu Kobayashi;在弗朗斯曼的 *The Market and Beyond* 中被引用,第 43 页。

是公司的一次激进的重组，但我认为如果刚田不这么做，我们的计算机业务不会转变得这么快……从直接参与这件事的人的观点来看，这是一剂猛药，而且只有刚田才能使它变为可能。①

然而，选择新的愿景并没有完全解决富士通的问题。公司仍然需要应付严格限制它进入正在出现的计算机市场的环境。这个时候，由于个人计算机市场还没有出现，政府市场，尤其是NTT，尤为重要。小林解释了富士通当时面临的困难：

NTT是富士通主要的客户之一——主要在电话交换设备方面。我们也……试图卖给它们计算机……然而，它们有一个不成文的政策（NTT受控竞争的一部分），阻止我们：不管我们多么努力，由于进入市场比NEC晚，我们不能取代NEC的位置。我在NTT的一个朋友告诉我："如果你们想从狮子嘴里获得我们的一份订单，你不得不成为NTT影响范围之外的市场中无可置疑的领先者，这样每个人就会问为什么我们不买富士通的设备。"②

面对进入新兴的计算机市场的困难，由于在通信设备方面与NEC相比较弱，刚田和他的支持者们认为迅速建立计算机业务强大的竞争力对公司的未来非常重要。正是由于建立竞争力的决定和与

① Taiyu Kobayashi；在弗朗斯曼的 *The Market and Beyond* 中被引用，第45页。
② Taiyu Kobayashi；在弗朗斯曼的 *The Market and Beyond* 中被引用，第46页。

之相关的一系列决定,1968 年富士通超过 NEC 和日立成为日本计算机生产商的领先者,在日本仅落后于 IBM,排在第二位。

其他日本计算机公司的进入

富士通的策略是抓住计算机业出现的机会,在计算机领域建立与众不同的竞争力以弥补自己在通信领域的劣势。然而,从通信设备角度来看,NEC 与富士通相比处在完全不同的位置。当计算机的商业需求开始增长时,NEC 也看到了计算机领域中的机遇。然而,20 世纪 50 年代末,NEC 开始建立一个与富士通不同的愿景,主要区别是计算机在公司中的位置。从本质上说,NEC 把计算机看作是它在通信设备领域的补充,而不是截然不同的技术、产品与市场。这是 NEC 的“C&C 愿景”的基础,基于计算机和通信的汇聚。这幅愿景使 NEC 在计算领域与富士通和日立有本质的不同。而且,和 AT&T 公司一样,NEC 在通信领域的能力帮助公司进入计算机领域。更为特殊的是,NEC 的第一批计算机是由其多摩川工厂(Tamagawa Plant)的一些传输工程师研制的。

日立公司的情况也不相同。日立在通信设备方面比 NEC 和富士通弱,但在电气和电子消费品方面要强得多,它在重型电气设备方面也是强有力的竞争者。RCA 和通用电气公司生产和日立相似的产品,并进入了计算机领域,给日立提供了很好的模型。日立在 20 世纪 50 年代中期也进入了计算机领域并在该领域表现显著。

与 NEC、富士通和日立不同,东芝公司不是 NTT 指定的设备供应商中的一员。但从另一方面看,东芝的产品范围和日立公司最为相近。在 20 世纪 50 年代后期东芝决定进入计算机市场,可能也是受到 GE 的影响,通用公司是它的长期合作者和技术支持者。三菱电气的位置与东芝相似——它也不是 NTT 家族的供应商,主要业务也是重型电气设备和电子消费品。然而,三菱电气不像东芝和日立那么大,而且一些证据表明三菱电气进入计算机领域受三菱集团内部对计算机需求的影响,当时政府对于计算机的进口有限制。①

冲电气是 NTT 家族中最小的成员。它主要是一个通信设备公司,它进入计算机市场的决定主要受 NEC、富士通、日立决定的影响。

20 世纪 60 年代早期:通过引进技术发展计算机领域的能力

20 世纪 50 年代末,日本国内一致认为新型的电子产品,具体地说是计算机,有越来越重要的战略意义。通产省通过其顾问委员会和产业界的合作,立法支持新的电子技术的发展和扩散。1958 年,在

① “当三菱电气集团的公司 1961 年申请进口超过 30 台 IBM1401 计算机时,日本通产省斥责该集团‘三菱集团有太多的公司要进口 IBM1401 计算机了。’通产省建议三菱集团要么使用其他日本公司生产的计算机,要么自己生产计算机,‘即使只是为三菱集团的公司使用’。三菱选择了生产自己的计算机。”(Anchordoguy 著,Computers Inc.,32 - 33)

通产省的推动下，日本电子行业发展协会（JEIDA）成立，它是连接通产省与电子和计算机企业的桥梁。①

20 世纪 60 年代早期，日本国内外的计算机市场需求增加。然而，日本关心该行业的人很快就看出，很明显，日本在计算机领域与西方公司相比有很大的技术差距，而且这个差距在扩大。为了缩小这个差距，日本政府和企业采取了三个应对方法。第一是和美国主要的计算机企业建立技术合作协议。表 4－1 是对这些协议的总结。当时日本公司中占有市场份额最大的日立公司第一个签订合作协议，它与 RCA 于 1961 年 5 月签订了合作协议。接下来的两年内，三菱电气、NEC 和冲电气也分别和汤普森·拉莫·伍尔德里奇（TRW）公司、霍尼韦尔公司和斯佩里兰德公司签订了合作协议。东芝是最后一个签订协议的大公司，它与通用电气公司于 1964 年 10 月签订了合作协议，比日立晚了大约三年半。（和美国进入商用计算

表 4－1　日本和美国计算机公司的技术合作协议

日本公司	美国公司	协议时间
日立	RCA	1961 年 5 月
三菱电气	TRW	1962 年 2 月
NEC	霍尼韦尔公司	1962 年 7 月
冲电气	斯佩甲兰德公司	1963 年 9 月
东芝	通用电气	1964 年 10 月

① 要更详细地了解通产省在 20 世纪 50 年代末采取的措施，参看 Fransman 著的 The Market and Beyond。

机市场的公司——例如IBM、斯佩里兰德、RCA——不同,GE尽管做军用计算机业务及其他许多产品,但直到1963年才进入商用计算机市场。)

1960—1961年左右,富士通对计算机业务全力以赴。然而,在那个时候其他日本公司已经开始和预期的美国技术伙伴协商了。富士通也非常积极地寻找一个美国公司与之建立技术连接。小林泰佑回忆道:"和当时其他日本公司一样,我们也认真考虑过引进欧洲和美国的先进技术。当然,这是掌握这些技术最容易的方法。"由于其他日本公司的协商已经开始,富士通主动表示愿意和IBM合作。

> 然而,当和IBM协商引进技术时,IBM断然拒绝技术转让,除非它获得百分之百的参与投资。这是"IBM世界的方针"。当然,富士通不可能成为IBM完全占有的一个分支。这意味着只有独立开发这一条路可走了……虽然这条路并不好走。[①]

为了帮助公司的努力,1962年通过合并许多分部的研发部门,富士通实验室成立了。这是日本第一个专门进行计算机研发的实验室。

第二是日本公司加大对计算机的研发支持和投资力度。这与第三个互补。第三个方法是通产省实施的一系列扶植性措施,例如与

① Taiyu Kobayashi;在弗朗斯曼的 *The Market and Beyond* 中被引用。

大多数日本公司的合作研究项目,建立一个组织为日本制造的计算机筹集资金(日本电子计算机公司,JECC),以及保护性关税。[①]

IBM 加大投入:System 360

早在 1956 年,IBM 就占据了世界计算机销售额的 70%。1957 年,IBM 的销售额首次超过 10 亿美元。尽管快速增长的美国市场占据了 IBM 销售额的大部分,但由于其强大的国际竞争力,1960 年 IBM 仍有 20%的收益来自国外。到 1964 年,IBM 推出 System 360 系列时,来自国外的收入占到了 29%。

然而,在 20 世纪 60 年代早期,IBM 面临着许多重要的问题。它生产的计算机统治了世界市场。1400 系列成为世界中型主机的标准,650 小型商用计算机是世界上第一种大量生产的计算机。大型主机 700 系列占据了大型机的市场。当时 IBM 同时生产着 6 种不同型号的计算机,它们之间是不兼容的。然而,IBM 的竞争者——如斯佩里、控制数据、菲力柯(Philco)、巴勒斯(Burroughs)、RCA 以及通用电气——跟随并学习 IBM,开始袭击它的市场。而且,软件开始限制计算机市场的全面增长。软件成本在计算机系统的成本中占据了更大

① 20 世纪 60 年代早期通产省采取的措施在弗朗斯曼的 *The Market and Beyond* 中有详细的讨论。也可以看 Flamm 的 *Targeting the Computer*,254—255,表 D-4 和表 D-5,详细地展示了日本计算机产业对外国投资和进口的限制放宽以及日本实施的计算机和集成电路的关税。

的比例,用户不愿意在更新和升级系统时为软件支付昂贵的价钱。

1961 年,IBM 成立了一支“特遣部队”解决这些困难。它提出了一种激进而大胆的解决方案:研制一系列新的软件兼容的计算机,即使这将影响一些 IBM 现有计算机的销售。于是 System 360 系列兼容型计算机诞生了,它不仅维持了 IBM 的统治地位,而且建立了关于计算机是什么的主流信念——这就是,IBM 的思维体系结构。

集成电路

从技术上讲,System 360 依赖于混合集成电路的大量应用。第一批集成电路是由德州仪器的杰克·基尔比(Jack Kilby)和仙童(Fairchild)半导体的罗伯特·诺宜斯(Robert Noyce)独立发明的。[①](集成电路由在同一块硅片上相互连接的许多电路元件组成。)1962 年 NEC 基于从仙童公司获得的平面技术研制出日本第一个实验性集成电路。20 世纪 60 年代中期,通产省迫使 NEC 许可其他日本公司使用这项技术。这项措施帮助了日本公司开发集成电路,以及集成电路技术在日本的推广。

20 世纪 60 年代中期,基于冯诺依曼串行处理体系的适用于普遍目的的主流设计结构建立起来了。为了改善性能和成本——以便提高竞争力——人们将越来越多地将注意力集中在电子设备上。正如

---

① 见 Jack S. Kilby 的“集成电路的发明”,*IEEE Transactions on Electronic Devices*, ED-23(1976):648—649。

后面要讲到的，在计算领域日本合作研究项目的重点在电子设备上。20 世纪 60 年代末，集成电路成为计算机处理器的主流技术，该技术很快被越来越多地用在存储器上。

日本对 System 360 的回应

在被 System 360 的推出惊醒后，日本计算机公司和它们同样与 IBM 竞争的美国合作伙伴采取措施更新它们的计算机生产线。由于合作协议，日立、NEC 和东芝在这一过程中分别得到 RCA、霍尼韦尔和通用电气的帮助。

1965 年秋，没有和西方主要的计算机公司建立技术合作关系的富士通开始改变它的大型机系列。1968 年，富士通受 System 360 的影响，研制出基于集成电路的计算机 FACOM 230－60。FACOM 230－60 在富士通被看作是公司的“战略转折点”。1965 年，富士通落后排在第一的 NEC 和排在第二的日立，名列第三位，到 1968 年，由于 FACOM 230－60 的成功，富士通排到了第一位。第一台出售的 FACOM 230－60 以很低的价格卖给了京都大学，富士通基本没有获利。紧接着，富士通卖出了很多台 FACOM 230－60。早期的购买者有 NTT（它显然——见前面引用的小林泰佑的评论——认为富士通已经积累了计算机方面必要的实力）和结束富士通与古河集团公司经济联系的第一劝业银行。1968 年，富士通在计算机方面的收益首次超过通信产品的收益。

最初的 System 360 的一个主要设计缺陷是它不支持分时复用，这是一些用户交互式使用大型机的方式。到 20 世纪 60 年代中期，分时复用变得越来越流行，不久以后 System 360 的新版本也增加了分时复用能力。分时复用是通产省在 1966—1972 年为了回应 System 360 而实施的合作研发项目，超高速计算机系统项目（VHSCS）的一个主要目标。1966 年，通产省的顾问委员会、产业界、电子行业研究委员会，一致认为计算机是日本经济长期增长最重要的决定性因素之一。因此，研究委员会建议通产省采取措施推动计算机产业的发展。超高速计算机系统项目是通产省为了达到这个目的而采取的主要政策措施之一。

VHSCS 项目是在通产省的研究机构，电工实验室（ETL）的全面技术协调下进行的。参加该项目的公司有日立、富士通和 NEC——它们研制了与 IBM 在 1965 年推出的 System 360/67 的分时复用大型机类似的主机硬件。东芝和冲电气，这两个在计算方面相对较弱的项目参与者，研制了外围设备。VHSCS 项目的一个重要特点是它集中研究电子设备。为了开发特定的设备，通产省鼓励参与的公司有自己的专攻方向。例如，NEC 专门研究存储器，而日立——当时在日本计算机市场上处于领先地位，因而成为该项目的领导公司——开发高速逻辑设备。

VHSCS 项目受到了广泛的赞扬，它促进了计算机技术的发展，这些技术对后来参与的公司推出的商用计算机作出了重要贡献。例如，日立的 8700/8800 系统、富士通 230 系列计算机的改进都使用了

VHSCS项目的技术。NTT的DIPS计算机（下一节会详细讨论）也包含了VHSCS技术。但重要的问题产生了，这个由通产省引导的合作的性质和范围是怎样的？毕竟参与合作的公司在日本计算机市场上都是强大的竞争对手。

VHSCS项目中相互竞争的日本公司之间的合作是什么样的？我本人对这个问题的研究表明这些公司之间的知识分享相对较少。ETL的工作像是中间协调者，当各公司对人员的分配意见一致后，工作在公司内部完成，研究机构之间没有联合的研究和开发工作。我的调查显示在VHSCS项目中产生的专利没有一个是由超过一个参与公司的人员所持有的联合专利，这意味着知识分享范围非常有限。到20世纪80年代末，只有10%的专利授权出去，而且只授权给两家公司。这表明VHSCS项目的性质是“追赶”，而不是对全球技术前沿的推进。①

尽管VHSCS项目曾经推动了日本计算机业的发展，但1970年IBM推出System 370系列时，人们对VHSCS项目下的进程的重要性产生了质疑。但在那之前，NTT也即将进入分时复用时代。

NTT的重新进入：从1968年的DIPS计算机

到20世纪60年代末，日本有六家大型机生产商：日立、富士通、

① 见弗朗斯曼著，*The Market and Beyond*，第二章。

NEC、东芝、三菱电气和冲电气。(松下电器突然出现在计算机市场中,而不像RCA不久从该领域退出。)到20世纪70年代末,生产大型机的公司数目减少到三个:富士通、NEC和日立。到20世纪90年代初,正是这三家公司的销售额在全球排名前十,另外,东芝公司由于膝上电脑的销售而排名第十。富士通、NEC和东芝公司在日本计算机产业中占优势地位,并跻身于世界最大的计算机公司之列决不是"巧合"①。

正如我们所看到的,像AT&T一样,富士通、NEC和日立在通信领域已经积累起来的实力帮助它们首先进入计算机产业。由于与通用电气公司的结盟而在战前在电子设备和收音机领域很强的东芝,在电子系统的开发方面相对较弱。在通用电气公司作出从军用计算机转向商用计算机的战略决策后,1964年,在通用电气的帮助下,东芝进入了计算机领域。从通产省1966年开始的VHSCS项目中东芝公司扮演的角色可以看出东芝公司的实力相对较弱,它和冲电气在项目中负责外围设备的开发而不是研制大型机。虽然冲电气在20世纪初在通信设备领域有一定实力,但在战后,它是NTT四个主要设备供应商中最弱的一个,在计算领域也比较弱。三菱电气和东芝一样,由于缺乏通信领域的实力而显得比较弱。它在美国的计算机

① "非常巧合的是,三个幸存者(20世纪70年代在日本大型机市场中,指富士通、日立和NEC)都是——作为独立的公司——设计和制造DIPS系列分时复用大型机的参与者。"(Flamm的*Targeting the Computer*,第134页;重点符号)"巧合的是,NTT把自己内部的研究成果转化给它的设备供应商(指NEC、富士通和日立),成为日本计算机产业的最初动力。"(Flamm的*Creating the Computer*,第187—188页;重点符号)

领域的同盟TRW也没有给它多少帮助,TRW从来没有在商用计算机上起到过显著作用。

另外,富士通、NEC和日立在与NTT保持的长期关系中受益不少。20世纪60年代末70年代初与NTT的关系给它们提供了重要的技术来源;在整个战后时期,这个关系为它们的计算机提供了至关重要的稳定增长的市场需求。因此,为了理解这三个公司在计算机领域的成功,研究它们和NTT的关系是非常重要的。

NTT和计算机

分析家们总是把NTT和通产省塑造为挑战IBM的同谋者。这个论断是不正确的,虽然通产省和NTT的兴趣和观点一致,但它们之间并没有紧密合作。事实上,NTT自从1952年成立开始,无论是对于最初管理它,并经常和它发生严重冲突的省——邮政通信省(MPT),还是和它兴趣最为相近的通产省来说,它都是一个相对自治的组织。这种相对自治对于把握日本在计算机工作中的革新很有帮助。

到20世纪60年代末,NTT对计算机产生了很大的商业兴趣。在20世纪50年代后期,对于NTT的研究人员和其在全世界的竞争者来说,计算机在很大程度上还是探索新电子技术可能性的实验性的玩具,但到20世纪60年代末,通过融合计算机技术和通信技术,新的商业机遇出现了。计算机给NTT提供了通过其通信网络为客户提供新的数据处理业务的可能性。

NTT 大规模使用数字计算机始于 1964 年一个营业额系统的研制。同时,NTT 也在研究基于计算机的通信录服务的可能性。然而,实时处理和必要的大型数据库管理任务则是基于 NTT 现有技术。在那之后,计算机的又一个主要应用是 1968 年开始的为当地支付不起自己计算机系统的小银行提供在线计算服务。1968 年,NTT 为这项业务建立了一个新的部门专门负责数据通信。

1968 年以前,数据通信的研究被包含在 NTT 的电子通信实验室(ECL)开展的交换研究中。这对电子通信实验室在 20 世纪 60 年代中期对空间分割和数字时间分割交换技术的研究很有帮助,(正如我们在第三章详细讨论过的)这些技术和计算技术有着密切的关系。然而,1968 年,随着数据通信服务的前景对 NTT 越来越重要,数据通信研究所成立了,这个所最初由 3 个实验室和 50 位研究人员组成。这个研究所的成立与 NTT 作出的合作研制自己的用于数据通信服务的大型计算机的战略决策是一致的。该计算机被称作 DIPS 计算机(电报电话公司信息处理系统)。

为什么 NTT 决定研制自己的计算机而不是依赖市场获得它需要的设备?这个决定显然与发展日本在计算机方面的实力这样的爱国热情没有多少关系。事实上,直到现在 NTT 仍然对于自己在计算机领域作的决定保持固执的利己主义,它强硬地抵制了来自通产省优先考虑处于婴儿期的日本计算机公司的压力。

“你简直疯了,居然对 NTT 选择计算机施加压力,”NTT 的

> 一个官员一次警告通产省的中川(Nakagawa),"我们要把你告上法庭!"NTT没有屈从通产省的压力。直到1971年,NTT使用了172个(计算机)系统,其中109个来自国外;这里面有75个是IBM的。NTT在20世纪60年代喜欢使用国外计算机的原因是,作为整个国家电话服务和其他通信基础设施的提供者,NTT无法支付使用劣等的国内计算机带来的巨大社会代价。①

那么,为什么1968年NTT决定和"劣等的国内计算机"生产厂家合作研制自己的计算机?原因是,为了提供在线数据通信服务,NTT需要大型主机。如果通过市场满足它的需求,则会不可避免地依赖IBM这类计算机全球最大供应商。如果对这种近乎垄断的供应商形成依赖,则意味着购买计算机的成本会大大增加,而且NTT基于自己的计算能力开发数据通信服务的灵活性变小。而另一方面,研制DIPS计算机能极大地帮助使NTT积累与计算机相关的技术实力,为将来的发展提供动力。

不愿意过分依赖某一特定供应商是NTT的一贯作风。正如第二章中展示的,正是由于想要减少对特定供应商的依赖,在20世纪20年代末,通信省(NTT在战前的前身)开始研究它的"受控竞争"。NTT希望保持一种令人满意的供求状态,这从NTT的数据通信部(由数据通信研究所发展而来)的主管Honoki Minoru在1973年的评

① Anchordoguy, *Computers Inc.*, 31.

论可以看出：

> NTT急于进入数据通信(研究和开发)，坦白地讲，可以看成是对抗IBM的一种政策。如果我们的计算机制造商强一些，NTT就不会开展DIPS项目。但五六年以前，我们国内的(计算机)技术和IBM不在一个水平线上。于是，NTT不得不担起领袖的担子来做这件事(即研制用于数据通信的计算机)。[①]

DIPS计划

在与富士通、NEC和日立合作研制DIPS计算机的过程中，NTT是怎样应用它经过时间检验的“受控竞争”下的组织形式的？这个项目对这些公司起到了什么样的影响？

NTT是在1968年决定研制DIPS计算机的。第二年，电子通信实验室完成了一个实验性的样机，DIPS－0，验证了这个大项目的可行性。1969年，NTT宣布它将与其他机构合作研制DIPS－1数据通信计算机，同年7月，它和富士通、NEC和日立签订了联合研究合同(冲电气由于在计算方面实力较弱，被NTT排除在DIPS项目外)。1971年，DIPS－1的原型完成。

在决定用它的日本供应商生产的大型机来提供在线数据通信服

① Anchordoguy, *Computers Inc.*, 31.

务时,NTT 遇到两个困难。第一,日本公司在大型机领域仍然比较弱。第二,由于日立和 NEC 与不同的美国公司结为技术同盟,而富士通独立开发计算机系统,所以几家日本公司使用的操作系统不同。对于 NTT 来说,如果软件不能在不同公司生产的不同计算机之间通用的话,将大大增加成本。另外,不兼容的计算机系统使培训计算机操作人员的成本上升。

为了解决这些问题,NTT 决定和那三个供应商联合开发新的 DIPS 操作系统。为了达到这一目的,一个在电子通信实验室领导下的新机构成立了。电子通信实验室的 1 200 位研究人员中有 350 位参加了这个机构,另外还有来自 NTT 数据通信部的一些职员,以及来自富士通、NEC 和日立的雇员也加入了这个机构。操作系统的基础设计和功能设计由 NTT 联合三个公司共同完成,NTT 具有最后决策权。NTT 对操作系统保留所有权。操作系统完成后,NTT 和三家公司将在 NTT 的横须贺市实验室开发针对特殊用途的应用软件。这些应用包括机动车辆注册系统、为小公司提供的存货控制服务、科学计算服务和为国家银行系统成员提供的服务,这些应用都是在 1971—1973 年开发的。后来,项目还包括了天气预报和航空交通控制。

DIPS 项目为参与的公司创造了通用的操作系统,同时,NTT 也依靠三家公司为其提供与操作系统兼容的硬件。于是,硬件规格留给每个公司自己处理。实际上,富士通、日立和 NEC 都是通过调整自己已有的大型机来当作 DIPS 计算机使用。一方面,这意味着 NTT 可以自由地使用三家公司已经研制的硬件,并通过它们的改进而受益。另一方面,公司可以将 DIPS 项目下的创新应用于它们向非 NTT 系统销售的计算机上。例如,富士通的 230 - 75 型大型机应用了 DIPS - 1 项目中开发的高速逻辑电路。通产省的 VHSCS 项目中的一些改进也应用于 DIPS 计算机中。

IBM 的炸弹: System 370

NTT 的 DIPS - 1 系统开始不久,IBM 推出了它的新式炸弹——System 370, 这给 IBM 带来一个飞跃,并使它的几个主要竞争对手退出了计算机产业。然而具有讽刺意味的是,刚开始,System 370 对于 IBM 是一个点不燃的爆竹。经过几年的研制,当 1970 年 System 370 最终研制成功时,美国和世界的经济正处于萧条中,IBM 的销售额明显下滑。情况是如此紧急以至于 1971 年 IBM 成立了一支“特种部队”,和十年前推出 System 360 时建立的那支特种部队很相似。这支“特种部队”完成了一份战略计划,与十年前的那份一样的大胆。该计划代号为“未来系统(Future System)”,通过技术上的根本革新使下一代大型机面世(IBM 原计划 1975 年左右推出的大型机)。

[后面将会看到,当日本人得到未来系统项目下的超大规模集成电路(VLSIs)计划的风声后,恐慌几乎在日本爆发。作为回应,NTT 和通产省先后建立了日本的 VLSL 项目。然而,出乎意料的是,对于 IBM 来说,杯到口边却失手了——1976 年,过于野心勃勃的未来系统项目失败并中止了,正是这一年,通产省开始了它的 VLSI 项目。

更糟的是,失败的未来系统的产物对 IBM 产生了反作用,使公司对现有的 System 370 技术越来越保守,阻碍了公司正在研制的新技术和新产品的产生,例如小指令集(Reduced Instruction Set,简称 RISC)微处理器和计算机。]

通过吸收集成电路等领域的创新,System 370 提供了更好的特性,如虚拟内存以及更强的性能。尽管 IBM 最开始的预测非常悲观,随着经济大萧条的结束,System 370 计算机的销售额迅速增加。对于 IBM 的竞争者来说,System 370 意味着 IBM 显著地增加了研发和相关的投资,这对维持在商用计算机市场中的实力是至关重要的。IBM 的一些主要竞争对手,例如通用电气和 RCA,不愿意作这种必要的投资。

尽管通用电气 1963 年进入了商用计算机领域,并兼并了法国计算机公司公牛机械(Machines Bull),但接下来的几年里,该公司仍然有些不大情愿参与到计算机领域。最终,1970 年 4 月,通用电气决定退出,这正是 System 370 面世的时候。尽管保留着计算机服务,通用电气把它的计算机部门卖给了霍尼韦尔公司。一年后,1971 年 9 月,RCA 也决定退出。它的计算机部门卖给了斯佩里兰德公司。类似的,汤普森·拉莫·伍尔德里奇(TRW)公司也离开了计算机市场。

日本对 System 370 的回应

1969 年,通产省把“知识密集型产业”看作是对日本长远发展至关重要的产业。1971 年,被 System 370 的推出惊醒后,日本通过了通产省起草的立法，允许该省为电子和机械技术的发展（包括电子技术和机械技术的融合、“机械电子”的发展）提供建议和计划。

从本质上讲，日本对 System 370 主要作出了 4 个相关回应，以促进本国计算机产业的发展：对计算机研究、开发和销售的补贴；合作研发项目；政府鼓励下的公司间相互协作以使产业理性化；以及 NTT 的 DIPS－II 项目。[①]

补贴和合作研发项目

通过和日本主要计算机公司的密切磋商，通产省认识到，要想使日本公司在这个研发需求和对计算机产业的投资快速增长的时期生存下来，政府基金是必不可少的。国际贸易自由化的脚步不可避免地离日本越来越近，促使进口计算机的价格下降，购买进口计算机也变得越来越容易，这使日本计算机业面临的问题更加紧急了。于是，政府开始逐步直接或间接地给日本公司补贴。例如，这些措施包括，由日本发展银行（该银行和通产省合作紧密）给类似日本电子计算机公司这样的组织贷款，对日本制造的计算机的购买者补贴，以及针对加速降价提供津贴。

另外，通产省还发起了两个合作研发项目。第一个项目比较大，是大型计算机项目（通常被称为 3.5 代项目），时间从 1972—1976 年，

① 更详细的内容见弗朗斯曼的 *The Market and Beyond*。

目标是由日本公司研制可以和 System 370 抗衡的新型计算机。该项目包括研究逻辑设备、存储设备、输入输出终端和软件。政府还为包括医疗、教育和污染防治等八个领域的应用系统开发提供资助。和在 VHSCS 项目中一样，通过和日本计算机公司的磋商，通产省把具体的研究任务指派给公司，由公司在内部完成相关工作。

第二个合作项目是模式信息处理系统（PIPS）项目，时间从 1971—1980 年。目标是开发应用于文字、图像、物体和语音等模式信息识别和处理的计算机技术。该项目还负责开发支持这些技术的电子设备，如单芯片的 16 位微处理器和并行图像处理器。参与该项目的公司有富士通、NEC、日立、东芝、三菱电气和冲电气这些计算机公司以及松下、三洋和 Hoya 玻璃制品公司。

尽管获得的项目基金远比 3.5 代项目少，但 PIPS 项目在长期研究中更有贡献，也更多地促进了日本在新方向的研究。例如，东芝的毛利（Mori）博士发明的日本第一个文字处理器就是在 PIPS 项目的研究中产生的。我的研究表明 PIPS 项目共产生了 365 项专利，而 VHSCS 项目仅仅产生了 39 项专利，显然，PIPS 项目在长期研究方面代表着更高的成就。然而，和通产省的早期合作研发项目一样，该项目的参与公司之间没有多少知识技术的分享。在 365 项专利中，只有 7 项，占到 7% 的专利是由超过一个参与公司的研究者共同所有的，而且这 7 项专利的持有公司之间都不是竞争关系。①

① 更详细的内容见弗朗斯曼的 *The Market and Beyond*。

更紧密的公司间协作

通产省的政策制定者坚信日本计算机产业(相对于其他产业如汽车业)比较弱的一个主要根源是参与竞争的公司的数目。6家主要的竞争者是富士通、NEC、日立、东芝、三菱电气和冲电气,正如我们看到的,前三家公司由于有很强的通信产业的背景,从一开始就比另外几家的实力强得多。然而在美国,日本的模仿对象IBM在经济中的比例、范围以及纵向综合度方面都具有压倒性优势。例如,1972年,IBM的研发费用占整个美国计算机产业研发支出的46%以上!由于受IBM“思维体系结构”的影响,这促使通产省的政策制定者们认为如果可能的话,日本公司应该合并,或至少远比现在更紧密地相互协作。

基于这些想法,通产省给日本公司施加了很大的压力。由于日本公司拒绝考虑合并,双方达成了折中,6家日本公司将联合。富士通和日立被配对一起生产IBM可兼容的新型M系列大型机。富士通已经作出了走IBM可兼容路线的战略决策。虽然富士通的FACOM 230-60大型机使公司在国内市场中在日本计算机公司里独占鳌头,但该大型机在海外市场并不成功。

引用小林泰佑的话,到1968年富士通已经作出决定,“除非我们能不做任何改动就在我们生产的与IBM结构几乎相同的大型机上运行为IBM系统设计的软件,否则我们在国际市场上根本无法参与竞争”①。非常幸运的是，富士通能够和吉恩·阿姆达尔（Gene Amdahl）合作。吉恩·阿姆达尔是IBM的顶级设计师之一，他在System 360的设计中起了很大的作用，1969年和IBM闹翻后，他离开IBM并创办了自己的公司。由于不能从美国的资本市场筹集到足够的资金，1972年阿姆达尔和富士通签订了合作协议，富士通后来取得了他的公司的控制权。小林宏治回忆道：“富士通认为和阿姆达尔博士这样一个对IBM的优势、弱点和整体情况都非常了解的人合作有巨大的潜力。”②

随着1971年RCA——日立的技术合作伙伴——退出计算机产业，日立也作出了向IBM可兼容转变的战略决策。富士通和日立共同的战略方向成为它们后来合作的基础。

然而，NEC的战略思想则与富士通和日立有本质的不同（在第六章会详细地分析）。NEC的想法和视角是建立在该公司是日本最大的通信设备供应商这一基础上的。当20世纪50年代后期NEC决定进入商用计算机市场时，它很快把计算机看作是更广泛的信息和通信系统的一部分（用计算机的术语来说就是C&C系统）。于是，NEC对计算机的角色定位与IBM、富士通和日立这些公司有显著的不同。在后面这些公司看来——与IBM的思维结构体系相符——计算系统是由大型机主导并组织起来的，而NEC更倾向于把它看作是由通信系统连接的小型计算机组成的分布式网络。根据在很大程度上影响NEC观点的Koji Kobayashi博士的回忆，他在20世纪60年

---

① 更详细的内容见弗朗斯曼的 *The Market and Beyond*。
② 更详细的内容见弗朗斯曼的 *The Market and Beyond*。

代根本无法想象 NEC 会跟着富士通和日立走 IBM 可兼容的路线。原因是 IBM 仅仅是一个计算机公司,而 NEC 在通信和计算机方面都积累了相当的实力。因此,NEC 的计算需求和 IBM 的有本质的区别。①

NEC 和它的技术合作伙伴,霍尼韦尔公司可以合作的一个原因是后者的大型计算机弥补了 NEC 专注于小型计算机的不足。(在 20 世纪 60 年代和 70 年代,霍尼韦尔公司拿着大量的政府军方基金,渐渐专注于军用计算机。)1970 年,通用电气退出商用计算机产业后,它的计算机部门和计算机结构被霍尼韦尔公司获得。由于通用电气是东芝的技术合作伙伴,这成了 NEC 和东芝合作的基础。于是,这两家公司走到了一起,在政府基金的资助下,研制与 IBM 不兼容的 ACOS 计算机。最后,日本计算机公司中最弱的两个公司,三菱电气和冲电气,合作研制 COSMOS 系列计算机。

然而,事实上,由于这些合作伙伴彼此之间又是强大的竞争对手,尤其是在日本计算机市场上,因此这些公司和它们的合作伙伴只有非常少的合作,它们仍然独自研制自己的计算机。

NTT 的 DIPS－Ⅱ项目

由于 System 370 的推出,NTT 感到自己也不得不升级它的 DIPS 系列计算机了。于是,1973 年 NTT 开始和富士通、NEC 和日立合作

① 引自小林浩司的话,见下文的第六章。

研究和开发 DIPS－Ⅱ项目。1975 年研制出了 DIPS－Ⅱ/10 和 DIPS－Ⅱ/20，1976 年又研制出了 DIPS－Ⅱ/30。1979 年以后，该项目又研制出新的模型作为 DIPS－Ⅱ/5 系列的一部分。1985 年 NTT 宣布 DIPS－Ⅱ/5E 为这 5 个系列的后续系列。

政府基金的重要性

日本政府提供的基金对日本计算机产业的发展有怎样的重要性？表 4－2 可以帮助回答这个问题。

表 4－2　日本计算机产业的经费，1968～1975 年

（单位：10 亿日元）

	1968 年	1969 年	1970 年	1971 年	1972 年	1973 年	1974 年	1975 年
（1）DIPS－Ⅰ项目	7.500	7.500	7.500	7.500	—	—	—	—
（2）DIPS－Ⅱ项目	—	—	—	—	—	1.670	1.670	1.660
（3）总的补助和退税（来自政府）	15.595	17.685	22.141	26.844	25.017	41.132	42.839	50.729
（4）在厂房和设备方面的计算机产业投资	8.600	10.900	21.300	22.300	14.700	18.500	24.800	27.800
（5）在研发方面的计算机产业投资	12.200	24.000	29.700	40.200	33.000	45.100	37.700	52.800
（6）（3）/[（4）+（5）]（%）	75.0	50.7	43.4	43.0	52.5	64.7	68.5	62.9
（7）（1）or（2）/[（4）+（5）]（%）	36.1	21.5	14.7	12.0	—	2.6	2.7	2.1

注：本表数据的前提见正文部分。

来源：由 M. Anchordoguy 所著的《计算机有限公司：日本向 IBM 的挑战》一书中给出的数据计算得到，该书由马萨诸塞州剑桥市哈佛大学出版社 1989 年出版。

第一点要注意的是表中的数据——由 Anchordoguy 给出的数据①计算得到的——必须有极为谨慎的解释。一些数据和其他地方给出的不一致,②还有一些数据(例如对计算机产业的总的补助和该产业的研发补助)本身就不能精确地测量出。让我们用谨慎的语言对表 4－2 中给出的数据所揭示的政府基金的角色作个判定。

从表 4－2 中可以明显看出由日本政府提供的总的补助和税收优惠(第三行)对于日本计算机产业来说非常重要。[第三行的补助包括 NTT 投入 DIPS 计算机的研发经费(由第一行和第二行分别给出)以及由日本发展银行以低于市场利率的贷款的方式直接或间接给予日本计算机产业的补助。]

第六行显示了政府给予计算机产业总的补助和税收优惠占该产业在工厂、设备和研发方面投资的比例。可以看到,政府补助和税收优惠在 1968 年极为重要,占到计算机产业在这些方面投资比例的 75%。这么高的比例是由于在这一年开始的 NTT 的 DIPS－Ⅰ项目。1968 年 NTT 研制 DIPS－Ⅰ的经费达到计算机产业在工厂、设备和研发方面总投资的 36%。DIPS 项目是 NTT 对 1964 年推出的 IBM 的 System 360 的回应。从那以后,总的政府补贴和税收优惠占的比例逐渐下降,一直到 1971 年下降到 43%。从 1972 年到 1974 年补贴和

① 见 Anchordoguy 的 *Computers Inc*。

② 见弗朗斯曼的 *The Market and Beyond*,里面有来自 Flamm 和 Anchordoguy 的一些数据不一致的讨论。

税收优惠又开始增加，在1974年达到69%。这些增加反映出对System 370的回应以及MITI的3—5代项目(1972—1976年)和PIPS项目(1971—1980年)的经费。

DIPS项目的重要性

表4-2的第七行显示了NTT用于研发DIPS计算机的经费在日本计算机公司对工厂、设备和研发投资中所占的比例。可以看出，这一比例从1968年DIPS项目开始时的36%逐渐下降到1975年的2%多一点。

然而，这并不足以完全说明DIPS项目对日本主要的计算机公司，富士通、NEC和日立的重要性。首先，NTT在DIPS项目上的经费只使这三家公司受益。然而，在第四行和第五行给出的数据包括所有日本计算机公司的投资，这些公司还包括了东芝、三菱电气和冲电气(可能还包括了像松下一样的电子消费品公司的投资)。因此，NTT在DIPS上的研发经费占富士通、NEC和日立的投资比例一定比第七行给出的比例高得多。

事实上，虽然富士通、NEC和日立的非DIPS系列计算机也从DIPS项目中受益不少，但NTT的一些研发经费不应当被看作是对日本计算机公司的补贴。例如，DIPS-Ⅰ项目的一个重要部分是开发DIPS计算机的操作系统。即使这三家公司在开发这个操作系统的过程中可能学到了一些东西，但该操作系统和它们自己的商用计算机上使用的系统有本质的不同；它的主要目的是为 NTT 提供在三家公司生产的计算机上可以相互兼容的系统。

尽管如此，我们必须注意表中给出的 DIPS 的数据只是 DIPS 的研发经费的数据。这三家日本公司还通过向 NTT 销售 DIPS 计算机获利。虽然一些证据表明 NTT 只购买了 22 台 DIPS－Ⅰ计算机[①]，但 DIPS－Ⅱ的购买数量要高得多。这在表 4－2 中没有反映出来，DIPS－Ⅱ项目每年的研究经费比 DIPS－Ⅰ项目的少，这表明 DIPS－Ⅱ项目应用了 DIPS－Ⅰ项目的研究成果（更重要的是操作系统的研究成果）。（还有一种可能性，如果正确计算了 NTT 在 DIPS 项目中投入的全体职员的时间和资源的话，表 4－2 中给出的数据可能偏低了。这样 NTT 在 DIPS 项目上的研发经费可能会有算得更高的数据。[②]）

富士通、NEC 和日立是否以高于市场的价格将 DIPS 计算机卖给 NTT 从而获得了隐性补贴？这种与政治有关的问题在没有掌握未发布的精确信息时是很难回答的。然而，有案可查的是，我采访过的一位与 DIPS 项目紧密相关的 NTT 高级官员说，付给三家公司的 DIPS 计算机的价格至少比同等级别的 IBM 计算机的市场价低 30%。（然而，作为一个大客户，NTT 应该可以以低于“市场价”的折扣价买到 IBM 的计算机。）

---

① 见 Anchordoguy 的 *Computers Inc*，第 55 页。

② 根据 Kagaku Shimbun（1990 年 2 月 22 日），例如，NTT 在 DIPS－Ⅰ项目上共花费了 400 亿日元，而在 DIPS－Ⅱ项目上花费了 500 亿日元。

美国政府对本国计算机产业的帮助

表4-2中的数据和美国的这些数据相比会怎样？尽管这些数据不能直接比较，但费莱姆(Flamm)展示了1949—1959年期间，美国政府资助了IBM总研发费用的68%、斯佩里兰德公司的87%、通用电气的52%以及RCA的46%。① 1975年和1976年，美国联邦政府资助了美国计算机研发经费的26%和25%。如果在贝尔实验室投入的资金也算作美国政府的资助，费莱姆估计这些数据会提升至35%和34%。②

把这些数据和表4-2中的数据放在一起比较能够验证费莱姆结论的正确性：

> 尽管20世纪70年代日本当局在计算机的发展方面给了很多补贴，但这些比不上美国政府在20世纪50年代和60年代对计算机的补贴占整个研发费用的比例……而且，日本政府在20世纪70年代后期对计算机研究的资助显著减少。现在(即20世纪80年代末)日本政府给本国计算机研发的基金少于美国和欧洲给自己国家计算机研发的基金。③

① Flamm的*Targeting the Computer*，第96页，表4-1。
② Flamm的*Targeting the Computer*，第102页，表4-4。
③ Flamm的*Targeting the Computer*，第117页。

剩下的竞争者

日本主要计算机公司的努力和它们从通产省和 NTT 的项目中获得的支持最终取得了成果。20 世纪 70 年代中期,日本领先的公司成功地缩小了与世界领先公司的差距。1974 年,“富士通推出了与 IBM 的 370 系列极为相似的计算机,富士通的 M 系列,该系列的计算机运行速度比 IBM 的还快。日立紧随其后。到 20 世纪 70 年代末,IBM 日本在日本计算机市场的市场份额缩小到 27%。1979 年富士通超过 IBM 成为日本计算机制造商的领袖”①。

然而,尽管富士通、NEC 和日立在 20 世纪 80 年代成为 IBM 可能的竞争对手,但日本政府采取的措施不足以把所有的日本公司送上计算机的跑道。结果,东芝、三菱电气和冲电气出局了。

为什么富士通、NEC 和日立能够留下来?正如前面已经阐述过的,两个因素至关重要。第一,这些公司在第二次世界大战之前就在研制通信领域的电气和电子系统方面积累了很强的实力。我们在前面也看到过,这与 AT&T 在通信领域的实力帮助它进入计算机领域类似,尽管 1956 年和美国司法部达成的协议阻止该公司把它的实力扩展到拥有广泛用途的商用计算机业。富士通、NEC 和日立已经积累起来的实力意味着,从一开始,它们就是日本计算机公司中最强

① 见弗朗斯曼的 *The Market and Beyond*,第 161 页。

的,尽管它们轮流争夺第一的位置。

第二个因素是这三个公司(富士通、NEC 和日立)是 NTT 家族的特权供应商。在受控竞争下,它们与 NTT 保持着长期而稳定的关系。这个关系不仅使这些公司获得了 NTT 作为一个通信设备和计算机的使用者和研究者而积累起来的技术,而且为它们提供了可以获利的 NTT 长期而相对稳定的计算机市场。虽然 NTT 不愿意公布它购买的 DIPS 计算机的数目,但一些间接的信息可以从其他数据中收集到。例如,1981 年,NTT 总的购买预算为 27 亿美元(以当时的汇率计算)。NEC 从中分到了 5 亿美元的订单,占它总销售额的 12%。这些数据以及从 NTT 获得的(至少到 1985 年 NTT 部分私有化时)相对稳定的销售额,多少说明了 NTT 在保持 NEC、富士通和日立留在日本计算机市场中的重要性。

尽管这两个因素非常重要,但它们并不是为什么富士通、NEC 和日立留在计算机市场打拼的唯一答案。与上面两个因素同等重要的是这些公司对计算机产业的长期战略努力。为了说明这一点,我们可以从它们和美国计算机市场的重要失利者 RCA 的对比中得到启示。

RCA 和计算机的诱惑①

RCA 是 1919 年由通用电气、AT&T 和西屋公司(Westinghouse)

① 这一节引用了 Alfred Chandler 1994 年 5 月在温哥华的一个研讨会中的一 篇未发表的论文,题目是《日本和公司理论》。短语“计算机的诱惑”就是 Chandler 写的。

为了开发无线电技术和产品而建立的。在第二次世界大战以前，RCA 是生产无线电设备和真空管的主导公司，它创建并运营着遍布全国的广播网络——NBC。战后，RCA 成为美国黑白电视产业以及后来的彩色电视产业的领导者。1964 年，该公司占有美国彩色电视市场 43%的份额，排在第二的顶点（Zenith）公司占有 14%的市场。

在 1948 年 AT&T 把晶体管商品化之后，RCA 也投入很大精力开发晶体管技术。在二战中，RCA 研制出了用于武器控制的模拟计算机，因此，战后该公司接着研制军用计算机。1959 年，RCA 推出它的第一台商用计算机，中型晶体管计算机 501，获得了商业成功。随后该公司又推出了大型和小型的机型。在这一阶段，RCA 是一个比 IBM 大一倍的公司。然而，IBM 专注于计算机，1964 年它推出的 System 360 对 RCA 来说是一个巨大的挑战。作为回应，RCA 升级了自己的计算机。

然而，当 RCA 的研发工程师准备和 IBM 保持竞争，一较高下的时候，RCA 的“公司理念”戏剧性地改变了。在 RCA 成立时公司领导人戴维·萨尔诺夫（David Sarnoff）的继承人，他的儿子罗伯特·萨尔诺夫（Robert Sarnoff）的影响下，在华尔街的支持下，RCA 选择了互不相关的多元化经营策略。从 1966 年开始，RCA 下设多个领域的公司，例如出版业、运动器械、汽车租赁、冷冻食品以及地毯制造。到 1975 年，RCA 在美国彩色电视机的市场份额下降到 20%，而它的主要竞争对手顶点公司的市场份额上升至 24%。这一年 RCA 在电子消费品方面的利润下降到该公司总利润的 16%，它出售的许多电视机都是由松下电器生产的。

在更多地考虑回报率而不是公司实力的公司理念的驱动下，当1970年IBM的System 370推出意味着要想在计算机产业中存活下来就必须增加投入时，RCA没能维持它的计算机实力。于是，1971年，在经济史学家阿尔弗雷德·钱德勒(Alfred Chandler)所称的“联合企业的灾难”的影响下，RCA决定退出计算机产业。一个RCA的高层管理人员后来回忆这个决定时说：“我们浪费了整整一代的计算机研发工程师，还饿死了真正赚钱的奶牛——彩电行业。”①

1985年，RCA以64亿美元的价格卖给了通用电气公司。通用电气用RCA交换了汤姆森公司的医疗器械部门。后来，RCA负责研究电子消费品和计算机许多重要技术的普林斯顿实验室，被转让给了一家承包研究公司——斯坦福研究所。

电子消费品和电脑领域的RCA和上一章分析过的通信设备领域的美国国际电话电信公司(ITT)的情况非常相近。它们都是被相似的公司理念操纵着。这种公司理念和富士通、NEC和日立所持的公司理念的差异是显著的。这些日本公司从20世纪50年代开始就长期致力于发展包括计算机在内的与它们的其他产品在开发实力上有关联的产品的实力。虽然如我们所看到的，政府的帮助以及这些公司和NTT的关系是非常重要的，这些日本公司的公司理念和支持这些公司理念的机构，如金融系统，也对它们在国际计算机市场上的

① 见Chandler的《日本和公司理论》。

长期存在起到了非常重要的作用。

20世纪80年代DIPS的劣势以及多卖主集成结构

尽管DIPS计算机满足了20世纪70年代和80年代早期NTT数据通信和信息处理的需求,但是随后,DIPS系统的一些重要问题逐渐显现出来。其中最重要的一个问题是,由于其独特的操作系统,NTT不能购买与其他操作系统如IBM操作系统匹配的硬件和软件。例如,这意味着如果NTT想使用其他应用软件,它必须重新编写软件使之能在DIPS计算机上运行。这提高了NTT的计算成本。考虑到日本软件工程师的短缺,1985年NTT部分私有化后与日俱增的成本压力和来自其他通信公司的竞争(见第七章,NTT的未来),高额的计算成本不容忽视。

NTT和它的供应公司的关系中所处的三个彼此不同而又不时冲突的角色引发了一些困难。第一,对于NTT的网络和服务所需的在市场上不容易买到的计算机,NTT是一个合作研发者。第二,NTT是它参与研发的计算机的使用者。第三,从计算机的角度来说,NTT也是计算机系统集成者和集成计算机系统和服务的销售商。

虽然NTT的前两个角色促进了NTT和其供应商的革新(通过受控竞争使在使用中学习的经济形式内在化),它的第三个角色却很成问题。其原因是，作为一个计算机系统和服务的销售商，NTT 和它的供应商（富士通、NEC 和日立公司）形成了直接的竞争关系，另外，为了能更有效地竞争并获利，NTT 经常希望能从它的供应商之外购买硬件和软件。例如，作为系统集成商，NTT 与富士通、NEC 和日立在向银行销售计算机系统时是竞争关系。NTT 的系统使用的是 DIPS 计算机，这种计算机是由 NTT 和那三家公司联合设计并开发的，三家公司使用它们自己的硬件技术制造和 DIPS 操作系统一致的计算机。这些由富士通、NEC 和日立直接提供给银行的相互竞争的计算机系统都基于它们各自的硬件和软件。

NTT 和它的供应商之间的竞争使改进 DIPS 计算机的动力在后来马上就消失了。随着技术的改进和新的计算需求的出现，NTT 必须承担起为 DIPS 计算机做必要的改进的责任。在 20 世纪 60 年代和 70 年代末，这并不是什么大问题，因为当时富士通、NEC 和日立的主要目的是提升相对于 IBM 的计算机实力，而与精通研发的使用者——NTT——紧密合作看起来是达到这一目的的一个不错的方法。然而，到 20 世纪 80 年代中期，这一情况发生了巨大的变化，日本的计算机逐渐赶上了 IBM 的计算机。从一个在三家供应商公司中的一家工作，并参与 DIPS 项目的高级研发工程师的描述中可以明显地看出发生了多大的变化：

> （到了 20 世纪 80 年代中期）日立、富士通和 NEC 建议 NTT 对 DIPS 计算机作出改进的动机减少了。这些公司不愿意提出

改进意见是因为它们不想和自己的计算机(即它们为NTT制造的DIPS计算机)在自由的市场(NTT的市场之外的市场,例如提供给银行的计算机系统)竞争。因此,DIPS计算机的主要改进动力来自NTT本身。于是,NTT独自研究并要求那三家供应商作出改进。由于NTT是重要的客户,供应商不得不作出改进。①

另外,富士通、NEC和日立公司之间的激烈竞争意味着它们不愿意分享技术信息,这使得DIPS计算机的改进更加困难,成本更大:

弗兰斯曼(Fransman):既然DIPS和你们自己的通用计算机如此相近,而且你们还和其他两家供应商存在竞争,富士通、NEC和日立的工程师之间是不是很少交换想法?他们是不是害怕把信息泄露给竞争者?

被采访者:这确实是个问题,特别是涉及关键技术时。在DIPS的硬件讨论会议时会有这个问题。因此有时工程师们不会全部参加会议,只有NTT的电子通信实验室的工程师和一个公司的工程师会面。因为NTT没有生产部门,公司认为和NTT讨论比较自由。NTT不会把信息泄露给其他公司。但是,对于软件来说这个问题就不太严重了,因为大多数软件是面向应用

---

① 作者对一个参与DIPS计算机的研制并在NTT的三个主要供应商中的一个工作的高级工程师的采访。

的,涉及的竞争比较少。[①]

这说明在受控竞争的DIPS系统中,相互竞争的供应商之间的信息流动是有限的,而信息更多的是在每个供应商和NTT之间流动。为了验证这个假设,我收集了从1985年8月到1986年9月之间NTT的所有与计算机相关的专利数据。[②] 这段时间共有41项专利。其中,有15项专利是NTT的电子通信实验室独自所有的。还有26项专利是超过一个公司共同所有的联合专利:这里面有17项专利是由NTT的电子通信实验室和1家公司共同所有的,占到65%;有2项专利是NTT的电子通信实验室和2家供应商共同所有的;有4项专利是电子通信实验室和3家供应商共同所有的;有3项是电子通信实验室和4家供应商共同所有的。由于联合专利能很好地展示出公司之间的知识交流,上面的数据说明假设是成立的。

NTT的回应:将IBM和DEC并入多卖主集成结构中

为了对这些困难作出回应,NTT做了两件事。首先,它将它的数据通信部门改造为一个完全自有的独立子公司。其次,它做了十年以前与富士通、NEC、日立一起努力和IBM竞争时无法想象的事:1988

① 作者对一个参与DIPS计算机的研制并在NTT的三个主要供应商中的一个工作的高级工程师的采访。

② 我对NTT的官员提供这些专利的数据表示感谢。

年,NTT 提出了新的计算机开发项目,该项目不仅包含那三家日本计算机供应商,还包括 IBM(日本)和美国数字设备公司(DEC)。将 IBM 包含在计划内清晰地指出这场比赛的范围已经发生了变化。

1988 年,NTT 数据通信系统公司成立了,它的资本总额为 100 亿日元,初始职工有 6 000 人。最重要的是,NTT 通过此举解决了它同时作为计算机系统的开发者、使用者和销售者这一相互冲突角色的问题,舍弃了其作为销售者的功能。通过 NTT 数据通信系统公司,NTT 可以从它已经具备的计算机系统集成实力中获利。由于子公司使用独立的账目,也使 NTT 免于受到对它的数据通信部门的倾斜性资助、从而损害计算机服务市场公平竞争的指责。最后,这个改变使 NTT 数据通信公司从 NTT 的官僚机构中解脱出来,使它能以更灵活的方式实现它的商业目标。

在同年 1 月,为了研制新型的通信相关设备而作准备,NTT 公开邀请了日本公司和国外公司参与新的计算机合作项目。这个项目的目标是开发出一种新的计算机结构从而使 NTT 具有多卖主的可能性。1988 年 5 月和 6 月,NTT 从申请的公司中筛选出项目参与者。除了它的供应商富士通、NEC 和日立之外,NTT 还选中了 IBM(日本)和 DEC。

由 NTT 和 NTT 数据通信公司领导的多卖主集成结构项目(MIA)的目标是开发新的接口,使 NTT 将来能从许多潜在的卖主那里购买到硬件和软件。MIA 和被称为开放式系统的全球趋势是一致的("开放"的含义是指不同公司的硬件和软件可以集成使用),NTT

试图使 MIA 能和其他正在浮出水面的开放式系统的国际标准兼容。MIA 使 NTT 克服了 DIPS 的问题,NTT 不再受到专卖系统的限制,它能从许多供应商那里选择购买所需的设备。

为什么 NTT 对它的计算机战略作出如此激进的变革,选择的合作开发公司中不仅有国外公司还包括 IBM 这样可怕的公司?毫无疑问,一个因素是来自外界,尤其是美国,施加给日本政府和 NTT 的压力,要求日本向美国公司开放进口和通信设备的采购。(欧洲也向日本施加了类似的压力但没有成功。)

但把 NTT 和西方供应商的合作简单地看作是对国外压力的反应是不正确的。在分析 DIPS 时我们已经看到过去那种合作开发和采购系统的效率受到了一些问题的制约。和一些顶尖的西方公司如 IBM 和 DEC 的合作——尤其是在开发开放式的多卖主计算机系统方面——有利于增加 NTT 的选择。然而,这在某种程度上是以过去定义的带有国家主义色彩的球赛为代价的,在过去的球赛中,“我们”指的是 NTT 和它的日本供应商,而“它们”指的是西方竞争对手。但无论如何,过去的球赛已经开始瓦解了。举例来说,正如我们在第三章中所看到的,NEC 和富士通正忙于在美国建立和原先由贝尔实验室经营的公司之间的联系,从而向它们销售通信设备。当然,这些日本公司也受到美国计算机市场的约束。

然而,尽管这些改变的性质是激进的,但 NTT 并没有放弃受控竞争的理念,只是把参与公司的范围全球化了,这并不意味着什么。NTT 仍然在和一组限定的公司合作,研制它需要的但在市场上买不到的设备。在这个公司组中各公司的竞争仍然和以前一样受到 NTT 的控制。虽然从采购的角度来说这些公司和其他公司之间竞争的可能性增大了(NTT 不得不使潜在的供应商也参与竞争),但和 NTT 在 Track Three 项目中合作的公司普遍占有优势:它们具备了和这套设备相关的资源、标准和实力。因此,虽然受控竞争发生了改变,虽然其范围全球化了,但它仍然存在并且运转良好。

DEC 和 NTT*

为什么西方公司愿意和它们的日本竞争者合作为 NTT 研制设备?这些西方公司——有时被认为是功利主义者,追求短期利益最大化者——是如何加入日本持续时间最长的义务性合作实例中的?DEC 加入 MIA 的例子能够解释这些重要的问题。

1957 年,数字设备公司在一位 MIT 研究工作者肯尼斯·奥尔森(Kenneth Olsen)和他的一些同事接受的风险资金的资助下成立。由于前面讨论过的 IBM 的统治地位,DEC 马上推出了第一个“减小尺寸策略”。该策略包括竞争性地将自己定位于研制与 IBM 的低端主机相比具有更划算的处理性能的迷你计算机。

与交换机领域中的北方电信非常类似(在上一章讨论过),DEC 被来自 NTT 的大规模采购订单的前景吸引。到 20 世纪 80 年代后

---

* 我对 DEC(日本)的一位高级官员表示感谢,他对 DEC 和 NTT 的关系,包括关于 MIA 项目,给出了许多坦率的评论。

期,DEC 开始觉察到来自由微处理器驱动的个人电脑和工作站的压力,这些个人电脑和工作站正在以和 20 世纪 60 年代 DEC 侵蚀 IBM 市场相同的方式侵蚀 DEC 的市场。DEC 意识到它不得不抛弃自己的专利计算机系统而致力于发展开放式系统。NTT 的 MIA 项目和 DEC 的新战略想法相一致。另外,DEC 已经在日本开展了二十多年的业务,该公司认为应该优先考虑快速发展的是日本—亚洲—太平洋区域。

然而,尽管有上述这些因素,一位 DEC(日本)的高级经理回忆道:“我很困难地说服了美国公司的官员,我们和 NTT 以及日本计算机公司合作进行 MIA 项目并不会泄露我们的‘王冠’。”但是 DEC 没有泄露用来和富士通、NEC 和日立竞争的关键技术的风险吗?为了推进 NTT 的 MIA 项目,每个公司都要提供它们的一部分关键技术。NTT 采购需求的规模很大程度上激励了各公司的相互合作。但 NTT 已经表现出非常专业的风格,尤其是在必要时会保证技术的机密性。[①]

我和一些在 MIA 项目运行时的 NTT 官员的会面表明它们认为 NTT 和 DEC 之间的关系是互惠互利的关系。DEC 的承诺和善意给 NTT 留下了很深的印象。一些迹象表明 DEC 比一些日本公司更愿意提供它的技术合作和知识。(当然,日本公司,尤其是占有 NTT 计算机市场份额 60%的富士通,在 NTT 和它的新的美国供应商之间建立的关系中受到的损失最大。)甚至有人表示当 NTT 在 1990 年为避

---

① 作者采访 DEC 的官员见上一注释。

免被出售而斗争时,DEC 竟然屡次利用它在日本的影响力在幕后帮助 NTT(第七章中将详细讨论)。

尽管 DEC 的母公司在美国,而且事实上它的主要业务仍然在美国,但在它和 NTT 的合作关系中,DEC 和日本公司表现得很相似,它从长远的角度看与 NTT 合作的收益。然而,习惯 NTT 实际采用的受控竞争需要一些代价。在它加入 MIA 项目时,DEC 不得不投入一部分研发费用(我估计数额大约为 300 亿美元),这使它感到沮丧。(只要 NTT 委托了特别的可提交的东西,例如它可以获得专利权的特殊的软件信息,NTT 将在项目的研发阶段支付费用。)和 NTT 的惯例以及日本供应商的预料相符,DEC 预期其研发费用能在 NTT 后来的 MIA 兼容性计算机的购买中完全补贴回来。但是,以真正的日本精神来说,NTT 并没有明显的义务要这样做,而且无论如何 NTT 必须以投标的方式来购买设备。同时,DEC 不得不忍受资金流的困扰和长期的义务约定的不确定性。然而,尽管 DEC 是一个不习惯这种义务约定的西方公司,又是刚开始和 NTT 建立关系的公司,DEC 在和 NTT 打交道的细节方面却表现得非常类似于"日本方式"。

脱离 IBM 模式的尝试

到 20 世纪 80 年代早期,日本公司和政府的政策制定者,与西方国家接受了 IBM 思维体系结构的决策者一样,花费许多时间跟随快速发展的IBM。日本研制高级集成电路的活动使它们陷于困境。

NTT和通产省的VLSI项目

IBM在1970年秋季推出的System 370/Models 135和145是第一个使用集成电路存储器作为它们主要存储设备的大型商业计算机。受到这件事的激励,日本公司开始研制用于工业界的集成电路存储器。到1974年,它们已经取得了一些进展,在1 K容量的随机存取存储器方面占有世界市场约5%的份额。

然而,1973年夏季发生的一件事使研究存储器半导体的日本人陷入了恐慌。NTT的一位与公司计算机方面密切相关的高级官员描述了这件事。"一个炎热的夏天,富士通的一位高级职员非常激动地来到电子通信实验室。他在美国发现作为秘密的未来系统计划(前面曾提到过)的一部分,即IBM计划研制超大规模集成电路(VLSI)存储器。这超出了当时任何一家日本公司的能力,他请求NTT帮助开发类似的VLSI技术。"①

大约在同一时间,虽然NTT还没有对大规模集成电路进行研发工作,但集成电路存储器已经开始应用于电子交换机。为了回应IBM的动向,NTT成立了与NEC、富士通和日立合作的VLSI项目,该项目开始于1975年,持续了两年时间。项目的目标是生产用于计算机和

① 作者采访了在NTT进行VLSI项目时密切相关的NTT高级官员。

交换机通信方面的 64 KB 的超大规模集成电路半导体。这个项目共花费了 100 亿美元,扩展为两个后续项目,1978 - 80 和 1981 - 4。

由于在计算机方面的责任,通产省也希望开展 VLSI 项目。一位 NTT 官员说他在通产省有一位负责推进 VLSI 项目的朋友。“为了证明财政部在这方面的花费是正当的,我们必须协调工作。后来,我们达成了共识,NTT 将主要研制用于通信领域的 VLSI,而通产省负责研制通用计算机领域的 VLSI。”

通产省的 VLSI 项目 1976—80 在其他地方已经详细分析过了,[①] 这里就不再重复了。然而,通产省的项目和 NTT 的项目有很大的不同之处。一年之后,它制定了研制 256 KB 设备的目标。通产省的项目成员包括富士通、NEC、日立以及东芝和三菱电气。项目之间有一些分工,NTT 的项目主要研究与通信相关的设备,通产省的项目则更多的研究半导体加工设备。通产省不仅研究光刻技术,而且同时也在研究电子流设备,因为电子流的波长比光柱的波长更短,在生产亚微米级电路时可能会用到。然而,当时世界大多数半导体生产厂商认为的光刻技术的局限性是不正确的。在一次重大的技术改进之后,光刻技术在 20 世纪 90 年代中期仍然是主导技术。

这些项目的长远效益是什么?如果不参加这些项目,日本公司也一定会开始做 VLSI 方面的研发;这项技术是它们的产品的核心技术因此它们必须研究。然而,NTT 和通产省的项目会使它们的研发

① 见弗朗斯曼的 *The Market and Beyond*,第三章。

速度比不参加项目时更快。而且,这些项目减少了它们掌握 VLSI 技术的成本。成本的减少不仅来自 NTT 和通产省对这些公司的有效援助,而且来自它们之间实现了研究的协作。这包括避免了重复研究,通过融合不同公司不同方面的技术实力而获益,以及共享昂贵的设备。① 通产省的项目最重要的效果是拉近了日本半导体设备制造商例如尼康和佳能(在光学半导体设备方面占据了世界市场的领先地位)和日本半导体生产厂商之间的关系。通过将这些厂商拉到一起,详细阐明它们对设备的需求,交流它们半导体生产过程中的知识,将这些知识和半导体设备供应商的结合在一起,这个项目能使在使用中学到的知识内在化。

在 20 世纪 80 年代早期,日本公司取得了显著的世界范围的成功,占据了 LSIs 存储器的世界市场上约 70%的份额。把这个成功仅仅归因于或大部分归因于 NTT 和通产省的项目是错误的,虽然它们毫无疑问作了重要的贡献。日本的成功也不是独特的"日本"特性的结果,这从 20 世纪 90 年代韩国公司引人注目地进入世界存储器市场可以看出。例如,到 20 世纪 90 年代早期,三星是世界上最大的存储器生产厂商之一,展示出了通过高投资率和耐心改进加工工艺带来的显著发展。(韩国国内没有很强的半导体设备供应商,主要依赖进口。然而,一个类似于通产省项目的国内半导体协作项目——由韩国电子和通信研究所组织——在帮助韩国公司方面起着相似的作用。)

---

① 见弗朗斯曼的 *The Market and Beyond*,第三章。文中详细介绍了研究协作带来的节约。

由于日本半导体公司在世界市场上占据了主导地位，1980年结束的VLSI项目是由通产省组织的目标为最终的硅半导体产品的最后一个项目。然而，20世纪90年代早期，日本关键技术中心组织并资助了一个合作项目，主要研究同步加速器产生X光以用于半导体生产的应用。（X光的波长比光波的波长窄得多，预计在20世纪90年代后期使用。）

另外，与20世纪90年代日益增加的研究的全球化趋势一致，[①]1994年通产省宣布它将成立一个新的项目，目标是为容量为1 G的动态随机存储器（DRAMs）研制硅晶片。其目标是研制直径为40 cm的硅晶片（现有硅晶片的直径为20 cm），允许每个硅晶片上能生产出更多的芯片。该项目计划从1995年开始，持续7年，花费180亿日元（1.81亿美元）。虽然日本公司如信越半导体公司（Shin-Etsu Handotai）在硅晶片市场上占据全球的主导地位，占有世界市场70%的份额，但通产省还是邀请了西方公司参与这个项目。这个项目的11个成员——除了日本公司如信越半导体、东芝陶器（Toshiba Ceramics）、昭和电工以外——包括美国的MEMC电子原材料公司和德国Hoechst集团的Wacker化学公司。[②]

除了这些相对较小的合作项目外，半导体领域的主要活动是没有政府帮助而由公司自发组织的公司间的战略联盟。值得注意的

① 关于日本合作研发项目的国际化的更详细的分析见弗朗斯曼的《在全球化的世界里国家技术政策是否过时了？日本的回答》，《剑桥经济学》杂志，1995年；也可以参看弗朗斯曼的《公司和日本的观点》。

② 《日经周刊》，1994年7月25日：第2页。

是,在这些联盟中,日本公司主动和西方公司结盟而不是和他们的日本竞争对手结盟。例如,东芝与 IBM 和西门子结盟研制 256 MB 的 DRAMs;日立和德州仪器合作;NEC 与 AT&T 以及韩国的三星合作。这些联盟反映出为了研制下一代半导体而显著增加的研发、厂房和设备的投资成本。这还说明,尽管这些公司都是大公司,但增加的成本超过了单个公司的能力。但是,这些合作者之间仍然是竞争者,或者是潜在的竞争者,因此,尽管公司之间是合作关系,但它们确保做到关键技术的泄露达到最小化。

通产省在硅晶片方面的国际化合作研究项目和大公司之间建立的世界范围的研发同盟的例子表明 20 世纪七八十年代以来情况发生了巨大的变化。主要的信息和通信公司仍然在全球市场上进行激烈的竞争,通产省仍然致力于日本公司竞争力的提高和日本的崛起(在关注维持日本国际关系和谐的同时)。然而,通产省现在是在日益增加的国际化关系中来实现这些目标。①

试图脱离 IBM 模式

到 20 世纪 80 年代早期,通产省负责计算机政策的官僚的失败是明显的。直到这个时候他们还认为除了帮助日本计算机公司追赶

① 关于日本合作研发项目的国际化的更详细的分析见弗朗斯曼的《在全球化的世界里国家技术政策是否过时了? 日本的回答》,《剑桥经济学》杂志,1995 年;也可以参看弗朗斯曼的《公司和日本的观点》。

IBM 外别无选择。然而，日本公司刚在计算机性能方面赶上 IBM（虽然在全球市场份额上没有赶上 IBM，因为 IBM 在已安装的硬件和软件方面占据主导地位），官僚们就认为试图脱离 IBM 模式的时候到了。

通产省实行了两个计划。第一个计划是通过利用新技术的发展显著提升大型计算机的性能。第二个计划是采取和 IBM 有本质不同的道路，研制全新的和用户容易掌握使用的计算机。前者包括在超级计算机项目 1981－9 中，而后者正是第五代项目 1982－91 的目标。

这些项目都在其他地方详细分析过，在这里就不再重复了。[①] 就当前的目的而言，这些项目的意义取决于它们表现出的受 IBM 思维体系结构影响下的通产省官员的内在化程度。在脱离 IBM 的尝试中，这些官僚仍然在 IBM 模式的限制中。十年之后，人们也许会突然清晰地认识到通产省的日本计算机战略是如何跟随 IBM——甚至是努力领着 IBM——进入死胡同的。到那时，万花筒已经开始转动，对于计算究竟是什么已经作出了完全不同的诠释。

超级计算机项目有两个关键的组成部分。第一，和早期日本试图和 IBM 竞争相一致，研制先进电子器件，包括为新器件推动新技术的发展。由于早期晶体管，硅成为电子元器件最喜欢使用的原料。（一些非常早的晶体管也使用锗。）在半导体领域一派人认为硅仍然可以作为许多应用的原料。然而，另一派人认为使用像砷化镓和磷化铟为原料制成的被称为Ⅲ－Ⅴ化合物的半导体效果会更好。主要

① Fransman, *The Market and Beyond*.

原因是在这些原料中电子的移动速度更快，虽然制造工艺的困难否定了部分潜在的优点。这个项目的目标是研制元器件，包括场效应管（FETs）和高电子移动晶体管（HEMTs）。另一个要研制的元器件是最初由剑桥大学发明的 Josephson 连接物（JJ）。IBM 在 JJs 的研究方面已经投入了许多资金，但最后退出了该研究领域。

超级计算机项目的第二个部分是对并行处理技术的研究。从早期计算机开始，计算机的结构都是基于冯诺伊曼的串行处理信息的理论基础的。由于使计算机的多个处理器同时处理它们的任务能够显著提高计算机的处理速度，全世界已经有了一些关于并行处理的理论研究。然而，这些研究工作中没有几个成为计算机公司包括 IBM 的实验室的主流研究项目。因此，超级计算机项目的目标是研制一种比 IBM 的计算机快得多的计算机（例如，以每秒的运算次数进行测量，该项目的目标就是用这种方式给出的）。

与之相对照，第五代计算机项目的目标是研制一种本质上完全不同的计算机。传统计算机（包括 IBM 计算机）是基于数字或模拟处理的，而第五代计算机则是以逻辑处理为基础的（用逻辑来进行运算）。该项目的一个重要组成部分也包括并行处理的研究。

该项目最初是由电子通信实验室的一位计算机研究人员渊一博（Kazuhiro Fuchi）构想的，他将这个构想卖给了通产省的机械和信息产业局，由它们资助该项目。渊一博已经开始对逻辑编程产生了兴趣，逻辑编程是主要在欧洲开创的一种人工智能的途径。回顾当时的情况，这个项目显然为了获得日本的资助而被过度夸大了（当项目结束后西方评论家对该项目基本上不太关心时,这些想法经常萦绕在项目领导者的心头)。不过,第五代计算机项目的设计思路是,通过使用逻辑编程,计算机将变得更加“智能”,因此能够更好地完成使用者要完成的任务。这和通过做一些与 IBM 完全不同的研究从而脱离 IBM 的努力一致。

后来我们知道,关于这些项目的重大意义的一些论断是有道理的。首先,参与这些项目的日本公司通过这些项目在技术领域积累了实力,如果不参与的话,这些技术在公司中不会受到如此程度的重视,也不会获得这么多的资源。因为当时这些技术并不是主流的商业化技术,而是半学术/基础性的研究和未商业化的技术。这些技术是否有商业价值仍然有很多的不确定性,因此公司倾向于不去研究它们。所以,通过这些项目,公司技术实力的范围被拓宽了。例如,所有参加第五代计算机项目的公司都发展了逻辑编程方面的能力,补充并增强了它们当时研究人工智能的其他方法(如 LISP 语言的使用)。这也许是第五代计算机最主要的作用(这是一个不应该被忽视的作用,人工智能正确的方法被不确定性包围着,这个作用被许多西方“分析家”忽略了,他们不知道由于各种政治和经济原因,这个项目的目标被过度夸大了)。另一个例子是富士通在 HEMT 元器件方面能力的发展。虽然富士通在这个领域的研究工作已经开始了[使用昂贵的分子柱外延(MBE)设备],且由于富士通当时对 HEMTs 在高速计算领域的应用潜力非常有信心,所以它无论如何都能够研制出这项技术,但是,超级计算机项目给了公司更多的资源和该领域更杰出的研究人员。另外,所有参加这两个项目中并行处理研究的公司都在该领域获得了一些知识,而这项技术在20世纪90年代中期就开始展现出商业价值了。

然而,尽管这两个项目有这些不容忽视的作用,但它们显然没有使日本公司在脱离IBM的路上走得很远。这些项目到20世纪90年代初期也没有使参与的公司获得重要的竞争优势。① 但是,这些并不重要,因为在那个时候,赶上IBM、保持IBM的水平甚至脱离IBM已经不再重要了。原因是关于计算究竟是什么的观点发生了巨大的变化。仿佛为了强调这一点,IBM在1993年初宣布了公司历史上最大的一次失败,公司陷入了一个直到20世纪90年代中期还没有完全摆脱出来的危险期。陷入危险期的主要原因是微处理器对IBM的竞争力、赢利能力、发展和规模的破坏。

微处理器和个人计算机

微处理器的发明

到20世纪90年代早期,万花筒发生了剧烈的转动,产生出全新

① 例如,在超级计算机项目中,富士通在基于砷化镓的HEMT上投资了几千万美元,希望能找到一种在高速计算领域能够替代诸如硅双极性器件的超级电子器件。然而,结果是——正如其他一些领域一样,如用于半导体制造的光蚀刻技术以及无线电与光的传输在通信中的对立——在“旧”技术领域积累的改进使它足以和“新”技术竞争。尽管十年之前就有人预言新的材料会取代硅,但硅仍然是电子领域应用最多的材料。[一个值得注意的例外是在光学应用中,Ⅲ-Ⅴ化合物例如砷化镓在半导体激光器和光敏二极管(LEDs)的应用中更先进。]

的图案（一组新的信念，一幅新的愿景）来解释关于计算究竟是什么的问题。如果说IBM的思维体系结构是以大型的集中的大型机为中心，那么新的愿景则把计算看作是由分散的信息处理器组成的网络。有些处理器表现为主机和服务器的形式，为分布的小型计算机服务，而另一些则是工作站、个人电脑甚至是一些设计还没有统一的新型机器——例如个人数字助手（PDAs）和电视电脑（teleputer，集成了电话、传真机、电视和电脑的功能）。

如果要从内部相互联系的基本器件的改进中挑选出一个改变了计算究竟是什么的这一新愿景的决定性器件，那么这个器件就是微处理器。微处理器是计算机的中央处理单元，它由一个或多个集成电路芯片组成，使用了大规模集成电路（LSI）技术。①

这个器件变成了缓慢移动的定时炸弹，摧毁了关于计算的旧的愿景、建立了新的愿景，而它自己有一个不幸的开始。事实上，甚至连在1971年宣布发明了微处理器的发明者们，也没有听到预示着计算新纪元的嘀嗒声。第一个微处理器是在英特尔，一个主要生产存储器的半导体公司发明的。[1970年，英特尔发明了第一个动态随机存取存储器（DRAM）。]微处理器发明的直接原因是一家日本手持计算器公司——日本商业通信公司（Busicom）为了获得能够处理计算器功能的逻辑电路而向英特尔提出的请求。英特尔中接手这项工作的工程师特德·霍夫（Ted Hoff），得出了一个创造性的结论，他可

① 《钱伯斯科技词典》，钱伯斯，剑桥。

以通过使用英特尔的存储器技术存储必要的软件指令，并在一个单独的硅芯片上集成大量的逻辑电路来实现指令所要完成的运算，这样就能够满足日本商业通信公司的需求了。事实上，这意味着在一个单独的芯片上就可以完成一个简易计算机的工作。霍夫的“创造性的洞察力”似乎和他以前在小型计算机的工作中积累起来的知识有关。

虽然霍夫很容易就说服了英特尔的管理层支持他完成他的设计，但微处理器的好处对于霍夫、管理层和日本商业通信公司来说并没有很快显现出来。事实上，日本商业通信公司同时也让它自己的设计队伍继续完成设计几个相互关联的芯片的任务。然而，随着霍夫工作的进展，英特尔意识到霍夫新的解决方案（虽然是建立在“老”器件上的）具有潜在的商业价值，这从它决定把日本商业通信公司为这个系统支付的60 000美元归还给该公司以获取对该系统的专利权就可以看出。然而，第一个微处理器的处理能力极其有限，英特尔开始认为它只能用于计算器或交通灯这样的应用中。这证明了当时为了军用目的而研制更强大的处理器的可行性，虽然后者是由几个芯片组合起来的。①

然而，正如计算机一样，人们开始预料它的指令由许多机器实现，微处理器性能的增长也超出了所有人最初的预期。自从英特尔在1979年推出它的X86系列微处理器以来，每隔3年，微处理器的

---

① R. N. Noyce and M. E. Hoff, 'A History of Microprocessor Development at Intel', *IEEE Micro*, 1 (1981): 8-21.

性能就会增长 4~5 倍。这个“发展轨迹”被称为摩尔定律,它是以英特尔的创始人之一戈登摩尔的名字命名的。20 世纪 90 年代中期的一片微处理器能完成 80 年代末期大型计算机系统的功能。微处理器性能的增长、成本的削减,使上文提到过的信息处理的新愿景的出现有了可能性。

日本对微处理器的回应

1971 年 11 月英特尔宣布该公司研制出了第一个微处理器。5 个月后,1972 年 4 月,NEC 生产出日本第一个微处理器。这两个事件之间短暂的时间间隔并不足为奇,因为像 NEC 这样的日本公司已经掌握了所需的核心技术。

然而,需要进一步解释的是,IBM 通过微处理器取得国际市场上的成功,而 NEC 在这个特殊的半导体市场中却远远落后。1982 年,以所有半导体产品的销售来看,NEC 排在世界第三位,落后于摩托罗拉和德州仪器;英特尔排在第七位。到 1987 年,NEC 排到了第一位,而英特尔跌至第十位。NEC 的第一位反映出它在存储器半导体产品方面的实力,而英特尔的排名则表明在它销售的微处理器开始回报公司之前,英特尔在存储器领域是比较弱的。到 1985 年,日本在世界半导体市场所占的份额首次超过了美国,约为 40%,这很大程度上应该归因于日本在存储器领域的实力。在 1992 年,在 MOS(金属氧化物硅)存储器方面,日本公司占有美国市场 45%的份额和美国以外市场57%的份额。然而,在1993年,由于微处理器销售额的增长,英特尔取代NEC成为世界上最大的半导体产品销售公司。

如果单单看微处理器的话,则是另一幅完全不同的景象。英特尔在达到最新技术水平的32位微处理器方面占有市场绝大多数的份额,其占有市场73%的份额(31.8亿美元),而摩托罗拉占有8.5%的份额(3.8亿美元),超级微型器件公司(Advanced Micro Device)占有8.0%的份额(3.5亿美元),德州仪器占有1.9%的份额(0.6亿美元)。NEC排在第五位,仅占有1.1%的市场份额(0.5亿美元)。

为什么日本在全球微处理器竞争中处于劣势

既然日本公司在微处理器器件的技术上很有实力(这从日本在存储器市场的统治地位可以看出),为什么日本公司在微处理器的全球市场上表现却如此糟糕?有两个相关的方面可以解释这个重要的问题。第一个是日本的美国竞争者例如英特尔在微处理器领域的实力;第二个是日本的微处理器市场的特殊性和日本公司对此作出的回应。我们在这里将详细分析这两个因素。

英特尔

1968年,罗伯特·诺宜斯、戈登·摩尔(Gordon Moore)和安迪·格罗夫(Andy Grove)离开了仙童半导体公司想要成立一个新的生产存储器半导体的公司,于是英特尔在这一年成立了。[1957年,肖克利半导体实验室的8位科学家在一次关于公司优先权的争论后离开了实验室,成立了仙童半导体公司。他们希望将精力集中在生产工艺上而不是在新的器件上。肖克利实验室是1955年在加利福尼亚的帕洛阿图(Palo Alto)成立的,它是由贝尔实验室3位晶体管发明者之一的威廉姆·肖克利(William Shockly)建立的。正是仙童公司研制出了制造半导体至关重要的平面工艺。]

尽管英特尔的主要研究方向是存储器,但它在1969年到1970年间发明了微处理器,并在1971年11月将这一发明正式公布。这个微处理器的型号是4004,它是一个4位的微处理器(即能够处理4比特二进制数长度的"字")。1972年4月,英特尔发布了它的8008,不久后又发布了8080这款8位微处理器。在英特尔取得4004突破后不久,其他公司也发布了自己的微处理器,包括最大的半导体生产厂商——德州仪器,它在同一时间和英特尔以相似的想法进行研究,还有摩托罗拉,在1974年发布了它的6800。到1974年7月,包括NEC发布的微处理器在内,全世界共发布了19款不同的微处理器。①

刚开始,英特尔在把自己的微处理器推向市场时犹豫不决,因为它的员工更擅长于技术领域而不是市场推广,而且它把自己定位为一个存储器厂商。后来它决定冒险尝试。现在回过头来看,英特尔取得的一个至关重要的突破是在1974年,一家销售计算器等电子消

---

① E. Braun and S. Macdonald, *Revolution in Miniature*, Cambridge University Press, 1982,110.

费品的小公司 MITS 的拥有者爱德华·罗伯茨(Ed Roberts)和英特尔签订了合同,要将 8080 微处理器用于第一台微型计算机。这台被称为牵牛星的计算机,其实就是用一组总线将微处理器和一套电子元件连接起来而已(这组总线被称为 S-100 总线,是微型计算机产业的第一批可兼容性标准之一)。1975 年 1 月,牵牛星刊登在一个业余爱好者杂志——流行电子(Popular Electronics)的封面故事栏目。不久,牵牛星便在如加利福尼亚北部的家庭自制计算机俱乐部(Homebrew Computer Club)等业余爱好者中变得非常流行。

罗伯茨选用英特尔的 8080 并不足为奇,因为从 1972 年到 1974 年,英特尔的 8008 和 8080 是业界的唯一标准。① 8080 微处理器还用于牵牛星的第一个仿制品, IMSAI 8080 中。[IMSAI 是由一位企业家,比尔·米勒德(Bill Millard)研制的。比尔·米勒德被要求开发一个计算机化的汽车经销特许权系统。开始,由于价格比较低廉,他准备使用牵牛星,但由于 MITS 还有许多没有处理的订单,他发现使用牵牛星不太现实,于是,他研制了自己的微型计算机。IMSAI 迅速超过了牵牛星的销量。]

当数字搜索公司的创立者加里·基尔代尔(Garry Kildall)为英特尔的 8080 微处理器写了一个名为 CP/M 的操作系统后,8080 进入了快速增长时期。这个操作系统控制着计算机的活动,迅速成了标准,大大促进了由独立生产商开发的应用软件的迅速增长。反过来,

---

① E. Braun and S. Macdonald, *Revolution in Miniature*, Cambridge University Press,1982,111.

应用软件的增多又促进了微处理器的销售,巩固了它们包含的业界标准。

IBM 选择 Inter 8088 微处理器

到 1980 年,IBM 明显意识到自己遗漏了微型计算机这个不断增长的市场。虽然 MITS 和 IMSAI 不久之后便退出了这一市场,但其他新成立的公司正在飞速成长,包括苹果电脑公司、Tandy 公司、Commodore 公司、Osborne 公司和 Atari 公司。这些公司飞速发展的一部分原因是电子表格等应用软件的出现使微处理器的商业市场得到了发展。

IBM 的主席弗兰克·凯里(Frank Garey)在 20 世纪 60 年代曾带领 IBM 进入小型计算机领域,并认为小一些的计算机将对公司越来越重要。他支持 IBM 进入微型计算机领域(或者叫个人电脑,即 PC,越来越多的人如此称呼这种计算机)。他任命威廉姆·罗伊(William Lowe)为 IBM 博卡拉顿(Boca Raton)实验室的主任,并从 1981 年 8 月开始领导一个研制 IBM 第一台 PC 机的项目。该实验室早期曾研制出一种为科学计算而设计的桌面计算机——5100 计算机。

当罗伊第一次会见 IBM 的公司管理委员会时,他就告诉他们:“我们的个人电脑业务只有一条路可走,那就是出去购买一家计算机公司的一部分股份,或者像苹果电脑和 Atari 公司一样从别人那里购买 CPU(中央处理单元,集成在微处理器中)和软件——因为在 IBM

的企业文化氛围下我们做不了这个。”①不久以后继承罗伊工作的菲利普·唐纳德·埃斯特利奇(Philip Donald Estridge)后来回忆说:“公司允许我们像一个新成立的公司一样发展。IBM 像是风险投资者。它给我们提供管理、指导、资金,并允许我们自主经营。”②

在研制 PC 机的过程中,IBM 作出了两个对计算机领域后来出现的新格局有重大影响的决定。第一个是微处理器的选择,第二个是操作系统的选择。

IBM 的第一台 PC 机选用了 Inter 8080 的改进版本,Inter 8088。选择这一款微处理器的原因是它和当时已经编写出来的大量的 PC 机上运行的软件兼容。这主要归功于基尔代尔开发的 CP/M 操作系统。另外,博卡拉顿实验室的一些研究者也在他们的 5100 桌面计算机上使用了 8088 的早期版本——Intel 8085。然而,这个决定并不是毫无争议的,因为一些研究人员更愿意使用摩托罗拉的微处理器。

IBM 选择微软的 MS - DOS 操作系统

人们认为 IBM 个人电脑会采用基尔代尔(Kildall)的 CP/M 操作系统,因为它是基于英特尔的计算机的标准操作系统。然而,基尔代

---

① J. Chposky 和 T. Leonsis,《IBM 个人电脑背后的人、权利和政治》,文件记录的事实,纽约,1988: 9;在 R. N. Lanlois 的《外部经济和经济过程: 微型计算机的例子》中被引用,经济学专业,康涅狄格大学,1990 年 3 月。

② 《PC 机项目如何改变了 IBM 的思考方式》,《商业周刊》,1983 年 10 月 3 日,86;在 Langlois 的“外在经济学”中被引用。

尔却迟迟不和IBM签约(人们对其原因作出了许多猜测),于是IBM接触了微软的比尔·盖茨和保罗·艾伦(Pall Allen)。显然,“盖茨和艾伦并不比基尔代尔更赏识这个机会,他们在接受这个挑战之前烦恼了一段时间”①。虽然盖茨和艾伦早期也开发出了他们自己的操作系统,但问题是IBM要求他们在短时间内便提升系统的水平。然而,他们知道有一家叫做西雅图计算机的公司仿造CP/M系统,开发出了名为QDOS(“快速而肮脏的操作系统”的首字母)的操作系统。盖茨为这个系统的许可权支付了2.5万美元,后来又为它的专有权支付了5万美元。这个系统后来变成了微软公司的MS-DOS系统,成为全球个人电脑的标准操作系统。

英特尔对IBM的决定的最初反应

我们后来知道,IBM个人电脑迅速取得了巨大的成功,后来IBM可兼容型个人电脑也获得了成功,而这些电脑都使用了英特尔的微处理器,因此,IBM的决定对英特尔的未来来说至关重要。然而,在当时,英特尔和IBM都没有意识到这一点。据报道,“英特尔的创立者和主席戈登·摩尔回忆说,在英特尔看来,IBM对8088的选择只是一次‘小规模的胜利’。当时IBM的主要业务是销售存储器芯片;IBM为每片8088只支付9美元,用摩尔的话来说,‘和个人电脑的电

① Ferguson and Morris, *Computer Wars*, 26.

路板价格差不多'。可以理解,对于这两个公司来说,这个决定并不是什么大事。"①

日本的微处理器

美国微处理器的增长是和个人电脑的销售额紧密相连的。日本在某种程度上也是一样的。

正如前面提到的,在英特尔发布 4004 微处理器 5 个月后,NEC 便研制出日本国内制造的第一个微处理器——PD700。和 4004 一样,PD700 也是 4 位的微处理器。第二年,NEC 研制出了和英特尔的 8080 类似的 8 位微处理器。有趣的是,PD700 是与英特尔兼容的,这说明在半导体方面实力更强的 NEC 紧紧地跟在英特尔后面。1977 年,随着微处理器销售额的增长,NEC 决定将英特尔作为它的微处理器的第二个来源。然而,正如 1976 年出任 NEC 的 CEO 的小林宏治解释的,"随着 NEC 竞争力的提升,我们在市场上开始了相互竞争,同盟关系很难保持下去了"。②

后来,NEC 作了一个不仅大大改变了它的微处理器的未来方向,而且大大影响了它在全球微处理器市场中位置的决定:NEC 决定转向它独有的与英特尔的微处理器不兼容的微处理器设计,这就是 V

① Ferguson and Morris, *Computer Wars*, 25.

② 小林宏治,《为了挑战而成长:小林宏治的自传》,Harcourt Brace Jovanovich,东京,1989,80。

系列(V代表胜利 victory)微处理器。然而,这个决定是否能给 NEC 带来胜利还不确定,至少在全球的微处理器市场上是这样,因为英特尔的微处理器已经成为个人电脑业界的实际标准,世界市场也越来越多地受到英特尔的推动。

为什么 NEC 会作出这么重要的决定?这似乎主要出于两个方面的考虑。第一,如果不侵犯英特尔的专利权很难保持与英特尔产品的兼容性。(事实上,虽然 NEC 转向了自己的专利设计,但英特尔仍然和 NEC 打了很长时间的官司,起诉它侵犯了英特尔的微处理器代码。)第二个考虑是 NEC 的微处理器将被广泛用于它自己的产品中,包括从通信领域到计算机领域的各个系列的产品。随着个人电脑的发展而发展的微处理器并不必满足许多这样产品的需求。

然而,从 1973 年 NEC 就开始向其他公司销售自己的微处理器了。这和 IBM 形成了鲜明的对比,IBM 到 1993 年才决定这样做。由于没有对外销售自己的微处理器,IBM 受到了严厉的批评。虽然这样做的本意是保护它的计算机产品,防止出现与 IBM 兼容的仿制产品,但随着时间的流逝,由于没有与市场力量的相互作用,尽管 IBM 在技术处理方面仍然非常强,但在微处理器方面的竞争力却没有得到发展。最后,到 20 世纪 90 年代早期,当 IBM 想要挑战英特尔在微处理器领域的统治地位时,它不得不与摩托罗拉和苹果电脑结盟研制基于 RISC 微处理器的 PowerPC。虽然 IBM 的合作伙伴也试图努力巩固 PowerPC 的用户支持基础(因此阻止其他公司参与),但由于 IBM 设计能力不强,它们还是和摩托罗拉建立了联系。

IBM也因为在为IBM个人电脑提供英特尔微处理器时没有在公司内部保证第二个供应源而受到指责。首先将英特尔作为外部供应源,随后英特尔将它的微处理器卖给个人电脑的复制生产商的决定对于整个产业来说显然是非常有利的。这与IBM保守它的个人电脑微处理器技术相比,能够使技术和设计的革新速度更快、价格更低、个人电脑的推广速度也会更快。然而,IBM没有在公司内部确保第二个微处理器的来源使它迅速丧失了本来应该保留的竞争力。

NEC的PC

我们已经看到,在美国个人电脑的发展和推广是通过显著的市场媒介过程完成的,在这个过程中,个人电脑领域需要的但却分布在不同公司的实力被整合到一起。专门生产微处理器的生产商出现了(例如英特尔,虽然它在一开始还不情愿),它们为不同的个人电脑生产商和销售商供应微处理器。另外,与微处理器生产商、个人电脑的生产商和销售商均不相同的软件开发者,对个人电脑需求的产生也起了至关重要的作用。

然而,在日本,这些个人电脑所需的实力集中在大型的纵向集成的计算机和电子消费品公司中,这些公司生产出了日本第一批个人电脑。NEC非常重要,它很快统治了日本的个人电脑市场。第六章我们结合NEC的发展背景详细分析了它进入个人电脑产业的过程。

在这里我们只简要地分析一下。

第一点需要强调的是NEC的半导体集团研制并销售了公司的第一台个人电脑。这非常有创意,像是向新用户出售微处理器的一种新颖的方式。第二,从一开始NEC就意识到要想获得更大的市场,必须发展一种略微开放的系统。和早期成功的美国个人电脑生产商(包括MITS、IMSAI和苹果电脑)一样,NEC知道个人电脑本身并不重要,重要的是它的使用价值,它能用在哪些方面。因此,这需要开发足够的应用软件。而且,NEC还意识到自己不可能开发出需要的所有软件。一方面,它没有足够的人力;另一方面,它不能保证开发出的所有应用软件都能够找到市场。于是,像美国个人电脑公司一样,NEC公布了自己的技术规范,结合了独立和不独立的软件开发商的能力。NEC在应用软件开发方面的成功比其他任何单独的因素都更能解释它具有压倒性优势的市场份额——在1994年占有日本个人电脑市场约50%的份额——虽然日立公司在1976年比NEC早一年就生产出了日本第一台个人电脑。

第三,尽管NEC的个人电脑是在一个略微开放的系统中发展的,但那仍然是个保护性的系统,使用了NEC特有的操作系统。这意味着为NEC的个人电脑开发的软件不能在其他公司生产的个人电脑上运行,事实上,到20世纪90年代早期,这给NEC提供了很大程度上的保护。最后,值得注意的是,除了应用软件以外,NEC在公司内部提供了它进行大型个人电脑业务所需要的所有涉及的能力——这与美国主要的个人电脑公司,包括IBM,形成了鲜明的对比。因此,NEC为个人电脑设计并生产它自己的微处理器，设计它的操作系统，生产个人电脑，拓展市场并销售电脑。虽然个人电脑市场的新颖的市场渠道已经开发出来了（通过类似 Bit-Inn 和 Miconshop 这样的新公司），但 NEC 为其个人电脑仍动用了它在商业市场的现有渠道。

日语与日本个人电脑的推广

和在美国一样，在日本微处理器的发展和推广显然也是和个人电脑的发展和推广紧密相连的。然而，一个关键的不同点是在日本日语对个人电脑推广的影响。简单地说，在日语中有大量的汉字（日本汉字）——如果要阅读报纸的话需要掌握 5 000 个左右——这使日语的处理变成了一件困难的任务。在普通的个人电脑上，单词通过键盘用读音文字（假名）输入计算机，这些假名组合可以表示日语的所有发音。然后与声音文字相对应的可能的日本汉字出现在屏幕上（也许有多种可能性）。个人电脑的操作者必须指定储存在电脑内存里的合适的汉字。显然，和处理英语相比整个过程是很费力的。这恰恰是传真在日本如此广泛使用的原因——人们能很容易地书写汉字并传递信息——这是托马斯·爱迪生（Thomas Edison）很早就知道的因素，于是他改进在汉语国家中的传真技术（见第三章）。

这些和语言相关的困难是日本与美国和欧洲相比个人电脑以及个人电脑网络的推广率明显比较低的主要原因，当然，在日本迅速增长的各公司特有的个人电脑和网络系统将个人电脑的成本保持在一个很高的水平,这也减慢了推广的速度。正如图 4-1 和图 4-2 所示,推广速度的差别非常明显。

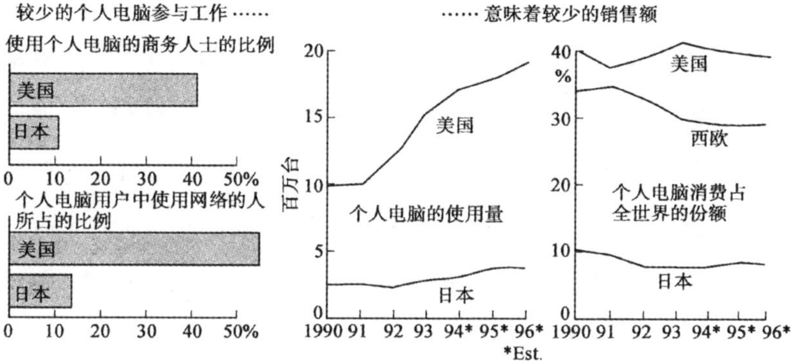

图 4-1　日本、美国和欧洲个人电脑的使用,1990—1996 年

来源: NTT。

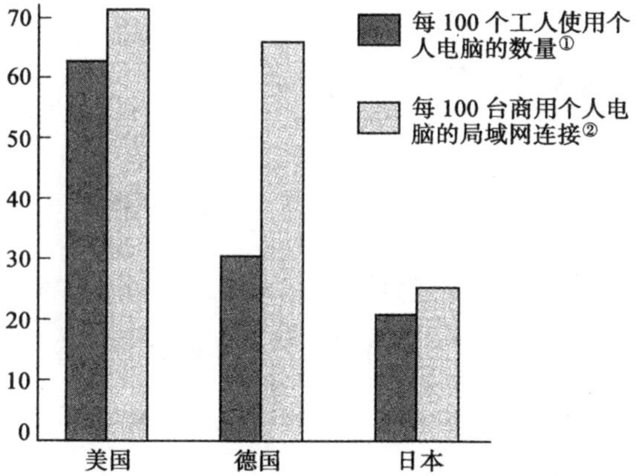

图 4-2　个人电脑和个人电脑局域网连接在日本、美国和德国的普及程度,1993 年

① 基于 1993 年的雇员数据;包括家用个人电脑;

② LAN=局域网(local area network)。

来源: 国际数据公司;Merrill Lynch & Co.。

这些图中提供的信息不言而喻。而且，从信息接收者和信息处理者的网络(所谓的信息高速公路)的角度来看，日本的劣势更加明显，这是由于日本邮政通信省采取的保守政策造成的。为了保证广播内容在它的限制范围之内，日本邮政通信省限制了有线电视服务商的活动。结果，在1994年，美国有11 075个有线电视服务商，而日本只有149个。美国的网络大部分是由有线电视网组成的，而在日本很少：1994年美国有5 721百万个有线电视订购者，而日本只有108百万个。① 尽管有线电视现在是单向的一点对多点的服务，花费相对较少的费用，有线网络能被升级为可以提供交互服务的双向网络。这对日本理解20世纪90年代关于计算究竟是什么的新愿景有非常重大的意义。

美国和日本半导体需求结构的本质不同

日本相对于美国个人电脑和个人电脑网络推广速度较慢导致了这两个国家半导体需求结构的不同特征。然而，在考察这个特征之前，我们可以先从图4－3看出在世界半导体市场中的总规模和各国的情况。正如我们所看到的，日本的半导体市场规模为194亿美元(占世界市场的32%)，比美国的184亿美元(占世界市场的31%)大。然而，有趣的是，1986年日本的半导体市场占的比重更大——占

① 《日经周刊》，1994年3月16日。

有 40%,而美国占有 32%。(增长最大的是亚洲其他国家,从原来的占世界市场的 8%增长为 1992 年的 18%,与欧洲的 19%份额差不多。)

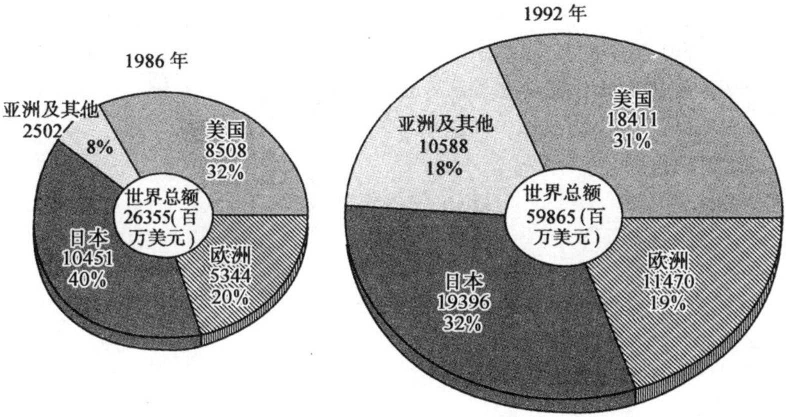

图 4－3　世界半导体市场,分区表示,1986 年和 1992 年

来源：WSTS。

然而,尽管日本和美国的半导体市场总规模差不多,但这两个国家的半导体需求组成却大不相同。这从图 4－4 可以看出。

美国和日本的半导体需求结构明显不同。第一,美国的半导体需求中,计算机所占的比重相对较大,占到总额的 62%,而日本计算机方面的需求只占到这个数字的一半——33%的份额。正如前面分析过的,这点不同的主要原因是个人电脑及其相关网络在日本的推广速度比较缓慢。

第二个不同的特征是日本的电子消费品在半导体需求中占有很大的比重。在日本,40%的半导体需求来自消费品产业,而美国只有 5%。简单地说,其原因是美国电子消费品产业的失败(这一点将在

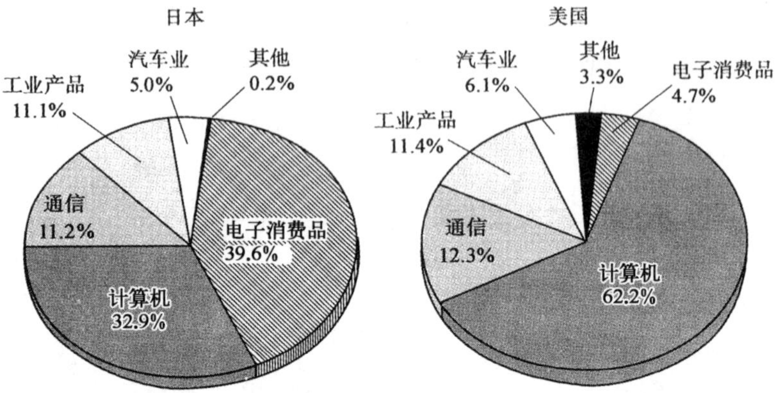

图 4－4　美国和日本的半导体市场组成，1992 年

"其他"是指政府使用的部分，包括军方和空间部门
来源：WSTS。

本书的结尾进行更深入地分析）。

日本微型计算机生产商的情况

我们现在能够理解在本章开始时提出的一些矛盾：即日本在计算机方面很有实力但在单片机或微处理器方面的全球市场份额中占很小的部分；日本在微处理器领域较弱，但在存储器领域却很强。

和美国的半导体公司类似——特别是上面详细分析过的英特尔的案例——日本半导体公司和它们所在的半导体市场紧密相连。然而，日美两国半导体市场需求的特征却大不相同。由于日本电子消费品公司在全球取得了显著的成功，所以在日本国内的半导体市场中最重要的部分在于电子消费品。而另一方面，在美国，计算机，尤其是个人电脑,成为市场的重要组成部分。与日本巨大的电子消费品市场相适应,日本半导体公司具备了很强的微控制器方面的实力(微控制器和微处理器类似,但更简单一些,主要嵌入在如微波炉、视频设备等电子消费品中)。事实上,NEC 已经成为世界最大的微控制器生产厂商。

此外,虽然在日本,计算机产业也占有相对较大的半导体需求,但日本公司生产的大多数计算机的不相互兼容性,和日本国内个人电脑相对较低的普及率,打碎了日本的微处理器市场,而在美国,由于有个人电脑的巨大需求量开路,英特尔的微处理器已经成为实际的标准,并为英特尔创造了巨大的市场。在日本,存储器的市场也非常类似,为成为业界标准的存储器创造了巨大的"日用品化"市场。日本国内市场上存储器的需求使日本主要的半导体公司受益匪浅。

在国内的市场需求中磨炼它们各自特殊实力的同时,日本和美国半导体公司也利用这些实力冲击国际市场。这在图 4 - 5 中可以很明显地看出。正如我们所看到的,在 MOS(金属氧化硅)微型器件中——既包括微处理器又包括微控制器——美国公司占有日本市场 26%的份额,而日本公司只占有美国市场 6%的份额。造成这些数据的原因是美国公司供应的微处理器在日本有巨大的市场,每个微处理器的价格也比微控制器高,而由于美国的电子消费品产业不发达,在美国微控制器的市场需求量并不大。

然而,从世界其他地方的市场份额来看,美国公司在微处理器方面的竞争优势就更明显了。美国公司在日本以外的世界其他市场

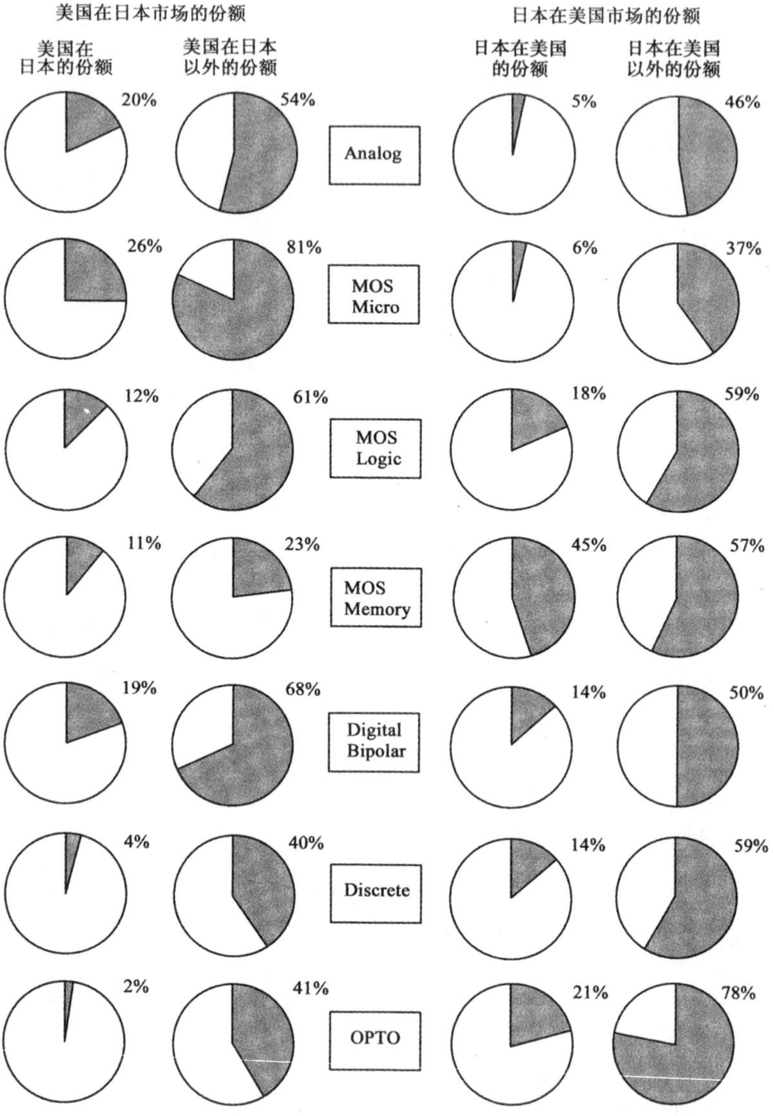

图 4－5 美国和日本的半导体市场份额，1992 年

来源：Dataquest 1992。

(RoW)中在金属氧化硅微型器件领域占有81%的份额(包括美国国内),而日本公司在美国以外的RoW市场中只占有37%的份额(包括日本国内)。(不幸的是,这些数据在MOS微型器件中不区分微处理器和微控制器。)

在图4-5中日本公司在存储器领域的相对竞争优势更加明显。美国公司只占有日本MOS存储器市场11%的份额,而日本公司占有美国MOS存储器市场45%的份额。美国公司在除日本以外的RoW市场中在MOS存储器领域占有23%的份额(包括美国国内),而日本公司在除美国之外的RoW市场中占有57%的份额(包括日本国内)。

在这些条件下日本公司积累起来的特殊实力可以从日本最大的半导体公司NEC的各种半导体产品的销售额上明显看出。1992—1993年度,NEC的半导体总销售额为54亿美元。其中,动态随机存取存储器(DRAMs)占28%,微控制器占22%,常用集成电路(包括多用途微处理器)占20%,大规模集成电路(包括多用途微处理器)占14%,其他半导体占16%。[①]

结论

我们也许会得到这样的结论,美国公司和日本公司都在本国微型计算机(包括微处理器和微控制器)的国内市场的特点基础之上形成了各

① 见第六章关于NEC的讨论。

自特有的实力。美国公司在微处理器领域具有相对竞争优势，而日本公司在微控制器领域具有竞争优势。然而，在存储器领域则不同，因为美国和日本都对存储器有巨大的需求量。日本公司在存取器上作了持久的努力，投资、研究、开发新一代存储器，因此日本的存储器竞争力更强。然而，到20世纪90年代早期，以三星公司为代表的韩国公司沿着与日本公司相似的路前进，并用更短的时间取得了同样显著的成果。

20世纪90年代后期全球研制微处理器的联盟

到20世纪90年代中期，由于英特尔的微处理器成为个人电脑的实际标准，英特尔在全球微处理器市场上占有最高的统治地位。然而，这时一些参与竞争的公司开始努力挑战英特尔。它们的挑战基于微处理器的一种新技术（缩减的指令集，RISC），这项技术通过减少需要被处理的指令来提高微处理器的速度。RISC最开始由IBM发明，但该公司没有开发它，因为公司的“大型机支持者”担心基于RISC微处理器的计算机将侵蚀IBM的大型计算机市场。20世纪90年代中期，RISC微处理器占所有微处理器单元不到10%的份额。主要原因是为RISC微处理器设计的软件与为英特尔处理器设计的软件不兼容。为英特尔微处理器设计的软件可以在RISC微处理器上模拟运行，但这降低了处理速度，因此削弱了RISC技术的优势。①

① 《日本、美国公司达成微处理器协定》，《日经周刊》，1994年5月5日；《挑战芯片之王》，《商业周刊》，1993年7月26日，第50—51页。

日本半导体业在挑战中的弱势从它们的地位可以看出,他们在和英特尔的战争中主要起支持同盟的作用,而不是主要的挑战者。在表 4－3 中列出了主要的同盟。正如我们看到的,日本最大的半导体公司 NEC 与 MIPS(该公司和 Sun 公司都是第一个研制出 RISC 微处理器的公司)结盟;东芝公司与 MIPS 和 Sun(Sun 占有全球工作站市场 38%的份额)都是同盟关系;日立与 IBM/摩托罗拉/苹果和惠普公司都是同盟关系;富士通和 Sun 结盟(它是 Sun 的 SPARC 微处理器的主要生产商);三菱电气与数字设备公司和惠普公司结盟。

表 4－3　全球的微处理器联盟

微处理器	主要支持者	其他同盟
SPARC	Sun 微系统	富士通、东芝、松下、优利系统公司、德州仪器
PA－RISC	惠普	日立、三菱、冲电气、Stratus 计算机公司
MIPS	MIPS 科技公司	NEC、索尼、东芝、硅图像公司、西门子、Olivetti Sap
Alpha	数字设备公司(DEC)	三菱、久保田、Cray Research、Olivetti Sap
Power PC	IBM、苹果电脑、摩托罗拉	法国公牛机器公司、佳能、日立

来源:《日经周刊》,1994 年 5 月 2 日。

然而,必须强调的是,日本在全球微处理器市场上的弱势主要与专利限制有关而与设计和制造微处理器这样的技术实力无关。一个能证明日本技术实力的例子是 AT&T 决定将 NEC 作为其 Hobbit 微处理器的备用微处理器提供商,Hobbit 微处理器是由贝尔实验室开发的用于个人数字助手(PDAs)这样的通信产品中的微处理器。另一个例子是日本公司和它们的西方同盟联合开发的高级微处理器。例如,1993 年 9 月 NEC 宣布它和 MIPS 开发出了一款 RISC 微处理器,VR4200,主要是为运行 Window NT 的手持个人电脑设计的,Window NT 是微软的高级操作系统。[①] 1994 年 5 月富士通和 Sun 宣布他们将共同投资 5 亿美元为工作站市场研制新的 RISC 微处理器。[②]

从旧时代过渡到新时代

旧时代

IBM 的思维体系结构

到 20 世纪 80 年代后期,日本计算机产业反映出的是 IBM 的思维体系结构。大型机就是国王。例如,在 1988 年,大型机占到日本计算机产量的 27%,而个人电脑占到 10%。[③] 到 1993 年的时候,大型机仍然占有富士通收入的 65%,[④]在日立公司也是类似的情况。

然而,大型机市场被划分为几个“区域”,每个区域都有一个大规模的计算机卖主统治着。1993 年,富士通占有最大的一块区域,占日本大型机市场总额的 25.1%(包括附带的结构软件),接下来是 IBM 日本,占 23.6%,然后是日立占 17.8%,NEC 占 17.5%(这占到

① 《日经周刊》,1993 年 9 月 27 日。
② 《日经周刊》,1994 年 5 月 2 日。
③ 《日经周刊》,1993 年 8 月 16 日。
④ 《日经周刊》,1993 年 9 月 13 日。

NEC 计算机总收入的 29%,而个人电脑则占到 41%),日本优利系统公司占 10.2%。[①]

日本三个主要的计算机公司也研制超级计算机。美国公司 Cray 在这一领域具有全球的领先地位,IBM 已经决定不再涉入这个特殊的市场。在 1992 年日本国内售出的 154 台超级计算机中,富士通售出 72 台(占 46.8%),Cray 售出 33 台(占 21.4%),NEC 售出 26 台(占 16.9%),日立售出 21 台(占 13.6%)。超级计算机迅速成为美国和日本贸易冲突的一个话题。[②]

统治着某一市场区域的计算机卖主和它的顾客、计算机使用者之间的关系倾向于是一种长期的、相互有债务责任的关系。计算机卖主向用户售出的计算机系统既包括硬件也包括所需的软件。计算机系统和计算机卖主所特有的计算机结构和设计一致。这使用户一旦从一个卖主购买了系统后,转向另一个卖主需要支付很高的成本。反过来,这也增加了计算机服务并加强了卖主和用户之间的长期的相互债务责任的关系。在开发小一些的计算机时,大多数卖主也以他们特有的计算机结构来设计机器。例如,NEC 为它的个人电脑设计的操作系统 NEC－DOS 和占有日本市场 14%的 NEC 的工作站 EWS－4800 就是这种情况。富士通的 FMR 系列计算机也是这种情况。由于 NEC 在个人电脑市场上占有统治地位,富士通的个人电脑在日本没有获得成功。

① 《日经周刊》,1993 年 8 月 2 日。
② 《日经周刊》,1993 年 4 月 5 日。

日本软件产业的情况

虽然日本的大规模计算机用户，例如银行和钢铁公司，和它们特定的计算机卖主之间的工作联系非常紧密，但他们也在公司内部建立了很强的软件实力。在开发软件时，计算机卖主和计算机用户都把任务转包给软件公司，这在一定程度上形成了卖主和用户之间的联系。然而，一些软件公司对于任何特定的卖主和用户都保持一定的相对独立性。从表4-4中日本前25位软件公司的名字我们可以明显看出一些联系。

表4-4　日本前25位软件公司，1991

排名	名　称	销售额（¥10亿）	盈利（¥10亿）	资产（¥10亿）	员工
1	NTT数据通信系统公司	395	5	10	7 721
2	Nomura研究所	—	6	10	2 849
3	日立信息系统有限公司	110	2	9	4 481
4	日立软件工程有限公司	92	3	22	4 926
5	CSK公司	87	31	6	8 215
6	NEC甲府有限公司	87	—	0.2	900
7	日本研究所	81	0.2	2	2 507
8	日本钢铁信息和通信系统有限公司	70	0.3	2	2 657
9	Intec有限公司	68	2	18	3 145
10	Toyo信息系统有限公司	66	1	18	2 364
11	NEC信息服务有限公司	58	—	0.2	988
12	东芝信息系统（日本）有限公司	56	0.6	1	2 911
13	富士通计算机信息处理公司	55	—	2	2 634
14	达瓦研究所	52	0.4	4	1 350

(续表)

排名	名　　称	销售额(¥10 亿)	盈利(¥10 亿)	资产(¥10 亿)	员工
15	京华山一计算机中心有限公司	48	0.04	0.4	559
16	FJSA	41	0.08	0.1	170
17	Ines 公司	40	0.2	29	2 198
18	日本信息处理服务有限公司	38	0.4	1	1 631
19	日光(Nikko)系统中心有限公司	37	0.1	0.3	437
20	住商信息系统有限公司	37	1	17	1 188
21	Fuji 研究所	36	0.7	2	1 916
22	NEC 软件	36	—	0.3	2 600
23	Hudson 软件公司	35	1	0.04	318
24	NK EXA 公司	35	0.2	1	1 608
25	TKC 公司	33	2	6	1 281

来源：Venture Japan，4(4)。

在日本的这种计算机使用方式(大型机占主导地位，卖主和用户之间长期的有责任的关系以及各公司特有的计算机系统)对日本软件产业和软件市场的发展有很大的影响。最重要的是，这意味着“软件商品”的市场受到了限制。因为大多数软件都是定制的(或者说预定的)以满足一个特定用户的需求，因此不能在软件市场上像其他商品一样被销售(并不是只有日本的软件产业是这样的，其他产业也有这种情况，例如柔性制造系统(FMS)，它也是针对特定的制造厂商的需求设计。)。

表 4 - 5 是 1985 年一些 OECD 国家的定制软件和封装软件(或商品化软件，以现货供应的方式销售)的重要程度，从这张表中我们

可以很明显地看出日本软件产业的特殊性。在美国,封装软件比定制软件要重要得多。这从定制软件和封装软件的比例可以看出,美国的这个比值是0.31,说明封装软件的重要性是定制软件的3倍多。在欧洲国家封装软件的相对重要性比美国小一些,但封装软件仍然比定制软件重要。例如,在德国,这一比值是0.61,在英国为0.67。四个主要的西欧国家的比值为0.88。这说明在美国人们更倾向于使用封装软件。

表4-5 软件和计算机服务产业(包括硬件厂商),1985*

	增值市场国内财政收入(单位:百万美元)						
	封装软件	定制软件①	总软件	过程服务②	总服务③	总产业	软件份额(%)
法国	859.9	1 298.8	2 158.7	1 120.9	1 239.9	3 398.6	63.52
德国	1 157.0	707.0	1 864.0	760.0	904.0	2 768.0	67.34
意大利	573.0	498.0	1 071.0	460.1	521.1	1 592.1	67.27
英国	1 093.7	737.2	1 830.9	687.9	814.9	2 645.8	69.20
西欧国家(四国)	3 683.6	3 241.0	6 924.6	3 028.9	3 479.9	10 404.5	66.55
澳大利亚	113.0	75.0	188.0④	89.9	104.9	292.9	64.19
比利时	173.2	127.1	300.3	214.2	236.2	536.5	55.97
丹麦	115.0	94.0	209.0	267.0	285.0	494.0	42.31
芬兰	87.0	99.0	186.0	173.9	190.9	376.9	49.35
荷兰	291.05	284.05	575.1	325.1	373.1	948.2	60.65
挪威	102.0	86.0	188.0	233.8	249.8	437.8	42.94
西班牙	190.0	115.0	305.0	117.1	139.1	444.1	68.68
瑞典	195.0	149.0	344.0	301.9	329.9	673.9	51.05
瑞士	195.0	146.0	341.0	245.0	270.0	611.0	55.81

(续表)

	增值市场国内财政收入(单位:百万美元)						
	封装软件	定制软件[①]	总软件	过程服务[②]	总服务[③]	总产业	软件份额(%)
西欧国家(十三国)	5 144.85	4 416.15	9 561.0	4 996.8	5 658.8	15 219.8	62.82
爱尔兰	43.7	27.7	71.4	24.5	30.9	102.3	69.79
葡萄牙	15.1	9.9	25.0	13.2	17.2	42.2	59.24
土耳其	3.12	3.63	6.75	5.7	5.95	12.7	53.15
西欧国家(十六国)	5 206.77	4 457.38	9 664.15	5 040.2	5 712.85	15 377.0	62.85
希腊	2.81	3.13	5.94	4.1	4.46	10.4	57.12
西欧国家(十七国)	5 209.58	4 460.51	9 670.09	5 044.3	5 717.31	15 387.4	62.84
澳大利亚[⑤]	324.5	175.2	499.7	137.4	175.9	675.6	73.96
加拿大	388.9	208.7[⑥]	597.6	454.1	572.7	1 170.3	51.06
日本	270.1	2 590.8	2 860.8	3 555.9	4 206.1	7 066.9	40.48
美国	12 602.0	3 944.0	16 546.0	10 479.0	14 012.0	30 558.0	54.15

注:这十三个国家的数据是基于 1986 年 ECSA 报告的,由 IOC Europa 根据附加信息修订。1985 年的数据由经济合作发展组织采用相应的国际货币基金组织汇率重新计算过。据 IOC Europa 称,这些数据包括硬件制造商开发的与硬件绑定的软件。

① 包含相关的咨询费用;

② 包括设备管理;

③ 不包括总软件;

④ Diebold Austria 估计 1985 年国内软件市场为 1.721 亿美元,根据这个资料,封装软件占 80%,但为了适应定制软件也包括在这个数据里,该数据包括了由硬件制造商开发的绑定的软件,不包括咨询费用;

⑤ 澳大利亚的数据反映的是非绑定软件,定制软件的数据包括咨询和设备管理;

⑥ 只包括定制软件的开发。

来源:经济合作发展组织,前十三个国家基于 IOC Europa EUROCAST,1986 年 6 月,希腊、爱尔兰、葡萄牙和土耳其基于 IOC Europa 1986 年 ECSA 报告;IOC 澳大利亚;IOC 加拿大;IOC 日本和美国商业部。

惊人的是日本是少数几个定制软件比封装软件更重要的国家之一,而且是唯一一个定制软件如此重要的国家:日本的这一比值是 9.95!表中其他几个定制软件比封装软件更重要的国家是法国(其比值为 1.51),土耳其(比值为 1.16)和芬兰(比值为 1.14)。因此,日本和其他所有国家都不同,在日本人们非常倾向于使用定制软件。

由于美国和日本的软件需求形式有很大的不同,而美国的软件市场规模很大而且非常完备,美国公司占据日本封装软件市场也就不足为奇了。事实上,到 1993 年以微软为首的美国软件公司占有日本封装软件市场超过 70%的份额。①

这个情况的另一面是本章开始提到的一个矛盾。日本计算机公司在开发软件方面有很强的国际竞争力——这是从软件的生产力和质量方面测量的——但他们却对全球的封装软件市场影响不大。在 1990 年,少数几个定量研究美国和日本软件生产力和质量的报告之一得出如下结论,“日本软件项目在生产力、质量和软件代码的重用性方面做的不比美国差”②。然而,1994 年,日本最大的计算机公司之一,NEC 宣布它上一个财年封装软件的销售额仅为 1.52 亿美元,不到该年总销售额 1%的份额。而且,“它的软件出口可以忽略不计”③。

正如刚才分析过的微处理器的情况,日本公司在全球封装软件市场上的劣势和它们的技术实力没有多少关系,这主要反映出日本的封装软件市场和它提供的有利机会。然而,不久将会看到,随着旧规则向新规则的过渡,这一情况在日本正在迅速发生变化。

---

① 《日经周刊》,1993 年 10 月 11 日。
② Cusumano 和 Kemerer,《定量分析》,1984 年。
③ 《日经周刊》,1994 年 7 月 18 日。

变革之风

变革的力量

已经开始刮的变革之风是什么？是什么引起了旧规则的瓦解，新规则的萌生？三股改革的力量被认为尤为重要。第一股力量是“小型化”，计算机使用者们开始用功能更强、成本更低的小型计算机和它们组成的网络来代替原来的大型计算机。小型化是功能更强大的微处理器发展的一个主要结果。虽然正如前面所讲的，小型化的过程在日本比在美国和欧洲慢得多，但无论如何在旧的规则下这个过程已经开始了。

1991 年，第二股强大的变革力量被释放出来了。IBM（日本），与个人电脑市场上 NEC 的竞争者们组成的联盟一起，研制出为个人电脑设计的被称为 DOS/V 的双语操作系统。这个操作系统和国外的 IBM 可兼容性个人电脑广泛使用的微软的 Windows 操作系统是兼容的。1993 年 5 月，微软推出了日文版的 Windows 操作系统。DOS/V 迅速被其他计算机公司选用，包括康柏和戴尔，美国的低成本个人电脑生产商。DOS/V 的重大意义是允许购买了 DOS/V 个人电脑的使用者同时运行与英文版 MS - DOS 兼容的软件和基于 DOS/V 的日文软件。

价格相对低廉的 DOS/V 个人电脑对个人电脑的领袖 NEC 形成了威胁。它的 PC - 98 系列计算机运行 NEC 特有的操作系统 NEC -

DOS,当时在这个操作系统上不能使用基于 DOS/V 的软件。然而,正如在前面所说的,NEC 的 PC－98 系列的成功使很多与该系列兼容的可替代的日文应用软件被开发出来。另一方面,虽然 DOS/V 机器的推广增加了与这个系统兼容的日文软件的数量,但与 NEC 的 PC－98 兼容的软件数量还是远远多于 DOS/V 日文软件的数量。开始,NEC 公开宣称它不会改变它特有的个人电脑标准以适应 DOS/V。它希望依赖相对丰富的为 PC－98 系列设计的日文软件来确保它在日本个人电脑市场的统治地位。然而,后来,正如不久将会看到的,由于 DOS/V 个人电脑和 NEC 的个人电脑相比有价格优势,因此其销售速度非常快,NEC 抵挡不住潮流,开始使自己的产品适应 DOS/V 系统。图 4－6 展示了 DOS/V 标准坚定不移地蚕食 NEC 的市场,图中也展示了苹果电脑基于它特有的操作系统保持的份额。从这个数据开始 NEC 的市场份额逐渐减少。

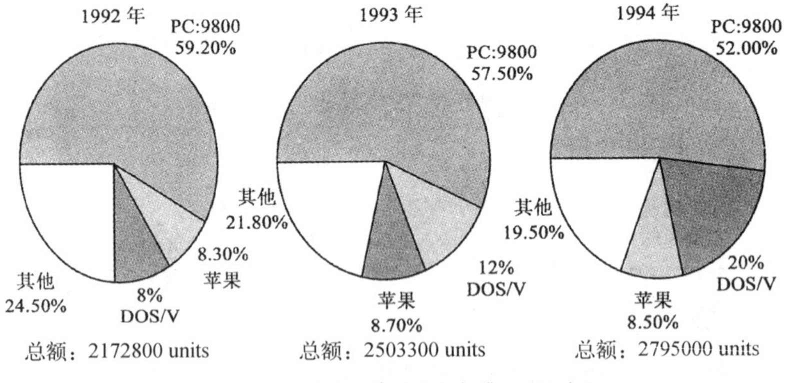

图 4－6　日本个人电脑市场标准(1993 年)

来源:《日本经济周刊》,1993 年 10 月 25 日。

第三股变革的力量和前两股力量有着密切的关系,它是日本计算机厂商从专有化到所谓的“开放式”系统的逐步迈进(开放式是指用户可以把不同厂商生产的硬件和软件集成到他们开放的计算机系统中,形成一个多卖主的环境)。例如,富士通在1990年11月购买英国计算机公司ICL80%股份的原因之一就是后者基于UNIX开放式系统的专门技术。(UNIX是由贝尔实验室开发的操作系统,在类似于工作站的小型计算机中广泛使用。)①

变革的迹象

这个不能逆转的变革已经开始的一个最引人注目的迹象是富士通1993年7月决定它不再购买IBM大型计算机软件技术的1993版本的使用授权了。在IBM和富士通关于专利软件权的争论之后,富士通在1988年同意向IBM支付“几亿美元”以获得这项技术的使用权。② 尽管富士通作出这样的决定也受到了它严重的财政状况的影响——公司从1949年以来首次亏损——但这也反映出大型机在富士通未来业务中的重要性在逐渐下降。同时,富士通宣称公司在重新制定未来的战略路线,把重点更多地放在小型机及其软件方面(另

① 富士通和ICL的关系是不同寻常的,富士通给了ICL不可思议的自由度,允许ICL的英国管理者继续以ICL自己的方式管理公司。收购最初造成了欧洲的恐慌风波,因为他们害怕ICL成为富士通的欧洲“特洛伊木马”,并威胁将ICL排除在ESPRIT等欧洲计算机研究项目之外。然而,恐慌渐渐衰退了,因为富士通显然愿意与ICL保持一个胳膊的距离(由于ICL仍然在赢利,不像其他欧洲计算机公司甚至富士通自己)。富士通想要卖出ICL49%的份额使这个日本所有的公司进一步“欧洲化”。

② 《日经周刊》,1993年9月13日。

外,它在半导体领域——尤其是 DRAMs——和通信领域仍然很有实力,这两方面的盈利使富士通,不像 IBM 那样,在公司调整结构时具有更大的灵活性)。自从旧规则受到关注,日本计算机产业按照 IBM 的模式建立起来,变革就在进行着。

一个更重要的变革迹象是个人电脑相对于大型机的生产量在增加。1988 年大型机占到计算机相关产品 27%的份额,而个人电脑占 10%,到了 1993 年,个人电脑和大型机都占到 20%左右的份额。[①] 从 1991 年到 1994 年,大型机相关软件每年的销售额增长速度增加了 7.2%,而工作站软件增加了 34.7%,个人电脑软件增加了 12.0%。[②] 类似地,封装软件的需求增长也比定制软件快得多,这从表 4.6 中可以看出。正如我们看到的,早在 1990 年,封装软件就变得更重要了。从 1985 年到 1990 年,封装软件收入的平均年增长为 31.4%,而定制软件只有 15.5%。

日本计算机产业的新时代

正如统治了计算机领域三十多年的 IBM 和它的思维体系结构在创造性的有破坏力的变革之风下开始瓦解一样,在 IBM 愿景中形成的旧规则在日本也开始给新规则让路。尽管在日本非常普遍的特

① 《日经周刊》,1993 年 8 月 16 日。
② JISA,《日本的信息服务产业》,东京,1993 年。

有型计算机系统和长期债务责任关系使这一过程的起步花费了很长时间,但到了 20 世纪 90 年代中期日本不可逆转地出现了这种和北美和欧洲类似的变革。在日本,描绘计算究竟是什么的愿景已经发生了变革。从此以后,计算将逐渐不再是由大型机组成的“大陆”了,而变成由高速通信通道连接起来的信息处理器组成的分布式网络。

这个根本性变革的一个重要的迹象是,日本计算机领域的环境正变得和西方工业化国家的环境越来越一致了。最初,日本的环境和其他国家在很多重要的方面有很大的不同。由日本主要的计算机厂商开创的专利权统治的方式给了它们一定程度的保护。在快速增长的战后经济中,这种方式带来了利润和成长。但日本计算机公司获得了利益的同时(没有受到日本政策制定者的抵制和反对)也付出了代价。主要的代价是日本的计算机环境和主要的西方国家大不相同。这意味着在国内市场中磨炼出的一些重要的产品不能经过很小的改动就销往国外。不像生产电视机、视频设备、汽车和照相机等产品的日本厂家那样,定制软件和个人电脑的日本生产商不能把它们的产品立即销售到国外市场。在微处理器领域也是一样,日本存在的不同的需求条件——尤其是来自电子消费品的大量需求——产生了重要的影响,使日本生产商更愿意生产微控制器而不是微处理器。

在和主要西方市场的环境条件相似的领域,日本公司在全球市场上的表现要好得多。例如存储器半导体;平面显示器(包括薄晶体管液晶显示器,它使日本公司在笔记本电脑领域取得了领先地位);

半导体制造中的光学步进机(尼康占有日本市场60%的份额,佳能占30%,日立占7%)[①];硅晶片(信越半导体等公司在全球市场上有很重要的地位);以及激光打印机中的激光器件(佳能在光学技术方面有很强的实力,占据着统治地位)。事实上,在有的领域,日本的环境条件比西方国家好得多,这使日本公司占有很大优势。例如传真机领域,和个人电脑的情况刚好相反,日语变成了一种优势。再如半导体激光器等光电设备方面,国内强大的电子消费品产业使日本公司获得了强大的国际竞争力(在研究方面也如此)。

然而,像封装软件、微处理器和计算机等领域,日本的环境条件和主要西方国家的条件相差很大,没有为日本公司提供类似的优势——至少到目前为止也没有。另一方面,日本计算机产业新规则出现的一个主要迹象就是日本这个产业的环境条件变得和西方国家越来越一致了。

未来的一个可能的预兆是富士通和NEC在1994年首次宣布要进入全球封装软件市场这一意义重大的动作。例如,1994年6月,富士通宣布它将(和ICL联合)向全球市场推出几个“中间件(middle ware)”软件产品。(“中间件”是在操作系统和应用软件之间的软件范畴;它允许应用程序在硬件和UNIX、Windows、Macintosh和Sun等操作系统的不同组合上编写和使用。)据富士通全球软件产品部的经理泉田芳雄(Yoshio Izumida)所说,“这是富士通开发的首次用

① 《日经周刊》,1993年10月18日。

于出口的软件产品”。《日经周刊》的报道者称，这“标志着日本可能以一个重要的角色出现在一直以来由美国公司统治着的全球软件业市场中”①。

然而，虽然富士通和它的子公司ICL具备必要的软件能力，但它的“实力”——包括从设计到产品的市场、发布和销售的整个价值链——可能会有一定问题。更明确地说，富士通现在缺少对于销售封装软件非常重要的市场、发布和销售网络，这些方面是它需要和美国公司结盟而努力补救的。

NEC作出的彻底改变其个人电脑产品专利保护策略的决定也是未来的一个预兆。1994年6月，NEC宣布它将改变PC－98系列一些产品的结构以使用户能够使用Windows等与IBM计算机兼容的软件。而且，它还准备接受与IBM兼容的标准——例如由英特尔提出的外围设备连接总线(PCI)结构——使PC－98的用户能够将它们的机器和其他公司生产的外围设备连接起来，也可以和DOS/V兼容的机器组网。在以这种方式扩展它的标准的同时，NEC逐渐废除了它的PC－98系列的“专利保护措施”，对日本个人电脑市场的标准化和开放化作出了贡献。然而，NEC希望DOS/V的用户仍然不能运行为PC－98系列开发的日语应用软件——NEC仍然还有大量的日语个人电脑应用软件——并希望这能够保持它的市场份额。②

与之同等重要的是，1994年7月NEC宣布它将结束它的软件保

① 《日经周刊》，1994年6月27日。
② 《日经周刊》，1994年6月13日。

护策略，实行新的"多平台软件策略"，使它开发的软件既能用于自己的计算机上，也能用在与IBM和UNIX兼容的计算机上。NEC应用软件部的高级主管潮崎彻（Toru Shiozaki）说，"由于全球软件市场长期被微软这样的美国公司统治着，……日本公司只能向它们交钱。我认为用多平台软件作为打入国外软件市场的工具是个好机会"。例如，在工作站方面，NEC的多平台策略使它最初为NEC特有的EWS－4800工作站设计的超过60%的封装软件可以在Sun或惠普的工作站以及装有Windows操作系统的个人电脑上运行。虽然1993年NEC的封装软件销售额为150亿美元，但它计划在1998年3月能将销售额增加至500亿美元。[①] 当然，在海外市场上NEC也会面临和富士通一样的软件销售渠道的问题。

从这些细节我们显然可以看出日本计算机产业已经进入新的世界，头也不回地离开了在IBM思维体系结构的愿景中构造出的旧世界。

结　论

日本计算机产业在竞争力方面的进化

图4－7是日本计算机产业在竞争力方面进化过程的概况。更

---

① 《日经周刊》，1994年7月18日。

具体地说，它展示了美国计算机产业中的一些主要的里程碑，以及日本计算机产业中发生的相应事件(有时是对美国发生的事情直接作出回应)。在本章的正文中对这一进化过程做了详细的分析。

		1950年	1960年	1970年	1980年	1990年
美国	1945年 ENIAC计算机 1948年 晶体管 (贝尔实验室)	1958年 IBM的709 1959年 集成电路 (TT&Fairchild)	1964年 IBM的SYS.360 1970年 IBM的SYS.370 通用电气退出	1971年 微处理器(英特尔) RCA退出 1975年 第一台个人电脑(Altair)		
日本		1953年 ETL-I(relay) 第一台日本计算机(通产省) 1956年 ETL-III 第一台日本晶体管计算机(通产省) 1957年 Musashino-I NTT 第一台计算机	1961年 日立-RCA合作 1962年 日本第一个集成电路 (NEC) 三菱电器和TRW合作NEC和Honeywell合作 1963年 冲电气和斯普利兰德公司合作 1964年 东芝和通用电气公司合作 1966~1972年 通产省的VHSCS项目 1968~ NTT的DIPS项目	1971~1980年 通产省的PIPS项目 1972年 微处理器（NEC） 1972~1976年 通产省的3.5代项目 20世纪70年代 早期同盟：富士通-日立，NEC-东芝,三菱电器-冲电气 20世纪70年代中期 日本大型机追上了IBM的速度 1976~1980年 通产省的VLSI项目 1976年 日本第一台个人电脑(日立) 1977年 NEC的个人电脑98系列	1981~1989年 通产省的超级计算机项目 1982~1991年 通产省的第五代计算机项目	1991年 由IBM和其他公司合作研制出DOS/V 1993年 日文版Windows系统（微软） 1994年 美国公司供应日本70%的封装软件

图4－7　计算机产业的进化(1945—1994年)

日本计算机公司的实力

本书中(在大部分章节中含蓄地)采用的理论分析方法认为对“实力”的分析必须建立在对产业进化的中心的解释上。实力涉及公司的活跃性和技术水平，与公司组建的整个价值链相关。考察战后日本计算机公司的实力会得到什么结论呢？

在开始的时候，与 AT&T 一样，日本通信设备供应商——NEC、富士通和日立——在第二次世界大战之前在通信领域积累的实力明显为它们进入计算机和半导体领域创造了知识基础。在战前时期，这些供应商的实力是在与通信省（后来变成了 NTT）合作的受控竞争中积累起来的。刚开始，在正在出现的计算机领域中这三家公司是最强的。

然而，这些公司实力的积累并不代表从通信领域到计算机领域的实力过渡是一个平滑而自动的过程。公司的观点和自己的努力起了非常重要的作用。以富士通为例，该公司对计算机在公司未来可能的角色的看法是受它在通信设备领域相对较弱的实力影响而形成的。由于 NEC 在通信设备领域占据统治地位，富士通的领导根据他们对未来的预测，最后作出了优先发展正在出现的计算机领域并将公司的实力扩展到这一领域的决定。然而，正如我们所看到的，这个决定在公司内部引起了争论和冲突，直到新的领导刚田上任时，这个新的战略方向才被果断地宣布并执行。

从通信设备到计算机，实力拓展不连续的另一个例子是冲电气。在战前时期，冲电气是仅次于 NEC 的通信设备供应商。然而，尽管如此，冲电气的相对实力在逐渐下降，在战后时期该公司从来没有在计算机领域有过重要的影响。

剩下的日本主要的计算机公司，东芝和三菱电气，在战前时期并不是通信省关键的通信设备供应商。这意味着它们无法积累像NEC、富士通和日立那样雄厚的实力基础进入计算机产业。然而，它们在重型电子设备、真空管这样的电子器件、电子消费品以及东芝特有的雷达通信领域的实力，使它们以一个有利的地位进入计算机产业。然而，与NEC、富士通和日立相比，它们仍然处于第二军团。从通产省20世纪70年代早期建立的合作项目中它们的次序可以明显看出它们的地位。因此，尽管通产省也作了努力，但它们在20世纪70年代中期IBM推出System 370后退出了大型计算机业务，这证实了它们的实力相对较弱，也不足为奇。

毫无疑问，富士通是计算机提供的新机遇中的大赢家。富士通从战后第二大或第三大的通信设备供应商转变为20世纪80年代日本最大的计算机公司。计算机市场后来变得比通信设备的市场大了许多。日立也获益不少。正如在本书前面看到的，日立是相对较晚开始通信设备业务的公司，虽然由于它决定不依赖国外供应商的技术，其在20世纪20年代晚期受到国家主义的通信省的优待。不过，由于它没有像NEC和富士通那样分别得到西方电子公司和西门子的支持，日立公司在通信设备领域一直比较弱。在战后时期，由于日立在初期撤销了它之前只依赖自己技术的决定并和RCA公司达成了计算机技术合作协定，所以它在日本计算机产业中拥有了很大优势。

东芝公司在退出大型机业务后，以它在电子器件上的实力为基础重新进入了计算机市场。自从它通过和通用电气公司达成的技术合作协定积累了真空管方面的实力后，它在电子器件方面一直有很强的实力。这帮助日立在20世纪80年代推出了它的小型计算机，尤其是膝上电脑和笔记本电脑产品，使它在20世纪90年代早期在总销售额方面排在全球第十位。然而，三菱电气和冲电气在计算机方面一直比较弱（冲电气在20世纪90年代由于它在通信方面的实力和惠普公司结成了战略同盟关系）。

到20世纪70年代后期，领先的日本公司生产的产品是和IBM的大型机性能相同的大型计算机。它们在日本以外的市场不能大规模侵蚀IBM的份额，是由于IBM在全球的销售网络和它已经具备的软件和硬件基础的优势，而不是因为日本公司在技术方面有劣势。但是日本公司能够依靠它们在战后快速增长的日本市场中的重要位置来弥补其在全球市场中的弱势。因此，它们通过各公司特有的计算机系统和定制软件保证了它们在日本国内的统治地位。虽然它们在海外市场中能做一些重要的业务——部分是通过收购和结盟，例如富士通收购 Amdahl 和 ICL，NEC 与法国的 Bull 公司建立联系——但它们的计算机主要是销往日本国内。到1990年左右，它们销售的计算机中80%是在日本市场中售出的。

计算机商品化了的器件和计算机系统中的情况大不相同。在像半导体存储器、平面显示器、激光器、半导体制造领域的光学步进机、硅结晶和硅晶片这样的领域中，日本公司在世界市场中占有统治地位。一个值得注意的例外是微处理器领域，日本公司在该领域比较弱，其原因在本章详细分析过。另一个（不同的）例外是封装软件领域，在上面也详细分析过了。在计算机商品化的器件领域，日本公司在其能力的帮助下(得益于它们和与它们相关的金融机构的联系)通过不断增加(相对来说不受经济周期波动的影响)在厂房、设备、研发和生产实践方面的投资使公司得到持续的进步,逐渐积累起了比较强的实力。

然而,日本计算机公司积累起的实力(包含整个价值链)有两个相关的大问题。第一个是它们的实力大部分是在IBM愿景中形成的。尤其是富士通和日立,有意识地跟随着IBM的足迹,没想到走到了相同的悬崖边上。像IBM一样,富士通和日立最后也被迫向以大型机为中心的计算机策略的局限性妥协,虽然,正如我们所看到的,计算机领域的全球趋势花了很长时间才登陆日本。然而,与IBM不同的是,日本公司在半导体和通信设备的市场实力方面有优势,这帮助它们进行重组,减少它们对大型机的依赖,并保持了公司的终生雇员(虽然总就业率显著减少)。

正如本章一直强调的,NEC处在一个略有不同的位置上。NEC对于计算机在它将来发展中的角色的预计是由它在通信设备领域已经具备的实力决定的。因此,刚开始计算机被看作是信息和通信系统的一部分。NEC持有这种观点,虽然它也部分信奉IBM的思维体系结构并深深地涉入大型机业务,但它并没有像富士通和日立那样依赖大型机。而且,NEC在微处理器领域的实力帮助它突破并进入了个人电脑领域,使它在计算机的新世界中变得很重要的个人电脑领域具备了实力。

第二个问题来自日本计算机公司已经在计算机领域积累的实

力。这些实力是与日本计算机市场中存在的选择环境相互作用形成的。更具体地说，日本主要的计算机公司向用户销售由大型机主导的特有计算机系统意味着计算机公司在它们的特有计算机系统和相关定制软件方面积累了实力。在计算机的新时代中变得越来越重要的那些在其他方面的实力却被忽视了。举例来讲，这些实力包括开放式系统结构、小型计算机和封装软件。随着20世纪90年代中期计算机的旧时代开始瓦解，日本计算机市场的环境条件变得与北美和欧洲的条件渐渐一致，日本公司开始认识到它们必须增强在这些领域的实力。

然而，到20世纪90年代中期，日本计算机公司要想在日本以外的市场，在它们已经将市场全球化的商品化计算机器件之外的领域里树立起自信，这些公司还有很长的路要走。特别地，要想在计算机的新世界中越来越重要的新的结构领域中称霸，日本公司还要努力。这些领域包括个人计算机和工作站的结构和事实上的标准、计算机网络、个人数字助手（PDA）、多媒体设备和服务等。微软、Novell（在计算机网络方面）和英特尔已经展示出在这些结构领域的统治中能够获利。（例如，1994年微软和英特尔的销售额分别为IBM的6%和14%，但在股票市场上却分别为IBM股价的83%和71%！）

然而，为了在这些新出现的结构领域中占据统治地位，日本计算机公司必须把比以往多得多的注意力集中在计算机的全球环境上。在这方面，日本计算机市场正在变革的特征也许会帮助它们，正如本章分析过的，日本计算机市场与北美和欧洲的市场变得越来越一致了。虽然和西方公司相比仍然有一定滞后,但日本信息和通信公司逐步的全球化将帮助它们适应计算机领域出现的趋势。

通产省和 NTT 在日本计算机产业进化中的角色

在关于日本计算机产业的许多著作中,日本通信部门在帮助日本计算机产业发展方面的作用在很大程度上被低估了。产生这种错误的一个原因是日本计算机产业的大多数资助是在第二次世界大战之后开始的。然而,正如在前面第二章和第三章中看到的,在本章也强调过,通信部门在很多方面都可以看作是日本计算机产业成长的温床。

在 19 世纪晚期,归政府所有的最初用来生产电报设备的工厂和后来增加的实验室——后来都被通产省接管了——成为企业家和工程师的摇篮,这些企业家和工程师后来建立并发展了像 NEC、富士通、日立和冲电气这样的公司的前身。战后,这些实验室被分开了,一部分变成了 NTT 的电子通信实验室(ECL),另一部分变为通产省的电子技术实验室(ETL)。正如我们在本章看到的,这些实验室中的研究人员研制出了第一批计算机,后来成为日本公司的第一批商用计算机。直到 20 世纪 50 年代后期,随着计算机市场的出现更加确定,这些公司作出了致力于计算机产业的决定。于是,从那时起,这些公司就果断地投入这项产业中。

从 20 世纪 50 年代后期开始,日本计算机产业的核心(包括设计、研发、制造、市场、销售、服务和维护计算机的能力)就处于日本计算机公司内了。日本政府主要是一个支持者的角色。但这是一个非常重要的角色,如果日本公司没有日本政府的支持,没有得到政府的财政拨款而处在一个完全自由贸易的条件下,日本的计算机产业能否存活下来还是一个很大的问题。如果没有任何的政府支持,到20世纪70年代末期,日本计算机的质量、价格和性能与进口计算机相比不会拥有如此的竞争力。正如本章前面提过的,美国政府也在资助它的计算机产业出现方面起了非常重要的作用。

随着计算机技术和产品变得越来越精细,公司要想继续留在计算机领域,所需要的在资金和研发方面的投入越来越多——又赶上IBM的System 370的推出——致力于计算机领域的战略的成本显著升高了。在美国,曾经屈服于“计算机的诱惑”的公司——像RCA和通用电气这样无论是在规模上还是在技术上都比日本公司强许多的公司——马上决定退出计算机领域。在日本,政府给予计算机公司的对“婴儿产业”的保护和促进,对于这些公司的生存来说是至关重要的。①

然而,尽管有政府的保护和促进,在6家日本计算机公司中只有3家留在了大型机市场。这个结果和这3家公司——NEC、富士通和

---

① 这些反映在许多方面,如配额(法律规定的和实际上的);关税;通过日本电子计算机公司这样的政府组织对使用日本制造的计算机的补贴;研发鼓励;政府提出的合作研发项目。有趣的是,从经济学理论的角度来看,这些政策都是第二好甚至是第三好、第四好的措施,因为它们引起了价格机制的扭曲。然而,只要这些政策能够保持住这个后来不断发展变得更有效并最终成为“成熟产业”的产业,它们就被引入。然而,保护和补贴所花费的成本最终是否比一个国际性的高效计算机产业的优势带来的回报更多——即日本计算机产业能否通过经济学理论中被称为“穆勒-巴斯塔布尔测试”(Mill-Bastable test)——则很难回答。

日立——也是日本3个主要的通信设备供应商并不是巧合。它们不仅在进入计算机领域时拥有在生产复杂通信系统的过程中积累起来的强大实力,而且还能够从NTT的技术帮助(由电子通信实验室提供)中,从NTT与其供应商的合作项目的联合研发中,从NTT对计算机的大量采购中受益。在本章,作者对NTT的DIPS计算机项目作了详细的分析。

事实上,这3家公司之所以能在一开始拥有强大的与通信相关的实力,是由于通产省选用的受控竞争(其由来在第二章中解释过了)。正是受控竞争使日本这3家主要的计算机公司同时具备很强的通信领域的实力。这和美国的情况形成了鲜明的对比,AT&T的纵向集成意味着美国只有一家综合性的通信设备公司(西部电子公司是AT&T的一部分),而AT&T同意了司法部门的判决意味着美国没有一个计算机公司同时具备计算机领域和通信领域的实力。(日本主要的信息和通信公司所具备的混合实力——即,在计算机领域、通信领域和半导体领域的实力——是不是使这些公司具有国际竞争优势的原因?我们将在本书的结论部分研究这个问题。)不过,这种实力特征也许正是日本通信部门给日本计算机产业留下的最重要的遗产。

强大的通产省?

过去关于日本计算机产业的一些评论(包括我自己的[1])强调了

---

① Fransman, *The Market and Beyond*.

通产省在日本计算机产业发展中的重要作用。然而,这些评论是在20世纪80年代后期写的,当时日本计算机产业仍然毫无疑问地处在IBM思维体系结构的愿景中。后来IBM在1993年遭遇溃败,公司宣布这是公司历史上最大的一次失败,这显示出当时大型机地位的下降,预示着关于计算机究竟是什么的新愿景的到来。在新时代中——一些计算机产业分析家把它称作"后IBM时代"——重新评价通产省的官员在他们20世纪60年代后期认定的对日本发展最重要的计算机产业中做得如何是非常必要的。

从现在看来,我们能够对通产省在日本计算机产业发展中扮演的角色作出比较公正的判断。不得不说,第一个结论是虽然通产省的官员有着一流的"眼光",但他们没有预料到20世纪90年代初期计算机的新时代会来临。那时,日本发现自己的计算机产业结构有一些严重的弱点。这些弱点包括:小型计算机和由这些计算机组成的网络的普及率低(这是由于日本主要的计算机厂家的优先政策造成的),在开放式计算机系统领域的研究没有取得多少进展,与主要的国际上的结构兼容的封装软件相比在开发、国内销售和出口方面的弱势,以及日本计算机公司在全球微处理器市场中的支持性地位而不是主导地位。

因此,从这个意义上说,通产省遭受了"预测失误"。但是这有什么可奇怪的呢?只是因为西方的评论家们搞错了大多数预测的形成过程和通产省形成正确的对未来的预测的能力,这使每个人都认为通产省有着特殊的预知未来的能力。而事实上,通产省和它的官员们并没有这样的能力。在当时,统治着全球大部分计算机市场的

IBM 的专家也没有预测到新时代的到来;华尔街和商业学校的分析家们也没有预测到这一点。这些分析家们也支持 IBM 的思维体系结构,这从 20 世纪 80 年代后期 IBM 的股票价格和大多数经济学书籍对 IBM 的"卓越"的赞美可以明显看出。通产省的官员,和其他人一样有解释模糊和信仰建立的问题,并且程度更深一些。

但是使西方的政策制定者和它们的公司从内心感到害怕的通产省所有的合作研究项目——与日本在电子消费品和汽车产业等领域的国际竞争力相混合——与美国和欧洲的促进竞争的项目相比如何呢? 从现在的观点来看,这些项目留下了什么遗产?

我们可以把通产省在计算机领域的合作研究项目分成两类。第一类是早期的项目,可以被称为"追赶项目"。这类项目中最大的是分别与 IBM 的 System 360 和 System 370 对应的 VHSCS 项目和 3.5 代计算机项目,这些项目主要给日本的计算机公司提供了大量的经费资源,帮助它们运行研发项目以改进它们的计算机。在这里,通产省的主要作用是支持性的,在它的支持下这些公司的实力得以发展,虽然电子技术实验室(以及 NTT 的电子通信实验室)也提供了一定的技术支持。

第二类项目包括促进一些全新技术的开发,通产省希望这些技术能使日本公司的竞争力显著增加。这些技术中有一部分包含在一些"追赶项目"中,例如 VLSI 项目中有对电子束技术的研究。其他项目中包含的新技术包括 PIPS 项目中的模式识别和处理;超级计算机项目中的基于砷化镓的元器件例如场效应管和电子高移动性晶体管;第五代计算机项目中的逻辑编程。

通产省的项目可能帮助日本公司增强了在这些新技术方面的实力。然而,如果这些技术真的能带来重大经济效益的话,也许这些在快速增长的日本经济中无论是规模还是实力都大大增加了的日本公司也许在没有通产省的项目的情况下,也会对这些技术进行开发。然而,通产省的项目中选择的许多全新技术并不能带来很大的经济效益。例如,由于改进后的光蚀刻技术能够出乎所有人的意料而用于亚微型半导体的制造,半导体蚀刻中的电子束技术被推迟了;类似的,硅作为一种半导体原料比 20 世纪 80 年代初期人们认为的效率要高得多,这使砷化镓等原料(在这些原料中电子的移动速度更快)的应用局限于激光等特殊应用领域;逻辑编程在通用程序设计中并没有变得像通产省官方预计的那么重要。事实上,电子和信息技术进化的一个显著特点就是一些关键的“老”技术在持续增加的改进的影响下的耐用性。

现在回顾,通产省的项目中即使有也很少有能够为参与的日本公司带来主要的,有重大商业效益的技术。然而,这并不是说通产省的项目对于增强日本计算机公司的实力没有帮助。相反,考虑到新技术周围的不确定性,通产省的项目有助于那些本来不会受到这种程度重视的未来技术的发展。这些技术有朝一日可能成为非常重要的技术。但是,期望通产省的项目能取得如此重大的成果是没有理由的。正如我在其他地方说明过的,[①]通产省在科学技术上的总支出

① 见 Fransman,《国家技术政策陈旧吗……?》。

比教育省和目前在科学和技术方面投入最多的科学技术局的支出要少很多,另外,通产省在合作研发项目上的支出只占它总支出中很小的一部分。

因此,我们会得到以下结论:虽然日本政府的合作研发项目总体来说并没有取得重大的突破,但日本政府在促进日本计算机产业的发展中仍主要是一个支持性的不可缺少的角色。在本书结论那一章中,我们将再次分析日本政府在整个信息和通信产业发展中的角色。

第五章

CHAPTER FIVE 日本光纤业的进化

本 章 概 要

本章首先简要地介绍了光纤技术的基础，然后详细分析在康宁(Corning)公司于20世纪70年代取得重大突破前后光纤技术的发明、创新和扩散过程。当然，尽管这些对解释光纤技术的进化很必要，但为了不让读者过分纠缠于复杂的细节，这项分析将会在附录2中给出。

相应地，本章的主体是从1970年康宁公司宣布它在光纤技术上的突破后开始的，随后的一个详细研究给出了NTT及其供应家族(包括住友电工、藤仓、古河)对康宁创新的回应。然后将分析光纤的知识如何在日本被吸收并扩散到光缆供应商，以及日本公司如何生产出打破世界纪录的低损耗光纤。

接下来的一节研究了与日本生产光纤的VAD(气相轴向沉积)工艺发展相关的创新历程。正是这项新技术使日本专利局拒绝了康宁公司的专利申请，并促成了日本光缆公司对日本市场的统治。VAD创新有多重要？它与西方国家所采用的工艺技术有何不同？VAD是否比其他同类技术更具优势？VAD工艺如何扩散到另外三家公司(日立缆线、大日本缆线、昭和电线缆线)并最终使日本成为世界光纤产业中最具竞争力的市场？AT&T在日本光纤技术的扩散中起到了什么作用？这些问题都将在这一节中得到解答。

随后本章将会分析康宁和住友电工之间的法律纠纷,也会讨论受控竞争的全球化,比如20世纪90年代初期,NTT将西方公司和其他日本公司一同加入到其开发新的光纤传输相关系统的供应商队伍中。

本章将以分析性的一节作为结束。第一项分析包括一份以日本光纤产业为例的有关受控竞争作用方式的详尽报告,其中也分析了受控竞争这种日本组织形式的弱点。

针对本章基于光纤的研究,本章的第二项分析对约瑟夫·熊彼特(Joseph Schumpeter)的创新过程观点进行了批判性的反思。由于光纤技术的进化,熊彼特"创造性破坏"的概念和他对发明、创新和扩散三者的区分具有多大的深远意义?本书的公司分析框架,特别是提出公司愿景的概念是一个信念构建的过程,其如何与熊彼特的创新框架相适应?

引　　言

尽管关于光学和光纤的一些重要的早期研究是在日本完成的,但用于通信领域的光纤却是在20世纪60年代末期由西方国家发明的。康宁公司的研究者更是在1970年取得了一项重大突破。[①] 然

① 感兴趣的读者可以阅读附录2,在那里将对导致康宁公司这一突破的背景作一个详细的说明。

而,从1974年开始,日本公司迅速地在这一关键性的通信技术领域追赶了上来。事实上,在1976年和1979年,日本公司生产出了打破世界纪录的低损耗光纤。此外,日本开发的加工技术使得日本公司不仅能够垄断日本光纤市场,而且还可以向在美国市场上居于领导地位的美国公司发起挑战。到20世纪90年代初期,日本拥有了全球最具竞争力的由六大光纤生产商组成的光纤市场。

这些成果是如何取得的呢?NTT及主要的光缆公司住友电工、古河、藤仓对西方国家公司的出现作出了怎样的准确回应?NTT“受控竞争”的组织形式在日本光纤的发明、创新和扩散过程中起到了什么样的作用?是什么因素使日本公司能在1976年和1979年打破世界纪录?日本生产光纤所用的VAD工艺是如何开发出来的?它和西方国家所使用的相应工艺有什么区别?康宁和住友电工之间法律纠纷的实质和结果是什么?20世纪90年代初期,NTT是如何以纳入西方国家公司的方式使其受控竞争全球化的?这些公司如何根据这种日本组织形式进行调整?这些是本章将会详细讨论的一些问题。

试图解释光纤产业的全球进化时将会遇到更重要的问题。在美国,ATT和康宁统治了整个产业。在日本,市场主要由住友电工、藤仓和古河分享。在欧洲,主要的参与者包括西康(Siecor)(西门子和康宁的合资项目)、英国STC公司、英国BICC公司(也和康宁有关)以及比瑞利电缆及系统公司(Pirelli)。要解释光纤的全球进化,必须首先回答为什么是康宁作出了关键性的突破——在20世纪70年代第一次宣布其光纤损耗率低于20分贝/公里。这一低损耗率使得光纤能够和如铜缆和包括卫星在内的微波通信等其他传输技术竞争。当然,主要因素在于康宁具有玻璃行业的技术能力。但其他参与光纤通信研究的玻璃公司例如英国的皮尔金顿(Pilkington Glass)和日本的板硝子(Nippon Sheet Glass)也具有这样的能力,但为什么是康宁最早实现了突破呢?附录2将通过对康宁创新过程的分析来对这个问题作出回答。

其他从业者如何成功加入这个领域,对于产业进化的影响有必要加以说明。除了康宁以外,其他的企业也都从事过电信和电信设备方面的工作,它们生产的设备(尤其是铜质缆线)大大提前了光纤时代的到来。那么,它们是如何通过不断提升自身的能力以利用新技术进军这一领域并站稳脚跟的呢?为什么在一些情况下要采用合资的方式?正如前面所提到的,我们将会特别关注日本企业的进入方式。

光纤产业进化的一个中心问题与竞争所起的作用有关。本章揭示了三种不同的竞争形式:不同公司间的竞争;"技术体制"间的竞争,即光纤、铜缆、微波和卫星之间的竞争;以及"产品和工序路径选择"间的竞争,尤其是IVD、OVD和VAD工艺(本章将会给出解释)之间的竞争。并回答了这些不同竞争形式的重要性如何,它们对产业进化起到了什么作用。

这里提供的对产业进化的实时分析将引出其他问题。其中一系列重要问题与公司的概念化性质有关,这些有助于解释光纤产业中各个公司的角色和相互影响。应用本书中的公司理论进行分析后,大量问题将会显现出来。

第一组问题与这一行业中成功所必需的能力有关。有三种能力是决定性的。第一种是技术能力，更确切地说，是知道如何生产出足够多低损耗的光纤以满足通信系统的需要。对康宁公司技术能力积累的研究表明，路径依赖是一个重要因素。在生产其开创性的光纤时，康宁公司利用了其前光纤时期积累的知识进行扩展。但是，路径独立同样重要，从过去获得的新知识必须与旧知识相结合才能取得预期的结果。1976 年，日本公司打破了光纤损耗率的世界纪录，路径依赖和路径独立的结合在这一过程中起到了重要作用。

本章的详细分析表明技术能力的积累过程可以理解为理念的构筑过程。例如，曾经有一个理念对康宁的突破作出了重要贡献，那就是为了获得所需的特定折射率要在玻璃中掺入杂质（相关的技术细节在附录 2 中有详细介绍）。这一理念与其他实验室的众多研究人员的常识相违背。他们认为，掺进杂质尽管可以改变折射率，但也可能弄巧成拙地导致光的散射，从而增大损耗。基于这一常识，他们选择了一个完全不同的研究方向，即试图制造出更为纯净的玻璃以降低损耗率，而不是混入“杂质”。还有另外一个例子，当熔合玻璃纤芯和包层（这两者有着不同的折射率）时两者之间会产生气泡。康宁的研究员们解决这一问题的理念是：半导体工业中的常用方法可能会有效。那就是以气相的形式在纤芯表面上沉积第二层。康宁在以前的玻璃生产中已经使用了这一方法，也就是所谓的气相沉积法。

因此，正如附录 1 中所讨论的那样，技术可以被理解为理念——如何取得特定结果的理念，而技术能力的积累可以看作是理念构筑和检验的过程。此外，与前面所讨论的一样，这个技术转变过程的概念化会带来额外的好处,即连接了公司的另一关键领域,也就是构建愿景以告诉公司应该做什么和向什么方向转变。就像技术转变一样,愿景构建同样也基于理念形成的过程。

举个例子,本章提到,20 世纪 90 年代末期,康宁提出了未来通信传输体系将主要依靠光纤的愿景。英国邮政公司很关心可视电话的潜在需求,正是这一信息为康宁提出这一愿景作出了重要贡献。视频图像的传输需要比原有的铜缆更大的带宽,这正是光纤市场的切入口。但是,当康宁成功地生产出了低损耗光纤时,英国邮政公司却告诉它可视电话的大量需求还远未到来。显然,康宁和英国邮政公司的愿景有很大的分歧。结果,从研究光纤开始,康宁等了足足 17 年才开始从中受益!很明显,技术转变和愿景形成之间存在着非常相似的地方,这两者都包含理念创造的过程。技术理念和愿景理念的概念提供了统一的公司理论基础,通过相同的知识概念,就可以分析公司的内部和外部(环境)。

第二种能力在光纤知识转变为价值的过程中也至关重要。这包括相关的一些能力,如将光纤制缆以适用于地下和海底,包括熔接、连接、敷层、制缆和中继(用于信号长距离传输)等能力。康宁缺乏这方面的能力,这也是它和缆线公司合作的部分原因。不过,第三种能力也很重要,那就是打入市场的能力。这也是康宁的软肋,因为它毕竟是一个玻璃企业,和通信运营商没有什么联系。这是它进行合作的另一部分动机。这种能力涉及体现整个价值链的活动和知识,其划分有助于强调本书的要点。

光纤技术的基础

光纤本质上是用来引导光波的。就如图 5-1 所示,光线分为两部分:纤芯和包层。纤芯的折射率较高。由于内外折射率不同,在界面上光波出现全反射,因此光波会一直在纤芯中传递下去。

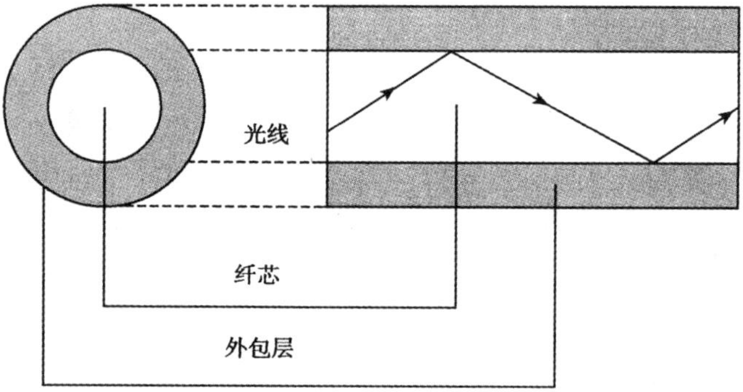

图 5-1　光纤的结构

下面是光纤技术的本质特征:

1. 是质子(即光波)而非电子在传递通信信号。

2. 信号通过玻璃传输,而不是空气或其他材料。

3. 通过将杂质(如锗)加入到高纯度的玻璃中,以改变其折射率并制造出纤芯和包层。

4. 制造的过程主要包括三个不同阶段(尽管它们也可以结合起来):(1) 使用气相沉积的方法制作胶状融合的二氧化硅;(2) 干燥

和烧结;(3) 纤维成形。随后我们将会分析一些不同的光纤制造工艺。

要建立一个有效的光纤传输系统,就需要一些相关的技术。其中包括用光源来发出光信号[通常是一个半导体激光器或发光二极管(LED)],用光探测器来接收光信号(通常是PIN或雪崩光电二极管),用覆层来保护纤丝,用光缆来包裹和保护成束的纤丝,用熔接器和连接器来连接纤丝,用中继器在长距离传输时增强信号(如海底光缆的情况)。

图5-2是一个简单的光纤连接示意图。相对于其他通信媒介如铜缆、微波和卫星等,光纤有许多很突出的优势:

1. 带宽大。光纤提供的潜在带宽超过其他任何媒介,一根普通的单光缆在传输声音、数据、文本和视频的同时,还能留下很大的空间用于扩展的通信量。

2. 抗干扰。光纤能够抵抗电磁波和无线电波的干扰,这是一个相对于其他三种媒介来说非常重要的优势。这意味着光纤可以和缆

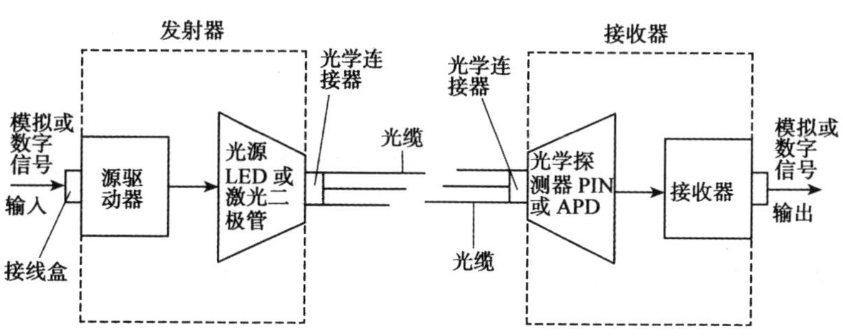

图5-2 简单的光纤连接

来源:*Datapro Research*, McGraw-Hill, New York, 1980。

线一起铺设，或在电磁噪声很高的环境中工作，如铁路轨道或公路。在使用电力或电子元件的系统中，如计算机，光纤也适用。抗干扰性使得光纤能够提供极可靠的信号传送，仅有非常低的错误率。

3. 安全性高。由于光纤不产生辐射，并且任何信号损失几乎立刻就能被发现，因此它实际上是不可被窃听的。光纤的任何损伤都能马上被锁定在几厘米的范围内。这使得光纤非常适用于一些要求高安全性的场合，如军用或者某些商业通信。

4. 尺寸小，重量轻。光纤细而轻，1 公里的光纤仅重 13.6 千克，而同样长度的铜缆重达 90 千克。光纤细小的尺寸意味着它可以铺设在无法铺设铜缆的地方。

这些优点意味着光纤在应用中具有很强的竞争力，特别是相对于铜缆来说，当然也包括微波和卫星。然而，在某些应用领域，如铺设缆线非常昂贵、甚至无法铺设或者受到地震等自然灾害威胁的地区，人们便会倾向于采用微波或卫星，或者配合光纤使用。还有些情况下，例如距离特别长的通信或一对多通信，卫星可能会更好一些。

光纤知识向日本的扩散

1970 年之前日本在光纤方面的知识

日本在光纤领域有很长的研究历史。第二次世界大战前，政府实验室承担了绝大多数的研究任务,其中包括通信省(见第三章)下属的通信实验室。举例来说,关正男(Masao Seki)[后来的清宫(Seimiya)]和根岸弘(Hiroshi Negishi)在1936年11月提交的专利申请,就是使用了其中关于石英玻璃作为通信媒介的研究成果。此项名称为"光通信方式改进"的专利编号为125946,于1938年6月通过认证。

但是,直到19世纪50年代末和60年代初,日本在光学领域的研究才开始起飞。这些早期的研究包括电磁波在电介体(包括但不限于玻璃)扩散的理论,例如:住友电工的仲原恒夫(Tsuneo Nakahara)所做的工作。① 1965年日本东北(Tohoku)大学的两个学者,川上(S. Kawakami)和西泽(J. Nishizawa),提出渐变折射率光纤(即光纤具有渐变的折射率)将可以应用于高速的光学传输。② 这个建议被两家日本公司板硝子和NEC采纳,它们都属于住友集团,而正是住友于1969年成功地制成了世界上第一根渐变折射率光纤。这种光纤采用离子交换法制造,而非掺加杂质法。这种光纤以SELFOC(SELf-FOCusing glass fibre,自聚焦玻璃纤维)的商标进入市场。尽管这种光纤在光学通信终端、医疗器械和短程激光传输上得到了应用,但其过高的衰减率使之不能用于长距离光学传输。③

---

① T. Nakahara, 'Thin Dielectric-Membrane Surface Waveguide', mimeo, 1960; T. Nakahara *et al.*, 'Millimeter Waveguides with Applications to Railroad Communications', in L. Young (ed.), *Advances in Microwave Technology*, Academic Press, New York, 1969.

② S. Kawakami and J. Nishizawa, 'Propagation Loss in a Distributed Beam Waveguide', *Proceeding of the IEEE*, *December*, 2148 - 2149.

③ K. Kobayashi, *Computers and Communications: A Vision of C&C*, MIT Press, Cambridge, Mass., 30.

20世纪60年代末之前,日本公司也开始把注意力转到建立有效光纤传输系统所需的附属技术上,但光纤的脆性限制了它的应用。为了解决这一难题,研究人员们做实验把尼龙之类的可塑性树脂直接包裹在SELFOC纤维上。这些研究工作所带来的新的进步,大大地提高了光纤技术的适应性。

20世纪60年代末,同许多西方公司一样,NTT也集中了大部分精力开发毫米级波导技术,包括像缆线那样使用地下管道发送电磁信号。但1970年以后,在西方,毫米级波导的研究被光学波导迅速取代。

在梅曼(Theodore Maiman)制造出第一束激光后,日本的研究人员在这一领域也变得活跃起来。1968年,NTT电子通信实验室提出了一个激光传输研究的长期计划并被批准实施。1969—1970年,位于武藏野(Musashino)的NTT基础研究实验室在东京市中心用氦氖激光做了空气中传输信号的现场测验。但是,正如亚历山大·格兰姆·贝尔(Alexander Graham Bell)通过他的光影电话(photophone)所发现的那样,空气并不是一个理想的光学传输媒介,而且雨、雾和其他干扰也影响了这次东京计划的成功。尽管如此,日本的研究人员仍然在其他光学领域取得了很大进步。举例来说,贝尔实验室的林泉尾(Izuo Hayashi)和潘尼什(M. B. Panish)于1970年在室温下获得连续振幅的双异质结半导体激光。林泉尾后来加入了NEC中央实验室,在那里,何日靖男(Yasuo Nannichi)正在从事半导体激光的相关工作。①

---

① K. Kobayashi, *Computers and Communications: A Vision of C&C*, MIT Press, Cambridge, Mass., 30.

根据这些日本光纤研究上的显著事例,我们可以明显地看出,日本在光纤领域有很强的能力,可以迅速地同化国际上任何一点突破和进步。的确,就像我们将要看到的那样,在 1970 年康宁的突破之后,正是这种同化能力使得光纤知识在极短的时间内就在日本广泛地扩散开了。

日本对 20 世纪 70 年代早期光纤技术突破的回应

在 1970 年,NTT 只有一个研究小组在研究光纤技术,这个小组由平野(Hirano)先生[后来进入青山学院(Aoyama Gakuin)]负责,他同时也负责针对未来光纤通信技术的战略性报告。这个小组还包括曾参与东京氦氖激光项目的新关信和(Nobukazu Niizeki)博士,他在小组里做玻璃单晶体的研究。新关(Niizeki)后来回忆说,当在 1970 年的电信年会上得知康宁已经突破 20 分贝/公里时,"我很震惊!"①

针对这个肯定会改变光学通信前景的决定性突破,NTT 迅速作出了回应。可是,与全世界其他竞争者一样,NTT 的研究人员碰到的第一个问题就是,康宁 1970 年的声明提到了它的研究成果——光纤损耗率降到非常重要的 20 分贝/公里以下,却没有披露产品和研发过程的细节。出于竞争的考虑,康宁的保密工作从一开始就做得很充分——1970 年 5 月 11 日,康宁申请了 915 号专利,而会议召开是

① 此处及以后的引用(除非特别指明)都来源于作者对光纤研发关键人物的访问。

在1970年10月,专利公布是在1972年5月2日。竞争者的研究人员开始一无所知,直到专利公布时提供了详细信息才给他们的研究和创新的努力提供了帮助。

由于这种知识隔阂,NTT的研究人员起先继续着1970年前开始时国际同行所走的老路。因此,与高锟(Kao)和霍克汉姆(Hockham)的指引[①]以及其他地方(如英国邮电公司)的研究一样,NTT继续尝试用双坩锅的方法提纯各种各样的合成玻璃。它的优点是相关的玻璃材料都被研究得很透彻,缺点是损耗率比康宁的高。

随着康宁的915号专利于1972年5月2日公布,全世界的研究人员,包括位于东京武藏野的NTT基础研究实验室的研究员们,都得到了重要的新信息。为了吸收并利用这些信息,实验室成立了第二个小组与第一个小组平行工作,继续研究合成玻璃材料和提纯。虽然第二个领域的研究仍在平野(Hirano)的指导之下,但主要由井泽(Izawa)博士负责,他是东京大学毕业的电气工程师。据一位深入此项目的高级研究人员透露:"井泽从康宁的专利中获得了许多关于(纤丝生产)方法的知识,但他想新发明一种与康宁在专利意义上不同的方法。"但在碰到材料(包括玻璃本身、石英玻璃和添加物)的问题时,井泽却并没有多少选择,因为康宁的材料被证明损耗率是最低的,因此,"就材料来说,井泽不得不按照康宁的方法。"

1972年底前期,康宁派出查尔斯·露西(Charles Lucy,一位1952

---

① C. Kao and G. A. Hockham, 'Dielectric-Fiber Surface Waveguides for Optical Frequencies', *Proceedings of the IEEE*, 113: 1151 - 1158.

年加入康宁的 MIT 电子工程专业毕业生）去日本看能否达成技术或市场的合作协议。当时参与此事的一位康宁高官回忆说："我们认为通信市场是国家性的，并且被少数的供应商垄断——在美国也如此。所以我们与同行和通信运营商进行交涉。"

在日本，康宁的协议标准和它在其他国家的是一样的（后来与德国西门子，英国 BICC 的协议都是这样）。这些协议在康宁叫做"合作发展协议"。康宁的动机实际上源于"知识互补性和市场进入程度均不足"的事实。按照协议规定，康宁的合作者要"找出用纤丝有效地制作缆线的方法，并将信息反馈（给康宁），还要把（关于光纤优点的）信息带给通信运营商"。反过来，合作者可以使用康宁的光纤技术，包括产品专利和生产工艺。但是，合作者要付给康宁专利税，并且，如果其他协议表明康宁在某个国家有直接或间接利益，合作者就不可以向该国出口光纤。

露西到了日本就直接去 NTT 提出了合作协议。这使 NTT 面临两个选择：一方面，它可以像以前那样，和它的三个主要缆线供应商藤仓、古河和住友电工达成光纤领域的合作研发协议；另一方面，它可以同意甚至促使其供应商与康宁签署协议。或许也有另外一种可能，即两者的某种折中。

要评价 NTT 的选择，我们需要先分析一些背景因素。首先，应该注意到，NTT 很早就在它的基础研究实验室着手光纤方面的研究，这使其具备了足够的能力来迅速吸收和继续完善所需的技术。此外，正如我们在前面看到的，日本缆线公司以及像板硝子和 NEC 等都掌握了这一领域的知识。这大大降低了选择“自力更生”的进入成本。一位当时深入参与这一决策的高级研究管理人员表示:“我们相信在一两年内我们就可以开发出相似的光纤,或许那时成本不会这么高。”

其次,NTT 和缆线公司以前有依靠外国公司提供同轴铜缆的经历,这也影响到了决策。为了在一定程度上降低这种依赖,日本曾采用双供应商的方法,选择美国的西部电气(Western Electric)和英国的 STC 同时作为其供应商。但这也导致了问题:“我们之前曾有过糟糕的经历——向西部电气和 STL 支付了非常高的价格来购买同轴缆线。住友电工从 STC 购买同轴缆线,古河则从西部电子购买,因此日本只有两种同轴缆线: STC 的 S 型和西部电气的 W 型。我们必须支付高价来购买许可。”这个经历使得选择“自力更生”的可能性更加增大。

再次,NTT 考虑到了康宁限制出口能力的问题。“康宁坚持禁止出口是个很严重的问题”,缆线公司没有出口光纤和光缆的能力,就要被迫去分享大小尚不确定的国内市场,这可能会使缆线公司放弃很多的经济利益和发展空间,导致更高的成本和价格。此外,“在出口中学习”的可能也要放弃。

最后,NTT 决定选择与日本公司合作开发光纤和光缆,但同时与康宁保持一定的联系。在详述这一决定之前,我们有必要注意一下 NTT 和其他公司,如 AT&T 和 STL,选择的相似之处。与 NTT 一样,在光纤领域 AT&T 和 STC 也已经具备了相当的能力。事实上,在进行光纤交易之后，AT&T 很快就告知康宁，它希望在这一领域发展自己的技术。[①] AT&T 在这方面的努力得到了其与康宁所签协议的支持，该协议使 AT&T 得到对康宁专利权的某些豁免。相似地，在高锟、霍克汉姆和其他人始于 20 世纪 60 年代的研究工作的基础上，STC 从没有向康宁购买过光纤技术，而是坚持独立发展自己的专利技术。[②]

1973 年秋，NTT 与藤仓、古河和住友电工签署了一份合作研发协议。[③] 这项协议基于这样的谅解：三个公司为合作研发提供支持，作为回报，它们最后将分享 NTT 的交易成果。同时，NTT 认为古河应该与康宁签署一份正式的协议。据一位深入参与谈判的康宁高级官员透露，古河得到了康宁的一份合作发展协议。

> 协议的附件是一份正式的许可协议，对将来会参与的内容作出承诺。也就是说，（古河）有了选择，但最终的许可形式还可以商榷……这份许可协议允诺了全部专利和制造技术，但要多给康宁一份专利税……所有（我们在交涉的）国家都是同样的协议。（举例来说）在德国，并不是给出一份许可，而是（和西门子）建立合资公司，而它本身就是被许可了的。

---

① I. Magaziner and M. Patinkin, *The Silent War*, Random House, New York, 1989, 275.

② 基于与 STC 公司的一个高级管理人员的访谈，1989 年。

③ 于 1969 年在渐变折射率纤维上取得了重要突破的板硝子公司并没有被邀请加入这一联合研究团队。一个重要的原因就是，它不是 NTT 供货商家族的成员。此外，在取得重大突破之后，板硝子基于不同技术的光纤没有跟上世界上最先进的技术进步。另一个原因是它的工艺需要用到一种有毒的化学物质氯化铊，而 NTT 不愿意使用这种物质。

但是,NTT 考虑了上述背景之后,急于确定古河和康宁之间的协议不会限制其发展自己光纤技术的能力,从而最大限度地减少对国外供应商的依赖,因此,NTT 希望古河在与康宁合作开发的同时,保持与 NTT、藤仓和住友电工的合作。此外,NTT 要求康宁给予古河从属许可权,以将康宁的技术转授给藤仓和住友电工。用一位康宁官员的话说:"NTT 操控着古河,希望能在任何协议达成之前对合同作一些修改。最重要的是允许古河和 NTT 的实验室(以及其他两家日本缆线商)合作,并解决从属许可权的问题。"换句话说,"NTT 想使其和古河之间保持更合适的关系,以使 NTT 的实验室可以和古河合作。NTT 期望古河获得最终使用权,其他(两家)公司获得从属许可权"(额外强调)。

通过这种方法,NTT 希望,如果古河和其他两家日本缆线制造商愿意,他们将来仍可以选择从康宁那里获取知识。因此,这位康宁官员同时表示:"NTT 让古河明白:它们期望在日本应用的技术是从自己实验室里开发出来的自己的技术。"虽然 NTT 希望三家日本公司能够使用康宁的基本专利,但 NTT 还是希望它们使用 NTT 和它们一同开发的制造技术。也就是说,生产附加值应该是"日本的",不过 NTT 希望古河从康宁获得专利使用权,再授予住友和藤仓。

一位接受采访的古河官员认可了我们对这个问题的解释,他承认 NTT 想要确保这个同康宁的协议,以作为一个"安全网",即使最终 NTT 和三个日本缆线公司的合作开发失败,其也能提供安全保障。"NTT 希望我们(古河)保持与康宁的联系,以备我们自己的研发失败时仍能够获得康宁的制造技术。"但是,需要着重强调的是,尽管 NTT 像 AT&T 和 STC 一样更倾向于开发自己的光纤技术,但它在原则上并不排斥康宁的专利。NTT 并不介意日本公司使用康宁的专利,尽管它很希望制造技术尽可能是"土生土长"的,因为这样会降低 NTT 对国外供应商的依赖,进而可以有更多的选择,并保证掌握主动权,避免过高的价格。或者正如这三家缆线公司的一位高级主管所言:"这三家公司有种责任的认识,就是要在日本开发光纤技术。"

最终,日本专利局拒绝了康宁的专利申请,具体的原因我们以后会详细分析。然而,由于已经和古河达成了合作协议,康宁最终还是和它签署了许可协议。然后,古河又许可了藤仓和住友电工。但是,一方面因为日本专利局拒绝了康宁的申请,一方面因为 NTT 和其他三家公司生产能力有限,康宁并没有获得预想的那么多的专利税。正如那位康宁官员所述:

> 1977 年,我们和古河有一个许可协议。我们询问古河是否对(类似英国 BICC 的)合资有兴趣。他们并没有表示他们是否愿意。他们说 NTT 规定不能从一个外资公司采购,"外资"指(外国公司)持有 20% 以上的股份,所以合作投资是不可行的……古河又许可了住友电工和藤仓——所以专利税是由所有这三家(缆线)公司支付的,但不像我们预期的那么多。

可以说,NTT 是很有战略眼光的。它利用自己在光纤领域强大的研究能力，为自己创造了一个选项，就是尝试与日本缆线公司合作发展生产技术，这也正是它想要实现的。如果成功了，对于外国供应商的依赖会大大降低，和 NTT 有着相互依赖关系的日本缆线公司也会因此强大起来。如果这条路走不通，那么还有第二条路可选，那就是加深与康宁的关系，这并不亚于从一开始就和康宁建立紧密的联系。（值得注意的是，只有当 NTT 直接并活跃地参与到研发过程中时，原来那个"自力更生"的选择才成为可能。假如 NTT 表现得稍微消极一些，让那些缆线公司自己决定如何对待这项新兴且前景不甚明朗的技术，那么"自力更生"的选择就根本不可能。与之相关，我们应当注意到，康宁自己也是到了 1983 年才开始从光纤领域获利的。）

然而，NTT 自力更生的选择很快得到了一个实质上的推进，这来自一个非常意外的地方——AT&T。

进入 AT&T

截至 1974 年年中，NTT 在茨城（Ibaraki）的基础研究实验室的两个研究小组取得了一些进展。但单从损耗率来说，它们仍落后于康宁。第一个研究材料的小组继续用双坩埚法提纯合成玻璃来生产光纤，而第二个小组则希望在康宁的生产流程上有所突破。

然而，1974 年 7 月，发生了一件对日本光纤研发进程影响深远的事情。事情源于一份报告，这份报告由麦克契斯尼（MacChesney）和他在贝尔实验室的同事在第十届世界玻璃学大会上发表，题目是"同时采用气相沉积法与熔接法制备低损耗率光纤”。[①] 这次大会是日本陶瓷协会于 1974 年 7 月 12 日在京都组织召开的。

当然,在评价麦克契斯尼和他的同事对光纤知识在日本的扩散的影响之前,我们有必要先来分析一下贝尔实验室此时在光纤研究中的作用以及它与康宁的关系。虽然至关重要的 20 分贝/公里是由康宁而不是贝尔实验室(原因在附录 2 中有说明)的研究人员突破的,但贝尔实验室和 AT&T 对光纤通信,尤其是对传输中“反向突出(reverse salient)”(见附录 2)方面的内容,拥有着强烈而显著的兴趣。

举例来说,1966 年 7 月,也就是梅曼发明第一束激光后大约五年半的时候,贝尔实验室已经开始分配资源以研究激光在光学通信上的应用了。贝尔实验室的斯图尔特 · 米勒(Stewart Miller)当时写道:“现在研究这个问题的工程师和物理学家估计要比激光应用的其他任何领域都多。”[②]当时贝尔实验室有大约 50 名工程师和物理学家在研究激光,而只有 6—10 位研究人员在研究传输媒介。[③]

在康宁于 1970 年实现突破之前,贝尔实验室除了进行光纤相关

① J. B. MacChesney, P. B. O 'Conner, E. V. Dimarcello, J. R. Simpson, and P. D. Lozay, ' Preparation for Low Loss Optical Fibers using Simultaneous Vapor Phase Deposition and Fusion', paper presented at the Tenth International Congress on Glass, no.6, 'Optical Properties and Optical Waveguide', 12 July 1974, Kyoto.

② S. Miller, quoted in District Court, S.D., New York, Corning Glass Works v. Sumitomo Electric USA Inc., Nos. 84 Civ. 9155 (WCC) and 85 Civ. 3156 (WCC), decided 13 October 1987, as amended 21 December 1987, 1548.

③ S. Miller, quoted in District Court, S.D., New York, Corning Glass Works v. Sumitomo Electric USA Inc., Nos. 84 Civ. 9155 (WCC) and 85 Civ. 3156 (WCC), decided 13 October 1987, as amended 21 December 1987, 1548.

领域的研究之外,还进行一些其他光介质的研究。这些研究中的一项工作源自马萨诸塞州康科德城(Concord, Massachusetts)的威廉·惠勒(William Wheeler)于1880年提出的想法。在那一年,惠勒申请了一项专利,提出利用内壁为反射面的管子可以将光从一个中心光源传送到建筑物的各个角落。尽管惠勒的想法并没有用于实际(因为镜面吸收了太多光线),但是,1960年中期,贝尔实验室开发了一种气态透镜系统,用以引导光线在一个充满惰性气体的管道里传递。加热管壁可以获得渐变的温度,也就改变了气体的折射率,从而形成一个汇聚透镜。贝尔实验室也试验了一种置于气密管道里的实体透镜系统,该系统利用自动伺服装置进行调节。虽然这种系统在实验条件下运行良好,但这项研究很快就被放弃了,因为它非常昂贵而且难于实现。经常追随贝尔实验室进行研究的NTT,也在同样的方向上做了许多工作。

既然康宁和贝尔实验室在光纤通信领域有相同的兴趣,这两者之间于是进行了基于交换许可协议的正式合作。协议的基础涉及半导体和光纤两个领域的知识交换。康宁在该协议中希望实现两个相一致的目标:第一,康宁已经决定进入半导体领域以实现多元化[通过向西格尼蒂克(Signetics)投资,该公司后来出售给了飞利浦(Philips)],并希望能够获得AT&T在该领域的某些技术;第二,康宁希望在光纤领域从AT&T那里获取更多的利益,它明白,因为AT&T在通信领域居于垄断地位,所以无论如何自己最终都要把光纤卖给AT&T,康宁希望,通过与AT&T交换光纤和半导体技术从而达到

“一箭双雕”的效果。一位康宁高级管理人员解释说:“我们把 AT&T 看作是一个垄断的买主。在美国,我们不得不取悦于它……我们需要 AT&T(在半导体领域)的专利权,我们也明白最好是用光纤的专利权与之交换。如果 AT&T(在光纤领域)什么都不做的话,那我们(在美国)就没生意可做。”

在康宁与贝尔实验室保持紧密联系的同时,日本人也同样如此。(在 NTT 的)日本人在二战之后很快就与 AT&T 建立了密切联系。其中包括一份协议:NTT 和日本通信公司可以使用 AT&T 的专利,但须缴纳专利税。20 世纪 70 年代中期,协议扩展为两方进行更为广泛的知识交换。这一合作框架促进了光纤知识向日本的扩散。

1974 年 7 月,麦克契斯尼及其同事在日本访问,上述背景有助于理解这期间他们的重要影响。他们在京都第十届世界玻璃学大会上发表论文,报告了在贝尔实验室用 MCVD(改进型化学气相沉积)工艺生产低损耗率光纤的成果。MCVD 工艺与康宁的 IVD(内部气相沉积)和 OVD(外部气相沉积)在某些方面有所不同——后面我们再详述——这些不同拓展了半导体产业气相沉积技术方面的知识,而且就材料和方法来说,这和光纤制造十分相似。贝尔实验室通过与康宁的专利权交换协议避免了专利侵害诉讼,它使用康宁借以突破 20 分贝/公里(详细分析见附录 1)的知识技术,发展出了自己的技术形式,即 MCVD 工艺,并且开始积累相关的专利。

麦克契斯尼及其同事在京都大会上发表论文之后,应邀访问了 NTT 的实验室。论文的发表和随后的访问对日本光纤研究人员产生了很大影响。尽管康宁 1972 年的 915 号专利和其他相关出版物已经问世,但是这些研究人员仍然继续研究合成玻璃,而没有意识到 MCVD 和相关的 IVD 和 OVD 工艺的重要性。当年 NTT 研究团队的一位年轻成员后来成为研究管理人员,他回忆说:“涉及缆线和材料的研究人员都被 MCVD 工艺震惊了。”后来成为 NTT 茨城实验室成分与材料研究分室负责人的新关信和(Nobukazu Niizeki)博士,曾深入参与光纤研究,他提供了一些关于麦克契斯尼访问所带来的影响的更多细节:

> (麦克契斯尼)给我们展示了他们在贝尔实验室(所使用)的 MCVD 机器,让我们很震惊。他还介绍了生产低损耗率光纤的制造细节和实验数据,这是一个非常坦诚的介绍。听了他的报告之后,NTT 的人员决定全力研究纯二氧化硅玻璃纤维,放弃合成玻璃(因为它最低只能达到 6 分贝/公里,而使用 MCVD 二氧化硅纤维方法的最低可达 1 分贝/公里)……我们对这个简单的方法和杰出的成果感到震惊——它在微米波下可以获得 1.0 分贝/公里的损耗率。

在评论贝尔实验室在光纤技术全球扩散方面所起的作用时,一位康宁管理人员不无悲伤地说:“贝尔实验室(也)研究光纤方面的问题,并获得了一些专利,发表了一些论文,引领着世界从事这一行业。”他承认康宁的一些人对贝尔实验室把 MCVD 工艺的相关知识扩散得如此广泛感到"愤怒"。

VAD 工艺的改进

1967 年 2 月,也就是彼得 · 舒尔茨(Peter Schultz)进入康宁之前 6 个月,他尝试通过在混入的硅芯外表面沉积水解硅粉末的方法制造光纤。在 1968 年 4 月,他又改变了方法,在硅管内壁上沉积水解的含二氧化钛的硅粉末。几个月里,舒尔茨一直延续了后一种路线。1968 年 8 月,也就是他加入康宁的那个月,他制造出第一根可用于短程通信的低损耗率光纤。就这样,外部气态沉积法(OVD)和内部气态沉积法(IVD)诞生了。虽然康宁在舒尔茨实现这一突破后仍使用了几年 IVD 法,但后来还是改进了 OVD 法,作为其主要生产方法。

图 5 - 3 描述了 IVD 和 OVD 方法。可以看出,在 IVD 工艺中,硅和杂质(用于控制折射率,如锗、磷、氟)的氯化物蒸汽在玻璃筒内被氧化,氧化物的粉末就一层层沉积下来。氧化过程的热源是一个置于筒外的气炉(也可以同时使用筒内的无线电频率等离子体)。当这个预制件做好之后,它被加热到像太妃糖一样的黏稠状态,从中拉出一根连续的丝状光纤。曾经使用过 IVD 方法的公司有康宁、贝尔实验室、西部电气、ITT、飞利浦和汤姆逊半导体(Thomson - CSF)。

OVD 方法使用与 IVD 相同的材料和基本程序,如图 5 - 3 所示,其主要不同在于粉末沉积在一个旋转和移动的水平杆或者轴上。OVD 方法主要是在康宁使用。

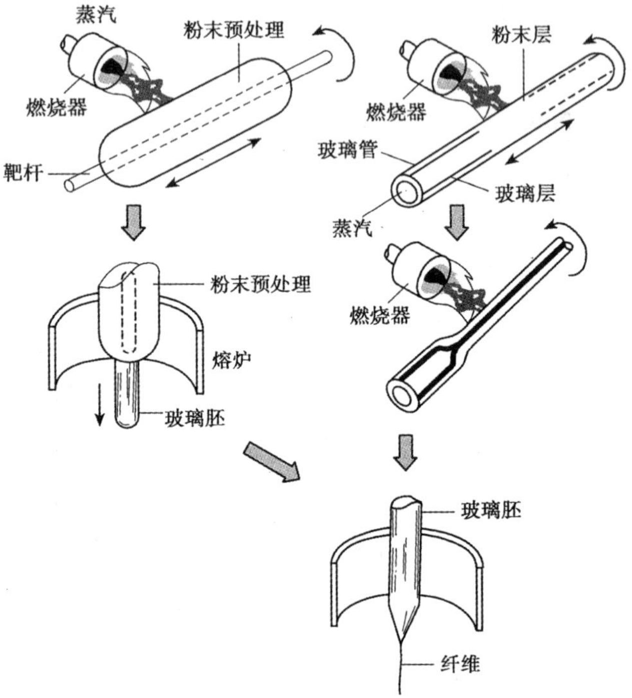

图 5-3　外部气相沉积和内部气相沉积

来源：*IEEE SPECTRUM*(1983)：36。

气相轴向沉积法(VAD)最早起源于武藏野的 NTT 基础研究实验室第二小组。1972 年康宁 915 号专利公布之后，井泽博士就开始考虑如何发展“日本的”低损耗光纤制造技术，且不侵犯已有的专利。正如上面所提到的，直到贝尔的麦克契斯尼和他的同事来访前，基础研究实验室主要还是在研究合成玻璃，而不是在研究他们一直想提纯的石英玻璃。

1976 年，井泽博士被派往斯坦福大学一年。他在那里研究了光学检波器,一个和他以前从事的光纤制造技术无关的领域。他回到日本后,就进入到了 NTT 茨城实验室成分与材料分室。这一分室 1976 年之前是由新关信和博士负责的,从 1976 年开始,开发光纤制造技术的职责就从武藏野的基础研究实验室转移到了茨城的成分与材料分室了。井泽博士领导了一个研究小组,到 1976 年年底此研究小组人数已近 30 人。所有这些研究人员均受雇于 NTT,都不来自其他那三家日本缆线公司。

据一位当时深入参与这一项目研究的管理人员透露,他们主要有两个目标:"让(NTT 的)方法在专利意义上不同于康宁,并生产出比现有方法更长的预制件(进而可以得到更长的光纤)。"1977 年,首次介绍 VAD 方法的声明,在东京的集成光学与光学通信大会上公布。

图 5-4 描述了 VAD 方法。这一方法使用了与 IVD 和 OVD 相同的材料(石英玻璃、杂质,如锗、氟等)和相同的基本程序(火焰水解)。正如从图 5-3 和图 5-4 可以看到的,主要的区别在于粉末是沉积在预制品底部(或者说轴——因而叫"轴向气相沉积"),而预制品则是旋转并向上运动的。不同于 OVD 工艺的是,它不需要目标杆或中心轴。

正如前面所说,VAD 工艺是在武藏野以及后来的茨城由 NTT 的研究人员独自开发出来的(也就是说没有三家缆线公司的研究人员参与)。但是,NTT 的研究员并不知道,住友电工的研究人员,在没有其他缆线公司帮助的情况下,一直在研究一个相似的方法。他们在 1974 年 11 月 8 日提交了日本专利申请,比 NTT 的 VAD 工艺公布

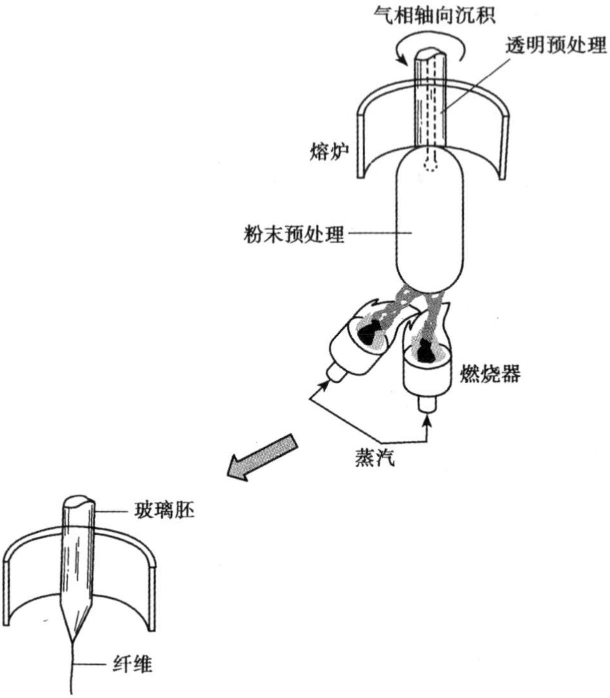

图 5-4　气相轴向沉积

来源：*IEEE SPECTRUM*（1983）：36。

要早三年。在美国的专利申请时间是1977年6月13日，最终公布是在1979年1月23日，专利号为4135901，名称为“光纤玻璃制造方法”，住友电工为专利权所有人。住友电工和NTT的工艺都是在轴心方向上进行的。主要区别是，在住友电工的工艺中，火炉放置在顶部，预制品向下运动，而在NTT的VAD工艺中，火炉在底部，预制品向上运动。随后在日本，气相轴向沉积的专利权同时授给了NTT和住友电工、藤仓和古河。

我们最好把VAD理解为逐步的或试验性的技术变革过程中的一部分(尽管,这可能产生很重要的结果)。实际上,据康宁的一位高级官员透露,康宁也试验了相似的方法,但出于对水平的OVD工艺的偏爱,最终放弃了这一方法,“不幸的是,我们没有想到申请这一专利”。

竞争的优势

在VAD工艺中把火炉放在预成品底部有许多优点。主要的优势是理论上可以生产更长的预成品(因为预成品是竖直放置,而不是水平的)。再就是生产流程可以是连续的,气态沉积、干燥、烧结、抽丝都可以在同一个流程中连续进行。更长的纤丝意味着相同距离上需要更少的连接器。一个日本缆线公司评价说:“就原料的高沉积比率和高转化效率而言,VAD方法比其他制造方法好。同时,VAD方法也是唯一可以使生产流程连续化的方法。因此,VAD方法带来了更为低廉的纤维。”①

我们来对IVD、OVD和VAD方法的竞争力做几点评价。最重要的一点,这三种方法所带来的净收益都太少,都不足以淘汰掉其他方法。结果就是,三种方法都得以生存,而且除非有新的突破出现,它们将继续共存下去。另外一点是对VAD方法竞争力的一些

① 作者的私人通信。

间接证明。AT&T 收购了一家美国公司大部分的股权，这家公司原来由住友电工和 Litespec 共有，使用 VAD 方法制造光纤。很明显，如果 AT&T 对 VAD 工艺的竞争力有所怀疑的话，它是不会进行这项投资的。

1976 年和 1979 年日本的光纤世界纪录

1976 年和 1979 年，日本的研究人员相继打破世界光纤纪录，制造出损耗率最低的光纤，并证明他们所掌握的光纤技术已居于领先地位。1976 年破纪录的故事很有趣，它并不是什么重大技术突破的结果，而是日本人将不同组织所获得的知识碎片进行整合的一个范例。

藤仓的一位主要研究人员是位化学家，叫小山内（Osanai）。当时日本的光纤研究人员大多专攻陶瓷或玻璃领域，但作为一名化学家，小山内希望找出光在玻璃中传输损耗的主要原因。他的研究使他确信，以氢氧基（OH）形式存在于纤丝中的水分是传输损耗的主要来源。

康宁之前就已经知道了小山内的发现，他们发现火焰水解法导致了过高的氢氧基含量。"康宁尝试了许多方法来减少氢氧基，但都并不十分有效。"一个方法是"在一个充满干燥惰性气体的倾斜炉中固化粉末预制品。这种方法有一定的干燥效果，但水分含量仍然很高"。另一种方法是"在真空中将预成品固化。这种方法比前一种更有效，但并不经济”。在1972年年底1973年年初。康宁的一位研究员罗伯特·D.德·路卡（Robert D. De Luca）博士尝试了另外一种方法，即“把粉末置入含氯的气体中使其脱水……这种方法产生了‘惊人的’效果。1973年1月，他的首次尝试就使得水分含量降到当时的最低值——2%”。德·路卡的研究在1974年4月22日进行了专利申请，并于1978年1月20日公布，专利号为3933454。[①]

小山内在藤仓的实验被证明是成功的。1976年，他带着自己的成果和一些自制的光纤来到了NTT的茨城实验室，他的光纤在1微米波长下的损耗率达到了1分贝/公里。正是在这个时候，藤仓和NTT的两套互补信息开始融合。在NTT的基础研究实验室，物理学家水岛（Mizushima）博士一直在研究波长对损耗率的影响，他断言损耗率不仅与杂质有关也与波长有关。他说，氢氧基吸收了一定波长下的光，所以增大了损耗。因此，水岛预言，同时调整氢氧基的含量和波长，就能获得更低的损耗率。藤仓缺少改变光信号波长的设备，但茨城实验室在水岛的理论预言的指导下进行调整，试验了藤仓实验室制造的光纤。NTT和藤仓在1976年发表声明，它们获得了打破世界纪录的低损耗率，0.3微米波长下是0.5分贝/公里。1979年NTT又一次以0.55微米波长下0.2分贝/公里的低损耗率创下了新的世界纪录。波长在1.3微米和1.55微米左右的情况见图5-5。

---

① *Corning v. Sumitomo Electric*, 1564.

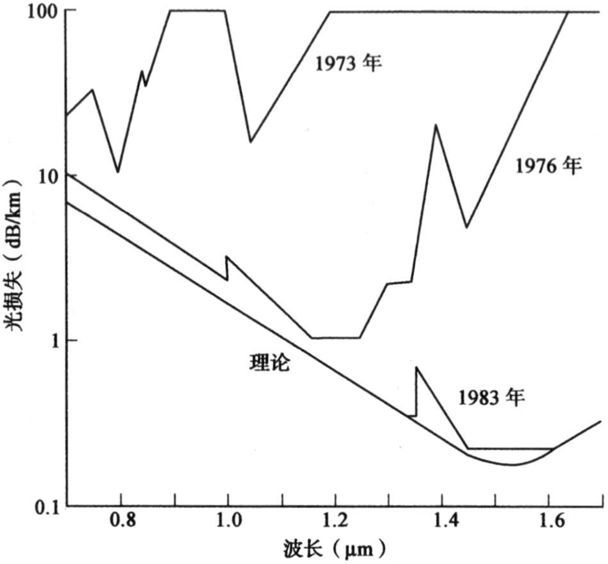

图 5－5　硅纤维光谱损耗数据

来源：C. K. N. Patel，'Lasers in Communications and Information Processing'，in J. H. Ausubel and H. D. Langford (eds.)，*Lasers: Invention to Application*，National Academy Press，Washington，DC，1987。

日本光纤的后续发展

AT&T 在亚特兰大和芝加哥进行了光纤系统的现场试验之后，NTT 于 1980 年 10 月进行了一个类似的陆上试验。试验使用了一条单纤（后面会介绍单纤和多纤），从 NTT 的武藏野实验室，穿过东京西部的八王子（Hachioji）和相模原（Sagamihara），直到公司所在的厚木(Atsugi)实验室,长达76千米。这次实验由NTT的总工程师山口(Yamaguchi)和NTT的研发部主管尾口(Oguchi)博士[后来成为藤津(Fujitsu)的主管]指挥。此时,NTT在技术上仍然是“两驾马车”:一方面是原来从贝尔实验室麦克契斯尼获得的MCVD工艺,另一方面是自己独力开发的VAD工艺。从1977年左右,NTT就与藤仓、古河和住友电工结成合作研发同盟,共同改进VAD工艺。需要注意的是,这项由三家缆线公司投资的研发计划要以NTT对光纤的大量购买为基础。

这项试验的主要目标是检测用MCVD和VAD工艺制造的光纤的绝对和相对性能。当时,VAD工艺制造的光纤在损耗率和强度上都逊于MCVD工艺。为了进行测试,实验中加入了一个VAD片段。结果表明虽然VAD光纤没有MCVD光纤那么好的性能,但它至少还是可接受的。1981—1982年间,三家缆线公司全部转向VAD方法,放弃了MCVD方法。原因在于,NTT决定从北部的北海道到南部的九州铺设全国性的通信线路,需要使用大量的光纤,经济杠杆决定只能使用一种方法。此外,在经过当时的逐步改进之后,人们认为VAD方法比MCVD方法更适合于制造远程单光纤。

1978年,曾与康宁达成合作协议的古河决定放弃康宁的技术。这一决定的主要原因是:获取康宁的技术需要支付专利税,VAD工艺实用且有效。因为NTT持有VAD工艺的大部分专利,所以VAD技术很快就得以传给了藤仓、古河和住友电工。这些公司派出工程师来到茨城实验室,在那里他们研究了VAD设备和工艺,并得到茨城实验室研究人员提供的详细信息。这些知识信息成了这些公司自己开发 VAD 工艺的基础。虽然这三家公司的 VAD 工艺在本质上是相同的,但在一些重要的设计和工艺上仍有很大差异。然而,出于竞争的原因,这些差异是保密的,任何一家的研究人员都不知道具体的细节。NTT 和其供应商之间变成了一种受控竞争的关系。这种关系中竞争性的一面,包括供应商之间争夺 NTT 市场的竞争,促成了技术上的分歧。尽管处在发展的大环境中,但这种技术变革过程仍成为渐进式发展的重要动力。

由于通信干线、局域网(LANs)、电脑以及光学检测与控制系统等方面的需求日益增长,NTT 决定把 VAD 技术转让给其供应家族中的较小成员:日立缆线、大日缆线(和三菱集团有紧密联系)以及昭和电线缆线。NTT 希望把这三家公司带到光纤时代,并需要更多的光纤生产商。此举遭到藤仓、古河和住友电工的极力反对,他们称可以扩大自己的生产能力以适应市场需求,但 NTT 还是坚持把 VAD 技术转让给上述公司。然而,由 NTT 和这三家公司共同持有的专利并没有给上述公司,因为后者想独立开发出该领域的技术。尽管如此,基本的 VAD 技术还是转让给了这些公司,1976 年成立的 NTT 技术转让公司(NTECH)在其中扮演了重要的角色。

康宁对住友电工

住友电子是日本最大的缆线公司,它获得日本光纤生产的资质之后，在20世纪80年代初就准备进入海外市场了，主要目标是北美市场。先从加拿大开始，加拿大电线缆线公司同意为住友的光纤制缆。尽管加拿大电线缆线公司只是一个客户，但是康宁还是决定在加拿大起诉它侵犯专利。1984年初，康宁赢得了官司，住友被禁止向加拿大出售光纤。

住友电工接下来则尝试直接向美国出口光纤。为了还击这一举动，康宁向美国国际贸易委员会（ITC）提起诉讼，指控住友电工在日本使用的脱水和固化方法侵犯了康宁的主要光纤专利（前面提到的德·路卡的454号专利，关于使用火焰水解制造光学波导的方法。）1985年ITC裁定康宁的专利权被侵犯，但驳回了赔偿损失的要求，因为住友所占市场份额太小。（有趣的是与ITC相反，下面要提到的纽约地方法院认为住友电工并没有侵犯康宁的德·路卡专利。）

在ITC下达裁定书之前，住友电工已经决定在北卡罗莱纳州的研究三角区开始其在美国的生产。公司新的美国子公司（SERT）对专利事件表示抗议。它于1984年8月16日上诉，主张康宁的915号和454号专利无效、没有强制性而且也并没有被住友电子研究三角有限公司侵犯。然而，住友电子研究三角有限公司的生产计划直到1985年5月ITC裁定之后才开始。1984年11月19日，康宁又反诉其915号、550号和454号专利被住友电工蓄意侵犯。1987年10月13日纽约州地方法院作出了判决（1987年11月21日又进行了修改）。

本质上来说，住友电工认为康宁专利中的知识早已存在，也就是说,在康宁的915号、550号和454号专利授权(包括其他康宁早期的专利)之前,就已经有其他更早的知识来源。这也正是日本专利局拒绝康宁在日本的同等专利申请时所给的答复。纽约地方法院认可了这一主张,判决在康宁915号、550号和454号专利中所涉及的许多知识之前就存在。举例来说,在判决中,法庭指出“在康宁915号专利申请之前,锗和磷就已经被公认可以增加玻璃折射率,人们也都知道如何用火焰水解进行气相沉积以生产包含此类杂质的玻璃”。[①]如果915号、550号和454号专利所包含产品和工艺发明中的基础知识都早已被公认,那么这些专利又怎么能是正当的呢?

但在判决中,纽约地方法院裁定,尽管这些关键性的知识在专利申请之前就已经存在,但并不能“明显地”从这些知识中得知如何去生产可用于通信领域的光纤。法庭据此认定:

20世纪60年代末从事光学波导领域工作的技术人员,普遍具有材料科学、陶瓷、物理学或类似领域的学位,熟知光传输、材料散射和混合这些概念以及成分对折射率的影响,也应该熟知玻璃转变、不透明化、分相和冷却应力现象。

无论单独或综合地考虑住友所依靠的任何专利和出版物,在915号专利的声明1和2中的发明对这类人都并不是显而易见的。[②]

---

① *Corning v. Sumitomo Electric*,1564.

② *Corning v. Sumitomo Electric*,1556;斜体部分由作者添加。

同样,法院裁决:

> 非显见性的客观准则的存在和力度都证明了康宁专利的合法性。由于铜缆的公认缺点,适合远程通信的玻璃纤维具有广泛的需求,并且全世界都在努力提供这样的纤维。经过长期的研究失败,产业专家对实现目标表示绝望。康宁的"突破"立即被公认为就是长期找寻的解决方案,并获得热烈的欢迎。它切实地创造了一个新的实体产业。①

因而,正如附录 2 所分析的那样,尽管康宁的突破是源于已有知识的整合而并非新知识的创造,但这种知识的整合以及它所产生的效果(生产适用于通信的低损耗光导),对于这一领域具有普通知识的人来说,并不是显而易见的。

虽然住友本希望能"绕过"康宁的专利,但法庭宣布它的努力失败了。这些努力包括:使用与康宁专利不同的锗杂质比例,使用氯(降低折射率)替代(康宁专利中用以增大内芯折射率的)锗。法庭因此裁决,住友生产的光纤表面上并没有侵犯康宁的专利,但它是"功能等效"的,因此侵权行为成立。尽管这种光纤"不在(康宁)专利的字面范围内,但它用同样的方法、实现了同样的功能并获得了同样的结果。"②

---

① *Corning v. Sumitomo Electric*, 1569.
② *Corning v. Sumitomo Electric*, 1559.

最终,法庭认定:康宁的915号和550号两项专利有效,并且已被住友蓄意侵犯;然而,其454号专利虽然有效,但并没有被侵犯。针对后一专利,法庭裁定:"454号专利的声明既没有在字面意义上受到侵害,也没有在'同等效力'的意义上受到侵害。在康宁的专利申请及给出书面描述之前,原有的知识就已经明确了分离干燥和固化的工艺。"①这也就是说,住友使用分离干燥和固化的方法并没有侵害454号专利。法庭判决住友电工应停止其在北卡罗莱纳州工厂的光纤生产,并赔偿康宁2 500万美元。

但这并不是故事的结束。判决之后,住友电工把北卡罗莱纳工厂拆分为两个独立的公司:一个是SEFOC(住友电工光纤公司),由住友独有,生产光缆及相关配件,如熔接设备;第二个是Litespec(朗讯同住友的合资厂),生产光纤,51%的股份卖给AT&T,住友电工保有剩下的49%。

在一次采访中,住友电工的一位高级主管说:与AT&T的交易不只是因为纽约地方法院的判决,更深层次的考虑是为了与AT&T结为战略同盟。从住友电工的立场来看,这种结盟不仅可以使两者之间的技术交换成为可能,更可以依靠AT&T垄断性的市场份额打开美国市场。

从我们目前所关心的角度来看,住友电工和AT&T的合作,实际上是对其在日本和Litespec使用的VAD技术投了一张信任票。正

① *Corning v. Sumitomo Electric*, 1570;斜体部分由作者标明。

如本章所分析的，因为知识产权已经避免了 MWD、OVD 和 VAD 工艺之间的潜在竞争。虽然 Litespec 这次的合资可能实现 MCVD 和 VAD 工艺的交互，但住友电工还是坚持保有独立的控制权，以将泄露这种敏感的 VAD 技术的可能性降到最低。和其他公司一样，住友电工和 AT&T 签署了交叉许可协议。

NTT“家族”的全球化

1985 年，NTT 部分私有化之后开始扩大其供应“家族”圈，包括日本和国外的公司。到 20 世纪 90 年代初，它已经在此方向上采取了一系列的措施。

1991 年 3 月初，NTT 宣布，在其名为 Track Ⅲ 的计划中，已经选出四家公司来开发一种新型光纤，作为其“光纤入户”计划的一部分。该计划希望用光纤代替铜缆，使得 21 世纪可以做到向家庭提供带宽的服务。当时已有的光缆包含 1 000 根光纤，这个合作计划的目标是 4 000 根光纤。康宁和西门子的合资公司西康和住友电工被选中开发高密度、小直径的光缆，而古河和藤仓则开发低损耗、高速度的连接器。计划预期将持续五年。①

此后不久，NTT 在相关的发展计划中宣布了开发综合光纤用户系

① *Wall Street Journal*, 3 March 1991.

统的三个合作计划。第一,开发窄带光纤用户传输系统,涉及AT&T、富士通和日立。第二,开发能够传输高清电视(HDTV)信号的多频多路光纤用户传输系统,涉及藤仓、富士通、松下电气、NEC和住友电工。第三,开发高速数字光纤用户传输系统,其速度将达到每秒数百兆,这一项目涉及日立和三菱电气。这三个项目也是在Track Ⅲ计划下实施的。

康宁的一位主管在采访中透露说:康宁在日本受抵触多年之后,对能参与到NTT的研发项目中感到很满意。可是,康宁的参与最终能够获得多大的销售量和市场份额,仍有待观察。当被问到康宁是否担心在合作中向竞争对手泄漏信息时,这位主管承认这“让康宁的员工很伤脑筋”。

受控竞争和新技术的扩散

在这总结性的一节里,我们选择了两个问题来进行详细分析。

首先是“受控竞争”的组织形式,它支配了日本新通信技术的吸收、创造和扩散。正如后面将要详细提及的,受控竞争使技术变革进化中的三个“时刻”——发明、创新和扩散——融合成为一个完整的过程。而且,受控竞争减少了技术变革中不确定性的影响,帮助日本所有缆线制造商完成了从铜缆到光缆的困难转变。这样一来,至少在光纤制造商的数量上,日本成了世界上竞争最激烈的光纤市场。

其次,要把整个光纤技术的发展放到更广泛的“创造性的破坏”的熊彼特过程中,通过对旧形式的挑战,分析新技术的创造和扩散所产生的影响。很有趣的是,我们将会从这一分析中看到,对新兴的光纤技术有着不同兴趣的公司持有对立的观点,而不同的竞争形式推动了“创造性的破坏”的过程。

分析 1: 日本通信创新系统中的受控竞争: 以光纤为例

本章主要讨论日本光纤技术的起源,以及这一技术向日本的扩散及其在日本的扩散。然而,在技术扩散的过程中,在日本发展起来的组织形式起到了关键作用。这一节的主要目的就是,分析这一组织形式对光纤技术在日本的吸收、创造和扩散的影响方式,进一步清楚地分析其本质。

行动中的受控竞争

图 5-6 概要地表示了受控竞争在光纤领域起作用的方式。为了更好地认识这一组织形式是如何作用于日本实际的,我们有必要先来分析一下康宁光纤技术的发明、创新和扩散。不过,首先我们有必要更准确地定义所涉及的这三个概念,并就光纤分析一下尝试应用这种定义的难点。

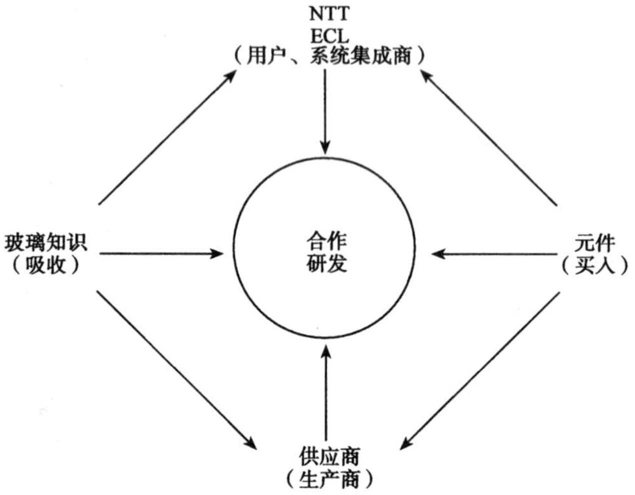

图 5-6　光纤行业中的受控竞争

正如弗里曼(Freeman)所说:“发明是对于一个新的或改良的设备、产品、方法或系统的想法、草图或模型。”①本章和附录 2 中对于光纤的起源和发展的叙述,含蓄地表明要给出通信光纤发明的准确日期,就算有可能,也极其困难。原因是光纤,即使是狭义的玻璃纤维而不是广义的通信信号传输系统,包含的不只是一个想法,而是一个想法的相关系统。这包括光导媒介的想法,包括混入添加剂以改变折射率的想法,包括用气态沉积法逐层制造预制品的想法,包括用火焰水解获取硅粉末的想法等。正如我们在附录 2 中所看到的,这里面的很多想法在 20 世纪 60 年代之间就有了很长的历史,其中一些甚至源于 19 世纪。正是这些想法通过实验和反馈的结合,而不是孤

① C. Freeman, *The Economics of Industrial Innovation*, Pinter, London, 1982.

立的想法，导致了 1968 年的 250 分贝/公里（这使得短程传输成为可能）和 1970 年的 20 分贝/公里（这使得光纤能够与其他通信技术竞争）。这就引出了光纤发明时间的问题。是不是应该把光纤的发明时间定在 1968 年？如果如此，这实际是这些想法产生结果的时间，也就是开发出实用短程通信媒介的时间，而不是给出了这些想法的真正起源的时间。然而，如果以后者作为产生时间，又会出现新的问题，因为这不是一个单独的时间，而是一系列时间。这是因为，正如前面我们看到的，光纤涉及一系列相关的想法。此外，如果把时间定在那些想法的基本结果上，而不是其本身起源的话，那么就重要性来说，哪个时间才是最合适的呢（比如在光纤的例子中，是 1968 年还是 1970 年？）？显然，这个问题比想象的更复杂，但这些问题并非不足道，因为确定这个时间对于确定因果关系至关重要。

弗里曼这样定义创新："经济学意义上的创新，只是新的产品、方法、系统或装置的初次商业化，虽然这个词也用来描述整个过程。"①但是，阐释和确定时间的问题再次出现。康宁在什么时候实现了光纤的"商业化"？——是它把少量光纤卖给电话公司以进行研究实验时，是它与西门子、BICC、古河之类的缆线公司签订合作开发计划并进行合资时，还是它第一次出售大量光纤给 MCI 公司并在约 17 年的研究后第一次获利时？如果是最后一个，那么创新的相应判据就不是商业化（销售）本身，而是以获利为基础的商业化。

---

① C. Freeman, *The Economics of Industrial Innovation*, Pinter, London, 1982, 7.

对技术变革过程中的熊彼特第三“时刻”——扩散——进行定义和测定时并不容易。在最广泛的意义上,扩散是指将发明进行商业化的“扩散”,往往是一个包括再发明的过程。但就光纤来说,扩散指的是光纤所含的想法(知识)的扩散吗?在这一情况下,扩散过程甚至可能开始于发明之前(这取决于发明时间的确定),因为一些想法已经通过各种渠道扩散到其他实验室的研究人员那里了。或者扩散指的是光纤本身被采纳的扩散吗?这种情况下,按照一般的S形的模式,扩散过程开始于大规模商业化应用到来之前光纤的首次应用(虽然只是实验,但是,当我们把光纤的扩散定义为产品的商业化时,一个新的问题出现了,正如我们所看到的,产品的商业化应用正是创新的定义的关键!)。

然而,如果我们避开这些关于发明、创新和扩散的概念性难题,不希望纠缠于这些概念上存在的复杂问题,那么有一个事例倒可以说明它们的用处。举例来说,在康宁介绍其光纤经验的文章里写道:发明出现在1968—1970年间;20世纪70年代中后期进行了改进,这一时期康宁相继建立了试验性生产和全能力生产的工厂,并开始销售有限数量的光纤;之后是1983年后的扩散过程,此间康宁得到第一个主要客户MCI。

在这种阶段划分的前提下,我们就能很清晰地看出康宁的“发明—创新—扩散”过程的一些重要因素。第一,过程的三个“时刻”连续但又独立。第一,光纤被发明;然后开始尝试把这项发明商业化,就是创新;再后来,创新则转变为扩散。第二,依照这一阶段划分，从发明到扩散经历了相当长的时间，大约 13 年。第三个特征是，过程中涉及一些不同的公司，而它们之间只有商业上的松散联系。实际上，如果不只考虑光纤本身，也把一些相关领域的敷层、制缆和连接等配套发明考虑在内，那么发明本身其实是发生在不同公司的。但把这些发明融合起来并转化为技术进步，却是一个漫长的过程。康宁开始尝试去掌握相关的知识技术，与一些缆线和通信运营商开始了冗长的谈判。这是导致整个发明—创新—扩散过程的时间如此长的重要因素。

在日本，光纤的发明—创新—扩散过程与康宁的三个特征明显不同。但是，我们应该立即注意到，这些不同在一定程度上反映了这样一个事实，即日本只是一个后来者而并非光纤关键创新的开拓者，同时，其他的后来者（如 AT&T）的发明—创新—扩散过程也与康宁不同。

日本的主要不同在于，它控制引进新技术的组织形式，即受控竞争，其把发明、创新和扩散的时刻融合为一个紧密的过程。由于 NTT 作为用户和买主深入参与到过程中，并在将技术传向其几个供应商的过程中发挥了积极作用，区分发明、创新和扩散之间的差别也就没有意义了。因而，日本的发明过程（获取和吸收光纤新知识并作改进，以不侵犯已有专利）同时是创新（商业化）过程，毕竟 NTT 就是最终的买家。同样的，NTT 所获得的知识技术，以 VAD 工艺为例，很快就可以传给三个主要的供应商，其次是另外三家较小的供应商。另外，NTT 所开发的 VAD 工艺，开始是出于供应商的生产需要，后来又得到了它们的积极支持，这样消除了发明、创新和扩散三者之间可能出现的差别。作为新技术的使用者和开发者，NTT 的密切参与造成了日本和康宁在技术变革过程中的主要不同。

“NTT 家族”中的合作与竞争

作为一种更先进的通信技术，光纤的出现给铜缆制造商们带来了机遇，也带来了挑战。迄今为止，它们的能力、设备和惯例都是建立在铜和相关的制缆技术基础上的。现在这些技术受到了更具优势（前面分析过）的新技术的威胁，而且最终会被这种新兴的技术所取代。在此之前，在相似的情况下，许多其他公司都没能成功地采用新技术。在其他的领域，例如从真空管到晶体管的转变、从唱片到光盘的转变，许多老牌公司在新产品的挤压下最终淡出市场。在电信传输领域，许多西方公司通过合资来开发光纤技术，而不必在内部独立进行，仍可获得技术许可。这样的公司包括西门子、BICC 和 Pirelli，但是 AT&T、西部电气和 STC 完成技术转变并不是依赖这种合作协议。

在日本，所有主要的缆线制造商都成功地完成了向光纤技术的转变，而它们原先都没有玻璃等方面的知识。日本电信创新体系的这个显著特性值得我们进一步分析。20 世纪 70 年代早期，当时的环境对新光纤技术领域的投资决策具有影响，而其中的主要因素是不确定性。尽管 1970 年已经突破了 20 分贝/公里，而且光传输相对于电传输的优势开始被人们认可，但是新光纤技术仍存在很大程度的不确定性。

正如我们前面所看到的，要建立有效的光纤传输体系，一些相关技术还存在很多亟待解决的难题。此外，铜缆的沉没成本也是发展光纤的障碍。在康宁内部，激烈的争论一直持续到1975年。这期间，不确定因素的重要性表现得非常明显。正如马戈金内（Magaziner）和帕廷金（Patinkin）所记载的，"1975年以前，康宁内部的怀疑一直在增长。（在记录1970年的突破之后）唐纳德·科克（Donald Keck）在实验记录中写下'我发现了！'又过了5年，但他们仍然只是在卖样品。一些人说，是时候停下来了，不要再浪费金钱了，还是等到人们（对光纤）作好准备吧。但是康宁的主席小埃莫里·霍顿（Amory Houghton, Jr）仍然坚信光纤一定能成功。"①对于这个新光纤技术的开拓者及新领域里最强大的公司，如果不确定因素在康宁起了重要作用，那么日本缆线制造商，那些只有有限光纤知识的新手，又如何应对这种不确定性呢？

这个重要问题的答案就在于日本控制其新电信技术的吸收、创造和扩散的组织形式。如果没有这种组织形式，也就是说，如果交给"市场的力量"来决定，那么我们理应猜到，在决定是否从有限的资源中抽出一些去投资光纤技术的时候，这些独立的日本缆线公司会踌躇不前。最明显的一点，能否开发出有竞争力的光纤系统还存在不确定性。由于这一不确定性，仍需要从实质上改进光纤的覆层、制缆、连接以及中继等技术。此外，即使没有这些技术的不确定性，独

---

① Magaziner and Patinkin, *The Silent War*, 280.

立的日本缆线公司仍要面对市场的不确定性，它们不得不与光纤市场中已有的和不断加入的公司展开竞争。在这种情况之下，再加上铜缆仍占有优势，日本缆线公司无法在新技术上作出决定性和实质性的许诺是可以理解的（以投资评估的可接受标准，这甚至可能是合理的）。

然而，最终 NTT 的受控竞争组织推动了日本缆线公司进入到光纤领域。正如我们所看到的，早在 1973 年秋，NTT 就和藤仓、古河和住友电工签署了合作协议：按照协议中的显性和隐性条款，这三家公司都要与 NTT 密切合作以研究开发低损耗光纤和光纤制缆，并将它并入光通信子系统。虽然这些公司起初的研究工作要自己掏钱，但它们期望最终能从 NTT 获得大量价格不错的订单以作为补偿。在这种情况下，每家公司所面临的不确定性要比自由市场条件下低得多。在自由的市场环境下，每个公司都必须独立自主，并且要在强者所剩下的市场份额中竞争。

受控竞争的一个主要优势就是降低了不确定性的影响，同时其推动合作研发的经济性也带来了更显著的优势（也就是，这种合作研发降低了研发成本、改进了生产效果）。所谓经济性包括：

1. 避免了重复的研究和发展；

2. 共享了信息和知识；

3. 融合了公司的专业知识；

4. 直接融入了用户需求，提高了技术提高的效率；

5. 加速了扩散；

6. 简化了标准,创造了多卖主环境。

下面详细分析一下合作研发的这六个经济性特征。

避免了重复的研究和发展

NTT、藤仓、古河和住友电工共同合作,避免了单独工作时可能发生的诸多重复。受控竞争条件下的合作,也可以促进增强多样性,这对系统在不确定变化下的适应性非常重要。在某种程度上,这种多样性反映了这样的现实:虽然这些公司紧密合作,但它们同时也在各自认为具有战略意义的领域从事研发。也许最好的例子就是住友电工所从事的光纤生产技术的研究,它与VAD工艺惊人的相似,而且它在VAD工艺正式发布之前三年就已经在美国获得了专利。

多样性是联合研究的目标之一,而联合研究比独立研究下掌握的资源要多,这些资源也促进了多样性。因此,联合团队就可以同时研究MCVD(最初由贝尔实验室发明)和VAD(由NTT茨城实验室发明,但在1980年之前仍不成熟,在NTT所建造的试验性光纤上测试时逊于MVCD)两种工艺。独立公司专心研究的技术可能失败,而联合团队的多样性就大大降低了这样的风险。

共享了信息和知识

NTT和三家供应商共享信息与知识,也是经济的。然而,由于三个供应商之间存在竞争,这种共享多少有点令人迷惑。正如我们所看到的,这三家公司之间存在对 NTT 市场的竞争,尽管它是受限的。更重要的是,这三家公司在日本其他市场和海外市场也存在竞争,也许是潜在的竞争。同时,如果出现新的运营商与 NTT 和 KDD 争夺市场,这三家公司也会为向新的运营商供货而竞争。此外,它们也会在日本以外的市场中竞争。它们之间的竞争关系会对共享知识和信息产生多大的影响?它们是否会为了给对手设限而有所保留?如果是,这是否会破坏受控竞争条件下合作的有效性和经济性呢?

在我采访这三家公司的高级研究主管的时候,这种合作研发过程中的潜在竞争所导致的问题暴露得非常明显。为了发展光纤技术,NTT 和其他三家公司的工程师每月都在 NTT 的茨城实验室召开例会,但公司之间的竞争影响了他们坦诚地交换信息。一位主管解释说:"我们选择在 NTT 开会是因为它是中立的。我们会提前在自己公司开一个预备会议。怎样在汇报我们研究结果的同时避开我们的专门技术,这的确是一个难题,但我们需要保护自己的专利。"

很明显,NTT 在促进三家供应商共享信息和知识方面起到了至关重要的作用。NTT 的一位高级经理曾深入参与光纤开发的合作,他概括道,"NTT 是中立的,这是好事,但更重要的是,NTT 也是一个大买家"。

作为一个中立的领导者和协调者,NTT 愿意促进知识和信息的沟通,这有利于研究、开发和生产。NTT 的最终目标是要确保这三家供应商能够生产符合 NTT 标准和性价比准则的好的光纤。这并不需要信息与知识的完全共享,特别是供应商必然会在技术上有所保留,因为这体现了它们的竞争力。有所保留而不完全共享也提高了整个系统的多样性,这样就增大了创新的机会,并且降低了个别公司专注于一种劣等技术的风险。

对这些公司来说,它们相信 NTT 会保持中立。因此,正如这些公司主管所说,它们不会向竞争对手透露商业敏感信息,但必要的时候它们会与 NTT 的工程师探讨。NTT 不仅是中立的,而且是一个大的中介,是这三家公司的最大客户,这使得这些公司能够维持合作。此外,这些公司也学会了如何在 NTT 和彼此间保持长期稳定的合作。一家公司的主管说:“NTT 也把它的目的和最终目标告诉了我们。我们三家公司(藤仓、古河和住友电工)已经有了很久的合作历史,关系非常亲密,当然,也存在竞争。”

在此讨论的基础上,对于 NTT 和三家供应商之间的信息和知识交流,我们可以提出一个命题。即,既然 NTT 是一个中立而非竞争的公司,与其他参与竞争的供应商不同,那么知识更可能在供应商和 NTT 之间交换,而不是在两家供应商之间。

为了验证这一命题,我从 NTT 那里获取了一份所有被批准的合作专利的信息,从 1985 年 8 月末到 1986 年 9 月初。这一时期,无论是日本还是其他地区,光纤领域都出现了许多重要的研究发现。合作专利的定义固定,只要某个公司的雇员参与了研究,该公司就有合作专利。这些内容在表 5－1 和图 5－7 中。

表 5-1 涉及 NTT 及其供应商的合作专利

公　司	专利数
NTT (ECL Ibaraki)和住友电工	8
NTT (ECL Ibaraki)和藤仓①	5
NTT (ECL Ibaraki)和古河	3
NTT (ECL Ibaraki)和住友电工、藤仓、古河②	1
总　计	17

① 藤仓的一个专利中也包括昭和机床；
② 这项专利涉及光纤的连接方法。
来源：NTT. 'Report of Research Applications, Introduction of Patents, September 1985 - September 1986'(Kenkyu Gitsuyoka Hokoku, Tokkyo Shokai); plus information given to the author by NTT。

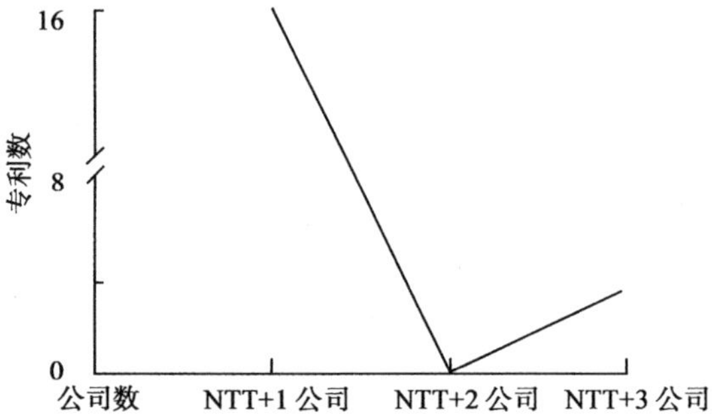

图 5-7　涉及 NTT 及其供应商的合作专利
1985 年 9 月—1986 年 9 月

来源：NTT, 'Report of Research Applications, Introduction of Patents, Sept. 1985 - Sept. 1986'(Kenkyu Gitsuyoka Hokoku, Tokkyo Shokai); plus information given to the author by NTT。

正如这些数据所示，大部分情况下，合作专利是由一家供应商的雇员和 NTT 茨城实验室的职员所共有的，只有一个例子是所有三家供应商都参与了研究（这是一个关于光纤连接方法的专利）。更确切地说，17 项专利中有 16 项是一家供应商和 NTT 共有的，其中 8 个是住友电工和NTT,5个是藤仓和NTT,3个是古河和NTT。因此,这也就证明了我们的命题(在某种意义上,用合作专利来分析研发过程中的信息和知识流通是一种很好的方法)。

图5-8说明了NTT与供应商之间信息和知识流通的重要性。实线表示实质性的流通,虚线表示有限制的流通。

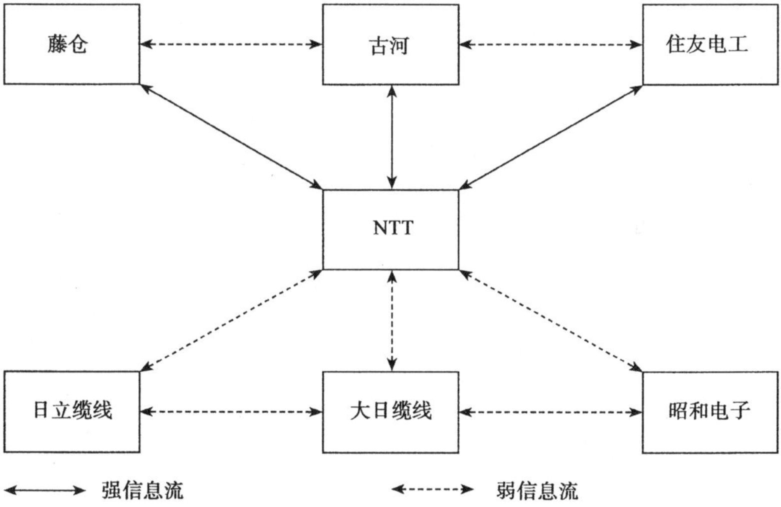

图5-8　NTT和供应商之间的信息交流

根据这一观点,结合本节所提供的经验性证据,我们可以因此断定,作为中立协调者和最大中介者的NTT,在促进有竞争关系的供应商之间的信息和知识流通方面起到了重要作用。

融合了公司的专业知识

NTT的"家族公司"之间,尤其是在供应商与NTT之间这种相对自由的信息流通,在整合公司特有的知识中创造了利益。一个形象的例子是NTT和藤仓的研究员在1976年获得了突破性进展,即打破了光纤损耗率的世界纪录。正如我们所知,这是研究减少光纤杂质方法的藤仓化学家小山内(Osanai)与NTT研究波长对损耗率影响的水岛(Mizushima)两者知识整合的结果。整合不同公司的知识碎片,创造了受控竞争条件下合作研发的经济性。

直接融入了用户需求,提高了技术提高的效率

合作研发的另一经济性,源自对用户需求的直接参与。NTT精于技术,并间接参与了新技术的研发,它要频繁地考虑到通信网络的需求。NTT参与供应商的研发代价巨大,但参与的最大好处就是可以体现用户需求。在光纤领域,从光纤子系统向通信网络的高效整合中,我们可以明显地看出这些优势。

加速了扩散

NTT控制了许多关键专利,并且拥有强大的中介者的权力,因此,它有能力不时地促进新技术的扩散。VAD技术向藤仓、古河和住友电工的快速扩散证明了这一点,同时,向日立缆线、大日缆线和昭和电线缆线的“二度扩散”也证明了这一点。技术扩散进一步降低了对单一供应商的依赖并增加了技术多样性,这使得NTT从中获益。不仅如此,光纤的其他用户也从供应商之间的竞争中得到了不少好处。

简化了标准，创造了多卖主环境

NTT 为了确保不同供应商的产品能够混用并与原有网络保持良好的兼容，推动了产品的标准化，这也是合作研发带来的经济性。反过来，这也带来另一个好处，即在多卖主环境下的更激烈竞争。

受控竞争条件下加剧的长期竞争

虽然似乎有悖常理，但是有证据表明，受控竞争加剧了长期竞争。图 5－9 中的北美、欧洲和日本主要公司的数据和市场份额表明了这一点。正如图中 a 和 b 所示，在北美，AT&T 和康宁总共占据了 83%的市场份额，其中 AT&T 占 43%，康宁占 40%。虽然表面上西欧市场竞争更为激烈，但这实际上忽略了这样一个事实，即一些国家的市场被少数本国公司垄断，例如英国的 BICC 和 STC，德国的西门子/西康等。毫无疑问，从各公司的市场份额来看，日本市场竞争最为激烈。如图中 c 所示，住友电子占 35.0%，古河占 20.6%，藤仓占 21.5%，日立缆线占 7.0%，昭和电气占 4.0%。

受控竞争带来了更为激烈的市场竞争，这一结论看似荒谬，但可以通过 NTT 的市场分配，（而不是竞争）原则和技术扩散政策来解释。在常规竞争环境下，我们可以合理地假定：按照产品的性价比来判断，胜者将会占据大部分甚至是全部的市场，这将带来更大程度的市场集中。而受控竞争则会带来更长期的市场竞争，这也许正是受控竞争的一个重要优势。

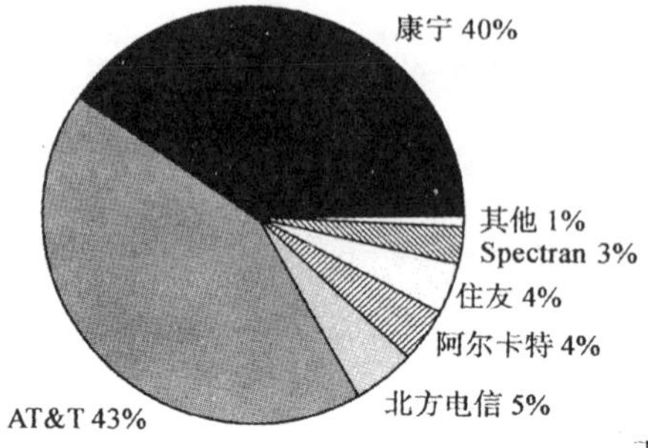

(a)

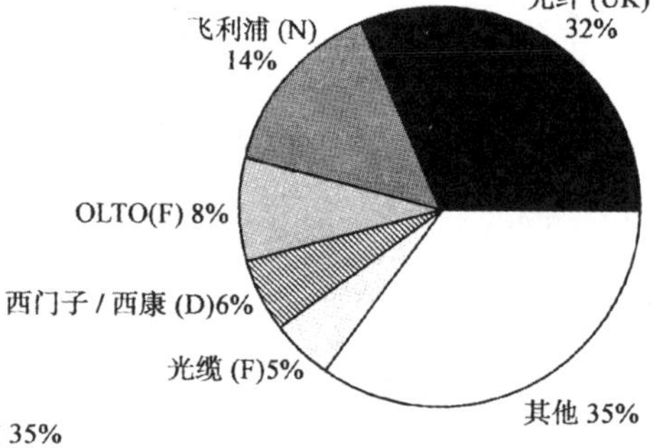

(b)

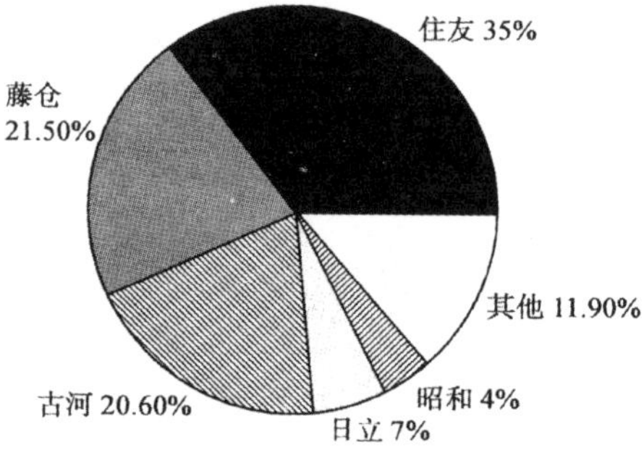

(c)

图 5－9(a)　光纤市场份额，北美，1987

来源：ElectronicCast Corporation，1988。

图 5－9(b)　光纤市场份额，西欧，1987

来源：ElectronicCast Corporation，1988。

图 5－9(c)　光纤市场份额，日本，1987

来源：*Nikkei Shinbum*，14 June 1990。

从减少市场集中这点来看，NTT 的政策还是基于竞争基本原理的。（回忆一下，在受控竞争的条件下，供应商所承担的不确定性风险和研发成本，都已经通过 NTT 的定价进行了补偿。）这导致 NTT 的定价政策与国际贸易中的此类政策有很大不同。（来自康宁的）杜克（Duke）指出了一种所谓的典型不公平交易：在一个相当长的时期内，日本的国有电话公司以高于国际水平三倍的价格购买本国的光纤，使这些公司获得很高的利润，并能在世界其他市场上以低于市场的价格出售光纤。① 在美国人眼中看来是“不公平贸易”的行为，在日本人眼中却是为了在适当竞争环境下保护长期供应商。

受控竞争的全球化

正如我们所看到的，1985 年之后，尤其是 1990 年左右之后，NTT 开始放开它的合作研发计划，接纳外国企业和日本其他企业加入其供应家族。这也是在它的 Track Ⅲ计划中实现的。

需要强调一下，总的来说，这一节中分析到的受控竞争，其大部分好处仍将继续存在。但是，伴随着受控竞争的全球化，其出现了一些重要的变化。在 NTT 看来，这些变化可能主要是积极的。NTT 新体系的主要优势在于，除了传统供应商之外，它还可以利用其他的外国和日本公司的力量和能力。举例来说，在存在利益冲突的前提下，

---

① Magaziner and Patinkin, *The Silent War*, 296.

康宁能和住友电工合作,并与 NTT 计划中的其他供应商并肩合作,这是非常了不起的,而且对 NTT 也是有利的,因为它们的联合生产能力可以满足 NTT 的需求。

然而,至少在短期内,不论从 NTT 和新供应商之间的关系来看,还是从新旧供应商之间的关系来看,如果没有更有效的新方法来进行调和,这种额外的好处可能必须以项目成员间一定的知识流通为代价。因为供应商之间也存在竞争,有时(在全球市场上)甚至还非常激烈,所以谨慎对待与新成员的信息流通也是可以理解的。正如前面对合作专利的分析,公司间的激烈竞争也是供应家族原有成员间关系的一个特点。但是长期稳定的家族关系也促进了公司间的默契和信任,在潜在的竞争条件下创造了最大程度的合作。而从新公司的角度来看,它们也非常渴望能够作出积极的努力,以达到相似的合作模式。NTT 的订单规模足以维持这样一种合作,但是,要想完成必要的调整,也还需要一些时间,而所有家族成员最终能够得到的“胡萝卜”也足以激励它们竭尽全力。

分析 2: 创造性的破坏的变化过程: 光纤通信系统

这一节里,我们将用约瑟夫·熊彼特的创造性的破坏变化过程来分析光纤通信系统。按照这个分析框架,光纤通信系统形成“新组合”或者说创新,它们向旧技术和使用旧技术的组织发起挑战。

然而,在涉及光纤的问题时,熊彼特学说的框架带来了一些十分重要的难题。比如说,这些“新组合”是如何出现的？旧技术的既得利益者如何回应这些新技术？那些被光纤技术深刻影响的人对新技术有不同的看法,尤其是新技术被广泛采用所需要的时间长短,如何解释这些不同？所有的相关组织都可以得到相同的知识吗？如果能,为什么它们的看法会有这么大的差异？竞争在创造性的毁灭的变化过程中发挥了什么样的作用？这些问题若更深一层就涉及了政策。比如说,在分析创新的通信系统条件下的光纤时,我们能够学到什么呢？公共政策在促进创新的过程中起到了什么作用？最后,公司和国家在全球范围内推广光纤通信系统,这又究竟带来了多少收益？

按照熊彼特学说,资本主义就是一个变化的过程。而且,这是一种创造性的破坏变化过程。新的创新挑战旧的技术,甚至有时是在毁灭旧的技术。因此,要理解这种资本主义变化过程,我们就需要分析新组合的出现,分析它们通过广泛扩散和应用而对旧形式造成的挑战。

光纤通信系统：全新组合

本章我们重点谈到的新合成,包含了光纤通信系统。这些系统的出现,给旧的方式或者其他同类传输媒介带来了挑战,其中包括铜缆、微波以及通信卫星等。我们会在后面分析这些系统出现的方式。

关于光纤通信系统,我们要说的第一点是：这是一种全新的技术，与同类技术相比，它带来了显著的突破性进步。图 5－10 形象地证实了这一点，它表现了自 19 世纪 90 年代第一根电话线制造以来信道容量的变化。正如我们所看到的，从 19 世纪 90 年代到 20 世纪 70 年代，铜缆、微波和通信卫星的信道容量沿着图中斜线上升。然而，光纤通信的出现，却带来了一次阶跃，增量远远超出平均水平。正如前面所提到的，这一量变的背后是光纤通信远高于其他媒介的带宽。

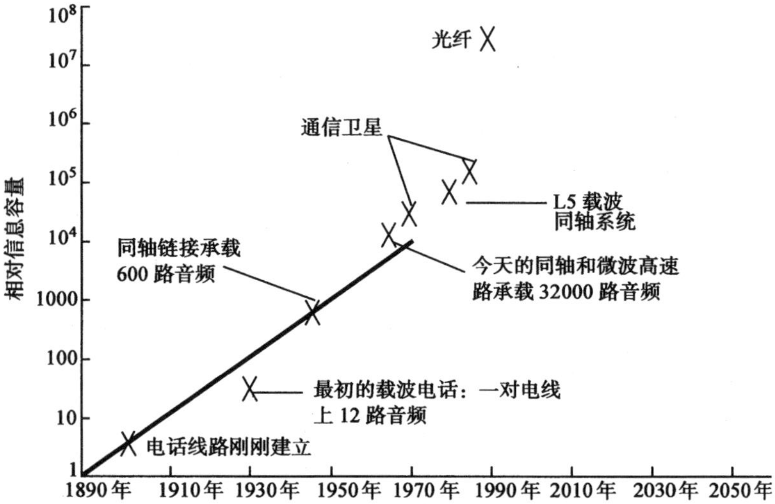

图 5－10　以时间为变量的信道容量变化曲线，1890—2030

来源：C. K. N. Patel, 'Laser in Communications and Information Processing', J. H. Ausubel and H. D. Langford (eds.), Lasers: *Invention to Application*, National Academy Press, Washington, DC, 1987。

因此可以断定，光学通信系统是一个彻底的而非改良的新组合，我们将会在后面更详细地分析其背景。

这个创新是如何出现的?

熊彼特发现,“新组合通常会出现……在新公司中,这些新公司并非由旧公司转变过来,但又从事与旧公司相关的生产……一般而言,修铁路的不会是公共汽车老板”。[①]

就光纤而言,却是“公共汽车老板”(电话运营商)和“公共汽车制造商”(通信设备供应商)进行了最初的研究。正如我们前面所看到的,这些公司包括英国邮政公司(后来的英国电信)、AT&T、NTT、西部电气、STC 和住友电工。显然,这些公司都对未来在光纤通信领域中的地位有自己的愿景。

然而,尽管一些重要的贡献是由像 STC 的高锟和霍克汉姆等研究员作出的,但是突破 250 和 20 分贝/公里大关的却是康宁,是这个新手使光纤通信成为可能。值得注意的是,康宁之所以能在这场特殊的竞赛中获胜,并不是因为它是新手,没有被旧常规和思路“玷污”并带来了新的疑问和趋势,而是因为它所积累的知识非常符合低损耗光纤的需要。具体来说,康宁已经在诸如石英玻璃、火焰水解、添加剂和气相沉积等领域积累了丰富的知识,这使得它能够实现整合和改进,并成功地生产出光纤。其他玻璃公司虽然也是光学通信领域的潜在新手(像皮尔金顿和板硝子),但是它们的知识基础与康宁

---

① J. A. Schumpeter, *The Theory of Economic Development*, Oxford University Press, New York, 1961, 66.

不同,从事研究的路径也不同,并最终被证明是错误的。同样值得注意的是,促使康宁从原有知识基础转到光纤的,恰恰是“公共汽车老板”——英国邮政公司。

因此,按照公共汽车与铁路的类比,可以断定,光学通信系统的新组合不但出现在那些深陷于“旧”技术的组织中,也出现在一些新组织中,如玻璃公司,尤其是康宁。但无论如何,作为新组合的关键部分,光纤的知识基础主要还是来自通信领域以外。

愿景与新组合

虽然电话运营商、设备供应商和康宁,都认为光学通信将在未来的通信系统中起重要作用,但是它们各自的愿景却不尽相同。特别是在光纤进入广泛应用所需时间的预期上,它们分歧很大。直到20世纪70年代中期,所有这些公司都拥有相似的知识和相同的信息,既然如此,这些愿景的巨大差异就很难理解,需要进一步解释。

但是,首先应该指出,历史证明了所有这些愿景都是错误的,因此它们需要进行修改。以康宁为例,在它尝试大量销售新光纤遭到失败的时候,其愿景的错误就已经显现出来了。例如,在它最初计划向英国邮政公司出售新发明的光纤的报告中,这一错误就有所表现了。这份报告显示,让康宁

> 最感到失望的就是英国电话公司,也就是那个首先让康宁

走上光纤之路的人。他们告诉露西(Lucy)说他们对波导的最大希望就是可视电话，而这需要一种容量比铜缆更大的新缆线。尽管波导很合适，但是他们告诉露西，最新调查表明，21世纪之前可视电话不会有太大的市场。露西对他的产品有信心，他不想等那么久。①

显然，关于光纤在未来十年内对通信系统的作用，英国邮政公司和康宁有着不同的愿景[然而，还有一点不那么清楚：如果康宁预先知道要等这么久才有利润，它是否还会在光纤上投入同样多的资源？若能计算出康宁的投资的“真实”利润（即超出其他小风险投资的受益的部分）和此利润变成正值的日期，将能帮助我们作出解答]。

决策者对所掌握的信息和知识的理解，决定了康宁和其他公司的愿景。这些信息和知识本身只是相对确定的，这就给理解上的模糊性预留了很大空间。康宁注意到了光纤的许多优点，例如大带宽和抗干扰，因此，康宁认为光纤是一种更经济的先进技术，将很快击败同类技术。康宁的这一愿景很明显是受它在玻璃领域的知识基础的影响，这导致它对这一新技术持乐观的态度。然而，康宁只看到了后期的利润，但就旧技术的沉没成本的范围和意义而言，康宁却没有充分地认识到那些有用而必需的信息。最终，当积累的更多信息表明它们过于乐观的时候，康宁不得不重新调整

① Magaziner and Patinkin, *The Silent War*, 277.

原来的愿景。

另一方面,电话运营商和设备供应商在旧技术中所积累的资源构成了沉没成本,并影响了它们的愿景。这些公司承认光纤是潜在的重要技术,但是它们的愿景受到这样一种观念的影响,即新技术带来好处的同时也导致了废除旧技术的成本。在可能"转换"到新技术之前,这种观点还需要时间来检验。

当然,这种愿景也要随情况而修正。在美国,MCI 对在电信市场铺设光纤予以解禁,这是一个新的重要信息。为了要保持竞争力,并以相似的质量和成本提供相似的服务,现在必须正视现状,取消对旧技术的投资。

选择的环境、竞争和愿景修正

要作决策,公司就要制定对未来的愿景。这些愿景都来自建立在不完整信息基础上的观念、理解(没有人或企业能了解决策所需的全部信息)和对未来的期望,而后者不可能从过去的状态中预测出来。换句话说,愿景带有不确定性。

然而,企业的愿景与"选择的环境"相互影响,后者可以通过反馈告诉我们:怎样的愿景是可行的,并能使公司得到发展,而怎样的愿景又是不可行的。出现反馈之后,接着将会出现一个"愿景修正"的过程,而此过程又会导致进一步的反馈,如此循环。

我们已经看出竞争过程是选择的环境中一个重要的部分,影响着企业对未来光学通信系统的愿景。具体来说，在美国，对原来关于光纤通信进入市场的时间愿景作出挑战的，首先是 MCI 在这一领域的潜在竞争，然后是 AT&T 的分拆和随之而来的更激烈的竞争。因此，考虑到光纤的相对优势，MCI 的竞争者不得不更重视光纤并尽快取消对铜缆的投资。于是，新组合的用户之间的竞争促进了新技术的引进和扩散。但是，由于缺乏使用新技术的通信运营商之间的更为剧烈的竞争，光纤要在通信系统中占据一席之地还需要更长的时间。在日本，NTT 在 20 世纪 70 年代就已经决定建造纵贯全国的光纤通信干线，但在美国，新的自由市场还只是在强调光纤的重要性。

另外三种形式的竞争对新组合的引进和扩散也有重要的影响：新技术生产商之间的竞争；“技术体制”之间的竞争，也就是（本例中的）光纤、铜缆、微波和通信卫星之间的竞争；以及光纤技术阵营里的“设计配置”之间的竞争，就光纤技术而言，就是 OVD、MCVD 和 VAD 等生产工艺之间的竞争。

正如我们所看到的，（始于 MCI 的）光缆使用者之间的竞争是影响这项新技术迅速引进和扩散的重要因素之一，同时，生产商之间的竞争也非常重要。虽然很难证明和量化（因为缺乏数据），但是光纤生产商和光缆生产商之间的竞争带来的影响是毫无疑问的。这些影响包括：（1）在研发和生产上的投入，（2）在此领域的发展速度。举个例子，在康宁对光纤的长期研究过程中，它一定会受到 AT&T 贝尔实验室带来的影响。同样地，日本发展的步调也给康宁带来了进一步的压力,它要确保其最初的技术领先地位不被日本人取代。

来自日本的竞争的重要性

下面来研究光纤创新收益的分配问题,特别是康宁从自己的发明和创新中获得的收益。在这里,我们更关心来自日本的竞争中的创造性破坏过程的影响。

有充足的证据表明,来自日本的竞争威胁,影响到了康宁在光纤研发上的投入及其发展的速度。举例来说,康宁对日本光纤业的竞争举动就显示出了这一点。相关的记录里这样写道:

> (20 世纪 70 年代初期,从日本)回国之后,大卫·杜克(David Duke)感到非常忧虑。"我感觉像被震晕了。"他回忆说,"我一直在狂热地关注日本人,当看到他们对汽车和电子产品所做的一切,我感到他们很恐怖。"但这只是促使他进行更顽强的抗争。在公司总部,杜克把他所发现的告诉了部门领导。日本的波导计划所涉及的领域让每个人陷入恐慌。康宁的投入是巨大的,每年 10 亿美元,但这能比得上日本人的努力吗? ……他继续制订了新的计划。杜克说,它绝不会重蹈录像机的覆辙,不会是美国放弃其发明的又一个例子。波导是康宁的,而保住它的唯一方法就是在三个方面取得胜利:实验室、工厂、市

场。或者说，这意味着三个优先——最低的成本、最高的质量、最大的容量。①

要注意到，这个故事可以在三个根本不同的层面上进行分析，并且在每一个层面上都有着独特的内涵和意义。

第一个层面涉及公司之间的竞争性对抗。可以从两个方面来看待这种对抗。上面的引文已经很好地变现出了康宁的对抗，浮现出来的景象是：一个公司在某个领域作出了主要的突破，而现在却面临来自一个想要入侵的对手的威胁。此外，康宁所关心的是日本缆线公司有 NTT 的坚强支持，而 NTT 也是光纤的主要用户。事实上，康宁也遇到了其他公司的威胁，这个公司就是同在美国的 AT&T，后者也是潜在的生产商和用户。但这一事实不会改变康宁对日本公司的对抗。不过，AT&T 带来的威胁和日本公司带来的威胁在描述上是一样的，上述引文也确实立即以相同的语气继续写道：大卫·杜克"提醒了所有人，只停留在竞争层面是毫无用处的。他说，康宁比它的对手小，包括在本国的和在日本的对手。他也说道，AT&T 财多人众，而且它本身就是用户。当竞争对手比你强大时，只做到平起平坐是不够的。我不想要平局"，他说，"如果是平局，我们就失败了。"②

另一个涉及公司之间的观点源于日本。正如前面所证明的，在

① Magaziner and Patinkin, *The Silent War*, 283.
② Magaziner and Patinkin, *The Silent War*.

他们看来,首要的威胁是技术统治权掌握在外国供应商手中,这导致技术的价格很高,并会导致缺乏可以密切合作的供应商。正如前面所提到的,NTT 在铜缆时代依赖于西部电器和 STC,那时候它就已经体验过上述情形了。如果可能的话,它希望不要出现这种情形。而NTT 及其供应商之所以在光纤领域作出很大努力,并投入大量的资源,其目的正是为了避免再出现这样的威胁。

第二个层面的分析涉及不同国家之间的竞争性对抗。这种对抗,出现于美日两国公司间基于贸易的竞争日益加剧之时,术语叫做贸易冲突。从美国的观点来看,这是日本针对美国的产品和技术进入日本市场设置的“不公平”障碍(例如康宁在日本申请专利被拒绝)。但从日本的观点来看,这只不过是为了避免技术依赖,并与可靠的日本通信供应商保持密切而长期的合作关系。

不过,从创造性毁灭的熊彼特过程来看,第三个层面才更值得关注。这一层面是对两方面的抽象,一是特定公司与其所在国家的对抗,二是形成这种对抗的必然,而其目的则是为了更关注于创造性破坏的过程本身。在该层面,主要关心的不是公司或国家,重点是新组合的创新,是因旧秩序重组及其结构和支撑而带来的挑战,以及新旧之间的更替。按照这样的观点,“进步”包括新的强大媒介的出现,它必须降低价格、减小干扰、扩大信息容量,这样它才能在语音、数据、文本和图像领域推动新的通信服务。我们从这一层面可以看出,只有在胜利推动了新组合的前提下,这些来自日本和其他对手(如 AT&T 和 STC)的竞争才有意义。

技术的竞争

分析光缆用户和厂商之间的竞争而不讨论竞争的影响是不行的，技术之间的竞争起到了重要的作用。更明确地说，不同“技术体制”之间的竞争，如光纤、铜缆、微波和卫星，以及“设计配置”之间的竞争，如 OVD、MCVD 和 VAD 方法，也很重要。

尽管本章没有详细分析技术体制的竞争，而且这种竞争在目前的分析中还是无形的，但是它的重要性始终是显而易见的。举个例子，在 20 世纪 60 年代为光纤技术制定 20 分贝/公里的目标的时候，这一点表现得很明确，因为只有达到这一目标，新的技术才有生命力。从事光纤和光纤系统工作的人都很清楚，他们提供的技术解决方法是有替代技术的，而且替代技术在进步，他们必须努力赶上。例如，在光纤与微波的竞争中，这一点就非常重要。第二次世界大战期间，人们在无线电领域取得进步，因此战争结束之后，微波开始成为一种非常重要的通信技术。而且，NTT 大力支持这种技术，其主要供应商（NEC）也在 NTT 的支持下提高了生产能力。这种技术不仅对于通信缆线被战争破坏的情况很划算，而且适用于山区、地震和台风等环境。新的光纤技术的开发者明白，他们必须获得与微波和其他替代技术一样好的性能。

然而，综观技术竞争，你会发现战线和战士有显著的变化。以日本为例，NTT 的电子通信实验室里有许多小组在研究不同的技术，其中也包括通信卫星。像NEC这样的公司,既是光纤的用户也是海底光缆系统的制造商,同时,它也生产微波和通信卫星系统。另外,作为NEC的兄弟公司,同为住友集团(曾是NEC的主要创始人和股东)成员的住友电工也很热衷于光纤。然而,尽管这场技术竞争战役的战线和战士很不相同,但毫无疑问的是,这些在各种技术中有既得利益的公司之间的竞争,一方面极大地影响了新组合本身,另一方面也影响了各种技术的进步。

就此而言,值得注意的是,虽然光纤系统已经取得了许多实质性的进步,但是还不足以完全取代其他技术。这至少有两个主要原因。首先,其他技术也在进步,这一定程度上也是对光纤的挑战的回应。其次,在某些应用领域,其他技术被证明比光纤更好,因为虽然光纤有许多优异的特性,如突出的信息容量和抗干扰能力(以及随之而来的低错误率)等,但是它毕竟太贵了。

这些应用领域包括娱乐广播,一对多的通信卫星要比铺设大量的到户光纤经济得多。在一些通信距离极长的情况下,卫星的成本也更低廉。此外,微波在移动通信领域的优势,也是光纤无法相比的。然而,在许多应用领域,技术竞争依旧,并且深刻影响到了各种技术的进一步发展。例如,在广播领域,使用光缆的和使用卫星的(由于有了新的带宽压缩技术,已经显著地提高了卫星的信息传送量)公司之间的竞争已经非常激烈,而且这种竞争将随着越来越多的光缆铺设量而进一步加剧(带宽压缩技术也大大提高了传统铜缆的信息容量,这也提高了铜缆的生存力)。

同一技术体制里不同的技术"设计配置"之间的竞争也是十分重要的。在光纤技术阵营里,MCVD、OVD 和 VAD 这些设计配置之间明显存在激烈的竞争。举例来说,作为 VAD 工艺的既得利益者,一位日本作者这样写道(可能带有倾向性):

> 1980 年 11 月 8 日,NTT 在日本宣布了使用 VAD 工艺已经获得了 1.55 微米波长下 0.2 分贝/公里和 1.3 微米波长下 0.35 分贝/公里的低损耗率。康宁玻璃工厂似乎是受此影响而放弃了 MCVD 方法,转向与 VAD 工艺相近的使用火焰水解的外部气相沉积(OVD)法(此后,康宁玻璃工厂所能达到的损耗率为 1.3 微米波长下 1.0 分贝/公里)。①

不管那些竞争中的企业是否会承认这样的说法,但是有一点是很明显的,即在不同的设计配置之间的确存在着竞争,而这种竞争对光纤技术的进步也产生了一定的影响。

政策内涵

从对通信领域的创造性破坏的技术变革过程的分析中,我们可

---

① T. Nakamura, H. Shioyama, and T. Watamizu, 'Optical Fiber-From its Initial Development through Successful Production and Usage', *Sumitomo Electric Technical Review*, no.26, 42.

以看出什么样的政策内涵呢?

主要结论是,按照对新知识的创造和使用来度量,全球通信体系的健康与活力取决于这样一种能力,它不仅能催生一系列竞争性的新组合,而且能产生出各种条件以促使人们迅速地放弃低效的知识组合而采纳高效的新组合。

第一种条件是,人们必须认识到商业回报的不确定性成为新组合出现的障碍。确实,康宁等了长达 17 年才获得大宗订单,在此过程中它表现出了非常好的韧性和耐心。然而,我们不能确定,如果公司预知要等这么久才能得到回报,那么它是否还会进行同样的投入。日本的组织形式控制了熊彼特的新组合的发展和执行,这种被称为“受控竞争”的组织形式的主要优势之一就是大大降低了这种不确定性的影响。

健康和活力的第二种条件,也就是出现采纳新组合的正面环境。20 世纪 80 年代以来,电信服务和设备这两大市场中的竞争越来越激烈,于是近来人们开始强调这第二种条件。然而,目前的分析表明,我们也应该把注意力集中在不同技术体制之间的竞争,以及相同技术体制下不同设计配置之间的竞争。要定义这种技术道路的支持者和反对者,最好按照与生产和使用这种新组合的公司所不同的原则。

利益的分配

从全球的层面来看,很明显,电信服务的用户从新的光纤系统中受益了。在那些被证明适于应用光纤的领域，它们获得的好处包括更低的成本和更高的质量。

从国家的层面来看，所有的国家都因为使用这些系统而受益。而且，一些国家还因为生产光纤而获得额外的收益，特别是美国、加拿大、日本、英国、德国、法国和意大利。

从公司的层面来看，主要的受益人是（做了初始突破的）康宁及其在不同国家的合作者，AT&T，STC[现在是阿尔卡特（Alcatel）的一部分]，还有日本的藤仓、古河和住友电工。

第六章

CHAPTER SIX

NEC 的进化

本 章 概 述

本章关注的第一个问题关乎 NEC 的能力：NEC 的能力是如何进化的？为解答此问题，我们将详细分析 NEC 在能力相关的科技领域的发展过程，重点关注它有较强国际竞争力的领域。同时，我们还将研究 NEC 在个人计算机领域的发展过程——因为在这个领域中，NEC 于 20 世纪 90 年代初在日本市场上有超过 50%的占有率。

第二部分，我们的重点在于 NEC 愿景之下的理念。NEC 的理念是什么？哪些因素影响了 NEC 的理念？基于通信技术和计算技术的综合，NEC 创新性地提出了“C&C 愿景”。C&C 愿景对 NEC 的能力、组织结构以及它对市场环境的认识分别产生了怎样的影响？为什么 NEC 和它的西方对手们——IBM、英特尔、爱立信在理念上有很大差异？我们可以从哪些方面看出 C&C 愿景对 NEC 经营理念产生的影响？这一系列问题都将在这里得到解答。

接下来我们对 NEC 的组织结构进行分析：从创始至今，NEC 的组织结构经历了怎样的变化？公司如何组织和管理它所拥有的大量产品、众多技术以及庞大的市场？（NEC 现在同时生产着超过 10 000 种不同的产品！）在这一节中将解答上述问题，并着重分析公司在 1965 年和 1992 年的两次重大重组。什么因素引发了公司的重组？愿景、能力、选择环境分别产生了什么样的影响？同时，本节中还将详细研究有关 NEC 研发部门是如何组织管理的。NEC 怎样规划这 10 000 种产品的研发计划？NEC 的核心技术计划发挥了什么作用？NEC 的研发网络是如何运作的？公司的研发如何全球化的？

接下来的一节中，我们将通过一个事例，即 NEC 在自动指纹识别系统（AFIS）领域的发展过程（NEC 在自动指纹识别系统领域占有 60%左右的全球市场份额）来分析 NEC 在通过研发手段开拓新领域并增强自身能力的过程中的特点。公司的愿景和组织结构对自动指纹识别系统发展的影响是本节分析的重点。

在最后一节中，主要内容是 NEC 的选择环境对公司进化的影响。NEC 与日本通信省以及后来的 NTT 的关系对 NEC 产生了什么样的深远影响？NEC 对日本政府机关（包括 NTT）、日本安全部门以及海外市场的销售分别有何重要意义？这些销售状况如何展现了 NEC 的国际竞争力？日本政府在 NEC 的进化和成长过程中发挥了怎样的重要作用？NEC 的产品在日本国内市场的竞争力、公司的管理层组织结构、公司的战略伙伴以及公司国际化进程在 NEC 的进化中分别扮演了什么角色？这些问题正是这一节要解决的。

与日本国内和国际其他公司比较，NEC 到底有多“成功”呢？这个问题将在本书的结论中通过对日本国内主要信息与通信产业公司和它们的西方对手们进行对比分析后给出答案。

引　言

在本书最后三章中，我们将聚焦一些业内有代表性的大公司，对它们的产品、技术以及市场行为进行分析，从一个侧面认识整个产业进化的全貌。在这一章中，分析的基本单元是单个公司，这样我们可以对一个公司的内部运作机制进行尽可能详细的分析。更具体地说，我们将分析构成一个公司的四个基本要素（愿景、能力、组织结构和选择环境）是如何互相依赖和共同进化的。由于现在的焦点是单个公司，我们自然可以更深入地了解公司是如何协调它所拥有的多种产品、不同市场和众多技术之间的关系的。

为什么我们选择 NEC 来分析呢？因为 NEC 是日本信息与通信（IC）产业的关键公司之一，NEC 的进化可以很自然的和日本信息与通信产业的进化联系到一起。在 20 世纪 90 年代初，NEC 是世界上唯一一个在信息与通信产业的三大关键部分（计算机、通信设备和半导体）都排名前五的公司：NEC 是日本最大的通信设备公司；NEC 统治着日本个人计算机的市场；在 1993 年被英特尔公司取代之前，NEC 是世界上最大的半导体产品制造商；NEC 还是世界上最大的微控制器制造商。

如何解释 NEC 的成就？我们应该用什么样的理论来解释？在解决这些问题以前，首先必须认识到 NEC 也具备众多日本公司所拥有的共性,如终身雇用制度、严格的等级制度、与日本银行的特殊关系、与供应商的紧密联系等。但是,在这很多的公司中,我们为什么选择了 NEC 作为代表来分析? 比如冲电气,与 NEC 几乎同时建立,和 NEC 一样是 NTT 的主要设备提供商,也是日本信息与通信产业公司之一,然而为什么取得顶级成就的是 NEC 而不是冲电气?

回答这个问题之前我们需要结合 NEC 对公司四要素(愿景、能力、组织结构和选择环境)之间互相依赖和共同进化的关系进行深入分析。这四个因素之间是高度依赖并且共同进化的。举例来说,NEC 的能力以及组织结构约束并塑造了它的愿景,然而愿景在公司转型的关键时刻起指导作用,影响公司以后的能力发展和组织结构形式。此外,虽然 NEC 的选择环境"客观上"约束了公司的行为,但是从本章给出的事例可以看出 NEC 的理念对其环境的重要影响,而理念同时也塑造了公司的愿景。

本章通过大量事例对公司四要素间互相依赖和共同进化的关系进行了详细分析,这些事例覆盖了 NEC 在无线通信、真空管、晶体管、微处理器、个人计算机、数字交换机以及自动指纹识别系统等优势领域的发展。我们还将着重关注 NEC 内部组织结构的进化,特别是研发部门组织结构的发展。我们将通过分析,证明 NEC 的愿景、能力和选择环境对其组织结构产生了直接影响,而对 NEC 选择环境的分析也同样得到了相似的结论。

背　　景

NEC不仅是日本最重要的通信设备公司，而且是全世界范围内最成功的信息产业公司之一。[①] 1990年《商业周刊》以《为什么NEC让美国公司颤抖?》为题发表社论文章，而此文的副标题是"电子巨人(即NEC)已经强大到足够取代IBM和AT&T"。在《哈佛商业评论》1990年的一篇文章中，普拉哈拉德(C. K. Prahalad)和哈默尔(G. Hamel)根据一套分析公司战略与行为的理论，认为NEC是一个值得效仿的领先企业。[②] 直到20世纪90年代初，NEC一直是世界上唯一在信息产业的三大核心领域(计算机、通信设备和半导体)都排名前五的公司。

本章主要解决以下两个问题：(1) 如何解释NEC在这三个核心领域的成长？(2) NEC有多成功？这两个问题的解答是比较复杂的。虽然很多文献中都描述过NEC的成长，但是几乎没有人解释NEC为什么能在20世纪90年代初取得如此高的地位，也没有人分析NEC是如何做到这一切的。为了更详细地说明我们所面临的问

---

① 本章的内容基于对多名NEC公司的高级管理人员的采访。这些采访工作花费了作者8年时间。我们这里必须着重强调对NEC公司名誉董事长小林宏治(Koji Kobayashi)博士的几次采访。本章频繁引用了小林宏治博士写的一系列书籍，文献资料的引用在相应的脚注中给出。

② C. K. Prahalad与G. Hamel，"公司核心能力"，《哈佛商业评论》，5—6月，第79—91页。

题的复杂性，我们把 NEC 和另一个日本通信公司——冲电气进行对比：同样在 19 世纪末建立，同样是通信省以及后来 NTT 的主要设备提供商，同样采用日本式企业管理方式和制造手段。但为什么 NEC 成为领先的国际企业而冲电气没有呢？

关于第二个问题，首先有必要挑战一个由普拉哈拉德和哈默尔以及很多其他学者提出的假设：在信息产业的三大核心领域都取得世界前五的位置已经足以说明 NEC 是一个“高度成功”的企业。在本书的结论中，我们将把 NEC 的成就和其他与其相似的日本企业以及西方企业进行更详细的对比分析。

今天的 NEC

表 6-1 列出了 NEC 在计算机、通信设备和半导体领域的主要活动，还详细列出了公司的十七种主要产品、三大核心领域以及它们对于 NEC 的相对重要程度。可以看到，通信系统和设备占 NEC 销售总额的百分比从 1987 年的 30%下降到 1993 年的 27%。此领域的五种主要产品是：数字交换机系统、光纤与无线广播系统、太空电子仪器、移动通信系统以及用户驻地设备。

计算机和工业电子系统占 NEC 的销售总额从 1987 年的 43%上升到 1993 年的 51%，此领域的六种主要产品是：巨型计算机、大型计算机、小型商业计算机、个人计算机、工作站以及增值网络（VAN）信

表 6－1　NEC 的产品，1987 年和 1993 年

产品种类	占销售总额百分比	
	1987 年度	1993 年度
Ⅰ. 通信系统与设备	30	27
1. 数字交换机系统		
2. 光纤与无线广播系统		
3. 太空电子仪器		
4. 移动通信系统		
5. 用户驻地设备		
Ⅱ. 计算机及工业电子系统	43	51
6. 巨型计算机		
7. 大型计算机		
8. 小型商业计算机		
9. 个人计算机		
10. 工业站		
11. 增值网络信息系统		
Ⅲ. 电子设备	18	17
12. 超大规模集成电路存储器		
13. 微型计算机		
14. 专用集成电路		
15. 其他半导体		
16. 电子元件		
Ⅳ. 消费电子产品及其他	9	5

来源：NEC 年度报告。

息系统。

1993 年，NEC 17%的销售额是由电子设备类产品提供的，这个比例在 1987 年为 18%。此领域的五种主要产品是：超大规模集成电路存储器、微型计算机、专用集成电路、其他半导体以及电子元件。

尽管消费电子产品的规模远小于松下、索尼和夏普等专业消费电子公司以及日立、东芝等拥有较大规模消费电子产品部门的混合型公司,NEC 依然提供消费电子产品。这类商品以及公司的其他未归类产品占 NEC 1993 年销售额的 5%,而 1987 年是 9%。

NEC 能力的进化

如何解释 NEC 在这些领域的相对国际地位?

解释的关键在于认识 NEC 积累的能力。了解公司积累能力的方式和过程,是解释 NEC 现有国际地位的第一步。我们首先需要了解 NEC 在主要产品领域的能力进化过程,如图 6-1 所示。

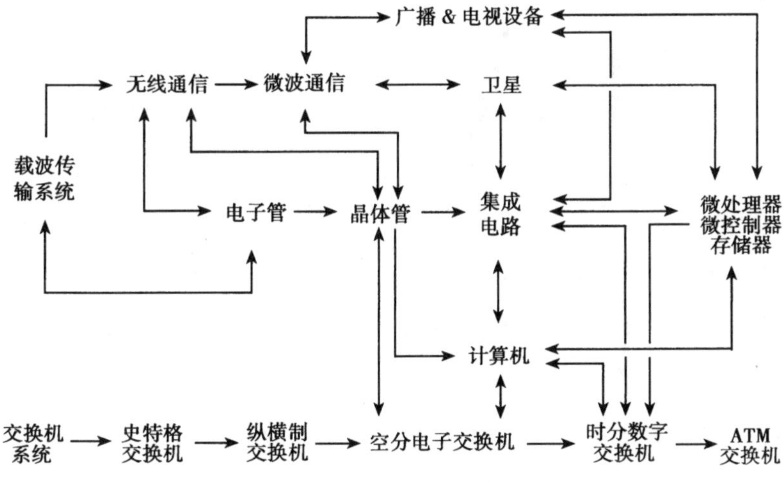

图 6-1 NEC 的能力进化

NEC 的初期产品主要包括电话机、电话相关设备以及电话交换机，它们大多采用美国西部电气的技术。然而，在无线通信领域的能力才是 NEC 的最重要基础，如图 6－1 所示。NEC 在 20 世纪 20 年代在无线通信领域积累的技术能力是它在 20 世纪 50 年代到 60 年代进军相关领域（如晶体管、电子程控交换机、晶体管计算机和卫星通信等）的基础。那么，NEC 是如何完成这个能力积累过程的呢？

无线通信

由于多山地的地理特征，日本不得不花费很大力气对进口的无线通信技术和设备进行改进以适应本国实际情况。早在 1905 年，日本通信省的实验室就已经开始研发本国的无线电报设备；从 20 世纪 20 年代初，通信省开始开展无线电广播项目，无线通信技术随之得到了很大发展。

在 1923 年的大地震之后不久，日本政府通过了规范无线电广播的相关法规。1924 年日本国际广播电台成立，1925 年开始广播。它是日本的第一个广播组织，使用 NEC 从美国西部电气引进的无线电设备。1926 年日本国际广播电台重组为日本广播协会（NHK）。

在这个时期 NEC 主要的精力放在基于电缆的通信系统的研究上。然而无线电广播的普及、通信省对这种新生媒体的支持以及被吸引到这个领域的公众投资等诸多因素使此时 NEC 的日本领导人岩垂（Iwadare）和大井（Oi）决定从电缆领域转向无线通信领域。

NEC 从事电缆通信系统的经验一定程度上使它进入无线通信领域变得较为容易。1924 年 NEC 在工程部建立了一个小规模的无线电研究中心,并于 1930 年开发出公司第一台无线电广播发射机。这台发射机被送到日本广播协会在冈山(Okayama)的广播电台投入使用。

1935 年 NEC 开始对微波通信技术进行研究,这是它增强自身在无线通信领域能力的另一重要决策。在微波通信领域积累的能力给 NEC 带来了大量财富,而且这也使 NEC 的产品第一次拥有了国际竞争力。直到今天,NEC 在地面、卫星以及移动通信中的微波通信技术应用领域中依然处于主导地位。NEC 在通信传输领域的能力开始变得比电话设备领域更重要。1937 年时 NEC 无线电与载波传输设备的销售额超过了电话及其相关设备的销售额总和。

20 世纪 30 年代末,两件大事进一步增强了 NEC 在无线和微波通信领域的能力。第一件事是日本国内强烈的民族主义情绪削弱了 NEC 与美国西部电气的技术合作(如在第二章中所述)。这迫使 NEC 转而强化自身的技术能力,特别是以前对美国西部电气比较依赖的领域,比如无线电领域。第二件事是日本军方由于战备需要,对无线电相关军事设备的需求急剧增长,如雷达系统、雷达探测器、声学装置,包括回声定位器和信号检测器等。

1939 年 7 月,NEC 把它的无线电研究单位扩编为设立在多摩川(Tamagawa)的一个独立实验室,1941 年此实验室迁往东京市郊。另外,在公司的一些工厂里也成立了无线电技术开发实验室。20 世纪

30 年代末,公司有 40%的销售都与军方相关,在战争结束前这个比例上升到 97%。

积累能力:从无线电到真空管

NEC 在无线电领域的竞争能力是今后转战到真空管相关领域的跳板。决定进入真空管领域以及后来进入晶体管领域是 NEC 发展过程中非常关键的两步,这也是它能成为世界半导体行业顶级企业的基础。

20 世纪 30 年代日本国内真空管的生产为东京电子所支配。这家公司成立于 1890 年,后来与重工业企业芝浦制作所(Shibaura Engineering,成立于 1904 年)合并,1978 年合并后的公司改名为东芝公司(由两家公司名字的第一个字组成)。东京电子和美国通用电气公司之间自 1903 年起就进行技术合作,到 20 世纪 30 年代时东京电子在无线电设备、真空管以及若干其他领域(比如灯泡等)日本市场上取得了领导地位。

20 世纪 30 年代,NEC 的技术领袖在深化和拓展公司的能力问题上给公司高层施加了越来越大的压力。这种压力的来源是多样的,一方面,公司的工程师对掌握进口技术、扩充自身经验和知识的愿望越来越强烈;另一方面,这种寻求更多学习机会的愿望和民族主义的意识形态交融在一起,人们都希望国家在科技上能尽可能地减少对外国公司的依赖。

丹羽保次郎(Yasujiro Niwa)是 NEC 实践上述两种动机的杰出工程师,他曾在通信省的下属实验室工作(这进一步强调了本书前面提到的关于 NEC 与通信省即后来成立的电信公司工程研究部门之间的密切联系),并于 1924 年加入 NEC。1927 年丹羽保次郎成了 NEC 工程部主任,由于公司前途以及民族主义两方面的原因,他热切地希望公司深化和拓展技术能力。为了实现自己的愿望,他在公司组织结构改革方面作出了一个重要贡献——引入工厂级的研究体系,结束了公司内源自美国西部电气的"把研发工作交给专家和实验室"的传统。在丹羽保次郎看来,研发应该在工厂和实验室同时进行。

在丹羽的领导下,NEC 内部要求进军真空管领域的呼声越来越高,甚至有很多人支持这个问题的态度很强硬。他们的理由是:首先,真空管技术不仅可以应用到无线电领域,而且在其他领域也开始有越来越广泛的运用,把真空管技术看作是一种核心战略资源实不为过。所以,公司只依赖外界资源获得这种技术是不明智的行为,特别是在对手东京电子拥有这种技术的情况下。其次,若自身拥有真空管技术,那么公司可以更可靠地保证自己产品的质量,并在今后相关领域的竞争中取得一个较为有利的地位。因此,NEC 可以通过发展真空管技术及其相关设备,促进公司其他产品的发展,并因此获得更大的利益。

尽管支持发展真空管技术的理由是那么的诱人,但是在很长时间内 NEC 的领导层反对进入真空管领域。反对意见不仅来自国际标准电子公司(International Standard Electric Corporation,它在 1925

年ITT成立时继承了美国西部电气在NEC的股份,并根据1932年签署的一份协议而持有NEC 50%的股份),而且来自住友总部(根据1932年的协议,它在NEC的股份从5%上升到14%)。反对的理由主要是认为NEC不可能在真空管领域发展出足够与东京电子抗衡的能力,因此NEC应该继续依靠东京电子作为自己的真空管提供商(虽然两个公司之间有竞争、合作等多种复杂的关系)。

1932年,志田文夫(Fumio Shida)成为常务董事后,反对的声音开始减弱,事情出现转机。志田曾经是住友电线制作所(Sumitomo Densen Seizosho,住友财团的电缆制造企业)的首席工程师,他在关于真空管的争论中被丹羽说服,于是,NEC最终进军真空管领域。

这里顺便提一下一个值得注意的问题(本章稍后,我们会回到这个话题上来),即能力的进化不能脱离对公司愿景及愿景下公司理念的分析。公司选择从无线电进入真空管领域都依赖于新建立的公司理念,这也是NEC后来成为信息产业界世界顶级公司的重要基础,也是它在真空管竞争中获得成功的基础。这种公司理念的变化是公司内部剧烈思想斗争的结果。

NEC第一个有国际能力的领域: 微波通信

20世纪30年代初以前,NEC的重大技术创新几乎都不是由公司里的日本工程师创造的。在日本国内其他电子和通信产业相关公司也有着类似的情况,这些公司都高度依赖外国进口技术。NEC前董事长小林宏治(Koji Kobayashi)在20世纪30年代还是一位年轻工程师,他回想那个时代,发现只有两个"技术突破"是由日本工程师完成的:一个是一种远程监控系统,另一个是当时公司的首席工程师丹羽开发的一套传真照片设备,这套设备被用于向东京发送裕仁天皇在京都进行天皇加冕仪式时的照片。

小林回忆道,当一位同事问他的上司是否可以尝试把美国西部电气研发的三通道载波电话系统扩展为四通道时,上司告诉他:"尝试美国西部电气都没有做过的事情太冒险了。"小林记得在那个时候,"我们年轻工程师都对此情况很不满",他本人也"对 NEC 很失望"。①

但是很快微波通信领域的情况发生了很大变化。1935年,在 NEC 减少对美国西部电气的依赖以及通信省加大对本国技术研发支持力度的双重激励下,NEC 展开了微波通信领域的独立研究。在研发过程中,战争时期军方对微波通信系统的需求以及后来的战后重建工作进一步促进了公司的研究工作。与此同时,这样的结果也许还在一定程度上与日本的地理特性有关,"(日本)超过80%的国土是山地,在日本铺设电缆非常昂贵、困难且耗时,微波网络应该是快速建立一个全国范围通信网络的最佳选择。因此,日本在探索微波通信系统的应用方面走到了世界前列"②。

---

① 小林宏治:《面向未来》(*Rising to the Challenge*),哈考特—布雷斯—朱万诺维奇出版公司,东京,1989年,第16页。

② 小林宏治:《日本通信的过去、现在与将来》,《IEEE 通信杂志》,1984年,卷22,第5期,第97页。

由于微波通信作为传输媒介在日本的应用优势,1950 年电信省决定用微波通信系统建立一个全国范围内的电话电视转播网。为了更进一步发展此网络的相关技术,电信省下属实验室启动了一个规模庞大的研发项目,并邀请包括 NEC 在内的设备提供商加入。这个项目是 NEC 独立研发工作的重要补充,它通过参与项目开发工作以及建立日本全国范围内的研发系统(把通信省和设备提供商整合到一起)使其在微波通信领域的能力得到了进一步提升。

以此为基础,NEC 很快取得了重要的应用成果。1954 年,一种大容量微波中继设备在东京、名古屋、大阪之间投入使用。这种类型系统的设计,研发和使用给日本公司提供了大量的学习机会,促进了如 NEC 这样的日本公司更快地向前发展。

快速增长的生产和销售带来了大量宝贵的学习机会。战后重建工作吸引了大量有关改善国内基础设施的公众投资,给了日本公司很多锻炼机会,促进了日本公司的学习过程。同时,受到相对较高银行存款利率的刺激,日本银行能够更大规模地向各公司投资。同时整个日本经济开始飞速发展,对国内公司所提供的产品和服务提出了更高的要求。日本国内对国家铁路网络和电力传输网络之外出现的第三个网络,即新兴的微波通信网络,产生了大量的需求。因此,NEC 这样的设备提供商获得了更多的资金投入和市场机会。

尽管通过在实际锻炼中的学习,日本公司开阔了眼界、深化了技术,但是它们仍然面临着来自西方公司在技术上的强大压力。1953 年,NHK 开始进行定期电视广播,虽然日本公司希望 NHK 能冒一定风险选择尚未经过足够市场检验的本国设备,但是处于产品可靠性方面的考虑,NHK 最终还是决定选择美国无线电公司(RCA)提供的微波中继设备。然而,由于日本市场的庞大和多样性,日本通信设备公司的努力依然能够获得回报。因此,NEC 虽然不能让 NHK 或大阪电视广播公司等大机构购买它的设备,但最终成功说服了一家较小的广播公司——日本中部广播公司购买其设备。

当日本公司积累了足够的实力后,它们开始逐渐占领小型个人通信网络市场。NEC 良好的声誉使它在这个市场上占有很大优势——NEC 是战前的通信省以及 1952 年后的 NTT 最大的设备提供商。NEC 和 NTT 的首任总裁梶井刚(Takeshi Kjii)的联系也可以说明它们之间的联系:中岛在 1938 年前担任通信省的设备部主任,1938 年成为 NEC 的常务董事,1943 年成为总裁,1952 年出任 NTT 首任总裁。

NTT 在成立后不久决定在东京和福冈之间安装微波线路。NTT 计划采用英国标准电话电缆公司(STC)开发的微波系统。得知这个消息以后,NEC 开始动用自己的私人关系网。NEC 后来的主席小林宏治这样说道:

> 那个时候 NTT 的总裁是 NEC 的前任总裁梶井刚,我们希望他给国内制造商一次机会。他同意在东京和大阪之间首次使用国产设备,然后在大阪和福冈之间采用进口设备。采用 NEC 设备的东京-大阪线路比大阪-福冈线提前两年投入使用,这件事

为国内厂商赢得了很多赞誉。[①]

给设备商提供设备——NEC对国际电话电报公司(ITT)的销售

要想说明NEC在技术上的成熟和国际竞争力的增强,最好的例子就是NEC为以前的主要技术提供者ITT提供的技术销售。1962年1月,NEC开始向ITT提供超视距微波通信系统和载波传输设备,这标志着NEC在技术上的重大突破。NEC能力的渐渐增强使它可以摆脱美国西部电气和ITT对它向第三方出口所作的限制。从此,NEC可以通过开拓海外市场,特别是发展中国家的市场,来实现进一步的自我发展。从20世纪60年代中期开始,NEC开始向发展中国家提供自身最具国际竞争力的产品——微波通信系统设备。

到20世纪60年代末,NEC已经可以宣称自己是"世界领先的微波通信系统出口商"了,它在墨西哥、巴西、印度、伊朗以及澳大利亚赢得了大量订单。[②] 最能支持这个称号的事例来自1968年NEC获得一笔美国军方的订单——建立在东京附近的关东地区美军基地雷达站之间的微波通信网络。小林宏治说:"经过分析,我们认为我们NEC获得这笔订单的唯一原因是,只有我们拥有能满足美国军方要求的技术。"[③]1971年,由于NEC在这一地区的成功,NEC开始为AT&T

---

① 小林宏治:《NEC的崛起:如何管理世界上最伟大的通信&计算机企业》,布莱克威尔出版社,牛津,1991年,第29页。

② 小林宏治:《NEC的崛起:如何管理世界上最伟大的通信&计算机企业》,布莱克威尔出版社,牛津,1991年,第29页。

③ 小林宏治:《NEC的崛起:如何管理世界上最伟大的通信&计算机企业》,布莱克威尔出版社,牛津,1991年,第60页。

的纽约电话运营子公司建设全美第一套数字化微波无线通信系统。

从陆地微波系统到卫星

以研发微波通信系统积累的能力和知识为跳板,NEC 进入了一个全新的领域——卫星通信。

NEC 的研发人员发现,只需要稍稍修改和扩展公司在研发和生产超视距微波通信系统中积累的知识,就可以很方便地把原有知识应用在新的卫星通信系统地面站的建设中。从产品和市场看来截然不同的两个领域,潜在的知识却有很大程度的相似,两个领域之间的转换从研发角度看只是平稳过渡而并没有跳跃变化。

NEC 进入卫星领域的决定是在小林宏治以及公司执行副总裁对美国休斯航空公司(Hughes Aircraft)的访问后作出的。在访问期间,休斯公司副总裁劳伦斯·海兰德(Lawrence A. Hyland)向小林提议建立两家公司之间的战略同盟,这样有利于双方从互补的知识体系中受益。结合 NEC 在微波通信领域和休斯公司在卫星领域的优势,双方在 1964 年 8 月发表声明宣布将共同研制一套卫星通信系统。同月,致力于打造一个全球卫星通信系统联盟的"国际通信卫星组织"(INTELSAT)成立了。1965 年 12 月,NEC 和休斯公司联合开发的系统取得了成功,这套系统允许地面站在任意时刻通过卫星与其他地面站进行通信。很快,NEC 成为 INTELSAT 的 A 标准地面站的最大设备提供商。

同年5月,NEC为巩固其在空间领域的研究,把在公司通信研究实验室和无线电部门进行的空间科学研究工作独立出来,成立了一个新的实验室——航空与空间发展实验室。1967年6月,这个实验室升级为空间发展部,成为公司内部的一个独立部门。在NEC着手于基站研发的同时,它也开始了卫星电子设备的研发。通过与休斯公司合作,NEC推出了用于卫星的异频雷达收发机。

1969年,日本宇宙开发事业团(NASDA)成立,NEC和休斯公司获得了它们的第一笔订单——制造一个气象卫星,然而,NEC最想获得的广播通信卫星订单却被三菱和东芝抢走。但是此订单毕竟奠定了NEC在卫星市场的优势地位,从此开始直到1982年,公司总共收到来自73个国家的545份订单。

回顾过去,小林宏治总结NEC在卫星通信领域的发展,说道:

> 不得不说,NEC能及时进入卫星通信领域有几分运气,我们和休斯公司的友谊以及恰逢其时的东京奥运会都间接帮助了我们;但是,我觉得最主要的原因应该是,NEC已经在无线电通信领域拥有了世界上最先进的科技。NEC微波通信技术的发展历史可以回溯到战争时期以及战后重建时期,但技术发展的最关键时期应该是20世纪50年代建设全国范围的广播电视网络的时候。①

---

① 小林宏治:《NEC的崛起:如何管理世界上最伟大的通信&计算机企业》,布莱克威尔出版社,牛津,1991年,第28页。

移动通信

NEC 在无线电和微波通信领域积累的技术也扩展到了目前通信市场增长最快的移动通信领域。1979 年 NTT 开始在日本首次提供商业化的移动通信服务,NEC 也从此成为手机通信领域的国际化大公司,为便携式电话系统提供全套组件:便携式电话交换机、便携式电话基站、系统间互联设备以及便携式电话机。

从真空管到晶体管再到集成电路

NEC 从微波通信领域到卫星通信领域过渡的过程中所需的知识有很大程度的相似性,这是平稳过渡的基础。而从真空管到晶体管的转型却相对困难很多,因为在知识体系上也面临一个飞跃。然而 NEC 所经历的从真空管、晶体管、集成电路直至超大规模集成电路的实际转型过程却比想象中容易了很多。

晶体管技术在日本发展得很快,一方面是相关法规制约了 AT&T 对晶体管技术的垄断,因此在技术获取上没有困难,另一方面是日本公司之间在此领域的竞争十分激烈。日本顶级大学为国家研究机构培养的一大批优秀工程技术人员极大地增强了日本在此领域的研发能力。回忆起当时通产省(MITI)电子技术实验室对晶体管发明的反应(以及当时日本在此领域相互竞争的公司之间的合作),曾置

身其中的菊地真琴(Makoto Kikuchi)说:

> (20世纪50年代在美国)已经有了关于晶体管方面的海量资料……无数次出现这样的情况,每当拿到一份关于晶体管的有用材料,绿川作次(Sakuji Komagata)主任就会联系我的老板鸠山道雄(Michio Hatoyama)博士,然后会同东京大学的久保(Kubo)博士以及来自NEC、东芝等公司的研究人员一道“解密”这份材料。①

很快东芝、日立和三菱分别与RCA签署保护协议购买RCA的晶体管技术,但作为回报,RCA要对在日本销售的所有晶体管产品收取专利费。1953年,尽管通产省极力反对(它通过外贸配额控制了技术进口),但是索尼仍然坚持和美国西部电气签署了一项关于引进晶体管技术的协议。②

NEC在当初进军真空管领域的时候犹豫不决,这次面对晶体管的巨大市场潜力,公司内部一致认为有必要进军此领域,但是却在时机以及如何获取相关技术的问题上争论不休。一个原因是因为子公司已经在真空管方面投入了巨资。正如小林宏治所说:“这

---

① M. Kikuchi, *Japanese Electronics: A Worm's Eye View of its Evolution*, Simul, Tokyo, 1983, p.27.

② 索尼获取晶体管技术的过程在以下几本出版物中有详细讨论:Genryn,《索尼的挑战》,1946—1968,索尼出版社,东京,1986年;A. Morita,《日本制造:Akio Morita与索尼》, Weatherhill出版社,东京,1987年。

时我们 NEC 对是否立即开始批量生产晶体管很犹豫，因为我们已经正在大量生产真空管了。”①另一个原因是存在着关于是应该独立发展技术还是像其他电子公司一样引进设备的争论。关于此问题，小林说：

> 内部的意见分歧导致公司对此事犹豫，不知道应该选择哪条道路。有的人认为我们应该发展自己的技术，我们的研发人员对此也充满了自信。尽管我不完全赞成他们，但由于这是全新的技术，我也没有足够的把握去反对他们。②

最终，NEC 在通产省的压力下于 1958 年 12 月和美国通用电气公司（GE）签署了技术转让协议，比索尼公司晚了 5 年。

尽管 NEC 进入晶体管领域的过程似乎较慢，但是公司在微波通信领域积累的技术能力在此时派上了大用场，给公司带来了不可预计的财富。NEC 在开发微波系统时就已经开始了对硅二极管的研究，于是当其他公司还在用锗材料生产晶体管时，NEC 发现硅比锗更耐高温并且性能更可靠，于是决定全面换用硅材料，并成为第一家采用硅作为半导体材料的日本公司。NEC 在电信设备领域的研究背景

① 小林宏治，计算机与通信：C&C 理念，麻省理工学院出版社，剑桥市，马萨诸塞州，1988 年，第 32 页。另一篇文章中也提高 NEC 公司进入晶体管领域的过程：小林宏治，“制定 NEC 公司战后经营策略”，JETS Papers，第 1 期，日—欧技术研究所，爱丁堡大学，1990 年。

② 面向未来（Rising to the challenge），哈考特—布雷斯—朱万诺维奇出版公司，东京，1989 年，第 50 页。

在这件事上起了很大作用,从此硅成为半导体工业中最常用的材料。1961 年,NEC 的半导体产量超过了真空管。

NEC 利用自身在晶体管领域的优势,于 1960 年开始研究集成电路,1970 年开始向国外公司销售半导体产品,并在 1972 年研发了日本第一块微处理器。1974 年,在第一次石油危机后,大量公司由于经济衰退不得不减少在半导体工业上的投资,而 NEC 在银行的支持下坚持增加投入,公司的该决策在 1984 年获得了回报: NEC 成为世界上最大的半导体厂商,它一直保持领先地位直到 1993 年被英特尔公司取代。

从集成电路到个人计算机*

NEC 和其他信息产业公司的最大区别之一,是它在个人计算机(PC)领域也具有强大的能力。到 1990 年,NEC 已经是世界上第四大 PC 制造商,其市场占有率为 5.7%。当时 PC 市场排名前三位的厂家是 IBM(市场占有率 12.9%)、苹果(市场占有率 7.2%)和康懋达(Commodore)(市场占有率 6.4%)。另一家日本企业东芝排名第六(市场占有率 3.1%)。

尽管 1993 年起康柏(Compaq)和戴尔(Dell)开始以低价策略打入日本市场挑战 NEC,但是 NEC 依然在日本 PC 市场拥有绝对优势。

* 这一部分内容基于作者对 NEC 公司内从事个人电脑业务的员工的几次采访。

正如图 6－2 所示，1992 年 NEC 占有 53.4% 的日本 PC 市场，而当时其他公司的市场占有情况如下：日本最大的计算机公司富士通 9.8%、苹果 8.3%、东芝 7.6%、IBM 6.1%。20 世纪 90 年代初，PC 销售占 NEC 销售总额的比例超过 10%。

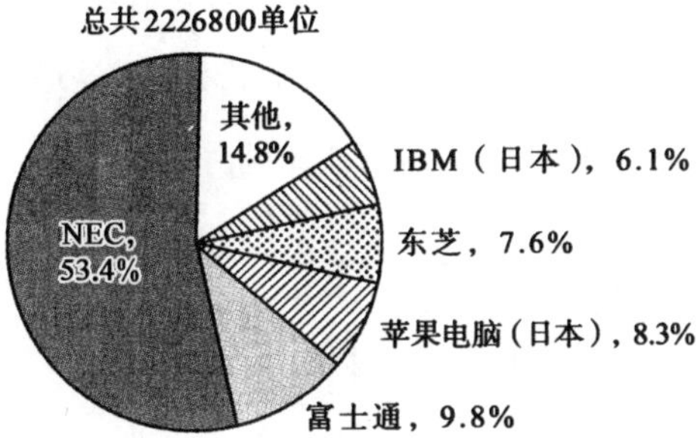

图 6－2　1992 年日本的 PC 出货量

来源：*Dataquest*。

NEC 的成功引发了一系列问题：NEC 是如何在 PC 市场取得如此强势的地位的？为什么日立生产了日本的第一台 PC、NEC 却能后来居上？NEC 和 IBM 在 PC 市场的行为方式有何异同？

NEC 的 PC 传奇

讲述 NEC 的 PC 传奇有很重要的意义。首先，它很好地诠释了作为一个公司如何把现有知识推广到新领域并在此过程中同时创造新的知识、提高自身能力。与此同时，这个传奇还进一步强调了本章的主旨——从能力而不从产品角度分析公司。

其次，NEC 的 PC 传奇诠释了 NEC 与 IBM 以及生产 IBM 兼容计算机的日本公司(富士通、东芝等)之间的区别。图 6-3 表示 NEC、富士通、日立生产的不同种类计算机在其计算机总产量中所占比例。我们可以看出,1991 年大型机大约占富士通和日立计算机销售量的一半,而 NEC 的大型机销售量只占总量的 30%;同时,PC 占 NEC 计算机销量的比例接近 50%,而富士通和日立的 PC 销售量占总量的比例却很低。在 1992 年和 1993 年,NEC 的计算机销售总额为 169 亿美元,其中 PC 占 41%、大型机占 29%、商用计算机占 15%、工作站占 12%。①

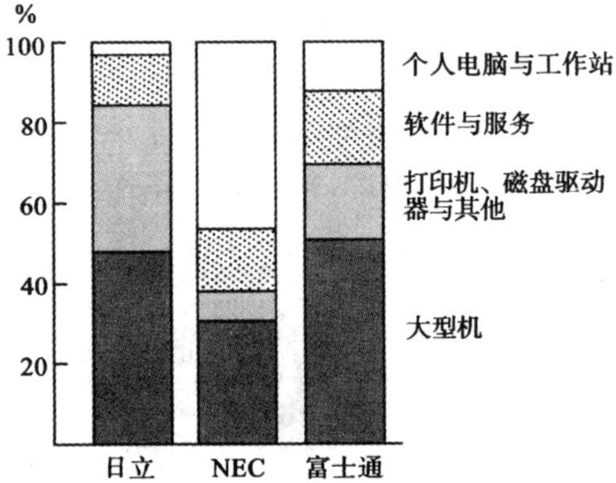

图 6-3　NEC、富士通和日立的计算机销售,1991 年 3 月 31 日的前一年

来源:*The Economist*, 11 January 1992, p.68。

NEC 和 IBM 的区别

我们认为 NEC 的 PC 传奇很有意义的第三个原因是,它说明了

① 在公司总的 54 亿美元半导体销售额中,动态随机存储器(DRAM)占 28%,微控制器占 22%,用户定制集成电路占 20%,大规模集成电路占 14%,其他占 16%。同年公司的通信设备销售额是 87 亿美元。(Nikkei Weekly,1993 年 11 月 1 日)

NEC 和 IBM 在 PC 经营中的重要区别。虽然 NEC 的 PC 传奇很短，但还是值得花费笔墨描绘出这两个公司之间在 PC 领域的区别。[1]

尽管 NEC 也是大型机的主要制造商之一，但“大型机派”在 NEC 没有像在 IBM 那样占有优势。导致这一点的一个重要原因是：虽然计算机和工业电子设备对 NEC 的收入影响很大，但 NEC 毕竟是通信公司出身并且是半导体的主要生产厂商，因此，公司产品结构的多样性使公司不会局限于大型机带来的利益而不思进取。

对于 IBM 来说，进入个人计算机领域的决策是由公司中央集权的高层决定的。虽然 IBM 董事长弗兰克 · 凯里（Frank Carey）一直坚信计算机小型化的重要性，但是直到美国 PC 市场的增长使 IBM 发现自己正在错过一个重要机会之后，公司高层才下定决心开始生产 PC。1981 年 10 月，IBM 生产的 PC 最终投入市场。

对于 NEC 来说，进入 PC 市场的决策来自下层的呼声，是一个更自发、规范、非集权制的过程。这样的方式可以很好地解决集权制、官僚化导致的决策缓慢。因此，1991 年 IBM 宣布重组为一个类似联邦制的由相对自治的单位（也包括 PC 单位）构成的公司。

一个影响更深远的区别是 NEC 坚持持有与 PC 研究、开发、生产、营销和销售密切相关的核心能力与知识产权，而 IBM 则把 PC 的两个重要组成部分，操作系统和微处理器，转包给其他公司。这也许

① 本节所述来自一份最近的关于 IBM 公司的报告：弗格森（C. H. Ferguson）与莫里斯（C. R. Morris），《电脑战争：西方公司如何在后 IBM 时代获胜》，时代丛书，纽约，1993 年。

是 IBM 作出的代价最昂贵的决定，也正因为这个决定，诞生了两大有力竞争者——微软和英特尔。同时，“大型机派”在 IBM 的地位加速了这个决定。NEC 与之不同的决策体现了 NEC 自己的哲学观——强调关键技术自有知识产权以保证竞争力的重要性，因此我们才有 NEC 的 PC 进化史，这些我们将在下面谈到。

半导体：NEC 进入 PC 领域的跳板

微处理器是引发计算机产业革命的核心力量。英特尔公司于 1971 年 11 月生产了第一块微处理器 i4004，6 个月后，NEC 研制成了日本国内第一块微处理器，并于 1973 年开始对外销售（IBM 在 1993 年才被迫开始这样做）。为了促进销售，NEC 于 1976 年 2 月在半导体和集成电路部门单独成立了微处理器销售部。

销售微处理器所遇到的最大困难是潜在用户群（有技术背景的工程师和其他人员）对这种设备不熟悉。为了“教育”潜在用户，NEC 制作了一个训练用工具包 TK－80，用户可以使用 TK－80 来熟悉 NEC 微处理器的结构和用途。随着 TK－80 渐渐流行起来，NEC 在东京最大的电子市场秋叶原（Akihabara）开设了一个门市部“比特客栈（Bit Inn）”。很快，大量的技术人员狂热地涌入比特客栈，NEC 半导体部门的工程师在周末也经常来到这里为客户提供咨询和帮助。

通过和新发展起来的用户群的互动，NEC 半导体部认识到用户真正需要的是安装了符合他们应用需求的软件的 PC。于是，NEC 在

1979 年 5 月向市场推出它的第一台 PC，即 PC－8001，该机型从研发、营销到销售都由 NEC 的电子元件组完全掌控。1981 年 4 月，由于 PC 销售额远远超出预期，NEC 建立了个人计算机部。

NEC 坚信 PC 最终会成为家用电器的信念以及 NEC 家用电子的强大生产能力，使 NEC 决定把 PC－8001 机型的生产转包给公司的全资子公司——NEC 家用电子。NEC 家用电子接下来开始发展为家庭使用量身定做的 PC－6000，它和 PC－8001 一样都是 8 位计算机。PC－6000 系列于 1981 年开始销售。

当 NEC 的个人计算机开拓了一大片市场之后，公司内的信息处理组（原本主要开发大型计算机）也开始进入个人计算机领域。1982 年 10 月信息处理组推出 16 位的 PC－9800 系列。PC－9800 同样由电子元件组提供微处理器并由 NEC 家用电子生产。这个系列的个人计算机最终确定了 NEC 在日本个人计算机市场中的主导地位。

然而，NEC 的三个部门同时参与 PC 市场也带来了新的问题。它们之间相互竞争而缺乏统一管理，没有一个部门专职为 PC 事业发展负责，这是公司非集权制导致的。比如，信息处理组抱怨它不能从为 PC－9800 系列供应微处理器的电子元件组获得足够的合作。为了解决这些问题，1983 年 NEC 在特殊项目组下成立了个人计算机小组，并任命一位副总裁全面处理 PC 相关事务，此小组担负三大系列个人计算机的统一市场企划。在 1991 年公司重组后（将在下面讨论），所有个人计算机业务都归入新成立的个人 C&C 部门。

NEC 在 1979 年推出的 PC－8001 并不是日本市场上最早的 PC，

日立在 1978 年推出了日本最早的 PC，夏普也在 1979 年推出了它的第一台 PC。在起步并不占优的情况下，NEC 如何在日本 PC 市场取得如此大的领先优势呢？

第一，NEC 半导体部在微处理器开发中积累的知识和经验为开发新产品打下了坚实基础。

第二，NEC 创新地预见到了市场反馈的重要性，并建立了一系列反馈渠道。公司的能力不仅仅和技术研发以及生产有关，还和市场以及销售有关，它们合起来才是一条完整的价值链。与很多美国计算机公司的措施相似，NEC 的比特客栈使新兴用户群及其新兴要求联系到一起，同时还为公司进一步开发自己的 PC 提供了很好的反馈渠道。

为了巩固新建立的市场通路，NEC 劝说它的微处理器经销商建立一种叫做“Micom Shop（NEC 微型计算机商店）”的销售渠道。第一家 Micom Shop 于 1978 年在广岛成立，比 NEC 第一台 PC 进入市场早一年，它销售的主要产品是微处理器工具包 TK－80。这里必须强调的是，Micom Shop 是不同于当时存在的计算机、通信、家用电子设备传统销售渠道的新概念，它不仅是销售产品的商店，还是一个向用户提供专家级技术支持的地方。1994 年 NEC 的 70% 的销售业务都是直接面向终端用户的，Micom Shop 发挥了很大的作用，此时公司已经建立超过 300 家的 Micom Shop，30% 的个人计算机销售来自 NEC 的子公司 NEC 家用电子。

第三，NEC 通过和用户沟通所获得的信息预见了应用软件的重要性。NEC 比它的竞争对手们更快地明白了：从本质上说，用户需要的并不是 PC，而是在他们的应用中使用 PC 的能力。换句话说，对用户而言他们真正需要的是解决问题的手段而不是 PC 本身。NEC 意识到，为了更好地销售 PC，有更多可用的应用软件是关键。此外，为了帮助用户更有效地使用 PC，通俗易懂的用户使用指南也是必须的。

NEC 主要从两个方面解决这个问题，这两个方面都涉及与其他具有互补性的独立公司进行合作，以帮助 NEC 为它的客户提供价值。因为这些公司是独立的，它们可以用自己的方式对市场作出反应而不用经过 NEC 的决策程序，所以它们的加入为 NEC 的创新带来了更多的灵活性和机会。为了使用户能更方便有效地使用 NEC 的计算机产品，NEC 向出版商无偿提供自己开发的软件的技术细节以使它们能出版更多样化的使用手册。为了使用户更方便地使用 NEC 的软件，NEC 向软件销售商提供必要的技术细节让他们能方便地使用 NEC 的软件进行软件的应用开发。

更多的信息可以参见图 6－4 和 6－5。图 6－4 是 PC－9800 和 PC－8800 系列个人计算机应用软件销售商数量的逐年变化情况。图 6－5 是 PC－9800 系列计算机的应用软件包数量逐年变化趋势。

1993 年康柏、戴尔、苹果等美国计算机公司用低价策略打入日本市场时，NEC 除了相应地降低其 PC 售价以外，最主要的应对手段是强调为 NEC 产品所开发的数量巨大的日文版应用软件。至于 NEC 的措施成功与否，我们将通过时间来检验。

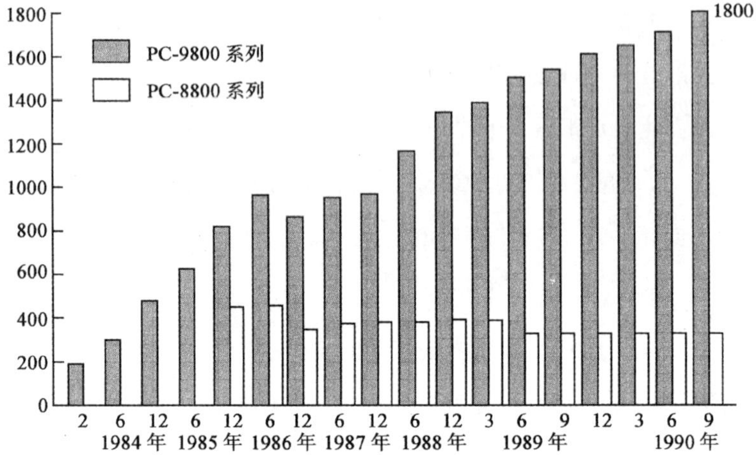

图 6－4　NEC 个人计算机的软件销售商数量(1984—1990 年)

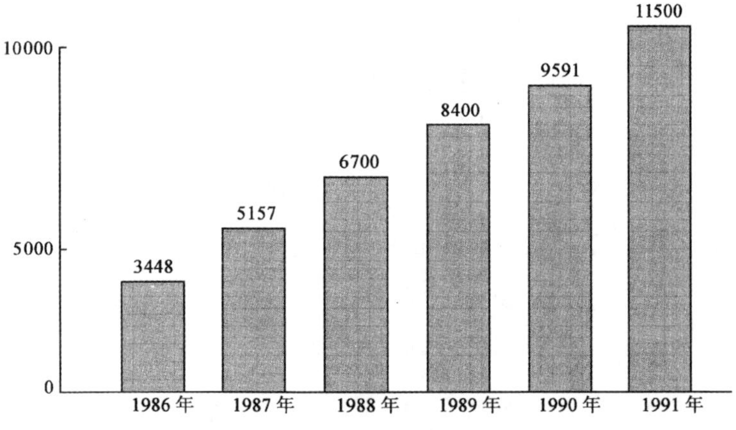

图 6－5　NEC 的 PC－9800 系列的应用软件包数量(1986—1991 年)

第四,在意识到应用软件的重要性后,NEC 从 PC 研发初期起就很注意各型号计算机之间的软件兼容性,即各型计算机之间的软件可以通用。这样可以保证使用基于 NEC 软件的用户对 NEC 产品的忠诚度。而 NEC 的对手们并没有那么快地意识到这一点，图 6－6 通过对各公司 PC 结构体系进化过程的分析证明了这一点。从图中我们可以清楚地看到 NEC 从 PC－8000、PC－8800 到 PC－9800 系列个人计算机发展的体系结构连续性。NEC 从一开始就注意了这个问题：信息处理组开发 PC－9800 系列个人计算机时，就考虑到了和之前半导体组开发的 PC－8000 系列的软件兼容性。这样做的最主要原因是，公司想利用用户对 PC－8000 系列的好评所积累的“声誉资产”来促进 PC－9800 系列的销售：用户为 PC－8000 系列个人计算机所购买的软件，可以在 PC－9800 系列个人计算机上继续使用。这样做还有更深远的影响：它保证了 NEC 个人计算机产品体系结构的稳定性和连续性，这对于为 NEC 个人计算机产品提供应用软件以及使用手册支持的合作者很重要，比起不连续的结构体系设计，他们可以获得更多的利益。图 6－6 中也给出了 NEC 竞争者们的个人计算机体系结构不连续的发展进化过程。

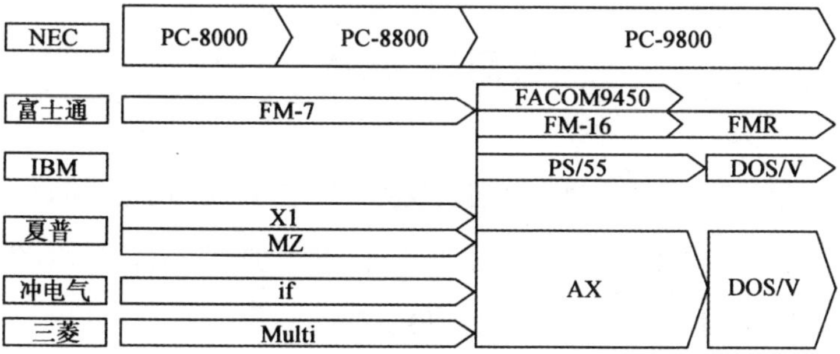

图 6－6　日本主要 PC 制造商的体系结构进化

第五,也是最后一点,NEC 总能紧跟时代。比如,不同的 NEC 个人计算机使用了几乎所有的主流操作系统如 Unix、Windows、DOS 和 OS/2。同样,NEC 为 PC-9800 系列设计了不同的主机,其中包括一种专为工厂使用而设计的机型。另外,公司还充分使用公司在计算机和通信领域的其他科技来促进个人计算机的发展,比如 NEC 曾经开发一种通过无线天线与局域网联网的无线 PC-9800 个人计算机。

1993 年 9 月 AT&T 和 NCR 公司与 NEC 签订协议,由它们在美国代理销售 NEC 的 IBM 兼容笔记本计算机并使用"NEC"商标,这是 NEC 在国际个人计算机领域获得认同的重要标志。NEC 在精确制造技术方面的领先地位是产品小型化的保障,在薄液晶显示器技术上的优势是高分辨率轻薄显示设备的保障,这些技术是 NEC 笔记本计算机强大国际竞争力的基础。这次的新协议是 NEC 半导体部和 AT&T 公司微电子部以前曾经签署的协议的延续。NEC 同时还是 AT&T 公司新型通信用微处理器霍比特(Hobbit)的第二大供应商。

公司与"愿景"

"愿景"是一个在讨论公司以及决策制定方案时都经常用到的概念。我们谈到"愿景"总是指好的事物。所有的决策者,不管是公司领导还是国家领导,都有自己的"愿景"。

但是这样的描述并没有告诉我们"愿景"到底是什么。稍微多思考一下,我们就会发现“愿景”比我们想象的要复杂许多。从事后看来“愿景”很多时候都是错误的。那么,“愿景”是如何形成以及变化的呢?我们怎么样才能最快发现“愿景”已经错了?

再深入挖掘,我们可以注意到和“愿景”相关的一些让人矛盾疑惑的事。比如,拥有“好”信息的公司也许作出“坏”的愿景。IBM 作为拥有最丰富信息资源的公司,直到 1992 年都坚持一个“坏”的愿景——相信大型机市场会一直繁荣昌盛。这引发了更复杂的问题:一个公司拥有的信息和它的“愿景”之间到底有什么样的关系呢?

我们将在接下来的部分深入分析 NEC 的核心理念。

NEC 愿景的进化

对于 NEC 这个案例,我们非常幸运地获得了公司的战后总设计师小林宏治博士对公司愿景形成过程的评论。① NEC 的愿景可以用计算机技术和通信技术的结合——C&C 概念来概述。

管理学权威彼得·德鲁克(Peter Drucker)说,1959 年会面时“小林的头脑中已经有了 C&C 愿景的想法”,②这是一个值得纪念的日子。1954 年当 NEC 还是一家通信设备公司的时候,就已经开始了计算

---

① 本节讨论的主要依据是作者和小林宏治博士的几次访谈。

② Drucker 的话来自他为小林宏治的《NEC 的崛起》所做的序,小林自己也说道:“1959 年 3 月我在日本期刊 OHM 的特刊上发表了一篇名为‘数字化技术与自动化的进步’的文章,在文章中我论证了数字化技术的出现会加速如数字化系统的出现,如电子交换机、数据处理设备等。”(同上,第 122 页)

机领域的研究。1958 年,NEC 在通产省电子技术实验室、NTT 电子通信实验室和日本东北大学(Tohoku University)的帮助下生产了它的第一台计算机 NEAC 2201,这也是世界上第一台全晶体管计算机。①

虽然小林在 20 世纪 50 年代就开始思考把计算机技术和通信技术结合起来的问题,但是直到 1977 年他才在乔治亚州亚特兰大市举办的 INTELCOM'77 会议上第一次公开提出他的观点。1980 年小林在 NEC 的出版物中用一个图表详细讲解了他的愿景,描述了计算机、半导体、交换机和传输设备这几个领域的进化和渐渐结合的过程,这个图表现在已经在电子工业界人人皆知了。图 6-7 重现了这个著名的图表。

20 世纪 80 年代小林对他的 C&C 规划进行了一次重要修正,改为"人与 C&C"。修正主要是考虑到计算机和通信技术发展中越来越重要的"用户友好"。电子设备公司越来越需要重视客户的实际要求,以改进所提供产品的特性。

图 6-8 通过图示的方式具体化了 C&C 的概念。

核心理念

NEC 的 C&C 愿景可以分为以下两部分核心理念:

理念 1:计算机技术和通信技术之间正在融合。

① 日本计算机公司的早期发展史在以下资料中有记载:M. Fransman, *The Market and Beyond: Coorperation and Competition in Information Technology in the Japanese System*(《市场以及超越市场:日本信息技术的合作与竞争》), Cambridge University Press, 1900, pp.13-23。

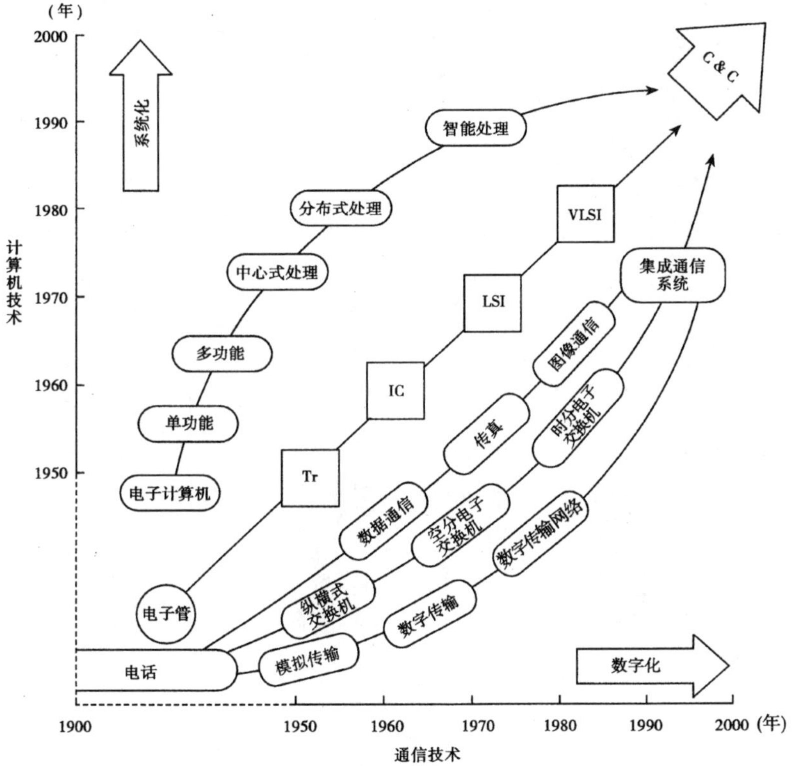

图 6-7　NEC 的 C&C 发展基本概念

来源：K. Kobayashi，'Information Society and Information Technology'，*NEC Research and Development*，Special 30th Anniversary Issue，no.96（1990）：2。

理念 2：NEC 必须在 C&C 所涵盖的所有领域的知识和科技上处于领先地位以保证公司能充分获利与增长。

必须着重强调的是，这两个理念之间是相互完全独立的。我们可以坚信理念 1 而不用坚持理念 2。一个公司可以认为计算机技术和通信技术正在融合，但并不认为自己必须掌握 C&C 核心领域的知

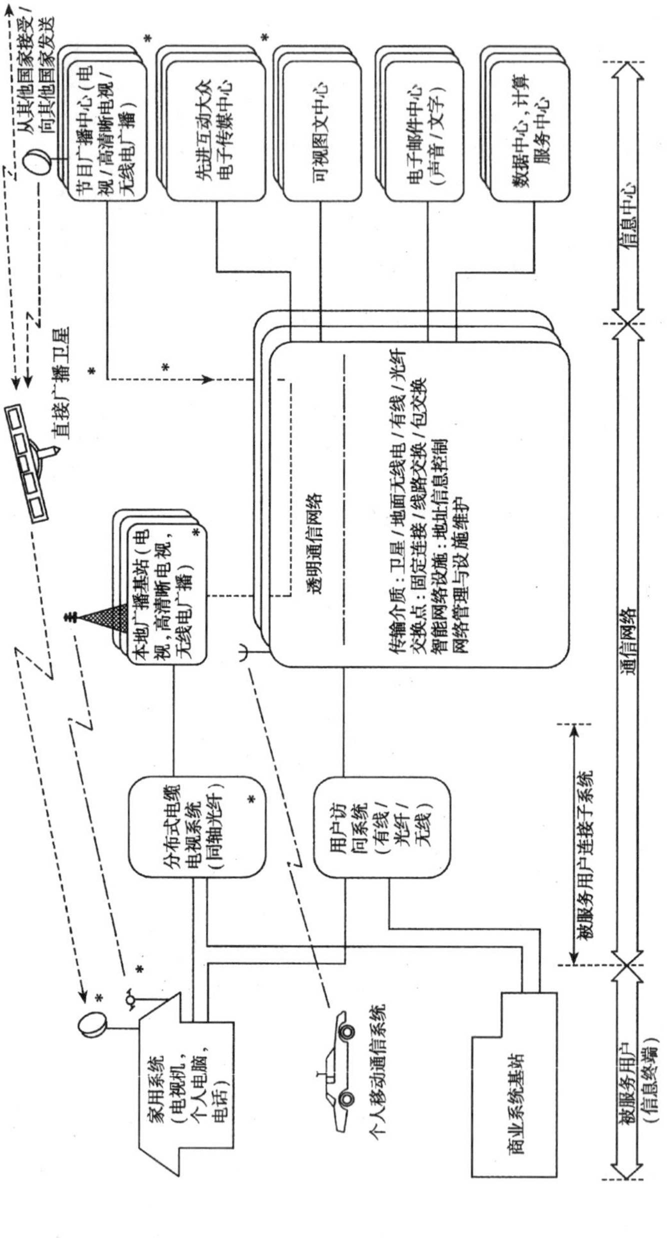

图6－8 通信网络基础设施、信息服务中心及相应的终端用户系统

来源：N. Shimasaki，‘An overall View of the Information Technology Industry Complex’，*NEC Research and Development*，33(1992)：547。

识和技术。

更具体地说,并不是 NEC 的所有对手都同时坚持这两个理念。比如 IBM,它在很长时间内都坚持这两个理念,所以它曾经收购了通信设备公司罗姆(Rolm),然而 IBM 很快抛弃了理念 2,把罗姆公司卖给了西门子公司,自己继续做一个单纯的计算机公司。另一个例子是 NEC 在通信设备领域的对手爱立信公司,它只坚持理念 1,因此把自己的计算机部门售出,主要依靠德州仪器公司提供自己所需的半导体产品。在所有公司当中,AT&T 公司和 NEC 在理念上最接近。有趣的是,NEC 和 AT&T 公司有相当紧密的联系,1899 年 NEC 就是作为 AT&T 的全资子公司美国西部电气的合资公司成立的。

同样信息的不同理解方式影响了公司理念的形成。也许我们可以说理念 1 的形成只是简单依靠信息的完整与否,但对于理念 2 却不一样。计算机技术和通信技术之间的融合是显而易见的:计算机和通信领域同样的数字化趋势,交换机和计算机之间的相似性,计算机和通信技术依赖越来越多共同的基础知识如半导体、软件等。根据这些信息公司很容易选择坚持理念 1。对于理念 2 来说,情况却要复杂很多,所能获得的信息都是模糊的,可能导致多种不同的理解。正因为解释理解的多样性,IBM、爱立信等其他公司才会有和 NEC 理念 2 完全不同的理念。

NEC 愿景的意义

任何一个公司在做愿景之前都需要解决这样三个问题:(1)如

何确定公司战略决策的边界，即确定哪些领域和公司的战略相关。(2) 如何协调公司的各种活动——正如诺贝尔奖获得者肯尼斯·阿罗(Kenneth Arrow)指出，在公司里为实现各种活动的相互协调只有限地使用了价格调节机制(尽管随着公司内部的分工日益细化，这种机制发挥的作用开始变大)。(3) 如何向利益相关方(雇员、客户、供应商、银行家和股东)汇报公司以前做过的、现在正在做的和将来打算做的事情。

NEC 树

“NEC 树”直观地表达了能充分体现公司两个理念的 C&C 愿景，同时它还能有效地解决刚才提出的三个问题。图 6－9 是一棵目前版本的 NEC 树。

1966 年小林宏治在休斯航空公司访问时，劳伦斯·海伦(Lawrence A. Hyland)向他展示了休斯公司的一棵相似功能的树。回到 NEC 后，小林开始构思自己的“NEC 树”。我们首先来看看小林自己对他所设计的第一个版本的“NEC 树”的评论，这对我们理解公司的重大历史变革有很大帮助，同时也能从中看出公司是如何找到“合适”的家用电器发展方向的：

NEC 树强壮的根体现了公司强大的科技能力，交换机业务是从根部吸取营养并生长出来的第一根强健的分枝。几乎同时，我们的载波传输业务作为交换机枝条上的第一个小分枝也发芽了。第二根枝条表示我们的无线电业务，第三根枝条表示我们的电子设

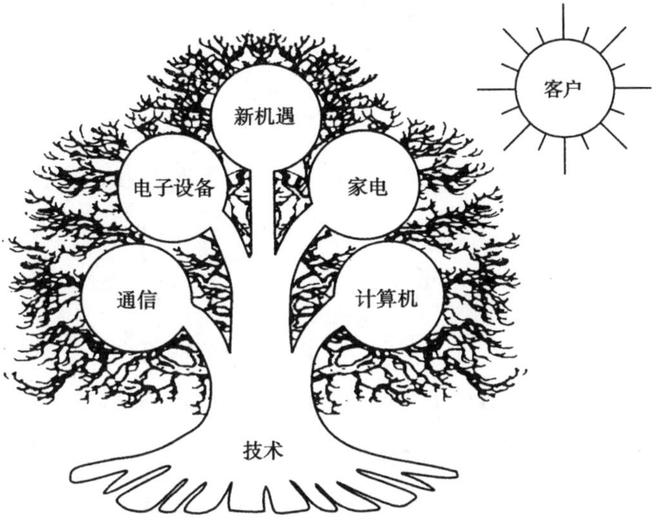

图 6－9　NEC 树

来源：K. Kobayashi，*Rising to the Challenge*，Harcourt Brace Jovanovich，Tokyo，1989，p.7。

备——我们其他商业活动的基础，第四根枝条代表电子数据处理设备——计算机。最后，我们把一根新的枝条命名为'新机遇'，代表未来的新领域。①

小林接着表达当时面临的关于家用电器定位的困惑：

以我们的科技为根诞生了一个年轻的树苗表示家用电子设备（我个人感觉把家用电子设备当作一个独立的树并不恰当，所以我们后来改变了它的位置）……②

① 小林宏治：《NEC 的崛起》，第 118 页。
② 小林宏治：《NEC 的崛起》，第 118 页。

最后，小林谈到了对客户的定位：

> 为了让我们的树能从根中吸取营养长枝生叶，它必须从太阳那里获得光。这里太阳就代表了市场，也就是说客户的需求。①

NEC 为其客户提供了什么？

公司愿景中一个很重要的部分就是“公司能给客户提供的价值”的概念。我们这里通过举例说明来让这个概念更加清晰。手表是卡西欧（Casio）的一个重要业务，卡西欧以前只是简单把手表定位为用户手腕上能指示时间的部件。我们可以把手表的概念重新定义为手腕上的信息源，由此把手表的功能扩展到测血压、测心跳，甚至通信功能。

NEC 对产品概念的重新定义在公司的进化过程中担任了重要的角色。一个很典型的例子就是 20 世纪 60 年代公司从通信设备企业转型为信息产业企业。小林说：“通信的作用就是运送无形的信息，‘信息’是这里的关键词……计算机处理信息，通信设备传输信息，甚至广播和电视也不过是接受和复制信息的手段而已……我们把目光从单纯的通信领域扩展到了整个信息领域。”②

值得一提的是，NEC 对自己角色的重新定位发生在公司 20 世纪 50 年代进入计算机领域之后。换句话说，公司新竞争力的形成是在

① 小林宏治：《NEC 的崛起》，第 118 页。
② 小林宏治：《NEC 的崛起》，第 31—32 页。

对公司行为的重新定义之前。到了 20 世纪 60 年代,在计算机产业已经被确定为 NEC 的重点发展领域以后,小林宏治开始思考对 NEC 角色的定位。受到美国经济学家弗里兹·马克卢普(Fritz Machlup)以及京都大学教授梅棹忠夫(Tadao Umesao)观点的影响,小林开始认识到与知识相关的工业的重要性①。1966 年,NEC 在此思想指导下把所属和信息产业没有太多联系的核能研究实验室转让给了住友原子能公司。

计算机和数字交换机

愿景不仅是公司确定业务范围的重要依据,它也是公司确定重点发展领域的指导思想。NEC 在计算机和数字交换机领域的发展清晰地表明了这一点。

在 C&C 愿景的指导下,NEC 在发展中倾向于作出对增强能力有利的决策而不贪图短期利润。通过 NEC 和 ITT 的对比我们可以很容易地证明这一点:ITT 是美国西部电气在 NEC 股份的继承者,直到 1971 年它一直是 NEC 最大的股东。ITT 和 NEC 的通信技术都发源于贝尔实验室,它们有相似的技术背景、市场以及研发手段,但从

---

① 小林宏治:《NEC 的崛起》,第 32 页。有趣的是,当 NEC 公司的主要竞争对手富士通公司在 20 世纪 50 年代率先进入计算机领域时,很多人对公司从传统强项通信产业转入新兴的计算机产业表示反对。他们认为计算机行业并不成熟,很可能最终还会回到通信领域上来。日本计算机公司在这一阶段得到了日本政府实验室在技术和人才上的大力支持——MITI 和 NTT 的实验室以及日本各大学计算机相关专业毕业生促进了日本公司进入计算机市场。NEC 公司作出进入计算机领域的决策比富士通公司晚。

20世纪70年代开始,两家公司走上了完全不同的发展道路——它们不同的愿景是根本原因。那个时候ITT的领导人哈洛·基宁(Harold S. Geneen)有意把ITT打造为一个联合型大企业,公司的指导思想是进军一切能赢利的领域,并不考虑这些领域之间的相关性——这和NEC的C&C愿景截然不同。

由于ITT曾经是NEC最大的股东,所以在小林担任NEC总裁期间,他多次到纽约访问基宁并讨论公司的发展大计。访问中小林一直很热切地希望理解为什么ITT选择这样的发展道路,他最想了解的是ITT准备如何面对即将到来的"信息时代",这是他自己思考了很久的问题。他注意到ITT在收购出租汽车公司华国公司(Avis Rent-a-car)的同时还购买了宾馆和食品公司,小林宏治回忆到:"我当时完全无法理解ITT在信息时代即将到来时的行为。"由于他自身的工程技术背景,小林宏治对ITT建立联合型大企业的思想并不赞同:"尽管基宁的战略是高增长高回报的,但我不认为NEC应该走这样的道路。"

NEC的愿景决定了业务范围和重点发展领域的确立都要以保证公司长久的能力为基础,即使牺牲中短期利益也在所不惜。小林这样评价NEC进入计算机领域的过程:"NEC也许选择了一条更传统而保守的道路,我们计划以公司现有技术基础为出发点建立一个计算机领域内的'百万美元公司'。对于我们来说,衡量是否进入一个新兴领域的指标不光是它的潜在利润;它必须和我们现在的产品领域有相似的技术背景、市场和客户群。计算机领域和我们当时的主线产品有着千丝万缕的联系，我们进入这个领域只是对现有技术的一个多样化应用。”①

NEC 的愿景不仅仅影响了公司业务范围和重点发展领域的确立，还影响着公司对特定领域的技术和市场的理解。这里我们以计算机和数字交换机为例来说明这一点。

NEC 和 IBM 的背景有很大差异——IBM 以前的业务主要是办公设备，而 NEC 是从通信领域发展起来的。所以 NEC 的领导们一直很注意协调计算机产品和公司传统强项通信产品之间的和谐。小林宏治的 C&C 愿景对 NEC 计算机业务的发展产生了多方面的影响，其中最重要的是 NEC 的计算机产品从一开始就是作为 C&C 系统的一部分存在的。小林认为：“在我的规划中（20 世纪 50 年代），NEC 不能简单地当一个计算机制造商，‘计算机通过通信网络互相联系在一起’，也许这才是计算机应该有的样子。”②

所以，NEC 很快就开始思考分布式计算问题——使用大量计算机通过分布式网络联系到一起共同完成一个任务而不使用单个大型计算机。“分布式计算”的概念是 NEC 于 1976 年 12 月提出的分布式信息处理网络结构 DINA 的基础。小林宏治回忆说：

> 这个想法渐渐在我脑中浮现出来：相比（像 IBM 那样）设计一台巨型计算机，建立这样一种计算格局——用一台我们的

① 小林宏治：《NEC 的崛起》，第 49—50 页。
② 小林宏治：《NEC 的崛起》，第 111 页。

小型或中型计算机作为主机，用一些类似 NEAC 100 这样的计算机作为智能终端共同完成计算任务——似乎更加有效和实际一些。这就是 DINA 的概念。①

NEC 愿景对公司计算机业务的发展道路产生了一系列的重要影响。首先，在 C&C 愿景指导下 NEC 决定独立开发自己的计算机操作系统，而当时大量美国公司以及 NEC 的主要竞争对手富士通和日立都选择了生产 IBM 兼容计算机。其次，这一愿景导致 NEC 将致力于小型和中型计算机，而 NEC 正是在这一领域集中于由 MITI 和 NTT 提供支持的合作研究项目中。再次，NEC 于 1962 年 7 月与霍尼韦尔（Honeywell）签署了公司历史上第一份主要的技术合作协议，霍尼韦尔在大型计算机上的优势和 NEC 在小型计算机上的优势结合在一起后，公司终于能够向客户提供全系列计算机产品，同时霍尼韦尔在软件技术方面对 NEC 也提供了很大帮助。NEC 和霍尼韦尔结盟的同时，日立、东芝也分别与 RCA、GE 签署了类似协议，富士通是此时唯一没有借助外力支持的日本计算机企业。②

NEC 对分布式计算的强调最初是由公司的愿景决定的。当时公司的强项是通信领域，利用通信领域已经积累下来的知识发展计算机是当时计算机领域发展的基本思路。20 世纪 60 年代 NEC 的决策

① 小林宏治：《NEC 的崛起》，第 110—111 页。
② 更多的细节请查阅弗兰斯曼所著《市场以及超越市场：日本信息技术的合作与竞争》。

者们并没有预料到,20 世纪 90 年代初随着大量的大型计算机被已经拥有强大运算能力的小型计算机代替,分布式计算成为计算机产业的大势所趋。NEC 在 20 世纪 60 年代幸运地选择了那条革命性的道路使公司现在获得了大量的利润,IBM、富士通、日立也只能无奈地屈服于产业发展的大趋势而进行自我调整。

我们这里最后举的一个关于 NEC 愿景的例子和数字交换机有关。由于我们在本章前面部分对交换机曾进行比较详细的介绍,这里只概要性地重复一下。

到 20 世纪 70 年代中期,NEC 已经在数字传输技术上取得领先地位,但还没有下定决心进入数字交换机领域。一个很关键的原因是 NTT 还没有决定在日本采用新的交换机技术,同时 NEC 已经在模拟电子交换机领域投入了很多资金和人力。此时美国北方电信成了数字交换机领域的先驱,率先推出数字多元交换机(DMS)。北方电信的总裁罗伯特 · 史克利文纳(Robert C. Scrivener)曾经劝说小林宏治让 NEC 和北方电信联盟,因为它们所拥有的数字传输技术和数字交换技术正好互补。尽管当时 NEC 还没有开始进行数字交换机的开发,这个要求还是被小林拒绝了。主要原因还是和 C&C 愿景相关,特别是其中的核心理念 2(见本章前面部分):因为数字交换机领域是通信领域的核心部分,核心技术不能假借别人之手,NEC 应该依靠自己的力量发展数字交换机的相关技术。[①] 正如我们在第三章所

① C&C 远景规划的重要性是小林宏治博士在一次和作者的访谈中强调的。

述,NEC 正在通过率先研发下一代交换机技术 ATM 加强其在国际交换机市场的地位。

关本忠宏(Tadahiro Sekimoto)的愿景

关本忠宏在 1980 年担任 NEC 总裁期间,发展并改造了小林宏治提出的 C&C 愿景。主要的改变是在 C&C 愿景中增加了人的因素,更多地从客户角度考虑产品的设计与制造。在早期的 C&C 愿景中虽然也考虑了人性化的因素,但主要还是更多的考虑技术而不是客户需求。

关本首先对 C&C 中缩写表达的意思做了一个细微调整:用动词计算(Compute)和通信(Communicate)代替名词计算机(Computers)和通信(Communication),表达了技术服从人类活动主导的新含义。关本通过他提出的三元组概念——子整体(Holonic)管理、个性化群居社会、网状全球化——来强调人的因素在 C&C 愿景中的重要性。①

“子整体管理”概念是为了解决由于 C&C 愿景给公司带来的困惑而提出的。一方面,C&C 系统的实现要求 NEC 整合公司在各个核心领域的能力;另一方面,为提高效率 NEC 需要分散公司的活动以

① 关本忠宏的观点在《财富》的一系列文章中都曾经报道过,参见《财富》1988 年 8 月 1 日、1989 年 7 月 31 日、1990 年 7 月 30 日、1991 年 7 月 29 日、1991 年 8 月 26 日、1992 年 7 月 27 日的相关文章。同样可以参见:关本彩子在国际信息处理联合会于 1989 年 10 月 3—5 日在东京举办的计算机生产与工程应用大会上的主题发言“21 世纪的技术创新和公司管理”,1990 年伦敦爱思唯尔(Elsevier)公司在 *Computers in Industry* 中整理并印刷出版。

避免过于中央集权和官僚化。“子整体”来自两个希腊字母的组合：holos，代表整体；on，代表个体。根据关本的设想，子整体代表“两个相反方向的和谐与结合，因此，‘子整体管理’意味着公司的各部门或下属机构在独立开展自己业务的同时，还必须让自己的活动与整体（即 NEC）和谐，对整体的发展作出贡献”。[①]

在关本提出的“个性化群居社会”的概念中，十分强调当前社会的个性化趋势。这个社会已经告别了以前的大批量生产时代，消费者根据自身需求对产品提出越来越多的特定要求，使产品日益个性化。关本认为，在子整体式的管理和组织帮助下能够组建出一个适应当前商业市场转型的电子设备公司。

“网状全球化”是公司全球化管理中的一个重要原则。根据关本的设计，“过去的全球化是一种线性的体制，境外的子公司都需要向日本的总部报告；从现在开始，在新的网状全球化体制下，它们可以相互之间密切合作而不必总是依靠日本总部”[②]。

关本在 NEC 对 C&C 愿景的体验以及他在物理和工程领域的学术背景是他提出新愿景的基础。关本出生于 1926 年，1948 年在东京大学理学院物理系获得物理学学士学位，同年加入 NEC，1962 年他在东京大学获得了工程学博士学位。在 1965 年 NEC 中心实验室的重组中，他成为通信研究实验室基础研究部主任。1967 年他开始担

---

① 《财富》，1989 年 7 月 21 日。

② 关本忠宏：《信息时代的全球化商业前景》，华盛顿大学出版社，圣路易斯，蒙大拿州，1992 年 9 月 30 日，第 5 页。

任通信实验室主任，1972 年他成了信息传输部的总经理。关本于 1974 年进入董事会，1977 年成为公司高级副总裁，1978 年担任执行副总裁，1980 年成为公司总裁。

虽然关本对 C&C 愿景中人的因素的强调也体现了 NEC 愿景中的一个重大变化，但是它和以前的愿景相比连贯性比较强，并不是本质上的创新，这里我们不展开分析。

NEC 的公司组织

能力、愿景和组织结构

公司的能力是一系列能创造价值的活动和知识的合集，是竞争力的保证。公司的能力和整个价值链都是相关的——从研究、开发、制造到市场、营销。公司能力的积累与它的愿景、信念（如何在给定环境下观察、理解并“出牌”）密不可分。然而，公司能力也是建立在公司的组织结构上的。公司组织结构的进化是公司根据外界环境的改变作出相应调整的过程。但是，提前预知什么样的组织结构最能适应今后即将出现的新情况往往是不可能的，所以愿景（特别是其所包含的核心理念）在公司组织结构的变化过程中发挥着非常大的作用。因此，对公司组织结构进化过程的解释必然包含对同时代影响这种变化的公司理念的分析。

图 6－10 表示了 NEC 在第二次世界大战以后的组织结构进化过程，可以大致分为 3 个部分。

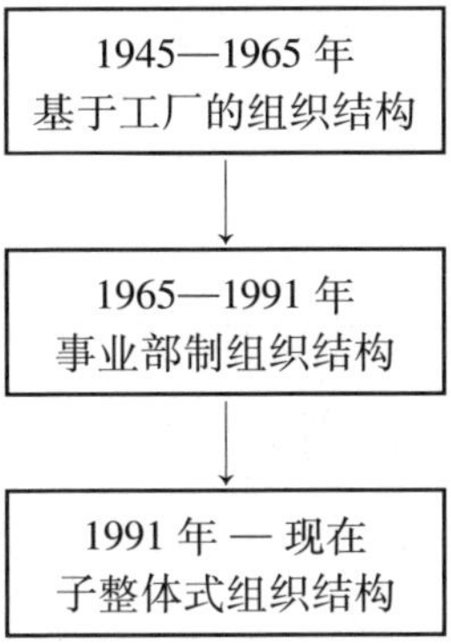

图 6－10　NEC 组织结构进化（1945—1995 年）

1945—1965 年：基于工厂的组织结构

NEC 最初的组织结构是以工厂为基本组成单位的。直到 1956 年 8 月，NEC 下属的每一个工厂的管理、人事、财务、会计等权利都由总公司拥有。然而 20 世纪 50 年代中期开始，不仅 NEC 的传统业务领域新品迭出、技术飞速发展，而且公司也开始进军新兴领域如晶体管和计算机，但这样的组织结构越来越不能适应当前市场的变化。于是公司开始进行结构重组，虽然最开始的几次改革并不成功。

1956 年 8 月，NEC 引入“基于产品划分部门式系统”，并成立了 5 个根据产品划分的部门。这次改革的目标是希望公司能更专注地投入特定类别产品的生产并且能很好地进行相关产品的技术支持与开发。但是这次改革并没有得到预想的结果，工厂仍然还是 NEC 的重心所在。

1961 年 4 月，NEC 进行了组织结构重组的第二次尝试，试图建立根据产品类别划分的高度自治的部门。然而公司的改革再一次失败了。小林宏治 1964 年成为 NEC 总裁后，感觉“1961 年改革后建立的部门制并没有发挥应有的作用，工厂（相对总公司）的地位并没有发生实质性的改变”①。

1965—1991 年：事业部制组织结构

小林成为公司总裁后，发现公司现有组织结构中有两大缺点阻碍公司进一步向前发展。第一个大问题是公司现有体制对总裁过度依赖，“需要我付出的精力超出了我的实际能力”②。小林说：

> 我曾向所有员工宣布，公司经营管理的所有责任都由公司总裁——我一个人承担，然而当我成为公司总裁时并没有与此同时被赋予无限强大的能力来处理任何事务。于是这里出现了一个进退两难的局面……其中最大的问题是公司所有级别的责任都汇聚在一个点上，所有的权力集中在一个单个个体——公司总裁的身上，他不可能完成所有交给他的任务。③

和 NEC“金字塔”(经常被看作一个一元的结构)式组织结构相关的一个问题是“信息到达总裁所需要的时间和精力耗费太大”。此外，“在这样的组织结构中，上层拥有所有权力，中下层的员工总是被要求服从，没有人愿意主动做一些事情因为这样是徒劳的。我从

---

① 小林宏治：《NEC 的崛起》，第 17 页。

② 诺贝尔奖获得者赫伯特·西蒙把这个问题表述为“有限理性”(Bounded Rationality)，根据西蒙的理论，当作出一个决策所需要的信息量和决策者获取和处理信息的能力紧密相关的时候，就会存在“有限理性”的现象。

③ 小林宏治：《NEC 的崛起》，第 8—9 页。

NEC 的这种结构的底层一直做到现在，我深刻体会过中下层员工到底是怎样的一种工作情况”①。

第二个大问题是，小林发现虽然各部门独立运作了，但它们的市场营销工作依然是由总公司来完成的。

> 因为各部门只是单纯完成产品的设计与生产，它们并不关心产品的销售情况，而客户的需求只在市场上体现出来，所以各部门无法足够快地认清客户需求的变化趋势并设计相应产品。生产和销售部门的分离往往会导致问题发生时双方互相指责，我也曾经经历过这样的问题（战后小林曾在 NEC 的一个重要工厂多摩川工厂担任厂长）。我认为解决这个问题刻不容缓。②

小林的解决方案

两大客户 NTT 和国有广播公司 NHK 对 NEC 的批评意见让小林宏治意识到进一步深入改革组织结构的重要性和紧迫性。在小林担任总裁后所发的第一份指示中，他把这些问题部分归因于“我公司业务活动的瘫痪”。③

为了解决这一系列问题，小林把公司按照一种他称为“水平的”组织结构进行重组。根据所生产的产品和所设计的技术，他把 NEC

① 小林宏治：《NEC 的崛起》，第 58 页。
② 小林宏治：《NEC 的崛起》，第 17 页。
③ 小林宏治：《NEC 的崛起》，第 12 页。

所有下属机构归入14个部门,每个部门的负责人在所管辖部门“拥有和独立公司总裁一样的权力和责任”。[①] 这14个部门又组合为4个组,分别代表NEC的4个主要产品领域——通信设备、计算机、半导体、家用电器,“每个组可以看作是一个控股公司,部门负责人直接向所在组的经理主管人员负责”。[②]

为解释他的重组,小林用光盘做了一个比喻：总裁占据中心点,管理4个组的经理作为他的亲信分别控制光盘的4块区域,由总裁和经理们组成的公司管理委员会,其作用类似一个用于交换信息的论坛,这个委员会同时还用于协调组间合作、调解组间纠纷。同时,尽管小林减少了管理人员的数量,他依然保留了最终决策前的禀议(Ringi)制度——任何决策都需要相关领域的高级管理人员认可以后方可执行。用这样的方式小林解决了他所面临的总裁信息超载的问题。

小林通过赋予各部门与其所拥有的工程、制造权力相应的市场权力,解决了由于市场功能集中在总公司导致的第二个问题。不过他依然保留了两个独立的市场部门来处理各部门市场间的合作问题,以及与公司的大客户如NTT打交道。

半自治子公司的诞生

在20世纪60年代后期,小林宏治决定进一步深化分散化的原则,在东京地区外建立半自治的工厂。这些工厂是NEC的全资子公

① 小林宏治:《NEC的崛起》,第19页。
② 小林宏治:《NEC的崛起》,第19页。

司,它们根据所生产的产品分属不同的部门。但是它们并不是完全由所属部门控制,而是拥有自己的管理人员的独立工厂。20 世纪 80 年代以后,NEC 决定在软件领域也建立这样的子公司开发满足特定需求的软件。通过这样的方式,NEC 能更多且更廉价地使用劳动力,同时扩展到东京以外的地区也大大降低了建立工厂所需土地的价格。

1991 年—现在:子整体式组织结构

自从 20 世纪 70 年代末,在小林宏治的领导下,NEC 开始越来越清晰地展示出 C&C 愿景。C&C 愿景给公司描绘了一条在计算机技术和通信技术日益融合的今天的前进道路。但是这个愿景也给公司带来了问题,公司的现有组织结构越来越不符合愿景的要求了。

简单地说,1965 年后 NEC 组织结构的主要特点是分散化,决策权力部分移交给部门甚至全资/合资子公司。① 然而,计算机技术和通信技术的融合意味着 NEC 各组以及各部门之间的互动将越来越多,这需要总公司更多介入和参与决策。在目前相对自治和分散化的体制下,如何能实现这种融合呢?

小林宏治在 1979 年 7 月 31 日发表的一份声明中很好地表述了这个组织结构上的困境。(1976 年 4 月小林宏治辞去总裁一职,开始担任公司董事长)

---

① 值得注意的是,这种分散化只是相对的。"组"级结构的存在为公司管理人员提供了一个协调组内以及组间各部门活动的有效办法。各组的高层管理人员都属于公司管理委员会,这个共性为跨组各部门的协作提供了另一层机制作保证。

> 由于我们公司的业务所涉及的领域太多，对于董事长和总裁来说，同时掌握企业所有方面的运营情况是不可能的。因此NEC的顶层管理也有明确分工，由各组负责人和部门经理负责所管辖单位的日常业务处理。然而，在这样的分工下产生了一种离心力，每个部门都会选择最有利于自己业务开展的决策而不关心**对于公司整体来说什么是最优的**。①

为了保证公司所确定的围绕计算机和通信业务的整体利益，引入一个新的力来平衡已经产生的离心力是必要的：

> 为了最大限度地提高公司技术研发、设备使用以及资金运作的效率，而且使**公司能全力支持C&C愿景**，我们需要一个**向心力**来平衡离心力。②

这个向心力来自何方？在小林宏治的同一份声明中给出了答案："向心力来自各组和部门管理人员之间通过协作而带来的内部合作。"③

随着时间的推移，NEC的组织结构出现了两个有重大影响的问题。首先，NEC需要一种更强的组织结构来促进部门间合作，这是实现C&C愿景的基础。其次，在关本领导下，新环境要求NEC从技术

---

① 小林宏治，《NEC的崛起》，第136页，着重部分由作者标明。
② 小林宏治，《NEC的崛起》，着重部分由作者标明。
③ 小林宏治，《NEC的崛起》。

驱动型向市场驱动型转变。具体地说,随着大量核心技术在日本和西方国家的公司间传播开来,以及越来越多新兴国家与地区(如韩国和中国台湾地区)的公司加入竞争,要保持公司竞争力和产品利润要求公司能更好地预期客户的需求并及时作出反应(关本于1980年6月起担任NEC总裁,于1988年接替小林宏治成为公司董事长)。

关本的解决方案

关本和他的团队对这两个新问题采取了有力的措施,直接导致了公司自1965年以来的意义最深远的重组。[①] 重组的主要内容见图6-11所示。

本次重组中最大的亮点是整合了一些以前独立的组,成立了3个全新的C&C组。新成立的3个组分别为:面向通信系统的C&C产品技术组、面向信息处理系统的C&C系统组、面向个人计算机等个人电子用品的个人C&C组。重组后,以前存在的10个组被7个新组代替,如图6-11。

这次重组是如何解决上述两个问题的?概括地说,以前的组织结构强调单个产品以及对应技术,而新的组织结构却基于整个C&C系统。举例来说,C&C产品技术组包含了以前的交换机、无线电和通信终端组,在这个新组中,各领域之间的联系多了许多,比以前更好地融合在了一起。此外,3个全新的C&C组更精确地面向3个不

① 在这里请允许我对1992年重组中的NEC公司高级员工们表示最衷心的感谢。他们不厌其烦地给我讲解这次重组的意义和重组后新的组织结构的运作原理。他们给我提供的信息在这里第一次对外公开。

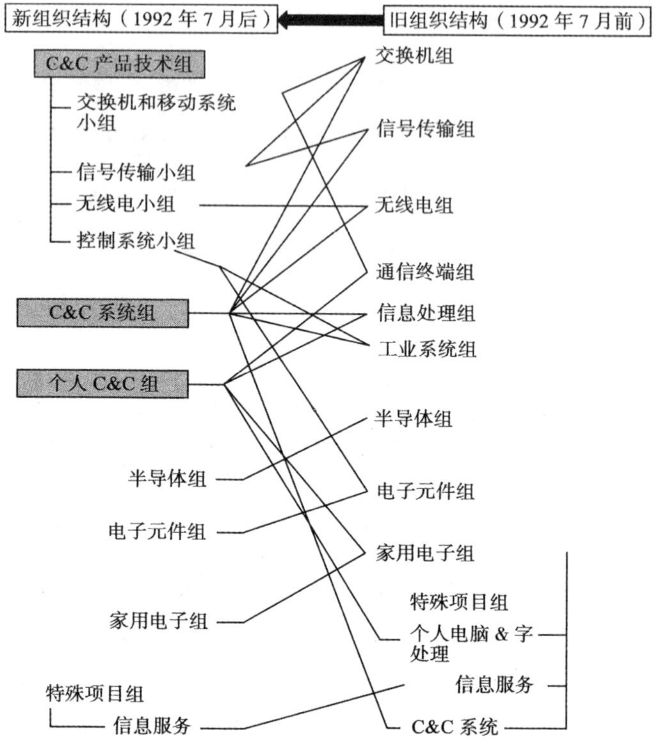

图6-11　NEC的组织结构(1991年前后)

同的用户群,即通信设备、信息处理系统和个人系统的用户。这些用户关注的重点是他们能够从所购买系统中获得的综合性能和服务,重组后的公司能够更好地给他们提供服务,公司本身也更加接近“市场驱动型”。重组的一个重要作用就是把同一套系统所涉及的不同产品和技术整合到有统一领导的一个组内,相对比较独立的产品和技术依然保持组的所属关系不变,如图6-11。

图6-12表示了NEC目前的全面组织结构图。

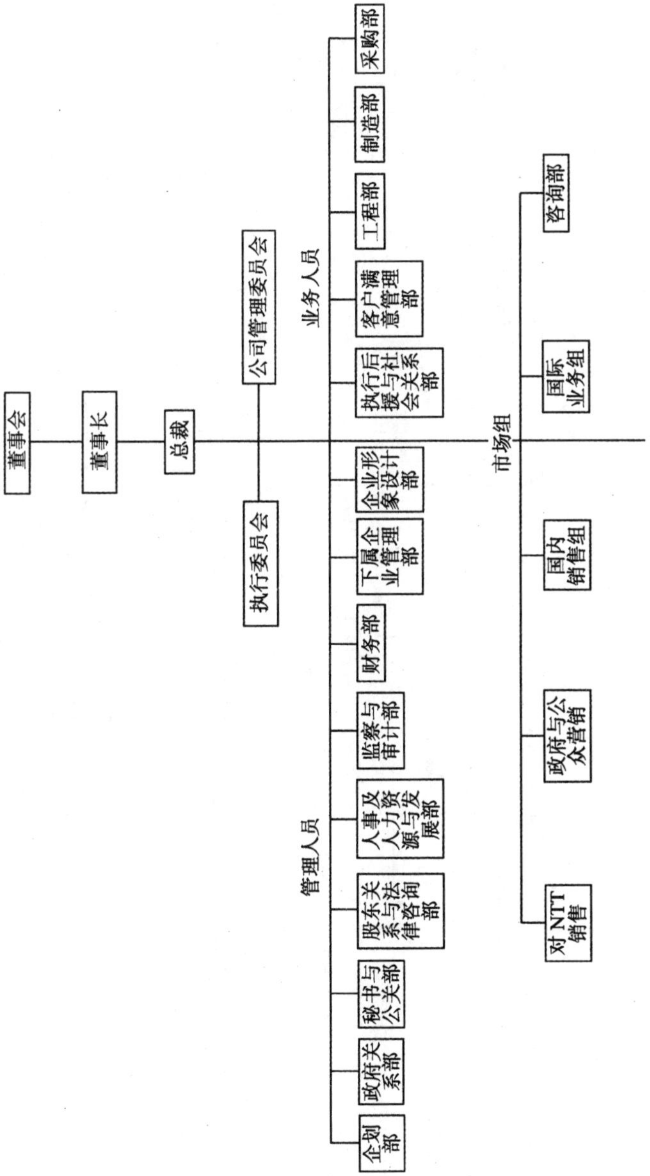
董事会
董事长
总裁
公司管理委员会
执行委员会
业务人员
采购部
制造部
工程部
客户满意管理部
执行后援与社会关系部
企业形象设计部
下属企业管理部
财务部
监察与审计部
人事及人力资源与发展部
管理人员
股东关系与法律咨询部
秘书与公关部
政府关系部
企划部
市场组
咨询部
国际业务组
国内销售组
政府与公众营销
对 NTT 销售

（转下页）

（接上页）

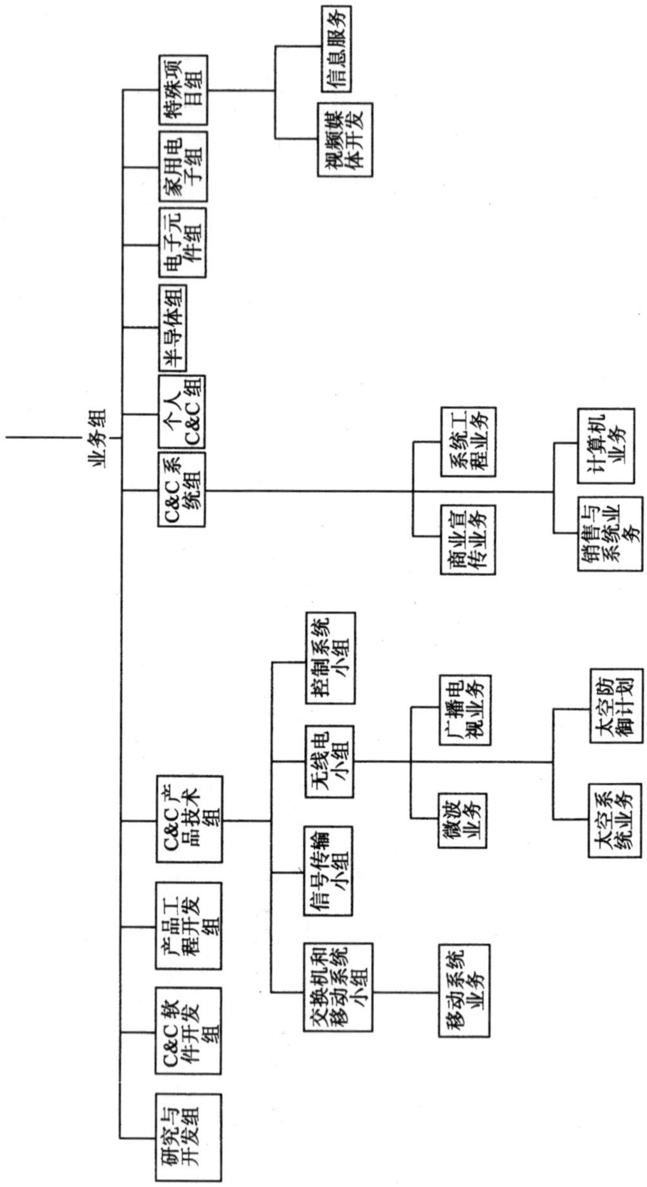

图 6－12 NEC 现在的管理组织结构

NEC 的转包商

虽然没有在 NEC 的组织结构图中表示出来，但是公司的转包商网络也是公司结构的重要组成部分。1993 年 NEC 拥有大约 150 家主要转包商，其中半数从事研发的相关业务。在日元价格上扬和日本国内市场竞争日趋激烈的情况下，NEC 加速了对海外非研发转包商的争取。对于 NEC 的个人计算机来说，就正在受到低价竞争者如戴尔公司和康柏公司的挑战。

NEC 的研究和开发

NEC 的进化反映了日本信息产业的典型特点——不是从科学研究、开发、生产直到市场，而是一个相反的过程，首先从生产和市场起步，渐渐地进入较复杂的开发领域，最后回到科研阶段。与西方老牌工业国家中工程学科最初只是源于自然科学的一个很小分支不同，在日本，工程学科发展迅猛，一开始就和自然科学地位相当。在现在的东京大学里，工学部和理学部从建立伊始就地位相当，而西方老牌工业国家经过了很多年的发展才最终达到这个程度。[①] 日本还是唯

① 根据 1989 年耶鲁大学出版社出版的巴多罗买（J. R. barthlomew）所著的《日本科学的形成：建立科学研究的传统》，“当东京大学 1877 年成立时（由几所德川时代的学校合并而来），它的理学院拥有化学、数学、物理学，同时天文学、生物学，地理学和工程学也被包括在内”。1886 年东京大学兼并了于 1871 年由英国格拉斯哥工程师亨利 · 戴尔（Henry Dyer）建立的帝国工程学院以后，工程学科得到了加强。戴（转下页）

——一个工科学生数量多于理科学生的发达工业国家，在本章第一小节讨论 NEC 能力进化过程时就已经谈到了日本各大学和科研机构培养的工科人才在日本科技发展中的重要作用。

随着 NEC 自身能力的日益增长，它对外国技术提供商的依赖渐渐减少，研究与开发对公司的生存和发展越来越重要。截至 1970 年，NEC 至少 70%的销售额来自依靠 5 年内公司自主研发的科技生产的产品。1993 年 NEC 投入净收入的 8%即 2 750 亿日元用于研发，同年公司的总花费为 2 310 亿日元，比研发费用略低。

NEC 的研发费用和日本以及西方其他公司的对比情况详见表 6-2。1992 年 NEC 研发开支为 23 亿美元，在日本主要的信息与通信领域企业中排第 5。比 NEC 投入大的公司有：日立（39 亿美元）、松下（31 亿美元）、富士通（30 亿美元）和东芝（29 亿美元）。NEC 的研发投入比 AT&T 的 29 亿美元略低，而和 NTT 的 23 亿美元相当。为了更好地作出比较，在表格中我们还列出同年世界上研发

（接上页）尔是应用化学家伊藤博文（Hotobumi Ito）的学生，伊藤 19 世纪 60 年代师从英国帝国理工学院理论化学家亚历山大·威廉森（Alexander W. Williamson）。由于威廉森与格拉斯哥大学关系密切［他和该校物理学家洛德·开尔文（Lord Kelvin）是好朋友］，所以由于格拉斯哥大学兰金（W. J. M. Rankine）的推荐，戴尔开始跟随伊藤博文学习。

巴多罗买认为戴尔在帝国工程学院实施的创新工程人才培养项目是以苏黎世理工学院为模板的。“戴尔所设计的 4 年培养项目中包括了物理学、化学、机械学、土木工程学以及采矿工程学，还很注重材料学方面知识的培养，学院的教工主要来自英国……这所学校的实力在当时只有法国和瑞士的学校可以匹敌。甚至在戴尔自己的祖国以及普法战争前的德国都没有类似的学院。”（同上，第 91 页）

根据巴多罗买所述，“东京大学制度上的创新使它超越了其他的日本院校，它的教学课程中包含了工程学……以及农学……体现了东京大学超越时代的眼光，就是在欧洲这也是不多见的。工程学在这里的学术地位比在欧洲高了不少”。（同上，第 93 页，以及第 65—66 页）

费用投入最多的 3 大企业：GE（59 亿美元）、西门子（53 亿美元）和 IBM（51 亿美元）。

表 6－2 日本及西方 IT 公司的研究与开发（1993 年）

	研发费用（百万美元）	研发费用占销售额比重（%）	1992 年申请专利数量	专利数/销售额
日本公司				
NEC	2 274	6.94	502	1.53
富士通	2 947	9.13	443	1.37
日立	3 907	5.55	1 165	1.66
东芝	2 392	5.54	1 176	2.72
松下	3 144	4.77	732	1.11
索尼	1 809	4.86	446	1.20
佳能	794	4.44	1 118	6.26
西方公司				
IBM	5 083	7.88	842	1.31
DEC	1 754	12.59	223	1.60
英特尔	780	13.35	75	1.28
摩托罗拉	1 306	9.82	671	5.04
北方电信	980	11.65	—	—
爱立信	1 170	17.90	53	0.81
西门子	5 322	10.79	550	1.15
阿尔卡特	2 625	8.73	222	0.74
阿尔斯通				
通用电器	1 353	2.37	995	1.74
飞利浦	2 079	6.34	607	1.85

来源：*Business Week*，27 June 1994。

表格中还给出了各公司对应于自身市场销售规模的投资力度。NEC 的研发支出占销售额的 7%,这在所有日本公司中排名第 2,仅次于富士通。在西方企业中,西门子的数字为 10.8%,IBM 的数字为 7.9%。对于涉及领域相对较小即专业性比较强的公司来说,它们的研发投资强度比普通企业要大。比如专业生产通信设备的爱立信将 17.9%的销售额投入到研发中,而北方电信为 11.7%,专业半导体制造商英特尔为 13.4%,专业计算机制造商数据设备公司(DEC)也投入了 12.6%。

研发功能的进化

任何一个大公司在进行研发前,都需要直接或间接地回答下列四个基本问题:①

1. 为了促进公司目前的发展,应该怎样开展研发工作?

2. 公司如何避免陷入与生产和发展"不相关"的研究工作?

3. 研发工作应该在哪里进行——在公司内部自主进行还是承包给其他公司?

4. 公司应该怎样确定今后的研发方向?

本节中我们将描述 NEC 研发部门的决策者们是如何解决以上四个问题的,同时把 NEC 的研发进化史展示出来。图 6 - 13 总结了 NEC 的研发进化过程。

---

① 见第八章,在把 NEC 和 NTT、BT 以及 AT&T 进行对比时,我们分析了每个公司对这四个问题的不同答案。

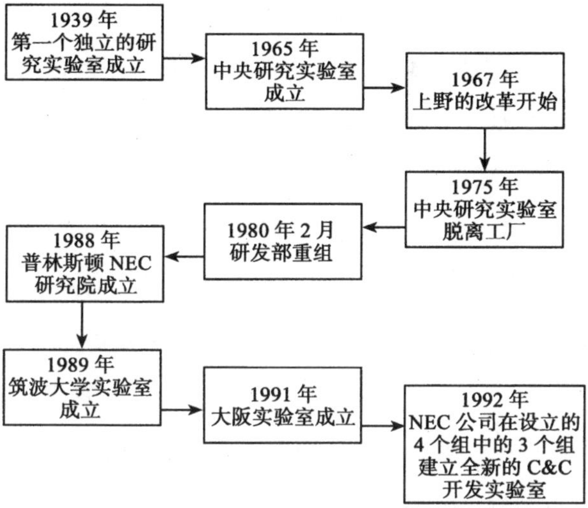

图 6－13　NEC 的研发进化(1939—1992 年)

从 20 世纪 20 年代开始,研究活动渐渐在 NEC 内部活跃起来。刚开始,研究活动如同刚刚从树上发芽的新枝,只是整个公司活动中很小的一部分。1927 年,正如我们在介绍 NEC 能力的进化时所提到的,丹羽保次郎创新地开创了工厂级研发工作,他认为这样的活动有利于工厂产品的生产,这是 NEC 第一次从行为模式上脱离它的母公司美国西部电气。当时西部电气是 NEC 的主要技术提供商,它从 1925 年开始就依赖贝尔实验室进行技术研究与开发。

分析到这里,当时的 NEC 对这四个问题的答案都显而易见了。第一个问题的答案是,NEC 的主要研究开发工作都由美国西部电气负责安排,NEC 只负责少量为了让引进的技术适应日本国情和市场而必须进行的修改。当年的年轻工程师小林宏治说,这个时候 NEC

几乎没有任何具有重大意义的创新性研发成果。然而,我们不能忽视这个阶段进行的那些如星星之火的研发工作,它们积累了宝贵的研发经验,消化吸收了外来技术,培养了研究人员,为即将展开的具有创新性的研发工作打下了坚实的基础。

第二个和第四个问题在这个时候对于 NEC 来说都不是问题。因为公司只进行很少量的针对产品和市场的研发工作,也就无需确保没有陷入“不相关”领域了。此外,NEC 的今后研发方向已经由西部电气打点好了,也无需多虑。对于第三个问题,丹羽保次郎用自己的行为给出了一个满意的答复:研发工作越靠近需要它的地方越好,比如在这个例子中工厂就是最需要开展研发工作的地方。

20 世纪 30 年代,日本国内发生的巨变改变了这一切。这个时期国内日益增长的民族主义和军国主义情绪一定程度上对日本企业减少对外国技术的依赖和发展本国技术起到了促进作用,NEC 的第一个独立研究实验室就是在这样的背景下成立的。1939 年 NEC 建立了自己的第一个实验室,开展无线电通信方面的研究,因为此领域的商业和军用价值已经越来越大。这个实验室设立在公司 20 世纪 20 年代晚期在多摩川为进行无线电通信设备和真空管生产而建立的工厂内。

这个实验室里所开展的研究对公司能力的积累发挥了重要作用。NEC 的官方历史中写道,公司战后微波通信和电视广播设备的研制成功和这个实验室的研究工作是分不开的。而正是微波通信领域的成果使 NEC 第一次真正获得了国际竞争力。

在战后重建的激励下,NEC 开始稳步向前发展,技术能力也渐渐增强,我们在本节开始所提出的四个问题的答案也开始发生变化。NEC 不得不自己回答第一个问题,考虑应进行什么样的研发工作来促进当前公司的发展。在 NEC 大部分的领域中,此时依然依靠引进外国技术,但是自主研发所占的比例正在渐渐升高。此外,在少数领域,比如 NEC 已经有很强国际竞争力的微波通信领域,公司必须依靠自身的力量和资源进行相关技术的研发。

第二个问题,如何避免“不相关”领域的研发,在这个阶段依然不是问题。因为 NEC 的实验室是工厂级的,研发活动和生产活动紧密联系在一起,主要针对产品需求、生产过程以及工厂运作过程中遇到的问题。这也同时解决了第三个问题,即研发应该在什么地方进行。对于第四个问题,新的公司政策导致了同样的疑问:公司应该怎样确定今后的研发方向?随着公司越来越依赖自身技术能力,这就需要 NEC 靠自己寻找这个问题的答案了。

1961 年,公司的研发工作往前跨了一大步,开始成为公司活动的一个重要部分。这一年 NEC 对研究工作进行了归类和重组,把研究工作划分到 5 个独立的研究实验室中:基础研究实验室(主要研究材料等)、通信研究实验室、电子与机械研究实验室、核能研究实验室(1966 年撤销)和制造技术实验室。

对于 NEC 来说,1965 年是公司发展史上的分水岭。这一年公司进行了一次重大的组织结构重组,实施了决策权的分散化,把战略决策权(由执行委员会负责)从日常事务决策(由各部门自行负责)中分离出来。公司原有的5个部门被重新规划为14个部门,每个部门都拥有从工程、制造到市场的全部权限。同时这14个部门分属4个组(现在称为"基础商业领域")——通信、计算机、电子设备和家用电子——每个组均由专人负责。

伴随着1965年公司的分散化重组,部分研发功能却被集中起来,NEC第一次建立了中央研究实验室(CRL)。中央研究实验室是由基础研究实验室、通信研究实验室和电子与机械研究实验室合并组成的。它仍然设在多摩川工厂,主要任务是进行长期的基础科学的研究与开发,为新产品的研制提供基础。

与此同时,NEC在划分的组内建立了3个开发实验室(DL),分别是计算机开发实验室、交换机开发实验室和航空与太空开发实验室,这些开发实验室的定位是为中期课题进行相应的研究开发工作。最后,在各部门中设立工程实验室(EU),负责该部门所需的短期课题的研究与开发工作。

这样,和其他日本企业一样,NEC也建立自己的三级研发体系。用公司自己的话来说,CRL负责研究"后天"的技术,DL负责研究"明天"的技术,EU负责研究"今天"所需要的技术。

所以,在NEC成立66年后的1965年,公司终于拥有了自己的第一个中央研究实验室。又一个10年之后,直到1975年,CRL才脱离多摩川工厂搬迁到东京川崎(Kawasaki)的宫崎台(Miyazakidai),从此成为一个真正意义上独立的研究机构。渐渐地,研发活动对于日本企业来说,不仅仅是一种特殊的企业活动,还是完全独立于企业商业行为外的活动,这和西方企业形成鲜明对比。西方企业如通用电气公司、美国电话电报公司、杜邦(Du Pont)公司往往在更早的时候就建立了自己的研发机构。[①]

为什么直到20世纪60年代中期NEC的中央研究实验室才成为一个真正独立的机构? 最主要的原因是这个时候公司到达了技术发展上的一个分界点,需要更深地钻研公司产品所覆盖的技术,同时公司还需要通过研发来从现有的规模庞大的市场中发掘在今后的发展中有价值的技术。这些因素对于公司维持增长及自身竞争力都很重要。关于这个问题,小林宏治说道,直到20世纪60年代初“NEC才最终摆脱了对ITT的依赖”。[②] NEC从20世纪60年代中期起开始全力填补它与西方企业之间在信息和通信产业技术上的差距,这直接导致了对内在研发能力的需求。

尽管日立公司早在1942年就建立了自己的中央研究实验室,但20世纪60年代这段时间才是日本企业研发能力发展的关键。这一时期被称为“研究实验室繁荣期”,比如1961年东芝公司也建立了自己的中央研究实验室,很多企业都和NEC一样在这段时间内走向了技术的成熟。日本在这段时间内经济的高速增长是促使这一现象产生的根本原因,比如1960年池田市提出“收入翻两番”计划(这不仅导致了,还反映了这一时期日本经济的增速之快),从1965—1969

① 通用电气公司和美国电报电话公司的研究实验室的起源和发展过程可以参见: L. S. Reich,《美国工业研究: GE和贝尔的科学与商业》,剑桥大学出版社,1985年,第1876—1926页。

② 小林宏治:《NEC的崛起》,第xvii页。

年,日本的国民生产总值年平均增幅为15%。经济的增长不仅加速了日本企业学习先进科技的过程,而且为投资研发项目提供了充足的资金。NEC在这段时间内的年平均增长率为22%。

上野伦之(Michiyuki Uenohara)的研发改革

由于技术发展很快,对于大公司来说,进行研发决策往往很困难。举例来说,NEC在1994年的产品多达10 000种,几乎覆盖了信息(包括计算机和半导体)和通信领域,这些产品和它们所包含的技术都时刻面临着国内和国际市场的强大竞争。所以,进行研发决策需要面对技术领域与生俱来的复杂性、信息不完整性、前景不确定性等诸多问题。

公司如何在这样复杂的条件下进行研发决策?我们将通过分析上野伦之(Michiyuki Uenohara)博士在20世纪60年代中期到80年代中期在NEC进行的一场改革来回答这个问题。①

尽管上野博士的工作大多是和同事们一起完成的,但只有他才是NEC现有研发体系的总设计师,因为他的思想在改革过程中起到了关键作用。NEC研发制度的改革从1965年公司重大重组时就已经开始了——建立了公司的第一个中央研究实验室。然而,这次重

① 有关NEC公司研发改革的整个小节的内容是根据作者8年来的大量访谈记录分析整理而得。访谈记录主要包括对NEC公司研发部门员工的采访,特别是对上野伦之博士的采访。

组对于研发领域改革来说只是一个起点,措施还是远远不够的。当上野博士于 1967 年加入 NEC 时,研发领域已经很明显地需要更进一步的改革了。从那时起,上野就致力于解决公司重组后在研发方面出现的新问题,并确立了 NEC 现在研发体系的基本形态。

上野于 1949 年毕业于日本大学,1952—1956 年赴美在俄亥俄州立大学继续学习。从俄亥俄州立大学毕业后,他加入了贝尔实验室,成为第一位在这个著名实验室接受长期正规培训的日本著名科学家和工程师。[①] 直到 1967 年加入 NEC 前,他一直在贝尔实验室从事研究工作。

上野在贝尔实验室的工作经验使他从同事们中脱颖而出,而这对于他后来关于 NEC 研发领域改革的想法形成非常重要。他的经验中最关键的,是上野在贝尔实验室工作时的老板贝尔实验室电子技术部副主任杰克·莫顿(Jack A. Morton)博士对他在思想上的影响。

莫顿博士的影响

我们很幸运地发现,莫顿博士把大量自己关于研发的思想与观点整理出来,并于 1971 年出版了《创新的组织》(*Organizing for Innovation*)一书。为了更好地分析莫顿的思想对上野的影响,这里首先对莫顿的著作中提到的关键观点进行简要介绍,从中我们可以看出

① 上野博士在贝尔实验室的同事主要包括: Y. Takeishi 博士,后来成为东芝公司超大规模集成电路(VLSI)实验室主任;猪濑博(Hiroshi Inose)博士,东京大学通信领域著名教授,现在是日本国家信息科学中心主任。

上野的哪些措施使用了“莫顿思想”，哪些措施是他自己的独创之处。

莫顿这本书的副标题——“技术管理的系统化之路”——是理解莫顿对于如何建立一个富于创新的组织的观点的关键所在。他认为，我们必须把创新理解为一个系统性的工作，包含了研究、开发、制造和市场等所有环节的一个大工程。更准确地说，创新是一项系统工程，其本质是知识的重组。莫顿认为：

> 在整个创新过程中，被处理的“事物”是与我们打交道的领域相关的知识。处理前的知识往往是不完整的，结构不清晰和模糊的。在处理过程中，这些知识经过专家识别、分析、包装后用更优化的形式表达出来。处理这些知识的人需要掌握各领域的专业知识，并且通过相互讨论后决定所处理的知识应该如何处置。简单地说，专家们之间只有进行有效的交流才能完成创新的任务，而专家们联合到一起才能形成我们需要的创新系统。①

在书中的另外一处，莫顿补充到：“在整个创新过程中，专家们实现了相互合作的重要前提是他们能很好地相互理解与交流。因此他们的专业领域一定要有**重叠部分**。”②

基于这样的基本思路与出发点，贝尔实验室建立了一项特殊功

① J. A. 莫顿：《创新组织：技术管理的系统化之路》，1971 年，第 60 页。
② J. A. 莫顿：《创新组织：技术管理的系统化之路》，1971 年，第 17 页，着重部分由作者标明。

能——系统工程。贝尔实验室在系统工程上的花费占研发总费用的15%,而与此同时研究费用占15%,基础开发费用占20%,重点开发与设计占50%。

莫顿非常看重系统工程师在贝尔实验室里所发挥的作用,他认为他们起到了在单项研发所得的知识和实验室其他部门以及市场所需要知识之间的桥梁作用。他这样写道:

> 通过他们专业和有组织的工作,贝尔实验室的研究人员……可以了解他们所进行的研究工作在科学和技术上的发展潜力。但是关于通信服务市场业务范围、需求以及机会等方面的情况则需要通过美国电报电话公司(AT&T)、贝尔实验室下属运营公司和其他客户来了解。**其中所涉及的知识是复杂的、高度离散的,而且覆盖着极为广泛领域内的研发知识。**[①]

正是为了解决复杂知识的整合问题,贝尔实验室建立了"独立于研究—开发—制造流程之外的信息处理机制"的"系统工程"制度。[②]根据莫顿的观点,系统工程师

> 通常曾经是某领域内经验丰富且善于决断的专家,通过学

① J. A. 莫顿:《创新组织:技术管理的系统化之路》,1971年,第57页,着重部分由作者标明。

② J. A. 莫顿:《创新组织:技术管理的系统化之路》,1971年,第58页。

习新的学科如经济学、社会学、甚至心理学知识来开拓视野和知识面后,成为跨学科的通才。他们熟悉贝尔实验室的各个领域,他们的一个重要任务是建立贝尔实验室的研究成果和需要这些成果的客户(如AT&T、下属运营公司、公众等)之间的桥梁,了解客户的需求以及技术上实现他们需求的可能性并衡量需求的相对重要程度。①

莫顿关于知识系统化的观点以及在贝尔实验室建立的系统工程师制度,对上野的思想形成产生了深远的影响。

最初的问题

当上野在1967年接管NEC研究与开发领域工作的时候,是什么样的情况呢?

在一个对他的采访中,上野指出了当时的两个主要问题。一是如何拟定研发计划以及此计划和公司其他计划之间的关系,二是如何把研发实验室和公司的业务部门结合到一起。这两个方面的问题都可以用莫顿的思想来解决,但是需要做一些改进。

第一个问题,用上野的话来说,就是

在拟定研发计划前并没有结合公司整体情况进行系统分

① J. A. 莫顿:《创新组织:技术管理的系统化之路》,1971年。

析,特别是长期研究项目的开展往往和公司决策明显脱节。当然研发部门负责人有他们自己的计划,但是他们没有仔细考虑自己的计划和公司目前希望开拓新市场的战略是否一致。公司对新市场的分析也没有结合目前正在进行的研究的情况。①

第二个问题,上野刚到 NEC 时就发现,“中央研究实验室的技术是无偿提供给业务部门的,研究的所有费用都由公司总部负担”。由于当时激烈的市场竞争,“业务部门很愿意和中央研究实验室签订研究合同,但是在目前的公司体制下,他们不可能和中央研究实验室正规地签订有关进一步研究和开发所需技术的合同,这不利于研发部门和业务部门的整合”。

上野的解决方案

为解决第二个问题,上野在公司里引入了内部研发市场制度。虽然贝尔实验室并没有采用这种制度,但它在美国公司里很常见。根据这项制度,内部研发的需求者——业务部门委托技术提供商——中央实验室为其进行技术研发并需要为此付费。要求业务部门向研发部门支付研究费用起到了激励作用,这种机制首先激励研发部门开发对业务部门最有价值的技术,其次激励了实验室所提供的技术的质量。从实验室看来,内部市场制度督促了他们保质保量地完成和

① 这一段和本节的下一段引用来源于作者对上野博士的采访。

业务部门签订过协议的技术的开发。同时,内部研发市场制度的引入还解决了关于公司研发的前两个问题:为了促进公司目前的发展,应该怎样开展研发工作?公司如何避免陷入与生产和发展“不相关”的研究工作?

上野的这项制度在NEC取得了很大成功(在其他日本电子产业公司也取得了很大成功)。目前NEC中央研究实验室30%的研发经费来自业务部门的投资,只有70%来自公司总部支出。

然而,第一个问题比第二个问题复杂许多。最主要的困难可以用“公司研究困境”来解释:研究必须和公司的市场相关。(也就是说,在现代公司里创造价值比创造知识更重要。)但是,由于市场需求所反映的技术需求往往是滞后的,要求研究工作必须在市场需求出现以前就开始。这就引发了如何组织研发工作的复杂问题——既然市场需求不能引导研发工作,那么应该依靠什么原则或机制呢?这正是关于公司研发的第四个问题:公司应该怎样确定今后的研发方向?

上野主要采取了两个措施来解决这个问题。首先他在公司内建立了两个新的机构:公司总部的公司规划办公室和中央研究实验室的研发规划办公室。这两个机构紧密合作——比如上野既是研发规划办公室主任,也是公司规划办公室的成员。通过这种形式上野加强了市场和技术之间的联系。

上野的第一项措施并不是创新的行为,很多公司都采用了类似的机制。然而他的第二项措施远比第一项措施大胆和新颖,这就是NEC“核心技术计划”的建立。

上野的核心技术计划

尽管莫顿提出了知识系统的概念并在 AT&T 公司成功运用,但是他以及公司里的其他人都没有进一步思考知识系统的根基——知识基础,上野的核心技术计划成功地完成了这一任务。

寻找并定义知识基础需要消耗大量的资源和经费,为什么 NEC 愿意花很大代价这样做呢?上野说出了原因。

NEC 一直被一个问题所困扰——如何拟定公司所拥有的数量庞大(目前有约 10 000 种)的产品的研发计划并跟上这些产品所涉及的技术的飞速发展。虽然公司已经采取了把决策权分散化到各部门中,并建立多级研发体系的方法——设立组(拥有一定数量的部门)级开发实验室和部门级工程实验室,但是研发"后天的科技"的中央研究实验室却没有明确的科技发展指导思想。

解决这个问题的一个有效的方法,就是把目光从产品转移到产品背后的知识上去。用上野的话说,就是"知识是很多产品所共有的,而且知识的变化远比产品要慢。所以长期科技发展计划应该以知识为出发点而不要只看到产品"。这样的处理方式带来了显而易见的好处,大大简化了长期计划所需要考虑的内容并更容易抓住问题的关键。NEC 的核心技术计划就是根据这个思路进行的,它的目标是系统地整理并发掘隐藏在产品背后的核心技术。此外这个计划还让 NEC 把所有的技术整合为了一个互相依赖的知识体系,这比莫顿的思想又往前进了一步。

NEC 的核心技术计划从 1970 年开始实施,到 1977 年开始对

NEC 的研发产生有深远意义的影响。每 3 年公司将尝试预测未来 10 年 NEC 的科技走向并据此更新核心技术的定义。

那么,NEC 如何定义自己的核心技术呢?我们从公司的“C&C 产品”(即融合计算机和通信领域技术的产品)出发探索这个问题。这一系列产品的规范是在公司规划办公室所确定的公司战略和研发规划办公室所确定的研发战略的双重背景下制定的,之后才定义 C&C 产品所需要的技术。因此,我们可以说“核心技术”的定义并不单纯从学术和工程的角度出发,它是产品、市场、技术三者的融合。

然后我们把这些产品中所包含的技术进行整理和提炼,归纳为一组**核心技术**。目前 NEC 定义了大约 30 种核心科学技术,虽然它们的详细清单现在还保密,但公司在不同场合也提到过其中的一些。它们包括数字通信、超大规模集成电路、光电子学、语音识别、合成、图像处理、模式识别以及软件工程。这些核心技术又进一步提炼为六大战略科技领域(STD):材料和设备、半导体材料与设备、功能设备、通信系统、知识/信息系统、软件。

NEC 可以通过核心技术计划获得什么呢?第一,正如上野所说,通过聚焦产品背后的知识——知识比产品的变化速度慢,公司找到了制定长期研发计划的有效方法。这个方法的提出同时也回答了关于公司研发的第四个问题。第二,通过聚焦一个互相依赖的知识体系,NEC 能够从中提取所需要的知识基础。通常情况下由于所属领域或机构不同而被分割得支离破碎的知识也可以通过这样的方式被整合到一起,这帮助公司解决了诺贝尔奖得主弗里德利克·哈耶克

(Friendrich Hayek)提出的“如何利用完全没有人知道的知识”的困境。知识整合对于 NEC 来说尤其重要,因为公司已经把大部分产品归于一系列进化中的 C&C 系统之下,而这些系统的潜在知识基础存在一致性(它们都是计算机技术、通信技术和设备技术的融合)。

通过聚焦一个互相依赖的知识体系, NEC 还把掌握各种知识的人才召集到了一起,这正是莫顿认为进行创新的最重要的前提条件。图 6 - 14 把这一点用图形的方式更明确地表达了出来: 对核心技术的认定促进了不同知识集的整合,也促进了实验室内和实验室间的

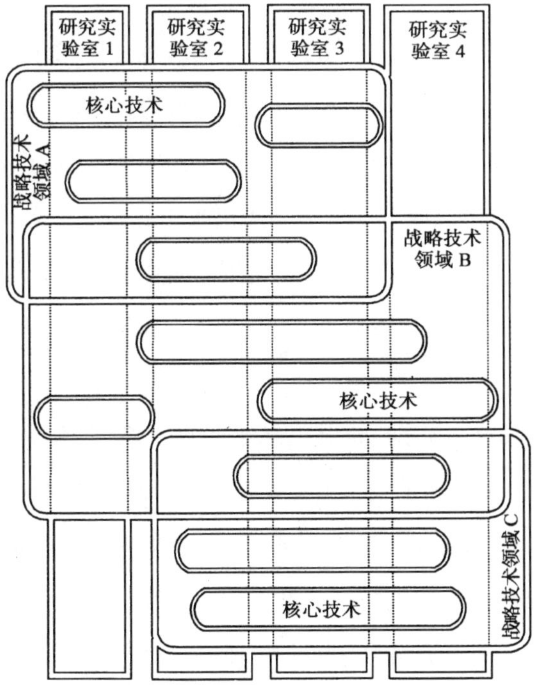

图 6 - 14　NEC 核心技术研发组织战略

交流;对战略科技领域的认定起到了让不同核心技术领域之间进行知识整合的作用。我们可以看到,战略科技领域是交叠在一起的,这就创造了莫顿提到的“专业领域有重叠部分”的条件——进行创新过程的各领域专家能进行交流的必要条件。为了更有效地管理核心技术的研发和战略科技领域的发展,以及组织研究人员之间和实验室之间的交流,NEC 任命了专门的研究经理负责相关事宜。

NEC 在 20 世纪 80—90 年代的研发情况

我们可以从图 6－13 看出,1980 年 NEC 的研发部门进行了进一步地重组。根据公司的官方记录,这次重组的目标是“鼓励专业化研究,加速技术发展,强调长期基础研究的重要性”。为了达到这个目标,公司把制造工程从研发组中分离出来单独成立了一个新的制造工程发展组,改造以后的新的研发组更加侧重于基础研究。

在新的研发组内,中央研究实验室被重新组合为 5 个实验室,分别从事以下方面的研究:基础研究、光电子学、C&C 系统、软件产品工程和环境保护。为了更加强调基础研究,1982 年公司进一步把基础研究实验室分为两个实验室:基础研究实验室和微电子研究实验室。目前 NEC 的研发部门总共拥有 9 个实验室和 5 个研究中心。

20 世纪 80 年代晚期公司又建立了 3 个新实验室。其中第一个建立在相模原市,它的官方名字叫相模原联络处(Sagamihara Liaison),表明了它的角色——本地区研发和生产活动联系的桥梁。另外两个实验室相对更接近基础研究，它们是 1988 年在新泽西州普林斯顿(Princeton, New Jersey)建立的 NEC 学院和 1989 年在东京附近的筑波(Tsukuba)科技城建立的筑波研究实验室。1991 年，NEC 还在大阪附近建立了一个新实验室从事化合物半导体的研究。1992 年，NEC 又在公司 4 个组中的 3 个组内建立了 C&C 开发实验室(这一点在关于 NEC 组织结构的小节中也提到过)，建立这些实验室的目的是促进跨部门 C&C 系统的研究工作。通过这些努力，NEC 的基础科研能力得到了极大增强。

NEC 内的研发过程

表 6－3 描述了 NEC 的研发组织，和其他日本公司一样也是一个三级研发结构。第一级是作为独立组级单位的中央研究实验室，研发“后天”的科技，它们得到公司 10%的研发投资。在得到的经费中，20%用来进行关于 C&C 系统的基础研究，50%用来进行应用研究，剩余 30%分配给“发展研究”。中央研究实验室 70%的经费来自公司总部，其余 30%来自公司其他组和业务部门。

表 6－3　NEC 现在的研发组织

实验室种类	地　位	拥有的研发经费所占的百分比	研发目标定位	从总部所获资金百分比
中央研究实验室	一个独立组	10	“后天”	70
其中：				
基础研究		(20)		

（续表）

实验室种类	地　位	拥有的研发经费所占的百分比	研发目标定位	从总部所获资金百分比
应用研究		(50)		
发展研究		(70)		
开发实验室	组内	20	“明天”	—
工程实验室	部门内	70	“今天”	0

设立在组内的开发实验室拥有总研发费用的20%，它们的任务是做“明天”科技的研发。而设立在部门内的工程实验室获得了最多的公司经费——约70%的总研发费用，它们为所属部门研究目前需要的技术，自然它们的所有资金都来自所属部门。

研发计划

和其他日本电子产业企业一样，NEC的研发计划也由长期计划和短期计划两部分组成。上面讨论的核心技术计划在NEC的长期研发计划中占有重要地位。公司的长期研发计划由公司总部的公司规划办公室和中央研究实验室的研发规划办公室共同制定。这是研发组制定中期研发战略计划和年度发展计划的基础，图6－15表示了研发组年度计划的制定过程。

从图中可以看出，公司规划办公室和中央研究实验室协调了公司业务计划和研发战略的制定。这是研发组高层确定中期研发战略计划的前提条件。同样，中期战略计划也是各实验室和研究中心制定下一年研发计划的前提。

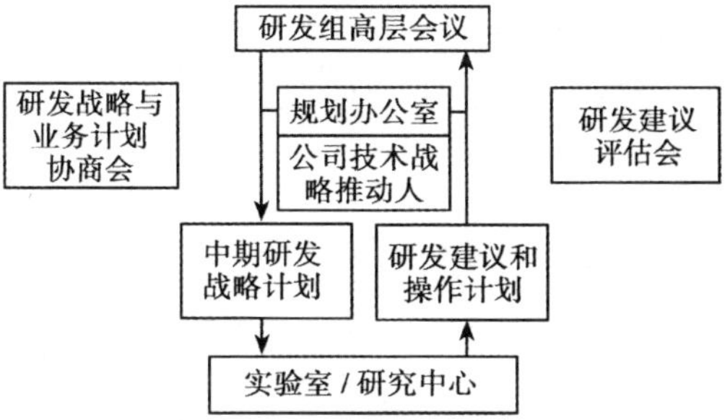

图 6－15　NEC 研发计划制定结构

研发组内对特定研究项目的建议来自两方面：一是研发组的高层（自上而下），一是研究人员自己（自下而上）。每年研发组都会把所有这些建议汇总后组织“研发建议评估会”进行评估，同时进行评估的还有来自研发组、公司内其他组以及业务部门沟通过程中的提议。后者包括有关公司业务部门与中央研究实验室签订的内部研发合同的建议。

和其他日本公司一样，对利润的估算在考虑一个建议是否被接受时往往不是决定性因素。（从研发经费的投入比例可以看出这一点：中央实验室 70% 的研发费用来自公司总部拨款，另外 30% 来自业务部门与实验室签订的技术研发合同——业务部门的意愿是和市场紧密相关的，所以这部分投资是由利润驱动的。）评估建议时的评判标准主要包括这条建议对公司长期研发目标的贡献、对公司成长与市场占有率的影响、对公司学术声誉（这对公司加强与大学的互动，得到进入研究社区的信息网络的“入场券”有很大作用）的贡献等。

一旦研发组确定了自己的年度研发计划，这份计划将被提交给公司总部的研发管理部门。管理部门将参考其他部门对研发方面的需求对计划进行权衡和修改,并协调直到最终年度研发计划定稿。

把研发“引擎”装在公司“机器”上

公司研发活动和其他公司活动结合的有效程度是公司创新性的关键因素,有多种多样的方法都能行之有效,西方公司也曾经采用了很多措施。举例来说,主导国际微处理器市场的半导体厂商英特尔公司就没有中央研究实验室,而其他很多西方公司拥有自己的杰出的研究实验室;但是很多实验室往往为其他公司(比自己的母公司)创造了更多的价值——施乐(Xerox)的帕洛阿托研究中心(PARC)是世界著名的创新源泉,很多新兴的公司就是依托它的创新科技发展起来的。

NEC 是如何把研发“引擎”装在公司“机器”上的呢?首先我们来介绍 NEC 采用的一系列重要的结合机制。

这些机制中包括内部联系研究和核心技术计划,这两点在公司的发展中发挥了重要作用。我们在前面已经详细讨论过,这里把注意力集中到其他机制上来。

研发部门人事交流制度

前面我们已经讲到了,贝尔实验室的杰克·莫顿十分强调在整合公司现有知识和创造新知识的过程中人力资源管理调配的重要性。如 NEC 一样的日本公司很幸运地实现了公司内无障碍的人员跨部门循环,这使得它们可以建立各部门之间正式或非正式的有效信息交流网络。这个网络对于整合公司各部门所掌握的离散的知识有很大帮助——这也是创新过程的一个重要输入。

日本公司的人事交流制度其实只是它们采用的终身雇佣制度的一个副产品。日本公司的绝大部分员工都会在固定的一个公司工作到退休,他们是公司拥有的耗费稳定的资源(即员工的工资和公司效益无关),因此公司会想办法提高员工创造价值的能力,而不是简单地雇佣与解雇。这也是日本公司为什么愿意花费相对较多的经费用于员工培训的原因之一,而低的员工流失率使得公司能很方便地估算培训的回报。这也是日本公司愿意比较频繁地让员工在公司各部门交流任职的一个主要原因:这样的交流可以开阔员工视野,提高他们的技能,从而增加他们的适应能力,使他们在面对新技术和竞争带来的机遇和挑战时能更加从容不迫。日本企业员工的"价值"往往由企业内部需求决定,而不是根据外界对各种技能的要求。由于公司看重交流制度给予了员工适应能力并培养了他们更熟练的公司技能,所以员工们也很欢迎人事交流制度,希望通过交流锻炼自己并提升自己在公司的价值。

为了更好地理解日本公司人事交流制度的重要性,我们把 NEC 研发部门人事交流制度和 AT&T 公司贝尔实验室的相似制度进行类比。在 NEC,中央研究实验室每年有 10%的员工会交流调派到其他组或业务部门工作,公司确定外调人员比例的依据是控制中央研究实验室人员的平均年龄维持在 32 岁左右。对于中央研究实验室的大约 1 000 名员工来说，这就意味着每年都会有约 100 名员工参与交流。我们计算了一下平均的情况：研究人员一般在中央研究实验室工作 6 年时间，然后将被调到业务部门工作。

表 6－4 列出了 AT&T 公司贝尔实验室研究人员被调到公司运营部门的人数情况。在贝尔实验室的 1 200 名研究人员中（第 11 区），1992 年只有 2 名员工被调出。此外，这个数字一直是一个下降趋势：1988 年有 11 名员工外调而 1989 年只有 5 名。不过，贝尔实验室的管理人员已经打算将来增加外调研究人员的数量。

表 6－4　贝尔实验室研究人员调动（第 11 区）到 AT&T 公司业务部门，1988—1992 年

年　份	调 动 人 数
1992 年	2
1991 年	1
1990 年	1
1989 年	5
1988 年	11

来源：Information supplied to author by Bell Laboratories，1993。

NEC 的升迁制度也激发了员工参与人事交流制度的积极性。如果要成为中央研究实验室的经理或管理人员，有在业务部门的工作经验是必需的。研究人员在外调前，需要先和作为接收方的业务部门沟通，最常见的做法是研究人员在所做的研究课题中取得一定成果，正好能被业务部门使用时，就调派到相关业务部门。为了保证研究人员能够不丢下研究工作,公司规定如果研究人员还希望被调回中央研究实验室,那么他被外调到业务部门的时间不能超过 2 年。有时这条规定会带来矛盾:中央研究实验室希望要回该研究人员而此时业务部门不愿意放走他。遇到这样的情况时,中央研究实验室将和业务部门进行沟通,由公司总部的人事办公室进行最终裁决。

跨组/部门项目

有时候一些大型研发项目往往需要中央研究实验室和不只一个组或部门合作。目前公司内有超过 50 个这样的项目在进行中。

因为不同组或部门之间的很多产品往往具有相同或相似的知识基础,NEC 的研究人员不仅仅能从中央实验室转移到某业务部门,还能在同组的不同业务部门之间,甚至不同组之间再次调动。NEC 的管理人员都很支持这样的调动,因为这对于各部门之间的知识整合以及 C&C 系统的发展都很有帮助。

正式/非正式会议

大量的正式/非正式会议的举办对公司员工内部交流以及知识的整合起到了很大作用,比如每年都会在研发组和其他组领导者之间举办"科技战略交流会"。另外,公司还经常举办"核心技术论坛",把各实验室研究人员以及业务部门员工召集到一起。研究组内部也组织科研课题和研究成果的展览会,以这种方式告知业务部门目前正在进行的研究是什么,进展情况如何。非正式的聚会也是很有效的信息交流手段。公司每月都会在餐厅举办一次被称为“索菲娅广场(Plazza Sophia)”的非正式聚会,聚会中还提供酒等各种饮料。这为不同领域、不同身份、不同地位的研究人员提供了一个很好的交流渠道。

硕士比博士更合适

在NEC的研究实验室中,也和其他日本公司一样,大部分新雇用的员工都是理学学士或硕士,而博士很少。这个现象的出现和公司的终身雇佣制度是紧密相关的,在这个制度下日本公司更愿意自己培训员工——因为员工大多会终身在公司工作,公司对他们的培训能获得稳定而持续的回报。

雇佣大学教育经历较浅的年轻研究人员,对公司而言有很多好处。公司更容易按照自己的需求塑造他们,此外他们还没有被培养出“大学式职业化”的科研态度和价值观——一个合格的博士毕业生往往已经具备这样的品质。具备这种科研态度和价值观的研究人员非常看重自己能在本领域前沿作出的学术贡献,而且认为这比为公司开展的研究更为重要。相比起他们来说,资历较浅的年轻研究人员更能专注于帮助公司突破研发活动中所遇到的知识壁垒。

在NEC,公司专有知识的掌握度被认为是一个员工的重要能力,因此相比雇佣新员工,NEC更愿意重新训练老员工,尽管很多时候老员工们所掌握的知识已经过时。掌握公司专有知识的员工更容易融入公司各种正式或非正式的信息网络中,从而更好地了解公司的整体情况,也就能更好地为公司作出贡献。

在日本公司里硕士比博士更吃香的现实无意中削弱了日本大学院校的研究功能。公司的这种偏好导致了对硕士人才的大量需求,硕士毕业生可以找到一份收入满意的工作,并且获得非常诱人的条件——充足的经费、良好的实验条件、各领域专家的协助等。因此日本很多优秀的毕业生都放弃了博士学位的学习而投入公司研究机构的怀抱。

埃莉诺·万斯特尼(Eleanor Westney)注意到,1985 年美国大学理科教育培养了 7 651 名博士,日本大学培养的博士数量不足这个数字的 10%。而且在工程领域,日本大学 60%的博士是为公司代为培养的,[①]他们在大学攻读博士学位期间所做项目都是和公司利益紧密相关的。这样做使日本大学院校的博士教育和公司的研发需求紧密结合在了一起,极大地加强了工业界和学术界的联系,但是日本也付出了大学科研水平下降的代价。

"摇篮研究"

和其他日本公司一样,NEC 也允许研究人员有时候进行独立的研究。公司规定,原则上研究人员每年工作时间的 15%可以用于自主研究自己感兴趣的课题,这些课题独立于公司正式规定的任务之外,研究工作的展开不必通报管理人员或获得他们的批准。而实际

① 万斯特尼(D. E. Westney):《日本产业研发的进化》,《日本公司:竞争力的源泉》,M. Aoki, R. Dore 著,牛津大学出版社,1994 年。

上研究人员可以在任何时间进行这种被称为“摇篮研究”的课题，只要他们能按时完成规定课题的任务。

摇篮研究对于公司的科研有一系列好处。因为研究人员被允许进行自己感兴趣方向的探索，所以他们能保持很高的研究热情；这也防止了由于研发部门管理人员视野的局限而忽略了某些必要的研究工作；同时还在实验室内制造了一定程度的弹性机制，这种弹性机制有利于把研发活动和公司其他活动的结合。一旦某项“摇篮研究”表现了一定的前景并且需要更多资源的投入，研究人员可以提出申请让此项研究列入正式研究工作范围。

NEC 获得高度成功的自动指纹识别系统，就是从摇篮研究开始的，这个话题我们将在下面的部分详细讨论。

NEC 的研发网络

我们已经分析了 NEC 研发部门的内部运作机制，下面将分析构成研发工作输入的知识与信息流，这也是研发工作中极为重要的组成部分。NEC 拥有极为广泛的研发网络，我们用图 6 - 16 表示。

子公司

与其他一些日本公司不同，NEC 的子公司已经整合在公司的组一部门体系结构中。所以这些子公司的研发工作已经被包含在公司的研发大计划中了，正如我们前面所提到的，这保证了在子公司里开展的研发工作和公司其他部门相一致。

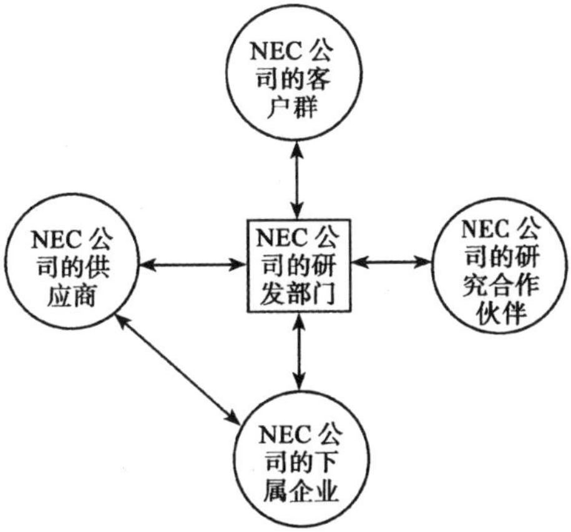

图 6－16　NEC 的研发网络

然而，考虑到子公司各自不同的情况，它们的研发工作可能只有一小部分和公司在其他地方开展的工作有重叠之处。但子公司并不会因此而孤军奋斗，公司的联合研发项目保证了研发部门、中央实验室、其他相关组或部门都能参与进来，此外公司的循环人事制度也把一些研究人员从实验室送到了子公司。因此，子公司是 NEC 研发网络的重要组成部分。

供应商

和其他日本公司一样，NEC 和它的供应商保持着非常紧密的联系，也包括在研发领域。

NEC 和它的转包商们的合作就是一个很好的例子，目前 NEC 拥有约 150 家主要转包商，NEC 和其中 75 家的合作内容与研发无关。

这75家中有20家拥有海外子公司，另外55家只拥有日本国内业务的企业，现在的地位正受到严重威胁：在日元升值和经济衰退的影响下，NEC开始把一些生产制造方面的产业转移到国外，例如公司决定把个人计算机的制造和装配更多地转移到海外工厂，因此公司会就近选择当地的原材料供应商作为公司新的转包商。

从公司研发的角度来看，剩余的75家从事研发工作的转包商的地位要重要很多。NEC目前的政策是保持公司现有研发力度，所以与研发相关的转包商们和NEC的业务也会继续发展，以保持NEC研发工作的有效进行。

为NEC从事研发工作的转包商也是公司研发网络的重要组成部分。这些转包商明白，如果他们想要让自己的技术被NEC的产品采用，他们就必须在此项技术的研发工作刚起步的时候就与NEC进行合作。通常这样的合作是通过NEC与转包商协商并签订正式合同来确定的。这样带来的一个不利影响是，转包商的研发部门工程师往往和NEC业务部门所属实验室，甚至NEC中央研究实验室缺乏互动交流。根据对NEC高级管理人员的采访，NEC研发部门员工常常非常急切地想得到交给转包商开发的技术，这让转包商们不得不调动自己的所有资源投入相关项目的开发——它们的技术进入NEC新产品所必须付出的代价。

NEC和研发转包商们的长期合作关系，保证了转包商们能获得足够的利润和经费，补偿研发过程中的资金投入。NEC要求转包商与它签订技术研发的保密协议，即通常情况下，转包商在技术交付给

NEC 的 6 个月内不得把此项技术转让给第三方企业。这样的一段时间已经足够保证 NEC 在市场上领先并获得因创新带来的利润。期限一过，转包商往往会很快把技术转让给第三方，因为技术运用得越广泛，转包商获利越多，此外也会激励更多的科技创新，这对 NEC 来说也是有利的。

客户群

NEC 的客户群是研发网络的又一大组成部分，特别是使用 NEC、C&C 产品和系统且自身具备研发能力的大客户。首先，这些客户通过对希望购买的产品或系统功能进行的定制要求是 NEC 产品开发过程中非常重要的信息，有时对研发工作还有很大帮助。其次，这些客户在使用产品和系统后提供给 NEC 的反馈信息往往都是非常宝贵的，特别是对于公司下一代产品或系统的研发。再次，有时这些客户的研发能力也能融入 NEC 的研发过程中，给予公司研发上的支持。

这个方面最好的例子，就是 NEC 研发领域最大的客户 NTT。我们在本章以及更早的地方提到的很多材料已经证明了类似 NTT 这样的大客户对公司研发网络是非常重要的。

研究合作伙伴

NEC 的合作研究活动，是公司研发网络的另一个重要组成部分，可以分为以下三类：第一类是和非供应商且非客户的私营公司合作,包括与竞争对手或潜在竞争对手的战略合作,最典型的例子就是NEC 和 AT&T 公司微电子部在半导体领域的合作。

第二类是和公共机构的合作,比如与日本国内的大学、政府研究实验室以及国外的类似机构进行合作。第三类是和公私合营的机构的合作,比如与通产省的研发合作项目,这里面涉及竞争对手公司、政府研究机构以及大学院校。具体的一些例子我们已经在本书前面的部分提到过,如关于通产省和 NEC 在计算机领域的联合研发。(值得注意的是,NEC 中央研究实验室 5%的研究经费来自通产省,这部分资金主要用于长期基础项目的研究。)

NEC 在美国新泽西州普林斯顿建立第一个海外研究实验室标志着 NEC 的研发网络走向全球化。为什么要建立这个实验室? NEC 期望从中获得什么样的利益? 我们将在随后部分进行分析。

NEC 研发网络的全球化

1988 年,NEC 投资 3 200 万美元在美国新泽西州普林斯顿建立了 NEC 研究院,这个研究院有 50 名研究人员,每年研究经费约 2 600 万美元。不管是和日本国内其他电子公司还是美国同行相比,NEC 建立这个研究院的投资都打破了当时的最高纪录。

NEC 研究院(NECI)主要从事物理、计算和通信领域的长期基础项目的研究。NECI 有非常高的自治权,它可以自主确定研究计划和各项研究的优先级——不受 NEC 在美国的生产制造机构的影响,甚至独立于 NEC 研发网络中的其他机构。体现 NECI 高度自治的最好例子是,在 20 世纪 90 年代初日本经济衰退期间,虽然 NEC 的利润也大幅下降,但 NECI 的研究经费没有受到任何影响,这与美国信息与通信产业企业也形成了鲜明对比。

对于 IBM 和 AT&T 这样的公司来说,受到了 20 世纪 80 年代末"给研发付费"浪潮的很大影响。IBM 1993 年出现重大亏损后,IBM 下属所有研究机构与实验室开始面临越来越大的压力,它们被要求证明所从事的研究工作的商业价值。公司效益变差对 AT&T 公司的影响没有 IBM 那样大,但是 1988 年公司董事长鲍勃·艾伦(Bob Allen)发起的改革对公司研发部门也产生了同样大的冲击。改革中,贝尔实验室研究部副主任阿尔诺·彭泽斯(Arno Penzias)在实验室发起了一场"文化革命"活动,所有的研究单元也不得不转向从事能给公司带来直接可见的"价值"的研发工作。

NECI 的运作模式在美国公司这样的大趋势下,显得格外与众不同。伯克利大学(Berkeley University)计算机科学家迈克尔·哈里森(Michael A. Harrison)说,NECI 是现在"美国唯一的一个不受约束,可以自由从事研究的(公司实验室)"。曾在贝尔实验室担任高级研究员,现在 NECI 的物理学家理查德·林可(Richard A. Linke)认为"这个世界的其他地方太急于从研究中获利了,这是整个国家的灾难"。[①] 他认为 NECI 现在的研究氛围可以和贝尔实验室在 1988 年

① 《商业周刊》,1992 年 7 月 13 日,第 137 页。

改革前的“黄金岁月”媲美，那个时候贝尔实验室的研究人员也能自由地选择他们愿意从事的研究工作。

NECI 的建立使 NEC 成为第一个在国外设立研究实验室（不包括开发实验室、设计实验室等）的日本信息产业公司。日立公司也在研究（非发展）全球化上很快地迈出了一大步：在欧洲的剑桥大学和都柏林圣三一大学（Trinity College，Dublin）建立了两个相对较小的研究机构，这两个研究机构属于位于东京的日立中央研究实验室，它们的研究日程计划由中央研究实验室确定。日立公司中和 NEC 研究院在研究性质（从事长期基础研究）和自治权（不受公司其他研究计划影响）上比较接近的是日立在泛东京地区的“高级研究实验室”。

NEC 在研发领域与众不同的行为提出了这样几个问题。为什么 NEC 给 NECI 如此大的自治权？NEC 到底希望从 NECI 获得什么样的短期和长期收益？NEC 在效益下滑时是如何看待对 NECI 的资金投入的？我们随后将进行详细分析。

NECI 的建立

早在 20 世纪 80 年代初，上野博士就提议在美国建立一个从事开发工作的实验室，当时公司以时机不成熟和投资收益不足为理由拒绝了。20 世纪 80 年代中期，由于贸易争端，美日矛盾渐渐尖锐起来，在这样的背景下，上野再次提议在美国建立一个基础研究实验室。他的理由是，建立这样一个实验室可以为 NEC 在美国赢得声誉，并为公司今后建立开发实验室以及发展在美业务铺平道路。当时的世界舆论都批评日本总是吸取全世界科技用于自己的产品，但不为世界科技作贡献。如果建立这样一个基础研究实验室，将给 NEC 提供一个为美国科技发展作贡献的机会，因此，尽管当时公司内还是有很多人对这次投资的收益表示担忧，但上野的提议最终被接受了。

当公司作出这个决定之后，上野就立即前往贝尔实验室访问，向他们说明 NEC 的计划。我们应该还记得 NEC 最初是 AT&T 的子公司西部电气在日本的合资企业，以及上野于 20 世纪 60 年代曾经在贝尔实验室工作十年，因此 NEC 和贝尔实验室之间的联系一直都很密切。通过这次访问，贝尔实验室同意无偿协助 NECI 的研发工作。

在这之后，上野又不顾人事部门的反对，坚持 NECI 的所有职员和研究人员必须是美国公民或绿卡持有人。这带来了两个好处：第一，有利于在 NECI 内营造地道的美国本土文化氛围；第二，避免出现“NEC 为商业目的派日本研究人员到美国窃取科技知识”的不利舆论。上野经过多方努力，最终选定前贝尔实验室晶体管和半导体领域韩裔专家姜多元（Dawon Kahng）作为 NEC 研究院（NECI）的第一任院长。姜博士和上野一样，都毕业于俄亥俄州立大学，他也是上野在贝尔实验室工作时的同事（姜博士于 1992 年 5 月去世）。公司高层和姜博士讨论后，决定 NECI 最初设立两个部门——计算机与通信科学部和物理科学部。

为什么首先选择建立这两个部门？我对一名 NEC 的高级研究主管提出了同样的问题：

弗朗斯曼：这些领域是如何选择的？

研究主管：事实上这两个领域的选择都是姜博士决定的。当然，他和我们商量过——上野博士、我，还有公司的其他人——但这最初本来就是姜博士的方案。他是物理学领域的专家，同时他觉得作为NEC的成员还应该考虑到C&C。于是他的想法就形成了：建立两个部门，一个和C&C相关（即计算机与通信科学部），另一个就是物理科学部。

NEC从NECI得到的利益

NEC作为一个以盈利为目标的公司，如何从NECI中获利呢？我对另一名NEC的高级研究主管提出了这个问题：

弗朗斯曼：NEC期望什么时候从NECI直接获利呢？我指把NECI的新思维、新创造用于NEC的新产品和新体制中。

研究主管：在21世纪内，我们不急于求成。

弗朗斯曼：是不是说NEC需要等很长时间才能开始回收对NECI的投资？

研究主管：我们并不期望从NECI得到任何直接的中短期收益。我对他们说，只要他们的成果能在国际学术会议上产生影响力，我就很高兴了。

弗朗斯曼：让我们作最坏的设想，如果我是一名利益至上的NEC董事会成员，我说："我看了财务报告，NECI从事的这些研究太昂贵了。我们到底能获得什么样的回报?”你怎么回答这样的问题?

研究主管:NEC 将来的产品将是越来越复杂的系统,我们的客户对产品也将越来越挑剔。他们希望知道公司能对他们所购买的产品提供多久的支持,服务质量如何。客户所需要购买的系统往往价格极为昂贵而且需要经常进行升级维护。如果因为系统购置不当出现问题,客户会因此不得不花一大笔钱购买一套全新的系统,也许还会因此失去很多商业机会。我们的客户对他们的产品提供商的选择是极为小心的,NECI 将对 NEC 面对将来科技发展的应变能力提供保障,同时还将提升客户对我们的评价并增强他们对我们的信心。

NECI 还帮助 NEC 在美国吸引有能力的工程师和研究人员,而没有 NECI 这一点是很难做到的。由于我们将生产越来越多的新产品,特别是设计针对美国市场特点的新系统和新软件,所以美国本土人才在公司今后的市场竞争中将越来越重要。我们需要优秀的工程师,而 NECI 正在为我们做到这一点。

在 NEC 未来全球化愿景之下的 NECI

根据我们刚才的讨论,NECI 为 NEC 挑起了长远发展的担子,也提出了公司未来全球化之路的设想。根据这个设想,NEC 将来会是一个按照 C&C 概念构建文化的国际化大企业,但同时 NEC 在各国的子公司都有根据当地社会和市场情况发展的亚文化。在 21 世纪,

NECI 以及它在全球其他地方的分支机构将继续担负基础科学研究的任务，但是下属实验室将和 NEC 的业务部门建立更密切的联系，就如同现在中央研究实验室与 NEC 日本总部的联系一样。按照关本忠宏"网状全球化"的设想，NECI 将独立于 NEC 在美国的业务部门之外继续拥有高度自治权，与公司在全球设立的其他部门的地位是完全平等的，只直属 NEC 东京总部。

通过研发创造能力：NEC 自动指纹识别系统（AFIS）

1963 年，FBI 鉴别部门的代表找到美国国家标准局的科学家，希望在设计制造一套自动指纹识别系统的可行性上获得有价值的建议。① 随后，一些美国公司参与美国政府的公开招标并开始此项目的研究与开发。1969 年，日本国内政策办公室（NPA）希望 NEC 也能开

① 我在这里对 NEC 安全系统有限公司经理，同时也是 NEC 公司 AFIS 的发明人之一的雉一雄先生以及他的员工表示感谢，对他们进行的采访和他们向我提供的数据是这份研究的基础。如果希望获得关于自动指纹识别系统的更多信息，可以查阅以下资料：R. M. Stock, 'An Historcal Overview of Automated Fingerprint Identification Systems', *Proceedings of the Interational Forensic Symposium on latent Prints*, FBI Academy, Quantico, Va., 7 – 10 July 1987, pp. 51 – 60; K. R. Moses, 'A Consumer's Guide to Fingerprint Computers', *Indentification News* (June 1986), 5 – 10; K. Kiji, Y. Hoshino, and K. Asai, 'Automated Fingerprint Identification System (AFIS)', *NEC Research and Development*, no. 96 (march 1990), 143 – 146; 'Taking a Byte out of Crime', *Time* (14 October 1985), 53; 'Massive IC Exercise to Start on June 3', *Straits Times* (Singapore) (16 May 1991); Kobayashi, *Rising to the Challenge*, 103 – 104.

发一套自动指纹识别系统,同年 NEC 和 NPA 的代表访问了 FBI,关注并了解了美国自动指纹识别系统的发展。在 20 世纪 70 年代中期,NEC 开发出了自己的自动指纹识别系统。到 20 世纪 90 年代初,NEC 已经控制了全球自动指纹识别系统领域 60%的市场份额,公司的产品远销美国加利福尼亚州、澳大利亚、新加坡等国家和地区。

NEC 的成功引发了我们的思考:NEC 如何在国际市场上取得自己的领导地位?为什么能取得这样的地位?NEC 是如何获得如此强大的国际竞争力的?

创造能力的过程

能力可以被定义为“能让公司与别人竞争的一系列活动和知识的总和”。对 NEC 自动指纹识别系统的研究给了我们关于如何创造能力的五个提示:

1. “新”能力,以及它所支撑起来的新产品或服务,通常是原有能力的扩展,并不是临时去找就能找到的。

2. 创造能力的过程包括三个主要部分(它们不是必须按照我们所写出的顺序依次发生):第一,了解用户的要求(或潜在要求);第二,把了解到的内容和与其相关的知识(明确的或含蓄的,公司内的或公司外的)结合到一起;第三,创造出满足用户要求的新知识。

创造能力的过程中最关键的部分是找到公司产品或服务与用户需求的切合点,这一点将决定新创造的能力的使用价值。公司追求的就是能力的使用价值。

3. 把公司内外的离散的知识(由不同的人或同一组织不同部门掌握的知识)整合起来是能力创造的必要前提。这个前提条件还解决了诺贝尔奖得主弗里德利克·哈耶克提出的“如何利用完全没有人知道的知识”的困境。

4. 能力包括与整个价值链(从研究、设计、开发到制造、市场)相关的活动和知识。此外,能力还必须能保证竞争力的可持续发展。

5. 能力(包括新的能力)需要有恰当形式的组织的支撑,组织的作用是把能力转化为有竞争力的用户的使用价值。同样,组织也必须起到有利于学习、创新的作用,从而提升组织所拥有的能力的使用价值。

NEC 的自动指纹识别系统的意义

NEC 自动指纹识别系统的成功不仅仅给我们揭示了创新能力过程的五个要点,而且还给我们展示了具有 NEC 特色的公司组织结构所发挥的重要作用。更准确地说,NEC 的自动指纹识别系统的成功开发提出了另一条全新的发展能力的道路,自动指纹识别系统是从 NEC 中央研究实验室的“摇篮研究”开始的,最终发展为一个独立的子公司——NEC 安全系统有限公司,这个子公司的管理人员正是中央研究实验室相关项目的研究人员。

此外,NEC 在自动指纹识别系统的发展过程中体现了公司的 C&C 特性,公司在很多领域的能力都被整合到了这个新的领域中来,比如特征识别、图像处理、专用大规模集成电路设计与开发、软件、计算以及与通信系统接口等。

疑问：NEC 如何获得其竞争优势

这个疑问来自 NEC 的自动指纹识别系统比其他公司的同类产品性能要高出很多。在提出这个问题前，我们先用一些事实来证明 NEC 产品的优异性能。

在 20 世纪 80 年代中期，两套自动指纹识别系统被用来进行对比评测——NEC 的系统和美国 Printrak 公司的系统。① 有五个用户机构参与了此次评测，他们是：旧金山警察局、加利福尼亚司法部、卡尔加里警察局、阿拉斯加公共安全部、萨福克郡警察局。前三个机构的测试结果见表 6-5，没有列出的另外两个机构的测试结果和表中情况基本一致。

表 6-5　NEC 的 AFIS 系统精确性测试结果

	NEC 公司	Printrak 公司
旧金山警察局		
被检索的隐性指纹总数	51	51
数据库中十指纹数据数量	100 000+	100 000+

① 20 世纪 70 年代初，Calspan 公司率先发表了一份关于自动指纹识别系统的研究报告。在这份报告的基础上，FBI 与罗克韦尔国际公司签署了关于研究第一套 AFIS 系统的合同，于是诞生了罗克韦尔国际公司下属企业 Printrak 公司的 AFIS 系列产品。1981 年，由于 Printrak 的产品在美国缺乏市场需求，罗克韦尔国际公司把它卖给了英国托马斯德纳罗有限公司。

（续表）

	NEC 公司	Printrak 公司
单指纹输入的识别准确数	37	11
单指纹输入的识别准确率(%)	72.5	21.6
指纹输入的识别准确数 2~10	5	6
指纹输入的识别准确率(%)	82.4	33.3
加利福尼亚司法部		
被检索的隐性指纹总数	97	97
数据库中十指纹数据数量	300 000	240 000
单指纹输入的识别准确数	65	18
单指纹输入的识别准确率(%)	67	18.6
指纹输入的识别准确数 2~10	12	12
指纹输入的识别准确率(%)	77	30
卡尔加里警察局		
被检索的隐性指纹总数	50	50
数据库中十指纹数据数量	300 000	100 000
单指纹输入的识别准确数	47	23
单指纹输入的识别准确率(%)	94	46
指纹输入的识别准确数 2~10	2	6
指纹输入的识别准确率(%)	98	58

来源：K. R. Moses，'A Consumer's Guide to Fingertip Computers'，*Identification News* (June 1986)：5-10。

从表 6-5 可以看出，NEC 的自动指纹识别系统的性能比 Printrak 的产品明显好很多，NEC 的系统在大多数情况下对隐性指纹的识别正确率是 Printrak 的两倍。

1985 年，加利福尼亚司法部使用 NEC 的自动指纹识别系统识别出理查德·莱米雷斯(Richard Ramirez)在一处犯罪现场的指纹并成功完成对他的指控。莱米雷斯是被称为“夜行者”的系列杀人案的凶手,他总共杀害了 15 个人(见《时代》1985 年 10 月 14 日报道)。这件事让 NEC 的自动指纹识别系统名声大振,然后很快 NEC 就得到了来自阿拉斯加的第二笔订单,八个月后加利福尼亚州决定全面采用 NEC 的自动指纹识别系统。

NEC 的产品的确性能优异,但是既然其他公司和 NEC 几乎同时起步,技术力量相当,为什么 NEC 就能获得如此大的成功,遥遥领先于 Printrak 等公司呢? 也许我们可以说,NEC 产品中所使用的隐性指纹识别方法领先对手是它成功的关键原因。但这又会带来一个新的问题: 在近乎相同的科研条件下,为什么 NEC 能设计出如此先进的办法而它的对手却不能? 这个问题我们将在下一节中分析。

我们下面从原理上稍稍分析一下 NEC 和它的对手们在自动指纹识别系统中所使用的方法的不同之处。NEC 自动指纹识别系统最大的优势在于从指纹中提取了更多的信息,更多信息自然有利于提高识别准确率,但这需要系统有更强的计算能力和更复杂的配套软件。说得更详细一点,指纹图像主要由被称为皮脊的线条构成,皮脊中所包含的终点和分叉被称为节点,每个人指纹的节点位置是互不相同的。美国公司设计的系统是基于节点特征来进行识别的。

NEC 的系统与之不同,不仅使用了节点特征,还使用了纹数作为特征,纹数指两个节点之间皮脊线条的数目。在犯罪现场找到的隐性指纹往往都是扭曲失真的,所以对单纯节点进行统计识别的正确率自然不高,而增加对纹数的考虑来补偿失真造成的影响,自然可以获得更高的正确率。这也就是 NEC 的自动指纹识别系统在方法上成功的关键。

NEC 的自动指纹识别系统是如何诞生的

NEC 能设计制造出性能如此卓越的自动指纹识别系统,主要有以下几个方面的原因。

第一,日本和美国的自动指纹识别系统潜在用户对系统性能的基本要求是不一样的。从 1969 年开始,NEC 中央研究实验室的雉一雄(Kazuo Kiji)和星野幸夫(Yukio Hoshino)等人就频繁访问美国 FBI,与他们讨论 FBI 的自动指纹识别系统开发相关事宜。在一次作者对雉一雄的访问中,他说:"我们多次访问,得到一个信息,就是 FBI 对这套系统的最直接也最基本的要求是能够识别十指纹底图卡片。"而日本国内政策办公室则希望"设计一套系统用于隐性指纹或犯罪现场采集到的指纹的识别。由于隐性指纹图的质量比十指纹图差很多,识别性也相差很远,所以国内政策办公室对我们提出了更高的要求。"因此,NEC 的自动指纹识别系统从设计初期就以识别隐性指纹为目标,有了更高的目标自然也就有了更大的压力和动力,NEC 的系统在隐性指纹识别上取得优秀的成绩也就不足为奇了(见表 6-5)。

第二,确定以识别隐性指纹为目标以后,NEC 的研究人员成功地从公司外界吸取了所需的知识,特别是他们细心地挖掘出了不易察觉的暗默知识。1973 年,雉一雄邀请日本东京城市警察局的退休指纹识别专家加入他的研究小组。研究人员与专家们进行了细致入微的沟通,学习他们进行隐性指纹识别的方法。研究人员发现,指纹专家很注意使用指纹中的节点信息用于判断识别。而经过更进一步交流后,研究人员还发现纹数也是鉴别指纹时常常用到的关键特征——虽然专家们自己似乎没有注意到这一点,他们总结的判别方法中没有强调“纹数”的作用,但是他们在实际操作中不自觉地用到了纹数。用更专业的话来说,“纹数”不仅仅是暗默知识,而且是无意识的暗默知识。①

第三,NEC 已经拥有了研发自动指纹识别系统所需的技术能力和背景知识。自动指纹识别系统研发的基础是模式识别和图像处理,NEC 已经在这两个领域从事了许多年的研究——NEC 中央研究实验室从 20 世纪 60 年代就已经开始了模式识别领域的研究,其中具有代表性的两个研究组是光学字符识别小组和语音识别小组。

光学字符识别小组主要有两个研究方向。其中之一是研究光学识别在计算机输入设备中的应用,另一个是在邮件分类中使用此技术。1967 年 NEC 向美国霍尼韦尔(Honeywell)公司出口了首台光学字符识别仪,接着在 1968 年 5 月,小组完成了第一台邮件分类识别测试用样机的研制,并在日本邮政省开始试用。日本国内政策办公

---

① 迈克尔·波兰尼(Michael Polanyi),隐形维度(The Tacit Dimension), Doubleday Anchor, Garden City,纽约,1967。波兰尼是对隐性知识分析的鼻祖。一个人所知道的知识比他能告诉别人的多,那么我们就说他掌握着隐性知识。现在的研究表明,我们应该进一步深入研究并细分出隐性知识与无意识隐性知识两类。对后者而言,当事人根本不知道他自己知道这种知识。因此,挖掘无意识隐性知识的第一步就是让当事人意识到自己知道这种知识——把它转换为隐性知识,第二步再让已经意识到的隐性知识表达出来——对于隐性知识和无意识隐性知识,这一步操作所遇到的困难是相同的。

室关于设计自动指纹识别系统的要求最初也正是向光学字符识别小组提出的。

1971—1980年,通过参与日本通产省的信息分类处理系统(PIPS)项目,NEC在模式识别和图像处理领域得到了进一步加强。这个大型研发项目有九家日本大企业与通产省下属电子技术实验室共同完成,所有参与者都通过这个项目使自己受益匪浅,特别是在基础研究方面。[①]

NEC除了在自动指纹识别系统的核心领域拥有强大的能力以外,在关键的支撑领域也不示弱,比如专用大规模集成电路(在这里主要指微处理器)和软件(这是开发指纹识别机器算法的基础)领域。公司在这些领域的知识和人才给了雉一雄和他的研究小组充足的信心,保证了他们开发出的系统具备处理根据指纹所提取的节点和纹数的大量信息的软硬件能力。

开 发 过 程

三个子系统

NEC的自动指纹识别系统由三个子系统构成,它们是:输入子系统——接收指纹数据的传入;匹配子系统——把输入指纹与子系

① 若希望更多了解关于PIPS项目的细节,可以参见弗兰斯曼所著《市场和超越市场》。

统指纹数据库中的指纹进行匹配;图像检索子系统——检索数据库中与目标指纹最匹配的指纹。

系统开发过程的时间表参见表 6-6。系统研发和中央研究实验室的关系参见图 6-17。

表 6-6 NEC 的 AFIS 发展年表

年 份	开 发 阶 段
1969 年	日本国内政策办公室提出开发系统的要求,Kiji 访问 FBI
1971 年	研究实验室内成立研究小组
1974 年	在政府系统电子数据处理部内设立项目组
1979 年	项目组升级为政府系统电子数据处理部下属指纹识别系统科
1983 年	NEC 安全系统有限公司在政府系统电子数据处理部成立

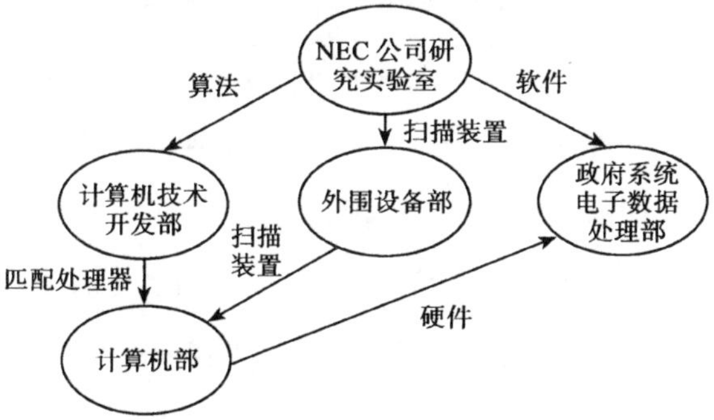

图 6-17 NEC 研究实验室的 AFIS 研究的转移

1955 年,雉一雄加入 NEC 研究实验室,从 20 世纪 60 年代起,他开始在光学字符识别小组从事研究工作。1969 年,日本国内政策办公室(NPA)向 NEC 提出希望开发一套自动指纹识别系统的要求,同年雉一雄到美国 FBI 访问。(这个阶段 NPA 还没有为这个项目提供任何研究经费。)

1971 年 10 月,在 NEC 研究实验室内成立了一个针对自动指纹识别系统的研究小组。这个阶段,研究还处于“摇篮研究”状态,大部分研究人员只为这个课题投入少量时间。当时担任研究实验室主任的雉一雄被任命为这个研究小组的组长,虽然他也正忙于关于遥感和光学识别的其他课题。研究小组的第二位成员是星野幸夫,研究实验室的另外一位主管人员,他也只在自动指纹识别系统的研究中投入了仅 10%的时间。这个时候唯一全力投入这个课题研究的只有一位年轻的研究员浅井宏(Koh Asai),他负责指纹识别算法的开发工作。

1974 年,NEC 在政府系统电子数据处理部内设立了 AFIS 项目组。项目组的成员包括研究实验室研究小组的研究人员,以及政府系统电子数据处理部的部分员工。然而,项目组的绝大部分成员依然只贡献他们的部分时间用于此项目的开发,此时的项目组也只有 10 位成员:1 位负责算法研究(浅井宏);2 位负责专用设备如扫描设备、处理设备的开发;3 位负责系统工程(如何有效组织整个系统);余下 4 位负责硬件和软件的开发。

1979 年,项目组升级为政府系统电子数据处理部下属指纹识别系统科。雉、星野和浅井此时正式从研究实验室外调到这个部门,雉担任此项目的负责人。

1983 年,指纹识别系统科终于变成了 NEC 安全系统有限公司,雉担任公司经理。这个公司是 NEC 的全资子公司,作为政府系统电子数据处理部下属的独立核算单位。

我们通过图 6－17 可以看到 NEC 不同部门之间在开发 AFIS 时的合作情况。浅井开发的识别算法(设计制造指纹识别系统专用芯片的必要前提)被转到计算机技术开发实验部的开发实验室。为了加快技术转移的过程,浅井也被调到计算机技术开发实验部进行协助,虽然他仍然是研究实验室的一员。

项目组开发出的扫描设备的相关技术被转交给设在 NEC 府中工厂的外围设备部进行原型机的研制。这项工作完成后,扫描设备原型机被交付给计算机部,在那里和其他设备如匹配处理器进行整合调试。最主要的工作还是由政府系统电子数据处理部负责,1983 年后是 NEC 安全系统有限公司,如系统综合设计、软件开发(最初开发的软件也被转交到这里)、最终系统的测试以及销售等。

创新后的改进

为了保持在自动指纹识别系统的现有市场份额,NEC 继续对自动指纹识别系统进行不断改进是必要的。目前,雉和他的同事们正在为自动指纹识别系统的发展继续贡献着自己的力量。在作者对雉一雄的一次采访中,雉吐露了他的心声——“虽然我现在已经是 NEC 安全系统有限公司的经理,但我还是无法停下自动指纹识别系统的研究工作,我们还有很多工作需要做。”

NEC的自动指纹识别系统历年来的重要改进有：

- 识别准确率的提高——比如，对识别算法的改进；
- 系统处理速度的提高；
- 系统操作简易性的增强；
- 系统体积的减小和功耗的降低；
- 新增其他功能。

我们这里举一个“新增其他功能”的典型例子：1991年7月，新加坡政府要求在所有年满18岁的公民身份证上增加指纹信息，于是NEC对自动指纹识别系统进行相应改进，改进后的系统可以完成如下功能：光学扫描设备读取指纹信息后存入光盘，并同时把指纹打印到身份证上。

除此之外，NEC还在探索可以完成改变目前指纹识别方法的身份确认领域的新技术。一个最好的例子就是DNA识别技术。目前DNA技术存在两大问题没有解决：一是分析一次DNA所需要的时间太长；二是储存基因数据需要海量存储空间。因此，目前自动指纹识别系统还会继续沿用到21世纪，对自动指纹识别系统的持续改进是有价值的。

NEC的选择环境

公司的外界环境对公司的存在和成长有着持续不断的影响。我们可以把这个环境和生物的生态环境进行类比，称之为“选择环境”，因为对于同时代的数量庞大的公司群来说，外界环境决定了哪些公司能够继续生存和繁荣。和生物界不同的是，比起单个生物来说单个公司对外界环境导致的束缚有更大的行动自由度。

对于每一个公司来说，都有一个非常重要的任务，就是评价它所处的选择环境，理解在这个环境下的“游戏规则”，并根据自己的理解进行各种决策。这个评价过程和公司领导人的愿景——一系列指导公司理解环境、进行战略决策、塑造公司基本形态的核心理念——密切相关。但是选择环境与愿景之间并不是简单的“前者决定后者”的单向影响关系，也就是说，选择环境不仅影响理念以致愿景，它也受到公司愿景的制约：虽然在同样的选择环境下，但各公司还是会形成各自不同的愿景——这也是导致公司各不相同的原因，而大量具有不同愿景的公司合起来组成了选择环境，最终影响各公司的进化。

选择环境与公司积累的能力、公司发展形成的组织结构之间也有非常密切的联系。原因很简单：公司的能力和组织结构必须适应公司所处的选择环境才能保证公司生存下去——这是公司发展和获利的基本前提条件。

由于以上的原因，对 NEC 的分析必须包括对公司所处选择环境的评价。这个环境的主要特点是什么？这些特点是如何随着时间变化的？它们对 NEC 选择的进化道路有什么影响？也就是说，NEC 的选择环境是如何影响它的能力和组织结构的？NEC 的竞争力和未来的前景又受到了什么样的影响？这些就是我们要在这一节要解决的问题。

日本通信省和 NTT

回溯 NEC 的发展史，日本通信省（即战后的 NTT）一直是 NEC 选择环境中最重要的因素。日本通信省和 NTT 对 NEC 产品的持续需求是 NEC 维持稳定发展的源泉。而且，我们从本书前面部分已经了解到，日本通信省在 20 世纪 20 年代到 30 年代引入并被 NTT 一直保持下来的有限竞争制度，对 NEC 能力和组织结构的进化产生了很大影响。在这项制度下，虽然 NEC 仍然保持了通信省和 NTT 最大供应商的地位，但是它不得不面对来自富士通、日立和冲电气等通信公司的竞争。通信省和 NTT 不仅仅是 NEC 业务市场的重要部分，它们还拥有众多研发机构和强大的研发能力。它们给 NEC 以及其他通信设备提供商提供的技术支持帮助这些公司完成了通信相关领域的能力积累。

如果准确地评价，日本通信省和 NTT 对 NEC 到底有多重要？在小林宏治 1967 年写的一份公司备忘录中，他这样回答了这个问题："NEC 建立之初就是作为日本通信省，也就是现在的 NTT 的设备提供商而存在的……战前我们公司四分之三的业务都和通信省有关……就是现在，我们也有近一半的销售额来自和 NTT 的交易。"①

准确地说，NEC、富士通、日立和冲电气是日本通信省即后来的

① 小林宏治：《NEC 的崛起》，第 35 页。

NTT 开展的众多通信发展项目的最大受益者。这些项目对日本经济的增长以及日本基础通信设施的改善起到了很大作用。

我们把 NTT 从建立直到 1985 年部分私有化为止的 6 个五年计划列在了表 6－7 中。可以看到,从 1953—1973 年的前 4 个五年计划中,财政预算逐次加倍,增长速度惊人。

表 6－7　NTT 的电信扩张五年计划(1953—1985 年)

发　展　时　期	预算(十亿日元)
1953 年 10 月～1958 年 3 月	302.1
1958 年 4 月～1963 年 3 月	725.5
1963 年 4 月～1968 年 3 月	1 787.5
1968 年 4 月～1973 年 3 月	3 819.8
1973 年 4 月～1978 年 3 月	—
1978 年 4 月～1985 年 3 月	—

NEC 对 NTT 的销售情况是如何变化的? 表 6－8 提供的信息可以回答这个问题。表格中资料显示,在日本经济高速增长的 20 世纪 60 年代到 70 年代,NEC 对 NTT 的销售额占公司总销售额的 50%,直到 1967 年,正如小林宏治所说,对 NTT 的销售额依然维持在 50%左右。到了 70 年代中期,这个比例下降到三分之一,随后逐年快速下降。到了 1985 年 NTT 部分私营化以后,它的需求还占 NEC 13%的销售额。尽管从此以后(由于私营化)NTT 没有再公布从 NEC 的采购额,但我估计这个比例应该维持在 5%～10%之间,这个销售额还是非常高的,也就是说,NTT 目前还是 NEC 最大的客户。

和 NTT 的联系对于 NEC 的进化有什么重要性呢？回答这个问题需要注意以下几点。从积极的方面看，NEC 依靠这样的联系得到了很多好处：由于日本经济增长带动 NTT 对通信设备持续稳定增长的需求保证了 NEC（对富士通、日立和冲电气也一样）的基本利润，也使公司生产、销售运转良好。从这个角度看，NTT 向 NEC 提供了相对稳定和持久的生存环境，有利于 NEC 积累自己的能力。关于这一点，小林宏治也承认"和 NTT 做生意并不能让 NEC 获得暴利，但是总能持续给我们提供一定的利润，这些利润保证了公司的平稳发展"。[①]

另外，NEC 和 NTT 的联系还产生了一系列有利于公司长远利益的其他结果。尽管 NTT 在 20 世纪 60 年代到 70 年代的投入增幅超过了当时国民生产总值（GNP）的增幅，但是其制造部门的增长速度却相对较低。我们举出数字为例：当时日本国民生产总值年增长率为 9%，NTT 制造部门的增长率为 19%，NTT 的某些部门如家用电子部的增长率则达到了 30%之高。在有限竞争的限制下，NEC 不得不和其他通信设备公司（富士通、日立和冲电气等）分享 NTT 提供的这个大市场，这些因素限制了 NEC 的增长和生产规模，使它继续高度依赖 NTT。

NTT、国内市场其他部分和海外市场对 NEC 销售的相对重要性

在这样一个高速增长的年代，NEC 并不满足于 NTT 所提供的这

① 小林宏治：《NEC 的崛起》，第 41—42 页。

一点甜头,小林宏治说:"我们公司任何一个脑子正常的人都不会认为仅仅10%的年增长率就足够了,我们在20世纪60年代早期的目标……保持平均20%的年增长率。……这已经暗示了我们和NTT关系的下一步走向……尽管我还是不停地劝告员工们不要低估NTT对我们的重要性,但我们的目标是在保持现有市场的基础上开拓新的海外市场。"①

NEC制定的通过同时发展国内外市场来提高公司增长速度的战略取得了怎样的成功呢?表6-8的数据表明,在从1974—1985年的12年间,对NTT的销售在总销售额中的比例从32%下降到13%,在这段时间内,国内市场的其他部分增长较少,只从48%上升到53%,而同期的海外市场增长很快,对NEC的增长作出了巨大贡献。NEC此时的海外市场主要针对发展中国家,销售额占总销售额的比例从1974年的20%上升到1985年的34%。

表6-8 NEC销售细目(1939—1993年)(%)

年 份	NTT公司/政府	国内市场其他部分	国内市场总额	海外市场
1939	~75			
1964			90.6	9.4
1965			91.9	8.1
1966			89.5	10.5
1967	~50		90.3	9.7
1968			81.0	19.0

① 小林宏治:《NEC的崛起》,第43页。

（续表）

年 份	NTT 公司/政府	国内市场其他部分	国内市场总额	海外市场
1974	32	48	80	20
1975	32	47	79	21
1976	30	46	76	24
1977	25	49	74	26
1978	22	50	72	28
1979	22	52	74	26
1980	21	49	70	30
1981	20	50	70	30
1982	18	49	67	33
1983	16	50	66	34
1984	14	51	65	35
1985	13	53	66	34
1986			67	33
1987			72	28
1988			73	27
1989			75	25
1990			74	26
1991			77	23
1992			79	21
1993			77	23

来源：*NEC Corporation: The First 80 Years*, NEC, Tokyo；K. Kobayashi, *The Rise of NEC*, Basil Blackwell, Oxford, 1991；NEC Annual Reports。

然而在20世纪80年代中期到90年代中期的10年间，情况又有所不同。这个时候国内市场的其他部分（即非针对NTT和政府的销售）是NEC增长的主要动力。表6－8表明，1985—1993年，NEC国内市场销售额所占比例从 66%提高到 77%，我们已经知道这段时间对 NTT 和政府的销售额正在逐年下降，所以很容易得到结论：国内市场的其他部分对 NEC 的发展开始变得越来越重要了。相反，这段时间公司的海外销售情况却不那么令人满意，虽然在 1984 年曾经达到高峰（占总销售的 35%），但到 1993 年时这个比例已经降低到 23%。

这些数据告诉我们，从 20 世纪 80 年代中期开始，是国内市场（而非海外市场）的快速增长造就了 NEC 的发展。这又使我们产生了一些新的问题：日本其他信息与通信产业公司面临的情况是一样的吗？其他产业，比如汽车、消费电子产品的情况又如何呢？

表 6－9 的信息为我们解答这个问题提供了帮助。表格中展示了日本国内在这三个行业的大型企业在这段时期的出口率，即出口额占总销售额的百分比。[①] 它告诉了我们两条很重要的信息。第一，日本国内主要信息与通信产业公司在最近一段时间的增长都主要由国内市场带动。第二，比起汽车和消费电子产品来说，信息与通信领域的企业更加依赖于国内市场。也就是说，日本汽车和消费电子产品行业比信息与通信行业拥有更强的国际竞争力，在本书结束部分，我们会回到这一点上进行讨论。

---

① 表 6－9 中的出口率和表 6－8 中的海外销售率不同。海外销售率指公司在国外的整体销售情况，包括从国内出口和公司在海外的下属企业的销售情况。而出口率仅指在日本制造出口到国外的销售额。两个表中的不同数据表明，虽然 NEC 公司 21%的销售额来自海外市场，但其中只有 18%是以出口的形式发生的。这表明 NEC 公司总销售额的 3%来自公司在国外的下属企业在海外市场的销售。

表 6－9 部分日本公司的出口率(1992 年)	
	出 口 率
信息与通信产业公司	
NEC	18
富士通	14
日立	16
东芝	25
三菱电子	18
Oki	25
消费电子产品公司	
松下电子工业	35
索尼	64
夏普	45
佳能	78
汽车公司	
丰田	36
尼桑	41
三菱汽车	48

来源：Japan Company Handbook, Toyo Keizai Inc., Tokyo（1992）：29。
注：出口率表示公司出口产品销售额占总销售额的百分比，包括公司直接出口和通过其他贸易公司转手的出口。

正如表 6－9 所示，NEC 的出口率为 18%，和三菱相当，比富士通和日立稍高（分别为 14%和 16%）。东芝和规模较小的冲电气公司出口率相对比较高，均为 25%。然而，所有信息与通信产业公司的出口率都比消费电子产品、汽车企业明显偏低。在消费电子产品行业，佳能和索尼的出口率最大，分别为 78%和 64%，松下相对同行最低也达到了 35%——仍然比信息与通信产业公司中出口率最高的公司东芝和冲电气高出 10%。在汽车行业，丰田公司的出口率最低，为 36%，和松下相当，而尼桑和三菱相对较高，分别达到了 41%和 48%。

NTT 与 NEC 的能力

我们在前面已经提到，日本通信部对 NEC 发展通信领域的能力起到了很大帮助。的确，在第二次世界大战以前，NEC 的所有能力，比如晶体管、交换机、无线电通信等都离不开通信部的有力支持。通信部本身不仅仅通过自身很强的研发能力和下属实验室研究出了大量的技术成果，而且也是这些技术的最主要用户——通信部自己的技术全部用在了所购买的设备与服务中。作为一个技术型用户，日本通信部开发通信技术并把其中很大一部分转让给了它的设备提供商，如 NEC、富士通、日立、冲电气以及电缆制造商等。最初的技术转让方式是把通信部的技术人员外调到 NEC，后来最常见的方式是通信部和设备提供商的研究人员联合进行相关课题的研究与开发。战后，NTT 接着扮演和通信省相同的角色。

然而，不可否认 NTT 和 NEC 的密切联系也对 NEC 自身能力的增长带来了负面影响。从某种程度上说，这些因素主要影响的不是 NEC 的研究能力，而更多的是 NEC 把技术转换为市场价值的能力。换句话说，即这些负面影响往往发生在价值链的末端——当把能力和商业价值相关联时。

小林宏治谈到这些负面影响时,很坦率地说出了他的看法:"因为 NTT 一直以来都是 NEC 最大的客户……我们与市场上其他普通客户打交道的能力相对比较弱。"①小林宏治的观点非常有价值,因为他指出了在公司的选择环境和它所积累的能力之间存在的紧密的相互联系——在这个事例中,选择环境指公司主要客户的定制要求,能力指公司为了满足这些要求所进行的开发工作。

NTT 作为 NEC 有压倒性优势的大客户,以及 NEC 在海外市场找不到一个规模相当的通信设备客户来代替 NTT,直接导致了 NEC 缺乏开拓市场和产品运输方面的能力,而这些又是公司有效地向客户推销产品的必要条件。所以,虽然 NEC 在科技上拥有不逊于松下和索尼的能力,但在市场上一直没有它们那样的影响力,不管是国内还是国外。NEC 在管理下属的消费电子产品部时常常不知所措。

我们在书中的其他部分也给出了一些有关公司选择环境和 NEC 能力之间密切关系的事例——同样,这里选择环境指公司客户的定制要求。比如在第三章中曾经谈到,由于 NTT 进入数字交换机市场的决策延迟,导致 NEC 在此领域最初的发展比其他公司落后了很多。直到 NEC 的美国分公司在美国市场上感觉到了很大压力——当时美国北方电信公司已经开始在市场上推出数字交换机,NEC 才决定开始自己的 NEAX 交换机的研制。这意味着,与其他日本公司所推出的国际化产品不同,NEC 不得不在一个产品还未在本国市场

① 小林宏治:《NEC 的崛起》,第 33 页。

测试、投放、检验和改进之前就开始大量对外出口。部分由于 NEAX 交换机没有能在日本市场上提前接受考验,部分由于 NEC 进入海外交换机市场的动作缓慢,部分由于 NEC 未能及时开发针对美国实际情况的软件系统,NEC 最初在交换机领域的国际市场上并不成功,这个情况直到公司在 20 世纪 70 年代末开始渐渐自由化以后才开始好转。

另外一个 NEC 受到负面影响(虽然是无意的)的例子是关于公司在软件领域的能力。出于战略考虑,NTT 认为软件工程对于公司国内市场的竞争力十分重要,因为软件能力关系到公司新的通信设备与服务的开发。比如我们曾经在第三章提到,NTT 曾花大力气加强新开发的宽频异步传输(ATM)交换机——用于即将到来的多媒体时代的新型交换机——的软件系统。基于这个认识,NTT 把交换机的软件开发工作留给了自己,从而剥夺了 NEC 等交换机设备提供商为所生产的交换机开发软件系统的权利,这使 NEC 丧失了发展自身软件能力的一个重要机会。尽管这些电子公司仍然会继续发展自身在软件领域的能力以适应宽频交换机市场的国际竞争,且 NTT 出于战略利益考虑作出的这个决策对于它自己而言并没有错,但这毕竟使很多公司失去了一个关键的发展机会,特别是作为 NTT 最大的设备供应商的 NEC。

这些关于 NTT 对 NEC 导致负面影响的例子也让我们产生了一些问题:从现在的观点看来,以前 NTT 和 NEC 的关系对于 NEC 能力的积累是不是非常重要?换言之,即 NTT(目前与 NEC 之间的贸易额占 NEC 总销售额的 5%～10%)是否已经成为 NEC 发展国际竞争力过程中的障碍?

在回答这个问题之前,我们必须事先说清楚以下几点。第一,正如我们以前曾经解释过的一样,通信部即后来的 NTT 对于 NEC 最初发展自身能力的起步阶段起到了非常关键的作用,而这是 NEC 后来积累并进一步发展计算机、通信和半导体领域能力的基础。目前,只有在复杂通信设备领域,如中心局交换机和相关传输设备、配套软件等,NTT 继续对 NEC 产生很大影响,也只有在这个领域,才可能出现所说的阻碍 NEC 国际竞争力发展的情况。然而不管怎样,由于复杂通信设备市场是 NEC 的主要市场之一,这个问题依然存在。

第二,很明显 NTT 现在依然是 NEC 最大的客户,无论 NEC 将来打算如何改变它们之间的关系。因此,NEC 作为 NTT 最大的设备提供商,有义务满足这个重要客户的定制要求。但很有趣的是,现在 NEC 内部已经出现一些有影响力的声音,认为现在已经到了彻底改造 NEC 和 NTT 之间贸易关系的时候了。在本节的余下部分,我们将对这些提议进行详细分析。①

寻求改变的努力

我们在本书的很多地方都已经提到,在 1985 年 NTT 部分私营化之后,它仍然继续保持战前日本通信部的行为方式,和设备供应商联

① 接下来的讨论基于作者对 NEC 公司的一位前任高级副总裁的采访。

合进行通信设备开发。但是 1985 年后 NTT 的基本原则与以前不同的是,不管是日本企业还是西方企业现在都有资格和 NTT 合作进行联合开发。NTT 的传统通信设备提供商,如 NEC、富士通、日立和冲电气,不得不从现在开始和西方企业、日本其他企业同时参与项目研发。在 NTT 新的原则下,美国北方电信公司、IBM 日本公司、中恒、东芝和三菱都开始打入这个市场。

NTT 在 1985 年后政策的新变化对 NEC 有什么样的影响? 公司还能从它和 NTT 的关系中获得足够的利益吗? 在作者对 NEC 的一位前高级副总裁的采访中,获得了一些关于这些问题的答案的信息。首先,不得不承认 NTT 依然还是 NEC 最大的客户,所以它的地位并没有被动摇。但是 NEC 感觉自己能得到的利益正在渐渐减少。主要的原因正如我们刚才所分析的,NTT 在一系列政治压力下,不得不从西方企业和其他一些日本企业采购设备,尽管这些设备从技术角度上讲并不是最好的。更具体地说,当时日本政府正受到西方国家,特别是美国,以及日本国内在贸易问题上的很大压力。在这样的情况下,NTT 不得不出于政治因素的考虑,改变自己的采购与研发策略。因此,虽然 NTT 的传统设备供应商,如 NEC 和富士通,在日本通信设备市场拥有最强的能力,但它们也将不得不和其他厂商一起平分这块本来只属于自己的市场。

在 1985 年以前,NEC 和 NTT 之间保持着一个等价交换的原则:NEC 通过参与联合开发等形式保证第一时间满足 NTT 的需求,换取 NTT 保证向 NEC 采购足够数量的产品与服务。现在,随着 NTT 逐渐增加供应商名单,NEC获利的一面日益被削弱。但是NEC的责任并没有随之进行调整,公司继续保证能在第一时间满足NTT的需求,这导致公司的运营负担加重,使NEC不能最合理地分配自己的能力以增强公司的国际竞争力。

关于这一点一个最典型的例子是与NTT进行数字交换机D60和D70的联合开发。我们在前面部分已经提到,NTT开发数字交换机的计划制定得较晚,直接影响了NEC和富士通的产品打入美国交换机市场。此外,由于D60和D70是完全针对在日本市场的使用而进行优化设计的,所以它们很难对外出口。NEC和富士通不得不投入额外的力量分别开发了新的数字交换机——NEC的NEAX和富士通的FETEX用于海外市场的销售。同时支持两种数字交换机的生产和改进是缺乏效率且代价昂贵的,用这位前副总裁的话来说,“我们不得不为NTT的项目预留一部分资源,与此同时开发我们自己的设备用于国际市场的销售”。

这些事例说明了什么?从这位前副总裁看来,最好对现在的NTT和NEC的关系进行根本的转变。他建议,NTT应该学习英国电信公司的做法,减少联合研发的项目,而更多地针对自身需求进行面向市场的公开竞争。这能让NEC更公平且更有效地参与NTT的业务,并同时从NTT的定制要求的束缚中解脱出来,获得更多的自由,从而实现自身在复杂交换机设备领域全球研发和销售战略的发展。

这个建议如果被采纳,将引发NTT和它原有供应商关系的革命性大改变。但我们不得不说,虽然NTT部分高层管理人员也认可这个观点,即他们认为 NTT 未来并不需要走一条技术性的发展道路,但是这种观点在 NTT 内部并不是主流意见。值得一提的是,不管怎样,在 20 世纪 90 年代中期 NTT 对供应商的束缚已经减少了很多,供应商们拥有自从 20 世纪 20 年代到 30 年代以来最大的自由度。

日本政府的角色

我们上面讨论了日本通信省及后来的 NTT 对 NEC 的重要性,现在我们把讨论的范围再扩大一些,分析日本政府对 NEC 选择环境的影响。日本政府在 NEC 的进化和成长过程中扮演着一个什么样的角色呢?

这个问题在上一小节已经被部分解答了——我们可以认为那里提到的日本通信省一定程度上代表了日本政府,而 NTT 在 1985 年以前也扮演着同样的角色。我们下面从一个更加概括的角度来分析日本政府对 NEC 进化和成长的影响。

保护和促进

毋庸置疑,日本政府的一个最重要的功能就是为本国刚刚起步的信息与通信产业的发展营造一个保护性市场氛围,直到本国产业具有足够强的能力能够在国际市场上竞争。正如在第二章所提到的,在第二次世界大战以前,日本通信省不仅仅向日本通信设备公司提供巨大的本国市场,而且有力地支持它们发展自身能力。在实际操作中,通信省禁止外国公司向日本出口成品设备或建立独资企业生产其产品,使外国公司不得不选择向日本同行出售自己的技术。

在这样的保护性政策下,美国西部电气向它在日本的合资企业(NEC)提供技术支持,西门子也在日本成立合资企业(后来发展为富士通)。通信省在帮助日立公司获取技术支持方面更是不遗余力(日立公司在战前一直没有和外国企业进行技术合作),比如直接把从外国公司获取的技术转让给日立公司。在自由贸易和自由资金流通政策的鼓励下,摇篮中的通信产业开始以惊人的速度发展起来。因此,政府的支持和促进对于日本通信产业的发展是必不可少的。

战后政府的保护和促进依然在通信产业的发展过程中发挥着积极的作用。在政策鼓励下,日本通信产业公司开始向新兴领域进军,如计算机和半导体。虽然这些领域是新兴的,但是这些公司在战前积累的能力派上了用场,使它们在新的领域能够顺利发展。对于NEC来说,它的计算机产品最初是在多摩川工厂研制成功的。多摩川工厂于1936年建立,负责无线电通信和真空管相关设备的生产。在战前积累下来的技术能力促进了对新知识新技术的消化吸收,多摩川工厂在信息传输领域的工程师制造了NEC的第一台计算机。

战后的政府主要从两个方面对通信产业企业(这里还包括东芝,虽然它不是主要的通信设备企业,但它从战前就已经开始深入研究无线电通信技术)提供帮助。第一,从市场需求的角度,政府保证了日本国内市场尽可能留给日本通信产业企业。第二,从供应的角度,政府研究机构引导科技走向,在计算机和半导体领域进行前期研发并把技术转让给具有领先科技水平的日本公司。在这里需要特别提到的是,NTT 的电子通信实验室(ECL)和通产省的电子技术实验室(ETL)在技术发展过程中起了很关键的作用。比如 NEC 的第一台计算机就是根据 ECL 设在武藏的研究实验室提出的原型机概念和技术进行进一步研制的。日本政府在新领域的早期参与减小了日本公司因刚进入新兴产业所面临的不确定而带来的风险,保证了它们能及时在新产业中占有一席之地。

政府还为公司的研发工作提供经费,并组织公司与政府研究实验室进行合作研发。此外,政府还为购买日本国产计算机的单位提供财政补贴以培养国产设备的市场。直到 20 世纪 80 年代末,NEC 还有大约 5%的研发经费来自日本政府,这些经费主要投入长期的、高风险的、前景不确定的领域,而在这些领域投入资金所带来的长远利益远远超出了这 5%的投入。①

到 20 世纪 70 年代中期,日本公司已经在信息与通信领域取得了很大成功,已经具备了脱离政府帮助独立面对挑战的能力。在迅速增长的日本国内市场的帮助下,它们都已经成为具有很大规模的国际性公司。作为国际化大公司,它们已经拥有很强的独立研发能力,能够让自己的产品顺利打入国际市场并获得国际竞争力。简而言之,它们已经完全成长起来不再需要政府照料了。然而,纵观整个战后时期,日本政府在营造这些公司的诞生和成长所需的选择环境上功不可没。

---

① 在弗兰斯斯曼所著《市场和超越市场》一书中,有对日本政府在计算机和半导体产业的发展过程中所起作用的深入研究。

产品市场竞争

另一个关于NEC选择环境的更深入的课题是关于公司如何保持在不同的产品市场中的竞争力。我们在前面已经强调过有限竞争的重要性,有限竞争者通信省以及后来的NTT与本国设备供应商之间的关系。这种稳定的合作关系给供应商们提供了一个稳定的发展环境,同时也引入了一定程度的竞争压力。这些因素对于作为供应商的公司积累自身能力都有很大的帮助。

在通信省和NTT的保护伞之外,NEC还受到其他公司在日本市场上的压力。任何一个人看完公司领导人如小林宏治或竞争对手富士通的小林泰佑对这个时期的记录和个人体会后,都会对市场竞争的激烈程度感到惊讶。① 竞争压力不仅仅来自其他日本公司,比如在日本的个人计算机市场,IBM从战后起在日本成立了IBM日本公司,IBM领先的科技给日本市场上的其他公司都造成了很大压力,虽然日本政府采取了一定措施控制IBM对日本的技术出口,但是对于NEC这样的日本企业来说,形势仍然很严峻。

同时,日本公司从20世纪60年代起在海外市场建立的地位也开始受到各方的有力挑战。在20世纪80年代到90年代,在西方国家的压力下,日本政府被迫允许更多的外资进入日本市场,导致日本

① 关本忠宏:《财富青睐勇敢者——回顾富士通在计算机行业的30年》,东京,1986年。

信息与通信市场的外国竞争者越来越多,市场竞争激烈程度与日俱增。尽管政府还在讨论有关日本信息与通信市场的开放程度问题——许多人在关于半导体、计算机、移动通信市场应该如何运作的问题上争论不休,但是日本公司在国内市场上面临的压力将越来越大已经是不可改变的事实了。对于 NEC 来说,虽然目前占有日本国内个人计算机市场超过 50%的市场份额,但是从 20 世纪 90 年代初开始,它的地位已经不是那么稳固了。

从对 NEC 选择环境进行分析的角度来看,日本政府在保护和促进本国信息与通信产业的发展过程中引入的有限竞争起到了非常积极的作用。由于日本企业一直都处于一定竞争压力下,所以它们在面对日益激烈的外部竞争时,能很好地调整自己以适应新的环境。

公司的管理层

NEC 和资本市场的关系是有关 NEC 选择环境的另一大特点。这种联系对公司的管理层有决定性的影响。表 6－10 提供了关于 NEC 股东的一些信息: 金融机构持有 NEC 52%的股份,其他日本公司持有 16%,个人持有股份占 24%,外国投资只占 8%。持有 NEC 大部分股份的日本金融机构和其他公司被称为“责任股东”(Committed Shareholder)。责任股东指不管公司股价如何波动,将“一直和公司站在一起奋斗而不离去”的股东,即长期保留公司股份,不会因为短期的股票收益而抛售公司股份。这种不通过买卖股票获益的股东来自何方呢？在日本，这样的股东主要是对目标公司进行长期投入的一些公司，比如银行、保险公司等向目标公司提供金融服务的机构。

小林宏治认为这种“有耐心”的股东对于 NEC 的发展至关重要。在 20 世纪 60 年代末以前，他一直担心“NEC 的股票没有达到让股东满意的价格”从而影响 NEC 吸引的投资额度。在这样的不通过买卖股票获益的股东向 NEC 投资以后，他终于有底气对外宣布：“尽管利润是公司发展中必须考虑的因素，但是管理层的终极目标并不是单纯的利润，而是实现业务的持续发展。”①

在表 6－10 中还列出了属于住友集团下属公司的 NEC 的股东。我们可以看到，NEC 23%的股份由住友集团控制。（有趣的是，住友信托银行在持有 NEC 4.7%股份的同时，还持有 NEC 最大的竞争对手富士通 2.8%的股份。）1961 年，NEC 曾经有 38%的股份属于住友集团的下属公司。

表 6－10　NEC 的责任股东（1993 年）

	%
股份的组成	
金融机构	52
其他日本公司	16
个人及其他	24
外国投资	8
	100

① 小林宏治：《NEC 的崛起》，第 103 页。

（续表）

	%
主要股东	
住友人寿保险公司	6.78
住友银行	5.00
住友信托银行	4.73
住友海上火灾保险公司	2.61
住友电子	2.15
住友公司	2.15
	23.42

注："责任股东"指不管公司的股价如何波动，将"一直和公司站在一起奋斗而不离去"的股东。

对于 NEC 以及其他与之相类似的日本公司来说，在公司没有出现财政困难时，责任股东除了能详细了解其投资在公司运作中的使用之外，还和公司管理层建立着紧密的联系。在公司出现财政危机时，责任股东还担负着对公司进行重建的责任。

从 NEC 董事会的组成也可以看出责任股东在公司高层的影响力。这里要特别提出的是，1992 年 NEC 唯一的一位非公司成员的董事会成员是来自住友银行的伊倍京之介（Kyonosuke Ibe）。（住友银行是 NEC 的第二大股东，掌握 5%的股份，仅次于住友人寿保险公司的 6.8%。）直到 20 世纪 80 年代末 NEC 董事会中还一直保持有一位成员来自 NTT（现在已经不再这样做了），而富士通现在仍然有一位董事来自 NTT。

NEC 董事会的构成也是我们关注的重点，因为这影响到公司的管理以及决策方式和内容。1992 年 NEC 所有的 38 名董事会成员中,60%具有工程技术背景,余下40%来自法律、市场、财务等多个领域。此外,8%的董事会成员是公司的前研究人员,包括当时的总裁关本忠宏。

这样的公司管理层给NEC带来的影响是正面的还是负面的呢?从正面的角度看,NEC管理层的人员构成给了西方公司所缺乏的稳定,使它能慢慢积累自身能力以增强其面对21世纪的竞争力。但这只是一个非常乐观的理想主义看法,因为NEC的财务状况恶化导致公司面临着很大的财务压力,《金融时报》(*Financial Times*)是这样评论的:

> NEC的这位白发、戴眼镜的总裁关本忠宏先生有一种古典而优雅的气质……关本先生总是对未来充满希望,尽管他刚刚收到公司本年度第一季度的财务报告——利润比去年同期下降61.7%。NEC的股票价格本月内已经下降了10%,而从年初到现在已经下降了超过25%。公司今年的财政预算已经被迫减少了19%。

然而,我们的关本先生对此却这样说:

> 我们日本式的企业管理不会受短期利益波动的影响;我们的目光是长远的。我们至少往前看了5年,甚至10年。①

① 《金融时代》,1992年6月11日,第29页。

我们在这里对关本的回答作一个更加客观的评价。的确,NEC的管理模式有利于提供产品的市场营销和科技发展所需的稳定环境,也使公司在商业界发生各种情况的小幅变化时不为所动,但现有管理模式并不利于公司对外界发生的革命性变化作出足够快的反应。对于 NEC 来说,董事会几乎都由公司现任领导从内部选拔的人才组成,他们已经被公司现有理念充分同化,他们对外界环境认识的一致性导致了整体认识上的局限,所以在遇到新思想和新情况冲击时往往会比较保守而不能及时作出应有的调整。此外,尽管公司最终可以依靠"责任股东"干预公司行为并重新引导公司方向,但责任股东们在不到万不得已的时候并不愿意过多介入到公司的经营管理中。因此,NEC 现在的管理模式是可能危及公司的适应能力的。

沿着这样的思路继续,事实上从 20 世纪 90 年代开始,日本信息与通信产业就正在经历着重大的改革。我们这里列举这段时期行业变化的一些事实:随着计算机的小型化、系统开放化和日益"日用商品化"导致进入计算机行业的门槛降低,越来越多的厂商开始进入这个领域,日本国内和全球计算机市场正面临着空前激烈的竞争;伴随日本国内通信设备市场的对外开放,通信市场也狼烟四起;半导体,特别是存储器行业,如韩国三星等公司的进入使日本国内市场和国际市场的竞争日益白热化……总而言之,日本信息与通信产业在国内外都面临着越来越多的挑战和压力。

这些变化,迫使公司对自身的管理体制进行变革,虽然这个过程也许是痛苦的。注重短期实际利益的"独立的"股东也许是唯一可以推动这个进程的力量，这样的投资者已经迅速而有效地对 NEC 的西方同行如 IBM、AT&T 完成了必要的改造，而这些公司正是 NEC 在 21 世纪国际市场上最重要的竞争对手。

我们上面的推理论证的可信度如何呢？从一方面说，的确西方依靠“独立”股东驱动的公司管理模式在面临重大变革时能更快地对公司自身进行适应外界环境的改造。但从另一方面来说，我们并不清楚如果长远看来，为这样的改造所付出的高昂代价是不是值得，因为每一次这样的改造都是对公司结构和员工士气的一次“大地震”。回过头来看 NEC，核心问题就是公司的领导层能否根据新的市场变化发展新的远景，以及公司是否能够及时完成必要的内部改造。只有将来我们才能知道这些问题的答案，这个关于 NEC 的（或者说日本的）公司管理模式的问题将继续争论下去。

战略伙伴

在 NEC 的选择环境中，公司的战略伙伴在公司成长过程中有什么样的作用呢？

表 6－11 列出了 NEC 从 1899 年成立至今的所有重要战略伙伴。和其他日本国内信息与通信产业公司一样，NEC 的早期发展高度依赖于它的技术提供商——美国西部电气。美国西部电气最开始为美国西部联盟公司生产相关设备，后来全面采用贝尔系统设备，发展为 AT&T 公司。相似的，富士通与西门子公司进行技术合作，日立在经

历战前独立技术研发时期后选择与美国无线电公司(RCA)合作,东芝和通用电气公司合作,三菱与西屋公司合作。

表 6 - 11 NEC 的战略同盟(1899—1994 年)

战略伙伴	时间	领域
美国西部电气公司/国际电话电报公司(ITT)	1899 年至 20 世纪 70 年代	通信设备
(日本通信省/NTT 公司)	1899 年	通信相关设备
通用电气公司	1958 年	晶体管技术
霍尼韦尔公司	1962 年	大型计算机
仙童公司	1963 年	半导体——硅平面处理技术(日本唯一特许用户)
休斯航空公司	1964 年	卫星通信系统
英特尔公司	1977 年	微处理器
布尔集团(Groupe Bull)	从 20 世纪 80 年代开始	联合开发大型机;元件销售;欧洲市场推广(NEC 公司拥有 Bull 公司 4.3%的股份)
AT&T 微电子部/贝尔实验室	20 世纪 90 年代初	半导体,如静态随机存储器(S - RAM),门阵列等
美普思公司	20 世纪 90 年代初	RISC 微处理器
三星公司	1994 年	256M 动态随机存储器(D - RAM)

我们不能低估西部电气在 NEC 起步阶段向它提供技术的重要意义(此时西部电气是 NEC 最大的股东),这是 NEC 渐渐发展壮大并能够独立生产通信设备的基础。在西部电气向这家合资企业提供技术的同时,NEC 的日本投资方提供了对公司发展同样重要的“政治资本”,即来自日本通信省的通信设备订单,很快 NEC 成了通信省最大的设备供应商。而日本通信省也是 NEC 技术上的重要合作伙伴,因为公司与通信省之间建立了类似“同盟”的合作关系,见表 6 - 11。

直到第二次世界大战以前,NEC 一直不能摆脱对它的技术同盟美国西部电气的高度依赖,虽然与此同时公司也开始根据工程师们从生产、开发和研究中获得的经验发展自身的技术能力。到了战后,随着 NEC 开始向计算机和半导体等新领域进军,公司开始寻找这些领域的“老师”以帮助自己获取在新兴市场发展所必需的技术。

比如,1958 年 NEC 在通产省的压力下与通用电气签订关于晶体管技术的相关协议。(这时距离贝尔实验室发明晶体管已经有 10 年时间了,而索尼公司也已经在 5 年前和西部电气签订了关于晶体管的技术协定。)5 年后的 1963 年,NEC 和有“美国半导体之父”之称的仙童(Fairchild)签订了一份协议,授权 NEC 在全日本范围内销售使用仙童的半导体平面处理技术生产的产品。

在微处理器领域,NEC 1977 年曾经和英特尔缔结过一份短期合作协议——随着后来 NEC 决定开发自己的微处理器而终结。后来 NEC 开发了自己的 V 系列微处理器,但是由于其与当时已经统治全球个人计算机市场的英特尔处理器不兼容而被市场所淘汰。而 20 世纪 90 年代以后英特尔起诉 NEC 在微码上侵权,这使两个公司的关系更加恶化。

为了能维持自己在微处理器上的地位,NEC 开始发展 RISC(精简指令集计算机)微处理器来挑战英特尔的垄断地位。20 世纪 90 年代初,NEC 和美国 MIPS(美普思)签署合作协议,1993 年,NEC、MIPS 和东芝正式成立战略同盟,共同研发下一代 RISC 微处理器,希望能发展出下一代微处理器标准。在这条道路上,NEC 和它的同盟面临着巨大的挑战：IBM、摩托罗拉和苹果开发的 PowerPC；DEC 及其合作商开发的阿尔法微处理器；Sun 微系统支持的 Sparc 微处理器；英特尔的奔腾微处理器。

在半导体存储器领域，NEC 于 1994 年 3 月决定和三星合作开发下一代 256M 动态随机存储器（D－RAM），这两家公司遵循着同样的逻辑，即迅速提高下一代存储技术的开发成本。而在早些时候，IBM、东芝和西门子也曾按照同样的逻辑为 256M DRAM 的研发成立了类似的联盟。在 20 世纪 90 年代初，IBM 还曾经与 AT&T 微电子部以及贝尔实验室在半导体领域进行了一系列的合作，因此西部电气（AT&T 微电子的前身）的技术得以延续。

在计算机领域，NEC 和霍尼韦尔在 1962 年签署了一份技术合作协议。NEC 根据 NTT 武藏实验室和通产省电子技术实验室转让的技术所开发的第一台计算机就被交付给霍尼韦尔进行相关平台的开发。霍尼韦尔在软件领域的优势对 NEC 发展计算机领域的能力十分重要。两个公司之间的战略合作使 NEC 很快在中小型计算机领域取得成功。在同一时期，日立和 RCA、东芝与通用电气也签订了类似协议，只有富士通没有与其他公司进行技术合作。

在与霍尼韦尔合作的基础上，NEC、霍尼韦尔和法国布尔集团合资建立了一家公司负责美国计算机市场的开发与销售。后来霍尼韦尔退出计算机领域并从合资企业中撤出自己的资金，NEC 获得了布尔集团约 5%的股份作为补偿。随后，NEC 和布尔集团签署了一份关于在欧洲市场进行计算机销售的协议。

国际化

自从 NEC 开始在国际市场上活跃以后，公司的选择环境就开始发生了质的改变。尽管我们强调过海外市场的销售只是 NEC 总销售额中一个很小的部分——从来没有超过总额的三分之一，但是这个市场正在日益成为 NEC 选择环境的重要组成部分。

如何解释 NEC 全球化的进程呢？NEC 积累的强大能力是公司打入外国市场并开始全球化扩展的基础。更具体地说，随着 NEC 自身能力的增长，公司开始在一些国际市场具有竞争优势，表 6－12 给出了 NEC 的国际化过程。

表 6－12　NEC 的国际化

	年　份
第一次出口	
微波通信设备	1956 年
电缆载波传输系统	1959 年
第一批海外销售公司	
合资销售公司	
台湾童成东(Tung Cheng Dong)公司	1958 年
台湾大同公司	1966 年
第一个海外销售办公室，台湾	1961 年
海外销售办公室，曼谷	1961 年
海外销售办公室，新德里	1961 年

（续表）

	年 份
第一批在国外生产的产品（DFI）	
巴西工厂（微波、纵横交换机、载波传输）	1968 年
墨西哥工厂（通信设备）	1968 年
澳大利亚工厂（通信设备）	1969 年
马来西亚工厂（集成电路）	1974 年
爱尔兰工厂（集成电路）	1976 年

从表中可以看出，NEC 在 20 世纪 50 年代开始第一次对外出口，这个时候公司的销售几乎都是针对日本国内的（在战前还包括当时日本殖民统治的部分亚洲地区，如中国、韩国等部分地区）。从某种程度上说，NEC 销售的局限性是受公司规模限制的结果，当时 NEC 还没有获得足够的资源向外国市场供应自己的产品，同时公司的能力还不足以使产品在国外市场获得足够的竞争力。另外，NEC 的出口能力还受到它与美国西部电气以及后来的 ITT 公司所签署的技术协议中不许出口条款的限制。的确，直到 1965 年 NEC 才终于有足够的能力向 ITT 公司施压，对协议中关于出口限制的条款进行了修改。而在此 3 年前即 1962 年，NEC 就已经成功地完成了公司的第一次技术输出，向 ITT 公司出售超视距微波通信与载波传输设备。1965 年，海外市场的销售额占 NEC 总销售额的 8%，1970 年这个数字增加到 16%，到 1979 年增加到 26%。

如表 6－12 所示，20 世纪 50 年代后期 NEC 出口的主要产品是微波通信设备和电缆载波传输系统，表明了公司开始具备初步的国际竞争力。如果说因为这些产品主要销往发展中国家而不能说明太多问题的话,那么几年后 NEC 向 ITT 出口同类设备则有力地证明了 NEC 在这些领域已经拥有了强大的国际竞争力。值得注意的是, NEC 同期的其他产品,如纵横交换机、消费电子产品等,却未能拥有同样的竞争力。(NEC 在微波通信和电缆载波传输领域拥有较强能力的原因我们已经在本章谈公司能力的部分讨论过。)

在 NEC 向国外出口产品后不久,公司开始在国外建立销售公司。第一家公司是 1958 年与中国台湾的贸易公司童成东(Tung Cheng Dong)公司合资成立的。由于 NEC 认为和中国台湾的大同电子有更多的共同利益,于是 1966 年与大同电子合资成立一家新的销售公司取代了已经建立的第一家销售公司。而 NEC 拥有的第一家全资海外销售机构是 1961 年在中国台湾建立的销售办公室,同年公司还在曼谷和新德里也设立了自己的销售办公室。

公司在海外投资建立工厂又多花费了几年时间。有意思的是, NEC 的第一家海外工厂并没有在有公司“地盘”的东亚地区建立,而是在远在南美的巴西。这是由当时的历史原因决定的,此时的巴西国内民族主义情绪高昂,为了摆脱美国和西欧国家对巴西通信设备市场的垄断,巴西政府对来自东亚日本的 NEC 提供了很多政策上的便利,于是 NEC 于 1968 年在巴西建立了第一家海外工厂,生产纵横交换机、微波通信设备和载波传输系统。同年晚些时候,NEC 在墨西哥开设了另一家工厂;1969 年,公司在澳大利亚也建立了自己的工厂。然而,由于公司在半导体领域长期未能形成一定的市场竞争力,因此直到 20 世纪 70 年代中期才开始在所属海外工厂生产半导体产品：1974 年和 1976 年 NEC 分别在马来西亚和爱尔兰建立生产半导体产品的工厂。

截至 1993 年，NEC 已经在 10 个国家建立了 22 家工厂。NEC 的 30 个控股或非控股（拥有 20%～50% 的股份）下属机构总共在 15 个国家拥有 31 个制造工厂，在 27 个国家拥有 68 家销售和服务机构。公司还拥有一个海外研发机构——设立在美国新泽西州普林斯顿的 NEC 研究院。1993 年 NEC 有 23% 的收入来自海外市场。

结　论

本章详细分析了 NEC 的能力、愿景、组织结构（包括研发机构的组织结构）和选择环境的相互关系和共同进化史。这里仍然有一个关键的问题没有回答：NEC 到底有多成功？我们把这个问题留到本书的结论中，通过把 NEC 的成就与其他日本信息与通信公司进行对比之后再作出回答。

第七章

CHAPTER SEVEN

NTT的未来

本章概要

本章将首先分析 NTT 公司的愿景,以及其提出的关于公司应该做什么、怎样做的一系列理念,此种愿景被称作“NTT 路线”。那么,什么是 NTT 路线呢?它的核心思想表现为坚持技术驱动,或者说是创新来推动公司的发展。这种理念不但解释了 NTT 为什么加大研发投入,也说明了自 1985 年以来,三巨头(Track Three)联合研发和采购之后,NTT 为何长久不衰且具有统治性竞争力。事实证明,即便是在日本电信服务业的竞争开展(1985 年以后)之前,这种理念对于 NTT 也是至关重要的。也就是说,此前该公司已经进行了有重大意义的创新,令电话价目有了实质性的降低。(NTT 与其在美国及英国的对等企业拥有不同的观念,它们各自的优势和创新将由作者在另一本书《企业愿景和日本》中进行阐述。)

本章还将详细分析影响 NTT 的三次风暴。第一次风暴是愈演愈烈的竞争。这种竞争从何而来,它对 NTT 的财政有什么影响?而邮政省(MPT)作为 NTT 的调整者又扮演怎样的角色呢?这一竞争压力是否意味着 NTT 将不得不改变策略,缩小技术改革的范围呢?

第二次风暴是整顿。NTT 的崩溃类似于 20 世纪 80 年代 AT&T 所经历的那一次。仔细分析这次变故,发现自从 1985 年 NTT 部分私有化以后,它就一直受到整顿的威胁。到目前为止,在强大联盟的帮助下,NTT 已经能够设法避免整顿。例如 1990 年,尽管邮政省已经发出了整顿的计划,但提议最终还是夭折了。那么谁是主导者和敌手呢?为什么企图进行整顿却失败了呢?如今,整顿再次被列在 1995—1996 年度的议程上:其结果有可能不同于往常吗?

第三次风暴是全球化。日本是世界上唯一将国内电信服务和国际电信服务分开的国家,前者属于 NTT 的管辖范畴,而后者则属于日本国际电信电话株式会社(KDD)。由于这种特殊的规范,NTT 不能够像它的对手如 AT&T 和 BT/MCI 一样,进入全球电信服务的新兴市场,这种对于 NTT 的限制看上去是不寻常的。为什么 NTT 在这个方面会受到限制呢?NTT 究竟能在多大程度上参与日本以外的全球性活动?这种限制是否意味着在电信服务的新一代全球化市场中日本不再是一个强有力的竞争者?日本的政府机构会进行新的合并,这足以颠覆禁锢 NTT 的枷锁吗?

这些风暴将如何影响 NTT 在日本信息和通信业的地位?问题的答案将会在本章中一一揭晓。

引　言

NTT 最初是日本通信省的一部分,在 1952—1985 年之间是一家上市公司,1985 年后公司部分私有化了。NTT 对于日本信息和通信业的发展有着重要影响:它是一个“母”公司,孕育了一系列该行业内的头部企业。

然而，自1985年以后，NTT本身开始处于激烈变革的剧痛之中。本章的目的在于分析NTT所遭遇的令公司备受打击，并迫使其朝着适应21世纪的方向发展的几次风暴。三次主要的变革风暴包括：日益激烈的竞争，整顿威胁和全球化。这些风暴将如何影响NTT的愿景、竞争力以及机构呢？简而言之，这些风暴将如何影响“NTT路线”，这个几十年来在日本IC行业中扮演重要角色的方式呢？下面，这些问题将得到一一解答。

背　景

NTT以及它用以发展日本电信业的策略，可以毫不夸张地说是其面临其历史上最大挑战时的一个具有重要意义的转折点。挑战源于1985年之后的新形势，此时，正值NTT实行部分私有制，同时，NTT的某些重要市场中的竞争也被法律许可。

NTT现在所面临的困境非常引人注目，1992年8月，NTT的股票价格一天下降了7.6个百分点，一个星期下降了13.4个百分点，这使得由225个领军公司构成的日经指数跌到历史性的低点15 518。NTT股份在1987年上半年发行上市时的原始价格是119.7万日元，这一年的春天，股票价格达到318万日元。而1992年8月，其价格只有50.9万日元。虽然NTT股票价格的下跌只是东京证券交易所总体下跌的一部分，而且也不能完全归咎于 NTT 的部分私有化，但在某种程度上，这很可能就是公司所包含的不稳定因素带来的结果。

本章将分别讨论挑战 NTT 的三个主要不确定因素：日益激烈的竞争，整顿威胁和全球化。正如本章详细陈述的那样，虽然 NTT 面临的竞争是一定的，但它正在不断扩张。一种结果就是，1988 年以后新涌现的一些电信公司，现在已经越来越强大，甚至会损害到 NTT 的收益率。竞争密度增大对于未来的影响将在下面进行分析。

1990 年，在强大联盟的支持下，NTT 得以参与由邮政省提出的关于整顿的讨论，并将整顿推迟到 1995—1996 年度。为什么邮政省要提出整顿呢？为什么这个提议在 1990 年没有通过呢？对于 NTT，未来最重要的问题是，1995—1996 年度，NTT 和日本的电信业会进行整顿吗？这些问题将在本章予以讨论。

各种活动的全球化是 NTT 面临的第三个主要挑战。按照规定，NTT 的商业活动仅限于日本国内市场，而国际活动由 KDD 负责（与 NTT 同等的负责日本国际电信的公司）。这一章将告诉我们，法定的现状并不能阻止 NTT 全球化范围的扩大。同时，我们还可以看到，尽管当前有不少不可忽视的因素约束着 NTT 进一步全球化，然而，新联合的力量正在不断挑战这些约束，它们很可能会加快 NTT 的迅速全球化。

日益激烈的竞争、整顿和全球化是令 NTT 备受打击的三大风暴。不过，本章还将谈一谈 NTT 的愿景，以及它如何确定其领先地位和展开各项活动，即本文中提到的“NTT 路线”。

根据 NTT 路线，简而言之，NTT 就是一个改革体制的公司，它同一群相互竞争，提供电信设备的公司合作。同系列的另一本书详细阐述了 NTT 路线的特点，并以图例的方式说明了这种方式和其他重要电信公司特别是 BT 和 AT&T① 的差异。为什么在这么长的时间内，改革创新都是 NTT 的中心，甚至是在 1986 年竞争模式被引入到日本国内电信市场之前的垄断时期也是如此？这一问题将在下文中得到解答。

NTT 面临的挑战是如何影响 NTT 路线的呢？在回答这个问题之前，我们有必要清楚地了解 NTT 路线的含义。

NTT 路 线

定义

NTT 路线将是本章重点关注的内容，所以我们有必要先用术语来严格定义它。

基本上，NTT 路线代表着一种途径、一种方式，而 NTT 这个存在于世界舞台的组织也在这里找到了自我。确实，它被看作是最正确的方法。NTT 的各个角落都渗透着这种策略——NTT 的组构方

① M. Fransman, *Visions of the Firm and Japan*, Oxford University Press, forthcoming.

式;机构内的择优;资源配置;NTT 和其他机构,特别是其他供应公司以及政体的关系;最后一点就是该机构的预见性及其领导者的“思想倾向”。

发展

需要立刻强调的是,NTT 路线已经发展为 NTT 历史的一部分。之所以要强调 NTT 路线的发展,原因很简单,那就是它一直在发展。的确,本章的首要目的就是分析当前影响 NTT 路线的主要力量,从中我们就可以理解其中可能发生的重大变更。

在概括影响 NTT 路线的主要力量之前,有必要深入了解一下它的发展历程。NTT 路线的核心内容就是坚持 NTT 是一个不断创新的机构。这种信念最初源于该机构的使命,当时它是通信省的一部分,第二次世界大战以后,它被确立为政府的企业。迫于日本国内政治上的压力,它的使命就是扩大并改进电信网及其配套服务。从一开始,创新就被认为是实现使命的主要方式。也因为这个原因,NTT 像它的前身一样,成为一个以创新为驱动力的机构。

NTT 的垄断

直到 1985 年,NTT 都还是一个巨大的垄断者,即使是现在,也仅仅是有限的竞争,这不得不令人质疑,为何它一直以来都是一个创新型的机构呢？难道 NTT 的垄断地位还需要创新吗？问题的答案很重要，只有了解了这一点，才能明白 NTT 路线的起源和发展，以及当今影响该策略的变革。

1985 年后期对于日本电信业可以称为“预赛期”。值得提醒的是，1985 年之前有强大的压力要求创新，而此时，当 NTT 作为国内电信服务业的垄断供应商时（像它在其他主要西方国家的竞争对手一样），一场有重大意义的创新发生了。实际上，所有创新都是在当时电信服务业（例如 ISDN、移动通信、卫星和高速光纤）的重大改革中发生的，此时，遍布全球的国家通信服务市场都由单一的垄断集团所控制。这些创新包括与电信相关的电子设备、软件、数字开关以及光纤。所以，我们可以清楚地看到，垄断时代产生了重要的创新，任何将电信业的创新归功于市场竞争的言论都是不正确的。

1985 年以前促使 NTT 进行创新的力量

那么，在 1985 年之前，是什么力量促使 NTT 进行创新呢？又是什么促使了 NTT 路线的诞生并令其不朽呢？

下面这些因素将是至关重要的。

首先，巨大的压力迫使该机构（原先是通信省的一部分，后来成为 NTT）扩大并改善电信服务。二次世界大战以后，这股压力表现在日本电信政策中设置的两项重要事务上——用行话来说，就是“淘汰安装存货（电话）”和“在全国范围内安装直拨电话”，这两项事务分别于 1978 年和 1979 年完成[1]。这些事务可以用来直接或间接地评价 NTT 的表现。如果没有完成,或者延期完成,都会导致 NTT 客户的不满,并通过各式各样的渠道在政治上表现出来。所以其结果是,现实中的外界压力促使 NTT 通过创新来完成这些任务。

第二,压力还来自世界范围内电信技术的巨大进步,同一时期,全球各大电信企业都受到类似的压力,纷纷将财力投入到创新中。技术上的进步为 NTT 实现其扩大及完善提供了有效的途径。具体来说就是,首先它需要从国外引进技术,然后使该技术适用于日本国内的电信网,最后实现技术本身的进步。在本书中,技术的获得、改进和提高这一过程已经在中央电话局交换机(第三章)、光纤(第五章)以及计算机(第四章)这几章中得到了详细的验证。到了 20 世纪 70 年代中后期,日本的电信技术已经赶上一直领先的西方国家;到了 20 世纪 80 年代和 90 年代,研究电信技术的领域不断扩大,上述过程已经被共同的研发所取代。

第三,值得强调的是,即便是在 1985 年以前,竞争也是个潜在的压力(乍一看,这就像受到 1985 年以后所谓"竞争时代"的意识形态的影响,令人难以置信)。然而,这并不是国内电信服务供应商之间的竞争,而是各强国的电信企业在技术和服务上的间接竞争。

这种竞争带来了"示范效应",就是说,如果某个国家出现了新的技术或者服务,那么其他国家就会通过研发来效仿(准确地说,示范

① "邮政省",开放的日本通信市场,邮政省,东京,1992 年,第 2 页。

效应的兴起和技术在国际上的传播往往开始于更早的阶段，这个阶段会通过会议、技术杂志以及参观其他企业的实验室这样不太寻常的方式来讨论新的提议）。

"通过示范效应实现的竞争"，这种强烈的经验主义还将在本书的其他地方提到，特别是在转换器、光纤以及与电信相关的计算机方面。读者一定会对日本为赶超占据领导地位的西方企业以及它们的供应商，而通过示范效应作出的巨大努力留下深刻印象。

NTT 在竞争时代之前的创新和电话费用的下调

电话费用的下调将进一步证明 1985 年之前（或者说 1986 年，当时 NTT 首次面临来自新的电信公司 NCCs 的竞争），推动创新的三股力量的重要性。图 7－1 的数据已经成为日本出版物的"老生常谈"，它显示了 1986 年以来 NTT 和 NCCs 的价格下调情况。它要暗示的（有时是明示）就是，从 1986 年开始，价格下调是由 NTT 和 NCCs 在日本电信服务市场中的竞争引起的[①]。

考虑到上文所提到的因果关系，有必要将图 7－1 与图 7－2 进行比较。图 7－2 显示了早至 1980 年初的电话价格。可以看到，从 1980—1983 年中期这三年半的时间（垄断时期），NTT 的价格从 720

① 例如，在邮政省的一个题为"电信服务价格的快速下调"报告中，从东京到大阪的 3 分钟长途电话的价格从 1985 年的 400 日元下降到 1991 年的 200 日元，因此，邮政省在其日本的电信改革一书中，邮政省说，通过竞争电信服务价格大幅度下降。

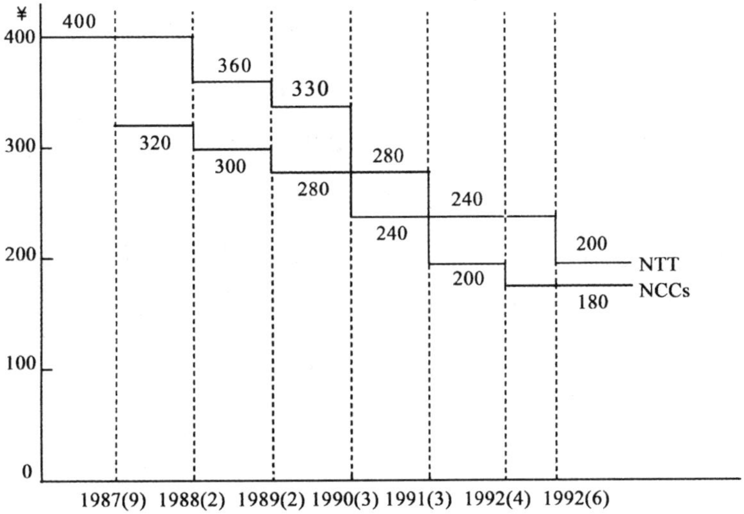

图 7－1　1987(9)—1992(6)，NTT 和 NCCs 的电话费用

备注：数值代表从东京到大阪三分钟的日间话费
来源：S. Nagai，'On the Competition of Telecommunications under Regulation in Japan'，*Journal of International Economic Studies*，no.4(1990)：18。

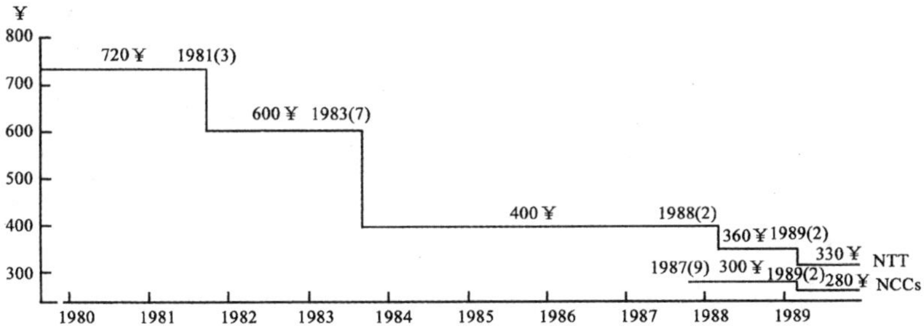

图 7－2　电话费用的下调(1980—1990 年)

注：数值代表三分钟的长途日话费。
来源：S. Nagai，'On the Competition of Telecommunications under Regulation in Japan'，*Journal of International Economic Studies*，no.4(1990)：18。

跌到400,下降了44个百分点。而从1987年中期到1992年中期这五年的时间内(竞争时期),其价格下降了50%。

这些图形清楚地表明,1986年以后NTT和NCCs之间的竞争无论激发出怎样的力量来促使创新以及电话费下调,都不能和存在于这一时期之前的同样倡导了创新,并使电话费下调的那些动力混为一谈。要严格分析1986年以后所谓"竞争时期"的影响因素,这需要把由竞争带来的动力与之前延续下来的动力区分开来,后者包括了前面提到的三种力量。

作为创新型企业的NTT

回到关于NTT路线的讨论,我们可以清楚地看到,NTT的发展历程中始终充斥着各种强大的压力,这迫使它不得不进行创新。事实上,1986年以后,竞争使得NTT的压力显著增加。之后还会详细分析这些新压力的重要性。而目前最值得关注的是,NTT路线的诞生和辉煌都是在重视创新的情况下稳步进行的。这也解释了本章开头的那句话"NTT路线的核心思想就是坚信NTT必须是一个技术创新型的企业"。

那么,如何从真正意义上理解NTT所谓的"创新型机构"呢?问题的关键在于,"创新型机构"代表了"认为创新对于企业很重要"这样一种主张,尽管后者对于所有企业而言都是正确的,但前者却意味着NTT为了它的利益将创新视为其最重要的必需条件。

进一步说,NTT 的“创新”是与研发紧密相连的[①]。因此,对 NTT 而言,它一定会赋予研发高度的优先权。这种观点长期植根于整个公司,在公司中有着重要影响(正如那些熟悉 NTT 的人知道的那样),并由公司中有研发背景的工程师领导掌控。他们不但掌握着 NTT 的发展趋势,还计划着 NTT 未来的愿景[②]。

NTT 和市场

接下来,我们要从更深层次分析 NTT 路线的特征。这就必须考虑市场所扮演的角色。市场是影响公司方向和做法的一个必然因素。然而,NTT 并不认为市场是领导开发新服务的唯一标准,它坚信应当不断改善提供给消费者的服务。

NTT 对于它的这种观点,有一个很简单的解释,那就是:一般来说,市场并不能指明新的电信服务究竟是什么,只有当这些服务已经上市了,市场才能起作用。例如移动服务,或者说更慢的 ISDN 服务,都是这样。所以说,只有技术创新才能为电信服务业开拓市场。即使像 NTT 这样的利益集团,也必须对变换市场需求以及新技术的出现保持高度的敏感性。

① 从作者的《企业愿景和日本》书中观点看,NTT 和 BT(英国电信)在创新的看法上存在不一致的地方,比如 BT 虽然也认为创新对企业发展至关重要,但 BT 开展研发就不如 NTT 多。

② 对于愿景的分析,参见弗朗斯曼的另外一本书《企业愿景和日本》中对 AT&T 和 BT 愿景的比较。

研发

NTT部分私有制以后，更致力于走技术创新的道路。表7－1所显示的数据可以很好地说明这一点。1986年，用于研发的资金占开销总额的2.7%，到了1992年，增加到了4.6%。

表7－1 NTT的研究和开发（1986—1992年）

	财政年度						
	1986年	1987年	1988年	1989年	1990年	1991年	1992年
开销（十亿日元）	136.2	149.3	181.7	221.7	248.0	272.5	276.7
占营业额的比率%	2.7	2.8	3.2	3.8	4.1	4.4	4.6

来源：NTT Annual Report 1991；information supplied to the author by Infocom。

日本分析家也对NTT坚持走创新道路的做法发表了评论。1992年10月的《日本经济新闻周刊》报道："NTT的经济实力正在枯竭，但它依然坚决反对走削减研发的道路（在当前经济不景气的情况下）。"[①]对此，NTT主席Kojima承认"本财政年度，由于激烈的竞争，NTT的税前利润将无法达到预期的2 670亿日元"。但是，文中还提道："尽管经济出现滑坡，NTT仍然坚持2 900亿日元的研发开销，这占了到1993年3月为止一年（计划）销售总额的4.7%。"[②]

① 《日本经济新闻》，1992年11月9日，第8页。
② 《日本经济新闻》。

NTT 的供应商

NTT 路线的最后一个特点是 NTT 和供应商之间的分工。简言之,当 NTT 设计、开发、运作日本国内电信网络时,它在研发新技术上也扮演着领军角色。从某一方面说,这种角色是在与同一群负责制造的供应商合作时表现出来的。一旦 NTT 要与这些供应商合作研发,将初步的研究变成重要的通信技术,它担当的便是领导性的角色。该特征还将在本书的其他地方进行深入探讨,这里就不赘述了。

重创 NTT 路线的风暴

坚持 NTT 路线的一贯作风并不能掩盖如今正在肆虐 NTT 的强有力风暴。本章余下的部分就将——分析这些力量是如何改变 NTT 路线的。

三股改变 NTT 以及 NTT 路线的强大风暴分别是:电信服务业中的竞争、整顿和 NTT 活动范围的全球化。这些强大风暴具有怎样的重大意义呢?它们是如何影响 NTT 路线及其在法律和组织上的形式呢?下面的内容将一一给出问题的答案。

竞　　争

竞争的法律基础和新兴电信公司的涌入

NTT(和KDD)应当面对拥有自己设备的新兴企业的竞争,这一提议第一次被正式的讨论是1982的报告:关于行政改革的临时授权书。这份报告不但建议将NTT私有化,还指出它应当被分割成一个提供长途服务的公司和几个提供本地服务的公司。授权书提出把竞争作为调节的手段之一,它要求在本地服务中开展竞争,以免危及普通服务。值得关注的是,授权书最关心的还是从各方面减少政府的开支,从而降低政府债务。

1984年9月,国会通过了新的立法,批准NTT部分私有制,并明确了长途服务和本地服务竞争的合法性。NTT公司法案负责NTT的私有化问题,而电信行业法案则制定了竞争方面的法规。后一法案对两种类型的企业制定了不同的规定:第一类企业拥有自己的设备,第二类企业通过租借第一类企业的设备提供服务。第一类企业所受的管制要严格得多,不但要有邮政省的经营许可,还要由邮政省审查价目表。第二类企业又分两类:特殊的第二类企业和一般的第二类企业,前者提供大型的全国性服务以及(或者)国际性服务。特殊的第二类企业必须在经营之前到邮政省登记注册,并将价目表于使用之前上报邮政省,而一般的第二类企业只要求在营业之前通报邮政省就可以了。

到 1991 年为止,一共有 68 家第一类企业,其中三家大型的跨城市企业共同构成 NTT 的主要竞争对手。它们是第二电话电报公司(DDI),日本电信公司(JT)和日本公路电信公司(TWJ)。1986 年起,TWJ 在东京—名古屋—大阪的高速公路上开启了租用线路服务。

要区分这三家新兴的电信公司(NCCs)和它们在美国及英国(例如,美国的 MCI 和 Sprint,英国的 Mercury)的对等公司(同样是跟从前的垄断巨头竞争),很重要的一点就是它们有大量的合作股东。DDI 的股东共有 225 家公司,其中的京瓷(Kyocera)拥有 25%的股份,索尼拥有 5%的股份。DDI 在京瓷总裁稻盛和夫(Inamori Kazuo)先生的领导下,从 1986 年 10 月开始租用线路服务,1987 年 9 月开始提供电话服务。

日本电信公司是由原日本国家铁路(JNR)发展而成的,共有 302 个合作股东。JNR 于 1986 年 4 月,NTT 私有化一年以后,私有化并解体,这同样是行政改革临时授权书的建议。私有化之前,JNR 连年负债。现在,东日本铁路拥有日本电信 20%的股份,西日本铁路拥有 15%的股份。JT 凭借它在铁路活动中建立的电信网络,成为第一类企业。1989 年 5 月,JT 开始与铁路电信公司(Tetsudo Tsushin)合作,后者在 JNR 私有化以后为日本铁路提供电信网络。Teleway Japan 拥有 289 个股东,丰田(Toyota)是其中最大的,拥有 7%的股份。公司得以进入第一类公司的行列,是依靠它为建设部掌控下的高速公路安装光纤电缆。

从某种意义上说,日本电信和日本公路电信都得益于它们分别与交通部和建设部的密切联系。第二电话电报公司是这三家公司中最大、最强劲的一家,却缺乏这种联系。但很快,这一点就得到了弥补,其三个行政副总裁中的两个由原邮政省的官员担当。日本电信和日本公路电信的重要席位也由原邮政省的官员所掌控。

NCCs 的竞争带来的直接影响

市场份额

通常用来评判竞争力的一种方法是通话份额,NCCs 已经拥有了东京—名古屋—大阪这一重要的长途路线。图 7-3 表明,到 1992 年 3 月为止的财政年度中,NTT 在这一路线中拥有 47%的份额,而三家 NCCs 总共拥有 53%的份额。

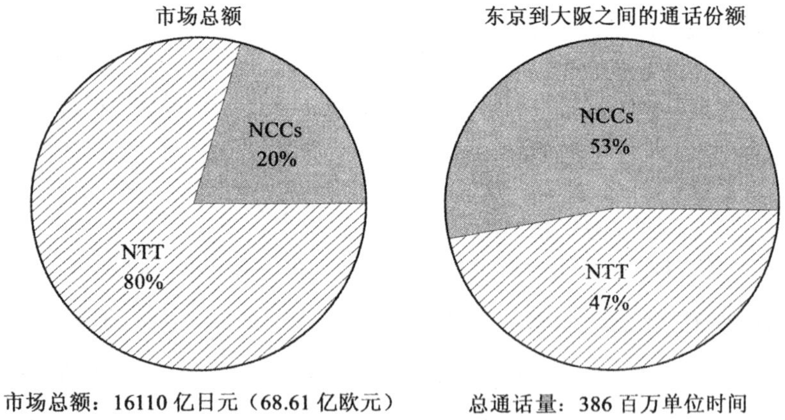

图 7-3 NTT 和 NCCs 长途电话服务的市场份额(1991 年 4 月 1 日—1992 年 3 月 31 日)

然而，上图对于指示 NTT 所面临的竞争强度是有误导性的。首先，就通话量而言，截止到 1991 年 3 月的 1 年时间内，东京—名古屋—大阪这一线路仅占区域间总通话量的 5%。而专区通话量又只占总通话量（包括区域内和区域间通话量）的 18.4%。

营业额

考查营业额的变化趋势可以更精确地了解 NCCs 对于 NTT 的影响。

其一，本地通话（也就是 567 个可通信地区）的营业额是长途服务（即可通信区域之间）的 1.22 倍。1991 财政年度，本地和长途通话费分别是 15 692 亿和 12 898 亿日元。NTT 在本地通话服务中面临的竞争很微弱，由此类推，在长途通话服务中，来自 NCCs 的竞争也很有限。

其二，表 7－2 显示的数据也可以说明上述观点。1991 财政年度，NTT 总营业额的 80%来自这些服务；第一类企业电话服务营业额的 93.5%也落入了 NTT 的囊中，也就是说，整个 NCCs 只获得总营业额的 6.5%。

表 7－2　1991 和 1992 年度，第一类国内电信服务营业额（十亿日元）

服务	1990 财政年度[①]			年增长率（%）	1991 财政年度[①]		
	NTT	NCCs	总计		NTT	NCCs	总计
电话	4 653.9（95.3）	230.2（4.7）	4 884.1	1.1	4 617.7（93.5）	322.2（6.5）	4 940.0
租用电路[②]	389.7（89.0）	48.2（11.0）	438.0	6.0	401.4（86.4）	63.0（13.6）	464.4

（续表）

服务	1990财政年度①			年增长率(%)	1991财政年度①		
	NTT	NCCs	总计		NTT	NCCs	总计
单元电话	176.1 (71.3)	70.8 (28.7)	247.0	37.5	218.0 (64.2)	121.7 (35.8)	339.7
船运电话	11.4 (97.1)	0.34 (2.9)	11.8	7.8	12.4 (97.5)	0.32 (2.5)	12.7
无线传呼	88.6 (70.8)	36.5 (29.2)	125.2	20.3	101.9 (67.7)	48.7 (32.3)	150.6
其他	335.3 (97.4)	8.9 (2.6)	344.2	17.8	394.3 (97.2)	11.4 (2.8)	405.7
总计	5 655.3 (93.5)	395.0 (6.5)	6 050.4	4.3	5 745.9 (91.0)	567.4 (9.0)	6 313.3

注：本表不包括为日本铁路提供电信服务的铁路电信公司的营业额。
① 括号内的数据是百分数。
② 租用电路包括标准线路，高速数字租用电路和视频通信电路。
来源：Outline of the Telecommunications Business, MPT, November 1992, table C1, p.11。

其三，NCCs在其他较新服务中的影响比较显著。由表格中的数据可以看出，对于占NTT总营业额7%的租用电路服务，NTT控制了86.4%的市场，另外的13.6%由NCCs占有。NCCs在移动电话服务中的表现更加突出。此项服务占NCCs营业额的38%。NTT拥有64.2%的市场份额，NCCs则拥有35.8%。

其四，NCCs在非电话服务业的竞争势头最为强劲，1991财政年度，这些NTT的竞争者在第一类电信服务市场中获得了9%的份额。这同上一年，它们仅仅占有6.5%的市场相比，是一个明显的进步。

综上所述，尽管NTT正面临NCCs带来的愈来愈强的竞争，但这种竞争对于NTT在市场中所占份额的影响还是相当有限的。如果将 NCCs 的营业额按公司分开计算，那么 NTT 很明显地仍然居于具有压倒性的统治地位（下面将更详细地进行说明）。

利润

在利润方面，NCCs 带给 NTT 的影响要大得多。表 7-3 中有很多关键数据可以证明这一点。

表 7-3　NTT 和 NCCs 的营业额及利润（1985—1992 年，十亿日元）

	1992 年	1991 年	1990 年	1989 年	1988 年	1987 年	1986 年	1985 年
NTT								
营业额			6 056 049	5 958 429	5 769 239	5 652 688	5 662 001	5 353 581
%[①]			1.6	3.3	2.1	−0.2	5.8	5.1
税前所得			352 850	414 326	484 728	425 901	496 736	357 956
%[①]			−14.8	−14.5	13.8	−14.3	38.8	13.2
DD								
营业额	230 000	199 832	155 438	98 943	40 619	8 838		
%[①]	15.1	28.6	57.1	143.6	359.6			
税前所得	25 000	23 432	20 679	17 529	4 477	−6 439		
%[①]	6.7	13.3	18.0	291.5				
JT								
营业额	211 000	173 380	119 397	77 155	26 907	7 152		
%[①]	21.7	45.2	54.8	186.8	276.2			
税前所得	18 000	16 043	12 053	11 287	864	−4 897		
%[①]	12.2	33.1	6.8	120.6				

（续表）

	1992 年	1991 年	1990 年	1989 年	1988 年	1987 年	1986 年	1985 年
TWJ								
营业额	50 000	33 781	29 446	23 881	13 292	3 865		
%①	48.0	14.7	23.3	79.7	243.9			
税前所得	0	−7 099	−1 416	435	−4 285	−6 748		

① 百分率代表相对前一年的增长率。
来源：Calculated from data provided by Infocom。

其一，除 1987 年以外，NTT 每年的营业额都在增长；最近的一次纪录是，1990—1991 年增长了 3.8%，这在 1985 年（私有化）以后的年增长率中排第三位。这个事实有效地说明了 NCCs 的竞争对 NTT 的营业额并没有多大影响。①

其二，NCCs 所带来的竞争并不能阻止 NTT 营业额的上升势头，但是，就利润而言，情况却有所不同。表 7－3 显示，除了 1988 年以外，NTT 的税前所得自 1987 年起一直在减少；1990—1991 年的税前所得降低了 2.6%。相反，在部分私有化后的第一年（1985—1986 年），NCCs 的竞争到来之前，NTT 的税前所得增加了 39%。

其三，NCCs 收益率的数据是 NTT 利润的镜像，相比 NTT，NCCs 较低的价格（如图 7－1 所示）告诉我们，NCCs 给 NTT 带来的影响是不可忽视的。1989 年以后，第二电话电报公司和日本电信的税前所

① 由于日本快速增长的电信服务市场，所以 NTT 虽然销售收入增加了，但市场份额却降低了，这也主要是因为 NCCs 的竞争，反过来，日本电信服务市场的快速增长一方面是因为日本经济的持续快速发展，另一方面，则是由于出现了一些电信产品和服务的替代品（替代效应），同时电话服务的价格大幅下降。

得连年增长，尽管每年的增长率都有显著地降低，但这只是因为其税前所得的基值较小。1990—1991 年，NTT 的税前所得降低了 2.6%，与此相反，同一时期，第二电话电报公司的税前所得却升高了 6.7%，更有甚者，日本电信升高了 12.2%。

值得注意的是，日本公路电信在这三家 NCCs 中最为奇特。从 1987 年开始，它的营业额连年增长，但 6 年中有 4 年的税前所得都降低了，1992 年增长为零。①

其四，从表 7－3 中，我们也可以看出每家公司的相对规模。就营业额而言，1991 年，NTT 是第二电话电报公司的 31 倍，日本电信的 36 倍，日本公路电信的 183 倍，比它们的总和还要高出 15 倍。有趣的是，第二电话电报公司 1992 年的营业额比 KDD 1991 年的营业额低一点点，前者是 2 440 亿日元，而后者是 2 530 亿日元。由于 KDD 的营业额增长比第二电话电报公司缓慢，现在，它们的营业额已经持平了。这些统计数据也说明优越的条件令第二电话电报公司和日本电信得以迅速成长。

1992 年底，NTT 预计到 1993 年 3 月为止，其税前利润要降到 2 290 亿日元，比前一年降低 35%，主要原因是长途话费的降低以及经济滑坡带来的电话使用率下降。而营业额则预计为 5.9 万亿日元，基本保持不变。②

---

① 需要说明的是，DDI 和日本电信之间的大“竞争”造就了两个公司的税前利润大幅增加，但这并不能说明大“竞争”提高了企业的运营效率，相反，根本原因在于它们和 NTT 在税收上的政策不同，邮政省的规制起到了很大的作用。

② 《日本经济新闻》，1992 年 11 月 23 日，第 25 页。

长途和本地电话服务上的收益

谈到利润,NTT 是在何处遭到了"打击"呢?

其一,1991 财政年度,NTT 经营利润的 96.6%以上都来自电话服务(合 5.05 亿日元,其总额为 5.23 亿日元)。

表 7-4　1991 年 NTT 营业额、开支和收益的统计(百万日元)

服务	收入	开支	盈利	
(a) 服务类型				
电话	5 084 170	4 579 703	504 466	
电传	3 649	3 227	422	
电报	68 191	90 589	-22 397	
租用线路	407 784	331 403	76 381	
数字资料	48 728	40 898	7 829	
传呼	102 828	85 874	16 954	
其他	30 560	91 571	-61 011	
总计	5 745 913	5 223 268	522 644	
	营业额	经营开销	盈利	税前所得
(b) 电话服务				
电话订户	4 247 275	3 578 871	668 404	528 496
月租型	1 094 528	1 249 893	-155 364	-203 053
本地服务	1 569 184	1 548 854	20 330	-55 673
长途服务	1 289 842	476 908	812 933	797 491
其他	293 719	303 214	-9 494	-10 267
投币式公用电话	314 932	329 728	-14 796	-23 381

(续表)

	营业额	经营开销	盈　利	税前所得
移动电话(单元式)	219 063	184 844	34 218	29 072
其他移动服务(海事)	16 233	18 995	−2 762	−3 323
其他	286 665	467 262	−180 597	−180 128
总计	5 084 170	4 579 703	504 466	350 734

来源：Data provided by Infocom。

其二，长途服务和本地服务所带来的经营利润明显不同。长途服务的利润是 8 130 亿日元，而总利润只有 5 050 亿日元，中间的短缺是由很多项目上的经营亏损造成的，主要就是租用电话(亏损 1 550 亿日元)以及投币式公用电话(亏损 150 亿日元)。还有没有在表格中单独列出的电话号码查询服务，也是造成损失的关键项目。本地电话服务的利润只有 200 亿日元。如果论营业额的话，本地电话服务共有 15 690 亿日元，而长途服务则是 12 900 亿日元。

其三，还是看长途服务和本地服务对于利润的贡献。前者的税前利润为 7 980 亿日元，后者的税前亏损为 560 亿日元。电话租用带来的亏损最大，共计 2 030 亿日元，投币式公用电话则是 230 亿日元。

价格再平衡问题

图表显示，NTT 在长途电话服务上赢利，却在本地服务上亏损。也就是说，它要用长途服务的所得来弥补本地服务的亏损。NTT 认为，这是由邮政省的优先取舍带来的不可避免的后果，邮政省要求在下述某些或者所有项目上加大支出：本地电话服务、电话租用服务、投币式公用电话服务以及电话号码查询服务。

NTT 指出，这种状况不能长期延续下去，因为 NCCs 在长途电话服务中的竞争势头也是日趋旺盛。为了挽救公司的现状，NCCs 提出了所谓的“价格再平衡”，也就是提高某些或者所有项目的价格。价格再平衡问题以及 NTT 和邮政省所持的相反观点将在之后进行探讨。

在长途电话市场中存在“过度竞争”吗

“过度竞争”这一政策上的概念是由 MITI（通产省）提出的。通产省企图巩固一些成长中的工业，例如钢铁、汽车和计算机，同时，也为了在经济萧条或者建筑工业衰败的时候形成企业联合，所以将过度竞争合理化。这个概念意味着竞争作为一种对社会有利的动力，已经超出了通常的范畴，这不但危及工业中某些集团的发展，更重要的是在全局上会对社会形成长期的损害。那么，在日本长途通信市场中，是否也存在这种过度竞争呢？

上文提到了在长途电话市场中 NCCs 的竞争对 NTT 利润造成的影响，我采访过许多邮政省的高级官员，问他们是否认为这个市场存在过度竞争，从而损害了 NTT 的利益，并给整个日本邮政省带来伤害。我将这些官员的观点进行了整理，并加以分析（没有必要认为是对邮政省官员所持观点的一种条件反射）。紧接其后的则是根据对 NTT 很多权威人士的采访所做的整理。

邮政省的立场

邮政省官员普遍的观点是，现在日本长途电信市场还不存在过度竞争。有三种说法可以支持这种观点。

第一，NCCs 在东京—名古屋—大阪的长途电话市场中占据的份额（1992 年为 53%）并不能准确反映这个市场目前的竞争状态。他们说，这条线路上的价格只是整个地区之间价格的一小部分（相关的详细数据已经在本章中列举过）。另外，他们还指出，NCCs 在这条线路上的价格比 NTT 低，而在其他很多地方，NTT 的长途电话价格比 NCCs 低。这一点可以从 NTT 自己发行的材料中看出。

第二，有一个间接的证据说明 NTT 没有遭受过度竞争。那就是，在竞争引入以后，NTT 的资金支出一直以正常的速度在增长，这反映了 NTT 进一步加强了日本国内网络的实力。

第三，尽管在近些年，NTT 的利润受到了影响，但并不比其他日本公司差。

那么，有证据足以支持邮政省官员的说法吗？关于第一种说法的数据已经在本章前一节列出了，这里不再赘述。他们认定与东京—名古屋—大阪线路相关的市场份额统计数据不能准确反映 NTT 和 NCCs 在日本长途电话市场中的竞争状态。

对于第二种说法，表 7 - 5 列出了从 1987 年（同 NCCs 的竞争开始于 1986 年，但是数据统计始于 1987 年）到 1991 年，NTT 的资金支出情况。我们可以看到，除了 1989 年有微小的下降，NTT 的资金支出是连年增加的。

表7-5 NTT的资金支出情况(1987—1991年度,十亿日元)				
1987年	1988年	1989年	1990年	1991年
1 613.2	1 796.7	1 764.4	1 831.5	1 935.4

来源：NTT Annual Report 1991。

对于第三种说法,邮政省自己有一组数据,是比较NTT(每份股票的股息)和四个其他部门(电力、燃气、铁路和航空)的一批公司的股息率。如表7-6所示,1990和1991财政年度,NTT的股息率比这些公司的平均值都要高。

表7-6 1990和1991财政年度①,NTT同其他一些公众企业股息率的比较(%)

	电力	燃气	铁路	航空	NTT
股息分配率②					
1990	10	10	8~10	10	12
1991	10	10	8~10	10	12
股息趋势③					
1990	85.5	54.5	75.1	47.8	36.1
1991	82.3	58.7	76.2	63.0	34.8

① 电力：9个公司;燃气：9个大公司;铁路：14个大公司;航空：JAL和ANA;
② 股息分配率：由每份股票的股息和有价证券报告上的面值计算得出;
③ 股息趋势：来自《日经财经分析》(1990年秋和1991年秋)。
来源：MPT, *Telecommunications Reforms in Japan* (undated), p.22。

支持邮政省观点的其他论据

与此相关,还有两个因素值得考虑。第一个就是NTT的声誉,它对NTT现今的财政状况是一个独立的评判标准。第二个是相比其他日本公司,对NTT进行全面评价。

1992年10月,NTT宣布,到1993年3月为止的一年时间内,其税前利润没有达到原先预计的2 670亿日元。穆迪(Moody)投资者服务将NTT的欧洲债券评为AAA级,发行价值合2亿美元。这也就是说,尽管NTT利润受损,但它的财政状况依旧良好。[①]

《日本经济新闻》对1 916个在东京证券交易所上市的非金融公司的实力进行了评估,NTT排名第八。在这个调查中,增长(净资产、资金、雇员人数和销售)是评价其"实力"最重要的标准,占总分的35%;收益占26%;管理能力(由总资产的净值、对借款的依赖性、利息负担来评判)占24%,财政稳定性(商品的贬值率、当前的支出和收益、手头的现金)占15%。得分最高的公司将获得1 000点,其余按比例进行折算。[②] 结果如下表7-7所示。可以看到,NTT得分886,排名第八,仅在获得909分的丰田之后。

表7-7 1992年,实力排名"前十位"的日本公司

	得分点数[①]
1. Nintendo	1 000
2. Seven-Eleven Japan	995
3. Tokyo Steel	986
4. Fanuc	968

① 《日本经济新闻》,1992年11月9日,第8页。
② 《经济学家》(*The Economist*),1992年8月22日,第60页。

（续表）

	得分点数①
5. Heiwa	927
6. Fuji Photo Film	925
7. Toyota	909
8. NTT	886
9. Ono Pharmaceutical	872
10. Taisho Pharmaceutical	869

① 见上文。
来源：*Nihon Kenzai Shimbun*；*see The Economist*，22 August 1992，p.60。

NTT 的立场

NTT 对于邮政省所谓没有过度竞争这一说法是如何反应的呢？下面的内容就是通过对 NTT 高级管理人员进行的大量采访，整理得出的反面论证。

首先，NTT 的管理人员承认，无论是从绝对上，还是相对日本其他大型非金融公司而言，NTT 的表现都是无可厚非的。同时，NTT 在许多方面还有进步，例如，它的员工在 1985—1991 年期间减少了 56 000（1991 年员工数为 264 908），并以平均每年 2 000 亿日元的速度减少它的有息债务（从 1985 年的 5 万亿减少到 1991 年的 3.5 万亿日元）。因此，NTT 的管理者认为将 NTT 评为 AAA 级，是对其财政状况的正确评价。

尽管如此，但 NTT 的管理者还是认为，公司营业额和收益所面临的压力会从长远上影响 NTT。为了分析这个观点，我们有必要进一步考察 NTT 路线。

NTT 的改革主要表现在两个重要变量上：研发资金和人力资金。这两个变量构成了其改革道路上互补的要素。一般说来，研发资金为开发新的电信服务或者改进电信服务奠定了经济基础，而人力资金则使得这种新的潜在实力转化为实际的服务。

表 7－8 显示了 NTT 研发资金和人力资金的比值。

表 7－8　NTT 的一些资金比例（1987—1991 年）

	1987 年	1988 年	1989 年	1990 年	1991 年
研发：营业额	2.8	3.2	3.8	4.1	4.4
人力开支：营业额	30.1	31.7	30.2	30.4	31.0
人力开支：研发	10.83	9.87	7.95	7.39	7.09
净收入：研发	1.29	1.47	1.19	1.05	0.96

来源：NTT Annual Report 1991。

第一，由表 7－1 可以看到，自 NTT 私有化以后，它就将更多的可用资源用于研发。1987 年，研发资金占营业额的 2.8%；到了 1991 年，增加到 4.4%；而 1993 年，则升到 4.7%。

第二，分配到人力方面的可用资金在这段时间内基本保持不变。1987 年，人力资金占营业额的 30.1%，1990 年为 30.4%，1991 年为 31.0%。

第三，从上面两点可以推断，随着时间的推移，研发变得比人力更加重要了。因此，NTT 从两方面讲，都已经成为强化研发型的公司了：研发资金同营业额和人力资金的比率都在提高。表 7－8 显示，

1987 年,人力开支是研发开支的 10.83 倍,到了 1991 年,人力上的开支就只比研发开支多 7.09 倍了。①

NTT 的创新能坚持下去吗,其结果又是如何呢

这个问题能从一方面解释前面提到的那个问题:在日本电信服务业中是否存在过度竞争。通过分析 NTT 净收入和研发开支的比例,可以对公司在持续加大研发资金上的实力有一些了解。

表 7-8 提供了这方面的数据。它显示从 1987 年 NCCs 开始参与竞争到 1991 年,净收入对研发资金的比例从 1.29 降到了 0.96。换句话说,也就是 1991 年,NTT 花费在研发上的资金比它的净收入还要多。如果 NTT 按照现在这种状况继续下去,那么就不可能维持 NTT 策略的核心——创新了。

现在这种状况有多么严重呢?就我们所看到的 NTT 的财政状况而言,还不是很严重。然而,我们也发现,在当前的环境下,NTT 已经不可能以同样的步伐继续它的创新了。

这是一个极其重要但又很难的问题,因为它的答案取决于大量的意外事件。首先,可以假设这种现状将继续下去,就是说,NTT 继续受到限制,只能提供国内服务(KDD 扮演主要的国际角色),同时

---

① 由于拥有一个非同寻常的电信基础设施,NTT 每年要花相当多的经费来维护这个电信网络,甚至比花在研发上的钱还要多。例如 NEC,1991 年其研发支出占资本支出的比例是 1.28,当年 NEC 投入的研发经费也比 NTT 多,达到 2 795 亿日元,而 NTT 是 2 725 亿日元。与之对应的是 NEC 的销售收入是 37 690 亿日元,而 NTT 是 62 520 亿日元。NTT 对研发的大量投入说明 NTT 和其他电信设备企业一样,越来越重视研发和创新,其研发集中度大幅度提高。

还要同 NCCs 竞争。问题接下来就变成,如果 NTT 不能维持现在这样对创新的资源分配,那么日本国内电信服务业将面临怎样的结果呢?

问题关键在于另一个问题,就是说,日本国内网络的研发需求可以由 NTT 以外的电信供应公司(日本国内的以及国外的)提供多少呢?换句话说,这些商家的研发可以在多大程度上取代 NTT 呢?事实上,它们能够承担这一切,所以 NTT 减少创新不会有太严重的影响。

NTT 对此的观点,也就是 NTT 策略隐含的哲学是,那些供应公司不可能足以替代 NTT 的研发。这是因为这些公司,主要考虑的是它们的市场份额和利润,而不是日本电信网络的发展,它们只想不断增加利润,而对于研发则十分保守,因此不可能像 NTT 这样即使面临不确定性,还是坚持发展能够转变成电信服务的新科技。更进一步说,1985 年之后,NTT 的创新由仪器方面向网络编制、设计、营运以及新服务方向发展。就目前发展到的程度而言,NTT 的创新和那些公司的创新是不可替换的。如果 NTT 的理论成立,那么 NTT 所进行的创新一旦减少,其他供应公司便无法弥补这一空缺。反过来说,如果 NTT 的理论不成立,那么 NTT 减少创新的话,那些供应公司就会纷纷加大研究开发电信技术的力度,而 NTT 目前的状况对日本电信的影响也就不那么显著了。

有可能检测 NTT 的理论基础吗?答案是可以。之所以回答这么肯定,原因很简单,因为有很多论据可以支持 NTT 的观点以及它的反面观点。例如,大型电信供应商 NEC 在研发上(虽然不是都与电信相关)力度绝对要大于 NTT。如果将 NEC 用于电信研发的部分和其他日本以及非日本的供应商联合起来，它们所组成的共同体就有可能弥补 NTT 因为同 NCCs 竞争而致使创新减少的那一部分；反过来说，也有可能，NTT 这个更多地致力于长期基础性研究的公司，正在扮演它们所不能取代的角色（如今，NTT 的基础研究占总研发的 10%）。但同时，在某些领域——比如说，电子设备或者软件，NTT 如果减小研发力度，完全可以由供应商弥补。

综上所述，NTT 在创新上所做的努力一旦遭受挫折，这是否会给日本的电信业带来不良后果，主要取决于供应商是否有能力取代 NTT 的研发。这种可能性并没有经过科学论证。所以很不幸地说，争论依然存在。

NTT 削弱创新所影响到的不仅是日本国内电信，其焦点甚至扩大到全球范围。所以，根本的问题变成，在全球电信市场中，日本的主导会是谁？NTT 在这些市场中将扮演怎样的角色？全球化的问题将在本章的后一部分中得到说明。

再一次的价格再平衡问题

NTT 长期坚持通过研发来创新，这再次带来了价格再平衡问题。如我们所看到的，NTT 赞成价格再平衡的观点，主要停留在这样一个假设上，那就是邮政省针对长途电话市场制定了加强竞争的政策（迫使 NTT 降低了长途价格），同时它坚持认为 NTT 提供普通服务的同时（到 1993 年前期为止），没有提高本地价格和费用，这两点之间是存在矛盾的。NTT 认为这种矛盾加大了用长途服务补贴本地服务损失的困难,所以此时需要价格再平衡。

对于再平衡问题,据我所知,NTT 还提出了一种官方的说法,即如果公司要继续走创新这条对日本电信业的未来同样重要的道路,那么再平衡就是必需的。还要提醒一下,这种观点是建立在 NTT 不能继续通过研发来创新,而供应公司也无法填补因此带来的空缺的情况下。

邮政省对于上述两种支持价格再平衡的说法是如何看待的呢?我就第一种说法询问了一些邮政省的高级官员。问答分为两部分。第一,他们能够理解 NTT 所持观点的潜在逻辑,他们希望能获得更多的这一阶段(1992 年底)NTT 在特殊服务上的开销和收入的可靠数据。在下一部分关于整顿中将提到,从 1992 年 4 月起,邮政省就要求 NTT 将它的账目分类,以方便查询数据。那些官员说,1993 年,在这些账目的基础上,他们能够判断是否需要再平衡。第二,这些官员中的一员认为 NTT 的本地服务依然是“效率很差的”,用邮政省的说法就是“人员配置过多”。这位官员的意思就是,尽管 NTT 的整个雇员人数有所降低,但人员配置还过多,从而导致了高支出和低利润。

他们的说法具有多大的说服力呢?他们表示需要更多准确的信息,问题是获得充足的数据需要多长时间,在这些数据的基础上,决定是否采用再平衡及其范围的同时,邮政省将用什么样的规则进行评判呢?就我所知,邮政省在对待这个问题上,无论公开还是私下,表现得都很含糊。

同时,邮政省在声称 NTT“人员配置过多”时,也很含糊。这需要对“人员配置过多”以及与之相对的“合理的人员配置”进行有效地定义。从政策上说，如果它是用来规范 NTT 的方针，那么这个定义就要同终身雇佣（在日本大多数大型公司中这还是个惯例）达成协议。因为“合理的人员配置”的定义如果违背了终身雇佣这一 NTT 现行的惯例，很明显是要遭到反对的。

现在的情况就是，在这个方面（可能还有其他方面）指导邮政省作出决策的理论和惯例缺乏透明度。如果再调节没有通过，是可以理解的，但这也给什么行为应该得到肯定（忽视再调解是否与肯定的方向一致）增加了不确定性。（如果没有明确的标准，认为 NTT“效率低”的言论将有不可驳倒的危险）但是，缺乏透明度也很可能打破常规，它的失败能有效传达一个明确的信号，证明什么行为将是正确的。当我向一位邮政省高级官员提出这一点时，他也表示同意。不过，邮政省所有这些看法都给人留下了鲜明的印象，那就是，它认为，NTT 依然有充足的“资本”来实现高收益，因此，不需要加价就可以实现其金融地位的提高。

NCCs 的竞争带来的间接影响

NCCs 的竞争对 NTT 的策略有很大影响，但是现在要讨论的是一种很微妙的影响。它不但改变了电信服务价格的决定方式，还改变了其收入的决定方式。从另一方面讲，它改变了研发开支的等级。

在垄断时期，价格实际上由“成本外加一定的费用”确定。就是说,价格是由 NTT 所需的收入计算得出的,这个收入要能平衡开支预算和合理的收益。从法律上讲,邮政省以及议会要按这种方法定出价格。在这种系统中,NTT 的花费,包括研发经费,被认为是“已确定的开支”。也就是说,价格是在外部给出开支的基础上计算得出的,因果关系就是从开支到价格。但这并不意味着 NTT 的管理者完全无法决定研发开销的等级。邮政省和议会会根据公司的开销水平进行详细审查。事实上,正如我们看到的,到 1985 年为止,研发经费占营业额的比例和现在比起来相当有限。

在 1985 年之后所谓的竞争时代,这种因果关系完全被颠覆了。现在,价格并不像从前那样是由开支计算出来的,而是通过市场确定,尽管是一个受管制的市场。更具体地说,NTT 的长途话费现在并不由它本身的开支决定,而是由邮政省允许 NCCs 的价格所定。NCCs 的价格首先由它们的开支水平确定,然后再由邮政省的调整制度决定(正如我们看到的,尽管长途价格降低了,NCCs 的营业额和收益仍然实现了快速增长,如图 7－1 和 7－2 所示)。在竞争年代,首先是由(受管制的)市场决定价格,然后才决定价格(通过收入)所能维持的开支水平。因此,价格变成了“自变量”,开支水平变成了“应变量”。

新竞争价格机制的意义

对 NTT 路线而言,这种新竞争价格机制的意义就是将研发资金(像其他开销一样)从一个给定的数值变成了一种投资。在垄断时期，这种设定好的开支可能会被政治上审定的价格所掩盖。但是在竞争年代，研发支出已变成了一项投资，这必须由它所带来的收益证明。如果研发没有产生适当的利润，那么公司最终会发觉开销过大（NTT 的研发经费占营业额的 4.7%，占总开销的七分之一，很明显，这个比例是很高的）。

然而，NTT 的管理者将不得不思考，他们从研发开支上已经得到了什么回报，可能得到什么回报。这是所有遵循市场原则的公司的共性。也是 NTT 经历中一个实质性的突破。从另一个角度说，新竞争价格机制的深入意义就是 NTT 策略中的核心“通过研发来创新”要继续遵从市场规律（虽然当前是受管制的市场），也就是要根据市场决定价格和收入，以此来决定公司从研发上获得的回报。在过去，这个核心大部分只是个名义上的承诺，没有受到市场压力的挑战；现在则再也不可能了。

总结

下面将对作用于 NTT 及 NTT 路线的竞争所带来的影响做一个总结：

1. 尽管竞争对 NTT 的影响正不断加大，但它仍然是非常有限的。

2. 尽管 NCCs 在电话服务业，特别是东京—名古屋—大阪这条线路上的竞争力度是十分强劲的，但还没有对 NTT 的整个市场份额造成多么严重的影响。

3. 在新型的服务业中,NCCs 带来的冲击更大,尤为突出的是单元电话服务。然而,这些服务只占到 NTT 收入和利润的很小一部分。

4. 1985 年以后,NTT 的营业额有所增加,但 NCCs 的竞争使其收益有所下降(税前利润)。

5. 下降的收益并不会过度影响 NTT 的财政状况,这表现在公司持续的 AAA 级声誉,以及同其他日本公司相比强劲的实力(前面提到过)方面上。

6. 1985 年以后,相对营业额和人力开支而言,NTT 加大了研发上的开销。NTT 继续坚持通过研发来创新的做法是 NTT 路线的重要组成部分,也是公司战略的基础。

7. 有证据证明,在当前的竞争和规章制度下,NTT 将不可能维持它通过研发来创新的力度。

8. 这是否会对日本电信网络产生消极影响,取决于电信供应公司能否接替 NTT 的研发,包括长期和基础研究。价格再平衡问题也需要从这里得到答案。

9. 研发开支由确定的花费转变为竞争时代中的一种投资,这对 NTT 路线有重要意义。它标志着对 NTT 过去的超越。

10. 长期而论,NTT 可能要在各种电信市场中(某些情况下,紧接着会在新技术方面),面临现存的和新的竞争者带来的越来越大的竞争压力。例如,摩托罗拉计划建立"铱星计划",一种耗资 33.7 亿美元的全球卫星通信网络。这个网络将使用手持的无线电话,通过 66 个环绕地球的轨道卫星来通信。网络将提供订户语音、传呼、传真、数据和无线电判位卫星服务(RDSS)。第二电话电报公司和它主要的股东京瓷对参与“铱星计划”表示有兴趣。[1] 讲到的竞争压力增大这方面的内容,将继续强调这一部分所分析的发展趋势。

整　顿

NTT 和 NTT 路线所面临的第二大难题是有可能即将遭受整顿。NTT 是否将被整顿在日本决不是件新鲜事。这是继美国的 AT&T 决定要被整顿以后被提上议程的。1982 年的行政改革临时授权书提出要整顿 NTT,但当 NTT 在 1985 年部分私有制时,这个提议没有得以执行。1990 年,邮政省电信委员会提议整顿,NTT 再次面临险境。这个提议由邮政省亲自制定;然而,再次没有付诸实现。到了 1995 年或 1996 年,NTT 又一次面临严峻的形势,这次提出的整顿是 NTT 和日本电信行业都要担忧的。

1989—1990 年的整顿争议:背景

在日本,关于整顿的争议引起了一大堆问题:谁同意或反对整顿,为什么?为什么反对者试图要打败提案人?在影响日本电信政

① 《金融时报》,1993 年 1 月 7 日。

策的行政变动方面,整顿上的斗争表明了什么?在 1995 年或 1996 年,NTT 会被整顿吗?最后,对 NTT 和 NTT 路线进行整顿的结果是什么?这些问题会在这一部分逐一进行探讨。

1982 年的行政改革临时授权书,提议在长途电话服务中进行基于设备的全面竞争,同时建议 NTT 被拆分为一个提供长途电话服务的公司和几个提供本地服务的公司。其主要原因是促进竞争。为了避免反竞争性的交叉补助,授权书更是提出,NTT 应成立大量附属机构,分别持有各个地区的账目。

授权书最终导致了 1985 年 NTT 的部分私有化,在报告发出之后的争议下,关于整顿的提议被临时阻止了。主要原因是担心整顿会给价格、国际服务和雇佣带来影响。这也是 1985 年改革,为竞争作了充分的预备,却没有提出整顿的原因。此外,NTT 公司法案可以在五年内对 NTT 的结构进行再检测,这保留了整顿的可能性,并认为这是将来保护竞争所必需的。

在五年限期快要结束的时候,邮政省的咨询委员会、电信理事会,发出了一份临时报告,提出要进行整顿。为了理解继而发生的激烈争论,我们有必要对整顿问题上占据重要地位的主角多一些了解。

争议的主角

邮政省

正如我们所示,邮政省是支持整顿的。其官方理由是,为了减弱

NTT依然过于强大的垄断势头和政治实力，整顿是有必要的。然而，20世纪80年代，同NTT进行了长期有力的斗争，并令日本电信有了根本性改变的临时授权书，对邮政省坚持整顿的立场并不有利。邮政省的方针制定者将改革的必然性看作是加强其影响力的新机会。他们原先反对NTT私有化，不久，他们又认为将私有化和基于设备的竞争合起来能够加强邮政省制定方针的权力。这种新的形势和对规章的掌握将在可预见的未来，致使一个产业被一个指挥者所操纵。就是说，NTT和新的电信公司都要服从邮政省的指挥。通产省是两个最有影响力的部门之一（另一个是大藏省即财政部），由它我们可以看到，拥有受之保护的公司基础，能带来怎样的政治力量。

这就是为什么邮政省要迅速改变它的立场，支持NTT私有化的原因。但是私有化以后，尽管制定了新的规章，邮政省仍然觉得NTT太过于强势，它拥有一些强大的政治联盟。然而整顿能够改变原先的势力平衡，减小NTT的影响。

NTT的处理手法

NTT强烈地反对整顿，主要原因是NTT的管理者觉得整顿会对NTT路线构成很大威胁，而NTT路线正是推动电信服务业，以及通过在网络和研发方面的大量投资开发新技术的动力。从这一点看，将公司分为一个负责长途电话业务和一个或者多个负责本地业务的公司是不现实的。无论是长途还是本地服务，它们在很大范围内都依靠相似的技术和能力。整顿NTT将破坏NTT路线的统一性。按照 NTT 管理者的看法,整顿带来的矛盾是显而易见的,它将造成一种进退两难的局面,那就是如何安置公司的 ECL(电子通信实验室);邮政省的整顿提议认为 ECL 应当属于提供本地服务的公司(因为这些服务占 NTT 生意的一大部分),这又带来新的问题,那就是长途电话业务公司的"技术来源"。因此,从技术上说,整顿缺乏一致性这样的基本原则。

另一方面,从商业效益的角度讲,NTT 的管理者认为,私有化以及 1985 年后竞争带来的新的压力为增加效益创造了有利条件。相对而言,整顿就不是提高效益所必需的。进一步说,整顿很可能会由于削弱创新力量——这一 NTT 路线的核心,从而导致效益降低。总之,私有化为 NTT 的管理者提供了更多商业决策的自由,竞争也迫使公司改善新旧服务的质量,这都足以为公司带来良好的商业效益。

最后,必须要说明的是,NTT 的管理者反对整顿,还有一个原因就是,它削弱了公司在政治和经济上的影响。很明显,几乎没有什么能促使它们签署协议,因为这样做很可能会在没有足够补偿的情况下,大大减小 NTT 的影响力——当 NTT 路线要面对整顿时,这更成了 NTT 的管理者全心拥护的逻辑。

NTT 联盟

NTT 联盟,也就是全日本电信工人联盟反对整顿,他们的立场得到了同日本联盟有紧密联系的主要反对团体的支持。行政改革临时授权书主要关心的是政府开支的大小,由于 NTT 的经营开支中人员开销所占比例最大,联盟便被告知,改善日本电信业需要减少员工(1985—1991 财政年度,雇佣人员数量减少了 56 000,然而人员开销仍然是 NTT 经营开销中最重的一部分,占总值的 39.3%)。

对此,联盟非常注重提高“效益”,认为这样可以隐藏雇佣者的问题。但最终,联盟还是接受了 NTT 私有化的提议,但是它反对整顿,因为成员的分离,会令其地位被削弱。还有一个原因是,在整顿以后的各公司里,可能存在工资和工作条件的不平衡。

大藏省

大藏省反对整顿。其中一个重要原因就是,大藏省是 NTT 的主要股东之一。从经济和财政上考虑,它不相信整顿对 NTT 股票价格有利(到 1994 年为止,大藏省仍然握有 NTT 66%的股份)。进一步讲,大藏省和邮政省在邮政储蓄账目(由后者掌控)中的不同角色和地位所引起的冲突,对于促使它们合作是毫无帮助的。其结果就是,财政在整顿的战斗中成为邮政省的主要对手之一。

通产省

两个最有实力的部门中的另外一个,通产省,同样也是反对整顿的。总的来讲,通产省关注电信业,主要是想保证在日本创造良好的条件发展计算机,特别是信息工程,大方面说,就是“信息社会”。所以在 20 世纪 80 年代初,通产省就要求邮政省放宽租用电信线路,以加速在线电脑的发展。这导致了 1982—1983 年通产省和邮政省在增加网络(VANs)上所谓的"电信战争"。[①]

同大藏省一样,通产省也不认为整顿对经济和财政有利。通产省,特别是它的机械和信息工业局,很关心整顿可能会带来的影响,以及日本主要电信设备供应公司在国际上的竞争力,像 NEC、富士通、日立、冲电气(Oki)、住友电工、古河电子和藤仓电子。本书的其他地方还将详细谈到,NTT 和它的电子通信实验室很多年来都在帮助这些供应公司提高它们的竞争力,因此,通产省担心整顿会削弱 NTT 与这些公司的关系。

通产省和邮政省之间的冲突还不止上面这些。邮政省企图通过提高调节权限以及结合更广阔的公司基础,来增加它的决策权,这对通产省的地位产生了威胁。通产省的观点认为,邮政省如果拥有更大的调节权限,将对信息社会或者说对日本在国际上的竞争力有消极影响。计算机要通过电信网络来连接,这使得两个部门有可能在它们负责的同一区域推出不同的,甚至相互矛盾的政策。出于这个原因,通产省迫切要求在日本电信增加规章制度的同时,增加竞争。邮政省试图扩大它的公司基础,同样威胁到了通产省。很多 NCCs 的股东公司在另外的生意上也归入了通产省的控制。这是两个部门关系紧张的又一原因所在。

---

① 所谓的通产省和邮政省之间的电信战在约翰逊(C. Johnson)的论文《通产省,邮政省和电信战:日本是如何制定高技术政策的(MITI, MPT, and Telecom Wars: How Japan Makes Policy for High Technology)》[摘自 C. Johnson, L. D. Tyson, and J. Zysman (eds.) Politics and Productivity: How Japan's Development Works, Ballinger, Cambridge, Mass., 1989.]邮政省的官僚动机在本章的后面有更详细的说明。

电信设备公司

这些电信设备公司在1985年之前是NTT传统供应组织(就是电报电话家族)的一部分,它们显然反对整顿。尽管NTT已经开始收购外国公司以及其他日本公司,但是传统的供应商,像NEC、富士通和冲电气,仍然和NTT保持着紧密联系,并继续为之提供充足的设备来源。多年以来,这些公司已经同NTT形成了惯性的交往模式,甚至建立了专门与NTT进行交易的部门。在某些时候,“从天而降”的惯例进一步巩固了这种密切的关系。对这些传统供应商而言,整顿代表着挫折,它们要重新与那些整顿后的NTT公司建立研究、发展和采购关系,同时,订单成功率的不确定性也增加了。因此,它们反对整顿。

同时,NTT的一些新供应商也强烈反对整顿。NTT新西部供应商中的一员,在幕后扮演着重要的角色支持NTT。这包括非正式的游说LDP政客,坚持认为整顿会引起电话价格的上涨,等等。这个西部公司相信整顿会带来这些后果,它像日本传统的供给商一样,力保它所投资的线路(同NTT一起建立)不受整顿破坏。①

经团联

日本经济团体联合会(经团联,Keidanren)在整顿问题上的立

① 涉及秘密,这个公司的名字本书隐去。本案例的重要性是NTT的西方供应商已经开始和NTT的传统日本供应商一样经营了,这一点,当然不奇怪,因为日本供应商在长期与NTT的合作中建立了一种信任的基础,而且不希望由于西方供应商的加入而损伤了这种信任,因为一旦信任受损,那么公司的发展和来源于NTT的收入就会增大。

场,比上面提到的部门以及 NTT 的供应商要更加不明确。在它的重要成员中,有的是支持整顿,有的是反对整顿。前者包括大批拥有 NCCs 股份的大型日本公司,而后者则包括 NTT 的日本供应商,以及大量拥有 NTT 股份的公司。可以说,经团联代表了电信服务的公司用户,他们都希望得到更廉价、更优质的服务,并把 NTT 面临的竞争当作是递送服务的主要工具。

然而,在对待 1989—1990 年 NTT 分解的问题上,经团联联盟内部对整顿会产生多大可能的影响存在相当的不确定。这就是为什么经团联在批评 NTT 继续拥有强大垄断势力的同时,暂停了对整顿的支持,以一种观望的态度取而代之。

逐一记录 1989—1990 年针对整顿的争议

电信议会 1989 年 8 月的期中报告

根据 1985 年 NTT 公司法案,NTT 的结构要在部分私有化后的五年内进行审查。这是由邮政省咨询委员会,也就是电信议会首次提出的。1989 年 10 月,电信议会提出了它的期中报告。

1990 年电信议会的成员资格是在 1982 年 10 月 1 日确定的,如表 7－9 所示。电信议会的广泛代表有一个显著的特征。除了直属电信业的日本机构以外,有来自外国公司的代表(例如,日本 NCR 和 BMW),还有一个新闻记者和一大批独立的“评论家”。

同样值得关注的是,丰田公司的丰田英二(Eiji Toyoda)先生也

表7－9　1990年电信议会成员名单	
成　　员	从属关系
Eiji Toyoda(主席)	丰田,日本公路电信
Katsumi Soyama	NEC,前 MPT 副秘书
Akira Arai	日本经济杂志
Kiyoshi Iijima	评论家
Mitsuharu Ito	京都大学教授
Hiroshi Inose	国家科学信息系统中心教授
Koji Kamaoka	教授,INTEC（特殊的第二类企业）
Yasuchi Kosai	评论家
Riyako Godai	作为市政企业的日本财政公司
Takayuki Kondo	生存科学研究所
Mamoru Sakai	日本长期贷款银行
Atsuchi Shimokobe	国家研究所
Yoji Hamawaki	宝马
Hiroshi Hirayama	Waseda 大学教授
Sakae Fujiki	移动无线通信中心公司
Minoru Hounoki	海运服务
Mitsuo Matsushita	东京大学教授
Katsushige Mita	日立
Hironnbu Mitsutomi	日本 NCR
Fumio Watanabe	日本航空
Mitsuharu Waroshina	日本贸易联盟

是其中一员,并且是议会的主席。丰田是日本公路电信最大的股东。它所占有的股份为7%。(表7－3指出,日本公路电信实际上是三个NCCs中最不成功的一个。)议会成员还有来自传统设备供应公司,

NEC(它的代表 Katsumi Soyama 是前 MPT 的副秘书)和日立,以及日本贸易联盟的代表。

议会 1989 年 10 月的期中报告基于两个清晰的假设。第一个就是 NTT 的规模如此之大,以致它的管理已经无法令效益增加;如果利用整顿将其分为一些小的个体,效益一定会得到改善。第二,NTT 统治着长途电话服务业,并垄断本地服务,这对保护有效公平的竞争有阻碍作用。这是因为,NCCs 在长途网络上同 NTT 的竞争,同时要取决于 NTT 是否让它通过本地网络。

议会承认整顿会耗费一大笔开支,但它认为如果这两个问题得到了解决,同样也会带来好处。议会还提出三种可能的整顿方案:一个长途公司和一个本地公司;一个长途公司和几个本地公司;几个同时提供长途和本地服务的公司。

最后,议会认为,是否进行整顿,将取决于它所带来的开销和收益。议会将在最终报告中宣布其决定。

1990 年 3 月 2 日,邮政省的最终报告

1990 年 3 月 2 日,邮政省公布了基于电信议会临时期中报告的最终报告。虽然此时邮政省有机会对 1989 年 10 月期中报告的反对意见作出反应,但最终报告依然非常接近于期中报告。最终报告的第二部分认为"电信市场存在两个问题"。[①] 第一个是"NTT 不但对

① 这个用语以及其后的一些用语引自邮政省总结报告。

电信业，甚至对整个经济和社会都有巨大影响，因为它拥有庞大的规模、压倒性的市场份额以及强大的购买力。”①NTT 巨大的影响力因此被联系到 NCCs 无法实现高效益这件事上：“如果 NTT 的运转没有彻底的通透性，NCCs 将无法进行有效的竞争，实现应有的效益，消费者可能就看不到市场竞争的真正优势所在。”②

电信市场的第二个问题在于市场“单一的结构”：“日本电信市场太单一，从结构上讲，NTT 和 NCCs 的竞争条件是有区别的，现在的环境严格地限制了市场竞争的公平性和有效性。”③在结构上，NTT 和 NCCs 的竞争环境有何不同呢？“NTT 独自操纵垄断性的本地通信网络和竞争性的通信网络，例如长途电话和移动业务。NCCs 没有选择，只能依靠 NTT 的本地网络提供服务，因为，对于它们而言，建立大型的本地网络是极其困难的。”④

为了解决这两个“问题”，邮政省提出了下面的提议：

1.“长途通信业务应该从 NTT 中全部划分出来，由一个独立的、完全自由化的公司进行管理；换句话说，它应当脱离 NTT 的管制。”⑤（长途通信的定义近似于区域之间的通信。）

2.“NTT 现在经营的本地通信服务应当暂时由一个公司管理，将来可能还会改动。”⑥

---

① 邮政省总结报告，第 1 页。
② 邮政省总结报告。
③ 邮政省总结报告。
④ 邮政省总结报告。
⑤ 邮政省总结报告，第 2 页。
⑥ 邮政省总结报告。

3.“移动通信业务应当从NTT中分离出来,置于一个独立的、完全私有化的公司名下进行管理。”①

关于提议NTT将成为一个只负责本地服务的公司,报告承认“将长途业务从NTT中分离出来后,NTT当前的本地业务有必要由一个公司操纵”。② 原因有两点:第一,“解决当前电信市场的特殊结构迫在眉睫”③。第二,“如果除了长途业务的分离以外,NTT的本地服务被划分为多个地区性公司,那么,是否每个区域性公司都是有利可图的,或者说是否每个公司都需要不同的本地电话价格”④。

报告进一步指出NTT应当对本地通信业负责,并要求它将不同区域的账目分割开,从而“排除由NTT(持续的)压倒性的规模和对本地市场的垄断引起的弊端,实现流线型的运作”。⑤

考虑到NTT的研发对日本电子工业和电信业的重要性,有必要提一下报告中研发方面的建议。报告上说“在很多国家,电信工业被认为是21世纪具有战略意义的行业,对日本来说,加强电信研发的水平非常重要”⑥。报告没有进一步论证或者说明可能会遇到的异议,而是继续说到:“因此本地公司应该继承NTT现在的实验室,把它们当作一个整体来管理。”⑦

---

① 邮政省总结报告。
② 邮政省总结报告。
③ 邮政省总结报告。
④ 邮政省总结报告。
⑤ 邮政省总结报告,第4页。
⑥ 邮政省总结报告。
⑦ 邮政省总结报告。

最后要强调的是,邮政省的最终报告无疑是赞成整顿的,尽管电信议会的期中报告表明,私有化的决定应当建立在分析开支和利润的基础上。缺乏"有力的证据"支持整顿,将为极力反对邮政省整顿提议的一方留有空间。

邮政省提议所引起的反响

反对电信议会中期报告和邮政省最终报告的呼声都很强烈。早在1989年10月,邮政省的最终报告出来(1990年3月2日)两个半月前,经团联就发出了自己的报告,要求三年时间内终止有关NTT整顿的一切决议。经团联的报告承认,由于NTT的主导地位,电信业的公平竞争确实不存在,而整顿也有可能对加速竞争起一定作用,但是,它认为有必要进一步研究整顿对经济和财政带来的影响。同时,经团联报告还提出,整顿应当推迟到NTT完成网络数字化以后,因为NCCs无法支持这样的巨额投资。①

大藏省(财政部)对整顿也是大力反对。1990年2月,大藏大臣(财政部长)桥本龙太郎明确指出,他否决任何关于整顿提议的内阁私有化。他认为,提议会令NTT的股票价格降低,损害NTT的160万股东的利益(没有提到任何关于大藏省拥有NTT 66%股份的事实!),威胁到政府掌有的日本铁路股份的出售。② 同样,反对声还来

① 《日本时报》(*Japan Times*),1989年12月12日。
② 《日本时报》,1990年3月31日。

自通产省,全日本电信工人联盟,主要的反对团体,以及主要电信设备供应公司。

这场僵局中,一边是邮政省,一边是大藏省和通产省,所以事情就留给了自由民主党来解决。自由民主党中与邮政省和大藏省关系最紧密的"族议员"(zoku,与各部门利益关联的"群体")进行了一系列的谈判和折中。LDP内部的邮政"族议员"是由邮政官员指定的,在政治上非常有影响力(特别是农村地区的),而与大藏省相关的"族议员"也有坚强后盾。最后的结果是一种折中的做法,由邮政省在1990年3月30日公布的新内阁提出政策。①

1990年3月30日日本政府公布的措施

1990年3月30日公布的措施,其开头颇具讽刺意味:"从电信议会到邮政省(1990年3月2日)提议的精神"已经"予以考虑"。② 实际上,3月2日最终报告的"精神"就是关于整顿NTT的提议,导言并没有反映事实,而是试图抚平邮政省官僚和电信议会成员喜欢滋事的特点。这些措施包括了邮政省之前发出的很多提议,但是整顿NTT的提议未能通过。不过,要求NTT将其长途和本地通信业务的账目分割开产生了重要的影响。它企图通过迫使NTT不能够交叉互补各项服务来扰乱NCCs的竞争。

---

① 邮政省1990年3月总结报告。
② 邮政省1990年3月总结报告,第1页。

措施是由“基本设想”开始的,尽管已经取得了“一些成绩”,“例如,大量新企业的出现以及价格和费用上的平稳下调”,但是目前“NTT 仍然握有绝大部分的市场份额,在电信服务的多样化和数字网络方面,日本还是落后于美国”。① 改革措施上继续说“有必要进一步降低价格和费用,并加强电信服务的混合性和多样化”。② 另外,如果这些目标已经实现的话,“有必要保护竞争环境的公平有效性,用任何可能的方法除去 NTT 庞大规模和垄断所引起的弊病,以改善 NTT 的管理。”③

那么,改革政策是如何保护“公平有效的竞争”呢?关于这一点有两个重要规定。第一是要求 NTT 引进“独立划分系统”,④这个系统由一个长途电信分区和一个本地电信分区构成。这些分区的账目要分割开,以保证开支和收益的透明度。另外,NTT 还要分别提供不同类型电话服务的收入和开支数据,避免交叉互补。另外一个规定就是推动 NTT 和 NCCs 网络的相互联系,确保公开性。除此之外,NTT 还要“积极地公开”⑤信息,从而促进竞争。

同邮政省 3 月 2 日最终报告相符合的是,3 月 20 日的政策规定:“两年之内”NTT 的移动电信服务要同公司的其余部分分开。⑥ 还有其他政策是关于分离 NTT 末端的设备交易,分离 NTT 卫星通信服务

---

① 《邮政省 1990 年 3 月总结报告》。
② 《邮政省 1990 年 3 月总结报告》。
③ 《邮政省 1990 年 3 月总结报告》。
④ 《邮政省 1990 年 3 月总结报告》,第 2 页。
⑤ 《邮政省 1990 年 3 月总结报告》,第 3 页。
⑥ 《邮政省 1990 年 3 月总结报告》。

的收入和开销数据，劝使 NTT 加速数字化的竞争。

改善 NTT 管理的主要措施是要求公司引进"非常合理的计划"。① 这实际上是一个降低雇佣级别的计划。此外，作为对大藏省所拥护利益的反应，邮政省建议"政府应当在 NTT 股东的收益上投入更多的注意力"。②

改革措施还特别提到本文关心的 NTT 路线问题，那就是要对 NTT 的研发活动加强关注。措施提到，"政府希望 NTT 积极地开展研发活动"。③ 然而，"为了有效地传播 NTT 的研发成果，政府将研究如何确保 NTT 活动透明度的体制，例如公开它的研发结果，(按惯例)建立代码，允许制造商销售结合了 NTT 研发成果的产品"④。另外，"为了日本电信业的前景，政府将通过各种组织，包括国家实验室、大学、电信企业和制造商，开发全面的研发系统，掀起研发热潮"⑤。

1995 年或 1996 年会进行整顿吗

1991 年决定 NTT 的结构将在 1995 年或 1996 年再次被审查。1995 年或 1996 年再次整顿的可能性将给 NTT 的将来带来更多的不确定因素。那么，这种可能性究竟有多大呢？

---

① 《邮政省 1990 年 3 月总结报告》，第 4 页。
② 《邮政省 1990 年 3 月总结报告》。
③ 《邮政省 1990 年 3 月总结报告》，第 5 页。
④ 《邮政省 1990 年 3 月总结报告》，第 3 页。
⑤ 《邮政省 1990 年 3 月总结报告》，第 5 页。

首先要明确的就是,无论 NTT 本身,还是早前提过的其他利益团体,对此都没有统一的意见。我针对这个问题进行了大量访谈,对于 1995 年是否会进行整顿的回答千差万别。NTT 的一位高级执行官不但认为 1995 年或 1996 年的整顿可能会发生,甚至称它将成为 NTT 的推动力,并促使 NTT 全球化。

要更系统地审视 NTT 是否可能被整顿,有必要先来看看其他问题。

邮政省可能会再次提出整顿吗

回答这个问题的同时,有必要搞清楚邮政省为什么要在 1990 年提倡整顿。答案就是邮政省希望通过 NCCs 及其本身削弱 NTT 的势力,从而加大对 NTT 的控制。这不仅仅是共谋理论的一种推测,也是可以由 1990 年 3 月 2 日发布的邮政省电信议会最终报告的第二部分得出证明的事实。NTT 的权利不光体现在电信服务业,它还影响到日本的经济和社会。这被认为是一个很严重的"问题":"由于 NTT 的庞大规模,压倒性的市场份额以及在其他代理商中强大的购买力,因此它对整个电信业,直至整个经济和社会,都有巨大的影响。"①

这份报告认为,NTT 的影响力如此之广泛,其后果之一就是"没有完全流水线式的经营,新的电信企业(NCCs)将无法实现有效的竞争……"②文中没有直接提到,但还会进一步暗示,NTT 的"流水线",

---

① 邮政省于 1990 年 3 月 2 日提交给日本电信协会的报告。
② 邮政省于 1990 年 3 月 2 日提交给日本电信协会的报告。

也就是这份报告所建议的整顿，将提高邮政省对 NTT 的影响力。

这里又要引出两个问题。邮政省还认为 NTT 应当被进一步削弱吗？如果问题的答案是肯定的，那么整顿 NTT 的问题一旦出现变动，邮政省将如何评价它所带来的反应呢？

邮政省还认为 NTT 应当被进一步削弱吗

在回答这个问题的同时，有必要了解的是，自 1990 年以来，尽管 NTT 继续统治着电信服务和设备市场，尽管并不能低估它在政治上的影响，但由于 NCCs 和邮政省的竞争，NTT 的地位已经削弱了很多。

1. 正如本章先前提到的那样，NTT 的收益受到邮政省和同其竞争的三个主要 NCCs 中至少两个的影响。

2. 邮政省按长途和本地，按地区以及电话服务的类型，分割 NTT 的账目，使得 NTT 账务系统的透明度增加了。这令 NTT 即便不是完全不能够，也很难再进行交叉互补，从而保护了 NCCs 不再受不公平竞争。1992 年 4 月 1 日，也就是紧接着 1990 年 3 月 30 日政府的措施出炉，NTT 的机构进行了调整，以响应 1991 年 3 月政府的决策。

NTT 的调整包括建立一个提供区域间电话服务、私人租用线路和 ISDN 服务的长途电信部门。另外，还建立了 11 个地区电信部门（包括东京、关东、信越、东海、北陆、关西、四国、九州和北海道）。这些部门提供区域内的电话、私人租用电话和 ISDN 服务，还有公用电话、电话号码查询服务和区域内的电话号码簿。

除此之外，还建立了四个其他的服务单元：电报部门、邮件通信部门、无线电通信部门和移动通信部门。NTT 还要按照邮政省的新规定，准备收益—亏损报告和其他的财政数据，并公开每个部门的资产和债务清单。[1]

3. 最开始是通过对相对自治的子部门进行抽资脱离，从而在 NTT 中进行严格的地方分权，这进一步破坏了公司有力的中央集权制，尽管 NTT 设在日比谷（Hibiya）的总部依然有相当的实力。NTT 的 1991 年年度报告表明，公司总共有 146 个专门的子部门和分支机构。[2] 其中包括 NTT 国际公司，它建于 1985 年 10 月，主要为海外的电信系统提供工程和咨询服务；NTT 数据通信系统公司，建立于 1988 年 10 月，提供计算机网络和系统积分服务；还有 NTT 移动通信子部门，NTT 移动通信网络公司，也就是大家熟知的 NTT Docomo，建立于 1992 年 6 月。

4. 自 20 世纪 80 年代同 MITI 进行“电信大战”以后，邮政省已经顺利地成了电信界的首席调解员。这可以从对 NTT 的警告看出端倪。如果不是恭敬地交代了一切对邮政省而言很敏感的问题，恐怕会更加麻烦。一个很恰当的例子就是全球化问题，下面的内容还将详细说明。

从上面这四个原因中，我们还不能完全看出邮政省是否要利用 NCCs 和它自身，进一步削弱 NTT 的力量，甚至实现对 NTT 的整顿。

---

① 《日本新时代的电信》，1992 年 4 月 1 日，第 157 期，第 10 页。
② 《NTT 年度报告》，1991 年，第 23 页。

然而,在我采访邮政省官员的过程中,他们明确指出,邮政省不会放弃 1995 年或 1996 年对 NTT 进行整顿的可能。他们希望保留整顿这个选择,同时观察这一部分提到的其他措施作用如何。不用说,整顿所带来的威胁会加强邮政省的调解权利。

整顿 NTT 的问题一旦出现变动,会带来怎样的反响呢

邮政省很有可能意识到 1990 年 NTT 的同盟,特别是大藏省和 MITI,没有任何明显的理由改变它们对于整顿的立场。与此相关,值得注意的是,在整顿这件事上,不管政治上的影响如何,考虑到它可能给经济和财政带来的影响,任何争论者都没有做细节上的评价。大藏省握有 NTT 66%的股份,并正在寻找机会卖掉更多的股份,其仍然关心整顿在东京股票交易所低迷的时候,是否会削弱 NTT 股票的价格。

此外,MITI 的很多决策者非常担心 NTT 的进一步弱化将降低日本在国际电信市场中的地位,并对日本电信设备公司在世界上的战略和竞争部署产生不利影响,而后者已经在先进西方国家的电信市场中关于复杂设备这方面遭到挫败(部分是由于保护主义)。

另外,还有一个很偶然的因素。在对 1990 年 3 月 2 日邮政省最终报告进行讨论的时候,邮政省依靠它在自由民主党的"族议员"同大藏省进行了妥协,其次是 MITI。即使邮政省在 1990 年没能够进行整顿,从 1990 年 3 月 30 日政府公布的措施也可以看出,邮政省的很多建议已整合在其中了。邮政省这次的成功多亏了"族议员"的政治影响力。

更明确地说,邮政省很幸运地拥有金丸信(Shin Kanemaru)做其“族议员”的领头人。金丸信先生是自由民主党年长的政治家,并常常被认为是“能够左右选举结果的人”,有实力在自由民主党不同派别之间担当仲裁。因此,他能够有效地抵抗前首相竹下登(Noboru Takeshita),而后者是大藏省“族议员”的领头人。当邮政省和大藏省发生争执的时候,金丸信和竹下登进行了妥协。

在1992年年底,自由民主党内邮政省和大藏省“族议员”之间的政治力量平衡戏剧化地发生了改变。金丸信因为接受了一项非法政治捐赠,被迫离开了自由民主党。接下来发生的事情反映了力量平衡上的巨大变化。1992年10月11日,小泉纯一郎(Junichiro Koizumi)作为邮政大臣加入了宫泽喜一(Kiichi Miyazawa)首相的第二任内阁。小泉纯一郎先生所在派别和金丸信先生所在派别(Hiroshi Mitsuzuka领导下的团体,这个人是自由民主党中很有实力的政策研究议会的主席)是对立的,前者也是大藏省“族议员”中的成员。

小泉先生加入内阁以后,打破了先例,要求新进来的部长要执行他们前任采用的政策。他还声明他反对由高级公民发起的邮局储蓄免税计划。大藏省长期以来都反对邮政省的免税计划。这次对邮政省官僚权威性的挑战致使该部的一个高级官员出于自保辞职了。《日本经济新闻周刊》报道说:“小泉自己承认,如果金丸信仍然是派别的首领,他将不会再次挑战免税计划。”①

① 《日本经济新闻周刊》,1992年12月21日,第2页。

结论

1994 年以后,日本进入了一段政治上极其不稳定的时期,政治团体内部和团体之间的联盟不断地变换。日本官僚机构没有发生多大的变革,但是对于整顿问题,政治上的不确定更是增加了不可预知的因素。尽管本节提到的事项都与整顿相关,但邮政省是否要在 1995 年或 1996 年提议整顿呢? 如果回答是肯定的,它是否能够成功呢? 这一切的答案都有待揭晓。

全 球 化

主要的电信企业,例如 AT&T 和 BT,都在密切关注着全球电信市场,因为它是 20 世纪 90 年代,以及 21 世纪早期重要的发展对象。日本现在的主要问题就是: 哪些公司能在这些市场中代表日本呢? 这个问题比任何划分或者混淆日本电信主导者的问题都要关键。

电信市场的全球化

AT&T 的 1991 年年度报告提出三个主要“针对未来的财政目标和策略”:

- 实现平均年收入增长率为至少 10 个百分点，资产净值上的利润超过 20 个百分点。
- 在下一个十年前期，国际市场的收入要达到总收入的一半。
- 收入长期呈增长趋势，其增加值要超过信息服务和管理产业的总产值。

1991 年，受到 NCR（其 60%的收入都来自美国以外的资源）合并的推动，AT&T 从国际市场获得了 24%的收入，其中 9%来自设在其他国家的经营项目，15%来自本地经营的国际收入（包括国际电信服务和出口贸易）。[①]

BT 公布了其新的大型全球化工程。例如，BT 的全球化网络——龙卷风工程，将耗资 10 亿美元，在全球最大的 20 个城市中提供服务。这个网络能帮助为跨国公司提供公司内服务的电话分流，它在得到政府的批准以后，预计将于 2003 年全部实现运行畅通。[②] BT 还发动了 Synchordia 工程，它的设想是“完全控制客户公司的全球电信”。[③] 我们之后将提到，BT 还劝说 NTT 加入 Synchordia 联盟，可惜没有成功。另外，德国、法国、荷兰和瑞典都建立了相似的国际电信联盟。

为什么这些大型的电信企业都开始将注意力越来越多地放在全球电信市场呢？第一，像美国和英国这样的国家，重要的企业都要面临国内市场不断高涨的竞争压力。这迫使它们到国际市场寻求长期

① 《AT&T 年度报告》，1991 年，第 18 页。
② 《商业周刊》，1992 年 12 月 7 日，第 18 页。
③ 《商业周刊》。

利益。第二,大型和中型的客户公司对于电信公司而言,是非常重要的市场组分。客户对新型电信服务的需求在不断增长,电信企业希望新的需求能够取代对电话服务的需求。另外,客户们也越来越热衷于国际活动,这促使大型的电信企业加速发展,以迎合客户对国际电信的需求。

第三,大型电信企业相信,经过设计、开发、运行庞大的网络工程,它们在信息运作和管理上都拥有了不同寻常的实力。而这些实力将为跨国公司提供更有效的信息服务。这种信念让BT和KDD这些企业开始为公司提供外购电信服务的机会。

综合上述原因,我们了解到,正是由于一些强大动力的存在,才促使电信服务的全球化市场得以发展,并鼓励大型企业进入这些市场。那么,日本公司在这些新兴的全球化市场中将扮演怎样的角色呢?

作为国内企业的NTT

根据NTT公司法案第一条,NTT“是一个以经营国内电信贸易为目的的有限公司”,而KDD则是提供国际电信服务的公司。这种权利上的区分并不能完全阻止NTT“全球化”。

NTT是如何实现“全球化”的呢

尽管法律上的约束将NTT限制为一个经营“国内电信贸易”的

公司，但是NTT至少在五层意义上能够“全球化”。

1. 正如本书通篇描述的那样，NTT全球化了它的研究、发展和电信设备的来源。它通过在其第三方针——联合发展项目中，囊括北方电信、IBM日本、DEC、爱立信和AT&T这样的公司，做到了这一点。

2. 通过它的一些附属机构，NTT已经能够在日本以外提供电信咨询和工程服务了。其中NTT于1985年10月进行的国际活动最为瞩目。

3. NTT现在已经能够利用竞争直接在其他国家进行海外经营了。明显的例子就是1992年7月与泰国电话电信公司联手，NTT获得了16.2亿日元的合同。

4. NTT还能够在一定程度上帮助其日本的客户，满足它们在国际电信方面的需求，给它们建议，为它们从其他国际企业租用线路。然而，日本已经立法禁止NTT拥有以及提供连接日本和其他国家的线路。

5. NTT已经确立了一些战略上的联盟，微软就是其中之一。

本书在早前已经详细讨论了第一类全球化，这里着重讨论的是其他类别。

海外咨询和工程服务

国际NTT（NTTI）是NTT在日本以外经营电信服务的主要途径之一。到1992年3月31日为止的一年时间内，NTTI的销售额为

130.7亿日元,公司员工为394人。NTTI的销售额大约是NTT的0.2%,雇员是NTT的0.15%。

NTTI方面公开的材料写到,“我们主要是利用NTT大量的管理资源,以及在发展电信基础设备和先进通信系统方面突出的能力,为全世界的客户提供适合特殊电信和数据通信需求的服务”。NTTI大部分的工作都在发展中国家,但它也为美国、英国、瑞士和德国这些国家的私营公司建设全球信息网络。

直属的海外贸易

泰国电话电信公司(TT&T)

NTT同TT&T的贸易是NTT目前为止最大的海外贸易,可以说是为这一类型的全球化创造了典范。但是,NTT是如何面对国际企业(例如法国电信)的激烈竞争,赢得这笔交易的呢?NTT将在TT&T中扮演怎样的角色?为什么邮政省早前反对NTT进入墨西哥和巴西的市场,而这次却支持NTT在泰国的贸易?下面就让我们依次来分析这些问题。

TT&T贸易的背景

作为一个正以高速增长率迅速工业化的国家,泰国对电话服务的需求日益增强。泰国5 500万人口中只有2.3%拥有电话,也就是说,它拥有将近130万的电话客户。泰国政府因此决定在五年时间内使电话客户增加300万。

为了加速泰国电信基础设施的发展并使电话广为应用,泰国的权威人士受到私有化主张的影响,决定批准私营公司的银行团发展额外的电信设备。同时,泰国电话组织(TOT),也就是国家电话公司作出了两个让步,一是曼谷地区的两百万线路,另一个是曼谷以外的一百万线路。泰国的公司应邀组成银行团,申请这些线路,不过要求它们的财团中必须包含一个国际性的企业。

TT&T有四个泰国公司作为它的成员公司:Loxley,经营电信、计算机相关设备和防卫设备的贸易公司;Jasmin,经营电信、卫星和计算机;Italthai,意大利和泰国联营的建筑公司;还有Patratanakit,一个证券公司。同NTT竞争加入TT&T的其他国际企业有:法国电信、美国西部电信和来自澳大利亚以及新西兰的大型企业。其中,法国电信和NTT是主要的竞争者。

NTT是如何打败法国电信的

法国电信是一个强大的竞争者。其关键的优势在于,法国电信受到政府的支持,因此能够在有吸引力的项目上拿出资金。法国电信还同法国电信设备公司阿尔卡特合作,后者同意为TT&T提供所要求的设备。另外,法国跟泰国有殖民关系,这也是日本缺少的。

NTT的弱点在于它不能得到邮政省的帮助,为它提供特殊项目相关的资金。NTT也确实向邮政省申请过援助,但被邮政省以不能给一个企业这么优惠的待遇而回绝。因此,在供应和资金方面,NTT

是处于劣势的。然而,NTT 有其他的强项,并最终赢得了斗争。其中最关键的是(已经在本书中详细说明过),NTT 学会了在多卖主的基础上经营,它从一大批供应商,包括非日本的商家那里,购买电信设备,有时候还会进行联合开发。从 TT&T 的观点讲,这是一个很大的优势,因为它们曾经有过单个供应商的经历,其结果是长期下来费用很高。

但是,如果 TT&T 为了获得电信设备而经营一个多卖主的系统,就要在工程技术上拥有强大的实力。也就是说,TT&T 的网络必须适应不同供应商的设备。另外,假如原先的供应商被强大的对手打败,停止供应 TT&T,那么它们的设备就不得不被供养起来。在这一点上 NTT 也很有优势。NTT 拥有杰出的工程技术能力和培训经验,因此在泰国享有很高的声望。它在泰国有一家事务所,三十年来,都是以经营各类技术型服务为主。作为贸易的一部分,NTT 签署了两个与培训相关的项目。第一个项目是 TT&T 的重要工程师将赴日本 NTT 接受培训,而第二个项目则是 NTT 的工程师在泰国提供培训。

正是这些原因,使得 NTT 赢得了同 TT&T 合作的机会。

NTT 将在 TT& T 中扮演怎样的角色

虽然 TT&T 大于五分之一的资产都是 NTT 贡献的,但 NTT 在公司里只有 20% 的股份。其余的股份属于四家泰国公司,Loxley 和 Jasmin 各占 25%;Italthai 占 20%;Patratanakit 占 10%。

NTT 同 TT&T 签署了两份重要的合同。第一份是关于它在 TT&T

中占有的股份;第二份是有关设计、建造、经营和维修TT&T网络的协议。第二份合同将是NTT在TT&T工程中获得收益的主要来源。TT&T将由十六名董事负责运作,他们分别来自五个成员公司,每个月进行会面。另外,五名行政总管负责董事会,每周都要会面。

为什么在TT&T案例中,邮政省支持NTT,而在其他项目中却没有

上文曾提到过,邮政省尽管没有为NTT提供项目所需资金,但它还是支持NTT参与TT&T的贸易。之前有两个案例,一个是1990年,墨西哥国家电话公司的私有化问题;另一个是巴西某移动电话服务的私有化问题。邮政省都拒绝NTT参与这些项目。为什么到了TT&T,政策却有所改变呢?

根据我采访过的NTT高级官员所说,邮政省的官僚对于NTT介入国际性活动感到十分"紧张",害怕它们会动摇KDD作为日本头号国企业的地位。但是,为什么在TT&T这件事上,却没有这么"紧张"呢?原因是,日本越来越强烈地认识到全球化在电信行业中的重要性。

有几条线索可以支持这一点,其中还关系到其他部门(譬如通产省)的政客和官僚。他们从开始就意识到日本需要一个重要的企业(或者一些企业)出没于全球电信市场。后来,他们又发觉,日本电信设备公司在国际上的成功部分取决于日本企业在全球市场的成功。在这些不断扩大的讨论之下,邮政省官员也越发觉得,一直以来电信政策的焦点都在国内,现在急需发展到国际范围了。

在 TT&T 这件事上,邮政省所持的通融态度是其重视日本电信国际化的最好反映。之后,我们还将返回到这个重点上,进一步讨论邮政省在增加日本出席全球电信市场时所作的选择。

为日本公司提供国际线路

法律上讲,尽管 NTT 是一个"国内型"企业,但它可以向国际型企业租用线路,并用这些线路向它的用户提供国际电信服务。NTT 正是用这样的方法同其他的国际性企业,例如 AT&T、BT 和法国电信进行竞争,而这些企业也正在日本和其他市场招揽这类生意。

这类生意对 NTT 而言有多么重要呢? 我无法得到相关的准确数据(例如,它们给 NTT 带来的收益),因为那些收入被冠以一大堆不同的标题,很难进行归类。然而,NTT 的官员告诉我说,NTT 能够为一批它最重要的顾客提供这类服务,其收入并不是毫无意义的。不过,很明显的就是,NTT 还是在强烈的约束之下进行国际活动的。现在,就让我们来看看这些约束到底是些什么。

NTT 全球化的约束

NTT 可以通过租用国际型企业的线路,为它的客户提供国际性服务,但它不能够在满足其用户的需求之后,转售任何额外的生产量。这对于NTT而言是一个极大的限制,不仅增加了它向国际型企业租用线路的费用,还减小了NTT在这类服务上的竞争力和收益性。进一步讲,由于它在分配和再分配生产量上的能力受到限制,NTT的机动性减少了;例如,如果线路出现故障,NTT要为顾客提供备份容量就更困难,要花费更多的资金。

但是,比起这些法律和技术上的限制,邮政省在国际性活动上施加给NTT的那些心照不宣的限制要更加苛刻。前面已经提到,NTT强烈意识到邮政省会很勉强地、为其留有余地地经营国际性的项目。这种勉强十分隐晦,结果就是NTT对于邮政省如何划分可接受和不可接受的国际活动上,要面临很多的不确定。不确定性的进一步来源就是,无论现在边界在哪里,它都仿佛处于一种变迁的状态,就好像邮政省本次支持NTT加入TT&T一样。这些不确定带来的后果就是,NTT在国际领域的活动将极其谨慎。

为什么这些限制会存在

这些限制会继续存在,通常的理由就是为了将NTT和KDD在国内国际电信业中的职责分割开。但是,我们有必要问一问,为什么这种划分还在继续加强,特别是就目前情况而言,日本已经是世界上唯一一个不允许重要的国内企业在国际上进行畅通无阻经营的国家(到最近为止,加拿大、澳大利亚和新西兰的情况很类似,但现在,这些国家已经允许国内的企业在国际上经营了)。

问题的答案在于邮政省采取的调整姿态。在 1985 年之前,邮政省就说过要把 KDD 当作限制 NTT 收入和影响的一种途径。现在,受到 CCITT 规章和管理的支持,国际电话优越的本质已经开始在国际上引起广泛的注意,连《财经时报》都报道了相关投资所带来的超额收入。像 BT 这样的公司就在这些国际性的定价中受益匪浅,可是 NTT 却丧失了这项收入。

KDD 在邮政省进行国内和国外的职责划分时受到如此的保护,很多日本的公司都认为邮政省把 KDD 当作自己的“小孩”一样看待。1985 年之后,KDD 也迎来了它自己的 NCCs——IDC(部分属于线缆和无线公司)和 ITJ(同 KDD 建立了非常密切的联系)的强大竞争——但是在日本,相对 NTT 在邮政省眼中的地位而言,KDD 仍然被认为是邮政省“喜欢的儿子”。

邮政省的调整姿态和令 KDD 欢喜的坚定立场将由 Synchordia 的传奇来进行说明。

Synchordia

之前我们已经说过,作为全球化策略的一部分,BT 试图建立 Synchordia,使其成为电信企业的全球性联盟。Synchordia 的主要目的就是为大型的跨国公司外购电信服务。BT 邀请 NTT 加入 Synchordia,并且据报纸报道,BT 愿意给 NTT 大约 20%的股份。

Synchordia 计划在日本相关当事人中激起了很多讨论。主要问题是邀请 NTT 违反了邮政省所划分的 NTT 经营国内业务而 KDD 经营国际业务的规定。他们考虑了一种做法，就是 NTT 和 KDD 同时加入 Synchordia 计划。但提议被 KDD 拒绝了，因为如此一来，NTT 在日本的地位就更高了。最后，邮政省提出了一种折中的做法：NTT 在 Synchordia 中的股份不得超过 3%。这让 NTT 觉得不可接受，因为股份太少，根本起不到应有的作用。可是，邮政省拒绝进一步妥协，所以 NTT 最终还是放弃了加入 Synchordia。

进一步全球化的推动力

Synchordia 的传奇并没有阻止关于 NTT 进一步全球化的争论。我们现在要证明的就是日本新生力量合并的早期，NTT 在国际性活动中拥有了更大的回旋余地。这也是本书的重点之一。

为什么能够进一步全球化

日本官僚机构的政策制定者越来越多，那些政治团体和公司会问，"在这个电信服务和电信企业全球化的新时代，日本有哪些商家能成为真正的国际型竞争者呢？"简而言之，就是说，哪些日本公司能同 AT&T、BT 和法国电信这样的公司抗衡呢？在考虑这些问题的同时出现了很多关键性的意见。

第一，考虑到在全球市场中竞争所需要的资源，提出了公司的规模问题，尽管从单方面讲，规模既不是在市场上取得成功的必要因素,也不是充分条件,但它还是值得考虑的。1991 年,NTT 的总收入为 62 520 亿日元,是 KDD 的 25 倍,而 KDD 在 1992 年的收入也只有 2 530 亿日元。第二,很显然的是,NTT 作为企业、研究者和信息服务的开发者,并没有得到国际性的全面开发。也就是说,尽管 NTT 在这些方面的资质有进一步开发的空间(下面还将进一步讨论),但它如果要想成为一个强有力的全球性竞争者,则需要发展另外的能力。

第三,国内和国际型的 NCCs(像 KDD),其规模也限制了它们在国际上成为主要的竞争者。论收入的话,国内最大的 NCC——DDI,它的规模仅近似于 KDD。第四,日本主要的电信设备公司——例如 NEC、富士通、日立、冲电气、东芝、三菱电机、松下和索尼,它们所拥有的机会在某种程度上是与日本企业的全球化经营相联系的。本书的其他地方已经论证过,这些公司在工业化国家的市场中,特别是复杂的电信设备方面还不是非常成功,从某种意义上讲,这就是保护主义的结果。

确实有很多征兆都说明,日本已经非常关注这些问题了。从我问过邮政省高级官员的所有问题中能明显感觉到,现在最大的不确定和不安就是日本电信公司的全球化活动问题。

另外,邮政省的一个研究小组已经在考虑,是否将 NCCs 限制为只能进行国内贸易或者国际贸易的公司。同时,邮政省和通产省的决策制定者也正在就日本电信全球化的未来展开讨论。通产省不仅要控制日本电信设备公司,它还需要比邮政省承担更多的国际性职责。

政策选项

下面就是一些主要的选项：

1. 维持现状。

2. 允许当前国内型的 NCCs（DDI、TWJ、JT）发展国际性贸易，可以单独进行，可以采取联盟的方式，也可以合并。

3. (a) 允许 NTT 单独进行国际性贸易。

(b) 允许 NTT 单独，或者联盟，再就是通过合并的方式经营国际性贸易。

4. 将 2 和 3 合并起来。

这些选择各自的优缺点：

选项 1 优点：

主要的优点是可以避免为整编日本电信耗费资金。

选项 1 缺点：

日本在全球化电信市场中的地位问题将继续得不到充分解决。

选项 2 优点：

给国内型 NCCs 机会经营国际性贸易，为它们创造了更大的灵活性。

选项 2 缺点：

这种策略是否能为日本公司提供充分的“动力”以成为国际性强手，还不能肯定。但下面这些事实是实际存在的。

首先，国内型 NCCs 成立的时间很短，还没有完全建立好它们自己的国内网络和服务。

其次，全球化市场需要新的能力，这些能力即便是 AT&T 和 BT 也还没有完全具备，那么国内型 NCCs 要拥有相应的实力就需要花费更加漫长的时间。“全球化的思维”是非常重要的组织能力，企业需要宏观考虑存在于世界上的各种市场和环境，并能够在这些市场中提供服务。所以即便是 AT&T 和 BT 这样将重点放在国内服务上的传统公司，现在也不能轻视所面临的困难。进一步讲，关注范围的有限性，也可能会削弱日本国内 NCCs 对国际市场的重视程度，因为它们在国内还没有完全站稳脚跟。

第三，联盟或者合并都不是解决公司成为国际性选手所需规模的有效方法，因为调整联盟或者要合并各个部分都非常困难。最后，也是最重要的一点，那就是国内 NCCs 缺乏技术——特别是在研发、系统工程和软件上——这样一来，它们只能依靠供应商。因此，国内 NCCs 将如何具备有特点的竞争力，足以在国际市场上立足，还没有眉目。

选项 3(a) 优点：

如果考虑规模和提供电信服务方面的才能，包括系统工程，NTT 有实力成为一个国际型的竞争者。但是，如果 NTT 真的变成了一个忠实的、有责任心的、创新型的全球化供应商,态度、策略、甚至"文化"上的改变都是很重要的。由于一直以来NTT都在市场中受到庇护,所以现在更加不能轻视这些变化。

另外,NTT与供应商(其中有一些并不是日本的公司)建立的高度有效的联系,以及共生的模式,也是非常有利的。将这一点同它在系统工程、软件和研发上具备的强大实力结合,NTT应该能够跟AT&T和BT抗衡。尽管AT&T具有NTT所缺乏的制造能力,但NTT可以通过它与这些供应商的关系来弥补这一点。

如果NTT在国际经营上不再受限制,邮政省将允许NTT进一步发展"提供全球电信服务的有效途径",并通过NTTI、NTT数据和现在TT&T的活动巩固早前实践的收获。这个选择也很可能会推动同NTT建立了紧密合作关系的日本电信设备供应商的发展。

选项3(a)缺点:

如果NTT被"解放"为一个可进行国际性经营的公司,并已经开始这样做的话,在很多邮政省官僚的头脑中最危险的就是NTT在国际和国内市场中的实力以及影响力将增加,这会被用来进行反竞争。这对邮政省如此悉心培养的NCCs(国内的和国际的)和日本电信客户都是有害的。

另外,有一些邮政省的官员还担心,NTT一旦开始进行国际性经营,其利润将用来补助国内长途服务。从1992年开始,邮政省就强迫NTT将其长途和本地账目分割开,现在,邮政省可能以同样的方式分隔国际项目的收入,从而避免交叉补助。就是说,邮政省完全可以通过行政手段,破坏国际国内互补的可能性。

全球化活动给 NTT 带来的强大市场竞争力和影响,是否会真的造成反竞争威胁呢?短期而言,答案应该是肯定的,特别是在客户选择服务受到限制的地区,NTT 日益增强的实力和影响力必定会带来威胁。但是长期而论,客户的选择多样化是不可避免的。本章前面也提到过,在移动电信方面,NTT 所面临的竞争正在迅速增长。另外,以卫星为基础的竞争也很可能会成长为重点,有一个例子就是摩托罗拉的铱星联盟,它很有可能在将来作为国内 NCCs 中间的一个帮手被引进到日本。对消费者而言,其他类似的选择也很可能要在将来被引进到日本。因此,从长远看,国际上的经营给 NTT 带来了强大的市场竞争力和影响力,由此引出的反竞争威胁极有可能是可以忽略不计的。

选项 3(b)优点:

这个选项提出了一种全新的可能,那就是 NTT 的实力不仅可以用来为它自身创造利益,还可以联合其他公司一起,创造一个激烈竞争的环境,同时为客户带来足够的好处。

例如,NTT 的长途服务就可以同 KDD 建立联盟(可以进行强势互补,尽管 KDD 很害怕处于这种关系之中),或者是 IDC,或者同 ITJ 联盟。现在,所有这些公司的全球性经营都相当薄弱,至少同 AT&T 和 BT 相比是这样。而公司间的联盟则可以推动经济的发展。同样,日本非常缺乏全球性经营的竞争力和经验,共同分担风险将带来更可观的利益。出于这些原因,这个选项可能是实现一个或者更多日本企业打入全球化电信市场的最佳选择。

选项3(b)缺点:

然而我们必须认识到,要实现联盟或者合并并非易事。进一步说,联盟或者合并也可能会对竞争造成威胁,这在与其他选项相关的部分已经讨论过了。我们要记住的是,尽管这种威胁已经被减小到允许竞争的存在,但这种威胁并没有完全消亡。

可能的方针决策

可以看出,邮政省将能够或者说希望维持这种国际国内经营分离的现状是极不可能的。下面将要讲述的一些力量,也许会因为其太强大,而难以抵抗。

邮政省是否会让NTT单独或者以联盟的形式,不受约束地进行国际化经营,这一点还不是很肯定。邮政省的调整方案是趋于限制NTT的实力,并且给它更多退路,使其向着邮政省的指示转变。然而,如果NTT不被允许进行更有效的全球性经营,邮政省的希望——有一个强劲的竞争者在全球化电信市场中占有一席之地,将很有可能化为泡影。

考虑到这一点,我们认为邮政省最终将赋予NTT更大的自由进行全球化经营。然而,在决议通过的时间上,邮政省也要受到约束。这是因为,虽然全球化的过程还处在早期,很多“机会之窗”正开启着,等待竞争者们尽早参与,但是随着主要竞争者的进入,这扇窗不久就要关闭,以便巩固强者在新市场中的地位。出于这个原因,邮政省有必要明智地选择时机,作出关于全球化问题的决定。

总　结

这一章主要讨论的是 NTT 和 NTT 路线的未来。事实表明,此刻它们正处于历史的分水岭,面临有史以来最大的变迁。在分析 NTT 和 NTT 路线未来的同时,我们还特别关注了它曾经遭遇的三次“风暴”,也就是竞争、全球化和整顿。下面将总结这些风暴带来的影响。

NTT 所遭受的最大变革是 1985 年以设备为基础的竞争。到了今天,竞争对 NTT 的影响可以说是微不足道的,只是稍微降低了其收益以及市场份额。然而,在某些市场中,例如东京—名古屋—大阪线路;以及某些服务中,例如移动电话通信,NCCs 都大大抢占了 NTT 的市场份额。然而,这依然不会影响 NTT 的 AAA 级信誉,或者说不会影响同其他日本公司相比其令人信服的表现。

但是,对于今后而言,竞争肯定会愈发激烈,其中一部分来自现有的 NCCs,一部分来自现在还不存在的新形式竞争,比如各类国际银行团。不断扩大的竞争所带来的压力将改变 NTT 的行为做法,甚至是组织形式。而 NTT 路线也将随之改变。

一般情况下,竞争带来的压力将迫使 NTT 更加适应市场发展。NTT 将把更多的注意力放在公司服务的竞争能力和成本效率上。组织上的决策将不得不发展为流水作业式的新形式,并且加大对市场机会和威胁的关注,增强其机动性和反应速度。

当 NTT 觉察出竞争的风暴即将来临时,公司的文化和定位还处于竞争前的状态。虽然我已经着重强调,在竞争来临前,NTT 是一个创新型的公司,并且已经进行了很多重要的创新,但是,那些迫使创新发生的力量从根本上是不同于现在电信市场中面临的竞争压力的。

在竞争来临之前,创新的表现形式是追赶、跟上,并且有些时候是超过其他西方国家的电信企业,这都是通过 NTT 自己的研发,以及与一大批供应公司合作开发得以实现的。通过这种形式,日本的电信网络和服务有了很大进步。然而,在竞争年代,如果 NTT 要向顾客提供服务,它就必须面临来自其他企业的竞争,这个时候,新的能力和组织形式是必要的。在这种竞争的环境中,注意力、机动性和响应速度这些因素就表现得尤为重要(同竞争时代之前相比)。NTT 需要从拥有旧的强势——在竞争时代之前促使其创新,转变为拥有新的竞争实力,这样才能够在新时代取得成功。而获得竞争实力以及它们所需的新组织形式,其中的困难都是不可低估的。

关于 NTT 路线,要强调的是,竞争时代引发了重大变革,这也同样关系到公司的信念——通过研发来创新。这个信念是 NTT 路线和公司战略的中心思想,而愈演愈烈的竞争则意味着它正面临市场贸易带来的压力。如果不考虑 NTT 为了恢复效益争取实现价格再平衡能否成功,更激烈的竞争将迫使公司确保成功,公司在研发上的开支对于公司而言只是额外的费用,可以由增加的收入来抵消。如今,NTT 的管理者将不能把研发开销当作固定的花费,其不能再被由议会指定的价格和收益率所掩盖,而是要把它当成一种投资,像其他任何投资一样,由它所获得的收入来平衡。这对于 NTT 而言,才是一个最重要的变革,同时也需要 NTT 在研发的道路上进行再定位。

如果 NTT 要加强其全球化发展,那么它需要进一步提高实力和组织能力,运用更新的策略。本章的相关部分表明,尽管 NTT 仍然被限制为一个国内型的企业,但这并没有阻止其在一些重要的方面开始实现全球化。而目前的情况也可能为 NTT 提供在将来大力发展全球化的机会。

对 NTT 最有利的情况就是,日本已经开始意识到电信市场的全球化,而在全球市场中拥有一个或者更多有实力的竞争者将是非常重要的。综合来讲,NTT 是使日本能够在新的全球化市场中占有一席之地的最佳选择。然而,同这种优势相对的就是邮政省一直以来对 NTT 将其市场扩大到国际范围所表现出的憎恶。这种反感表现得非常明显,那就是邮政省拒绝同意 NTT 加入 BT 的 Synchordia 工程。

尽管邮政省认为 NTT 不应该超越界线,侵占本应属于 KDD 和国际 NCCs 的势力范围,但是本章中提到,考虑到现行的规章制度可能会阻碍日本成为国际电信市场的有力竞争者,日本已经开始出现一种新的利益联盟。文中不但列出了对邮政省可行的几种选择,还一一分析了其优点和缺点。这些选项中的两个对 NTT 的全球化会起到帮助。

进一步全球化的机会对 NTT 而言代表着绝好的时机,但同时要强调的是,其中的困难也不可轻视。更确切地讲,如果 NTT 真的要成为一个成功的国际型企业,其必须要有新的优势、新的组织形式和姿态。

NTT 有可能要在 1995 年或 1996 年面临整顿。从 20 世纪 80 年代到现在,其历史上的每次整顿都引起了很多争议。现在我们对于邮政省是否还会发动整顿不是很清楚。但是一直以来,邮政省都把整顿当作削弱 NTT 在电信界,甚至是日本政治和经济中的实力以及影响力的主要工具,因此整顿再次成为事实还是有可能的,NTT 和日本电信业的未来正在等待判决。

竞争、全球化和整顿是改变 NTT 和 NTT 路线的三大“风暴”。如今,NTT 正处于历史的分水岭。尽管公司要面对很多重大威胁,但它也有很多新的机遇。不过,它将要遭遇的挑战也是实实在在存在的。

第八章

CHAPTER EIGHT

DDI：NTT 的主要竞争对手

本章概要

本章首先回顾了DDI的起源和成长，然后剖析DDI的过往发展与当前表现。DDI惊人的发展在多大程度上取决于公司的内部结构以及战略，又在多大程度上取决于适宜的外部环境，例如邮政省主导的提供支持的规制环境？DDI路由系统的成本最小化起到什么样的作用，特别是如何为顾客定制最便宜的服务？DDI如何利用市场而不是通过内部研发来引入新型服务，并且它在这一方面已经取得了怎样的成绩？

接下来，本章分析了DDI的未来愿景，这一愿景基于对公司未来成长和盈利来源的信念。这里有两个观点非常值得推敲。第一个是个人手机系统PHS，它是手机通信中更加便宜的选择方案。另一个是DDI对研发在公司未来发展中所起作用的愿景。

DDI公司的规模小、资源少，它能够在21世纪与NTT竞争吗？这将在最后一章讨论，到时会从两家公司的愿景中提炼出支持它们的信念。

引　言

1985年后，日本的通信服务行业进入竞争时代，DDI也成为

NTT 的主要竞争对手。本书之所以要分析 DDI，有两个理由。第一个是通过分析 NTT 主要竞争对手的内部结构和战略来更好地理解日本通信服务市场的竞争过程。第二个理由，与第一个紧密相连，是要分析 DDI 和 NTT 互相矛盾的公司信念，而两个公司的信念都影响公司的愿景，也在很大程度上影响公司的战略。这些分析揭示了一个贯穿本书的重要主题，也就是公司信念塑造公司愿景、公司能力和组织形态。

更进一步，本章关注一个难题：在只有很少的研发工程师和新型服务供应的情况下，DDI 如何有信心与 NTT 及其庞大团队（包括科学家、工程师与技术人才）竞争？

背　景

DDI 是 NTT 的主要竞争对手①。如果 NTT 是歌利亚（Goliath），DDI 就希望成为大卫（David），一个小而强的挑战者。虽然 DDI 还很小，但它自 1984 年成立以来，其发展速度就十分惊人。到 1993 年，它的总收入达 24 亿美元（NTT 的总收入是 561 亿美元）。同年，DDI 的收入第一次超过 KDD（日本国际电信电话株式会社，日本主要的国际运营商），一跃成为日本第二大运营商。并且 DDI 的盈利

① 本章的主要资料来源于笔者在 1993 年对 DDI 公司高级副总裁千本倖生（Sachio Semmoto）博士以及他的几个同事的几次访谈。

能力显然强于 NTT 和 KDD。

NTT 与 DDI 之间的竞争战[就像 NTT 与另外两个新的公共运营商那样,一个是收入略少于 DDI 的日本电信(Japan Telecom),另一个是更失败的 Telway Japan]引发了一个重要的问题。DDI 在资源明显少于 NTT 的情况下如何与其在 21 世纪进行竞争？例如,DDI 有近 30 个工程师从事新产品研发和推广,而 NTT 仅研发就有 8 500 个员工。如果再加上 NTT 在市场方面的丰富资源时,这个疑问就更强烈了。大卫如何才能够找到弹弓之类的东西使自己能够对付歌利亚呢？

为了解开这个疑惑,本章列出了如下三个主要的问题：如何解释 DDI 在 1993 年后的行为？DDI 如何形成竞争优势使它能在与 NTT 的竞争中取得胜利？最后,这对 NTT 有什么启示？

DDI 的起源及成长

起源

DDI 于 1984 年 6 月成立,最初有七位创始人。DDI 的前任总裁千本倖生博士在一次采访中回忆：当 NTT 的领导层听说新成立的这个想与之竞争的公司时,“他们笑了”。无论 DDI 的成立是否为一件可笑的事情,但这个新公司具有很强的背景。它的主要股东是持有 25%股份的京瓷公司,这家非常成功的日本公司在全球集成电路陶瓷封装市场中占有最大的份额。由于管理和组织能力突出，京瓷的主席稻盛和夫（Kazuo Inamori）博士成为 DDI 的主席。此外，索尼（Sony）公司持有 5% 的股份，Ushio、Secom 和三菱公司分别持有 2.5%的股份。日本发展银行、日本工业银行、长期信贷银行以及三井银行都提供了大量的原始资金。①

DDI 成立时雇用了 NTT 的少数中层管理人员，这让它具备了在通信行业运营的基本能力。尽管这种方法有些类似西方从大公司剥离创业的模式，但是年轻的 DDI 的确是日本在通信业新规制结构和国家商业重建下的产物。NTT 团队中的一名员工千本倖生与稻盛和夫博士于 1982 年在京都相遇，当时千本倖生在做一个关于 NTT 未来网络愿景的报告；同样身为前 NTT 员工的深田三四郎（Sanshiro Fukada）先生后来成为 DDI 主管研发的总经理。从一开始，DDI 就走了一条完全独立于 NTT 的发展道路。

成长

DDI 提供四种主要的服务：长途电话、租赁线路、蜂窝电话和基于消费者的系统终端设备。

DDI 的发展非常迅速，如图 8－1 所示。公司的收入从 1987 年的 8 400 万美元，迅速上升至 1993 年的近 24 亿美元。利润从 1987 年的

① 关于 DDI 公司的背景信息可以参阅哈佛商学院案例“DDI 公司”，9－393－048，1993 年 2 月。

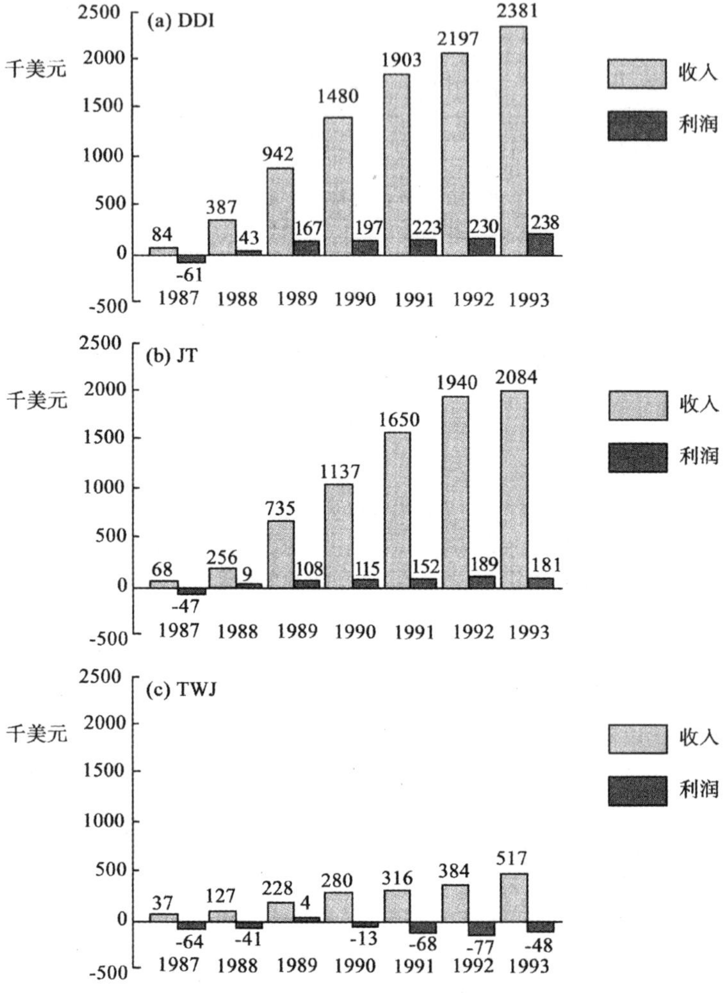

图 8－1　1987—1993 年 DTT 及其竞争对手的收入和利润(1 美元＝105 日元)

资料来源：DTT 公司。

注：1993 年的数据都是计划(预计)数据。

亏损 6 100 万美元到 1993 年的盈利 2.38 亿美元。此外，DDI 的业绩明显比日本电信好，同时也比 Telway Japan 好。Telway Japan 遭遇了灾难性的亏损以致它的未来都受到威胁。

1993 年，DDI 和另两家新的公共运营商在东京—大阪这条线路上拥有超过 50%的长途电话市场份额，DDI 持有整个日本长途电话市场 10%以上的份额，并且还占有 20%以上的移动通信市场。

成长及其表现

就公司成长及其绩效而言，DDI 的成功已经名扬海外了。DDI 公司现在成了哈佛商学院案例教学的范本[1]，并且 DDI 的执行官们在国际商学院巡回演讲，介绍公司的成功经验。当然，记载 DDI 的成长和取得成就是一回事，而令人信服地解释它为什么能够做到所有这一切又是一回事。DDI 的成功，在多大程度上取决于适宜的外部环境，又在多大程度上取决于它自身的创新性努力？作为本章后面将要提出的问题的预备，DDI 能够在 21 世纪延续它的成功吗？

DDI 与 NTT 长途电话价格的差异

一般来说，DDI 收入的快速增长得益于它的长途电话价目与

① 参阅哈佛商学院案例“DDI 公司”。

NTT 的显著差异(所有关注全程差异的细节已经在第七章列出)。

但是价格的差异是如何造成的? DDI 如何把这种差异转换成它的竞争优势? 这里有五个因素构成了问题的答案。其中两点归结于适宜的外部环境,另三点归结于自身的创新性努力。

NTT 的长途电话价目

第一个因素与 NTT 长途价格的制定有关(具体内容会在最后一章提到)。NTT 保持了相对高的价位,部分是为了弥补因法律强制规定提供的本地电话网服务所造成的亏损。NTT 的费用结构同时也受到其他因素的影响,包括雇员数量以及向工会作出的最坚定的终身雇用承诺。虽然新的科技,如自动结算和自动运作的服务,意味着总的雇员人数可以减少并且已经减少了,但是那些限制意味着 NTT 只能够逐步实现这一切。相反,作为"瘦身"的新加入者,DDI 拥有新技术并且单位收入消耗的人力更少,这使得它具备更有竞争力的成本结构。

NTT 的规制

第二个因素与邮政省对 NTT 作出的规制有关。1993 年之前,邮政省一直都通过对通信价目的规定来限制 NTT 制定与新的公共运营商一样的价目(虽然它有时候否认这一点)。虽然长途电话价目成功地降了几级,但是 MPT 的行为使得显著的价格差异仍然存在。从

MPT 的角度来看，这种有利于 NCCs（新的公共运营商）的区别对待是必要的，因为只有这样，才能最终形成一个“势均力敌的战场”供 NTT 与足够强大的对手自由竞争。

以上两个因素共同决定了 NTT 相对而言成为 NCCs 的“猎物”。①

当然，DDI 的成功靠的不仅仅是适宜的外部环境，拥有同样有利条件的 Telway Japan 相比而言就失败了。三个更深层次的因素导致 DDI 把适当的价格差异转换成收入和利润的快速增长。

DDI 的最低成本线路系统

第三个因素与 DDI 的工程师研发的创新技术有关。DDI 把与 NTT 的价格差异转换成的最大优势用来研发出一套系统，这个系统最初是免费提供给其商业用户的，其能够自动选择最低成本的线路。这个系统安装在用户本地电话装置（PBX）或接近用户电话的盒子里，它持续更新 NTT 及新的公共运营商提供的各线路的价目，并从中选择最便宜的一条。若 DDI 与 NTT 提供相同的价格，则系统会选择 DDI。

通过这种方式，DDI 可以“独享”长途电话市场，特别是商业市场。到 1992 年，它拥有了 700 万电话用户，其中 85% 是商业用户。DDI 公司想巩固在已占据市场中的地位，同时也考虑到了无线电话

① 本书第 623 页注释中的哈佛商学院案例存在一个不足，其没有综合考虑 DDI 和 NTT 面临的电信运营环境，包括政府规制对公司竞争力的影响。哈佛商学院的案例仅仅考虑了 DDI 自身，并只强调 DDI 的战略和结构对 DDI 成长绩效的影响。

的趋势——1992年，日本销售的电话中60%是无线电话。

为了解决上述问题，千本倖生和深田三四郎决定尝试把最低费用线路系统改造成一个单独的芯片组（包含一个中央处理器、静态随机存储器和其他集成电路）。这个叫做 Alpha LCR2 的芯片组可以直接安装在无线电话中。

DDI 的创新包括两个重要的方面，第一个与 Alpha 芯片组的开发有关，第二个则与芯片组的扩散有关。

最初，千本倖生和深田三四郎在原来由 DDI 开发的最低费用线路系统的基础上，提出了 Alpha 芯片组的意图和概念。据千本倖生介绍，"不到十个工程师"参与了 DDI 的 Alpha 芯片组的开发。他们主要定义了芯片组的功能并设计了所需的主要软件。芯片组的供给，包括微处理器和相关软件的深入开发与制造，都分包给了一个不知名的电子公司。芯片组随后由这家公司贴牌（OEM）提供给京瓷，京瓷则为下面将提到的电子产品公司提供芯片组。

Alpha 芯片组例子的重要性在于，它证明了 DDI 如何在一个小型的内部研发小组的基层推广中带来丰厚的收入和利润的创新。这个团队最初为创新概念的需要以及确定 DDI 网络服务的兼容性服务。通过这种方式，DDI 可以使用相对更少的研发工程师。（当 DDI 仅分配1%的收入在研发和对新服务的推广上时，NTT 分配了将近4.5%，我们随后会回来讨论 DDI 通过什么方式来组织研发。）

DDI 如何确保 Alpha 芯片组能够安装在足够数量的无线电话上呢？这就需要有方法来扩散创新，这与芯片组的研发一样重要。

这里有两点可以用来衡量 DDI 的扩散战略。第一点是劝说那些主导日本手机类市场的重要电子产品公司，要它们允许 Alpha 芯片组内置到它们的手机里，这一点通过免费赠送芯片组的方式实现。但这只是长期战略联盟的一部分，DDI 建立了这个联盟并且领导了这些电子产品公司（其中很多随后会谈及）。这些公司包括夏普（Sharp，占据着近 1/3 的手机类市场）、三洋（Sanyo，拥有 20%以上的市场份额）、松下（Panasonic）、建伍（Kenwood）、三菱（Mitsubishi）、先锋（Pioneer）、Victor、索尼（Sony，DDI 的主要股东并拥有 5%的市场份额）、京瓷（Kyoceva）以及东芝（Toshiba）。

第二点是给销售内置 Alpha 芯片组的无线电话零售商以回扣。回扣的数额是 DDI 销售手机所得收入的 5%，其值可能比零售商所得利润的 2 倍还多。到 1993 年，日本 66 000 家电子商店中的很大部分都参与了 DDI 的计划。

利用市场实现电信输入

解释 DDI 成就的第四个因素可以归结为公司利用电信市场实现电信输入。

Alpha 芯片组的例子证明了 DDI 已经能够有效利用其供应商的能力来发展自身的服务。或者说，DDI 已经能够利用市场实现电信输入，获得竞争优势。

DDI 与其供应商之间关系的主要特征是什么？一般用他们自己

的话来说，公司决策者相信，“与具有相同目标和思维模式的供应商保持一个长期的关系很重要”。在与供应商打造这种关系的同时，DDI 试图支配任何可能的有影响力的市场权力以确保它的需要能得到有效满足。

追求这种战略意味着 DDI 避免使用 NTT 的主要供应商，因为它们受 NTT 的照顾，并且 NTT 有强大的采购能力，在任何与 NTT 利益冲突的情况下它们都不太可能站在 DDI 的一边。于是，“我们不太想与 NTT 的（供应商）家族合作，NTT 是它们最大的顾客，我们不可能影响它们”。DDI 因此转而倾向选择 DSC，一个相对小的美国公司，作为它的长途电信装置生产商，而不是 NEC、富士通或日立等为 NTT 提供大多数交换机的日本提供商。DDI 是 DSC 的第二或第三大主顾，这意味着“他们非常认真地听我们的话！”DSC 同时与 DDI 在个人手机方面也有合作，随后会讨论到具体内容。

在手机通信领域，摩托罗拉是 DDI 的主要供应商。在无线电话以及未来的多媒体终端领域，DDI 正在融合很大一批电子产品公司作为战略伙伴。未来的电话将提供如多媒体这样的新服务，DDI 相信，这些公司具有足够的生产和扩散能力，只有它们才可以推动未来电话的大众消费市场的形成，而不是像 NEC、富士通和日立这样的传统电信公司。

DDI 针对与供应商关系的信念跟 NTT 相比如何呢？一方面，两者的信念有显著的相似处，它们都认为与相同视角和目标的供应商保持一个长期的稳定关系很重要。两者也都认为保持对供应商的支配性采购能力很重要，尤其是关系到其竞争力的战略输入。但是另一方面，它们存在一个关键的分歧：NTT 比 DDI 更依赖内部能力，包括诸如设计、开发和软件等方面，而 DDI 更愿意把这些工作外包出去。这就解释了为什么 NTT 分配了更多的收入投入到研发中。我们随后将分析这些对立战略的优劣。

建立一个有效的组织结构

解释 DDI 的行为，第五个也就是最后一个因素是建立一个有效的组织结构。正如哈佛案例教学中提示的，DDI 是“一个扁平的、功能性的结构组织。成本账目及控制由一个 5—100 人组成的机构来管理。每两个个体之间的交易都按照协商的价格进行，其目的是让每个个体都有成本意识从而能够提供低的成本”。[①] 已经指出过，DDI 能够通过积累京瓷的组织经验来塑造它的组织结构。

DDI 对未来的展望

收益性

如上所示，1993 年以前 DDI 的收入和利润主要来源于它与 NTT

① 哈佛商学院案例，请见本书第 623 页注释。

长途价目的差异。到1993年年底,这种发展动力消失了。1993年10月19日,NTT宣布降低价格至等于甚至低于DDI及其他NCCs。这就要求DDI迅速地进一步削减它的价格来作为回应,尽管这种回应肯定影响到DDI的利润。DDI高层对于NTT作出这种决定很震惊,并指出NTT必须知道NCCs将会跟风以求适应。因为MPT将不会允许NTT"重新调整"它的价格(例如提高本地价格),因此NTT的这次动作只会降低自己的利润。DDI高层指出,不稳定的七方联盟规定日本在1993年年底提高本地电话价格的政策太敏感。因此NTT其实是进了粒"乌龙球",让所有的运营商(包括它自己)的处境变得更差(当然,尽管长途电话的用户获利了)。

既然会影响利润,为什么DDI还要降低自己的价格使其低于NTT呢?具有讽刺意味的是,恰恰是DDI的创新性技术,即它的最低费用线路系统,迫使它作出了这个决定。因为DDI的价格保持高于NTT是不合理的,因为这样一来,DDI出钱安装的最低费用路径系统将会自动选择NTT的线路。DDI的价格等于NTT也不行(虽然情况稍好),因为DDI的用户在打电话时需多付4个单位的费用,而这将严重阻碍相当多的电话用户选用DDI。

未来的发展:个人手机系统

随着1993年之前DDI主要的发展动力例如价格差异的消失,一个重要问题随之出现:DDI未来的发展动力从何而来?千本倖生博士热情地回答了这个问题。简单地说，DDI 未来的发展源于 PHS（个人手机系统）的发展。

PHS 愿景的基本原理

PHS 将会提供给消费者一种无论在话费还是在装置都比蜂窝电话更便宜的移动电话服务。

DDI 关于"PHS 愿景"的理论有四个方面。第一个方面是 PHS 满足了消费者对于"任何时间、任何地点和任何人"进行廉价通信的巨大需求（这种需要的意识不仅仅对 DDI，它已经成为各个主要行业，如 AT&T、BT 等众所周知的公认主张）。第二个方面是 PHS 给 DDI 提供了 NTT 的"软肋"，即住宅用户。到 1992 年，NTT 有 5 500 万电话用户，其中 32%是商业用户，68%是住宅用户。与之相比，DDI 有 700 万电话用户，包括 85%的商业用户和 15%的住宅用户。由于 NTT 对于本地电话用户服务的垄断，忽略了住宅用户，从而给 DDI 留下一个可乘之机。

DDI 理论的第三个方面与第二个方面关系紧密，PHS 给它提供了一个"贴近消费者"的机会，并通过这种方式赢得他们的忠诚。事实上，刚进入长途电话市场时，DDI 从美国公司 MCI（AT&T 的主要竞争者）身上学到了不少东西，但 MCI 没能看见一般意义上的移动通信，尤其是 PHS（类似美国的 PCS，个人沟通系统）带来的机会。

第四个方面是 PHS 使 DDI 的能力拓展到无线通信领域。最开始,DDI 的网络以数字微波通信为主。① 然而,随后 DDI 开始利用“无线概念”,并相信它提供了重要的竞争优势。PHS 迎合了这些理念(由于 DDI 参与了摩托罗拉的“铱计划”,这个计划通过 66 个卫星提供移动服务)。

PHS 概念

PHS 是可以在以基站为中心的半径 1 000 英尺的范围内使用移动电话。蜂窝电话的通话可以从一个单元区域切换到相邻的区域,这就可以长距离移动而通话不受影响。而 PHS 与之不同,它的通话只能在这个半径内进行。DDI 相信 PHS 的这种限制能被与蜂窝电话相比低得多的服务费用所弥补。打电话时长距离移动的用户——例如那些坐汽车或火车旅游的人——被排除在 PHS 市场之外,但是 DDI 看到仍然存在大量顾客,他们看重流动性,但他们仅在一个单独的地点通话,如办公室或者家里。而且,当到这个半径以外时,还可以重新呼叫。

使用 PHS 和蜂窝电话在费用上存在明显差别,蜂窝电话(到 1994 年 4 月还需月租费)每月费用约为 100 美元,其费用接近每 3 分钟 1.60 美元。与之相比的是 PHS 每月 16.26 美元以及每 3 分钟 0.24 美元的费用。部分原因是它的机器费用更低,它比蜂窝电话简单,从

① 不过,这不是 DDI 的最早选择,稻盛和夫在发展光纤网络的运行权中几次谈判受阻不得已选择微波。

而也就小巧。另一方面也是因为基站费用更低(不需要转移通话至相邻的区域),蜂窝电话基站费用为 300 万美元,而 PHS 大约为 3 万美元。①

DDI 与 NTT 在 MPT 委员会中共同制定了日本的 PHS 标准。这个标准确保了用户从一个公司到另一个公司的网络系统移动时可以使用相同的装置。这种兼容性帮助了 PHS 在日本的普及。DDI 同时也希望相同的标准能够被美国采用,这样一来 DDI 就能够在美国开始运营 PHS 了。在美国与 PHS 等价的是 PCS(个人通信服务),但是美国在 PCS 的运营环境上已经落后于日本。

PHS 在某些方面类似于 Telepoint,这是一个在英国推出的不成功的服务,还有法国电信(France Telecom)的 Bee Bop。通过千本倖生了解到,Telepoint 失败归结于以下原因：只能打出电话;对服务器几乎没有投资,限制了其可用性;不同的 Telepoint 系统没有一个通用的标准来解决用户从一个系统控制范围移动到另一个范围的情况。PHS 的主要优势之一在于它将实现与 NTT 的 ISDN 网络互连,从而促进了创新的多媒体终端(由 DDI 与许多电子产品公司合作开发,并已经启动)的发展。

DDI 与 NTT 和 MPT 一起在札幌进行 PHS 的实地测试,为处于不同条件(建筑物、地铁站等)而开发出不同的基站。DDI 与它的长途装备提供商 DSC 一起开发了五种 PHS 基站。它同时也与日本电

---

① 《纽约时报》,1992 年 11 月 18 日。

子产品公司(倾向于日本传统的电信供应商)一起开发内置新多媒体终端的新型电话。

研发

DDI 如何正视研发在它对未来愿景的实现中的作用？并且如何组织研发？

对 DDI 来说,最重要的是要拥有一个小规模、易管理的研发团队,主要集中研究创新需求的概念,包括 DDI 网络的兼容性,同时也关注其他的研发工作。先前讨论的 Alpha 芯片组的例子就体现了该团队的运作。

但是 DDI 如何能够希望用它的 30 个工程师与拥有 8 500 个研发人员的 NTT 竞争呢？千本倖生回答这个问题有两个理由,第一个理由与已经存在的内部研发决策有关,也就是依赖研发服务的市场,第二个理由集中在一个大规模的专门研发机构的缺点上,这对研发是一种限制和不经济的行为。

对于第一个理由,一个通信运营商不需要很多内部研发,因为它能够将大部分研发工作外包出去。DDI 的研发部门常务主管深田三四郎认为:“我们需要阐述我们想要什么,而做出来是制造商的工作”,这就是 DDI 仅将收入的 1% 用于研发,而更大规模的 NTT 却投入了 4.5%。我们随后会看到,这个原因的关键是假设提供研发输入的公司所能提供的价格、质量和时间都有竞争力。这样一来,DDI 在与强大如 NTT 的运营商竞争时并没有劣势。但是值得关注的是这个假设很自然地会被 NTT 否定。

第二个理由中，当大规模且专门化的 NTT 研发机构给公司带来利益的时候，它同时具有明显的弱点。DDI 的一位研发工程师表达了在技术方面与 NTT 较量时的巨大挫败感。① 在 NTT 拥有很多专门的部门处理技术难题，在这些技术难题上，他们花了相当多的时间来和很多不同部门就技术路线进行讨论协商。在 DDI 则是另外一番景象，它只有一个很小的研发团队，他们的限制相对较少，但要解决更广泛的技术难题，作决定会更加迅速。

他给出了一个例子。"DDI 掌管 ISDN 与无线电基站互连的只有四个工程师。但 NTT 在不同领域都有很多人员，如无线电工程师、ISDN 专家等。NTT 拥有太多的'最优秀的智者'，这就导致得到结论需要很长的时间。为了达成共识，每个人都成为技术的保守者与妥协者。"他声称这就让 DDI 在 PHS 方面比它的竞争者动作迅速很多，"我们能够用现有数量的研发团队在本世纪继续保持我们现在的发展速度"。

对于 DDI，研发人员的重要素质是要有对公司未来方向的愿景以及用于帮助公司朝这个方向前进的技术能力。在特定的通信领域，这远比专业知识重要得多。为了解释这一点，深田三四郎给出他的一位研发人员 Kishi 的例子。Kishi 具有建筑专业的背景，而不是

① 来源于本书作者的访谈，具体见本书第 621 页注释。

电信或者电子工程。据深田三四郎所说,这种新人“拥有比专家更加开阔的视野,我们从内在的一些方面培训他们,并且他们学会了 DDI 所需要的。我们不介意他们的背景,最重要的是我们公司的价值观!”

与 DDI 的竞争:NTT 的内涵

在任何对 DDI 的分析中都会产生一个“大问题”,这是一个同样在美国的 MCI 与 AT&T 或者英国的 Mercury 与 BT 之间的竞争分析中会产生的问题,即:就算大卫不能杀死歌利亚,但能够与他并存吗?

回答这个问题有两种截然不同的答案,每个答案都是基于一种不同的信念。第一个是由 DDI 给出的答案,即 DDI 能够有效地与 NTT 竞争,尽管它的资源更少。主要原因是电信输入市场将有效地发挥功效,以为 DDI 提供竞争需要的输入。的确,市场可以有效运作,从而能够给 DDI 比 NTT 更多的选择,而同样能够利用这个市场的 NTT,由于自己的承诺而被迫利用自己的内部资源。正如千本倖生博士所说,“为了研发,我能够去任何我们想去的地方”。可能正因为这样,作为一个相对小规模但是高聚焦的组织,DDI 仅关注于引起 NTT 注意的市场与技术的一个子集,却得到了更多的优势。

DDI 可以指出它掌控 PHS 的方法(其细节已经在这里讨论过)来支撑它的答案;它的主要竞争优势表现为快速开发 PHS 服务并实现商业化。

然而，NTT 可能给出这个问题的另一个矛盾的答案。按照这个答案，DDI 不可能长久地与之竞争。NTT 将通过它有效的内部研发能力，包括在软件方面以及不同领域的协调来获得竞争优势。这将使 NTT 能够在其他供应商能给 DDI 提供有竞争力产品的输入之前推出新的、有竞争力的服务。

按照后一种解释，PHS 的故事发生了变化。从 NTT 的角度看，它可以批评 DDI 缺少令人信服的竞争资源来长期运作。确实，DDI 能利用市场实现研发，而 NTT 也能，虽然 NTT 也许迫于压力而采用内部的研发资源。但如果这些资源不能够为它提供竞争力时，NTT 就同时具有压力和动力转而投身市场。利用强大的采购能力，在市场上它能够使它的需要得到有效满足。进一步来讲，在竞争压力之下 NTT 将能够找到有效的方法整合它大规模、专业化的研发团队所拥有的不同能力以及知识。此外，如果 NTT 庞大的官僚化科层式组织结构带来了限制，它可以把这种结构分拆成相关的自治单元，正如 NTT 已经对蜂窝电话的附属部门 NTT Docomo 所做的那样。

通过这个答案，可见 DDI 缺乏可信服的竞争源，而 NTT 的竞争优势来源于其独一无二的创新能力。NTT 具备了价值链上的所有能力——从研究到开发再到销售，仅仅除了制造——因此它可以将这些能力整合，以比 DDI 更快的速度提供新的创新性产品和服务。DDI 或它的供应商都不能如此有效地获取或整合这些能力。从这个角度讲，长期在像 PHS 这样的新服务中占据竞争优势的将会是 NTT，而不是 DDI。

这两个答案哪个更有道理？这取决于每个答案后面的信念的合理性。这里在 DDI 和 NTT 的假设论点下，存在两个关键的矛盾信念。有必要把这个问题阐述得更明白一些，我们用这样的方式来陈述：

DDI 信念 1：包括研发在内的借助市场作为通信输入的运作方式会给 DDI 以输入，使它能与 NNT 充分竞争。

DDI 信念 2：小一些的企业更好。DDI 比 NTT 小(DDI 约 3 000 员工而 NTT 有 242 000 人)，它更集中、更灵活并且反应更迅速。这将给 DDI 提供更有竞争力的优势。

以下是 NTT 的两个相反的关键信念(包含在我们的假设说明中)。

NTT 信念 1：借助市场作为通信输入不能够提供创新的、有竞争力的新产品和服务所需要的所有关键输入。通过公司的内部研发能力，NTT 将能够提供必要的输入以使它拥有比其他供应商更快更好的竞争优势。

NTT 信念 2：在集中、灵活性和快速反应方面，也许小一些的企业更好。但是大机构能够分解成小的、自治的单元而实现“变小”。AT&T、IBM 以及若干日本公司的改组显示了这种方法的可行性。

结　论

这些信念中哪个是“正确的”？答案是，对任何一个的评定都带有大量的模糊性。任何一个信念的“正确”在复杂的环境中都有可能发生。由于看到环境的复杂性，对于哪个信念正确，并没有确定的结论。结果就是 DDI 与 NTT，以及它们的股东与支持者，可能在很长一段时间内都执着于它们相矛盾的信念。然而，随着时间的流逝，这些信念将逐渐被市场竞争的热焰检验，之后哪个信念有更多的支持者会显得更加清晰。

第九章

CHAPTER NINE 结　论

日本信息和通信企业包括 NTT 的未来将会怎么样？这个问题的回答标志着本书的结束。

本 章 概 要

本章首先分析日本信息和通信企业的特殊性。日本信息和通信企业与日本汽车和消费电子企业、西方信息和通信企业或者别的企业相比较有什么不同？接下来，本章对日本信息和通信企业的绩效进行分析：就技术能力、全球市场竞争力和财务业绩而言，这些日本企业的表现如何？然后本章对日本信息和通信企业的未来进行预测，它们的国际竞争力在未来有可能提高吗？西方竞争者日益增加的压力会令它们受到影响吗？

之后，本章总结出日本政府部门——特别是通产省（MITI），包括 NTT——在促进日本信息和通信企业的发展，提高企业竞争力中所扮演的角色。政府的政策有多重要？如果没有政府干预，日本信息和通信企业能达到现在的竞争地位吗？日本政府尝试加强日本信息和通信企业的技术能力会有多大意义上的成功？

最后，我们对 NTT 的前景进行思考。NTT 是否能够应付日本日益增加的竞争、全球化和分立威胁的挑战？NTT 为了在下个世纪生存下来并使其地位得到巩固，应该作出何种改变？本章将以对“信息革命”局限性的评论作为结束，新的信息通信技术究竟会使企业和政府的决策容易到什么程度？

日本信息和通信企业的特殊性

为了考虑信息和通信企业的未来，我们需要了解其特殊性。这里将简短地调查三组差异：日本信息和通信企业和汽车及消费电子企业的差异，日本信息和通信企业和西方信息和通信企业的差异及日本信息和通信企业之间的差异。

信息通信、汽车和消费电子企业之间的差异

正如非洲的狮子、大象和长颈鹿，日本的信息和通信企业与汽车和消费电子企业是相当不同的企业。尽管它们有共同的一些特性（如终身雇用制、与一家主要银行长期的关系、信息处理的水平组织形态以及与转包商的协作关系），但它们已经以截然不同的方式发展起来。这些日本公司之间的主要差异究竟是什么呢？

回想起来（如藤本隆宏所强调的），日本汽车企业演化的关键时期是战后数年。在这个时期，汽车公司开发出后来被证明是汽车的设计、开发和生产上的根本性组织创新。然而藤本表示这些创新起初都是以渐进地、反复地解决一个个问题的方式出现的，而不是事先就设计了一个庞大的蓝图计划，并且根据这个计划来实施一个截然不同的产品设计、产品开发和汽车生产。只有根据事后认识以及经

过相当长的时间，我们才能够确认在日本汽车产业新起了一个不同的范式——一套关于怎样做事情的不同理念。

当这些组织创新特性慢慢变得明显时，日本汽车企业逐渐认识到（起初并不知情）它们已经开发出了一组带给它们重要国际竞争力的独特能力。这些竞争力使得它们有了一个关于行动的全球愿景，日本汽车于20世纪70年代在全球出口市场的坚挺表现就证实了这一点。

日本消费电子产品企业也具有强大的国际竞争力，首先是收音机，然后是电视和录像机产品。它们竞争力的提高也部分由于其组织上的创新及实践——包括产品开发、生产工艺和零部件供应商之间的能力互补——而全球性环境选择的一个主要结果是它们的美国竞争对手在消费电子领域里迅速地放弃了努力。如第一章曾指出的，美国无线电公司（RCA）的退出对于日本消费电子企业来说是一件非常重要的事件。主要的欧洲竞争者飞利浦公司，因坚持“不将所有的鸡蛋放在一个篮子里”的市场理念而相对多元化，因此导致其推出新产品的速度缓慢，这也阻碍了企业的发展。当松下和索尼在销售额超过飞利浦的时候，飞利浦意识到必须将自己的资源更多地集中在更小，且飞利浦更具有独特国际竞争力的领域上。日本消费电子企业在全球范围里的这种成功使得它们在国际范围内受到很多的关注，并成为焦点。

日本信息通信企业的演变具有不同的特点。如本书所强调的，它们植根于国内电信设备产业。借助于同西方企业的紧密联系，日本信息通信企业在战后早期就生产出了适用的电信设备。然而，不同于日本汽车和专业的消费电子企业，在20世纪70年代中期之前它们仅在非常少的领域能够成功建立起国际范围内的核心能力和竞争力。

以在发展和制造电信设备方面积累的能力为基础，日本信息和通信企业在20世纪50年代开始进军半导体和计算机等新兴电子领域。在半导体方面它们稳定地积累了自身的能力，引入并吸收了国外的新技术，包括1959年后的集成电路，1971年后的微处理器和20世纪70年代中期后的大规模集成电路（VLSI）。受20世纪70年代后在工厂、设备和加工工艺方面的高投资和非常重要的持续增加的改良影响，在20世纪70年代末它们开始支配全球存储半导体市场。然而从20世纪80年代末开始，韩国电子企业走上了相同的道路。

在生产半导体方面，日本信息和通信企业首先对日本市场作出了回应。受战后迅速上升的经济增长支撑，消费电子产品、计算机和电信设备等产品得到广泛的应用，日本市场对于半导体产品的需求稳步增加。如所注意到的，在存储器方面，面向国内市场的生产也使得日本企业的国际竞争力自20世纪70年代开始日益增强。同样地，在微控制器（主要是植入消费电子产品的简单微处理器）方面，日本信息和通信企业获得了来自日本消费类电子企业的稳定需求。因此这也构筑了其在这些领域内的国际竞争力。

然而，在微处理器方面的情形却不同。虽然在英特尔宣布生产出世界第一台微处理器仅仅五个月之后，NEC就生产出日本第一台微处理器，但是日本公司所开发和生产的是主要应用于自身其他信息和通信系统的专有产品。在美国，微处理器的发展道路截然不同，其主要受个人电脑需求快速增长的影响,而且英特尔事实上为整个产业确立了标准。因为英特尔难以改变的地位和高投资率以及迅速的技术创新,日本信息和通信企业——像它们的美国同行摩托罗拉、德州仪器公司和美国先进微电子器件公司(AMD)一样——“被稍稍推到一边”。因此,在半导体产业的这一关键部分中,日本信息和通信企业不能够确立一个强势的国际竞争地位。他们在微处理器和微控制器方面的成就仍然主要靠日本市场的需求驱使。

在计算机方面,日本信息和通信企业的努力如第四章所强调的主要面向国内市场,而 IBM 自 20 世纪 60 年代早期开始的压倒性全球优势更强调了这一点。与汽车和消费类电子企业相比,这是日本信息和通信企业在全球性环境选择中面临的一个主要差异,前者在国外市场几乎没有面临如此强大的竞争者。结果是日本计算机厂商更倾向于为日本客户生产专有系统。然而这些系统,不像随身听或日本汽车,在西方市场中并不容易销售,这就更进一步加剧了日本信息和通信企业定位于国内市场的行为。

计算机发展和应用的这一模式,也对日本软件业的发展起了冲击作用。专有计算机系统的优势,造成对定制软件的大量需求和对封装软件的相对小的需求。这些提供专有计算机系统的日本大计算机厂商(包括 IBM 日本公司)突出地抑制了较小的、专业化的、独立的软件公司和有活力的软件市场的成长。软件业的这种结构,随着个人计算机在日本相对缓慢的扩散而被进一步加强,这一缓慢进程也主要由于日本语言处理的困难。因此,到 20 世纪 90 年代早期,在日本销售的70%的封装软件来自美国公司,而主要日本计算机厂商的封装软件的出口却可以忽略不计。

由于这些发展模式,日本信息和通信企业与日本汽车和消费类电子企业相比更面向国内市场。在信息通信产业的很多领域,由第一章提供的日本信息和通信企业在不同美国市场的竞争位置以及与日本汽车和消费类电子企业相比这些公司的国外销售率的数据来看,它们显然缺乏强大的国际竞争力。

日本信息和通信企业与西方信息和通信企业的差异

日本信息和通信企业完全不同于美国和欧洲的竞争者。图9－1根据两个维度对比了几家主要信息和通信企业。首先,从纵向整合的程度,区分了那些只生产零部件(例如微处理器和存储器)的公司,那些生产系统(如计算机或电信设备)的公司和生产整个综合系统的公司,包括子系统和零部件(如计算机通信系统)的公司。第二个维度涉及公司的技术范围,专业化公司(涉及较少数量的技术和产品)和通用化的综合大公司(较多数量的技术和产品)之间有区别。

如图所示,主要的日本信息和通信企业处于图表的东北部。换句话说,它们是纵向整合的综合系统企业也是通用系统生产商。在这方面,它们不同于其主要北美竞争者。在计算机领域,举例来说,虽然它们的主要竞争者——IBM——也是一个纵向垂直整合的综合系统公司,但是日本信息和通信企业涉及了更广范围的技术和产品。

就 NEC、富士通、日立和东芝（相似度较小）而论，都包括电信设备，这给了这些公司开发综合信息通信系统的能力。美国数字设备公司（DEC）和惠普——另外两家美国计算机公司——位于图表的中西部，这表明，虽然它们设计和生产它们的大多数零部件，但它们所涉及的技术和产品范围比日本公司有限得多。AT&T 的地位，更准确地说是它的科技领域，部分来自被它并购的计算机公司 NCR（然而，如它自己所承认，AT&T 仍然没有实现与 NCR 的协同优势）。个人计算机生产者如苹果和康柏都是专业化生产商，是大量外购零部件的非纵向整合公司，因此它们位于图表的中间偏西部分。

在电信设备领域，日本公司的两个主要北美竞争对手也位于图表的西部；就是说，它们在技术和产品方面更加专业化。第一个是 AT&T，有一个运作单元负责生产大部分的电子零件；另一个是北方电信，它的大部分零件都不是自己生产的（在电信设备领域中，摩托罗拉主要涉及有关无线电的设备，如移动通信设备和终端设备）。

在半导体领域，日本的主要美国竞争者也位于图表西部更专业化的地方。其中包括英特尔、德州仪器以及摩托罗拉，都是高度专业化的零件生产商，就如我们所知道的生产与无线电相关的通信设备。

在电信传输领域，住友电子工业株式会社是唯一被显示在图表西部的日本公司。它是日本光纤光缆最大的供应商，也涉及了其他相关领域如光电子设备。另外两家未在图 9－1 中显示的主要是光纤光缆日本供应商藤仓和古河电工，应该和英特尔、德州仪器公司一样定位在更专业化的零件供应商(BICC 是对建筑也有兴趣的英国光纤光缆生产商)。

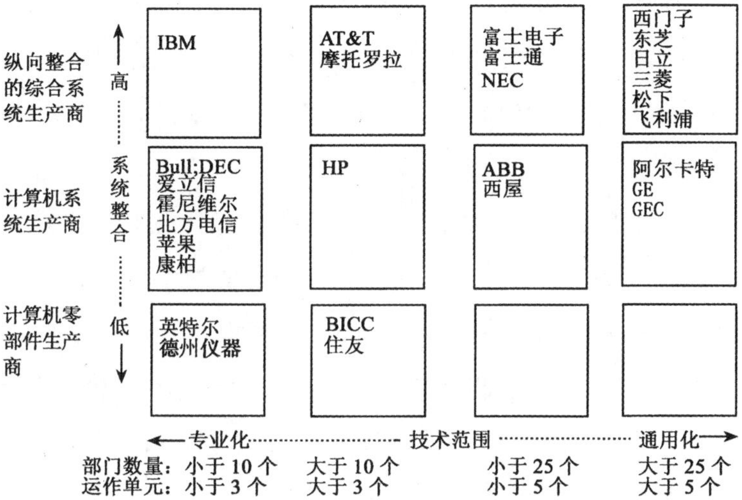

图9-1　日本公司和其他国家公司在系统整合和技术范围上的比较

图9-1也显示了欧洲信息和通信企业更像是日本而不是北美的信息和通信企业。西门子是相当明显的例子,它的经营范围包括计算机(通过西门子—利多富公司)、电信设备、半导体和一些消费电子产品。西门子近似于东芝公司、日立和三菱电机(相似度较小)。飞利浦公司则应该被视为一家消费电子企业而并非一家信息和通信企业,虽然它也涉及诸如照明和半导体领域,但是在计算机和电信设备方面它涉及很少,这意味着它与其他日本信息和通信企业相比更近似于松下。但是,西门子和飞利浦像它们的日本同行一样,都是通用化的纵向综合系统公司。

另一个主要的欧洲电信设备公司——法国的阿尔卡特公司，也位于图表的东部。虽然与北方电信一样，它大部分的半导体元件不是自己生产的，但由于与电子公司阿尔斯通的合并，它被归类为通用设备生产商。另一个主要的欧洲电信设备公司——爱立信，像北方电信一样，也是一个倾向于生产它自己的半导体元件的专业设备生产商，更多的表现为垂直整合。

因此很明显，日本的信息和通信企业，特别是与它们的北美竞争者之间是有较大差异的。尽管根据这里讨论的两个维度，日本公司看起来比较接近于他们的欧洲同行，特别是西门子。但一个重要的不同是，在日本，市场被相对多数的国内公司争夺；而在德国，西门子仍然有点像一个独裁者。在计算机和半导体方面这两个主要的信息通信产品领域，西门子不像它的主要日本竞争对手那样强大。对应这些特点，本书介绍了一个概念，那就是日本信息与通信产业的特殊组织形态——“受控竞争”，这种组织形态早期应用于通信省，后来被 NTT 发扬光大，主要用于开发日本的电信设备。

日本公司所拥有的，特别是与北美竞争对手相比更广泛的技术能力的积累有可能在未来成为竞争优势的来源吗？当考虑日本信息和通信企业的表现的时候，我们稍后将回到这个至关重要的问题。

日本信息和通信企业之间的差异

在日本信息和通信企业内部也有重要的差异。每一家公司不得不在他们的主要市场——日本进行激烈的竞争,他们已经倾向于在某种程度上限定范围:富士通和日立在大型的 IBM 兼容计算机方面;NEC 在较小计算机分布式网络方面;NEC 和东芝在半导体方面;NEC 和富士通在电信设备方面。

此外,关于他们的技术范围和他们的产品,在这些公司之间有一个重要的不同。这在图 9-1 中是显然的。日立和东芝,像 NEC 和富士通一样,主要生产成为他们最大的产品类别的信息通信产品。1993 年他们信息通信产品的销售总额如表 9-1 中所示。然而,日立和东芝公司也涉及了强电设备。与 NEC 和富士通相比,他们也生产较多的消费类产品。在 1993 年电力和工业体系占日立销售的 31%,而信息通信产品占 35%。在同一年强电设备贡献了东芝销售的 25%,而信息通信产品占 53%。日立消费品的销售占总额的 11%。在东芝,"消费品和其他产品"贡献了总销售的 31%。但是 NEC 和富士通在消费品中相对差一些。

表 9-1　主要日本公司的信息通信产品*销售额(1993 年)

公　司	10 亿日元
NEC	3 568
富士通	2 871
日立	2 860
东芝	2 439

* 包括:计算机、电信设备和电子元件。
来源:公司年度报告,1993。

某种程度上来说,这些不同隐含了不同的组织形态。举个例子,富士通开始时是作为富士电机的资产剥离而产生的,并且成为西门子的合伙企业生产电信设备。虽然在这个领域富士电子要比日立和东芝小,但富士电子仍是大的强电设备生产商。Fanuc——生产工厂自动化设备包括计算机控制数控机床的公司,是来自富士通的抽资剥离。此外,与富士通和富士电机关系密切的古河电工,生产专门产品例如光纤光缆和传输系统。富士电机、富士通、Fanuc 和古河电工被认为是古河集团的一部分。同样的,专攻于光纤光缆等产品的住友电子工业株式会社,在住友集团内也与 NEC 关系密切。还有也生产光纤光缆的日立光缆有限公司(虽然它比住友电子和古河电工要小)是日立合并集团的一部分。因此,隐藏在公司内的能力的积累在某种程度上是公司组织化的历史的作用。虽然如此,即使公司因为财务或其他联系而被合并起来,前面特别提到的专业化和市场操纵间的差别仍然存在。

日本信息和通信企业的绩效

技术能力

与西方竞争者相比,日本信息和通信企业的技术能力很难被精确衡量。虽然使用专利来评价有诸多问题,但是专利仍然可以用作衡量技术能力的一个指标。而且公司自身也时常以专利来作为自己和竞争者的研发能力的衡量标准。

在这一部分，本章将调查一些专利数据以便对日本信息和通信企业的有关技术能力有所了解。在此必须强调这些数据的局限性。第一，必须指出在专利和市场竞争力之间并无必然联系。一家在专利权方面表现良好的公司可能市场份额会不如另外一家更擅长于与顾客打交道的公司。第二，并不清楚所有的公司是否对专利权同等重视。举例来说，直到 20 世纪 80 年代晚期，数字设备公司的科尼斯·奥尔森(Kenneth Olson)相信专利只带来了很少的保护或其他回报，结果专利在公司内部就不被重视。① 拿信息通信产品来说，技术创新如此之快以至于产品和工艺迅速变得过时，不像医药和化学品，几个关键的专利就可以成为大公司多年的利润源泉。

第三，即使日本人和西方公司一致认同专利权是很重要的，它们的“专利倾向度”是否相同也不清楚。② 在日本和西方公司内可能存在导致对专利不同倾向的不同激励结构。③ 第四，有时候一个公司可能喜欢通过不申请专利的方式来保护它的知识财产，因为申请专利必然涉及一定程度的信息泄露。就一些生产工艺来说，在公司之外

---

① 《商业周刊》，1993 年 8 月 9 日，第 49 页。

② 两个公司的专利倾向度在如下数据一样时可能相同：一样的研发支出，相同数量的研发人员和研发经历，同样的研发优势，相同的申请专利的机遇，以及两个公司都拥有系统数量的专利及其应用领域。

③ 1994 年 8 月于斯德哥尔摩召开的一个会议上，包括东芝和飞利浦公司的高级管理人员对日本信息通信公司和西方信息通信公司在专利倾向度上的对比有一个讨论，虽然讨论的相关说法是非正式的，但从一定意义上说明有些公司对专利更看重，更多地将专利作为评价公司技术能力的重要指标。

不是“可见的”,不申请专利可能被认为是明智的。

表9-2提供了1987—1990年美国年度授予专利权数量最多的10家公司的数据(因为专利权法规在美国和日本不一致,而且美国是世界上最大的市场,专利一般是以美国数据为基础)。如表9-2所示,在1990年前四位专利授权最多者为日本信息和通信企业。然而,此表并未提供足够的信息。举例来说,它没有提供研发支出或公司的规模。进一步的详细资料在表9-3和表9-4中,这两个表比较了西方和日本信息通信企业的样本。除1992年在美国予以授权的专利数量之外,这两个表的第(3)列提供了和表9-2相同的数据,即公司在美国所授权的专利数量。它也显示了前三名的日本公司——东芝、日立和佳能的授权专利多于前三名的西方公司——通用电气、摩托罗拉和飞利浦公司。但是,专利的数目也受公司规模的影响。为了排除规模的影响,第(4)列列出了单位销售额的专利数量。根据这种专利性能的衡量标准,来自两个样本调查的前五名公司是:日本佳能、摩托罗拉(两者的得分远远地超过剩余的那些公司)、东芝、飞利浦和通用电气。

表9-2 美国年度授予专利权数量最多的10家公司(1987—1990年)

1987年		1988年		1989年		1990年	
公司	数量	公司	数量	公司	数量	公司	数量
佳能	847	日立	907	日立	1 053	日立	908
日立	845	东芝	750	东芝	961	东芝	891

（续表）

1987 年		1988 年		1989 年		1990 年	
公　司	数量	公　司	数量	公　司	数量	公　司	数量
东芝	823	佳能	723	佳能	949	佳能	868
GE	779	GE	690	富士	884	三菱电气	862
飞利浦美国	687	富士	589	GE	818	GE	785
西屋电气	652	飞利浦美国	581	三菱电气	767	富士	767
IBM	591	西门子	562	飞利浦美国	745	柯达	720
西门子	539	IBM	549	西门子	656	飞利浦美国	637
三菱电气	518	三菱电气	543	IBM	623	IBM	608
RCA	504	拜耳	442	柯达	589	西门子	506

来源：USPTO（美国专利与商标局）。

从公司有不同的研发集中度（部分是企业战略的结果，部分由于不同的产品混合）的事实来看，一个进一步的问题产生了。表 9－3 中，第（2）列研发支出占销售额的比例能体现一个企业的研发集中度。为了修正这个因素，第（8）列列出了单位研发支出的专利数量，这是对研发产出率的一个衡量基准。依照这个标准，来自两个样本调查的前五名公司是：佳能（远在其他任何一个公司之上）、通用电气、摩托罗拉、东芝和日立。

表 9－3　部分西方信息技术企业的研发支出（1993 年）

	研发支出（百万美元）	研发支出占销售额比例（%）	1992 年授权专利数量	单位销售额的专利数量	当前专利影响指数①	技术力量②	科学联系③	单位研发支出的专利数量
IBM	5 083	7.88	842	1.31	1.77	1 488	0.82	16.57
DEC	1 754	12.59	223	1.60	1.92	429	1.37	12.71

(续表)

	研发支出(百万美元)	研发支出占销售额比例(%)	1992年授权专利数量	单位销售额的专利数量	当前专利影响指数①	技术力量②	科学联系③	单位研发支出的专利数量
英特尔	780	13.35	75	1.28	1.88	141	0.41	9.62
摩托罗拉	1 306	9.82	671	5.04	1.68	1 126	0.39	51.38
北电	980	11.65	—	—	—	—	—	—
爱立信	1 170	17.90	53	0.81	0.96	51	0.42	4.53
西门子	5 322	10.79	550	1.15	0.85	468	0.56	10.34
阿尔卡特-阿尔斯通	2 625	8.73	222	0.74	0.80	177	0.71	8.46
GE	1 353	2.37	995	1.74	1.24	1 236	0.52	73.54
飞利浦	2 079	6.34	607	1.85	0.97	589	0.28	29.20

① 当前专利影响指数：一个公司的专利被其他专利的引用率，当前专利影响指数为 1.0 表示公司的所有专利被引用的次数处于行业平均水平，而当前专利影响指数为 1.0 表示公司的所有专利被引用的次数高出行业平均水平 20%；
② 技术力量：专利数量×当前专利影响指数；
③ 科学联系：平均每个专利被学术文章和其他科学出版物应用的次数。
来源：《商业周刊》，1993 年 8 月 9 日。

然而，因为专利对一个公司的重要性并不一致，所以又产生了其他的困难。以公司所拥有的每个专利所得的回报率来作为衡量标准将会是理想的，但是又缺少这种方法所需要的数据。另一种选择是通过一种专利在其他专利中被引用的次数来间接地衡量它的重要性。这可用来产生两种进一步的公司专利性能的衡量标准：公司的“当前专利影响指数”和它的“技术力量”。这些衡量标准在表 9－3 的脚注中被定义。表 9－3 和表 9－4 也提供了依照这些用于样本公司的衡量的数据。

表 9-4　部分日本信息技术企业的研发支出(1993 年)*

	研发支出(百万美元)	研发支出占销售额比例(%)	1992 年授权专利数量	单位销售额的专利数量	当前专利影响指数	技术力量	科学联系	单位研发支出的专利数量
NEC	2 274	6.94	502	1.53	1.41	709	0.33	22.08
富士通	2 947	9.13	443	1.37	1.57	697	0.67	15.03
日立	3 907	5.55	1 165	1.66	1.45	1 688	0.43	29.82
东芝	2 392	5.54	1 176	2.72	1.29	1 514	0.37	49.16
松下	3 144	4.77	732	1.11	1.27	931	0.36	23.28
索尼	1 809	4.86	446	1.20	1.26	560	0.21	24.66
佳能	794	4.44	1 118	6.26	1.76	1 971	0.24	140.81

* 相关指标的定义同表 9-3。
来源:《商业周刊》,1993 年 8 月 9 日。

从这两张表来看,根据当前专利影响指数来自两个样本调查的前五名公司是:DEC、英特尔、IBM、佳能和摩托罗拉。如果根据影响公司已经获得的专利权的数目的“技术力量”,前五名依次是:佳能、日立、东芝、IBM 和通用电气。

表 9-3 和表 9-4 也显示了一个“科学联系”指标。拥有最强的科学联系的五家公司是:DEC(远远超出其他公司)、IBM、阿尔卡特-阿尔斯通、富士通和西门子。

迄今注意力仍聚集在前五名公司上,表 9-5 提供了所有标本企业的平均数据。表中第(1)行表明了西方公司比日本公司更大的研发集中度。这主要是不同的产品混合的反映,举例来说,日立和东芝也生产消费电子产品和重型电力机械,而这比信息通信产品有较小的研发密集趋向。第(2)行表明日本公司有较大的比较高的专利平

表 9-5 日本和西方信息技术公司的研发表现(1992 年)*

	公司	
	日本	西方
1. 研发/销售	5.9	10.1
2. 平均专利数	797	470
3. 当前专利影响指数	1.43	1.34
4. 技术力量	1 153	634
5. 科学联系	0.37	0.61
6. 单位研发支出的专利数量	44 [27]①	24

* 对于相关术语的定义,参见表 9.3 脚注。日本和西方公司的平均数在表 9.3 和表 9.4 中涉及。
① 佳能除外。

均数目,这主要是因为他们相比于西方公司有较大平均规模。

然而第(3)、第(5)和第(6)行的指标更具有可比性。第(3)行显示,一般说来日本信息和通信企业有 43%的专利被引用(以每一专利为基础)是超过商业周刊所统计的来自所有部门总共 1 000 家公司样本的平均数,相比之下西方公司只有 34%。第(6)行表示专利生产率(单位研发支出的专利数量)日本公司的 44 或者 27,佳能(由于数据太高被忽略)与西方公司的 24 相比来说是较高的。第(5)行显示西方信息和通信企业跟他们的日本同行比起来有更强的科学联系度:0.61 相比于 0.37。

结论

这些数字必须谨慎对待,在某种程度上它们提供了技术能力的有效指标,还暗示了日本信息和通信企业同其西方同行相比表现一点都不差。并且,表 9 – 5 有些地方还暗示了日本公司可能在专利性能方面比西方公司还要表现好一些。

那么企业的“商业绩效”如何？这一问题将在以下两个部分中阐述。

全球市场表现

日本信息通信公司在全球市场中的优势和弱点在西方国家看来已经随着时间流逝发生了戏剧性地改变。大约十年之久,从 20 世纪 70 年代后期到 80 年代后期,日本信息和通信企业似乎在计算机、电信设备和半导体方面给全体西方竞争者带来了日益严重的威胁。这个时期是从日本公司迅速并且明目张胆地侵入西方市场——在消费电子产品、存储半导体、照相机、汽车和数控机床等领域开始的。

20 世纪 90 年代早期,情形却开始发生转变。日本本身的“泡沫经济”崩溃导致经济衰退,随之而来的是主要日本公司和银行的财务表现不佳。日本信息和通信企业,如 NEC 和富士通产生了它们战后的第一次亏损。同时,IBM(在 1993 年初宣布了其公司历史上最大的亏损)的危机导致了对于计算界的重新评价。紧随这次重新评价的是小型计算机分布式网络的零部件和操作系统的生产商开始占主导——英特尔和微软,而不是大型数据处理系统的生产商,如 IBM、优利系统公司、DEC、富士通和日立。透过一种新的观点来看计算机产业，分析家发现，日本人从未重视入侵现在认为是重要的领域——例如微处理器、计算机操作系统、封装软件、个人计算机和工作站。早先认为是日本威胁所在的，现在反而成为日本的弱点。

修正主义争论

但是到底哪里才是日本人的“弱点”呢？原因又是什么呢？在附录3中日本信息通信产业的显著“修正主义”观点将被详细调查。这里只提出这场争论的概要。

依照这一争论，日本信息和通信企业只在信息通信市场的“商品”终端（例如存储器、液晶显示器和传真）拥有强大的国际竞争能力。它们主要通过在现有的体系结构和标准范围内运作，降低单位成本和凭借高投资率及稳定增长的技术创新来提升质量，以此实现它们的竞争力。然而，修正主义者认为，日本信息和通信企业没有足够的能力去赢得“组织创新竞赛”；也就是说，它们不能够发展事实上或法律上支配信息通信系统指挥高度的结构和标准。这是因为它们不擅长设计和开发软件，并且它们的整体组织结构阻碍了它们迅速将自己的标准变为共同标准。因为这个原因，修正主义者认为，日本信息通信公司在对抗美国公司例如英特尔和微软时发展缓慢。

作为商品生产者，由于其他的商品生产者例如韩国和中国台湾公司以及新兴的美国公司（如个人计算机生产商康柏和戴尔）和复兴的老牌美国公司的进入,日本信息和通信企业正逐渐陷入低边际收益的陷阱。尽管新的进入者压低了商品创始者的边际收益,但是组织创新竞赛的优胜者被公认的标准所保护。这些标准被它们迅速的技术创新所确立且维护着,它们能够借此赚取经济租金。

修正主义者争论的主要问题在于无法确认日本信息和通信企业在设计和发展结构以及标准方面拥有的真实实力。如图9－1所示,日本信息通信公司是纵向综合系统企业。他们的争论失败的原因是修正主义者有一种"美国中心论"的观点,只看得到美国市场。然而,日本信息和通信企业在设计、结构和标准方面的能力已经被发展并主要用于适应日本市场。这从它们为这个市场生产的产品和系统看来非常明显,例如电话总机转换器、专有电脑系统、工作站、个人计算机、定制微处理器和微控制器,等等,全部主要在日本销售。

然而,尽管他们的争论的缘由是消息不灵通,但修正主义者正确地指出了日本信息和通信企业全球竞争的重要弱点,所缺少的仅是对这些弱点的一种解释。为了解释这些,超越修正主义者争论的"商品实施者—结构胜利者"的二元论将是必要的。

日本信息和通信企业的力量和弱点

到底日本信息和通信企业在全球竞争力方面的优势和弱点在哪里？表9－6提出了一个摘要。表中提到的产品许多都在早先的章节中有着详细的分析。

表 9－6　在择定信息通信市场上日本公司的国际竞争力

高　等	中　等	低　等
半导体存储器	PBXs	大型计算机
半导体设备	复印机	工作站
微控制器	光导纤维	PCs
微波电信设备	（包括海底光缆系统）	局用交换机
液晶显示器		微处理器
激光打印机引擎		封装软件
传真机		
无绳电话		
化合物半导体		
自动指纹识别系统		

来源：作者估算。

为什么日本信息和通信企业的全球竞争力在这些特别的产品中或高或中或低？原因在于这些企业的能力和产品的演变。更准确地说，如本章开始所阐述的，日本信息和通信企业，不像日本的汽车和消费类电子企业，直到 20 世纪 70 年代早期还未能在许多产品领域中确立起强大的全球竞争力。NEC 和富士通与索尼的相对成长则说明了在国际竞争力方面日本信息和通信企业和消费类电子企业之间的差异。连同其他消费类电子企业如松下、夏普、索尼战后很快地在它的主要产品上拥有了强大的国际竞争力。NEC 和富士通分别在 1899 年和 1923 年建立（尽管它们仍然在技术上分别依赖于西方电子/ITT 和西门子，这限制了它们的成长）。索尼公司在 1946 年建立。1994 年索尼的净销售额是 356 亿美元，NEC 和富士通分别是

342 亿美元和 300 亿美元。

日本信息和通信企业的目标市场因此更倾向于国内，相比汽车和消费类电子企业，后者在更早的时间就已出现在全球舞台上。根据它们的信条的引导，信息和通信企业的能力和产品发展与目标市场相互结合起来。幸运的是日本经济和伴随它的信息通信产品市场，快速地成长起来并且给这些公司提供了成长的重要源泉（这在第六章介绍 NEC 的情况时有详细地阐述）。同时，因为日本公司比较宽松的金融和产业集团的会员资格有时给予了企业重要的进入机会，日本信息和通信企业要面对来自彼此的强烈竞争。

有时候，在这个演变过程表现出来的能力被用来生产，最后（大概在 20 世纪 70 年代中期之后）给予了日本信息和通信企业全球竞争力的产品。在其他情况下，在面向日本的选择环境作出反应的过程中，信息通信企业将沿着同西方竞争者截然不同的道路走下去——生产在西方国家中不容易销售的产品和系统。同样，国际竞争力的缺乏意味着它们在西方建立支持它们的产品销售的设备和网络的速度非常缓慢，例如行销、销售和售后服务网络。因此，这加大了它们在这些市场中建立全球竞争力所要面临的困难。

产品种类之间的区别

基于不同种类的信息通信产品所需的市场竞争力以及日本信息和通信企业的能力和产品，根据三个不同产品种类之间的区别来解释后者的全球竞争力是可能的。①

1. 生产技术密集型、投资密集型产品；

2. 设计密集型、软件密集型产品（专有体系结构和标准，补充市场及销售"资产"，也可能很重要）；

3. 特殊客户需求密集型产品和系统。

每一个分类将会有更详细的分析。

种类 1：生产技术密集型、投资密集型产品。泛泛地说，属于这个产品类别的日本公司如表 9－6 所示，有"较高"的全球竞争力。这些产品类别包括存储半导体、液晶显示器、微控制器、无绳电话和传真。然而，不久的将来也会看到一些重要的例外。

在这些产品中，制造能力是国际竞争力的一个特别重要的决定因素，并且往往在研发和工厂、设备和加工工艺上的高投资率也是必需的。一个典型的例子就是存储半导体了。在附录 3 中，一个复制的曲线图表现了当半导体线路宽度已经降到亚微米水平时所必需逐渐增加的投资（参见图 A3－1）。虽然设计和软件能力也可能是必需的，但是它们作为国际竞争力决定因素的重要性要次于制造能力。同样，专有结构、标准和补充"资产"，如行销和销售设备，虽然也是必需的，但却不是竞争力的主要决定因素。生产的产品是与广大的顾客相联系的，因此不一定会因为市场的多重结构而被裁减。

---

① 这些种类在附录 2 中得到更进一步考虑。

种类 2: 设计密集型、软件密集型产品中的专有结构和标准,以及补充市场和销售“资产”也可能是重要的。在这些产品中,设计和软件能力是竞争力的重要决定因素。发展专有结构和标准的能力及拥有相关资产——例如推销、销售和售后服务设备,在确立竞争力时可能也很重要。此外制造能力也是必需的,不过根据重要性它们在产生竞争力方面受控于其他因素。这些产品包括个人计算机、工作站、用户交换机、微处理器、封装软件和自动指纹识别系统。

在这些产品的一个重要子类中,日本信息和通信企业已经能生产适应于日本市场特殊情况的产品。这包括个人计算机和微处理器——如 NEC 个人电脑 9800 系列和 NEC 微处理器 V 系列。然而,与随身听、丰田汽车或日产汽车所不同的是,这些信息通信产品因为不兼容性在日本以外是无法销售的。这不是因为日本信息和通信企业缺乏制造这些种类产品的能力(和修正主义者的观点相反),而是它们现有的产品只适应日本市场的独特环境。

用户交换机(PBXs)的情形说明了种类 2 的产品竞争力可能依赖于互补资产进入的程度。① 图 9 - 2 显示了使用者确立的 6 个与 PBXs 提供的服务消费有关的特性的价值。图中显示的 6 个被 PBX 用户认为是重要的范畴里只有两个与技术能力直接相关,分别是 PBX 的质量和价格,它们被认为是第一个和第六个最重要的特性。

① 日本信息和通信企业在美国 PBXs 上的竞争力在附录 3 中被详细地分析,基于 Dataquest 提供的数据。

剩余的4个特性涉及引用作为“互补资产”的东西：PBX使用过程中的售后服务、销售人员提供的信息和其他援助、客户订单承诺及培训/档案管理。从此图看来，很明显后4个因素是竞争力的重要决定因素。这就强调了本书中不断提到的一点，即能力一定要在整个价值链中持有，不仅仅包括研究、设计、开发和生产等的科技活动，也包括推销、销售和售后服务。

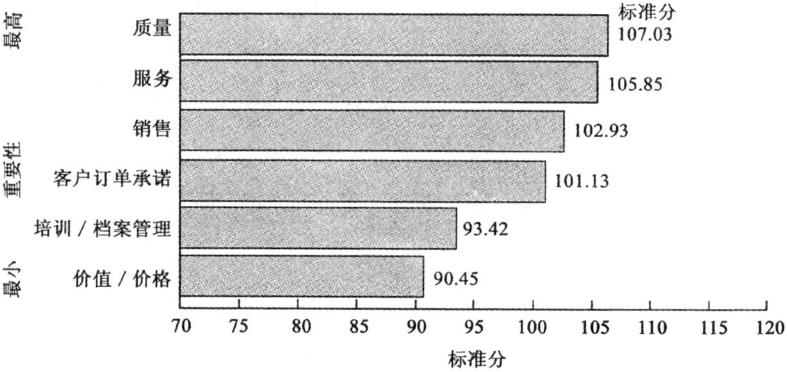

图9-2　关于PBXs的顾客满意度

根据重要性各关键指标分数，1992年上半年
来源：Dataquest。

如附录3所示，日本信息和通信企业支配着日本的PBXs市场，这就意味着其拥有这种产品在日本竞争所必需的所有能力，包括技术能力（在日本，PBXs市场对于国际竞争是开放的）。然而，也如附录中所说，在美国的PBXs市场，日本公司相对于三个市场领先者——AT&T、北方电讯和罗姆/西门子——其表现相当糟糕。既然日本公司在技术能力方面未必比不上西方竞争者，我们就有必要寻找关于

日本在美国市场所占份额的答案。两个有可能的解释是：在配套资产以及 PBXs 与美国远程通信网络和顾客特殊性方面的适应性日本企业都相对不足。

这两个解释看起来似乎都正确。既然 AT&T 和北方电信控制了北美洲复杂电信设备的补给，它们在配套资产和产品对市场的适应性方面应该是具有竞争优势的。相对的，正像日本人在美国电信市场表现较差一样，AT&T 和北方电信也由于同样的原因在它们缺乏配套资产和产品适应性的市场上表现糟糕，比如在欧洲市场。

种类 3： 特殊客户需求密集型产品和系统。在这里，特殊客户的特定需求在确立竞争力方面最重要。电话总机电信交换机和定制计算系统（例如那些用于银行内部交易或者航空公司预定的系统）是这类产品和系统的例子。

我们在第三章中曾详细地分析了电话总机电信交换机的情况。在那里，我们得知把交换机卖给甲通信公司的能力不会自动地转为卖给乙公司的能力。举例来说，为了适应美国市场，ITT 曾花费 2 亿美元改造其主要在欧洲开发的“卓越”数字交换机。后来，尽管已经承担了改造费用，ITT 最终还是决定脱离美国市场。产品适应性不仅需要显性知识（比如可以从 Bellcore 这样的组织获得的知识），还需要大量的隐性知识，这使得适应特殊客户需求变得成本高昂。

我们在第三章中对日本在美国数字中心电话局交换机市场表现较差的原因进行了详尽地分析，有关资料在这里不再重复。但是，这已经足以说明这种产品不同于早先提到的随身听、丰田汽车和本田汽车等在日本国内外都可以更容易并且以更低的成本进行销售的产品。

结论

如图 9－1 中所示，日本信息和通信企业是纵向的综合系统公司，拥有零部件、单机系统和综合性信息通信系统等全方位的能力，虽然一些欧洲公司也有相似的能力，但其所积累的能力比美国竞争者更广。

与日本汽车和消费类电子企业几乎支配了日本的国际贸易所不同，日本信息和通信企业后来才在一些产品区域中取得了一定的国际竞争优势。然而，就全球竞争优势而言，日本信息和通信企业在更多的信息通信产品区域中是处于弱势地位的，并且它们的企业生存依赖于日本经济的发展。与汽车和消费电子产品行业的公司相比，它们的选择环境更倾向于面向国内。

日本信息和通信企业在国际上拥有国际竞争力的产品是那些既属于制造密集型又属于投资密集型的产品。然而，它们在两个方面缺乏优势：第一，产品特性和标准在某种程度上适用于日本市场，这使得它们的产品与全球其他主要市场的需求不符，需要以高成本才能适应当地市场；第二，产品特性与客户特性紧密相连，而日本市场的用户需求却和西方市场的用户需求分歧甚大。总的说来，日本信息和通信企业所能找到的可以使它们比国际竞争者更有利的“竞争优势”的领域相对较少,比如：随身听或手提摄像机曾给日本汽车和消费类电子企业带来了决定优势。未来日本信息和通信企业如何拥有国际竞争优势是稍后要讨论的问题。

财务表现

附录4对早先讨论的日本和西方信息通信企业相同样本的财务业绩数据进行了分析。这里将给出一个简短的结论概要,不再重复细节方面的问题。

总的说来,财务业绩数据作为比较日本公司和其他公司之间的性能指标是不充分的。理由是,日本公司的财务表现受日本特有的机构和投资者行为的影响。此外,宏观经济因素——比如国际资本流通、利息和汇率差价——会影响一个国家的证券交易所的全部股价。这使得我们很难以股票价值对来自不同国家的个体公司或联合企业的表现进行比较。

从表A4-1和表A4-2中的平均数中,可以很明显看到这一点。西方信息和通信企业的净资产收益率(14.14%)相比于日本信息和通信企业(1.6%)是比较高的,产出也明显高出日本(西方信息和通信企业：1.5%;日本信息和通信企业：0.7%)。然而,日本公司的市盈率却比西方公司要高出几倍(日本信息和通信企业：125;西方信息和通信企业：18)。正如附录中所提及的,我们似乎有证据可以表明,西方公司在财务表现方面,股价变动比日本公司要明显得多。

日本信息和通信企业的未来

以本书的讨论和数据为基础,我们提出以下几点关于日本信息和通信企业未来的结论。

日本信息和通信企业有四组重要的潜在优势,可以形成未来的全球竞争力。第一,比起最强大的西方竞争者,日本信息和通信企业拥有更宽泛的技术能力,这使得它们具备了实现规模经济的潜力。①

然而,我们也不能忽视和如此宽泛的能力相关的组织复杂性和组织费用,这使得我们不能够简单地就认为这种能力一定会成为竞争优势。事实上,迄今日本信息和通信企业的主要竞争对手都是那些小型的,集中的并且专业能力突出的公司——例如半导体方面的英特尔、德州仪器和摩托罗拉;电信设备方面的爱立信和北方电信;软件方面的微软;工作站和 PC 方面的太阳(Sun)、苹果、康柏和戴尔。如果日本信息和通信企业要将其拥有的宽泛技术能力转变为全球竞争力,它们必须克服由其带来的组织困难(我已在其他地方进行过分析②)。

---

① 当在一个公司内生产几种不同产品比在不同公司里生产相同数量的这些产品更便宜时,规模经济就产生了。如果日本信息和通信企业能够实现规模经济,它们就可以比比它们更专业化的竞争者更便宜地和(或)高质量地生产出信息通信产品和系统,因为它们在公司内部拥有生产零件、单机系统和综合信息通信系统等的能力。

② 弗朗斯曼:《各有所长:IBM、AT&T 和 NEC 是如何在不同细分市场上展开竞争的》,《企业战略评论》(*Business Strategy Review*),1994 年第 5/3 期,第 1—20 页。

第二,日本信息和通信企业可能会得益于他们缓慢但稳定的全球化进程。特别重要的是,为了获取市场竞争力,公司必须逐步建立起各种信息通信产品的配套资产以支持它们的技术能力。我们在第六章中讨论的研发全球化,也会帮助它们适应日本以外市场的特定需求。日本信息和通信企业在全球化方面比许多西方竞争者以及日本汽车和消费电子企业缓慢。在早先讨论的种类 2 和种类 3 里的产品中,全球化程度较低就是产品弱点的一个来源。然而,日本公司在全球化进程中正在持续付出努力。本书曾详细分析的案例就是富士通和 NEC 努力为美国开发出为出售新一代宽带电信交换机、ATM 交换机所需要的支持网络。

第三,在信息通信产品日益增多的情况下,日本信息和通信企业将会得益于日本市场与主要西方市场的标准和支撑的日益融合。这种融合将使得日本市场开发的产品可以更容易并且低成本地在西方市场上销售。当然,这也意味着日本公司将面对越来越多的新进入日本市场的西方竞争者的竞争,它们先前的市场由于标准的差异而相对封闭。我们在第四章中分析了在 DOS/V 操作系统的开发和上市之前的日本 PC 市场。但是,因为它们在日本已经有一个坚固的基础,这种竞争反而可能有助于加强日本公司的能力。在第四章中,我们分析了计算机产业的融合,日本计算机公司正使它们的产品日益符合国际标准,并且首次开始为国际市场开发封装式软件,这预示了日本信息和通信产业新的发展趋势。

第四,日本信息和通信企业,像许多其他行业的日本公司,有若干重要的组织形态，可能长期成为竞争力的重要来源，特别是如果所讨论的其他条件都得到满足的话。这些组织形态包括鼓励公司能力积累和长期增长的公司管理制度：尽管费用高昂（特别是在经济衰退期间），但这些组织形态鼓励合作和内部知识共享和整合的终身雇佣制以及动态的、创新的、互利的供应商和客户间的长期关系。

必须强调的是，这四个优势仍然只是潜在优势，它们并不一定能够成为国际竞争力。本书的主要结论之一就是，尽管日本信息和通信企业自成立以来已经走了很长一段路，但如果要效仿汽车和消费电子企业的成功，它们仍有一段路要走。

政府的重要性

日本政府在日本信息和通信企业的选择环境过程中有重要且直接的影响，并且，日本政府在形成这种环境过程中也起了决定性的间接作用。

更准确地说，从一开始，日本政府机构在培养建立第一批信息和通信企业的企业家和技术人员方面扮演了重要角色，特别重要的是，在19世纪末政府建立了隶属于产业省和稍后的通信产业省的工厂和实验室。继此之后，出现了一些私人企业例如NEC、东芝、冲电气、富士通和日立。这些羽翼初丰的企业家和技术人员离开东家，建立自己的公司，继续密切地与政府组织合作，在它们主要为政府市场生产设备的时候开始慢慢累积自己的能力①。这样,日本政府加快了第一批日本公司进入信息通信行业的速度。

从20世纪20年代后期直到战争结束,通信产业省透过国家采购和技术援助政策,要求日本信息和通信企业减少它们对外国公司的技术依赖。这些政策,连同战争提供的技术学习经历一起,无疑能加强这些公司的技术能力。

此外,通过受控竞争(为了获得电信设备而采用的组织形态),通信产业省不只塑造了主要信息和通信企业的核心能力,也塑造了整个日本信息通信业的产业结构。在战后,是那些在电信设备的开发与生产中同通信产业省紧密相连的公司在半导体和计算机领域得到进一步的发展。更准确地说,到20世纪80年代,NEC和富士通能在电信设备、计算机和半导体领域以及日立能在计算机和半导体领域成为世界前十大公司,部分是受控竞争的结果;日本东芝公司虽然不是通信产业省和后来NTT的主要供应商"家族"中的一员,但最终也成为计算机和半导体领域的十大公司之一。虽然东芝公司在计算机行业中以小型计算机产品为主,而这主要也是日本在半导体方面具有强大能力的结果。

在战后,直到20世纪70年代,日本政府通过它的保护和刺激政策来培育信息和通信企业,本书在不同章节都进行了相关分析。这些政策在特殊时刻显得尤为重要,没有政府的协助,日本公司在有些

① 参见弗朗斯曼:《企业愿景和日本》,牛津大学出版社。

市场中将不得不撤出。在第四章中,我们分析的一个案例是20世纪70年代初紧随IBM的370系列系统计算机的引入之后MITI和NTT所采取的行动。在美国,IBM的行为使得一些大公司例如通用电气和美国无线电公司从这个产业中退出。而在日本,政府机构则帮助日本公司进入了新的技术领域和市场,如果没有这种帮助,它们不可能有能力进入。我们可以在第五章分析的关于住友电子、古河电工、藤仓和日立电缆等公司进入光纤领域的案例中也同样看到这一点。

当政府机构有能力通过政策为日本信息和通信企业创造有益的选择环境的时候,它们在选择和激励技术优胜者方面是否成功呢?在NTT的案例中,它选择的与设备供应商共同发展的技术是日本电信网络所需的技术。当这些技术最终大部分都从属于服务自己的目的的时候,就并不一定会有助于开发在全球市场上具有竞争力的产品。如在第三章关于交换机的案例中所看到的,在追求自己目的的过程中,NTT有时候会使它的供应商在国际市场上受挫。此外,为了要保留一些内部能力,NTT偶尔会间接限制供应商积累这些能力。然而,尽管这些问题起源于目标不一致,NTT作为一个成熟的研究者、使用者和大媒介,还是在日本信息和通信企业的技术能力积累上起到了积极的作用。

MITI也尝试鼓励日本信息和通信企业独特技术的发展。我们有必要区分一下MITI推行的两组"技术积累"方案。第一个方案持续到20世纪70年代后期,涉及日本公司"主流"技术的加强,这种

“主流”技术是这些日本公司和西方竞争者在任何情况下都使用的技术。这里 MITI 的方案主要是支持性的,提供给日本信息和通信企业资金支持和来自政府实验室研究人员的技术支持。大致上,这些方案有助于日本信息和通信企业赶超它们的西方竞争者。

第二组方案主要从 20 世纪 70 年代后期开始推行,涉及在日本还是西方都还未广泛使用的新技术。MITI 对于这个方案主要是考虑到这些技术在不确定以及缺乏政府资助的情况下,项目本身不会引起追求利润的公司的关注。此外,在许多情况下,这些项目成功地在公司内部发展了更强的能力。虽然我们很难看到 MITI 的方案是否引起了日本信息和通信企业的巨大变化,我们可以确定的是,这些方案确实起了作用。很明显,当公司的重要性足够清晰的时候,这些公司即使没有政府的援助,也已经能够成功发展技术了。

MITI 也试图通过高度公开它对未来的见解,影响日本信息通信产业。MITI 官员与日本企业家和大学教授密切合作,可以很快了解影响产业的长期发展趋势。一个重要的例子是 20 世纪 60 年代和 70 年代 MITI 对即将到来的“知识产业”重要性的认知,同时,这也帮助日本决策制定者建立起对于这一问题的警觉性。不过,回顾起来,我们依然不能确定 MITI 的远见是否影响了日本信息和通信企业的产品理念。大体上讲,MITI 的远见的主要作用是在信息通信产业引发了对于信息通信技术重要性的认知和共识,并且由此使得通信产业省加强了在这个领域的财政支持。我们不能低估这种“认知”的重要性,因为这帮助了日本信息通信技术的传播[①]。

但在其他的一些情形中,MITI 的远见却导致了"错误"。如第四章所讨论的,不了解全球计算机行业的基本变化会导致信息通信行业的巨大失败。MITI 和其他大部分主要日本计算机公司一样,陷入了 IBM 的以大型主流计算机为中心的"心理架构"。然而,在 20 世纪 90 年代早期,关于信息处理的理念已经从根本上发生了变化,MITI 比起信息通信产业的其他公司对于这一变化的反应要慢。但在这一失误中,MITI 的表现并非糟糕,它分担了 IBM 的主要竞争者和支持了 IBM 理念的金融和理论分析家的不安。MITI 出现这种失误并不奇怪,在情况不能被明确解释的情况下,没有人能保证一定得到正确的理念。

论及日本政府在日本信息通信产业中所扮演的角色的问题,我们不得不在最后提到邮政省(MPT)。MPT 经常在日本国内以及国外受到批评,人们通常认为它的保守政策抑制了国家通信基础架构的发展。在第七章中,我们讨论了一些由 MPT 实施并对 NTT 产生影响的政策,以及政策制定者所依据的原理。我们特别强调的是,MPT 对于 NTT 的限制阻碍了 NTT 在国内和全球的发展。我们将在下一部分讨论 MPT 的这些政策,特别是针对 NTT 的政策。

---

① 在生物科技中,日本政府自从 20 世纪 70 年代末就帮助加速引进新技术。某些程度上这与 20 世纪五六十年代日本政府机构在信息技术方面扮演的角色类似。关于对日本政府在生物科技方面角色的分析,参见弗朗斯曼和田中(Tanaka):《日本生物技术产业的政府》,全球化大学,研究政策(Research Policy),即将出版。同样相关的是弗朗斯曼:《全球化世界中技术政策过时了吗:日本的回答》,《剑桥经济学》杂志(*Cambridge Journal of Economies*),即将出版。

未来的 NTT

在日本信息通信产业中,NTT 已经不仅仅是一家主要公司：NTT(和它的前身,通信产业省)已经成为一家母公司,孕育了可以给它提供强大支持的子公司(供应商)。但是 NTT 并不是一个纵容的“母亲”,不会溺爱“孩子”并让它们以自己的方式生存但不承担责任。NTT 从未忘记它在运营、扩张并改善网络和服务质量的所有承诺。这些承诺有时意味着,“孩子们”被强迫与 NTT 保持一致,即使要“孩子们”自己要经常付出代价,NTT 不允许它们仅仅依照自己的兴趣来采取行动。

到 20 世纪 90 年代早期,如第七章所示,NTT 的选择环境发生了根本变化。本书中我们将会分析三个主要的变化,即：来自新进入者的竞争、资产剥离的压力和全球化,这为 NTT 带来了新的威胁和机遇。此外,内部和外部压力的结合——在第三、四、五和七章讨论的——迫使 NTT 改变它时间导向型的组织形态,即通过扩大供应商的圈子包括西方公司和其他日本公司来控制竞争。

根据这些变化,我们需要重新评估母公司和子公司之间的关系——此评估尚未完成。从母亲的角度,NTT 开始了解到,虽然它被迫放松它和孩子(“NTT 家庭”中老的供应商)之间的关系,但随着接纳新的孩子,公司获取了更重要的优势。如在关于交换机和计算机的章节中所讨论的,“被接收的孩子”,例如北方电信、DEC 和 IBM,

已经把新的人才和知识带进了家庭。从新孩子的角度来看，这些孩子对能够有机会与 NTT 共进晚餐也感到非常荣幸。

然而，与 NTT 有血缘关系的孩子对于这些变化或多或少都有一些嫉妒和矛盾。这种矛盾心理在那些最强壮的孩子之中最小，这些孩子即使放松甚至剪断脐带仍能独立生存，甚至能够发展壮大。可以说，NEC 和富士通都能在一个解除控制的日本电信设备市场生存下去，甚至会因与 NTT 解除联结关系而受益，它们可以更自由地以更灵活和严密的方式进军全球市场。然而，像是日立和冲电气这样较差的供应商则会失去一些利益，上述变化可能会减少它们在日本电信市场上的份额，同时，它们在全球市场上的不佳表现也使得它们不能通过国外销售来弥补这些损失。

但是，在已经变得成熟、并且能稳步驾驭自己发展道路的情况下，面对外部环境的重大变化，母亲需要面对最大的挑战。如第七章中所讨论的，当全球和日本电信服务市场的自由化和全球化迅速增加的时候，NTT 不仅能够保留对大多数本地电信服务业的控制，而且它的长途电信市场也只受到了新的日本进入者的有限袭击。然而，随着来自日本和外国进入者竞争的增多，将来肯定还会发生更大的变化，比如在有线电视公司和无线通信行业中来自国内和国际的新供应商，包括全球基于卫星的联合企业。

所以，如果 NTT 是在日本市场中竞争，那么它不可避免地会在未来有一场苦战，同时 NTT——AT&T 和 BT 一样——也会试图利用全球市场上新出现的机会（得到 MPT 同意）。但是 NTT 是否已经获取在日本和全球市场中的竞争优势了呢？我们必须看到，NTT在适应面向国内的选择环境过程中已经积累了公司的能力、组织形态和理念。如果在这种环境里发生了巨大变化，NTT能生存吗？为了适应环境，公司需要在多大程度上改变自己的能力、组织形态和理念呢？

在此，我们提出几点来回答上述问题。首先，NTT已经表明它具有改变一些关键组织形态以适应环境的能力。比如，为了适应合并日本供应商，尤其是西方供应商之后的环境，NTT已经通过改变适应了这种受控竞争。NTT在这方面的成功做法我们已在第三、四和五章中讨论过。再者，NTT通过分离NTT数据和NTT移动通信网（分别属于信息处理和移动通信领域）来剥离企业的相关资产以及活动。这些例子表明，我们不能低估NTT适应环境的能力。

不过，我们还需要更严格地检测NTT在其他至少两个方面的表现。第一个是关于NTT在外国市场上成功运营发展所必需的能力。在第七章中我们看到，截止到写本书为止，MPT不愿意废除NTT作为国内运营者而KDD作为国际运营者的限制性划分，但是，随着日本日益需要举荐一个可以同AT&T、BT、法国电信和德国电信等进行竞争的全球竞争者，MPT最终可能被迫放弃这种划分。很明显，NTT是唯一一家能够迎接日本在全球电信市场上所遇到的挑战的通信公司。

然而，如早先在本章讨论的，就日本信息和通信企业来说，成为成功的全球运营者所需要的能力与在日本获得成功所需要的能力显著不同。简而言之,如果想取得国际上的成功,NTT 必须对它的结构、文化和理念做出重要改变。我们不难想象,做这些本质的改变将会困难重重。

第二个方面与 NTT 根深蒂固的理念有关,NTT 认为:只有成为一家研发驱动的公司,NTT 才能够长期成长和参与竞争。虽然这种理念并不只有 NTT 才有(AT&T 在这方面的认识接近 NTT),但其他公司像 BT、MCI 和 DDI 却并不这样认为(后面几家公司我们在第八章中讨论过)。与 NTT 和 AT&T 不同,这些公司认为通过和外部能够承担研发成本的供应商紧密合作,公司能够变得更有竞争力;而 NTT 和 AT&T 则认为,如果要确立竞争优势,它们一定要具备强大的内部研发能力。因为这些理念的效益正在接受竞争之火的考验,NTT 至少应该考虑到有重新评估自己持有理念的可能性。

虽然这些问题会给 NTT 带来一定的困难,我们必须看到,NTT 公司拥有在发展日本电信网络和服务方面累积的超过一个世纪的能力和资产,这些能力不应该被低估。

理念的力量和“信息革命”的局限性

我们用关于“信息革命”的评论来结束本书关于信息通信产业的讨论。信息革命倡导者(通常通过出售信息产品获取利益的人)持有的主要理念是:更多的、较廉价的并且可以随时随地获取的信息将有助于我们提升经济和社会的发展。在决策领域,我们通常会争论,信息革命是否会促使我们作出更好的、信息更充分的决定。

无疑信息革命产生了巨大的影响，它提供了解决旧问题的新方法，并且为解决新问题提供了可用的强有力的工具。然而，我们经常忽视信息革命内固有的一些局限性。本书的研究认为，有一些对公司和政府的决策者来说仍然至关重要的问题并不包括在信息革命范围之内。

我们在此特别举出两个问题。第一个问题由诺贝尔奖获得者西蒙提出，他指出这种限制来源于人们处理信息以制定决策时所产生的需求以及组织间的协同工作。人们和组织受制于信息处理能力的事实意味着不论信息如何丰富，如何容易获取，人们和组织仍然会依附于他们的"理性"。虽然信息革命可能祛除一些对人们处理信息能力的限制，不过重要的限制总可能被保留下来。根据这个原因，西蒙提出"有限理性"是决策的一个重要限制。

第二个问题是贯穿本书的一个主题。在解释模糊的情况下，我们不可能避免那些超出信息革命范围的问题。"解释模糊"是指，无论信息如何丰富和易得，我们仍然感觉缺乏理想的信息去做决策。在这种情况下，在信息和知识/理念之间的联系必然宽松，甚至不相联系。这时，无论信息如何丰富和廉价，都不能够产生明确的理念。因此，至少暂时可以说理念和信息是相对独立的。不同的人从相同的信息中会得出不同的甚至相反的知识/理念。

本书提出的关于技术、公司、产业和国家机构的共生演化的研究表明，解释模糊是产业变革动力的重要部分，这并非仅仅是在理论上存在,而是在现实中确实存在的。因此,我们需要把更多的注意力放到理念是如何被构建的,以及随着时间的推进,理念如何得到改进。

我用下面一句名言来结束这本书,这不是哗众取宠或者黯然神伤,而是介于两者之间的一种感情,用托马斯·斯特尔那斯·艾略特的话来说,就是:

我们在知识(吸收过程)中遗失的智慧在哪里?

我们在信息(获取过程)中遗失的知识在哪里?

附录1　经济变动演变过程中的公司和产业

本附录旨在给出研究本书中提到的公司和产业理论方法的一个摘要,进一步细节请参见我的其他相关著作。[①]

从经济运行总的成果的角度来看,重要的是产业而不是个别的公司。个别的公司可能扩张、收缩甚至消亡,而产业作为一个整体,其运行与增长是具有经济意义的。一个产业包括众多公司,而且一种产业的动态发展主要仰赖于公司之间的交互作用。同时,其他产业的公司也会影响某一特殊产业的动态发展。因此,为了解释公司总体的运行与成长,建立关于单个的公司的理论十分必要。

公　司

公司是什么?公司做什么?不同的学者,为了不同的理论目的

① 弗朗斯曼《企业愿景和日本》即将出版。同时可以参考弗朗斯曼的发表在《产业和公司变革》杂志上的论文《信息、知识、愿景和企业理论》。

回答的方式也不尽相同。因为现在的目的是解释日本信息通信产业的运行与成长，我们需要对公司进行新的阐述以达到该目的。

能力

鉴于日本公司的情况，关于公司的理论最常用的分析方法也许是由青木昌彦（Masahiko Aoki）发展而来的。因为青木昌彦的公司理论本书作者已经在其他地方分析过，因此在这里只做一个简短的摘要。本质上，他的理论是基于对他称之为 J－firm（日本公司）的主要特性的分析。这些特性包括："内在的等级层次"（职员依此规定为较快速的晋级而竞争，在 J－firm 里这被视为主要的激励策略）；以分散的、水平的方式处理信息；J－firm 资产分割成立独立子公司和借助二级供应商的趋势；J－firm 的融资主要依靠银行；和公司之间互相持股的做法。①

尽管承认所有这些特性的重要性，但本书使用的公司理论与青木昌彦使用的方法存在着本质的不同，其中最重要的是对与信息不

① 同时可以参考：青木昌彦 1991 年在斯德哥尔摩经济学院的一个国际会议"全球经济中的日本"所提交的一篇论文"日本公司的系统特性：一个调研以及研究议程"；青木昌彦编著的一本书《互相连接和信息处理的公司》中的一篇论文《分享的信息租和公司理论》（*The Participatory Generation of Information Rents and the Theory of the Firm*）；青木昌彦发表在 1990 年《经济学文献》杂志（*Journal of Economic Literature*）上的一篇论文《建立一个日本公司运行的经济模型》（*Toward an Economic Model of the Japanese Firm*）；青木昌彦编著的另外一本书《日本经济中的信息、激励和契约》（*Information, Incentives, and Bargaining in the Japanese Economy*）中。对于青木昌彦的工作在经济学派各种不同公司理论的范围里面的定位，见弗朗斯曼所著《企业愿景和日本》。

同的知识进行分析的方法。对本书来说,青木昌彦关于日本公司的分析理论未能有效解释公司的经济绩效与变化。更具体地说,虽然汽车、消费类电子产品、信息通信、化工、医药等方面的日本公司都是具有 J-firm 特性的日本公司,但它们的表现(从这些产业内或是产业间来说)从根本上并不一致。关于公司的理论必须能解释这些不同。因此,在分析 J-firm 的时候,不要只关注其区别于其他公司的特性,而要将这些特性同公司的表现联系起来。为此,钱德勒、纳尔逊、温特和蒂斯等提出的**能力**的概念非常必要。

公司可以被定义为在决策结构控制下的**能力积累**。公司主要是通过它们的能力积聚而成长。能力指的是那些能够影响公司销售产品能力的活动和知识。能力与投入不同,因为一个购买投入的公司在主导市场中可能无法把它们转变成可销售的产品。技术能力指的是公司将产品商业化的专门技术知识。能力不一定必须包括技术能力;举例来说,一个公司销售产品的能力可能依赖它的可供分配资产而不是它的技术。

特有能力是指那些赋予公司特色产品的能力,这可能成为竞争力和暂时经济利润的来源。特有能力的获得在熊彼特的技术创新方法中特别重要。核心能力指的是公司能力中支撑其产品关键部分的能力。举例来说,如第六章所示,NEC 在半导体方面的能力是公司在计算机和通信设备市场取得商业成功的重要决定因素之一。

能力通过应用和扩展那些包含在公司购买的投入之中的知识显现出来,即在公司活动过程中积累的经验中得到。积累能力是困难、昂贵、耗时的。能力因此抑制了公司的反应速度。同样,一个公司的能力对其他公司来说是很难模仿的(虽然通过逆向工程可以复制另一个公司的产品)。

虽然能力抑制了一个公司所能做的,但是公司发展过程中存在一个特别接合点。当公司的决策者必须决定是否将公司的能力扩展到新领域的时候,创造能力的时刻就出现了。这些时刻可能对公司的表现与成长非常重要。一项关于公司如何作出这些决定的分析因此也至关重要。如稍后将要看到的,公司信念在这些决定中扮演了重要的角色。本书分析的例子包括富士通进入计算机这一新领域的决定,这个决定虽在公司内引起了激烈争论,但最终把公司推向了计算机销售方面世界第二的位置;也包括 NEC 进入数字开关这一新领域之后十分迅速的失败,这一失败同时导致了其 20 世纪 80 年代早期在美国市场的失败。

组织

为了使公司能在现有的市场情况下销售出产品,必须将构成它的能力的活动和知识组织起来。因此奥利佛 · 威廉姆森(Oliver Williamson)坚持“组织形态非常重要”和哀悼“近来多数公司的做法(在经济中)——对公司的组织结构给予了较少关注却反而完全集中在激励因素上”的观点是正确的。[①]

---

① 威廉姆森:《资本主义的经济制度》(*The Economic Institutions of Capitalism*),自由出版社(Free Press),纽约,1985 年,第 281 页。

虽然一个公司的组织形式是其运行与成长的一个重要决定因素，但公司的决策者却经常不清楚公司应该如何组织。此外，公司以产品特性（特别是价格和质量）和这些特性与组织形式之间的相互关系为基础进行选择的程序经常是不确定的。因此，摆在公司面前的一个主要问题与它应该实现的组织形式有关。（威廉姆森的“组织的必要性”，即公司合理有限的节约和最小化机会主义行为，并没有带领公司在解决组织问题的道路上走很远。）①

公司对于雇员的内部激励机制是非常重要的，在设法解决公司如何最好的组织创新过程方面，一些更宽泛的问题出现了。而且非常明显，创新是公司、产业和经济运行与成长的主要决定因素。在这些问题中，关键问题是 Friedrich Hayek 提出的如何利用完全不为人知的知识和怎样创造新知识。在第六章中，关于 NEC 及 NTT、AT&T 和 BT 之间的竞争（作者的相关书籍《企业愿景和日本》中提到过）特别关注这些公司解决这些问题的方式。

选择环境

像生物学中的生物体一样，公司群居在选择环境里面，时间的流逝影响着它们的运行和成长。然而与生物体不同，公司很大程度上在环境给定的约束条件和机遇下，为达到公司的目标，通过创建公司

---

① 见弗朗斯曼的论文《信息、知识、愿景和企业理论》，论文对威廉姆森的公司组织结构进行了一个批判的分析。

应该干什么的信念来应对它们的选择环境。一个重要的问题是如何创建这些信念,随着时间的推移又如何修订这些信念。我们很快会回到这一问题。

正如能力的概念,选择环境这一概念是公司结构在其运行与成长之间有一个至关重要的联系。具有相同内在特性的公司在不同的选择环境下将会表现得大为不同。因此分析公司和它的选择环境之间的关系非常必要。

公司形成的能力和组织形式必须同公司选择的环境相适合,因为这样才能使得公司在那个环境中继续生存下去。对于公司来说,生存依赖于其出售产品的能力;出售产品使公司可以更多地投入购买,从而更新这一生命周期。销售失败并且缺乏外部援助将意味着公司消亡。但是选择环境将或多或少地苛求或纵容它们所允许的能力和组织形式。所有的这些暗示,公司本身并不总是一个适当的研究对象。这也是公司内的运行要依赖于在它的选择环境的外部情况的一个简单原因。因此关于公司的分析一定要包括对它的选择环境的分析。例如,在之前章节中也曾提到日本在微处理器、封装软件和复杂电信开关方面的“失败”与日本选择环境的特征有关。

公司选择环境的四个重要特征是:竞争压力的范围;政府干涉的冲击;资本市场的影响;新技术提供的机会与限制。以下将简要分析这些特征。

竞争压力是公司的行为及其发展的能力和组织形式的一个主要决定因素。基于博弈论的所谓“新产业经济学”,很大程度上与公司限制及其自身竞争优势的战略转移相关（例如阻止一个可能成为新竞争者的公司进入）。[①] 新产业经济学关注的范畴为与公司相关的竞争问题。然而，本书关于信息通信产业的部分——例如对电信开关、计算机和光导纤维发展过程的分析——说明了与那些处理限制竞争的行动问题相比，与新技术的创造和应用相关的战略问题已经具有大得多的长期竞争性的意义。这对于个别公司的运行和成长及长期的产业结构来说都是正确的。此外，通常围绕在新技术的引进上的不确定性和模糊性（排除同意的概率分布及其支付结果）表明博弈理论的工具经常不太有帮助。新技术的分析需要不同的方法。下面将简要的阐述这方面的其他内容。

政府干涉是选择环境的一个重要方面。通过激励、阻碍、信息规定、协调、规劝和直接控制等方式，政府可以影响公司所处的环境条件。当然，没有一个固有的理由来解释为什么政府干涉可以对公司和产业产生积极的影响：它们可能甚至无法达到预期的效果。但是政府官僚和政客的干涉总是植根于国家的政治过程。为了解释为什么官僚和政客们如此干预公司，了解政治过程的特性十分必要。

本书在第二章中说明了 20 世纪 20 年代末和 30 年代的日本政治环境对电信领域的组织形式和国内技术能力的积累产生了至关重要的影响。随后，这也影响了战后的信息通信产业及通信公司的结构。同样重要的是，日本政府实验室在孵化对于这个产业的发展来说很

---

① 对于新产业经济学方法的最近解释，见诺曼（G. Norman）和拉曼纳（M. La Manna）的《新产业经济学》一书，Edward Elgar, Aldershot, 1992 年。

重要的企业家、技术，同时日本政府在不同时期及时采取的保护和促进这个产业的措施方面所扮演的角色也很重要。

然而，与公司的情况相同，政府官员为了要指导他们的干预而构建的信念也是至关重要的。有时候，这些信念常受到那些影响公司的限制。第四章（关于计算机）曾详细分析的一个例子是IBM的“头脑建筑学”对日本政府官员和这个国家一些主要计算机公司的领导人产生的影响。

公司与其选择环境之间的另外一个重要联系是通过**资本市场**进行运作的。如第六章（关于NEC）所述，日本资本市场的特征对一家公司的管理方式及应对逆境的方式和其能力积累有着重要影响。更明确地说，“承诺股东”的存在已是日本选择环境的一个重要特征（“承诺股东”可被定义为那些期望通过出售股份来获利并利用这一过程购买其他资产而保留公司股份的人。他们没有离去，而是“留下来并战斗”，因为他们在公司中有着其他利益；举例来说，他们可能向这家公司销售财务服务或其他产品，或者他们的投入依赖这家公司）。

日本承诺股东这种结构的存在与在美国和英国等国家中“保持距离型股东”具有相对更大的影响的环境大不相同。事实是后一种股东宁愿面对潜在的收入改变而不愿留下来并战斗（虽然他们可能进行一些抵抗），这对公司管理层受到的约束条件和压力有着重要的影响。在第六章中曾讨论过：在使公司应对环境变化——例如商业周期的需求或技术和市场情况的改变——的调整过程中，这些约束条件和压力产生的到底是积极的还是消极的影响。

新技术的出现使得在公司选择环境中出现了一个特别重要的改变。并且,就像本书中许多章节所说明的,新技术对公司和产业结构的进化动力产生了重要影响。(本书详细分析的例子包括紧随晶体管发明之后的电子开关的出现,数字开关的开发,集成电路和微处理器对计算机产业的冲击,由铜电缆向光导纤维的转变。)

考虑到新技术和公司行为之间的相互关系在决定产业变革动力方面的重要作用,有必要分析如何创造新技术以及公司是如何回应这种创造的。事实上,这正是本书的主要关注点之一,在本书的所有章节中都有体现。

从分析公司的选择环境的观点来看,新技术的到来以十分明显的方式提出了一个问题:公司如何评价这些技术及其活动的重要性?本书的主要贡献之一是揭示了这一评估过程究竟有多复杂——比通常在经济的和其他的社会科学调查中所假定的复杂得多。为了要弄清这种复杂性,简短地深入研究知识、信念和信息之间的区别十分必要。在此,我们对这些概念只做理论上的研究,本书其他章节在不同的范围内已经做了实证上的研究。

公司统一理论

本书主要的一个出发点是公司统一理论可能是在知识、信念和信息概念的基础上构造得出的。“公司统一理论”意味着使用相同的概念分析公司内涵和外延，也就是选择环境理论。为了要说明这一论题，有必要引入知识、信念和信息的概念。

知识、信念和信息

如哲学家德累斯克所指出的，“知识是什么？传统的答案是知识就是合理的真的信念”①。但是，正如其本人所说的那样，这种传统的答案往往不能令人满意，因为它经常存在于某一时间点或某一时间段，当信念是“合理的”和“真实的”的时候并不十分清楚。人类思想史中提供了无数关于信念的例子，即那些在一些时候被认为是合理和正确的信念却在稍后被认为是不合理和不正确的。无论这种信念是否被证明是“正确的”，因为这些困难，我们在此依据信念来定义知识。简而言之，公司的“知识”由它的一组信念组成。一个公司将会按照它的知识/信念来运作，因为它认为它们是正确的——或者至少与一套可选择的信念真理相比较，它更相信它们是真理。

既然信念随着时间流逝可能改变，那么很有必要了解它们变化的原因。其中一个重要的变化原因是信徒得到的信息不同。信息可被定义为“与世界和国家的情形相关的数据——由自然地或社会地

① 德累斯克（F. I. Dretske）：《知识和信息的流动》（*Knowledge and the Flow of Information*），MIT 出版社，坎布里奇，马萨诸塞，1982 年，第 85 页。

引发的事件导致的可能后果”。[①] 信息由一组包含状态和结果的数据组成。然而,知识与信念一样,本质上是开放的。相同的信息、信念有时可以而且确实改变了。知识可能因此时常被认为是在变得不同于事情真相的恒定过程中。

获取的信息和信徒所持的信念之间的关系是什么呢?在回答这一问题时,有必要区别两种相反的情形。在第一种情形下,信息和信念之间有一个“紧密的”明确联系。简而言之,获取的信息决定了信念。信念,因此是处理过的信息。[②] 正是在这种情况下,德累斯克提出了“知识是一种由信息产生的(或支持的)信念”的观点。[③] 贝叶斯方法同样针对这种情形。[④]

在第二种情形下,信息和信念之间存在着一种“松散的”或不确定的联系。在本书中称为“解释模糊”的情形下,产生了一种信息和信念之间必要而松散的特殊联系。在“解释模糊”的这种情况下,信息在信息不足以产生明确的信念的意义上是“不完全的”。因此,在这些情况之下,不同的个体,甚至相同的个体在

---

① 见弗朗斯曼:《信息、知识、愿景和企业理论》,第2页。

② 关于信徒为什么收到了那组数据而没有其他的,和信念对所收到信息的依赖带来了重要的困难。很清楚,假如一组不同的数据被收到,一组不同的知识/信念可能被导出。这涉及 Herbert Simon 的**有界合理性**的概念,它被定义为现有的当这组与决定相关的信息大于可被决策者获得并处理的信息的时候。对于有界合理性概念的详细批判性的讨论参见上文 fn.1 中的参考书。

③ 德累斯克:《知识论》(*Knowledge*),第86页。

④ 贝斯分析法可能被下列方式定义:“信念的衡量来自一种可能性的定义行动:视统计推断为以经验观察为基础再评估这样的可能性的过程”,《钱伯斯科学技术辞典》,钱伯斯,剑桥,第81页。

不同的时间点利用相同的信息组确有可能构造不同的,甚至相反的信念。

在不确定的情况下,解释模糊的一个特殊例子产生了。世界的未来状况和意外状态的结果存在不确定性。在这些环境信息之下,理论上,不能够提供任何协助,因为未来状况和意外状态的结果不能提供确定数据。在未来,事物可能不同于它们过去的样子;但是当数据已经收集起来的时候,只有在未来我们才能知道事情是否已经改变。因此,不能得出对未来事件成立的概率分布(只有通过连续性假设,即通过假设现在有效的信息在未来会继续有效,概率分布才能应用于未来。但是,在不确定性情况之下,这一项假设是不正确的)。在不确定性情况下,不同的个体或相同个体在不同的时间点根据相同的信息组,可能得出不同甚至相反的信念。①

本书若干章节已经从实证的角度研究了解释模糊对公司和产业演变的重要性。这些例子包括相互竞争的电信设备公司之间关于何时引进数字交换机的矛盾信念;虽然当时面临着越来越多的

① 至于这种决策情形,奈特(Frank Knight)有如下内容要说:"我们不对过去的,但对未来事态的'影像'作出反应……在我们对它作出反应之前我们感知世界,我们并不对感知到的东西但总是对我们所推断的东西作出反应。因而有意识的行为的普遍型是被设计用来改变由目前的情况推断出的将来的情况的行动。它包括感知以及双面推断。我们必须猜想如果没有我们的干涉,未来的情况将会是什么样子,我们的行动将带来何种变化。幸运或不幸的是这些过程没有一个是确实可靠或一贯正确及完全的。我们并不照当前的样子完全地感知现在,我们也不从现在以任何高的可信度推断未来,我们也不精确地知道我们自己的行动的后果。另外,错误的第四个来源需要被考虑,因为我们以它们被设想和期望的精确的形式采取对策"。弗兰克·奈特,《风险、不确定性和利润》,霍顿·米夫林公司,波士顿,1921年,第201—202页。

反面信息，但 IBM 坚信大型计算机足以支持其收益率、成长和规模；追踪 IBM 的表现的财务分析家、IBM 的众多竞争者、一些主要日本计算机公司和相信 IBM 的“头脑建筑学”的通产省（MITI）官员坚信大型计算机的连续重要性；关于光导纤维普及速度的康宁的信念；NEC 和其他的信息通信公司关于计算与通信技术汇聚的重要性的信念。

公司的内涵和外延

如上所述，分析公司的内涵以及解释它的运行和成长的两个必不可缺的关键概念是**能力和组织形式**。然而，能力和组织形式都是基于信念的，并且从某种意义上来说，可被看作是知识的形式。举例来说，公司的科技能力主要由专门知识组成，即知道该如何达到某些特殊的预期效果。但是知道如何达到效果本质上是一个信念问题。随着在信念的改变，专门知识（也就是技术）也相应变化。懂得如何最好地传输信号在铜电缆时代和光导纤维时代是相当不同的；懂得如何最好地储存信息在磁存储器和光存储器时代也是相当不同的，等等。[①] 第五章包含了对于一组关于怎样最好传输通信信号的新知

① 技术能力在某种程度上也依赖所知道的理由，知道为什么他们做的特殊事件见效。专门知识和知道理由可能是独立的；知道如何去达到效果而不知道为什么这效果可能被达到。然而，专门知识和知道理由多半相互依赖并且可能肯定被达到是可能的。然而，专门知识和知道理由多半相互依赖并且可能肯定彼此影响。明白为什么能协助知道怎样引起一个结果，并且懂得如何做能在知道为什么的过程中提供有用的投入。

识/信念的出现的详尽分析。正是这组知识/信念第一次容许康宁开发出每公里信号损失率低于 20 分贝/公里的光导纤维,因而使得光导纤维作为传输介质要优于铜。但是,这一突破——不但改变了电信数据传输产业,而且给所谓的信息高速公路提供了一个至关重要的构件——需要从存在于玻璃和铜电缆产业的旧信念中重新构建新的信念。

同样,如阿尔弗雷德·钱德勒关于法人组织多分部式的出现与传播的讨论所表明的,改变组织形式本质上也是信念的事。① 如在第六章(关于 NEC)所显示的,在日本出现了一些关于大公司应该如何组织的略有不同的信念。

信念构建和改变的问题也是公司外延分析的重点,即它的选择环境。公司的决策者如何分析他们的选择环境?并以此分析为基础,推断为了达到目标他们会做什么。一般的答案是他们构造了选择环境的**信念**,而这些信念塑造了他们的决定。接着我们之前的讨论,这样的信念可能紧密地或松散地与决策者获取的信息联系在一起。在“解释模糊”的情况下,这些信念必然是松散地联结在一起;可以很有理由地说,选择环境的本性,像美丽一样,是在观看者的眼中的。公司的选择环境产生的**机会**,**限制和威胁**应该因此被视为仰赖于公司的决策人的信念,而并不是这种环境的“客

① 对于 IBM、AT&T 和 NEC 关于组织多部式的适用性的变化的信念的分析,见弗朗斯曼发表在 1994 年《企业战略评论》中的文章《各有所能:IBM、AT&T 和 NEC 是如何在各自的细分市场上展开竞争的》。

观"特征。

更一般地说,公司对未来的构想可能由对将来的事物形状的信念来确定。公司的决策者根据他们的愿景来构建他们的战略战术。这战略不仅和怎样在外部世界运作有关,而且和怎样塑造公司的内部世界,即它的能力和组织形式有关。

零碎知识,隐性知识和知识创造。知识为公司的内部组织呈现了一个主要的问题。首先,如在第六章中 NEC 的情况中详细说明过的,对大的、多产品、多技术公司来说定义它的知识库(即支撑它的各种不同的产品和过程的知识存储)都是困难的。此外,涉及对如何将这种知识的部件分类有很多的解释模糊。因为这些原因,像是 NEC 和西门子这样已经尝试定义知识库的公司,已经出现了许多内部辩论甚至冲突的情况。

从一个公司的知识存储(存储在不同个体、不同部门,嵌入不同的日常事务、惯例和设备之中)必然是零碎的这一事实来看,另一个问题出来了。专业化和劳动分工提升公司效率的代价之一却是它们导致了**知识的破碎**。然而,创新活动——比如新产品的开发——需要公司不同知识储存的整合。创造一种新产品,例如,需要通过顾客所中意的产品特性的知识的综合,进行有效地设计选择,从而可获得更多产品利润的原材料和生产过程;也需要达到效率所需的成本数据——存在于公司内不同的人和职能部门中的知识。在公司范围内,这提出了弗里德里克·哈耶克在经济作为一个整体中看到的问题:也就是,该如何利用单个个人不能全面掌握的知识。

不同知识形式之间沟通的困难和费用,提出了更进一步的问题。其中特别复杂的是博兰尼所谓的隐性知识的沟通,当一个人知道的多于他所能说出的,这种问题就出现了。① 然而关于创新过程的不同研究表明,这种隐性知识转变的动力和它转变成的明确的、更容易分析的知识是一种重要的创新资源。② 在第六章详细分析了这样的一个特例,即 NEC 在自动指纹识别方面的创新,这给公司带来了世界市场的一个主要份额。

本书采用了统一的方法,按照相同的知识、信念和信息理论来分析公司的内涵和外延。在本书的正文部分这种方法被用来解释日本信息通信产业的成长,该产业诞生了计算机、电信设备和半导体方面的一些全球最大的公司。这种方法不仅解释了产业的优势,同时也解释了产业的主要弱点。

---

① 被包含在隐性知识中的知识由信念组成。隐性知识造成的问题在于这些信念的沟通。举例来说,依照关于为了达到预期目标而应该做什么的信念,即用最少的打击数将球打进洞内,高尔夫球运动员关于怎样打高尔夫的"知识"是明确的。这种知识因此同早先提到的专业知识是相同的。问题在于如何向另外一个人传达这些信念。在第六章中,对 NEC 的开发自动指纹识别信息系统的分析发现,一些隐性知识可能是无意识的;就是说,理解者可能不知道他持有这种知识。当 NEC 的研究员与日本警署成员合作的时候,这些警署成员并没有完全意识到他们使用的用于在指纹之间从视觉上进行区分的知识。在无意识的隐性知识情况下,在试图传达它之前,有首先使无意识的隐性知识有意识的进一步问题。

② 野中郁次郎,从一种管理的愿景,已经在做关于一些日本公司怎样通过组织公司内隐性知识的动员来创造新技术的迷人工作。创造新知识的部分过程可能使旧知识/信念的挑战或损坏成为必要。这解释了像索尼等公司广泛使用的口号,乍看起来是无理性的:"利用难达的梦"(在产生创新方面);"在考虑之前说 okay";"在说明想法之前制造产品"(作者在索尼公司的采访)。

图 A1－1 中总结了本书采用的方法。

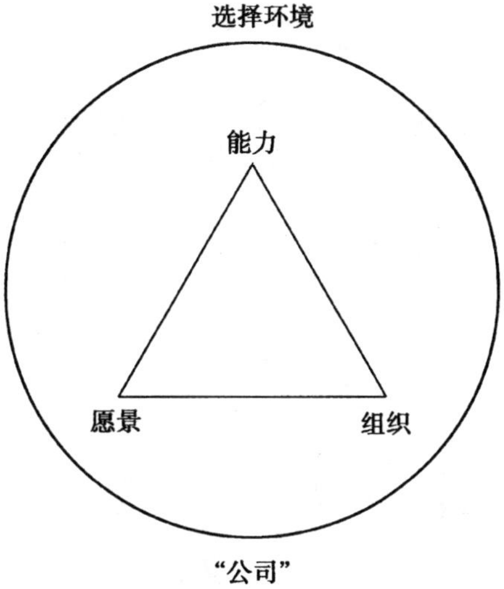

图 A1－1　公司理论的四个主要概念

附录 2　康宁的光纤发展

引　言

本附录主要是对光纤技术的一个详细分析。在这里，我们将解释为什么康宁实现了 1970 年飞跃性的突破，在这一年，康宁的研究人员生产出了损耗率低于 20 分贝/公里的光纤，使得光纤终于可以用作一种通信传输媒介；本附录同时也研究了光纤通信系统所需的其他相关技术，以及 20 世纪 70 年代早期光纤的进一步发展。

光纤研究的预期回报

在这一小节里，我们将回到 20 世纪 60 年代中期，在光纤用于通信的突破之前，重建那些光纤的潜在生产商和用户对这一领域的投资所预期的回报。在铜缆、微波和卫星等通信系统的背景下，正是这些预期的回报，指引着资源流向光纤研究。

在通信网络中,信息传输就等同于 T. D. 休斯所谓的反向突出(reverse salient),①比物理限制和瓶颈更甚,正如一位军事家分析战场上的弱点一样,信息传输在整个通信网络中是一个战略性的弱点。(“reverse salient”正是来自军事术语)。简言之,20 世纪 60 年代电话线的需求急剧上升,在引入新的电子交换机之后,中央交换的能力也大大增强。但是,整个通信网络能力的增长却被传输子系统严重地限制了。由于大量使用铜缆作为传输媒介,传输系统的承载量无法快速并经济地得到提高,并且,随着时代的进步,一些新的服务如数据通信、传真和视频等都需要较高的带宽。因此,考虑解决这一通信难题所能带来的高额回报,人们开始把注意力集中到能够克服这一瓶颈的方法上。

人们高度关注的一个结果就是,寻求替代传输技术研究得到了加强。20 世纪 60 年代末,寻找新技术的研究主要集中于两种基本模式:一是试图发展微米波导系统(基于电磁波,而不是光波);第二是研究光学通信。直至 1970 年以前,微米波导一直备受瞩目。在 1970 年 9—10 月,在英国召开的主要波导通信大会上,大部分的论文都是关于微米波导的。但是,正是在这一次大会上,康宁玻璃公司的摩利尔和舒尔茨发表了一篇论文,宣布他们创造出的光学波导技术已突破了关键性的损耗率大关,这使得光学波导技术用于实际成为可能。

---

① 休斯(T. P. Hughes),电力网络:1880—1930 年期间西方社会的电气化(*Networks of Power: Electrification in Western society*, 1880—1930),约翰霍普金斯大学出版社(Johns Hopkins University Press),巴尔的摩, 1984 年。

从此,世界研究方向的重心开始迅速转向光纤。

继承知识的积累,1966—1968 年

我们现在来重现康宁 1970 年突破之前,20 世纪 60 年代早期光纤领域研究的“知识环境”。这一小节将会分析研究人员从“过去”继承来的知识,而随后的小节则会分析所需的“新知识”。这为深入分析康宁所作的贡献提供了背景。

早在 20 世纪 60 年代早期以前,通用波导特别是光学波导的基本原理就已经人所共知了。早在 1880 年,亚历山大·格林汉姆·贝尔就证明可以通过光路传递声音信号。这一实验中,使用的是贝尔在发明电话仅 4 年后,所发明的“光电话(Photophone)”。这个光电话使用太阳光作为光源,让光照射在因声音而振动的镜子上调制光路信号。反射光聚焦在作为探头的硒棒上。硒棒电阻的变化反映了光的强弱变化。硒棒连接着一粒电池和一个电话接收机。但是,贝尔很快就发现,空气并不是传输光信号的良好介质。他在光学通信方面的努力很快就被使用电线传输电子信号的方法取代。

内全反射的基本原理也是在很早以前就被发现了。1870 年英国物理学家丁铎尔就利用引导光波转过一个拐角的方法,证实了内全反射。丁铎尔在水管的一端开口,并向流出的水中射入一束光,光路随水流形成一条抛物线,这是因为光在射向空气与水的界面时,因反射而又回到水流中。由于水有比空气高得多的折射率,所以造成了

内全反射。

在 20 世纪 20 年代末 30 年代初，第一个利用石英玻璃传输图像的专利被批准。1927 年英国专利号 NO.285738，名为“产生光学图像的先进方法”的专利授予了 J. L. Baird，相关专利分别授予了 C. W. Hancell，美国，1930 年和 H. Lamn，德国，1930 年。日本通信部电子通信实验室的 Masao Seki（后来的 Seimiya）和 Hiroshi Nehishi，获得了名为“电学通信技术进步”的一项专利，专利中建议使用石英玻璃作为光学通信的媒介。这项申请于 1937 年 8 月公布，1938 年 6 月获得批准。[①] 因此 Siki 和 Negishi 已经抢在了美国光学公司 Elias Snitzer 的前面，直到大约 1963 年，Elias Snitzer 才提出相似的看法。[②]

20 世纪 50 年代，美国光学公司的 Brain O'Brein 和英国的 Kapany（有些人称之为光纤之父）等人，就已经制造出了图像传输的光学纤维。更进一步的发展是在纤维表面添加覆层。人们很快就发现，虽然玻璃有着比空气更高的折射率，使得光波可以在玻璃内全反射，但是，没有覆层的纤维效果并不好，因为纤维表面的瑕疵、刮痕或是灰尘都会使光波散射。1954 年，A. C. S. van Heel 在《自然》杂志上发表文章，建议在光纤表面添加覆层。1959 年，Narinder Kapany 提出了光纤覆层的基本理论。因此，1960 年之前用于内窥镜检测等用途的光纤束大都已经是有覆层的了。

---

① T. Nakahara, H. Shioyama 和 T. Watamzu《光纤：从开始发展到成功的生产与应用》《Sumiton 电气公司技术回顾》，NO.26（1987），第 40—42 页。

② 见 D. A. 杜克，《光学通信的历史》，特别报告，通信产品部，康宁玻璃公司，纽约，1983。

但是,从光纤用于通信传输的可行性来说,主要的障碍是已有光纤的高损耗率,这使得光纤仍不适合用于长距离的通信传输。这一问题被许多研究人员注意到了,其中包括:高琨(Charles Kao)博士以及他在ITT标准电话实验室的合作者霍克汉姆(George Hockham)。他们1963年开始这方面的研究,到了1966年,他们发表了一篇重要的论文,指出了有待解决的问题,并提出了他们认为是最有前景的方向。这篇论文给出了一个很实际的研究日程,对光纤领域的国际研究群体产生了很大影响。①

高琨和霍克汉姆预言石英玻璃是通信传输用光纤最合适的材料。他们还认为,迄今为止这种光纤中高损耗率的重要来源,并不是玻璃本身,而是其中的杂质,比如,铁能吸收光波。另外,他们指出覆层内表面的瑕疵会造成很大的散射损耗。不过吸引学术界和产业界大部分注意力的,可能是他们的预想,即移除玻璃中的杂质,就可以达到20分贝/公里的低损耗,一公里的距离残余1%的光(一公里的距离上会留下1%的光波强度)。这一预想如果能实现的话,就可以使光纤能够同诸如铜缆之类的同类技术相竞争了。②

那么,高琨和霍克汉姆1966年的论文对康宁取得20分贝/公里的突破有多大贡献呢?1987年10月13日,纽约州地方法院在对康

---

① C. Kao和C. A. Hockham,《光学频率下波导电介质纤维表面》,《IEE学报》,113,(1966)1(5)-8。

② 20世纪60年代最好的实用化光纤可以衰减到1 000分贝/公里,或者说是1米1分贝。分贝通常表示两个声音信号或电力信号在功率或强度方面的相对差别的单位,相当于两个水平的比率的常用对数的10倍……要改变分贝,可以参考杜克(Duke)所著《光学通信简史》。

宁控告住友侵犯专利权一案的判决中，表达了对这个问题的一种看法。① 更确切地说，"虽然高琨的论文认为，覆层后的玻璃纤维仍可能不适合做波导，但论文明确地认为，波导的可行性依赖于合适的低损耗材料能否出现。而正是这个'关键性'和'困难'的材料问题是仍待解决的。"②

我们目前已知的信息使我们可以重现出 1966 年前后通信用光纤研究人员的知识情况。这样的一个研究人员即使还不清楚最适宜的是哪一种石英玻璃以及它们的材料特性，但也应该知道石英玻璃是光纤较好的材料。另外，他也应该知道纤维内芯表面需要一层折射率更低的覆层。而且（这里将给出一点推断），即使他以前不知道，到 1968 年以前，研究人员也应该知道，掺入特定的氧化物，可以改变玻璃的折射率。③ 正如美国地方法院的判决所述，"至少从 1954 年开始，人们就知道通过引入氯的方法，降低特定复合玻璃的折射率"。这篇论文涉及"在纤维外层引入杂质以降低外层折射率的方法"。④

---

① District Court, S. P., New York, *Corning v. Sumitomo Electric USA Inc*. Nos.84 Civ. 9155 (WCC) and 85 Civ.3156 (WCC); Decided 13 October 1987; as amended 21 December 1897, 1545 - 1971.

② District Court, S. P., New York, *Corning v. Sumitomo Electric USA Inc*. Nos.84 Civ.9155 (WCC) and 85 Civ.3156 (WCC); Decided 13 October 1987; as amended 21 December 1897, 1545 - 1971.

③ District Court, S. P., New York, *Corning v. Sumitomo Electric USA Inc*. Nos.84 Civ. 9155 (WCC) and 85 Civ. 3156 (WCC); Decided 13 October 1987; as amended 21 December 1897, 1551.

④ District Court, S. P., New York, *Corning v. Sumitomo Electric USA Inc*. Nos.84 Civ. 9155 (WCC) and 85 Civ. 3156 (WCC); Decided 13 October 1987; as amended 21 December 1897, 1556.

1968年4月3日英国专利NO.1108509公布,虽然“没有透露给石英玻璃掺杂的方法”,但是“告知了杂质可以用于增大光纤的折射率”。[①] 在我采访英国玻璃公司的高级研究员Pilkington的时候,他证实,20世纪60年代中期,这一领域的研究人员都很清楚杂质可以改变折射率。[②]

继承的相关知识

我们要知道,像其他大多数技术一样,光纤技术不是单独存在的,而是一个相互作用的技术体系的一部分,光纤即使是在实验室里,也是要被制造出来的,其中就涉及许多其他相关技术。当光纤生产出来,光源又是必需的了(即使没有检测器,可以用肉眼观察光通过纤维)。

如图5-2所示,很明显,在一个完整的光纤传输系统中,一些其他相关技术是很重要的,例如纤维的保护、连接、中继以及制缆的技术。这说明在所有技术以及技术变革中,都存在着知识的相互依赖。

这一小分节的重点在于20世纪60年代中期一些主要的光纤相

① District Court, S. P., New York, *Corning v. Sumitomo Electric USA Inc*. Nos. 84 Civ. 9155 (WCC) and 85 Civ. 3156 (WCC); Decided 13 October 1987; as amended 21 December 1987.

② 当然,这是一个逻辑上无法推翻的结论。一般来说,知识属于“公共品”范畴(通过公开发表学术论文或者申请专利而被其他人所知晓),杂质可以改变折射率在当时已经是大多数本领域内的研究人员所了解的知识。不过,研究人员知晓这一知识不仅仅体现为知晓,而且他们还要了解哪里能获取相关知识。根本知识的即时和便宜获取可以相当大程度上促进知识的迅速传播,而且通过研究人员的相互传递,知识还能得到进一步的发展。正如后面几章看到的一样,知识获取的困难比一般我们所了解的要复杂一些。

关技术情况。我们将会看到,这些相关技术束缚和影响了光纤的发展,反过来光纤的容量和需求也促进了它们的发展。

激光。激光位于光学通信系统相关技术的中心地位。作为一种光源,激光器发出一束在光纤中波长具有低损耗率、极细、单色的相干光(光波波长具有高度精确的一致性)。

毫无疑问,作为光学通信系统的一个重要部分,20 世纪 60 年代末工作激光的出现大大促进了光纤的发展。另一方面,这些通信系统的需要也影响到了激光的发展。本质上来说,激光是一种放大了的受激辐射光。("激光"这个词在英文里是"受激辐射光放大"的简称)。1958 年查尔斯·汤斯(Charles H. Townes)(当时在剑桥大学)和肖洛(Arthur L. Schawlow)(贝尔实验室)发表了一篇论文并申请了专利,提出了激光的理论。1964 年汤斯因其在相干辐射上的工作而获得诺贝尔奖,1981 年他又与肖洛分享了诺贝尔奖,这次是因为他们在激光光谱学研究中的贡献。1960 年 7 月 7 日,梅曼(Theodore H. Maiman)在马利布的休斯研究实验室宣布,他已经制得世界上第一束连续工作激光。

激光的一些基础关键理论可以追溯到 20 世纪早期,汤斯在 1964 年诺贝尔颁奖仪式上的讲演中提到:

> 1917 年以前,爱因斯坦就已经依据势力学理论进一步分析了电磁波和量子体系作用的本质。回顾他的结论几乎立即就能得出一个原子和分子可以激发的方法。热力学理论还能证明,

受激跃迁(或者说吸收)是伴随受激辐射发生的。①

由于这些想法很早就出现了,而且激光的前身微波激射器也很早就被发明了,所以激光的出现就显得太晚了。汤斯说:"就我来看,激光在1925—1940年间就应该发明出来了。"②本书着重阐述他所提出的两个原因:第一个原因是物理学和电子工程学这两门学科的知识壁垒。

用汤斯的话说:

> 我认为激光器推迟出现,一定程度上是因为量子电动力学处于物理学和电子工程学之间。这两种学科较为疏远,物理学家不能理解电子工程学的一些思路,而电子工程师也不懂得量子力学。③

此外,物理学家们被他们对光的理解所限制,"物理学家着重研究光的量子性,而不是其他相关的方面"④。二战之后,一种新学科的出现终于克服了这一知识壁垒,那就是无线电与微波光谱学(研究无线电波和微波相互作用以及它们对分子的作用)。"这一领域真正

---

① 汤斯:《原子和分子受激辐射的产生》,1964年诺贝尔演讲"IEE年谱"(1965年8月),31。

② C. H. Townes, 'Ideas and Stumbling Blocks in Quantum Electronics', *IEEE Journal of Quantum Electronics*, QE-20/6(1984), 549.

③ C. H. Townes, 'Ideas and Stumbling Blocks in Quantum Electronics', *IEEE Journal of Quantum Electronics*, QE-20/6(1984), 547.

④ C. H. Townes, 'Ideas and Stumbling Blocks in Quantum Electronics', *JEEE Journal of Quantum Electronics*, QE-20/6(1984), 547.

的发展是在无线电与微波光谱学的大爆发之后，因为二战迫使许多物理学家走到了机械工程和电子工程的边缘地带。”①

汤斯自己的兴趣主要是在具有很强实用性的光谱学领域：“我自己的科学兴趣主要是在新型光谱学和精密测量上。”②更确切地说，“我有一种很强的愿望，要去获得更小波长下的振动器，这使我开始了对微波激射器的研究”③。

对于激光器迟缓的到来，汤斯指出的第二个原因是，激光器当时缺少实际应用的前景。“除了理论上影响量子电动力学发展的知识障碍之外，早先人们对这一领域潜在的应用认识也有限。”④

但是，汤斯却很清楚地意识到了这一领域研究的实用性：

> 很多人可能都记得一句俏皮话，“激光是寻找问题的解决方法。”（the laser is a solution looking for a problem。）虽然我自己，作为一个狂热者，意识到了其在高精度测量、单色光谱以及高能量密度的潜在应用，但我仍漏掉了许多方面。比如说，医疗方面的应用就是当时我没有想到的。⑤

---

① C. H. Townes, ‘Ideas and Stumbling Blocks in Quantum Electronics’, *IEEE Journal of Quantum Electronics*, QE－20/6(1984),547.

② C. H. Townes, ‘Ideas and Stumbling Blocks in Quantum Electronics’, *IEEE Journal of Quantum Electronics*, QE－20/6(1984),550.

③ C. H. Townes, ‘Ideas and Stumbling Blocks in Quantum Electronics’, *IEEE Journal of Quantum Electronics*, QE－20/6(1984),547.

④ C. H. Townes, ‘Ideas and Stumbling Blocks in Quantum Electronics’, *IEEE Journal of Quantum Electronics*, QE－20/6(1984),549.

⑤ C. H. Townes, ‘Ideas and Stumbling Blocks in Quantum Electronics’, *IEEE Journal of Quantum Electronics*, QE－20/6(1984),550.

但是,贝尔的专利办公室并没有能马上理解汤斯的信念,“贝尔的专利部门起初拒绝为我们申请专利。因为他们认为光波对于通信并不重要,也就是说这项发明对于贝尔的利益并没有多少好处。”①

由于缺少实际的或商业的应用前景,受激辐射的研究在1958年之前受到了很大限制,而正是在1958年,情况发生了根本性的变化。以下来自梅曼在1987年接受日本国家奖金时的官方演讲:“1958年前后……一些科学家开始考虑制取相干光。他们知道如果可以制得相干光,那么就可以用它传输1 000倍于已有电磁信号——如微波——的信息。”②当时梅曼一直在休斯研究实验室做红宝石微波激射器的研究,他决定尝试去制造红宝石激光器,尽管一些报道数据认为红宝石并不理想。梅曼回忆说:

> 就是这个时候,1958年《物理回顾》的一位作者(也就是肖洛或汤斯)在一个专业会议上宣布红宝石是不可能成功的。本来在我受雇的实验室,我的工作就不受欢迎,并且也得不到多少支持。现在又由于这些评论,我的工作更加困难……尽管如此,我仍对我所做的充满信心,并坚持继续我的工作,不去理会实验室负责人日益增多的批评。③

---

① 引证于N. Rosenkery,《探索黑盒:技术,经济和历史》,剑桥大学出版社,1994年,第223页。

② T. 梅曼:《激光:起源、应用和未来》,日本国家奖金,1987(官方手册),东京,第15~16页。

③ T. 梅曼:《激光:起源、应用和未来》,日本国家奖金,1987(官方手册),东京,第16页。

1960 年 5 月 16 日，梅曼终于成功地获得了“第一束相干光，一束从一小块红宝石晶体中激发的深红光”①。

很快，许多新型激光器相继发展出来，其中就包括半导体激光器，它在光纤低损耗率的波长下工作得很好，非常适用于激光通信。1970 年，也就是康宁突破 20 分贝/公里大关的那一年，Hayashi 和 Parvish 获得了第一个室温下的连续激光器。数年后，随着 1.55 微波下光纤零色散的证明，新的半导体激光器开始发展。1979 年，东京技术研究院的 Yasuharu Suematsu 和他的同事公布了一种 1.55 波长，使用铟、镓、砷和磷化合物的室温连续激光器。②

作为光学通信系统不可或缺的组成部分，激光和整个系统之间相互影响，就像激光器的发明人被他们制造和使用的设备所影响一样。光学通信就这样慢慢地从这种复杂的相互作用网状结构中发展起来了。

制缆和连接技术。虽然电缆公司具有相关的技术能力，但它们的知识还要去适应光纤的特殊情况。更确切地说，主要问题在于光纤在高温制造过程中产生脆性，使得纤维需要包层的保护。另外，因为光纤的长度达不到中继器的距离，光纤需要连接起来。我们将会看到，光纤本身技术发展的同时，20 世纪 70 年代出现了一些新的进展，解决了这些难题。

---

① T. 梅曼：《激光：起源、应用和未来》，日本国家奖金，1987（官方手册），东京，第 16 页。

② 正博（Suematsu）及其他，1979 年 9 月。

所需的新知识

20 世纪 60 年代末期,我们已经总结了研究人员从过去工作中“继承”来的知识。需要解释的问题也随之变得非常明朗。

1. 最适于制造光纤的玻璃是什么纯度,属于哪一种类?

2. 怎样才能使得内芯与包层之间的折射率不同?更确切地说,虽然已经知道添加杂质可以改变折射率,但还不清楚要使用何种杂质才能获得理想折射率,并得到低损耗。

3. 要使用怎样的工艺才能使光纤获得所需特性?举个特例,关于各种工艺效果的知识还有待探索。比如说,在光纤中加入气泡是不是可以降低损耗率?这些工艺对玻璃中氢氧基的含量有怎样的影响?

4. 相关技术方面还存在许多问题。举例来说,怎样才能制造出可靠、持久、便宜的光源和检波器?能不能制造出更大波长的光源,以便分析波长对损耗率的影响?怎样保护脆而易碎的光纤,使得通信系统可以有效地运作?要使用怎样的方法才可以很好地连接光纤?针对光缆的长度和损耗率,要发展怎样的中继器来增强衰减的信号?

突破 20 分贝/公里大关

在 1960 年末以前,康宁的研究人员已经掌握了这一领域的大部分一般知识，另外，他们还掌握了基于康宁经验的特有知识。我们将会看到，正是这些特有知识，在他们的重大突破中，起到了重要的作用。

具体来说，康宁掌握了两个重要领域独有的知识：

1. 使用火焰水解法制造石英玻璃的技术，这一技术将 soot 烧结为石英玻璃。

2. 使用包括二氧化钛（TiO_2）的杂质给石英玻璃掺杂。

康宁使用火焰水解法的知识，包含在康宁的 Hyde 美国专利 NO.2272342 中，名为“透明石英制品的制造方法”，申请于 1934 年 8 月 27 日，公布于 1942 年 2 月 10 日。[①]

康宁独有的知识也来自 1952 年公司制造纯净石英（SiO_2）的经验，这一发明被康宁归入到“重大创新”之中。[②] 20 世纪 50 年代，康宁为美国预警系统制造大量的石英玻璃。[③] 康宁的特有知识还包括使用 TiO_2 对玻璃进行掺杂的技术。[④] 康宁也曾试过掺杂氧化铝、氧化铁来改变玻璃性能，其掺杂的目的是降低石英玻璃的膨胀系数但效果并没有氧化钛好。[⑤]

当康宁的研究员 William Shaver 与英国邮电部的研究员们接触的时候，康宁的机遇来了，康宁很快将自己所积累的玻璃的知识转向了新的应用领域，通过技术协同达到多元化，从而进入新产品市场

---

① 康宁 VS.住友电气，第 1555 页。
② 康宁，公司介绍，1987 年，第 4 页。
③ I. Magaziner 和 M. Patinkm：《无声的战争：影响美国未来的全球商业战役》，Random Hovse，纽约，1989，第 270 页。
④ 康宁 VS 住友电气，第 1549 页。
⑤ 康宁 VS 住友电气，第 1552 页。

（对康宁来说）。正如我们前面所看到的，从 20 世纪 60 年代中期开始，英国邮电部和一些公司就一直在研究光纤。正如一个半官方的康宁历史中所提到的，“英国邮电部把它的兴趣告诉了许多人，其中就包括一位康宁的访问科学家。他把这个想法带了回来，随后这就成了由 Rokert D. Nazirerzuzhi 组织所属的几个研究项目之一”。①

康宁在研究如何使光纤突破 20 分贝/公里时，很好地利用了其原有的知识积累、相关竞争力和丰富的经验。其他竞争对手的研究人员大多使用所谓的合成玻璃，它是在 1 500℃左右的温度下熔化制造的，并且很容易拉成纤维。此外，研究要消耗大量的玻璃，这又为寻找长距离光学通信提供了另一种选择。合成玻璃已经在本书前面所提到的短距离图像传输中得到使用。与英国邮电部合作的几家公司，如 Pilking 和标准电话实验室，都在使用双熔炉法来熔化硅酸钠玻璃。②

然而很有意思的是，康宁的研究人员当时并不知道其他竞争者大都在使用合成玻璃。这使大卫·杜克博士得以书写了一段光学通信的历史。杜克说：“康宁并不知道其他人选择了合成玻璃。”③恰恰相反，康宁的研究人员以公司已有的知识和经验，开始了他们在石英玻璃上的研究。④

---

① 杜克：《光学通信历史》，第 4 页。

② 康宁 VS 住友电气，第 1548 页；以及和 Pikington 高级研究员的会谈。

③ 杜克：《光学通信历史》，第 5 页。

④ 康宁公司部分研究人员由于在通信领域内知识的缺乏相反促使他们达到了西蒙所说的“有限理性”，也就是说，太多的信息可能会使得康宁的研究人员将主要精力放在已有的研究方向上，而难以完全从另外一条新的道路入手，而这条新路可能与公司以前的产品没有什么太大的关系，因此，康宁的有限理性可以对应公司的竞争优势理论。

但是，使用石英玻璃有两个大的问题。第一，石英玻璃有很高的熔点——2 000℃，超过铁熔点的 3 倍。这使得制取纤维变得非常困难。（在康宁的其他玻璃应用里，是不需要制取纤维的。）第二，在所有玻璃中，石英玻璃的折射率几乎是最低的。如果纤芯和包层都使用石英玻璃，那么就要找到新的方法进一步降低包层的折射率。

当其他竞争者的研究人员，在高琨和霍克汉姆的指引下，努力去纯化合成玻璃来做纤芯时，康宁的研究人员决定从包层开始，因为他们已经有一种很纯的玻璃——石英玻璃——来做纤芯。基于这个出发点，下一个问题就是如何提高纤芯的折射率。正如前面所提到的，在这方面掺入杂质可以提高折射率是人所共知的，不过这样也有着损耗率增大的风险。

不过，大概是因为康宁在石英玻璃掺杂方面的经验，摩利尔博士于 1967 年 3 月 1 日决定制造并测试掺 TiO_2 杂质的石英纤芯和纯石英包层的光纤。

摩利尔在 20 世纪 50 年代毕业于 MIT（麻省理工学院）是一位科学家而并非物理专家。他曾与舒尔茨（Peter C. Schultz）在这个项目上紧密合作，舒尔茨于 1967 年加入康宁，曾在拉特格斯大学学习化学。

舒尔茨在加入康宁之前，就已经拥有这一领域的丰富经验了，他在 1967 年 5 月 16 日获得了美国专利 NO.320114，名为“降低玻璃表面折射率的方法”。基于这项专利，舒尔茨研究的目的是发展可以传输光的纤维，而这项专利则提出了一种方法，即在石英纤维外层掺入杂质,降低纤维外层的折射率。[①] 1967 年 2 月,也就是舒尔茨加入康宁之前 6 个月,舒尔茨已经开始尝试“用火焰水解法制造的雾滴沉积在 TiO_2 杂质的纤芯上”的方法制造光纤。[②] 从康宁积累和继承的知识经验来看,它走上这条“探索路线”并不奇怪。前面提到,康宁想要使用石英玻璃,因为其折射率很低,所以很自然地想到从包层着手,试图提高纤芯的折射率。康宁的研究战略受到了公司及其研究人员原有知识的很大影响。

起初,康宁制造光纤的方法,与短距离图像传输纤维——如内窥镜——的制造方法相同,是用一个纯石英玻璃的“管子”做包层,套住掺 TiO_2 的石英玻璃“细杆”。然后加热这个“管套杆”的结构,熔化之后抽成纤维。但是使用这种方法,在杆和管(纤芯和包层)之间会出现小气泡。这些气泡会吸收光,增大了损耗率,使得这种光纤不适于长距离通信。

康宁对这个问题的解决可能是它在光学通信领域最大的贡献。[③] 不过,解决方法并没有涉及什么特别的新知识。面对气泡的难题,康宁的研究团队:

> 集体研讨所有已知的玻璃制造工艺,但并没有发现什么有价值的东西。因此摩利尔告诉舒尔茨和克可(Donald B. Keck)

---

① 康宁 VS 住友电气,第 1556 页。
② 康宁 VS 住友电气,第 1549 页。
③ 这至少是一位 Pikington 的高级研究员的观点,他当时从事这一领域的研究。

> (康宁研究团队中的一位物理学家)把玻璃技术扔到一边。如果你所想的都是这个行业中的,那么你就被限制在这里头了。他劝告他们去其他无关的科学领域找找看。①

最终,克可意识到,既然气泡是在纤芯和包层之间形成的,那么要解决问题,就应该寻找一个不同的方法来熔合纤芯和包层。作为一个物理学家,他对 IBM 制造硅半导体时所使用的在硅片上一层层堆积的方法有一定的了解,他提议这种方法可以用来将纤芯一层层地堆积到包层的内壁上去。

舒尔茨依靠其在化学方面半导体工业的知识以及玻璃制造的知识经验,也提出了一个相似的方法,就是把混有杂质的气相的石英一层层沉积在包层内壁上。这可以使用一种很著名的工艺,叫做化学气相沉积法(Chemical Vapour Desposition,简称 CVD)。康宁已在其他领域很好地应用了这一方法。因此,康宁又一次用到了积累的知识储藏。②

1968 年 4 月,舒尔茨开始尝试用掺 TiO_2 的石英雾滴沉积在石英包层内壁上。1968 年 8 月 1 日,他们在光纤领域的研究终于有了成果,他们制造出"损耗率 250 分贝/公里的光纤。这标志着,第一根可用于短距离通信的掺杂石英光纤制造成功"③。

---

① Magaziner 和 Patinkin:《无声的战争》,第 273 页。

② 气相沉积法是 Mattmuller 申请的美国专利 3 334 982,目的是制造硅玻璃。专利提出申请是 1962 年 1 月 3 日,生效期是 1967 年 8 月 8 日。专利透露了通过分解硅化物来用硅来制作玻璃的技巧,包括氢氧吹风,直接将硅化物进行玻璃化等。[参考康宁 VS 住友电气(1987),1555.]

③ 康宁 VS 住友电气,第 1549、1550 页。

在这次突破之后，康宁开始了一个渐进的实验性的技术发展，一些参数（如掺入石英卤化物气体的 TiO_2 比例等）随之改进。光纤用激光进行检验和测量，以此来计算其损耗率。随着技术的不断改进，光纤性能也逐渐进步，这种积累的发展无疑是很重要的。在 1970 年初，这种发展带来了世界上第一根突破关键性的 20 分贝/公里大关的光纤。这种光纤以石英为包层，以含 3%（质量）TiO_2 的石英作为纤芯。1970 年 5 月 11 日，该技术申请专利，并于 1972 年 5 月 2 日公布，也就是美国专利 NO.3659915（在其他章节中简称为 915 号）；专利授予摩利尔和舒尔茨，名为“石英光学波导”。1970 年秋，摩利尔带着一根这种光纤束来到贝尔实验室，证实其损耗率在 16~17 分贝/公里左右。康宁将其产品展示给其潜在竞争对手的行为，并不会有严重的知识泄露的危险，因为对光纤进行逆向分析（由成品倒推其工艺）是不可能的。贝尔实验室认为康宁的成果是一个重要的突破，这使得长距离光学通信成为可能。

气相沉积法源于 Matlmuller 申请的美国专利 NO.3334982，“石英玻璃制造方法”。专利申请于 1962 年 1 月 30 日，公布于 1967 年 8 月 8 日，“它揭示了一种玻璃制造的方法：在氢氧焰吹管中分解气相石英卤化物，得到的石英直接玻璃化。如果康宁不告诉贝尔这些光纤是如何制造的，贝尔和其他人就没办法再现制造过程”①。

① 康宁 VS 住友电气，第 1550 页。

康宁 915 号专利所包含的知识

下面是对康宁 915 号专利所提示的知识的一个概要：

1. 光学通信用光纤,应使用石英纤芯和石英包层。

2. 需要掺加一种或几种杂质,以使纤芯和包层有不同的折射率。①

3. 正如康宁 Hyde 专利 NO.22772343(前面提到过)所揭示的一样,石英玻璃是用火焰水解法制造的。

4. 专利涉及两种制造光纤的方法：管套杆的方法和内气相沉积的方法,其中后者使用了火焰水解法。(美国专利 NO.3711262 提出了这一方法。)而 915 号专利中的光纤就是使用后一种方法制造的。

在本章后面分析康宁和住友电子的官司时,我们再来分析 915 号专利与“已有知识”的不同。

一些进步

康宁 915 号专利中的成功,促使了更多的公司涉足光纤研究。反过来这些新的技术威胁又促进了康宁进一步加大研究力度,带来了许多重要的进步。

其中一个进步是关于改变折射率杂质的。虽然 915 号专利中使

① 当使用化学的光纤是利用二氧化钛的掺杂物来减少光棒的折射率时候,纽约地方法院作出裁决：由于发明的概念是相当宽泛的,因此,本发明就包括应用掺杂物来降低光棒硅原料的折射率,以在预制棒和覆层之间获取足够大的差量。本发明并没有具体指出哪一个掺杂物,可以有效降低氧化硅在作为通信传输基本材料的反射数据。(康宁 VS 住友电气,第 1551 页。)

用的是掺 TiO_2 的纤维，但必须要 TiO_2 在 700℃的高温下进行防止（TiO_2 转化为 Ti_3O_4）才能起作用。问题是，这种温度使得纤维脆而易碎，难以适应实用的需要。

解决这个问题至少有两种方法。第一种解决方法是从住友发展起来的，即纤维抽出后立即涂上树脂，这一覆层使纤维免受水分和灰尘的侵蚀。随后，再涂上一层树脂，使得纤维不怕压缩、拉伸和弯曲。这种技术在实现光纤实际应用方面起到了很重要的作用。

第二种解决方法是从康宁发展出来的。康宁做了许多关于非钛杂质使用的实验。1960 年后期，舒尔茨就已经尝试使用锗作为光纤中的杂质，但他并没有成功，因为在他使用的高温熔炉中，锗挥发掉了。但从 1971 年末开始，在舒尔茨的指导下，D. L. Bachmen 和 F. W. Voorkees 重新开始了这项研究。到 1972 年中期，这项研究终于有了成果，制造出纤芯掺锗的光纤，折射率反为 4 分贝/公里。除了很低的损耗率之外，锗的使用还有一些其他优点，它省去了加热的步骤，不会使纤维变得很脆，并且具有高 numcrical aperture（也就是能接受更大角度的光）。更高的 numerical aperture 很重要，它使得 LED 可以做光源。在当时激光器价格昂贵且不够稳定的情况下，这是一个很重要的优点。1973 年 1 月 4 日，摩利尔和舒尔茨申请了这项名为“含锗光学波导”的专利，专利公布于 1975 年 5 月 20 日，也就是专利 NO.3884550。

这些进步很快地改进了光纤的性能，降低了成本。本文后面还将分析其他的一些进步和发展，其中包括降低 OH 基水平的方法和更高波长光源的使用，这两者都显著地降低了光纤损耗率。①

现有理论的分割/分配

本章前面已经说明了制造光纤所需的知识要素。但是，这些知识却是散落在不同公司中的。更确切地说，是一个玻璃企业第一个突破了关键性的 20 分贝/公里大关。②

但是，一些关键性的相关技术仍然掌握在电缆企业手里，光纤本身需要覆层以增加强度和保护纤维，光纤束应该包在缆线里，而掌握着这些必需技术的，是电缆企业而并不是康宁。③

1960 年后期，当人们意识到光学波导可以作为一种有效的通信传输媒介时，为了融合不同种类公司之间的知识碎片，出现了许多合作投资。因此，英国邮电部（当时管理着通信领域）建立了一个包括 Pilkington（一家英国主要玻璃公司）、Barr、Stround 和英国 Titan Broducts 的联盟。在日本，Tohoku Nippon Sheet Glass 和通信 University。电子公司 NEC 也联合投资，生产一种渐变折射率光纤，

---

① 见中原（Nakahara），“光纤”和《康宁 VS 住友电气》，第 1561—1562 页。

② 其他玻璃企业也都拥有康宁所具备的知识要素，加上康宁 915 号专利中所揭示的技术知识，它们本可以生产出相似的光纤。但是正如我们稍后将要看到的，是电缆企业，包括一些与通信运营商有着紧密联系的企业，而不是玻璃企业（除了康宁之外）最终占据了光纤市场。原因是，康宁的专利把这些企业排除在外，以便有效地保护康宁在光纤行业的地位（不包括日本在内）。

③ 尽管关系到光纤的光源和检波器等设备也属于光纤相关技术的范畴，但它们并没有出现同样的问题，因为需要这些技术的设备—如激光器—可以很方便地买到。但是，许多电缆相关的技术是隐含着的，其在公司间传播转化是困难而昂贵的。

这种光纤最终命名为 SELFOC。

在缺少这里所提到的相关技术的情况下，康宁为将其光纤知识转化为价值，有如下几种选择：

1. 把光纤销售给电缆公司，由电缆公司完成覆层和制缆的工作，这一选择使得康宁不必去尝试获取相关技术知识。

2. 授权电缆公司使用其光纤工艺。同第一个选择一样，不需要获取相关技术知识，只不过卖的是光纤中的技术知识，而不是光纤本身而已。

3. 与一家或几家电缆公司合作投资，这些公司可以融合不同的技术知识，共同赢利。

4. 直接从光纤技术起步，发展光缆技术。这一选择，与前面三者不同，康宁必须要获取电缆技术。康宁还有两个小方向：一是独立地发展积累相关技术（比如说自己培训或招聘相关技术领域的人才）；二是通过兼并、合资的方法获取相关技术。

在考虑这些选择时，康宁还需要注意到一个很重要的问题，那就是康宁拥有互补资产，而这有利于康宁对市场的进入，不管是在美国还是在国外，与康宁所经营的其他玻璃领域所不同的是：通信市场广泛存在垄断，或者是国有垄断的通信运营商，或者是电信设备的垄断购买方。为了更好促进康宁在新兴市场的发展，康宁必须有效利用其互补资产，而且这个互补资产还要适应新的受限竞争，甚至于是相对封闭市场的情况。

在作出决定的时候，康宁可以依赖的是，它已经保护好了一个严密的“专用体制”，使其专利得到有效保护，而不会轻易地被竞争对手侵犯。[①] 因此，康宁不必去担心知识泄露的问题。这意味着康宁可以考虑进行合作投资或发放专利许可，而不会使许可证持有人和合作伙伴最后变成直接竞争对手，除了紧密的专用体制之外，康宁还持续地向研究与发展活动进行投资，以使得自己居于领先、至少是前沿的地位，这样才能保证自己现在的技术优势不会被将来竞争对手的技术进步破坏。虽然是康宁突破了关键性的 20 分贝/公里大关，但在 AT&T 的贝尔实验室、美国的 ITT、欧洲的 STC 和飞利浦，以及日本的 NTT 和主要电缆商都在进行这方面的研究。实际上，康宁的突破也加强了来自这些公司的竞争。

把知识转化为价值：为光纤创造市场

前面提到，如果想要与同类技术，如铜缆、微波和通信卫星进行竞争，那么 20 分贝/公里大关就是至关重要的一个水平。1970 年之前，人们已经制得低于这个水平的光纤了。在 1972 年年中之前，4 分贝/公里的光纤被制得。鉴于光纤相对于同类技术的巨大优势，特别是带宽方面的优势，康宁认为很快就会发展出很大的光纤市场。

然而结果却是，康宁的预期严重受挫。虽然，康宁自 1966 年就开始进行光纤的研究，但直到 1976 年，它仅仅才销售了 100 万美元

① 蒂斯：《从创新中获利》，《研究政策》(*Research Policy*)，15/6，(1986)。

的光纤。直到 1983 年,康宁在进行光纤研究 17 年后,才开始从中获利。

光纤广泛投入实际应用所需的时间之长,的确令人费解。稍稍从不同角度来看这个问题,为什么全球通信业都被限制在落后的技术中呢?

光纤的情形与亚瑟所分析的现象不同,[①]即先进的技术总是会很快得到广泛应用。首先,至少在 1970 年之前,光纤的同类技术,特别是铜缆,要更好一些;但在 1970 年之后,虽然其他同类技术发生了许多进步,但这些进步并不能胜过光纤的优势,有利于光纤同类技术的限制实际上更是两种因素的结果。第一,光纤相关技术还需要改进,如覆层和制缆。第二,通信运营商已在购买和铺设,同类技术的传输系统中,已经沉没了很大的成本,电缆公司在同类技术产品的生产能力和资源上投资很大。考虑到这些沉没的成本,虽然这些通信运营商与其电缆供应商最早涉足了光纤领域研究,而且像英国邮电部、STC 和 AT&T 这些公司,实际上做了这个领域先驱的工作。但它们并不情愿在新的光纤技术上进行大量、快速的投资。在这两个因素中,第二个要更重要一些。

我们应该看到,即使当相关技术的问题解决之后,这些通信运营商依然萎萎缩缩。最后是一个没有隐没成本负担的通信运营领域的后起之秀,于 1983 年投资于长距离通信网络,做成了光纤业第一笔

---

① W. B. 亚瑟:《竞争的技术:一个通览》,多西(G. Dosi)等,《技术变革与经济理论》,Pinter,伦敦,第 590—607 页。

大宗商业交易。

实际上,当康宁在取得 1970 年的突破之后,回过头去那家指引它走上光纤道路的公司英国邮电部时,却被告知还没有电话用光纤的需求。英国邮电部研究光纤的动机是,需要更高带宽的可视电话的可能性。但是,21 世纪之前很难有可视电话的需求。康宁从 AT&T 得到了同样的答复,AT&T 也告诉康宁它打算与其供应商西部电气共同发展自己的光纤技术。在世界其他地区的运营商和电缆制造商那里得到的也是同样的答案。康宁已经提出了前面分析过的"交换反向突出(transmission reverse salient)"的解决方法,但其产品却找不到市场。看上去康宁赢得了一场战役,却输掉了整个战略。这种悲观的看法在康宁委托一家美国知名公司所做的市场预期中得到证实。电话系统短期内不会有大量的光纤需求。①

但是,康宁并没有放弃。其高级管理层认为光纤网络达到了"新信息时代"的容量和速度的需求,基于这种认识,康宁仍然持续地向新技术投入大量资源,而不去管短期的回报。康宁当前紧迫的任务就是为自己的产品创造一个市场,为了做到这一点,鉴于电话运营商和电缆公司不愿发展所需的相关技术,康宁被迫要在发展这些新技术的过程中扮演更活跃的角色。因此可以预见,电缆制造商和运营商将会在光纤上有更大的兴趣,康宁在发展新技术方面的积极努力和它成为新竞争对手的可能性,实际上也促进了它们这样去做。

---

① 这份关于康宁创造光纤市场努力的描述主要来自 Magaziner and Patinkin,《无声的战争》。

20世纪70年代中期,康宁建立了一家试验工厂,来生产作为销售样品的光纤,并同时开始更多地了解相关技术。换句话说,康宁试验性地走上了前面提到的第四条路,也就是从玻璃纤维技术直接整合发展制缆技术。但大概三年后,康宁放弃了这种尝试。这大概有两种原因,一是康宁意识到发展一种与自己知识基础无关的新技术成本太高;二是这种尝试使得康宁在没有那些已经成为国有通信运营商稳固供应商的电缆制造商帮助的情况下,难以打开市场。

在放弃了建立制缆工厂的尝试之后,康宁开始把重心转向第三条路,也就是与电缆公司进行合作投资或进行其他形式的合作。其中,首次也是最重要的一次合作是在1977年,康宁和德国西门子合资成立Siecor。其他的合作还有与BICC合资建立名为“光学纤维”的公司,并于1983年投产;与印度Pirelli、瑞典爱立信,以及与法国政府以名为Fibre Optiques Indicstries的公司,签订合作协议。在协议中,康宁将其光纤技术授权给合作公司,合作公司则提供相关技术,以及对本国市场的进入权。这些协议,把合作公司限制在本国或本地区市场内,这样康宁就避免了其合作者之间的市场冲突,并保证了其对相对封闭的国内市场的进入。

在康宁实行其合作战略的同时,电话运营商对光纤的兴趣也在缓慢地提升。1976年通产省(MITI)宣布了发展试验性双路交互式光纤通信系统的计划,即Hi－OVIS(高效交互式光学可视信息系统)。1977年美国的贝尔实验室和通用电话公司建造了光纤通信系统的原型。这些和后来的试验性的工程只带来了很有限的光纤需求,康宁于 1978 年建设全能光纤工厂并于 1979 年投产的决定并不恰当,直到 1982 年,康宁每年光纤销售收入不过 1 000 万美元,并且这主要来自其欧洲的合资公司。事实上,康宁一直等到 1983 年,才接到第一份单模光纤的大宗商业订单。值得注意的是,这份订单来自电话运营领域的一个新手,而并非原有的运营商。这家公司是 MCI,1982 年 AT&T 在长距离通信方面的竞争对手。作为一个后来者,MCI 在老铜缆技术上并没有沉没的投资。MCI 的这一决定,标志着对光纤技术态度的重要转变,以及意义深远的一面:在研究光纤 17 年后,康宁终于迎来了第一笔收益。

附录 3　日本信息通信公司的优势与劣势：一个基于能力的分析

日本信息通信公司的修正主义评论

自从 20 世纪 90 年代初冲击 IBM 的危机起，同时日本发生了一次严重的经济衰退。用传统的眼光来关注日本信息和通信产业的未来展望已经变得很落伍了。当传统的观点把日本公司看成它们西方竞争者的新威胁时，现在日本公司的优势却被人们限制在生产产业的“商品”终端上，对于资本的运作日本公司是欠缺的。

这种新型传统观点更为流行，它分析了“后 IBM 时代”。弗格森（Ferguson）和莫里斯（Moris）在《电脑大战：西方如何能够在后 IBM 时代获胜》一书中认为，

> 这场电脑大战实际上是美国与日本的双边竞争。但日本电脑公司并不是美国公司的主要威胁……威胁来自日本制造的集成……当日本仅控制不足 1/4 的电脑产业时，却生产了过半的

零部件……日本由于对该产业的每一个领域都生产零部件与商业化，因此其单片电路与精益制造能够决定该产业的未来。①

弗格森和莫里斯指出集成的相同设置——“商业化的工具”是基于日本产品的国际竞争，如传真机、液晶显示器、激光打印机的激光引擎、电视以及半导体存储器。在传真机方面，他们说：

领导世界的策略很容易：掌握具有一系列特性产品的标准与设计而得出单一的标准；确保它们外形美观、制作精巧，并且企业能够非常便利地进行批量生产，然后通过制造数不清的产品来降低单位成本并在竞争上保持价格压力。回笼你的收入转而去改进制造与修改产品的性能，以使成本保持下降。②

因此资本能够依靠策略，不需要具备发展上层建筑及标准的能力而获得成功：

从不挑战，甚至提高最基本的标准是获得成功秘诀的技能，这是对基本策略的一种很好的描述，这种策略保持日本处于世界许多制造业的顶端……这同在(日本的)世界赢得电视机统治

① C. H. Ferguson and C. R. Morris, *Computer Wars: How the West Can Win in a Post-IBM World*, Times Books, New York, 1993, pp.220~221.

② C. H. Ferguson and C. R. Morris, *Computer Wars: How the West Can Win in a Post-IBM World*, Times Books, New York, 1993, 第114页。

地位的策略一样正确。电视标准由政府调整部门通过配置电波频率而制定。普及的标准例如 NTSC 标准在美国和日本，PAL 和 SECAM 标准在欧洲，分别于 20 世纪 40 年代与 50 年代建立，并且日本成功地设计出了高品质产品，它们极好地符合了这些标准且有着吸引人的价格。①

甚至可以以此来推测“高新技术”产品，如动态随机半导体存储器（DRAMs），与之一致，弗格森与莫里斯认为：与微型制造者相比，DRAMs 的基本设计一代代继承，并且未来的设计方向已经很清楚了。作出更好的 DRAMs 成了增进设计、加工、制造的改进来减小装置及回路的尺寸，并增加晶片的存储记忆能力的主要论点。面对他们的巨大挑战，DRAMs 有竞争力的策略在电视或传真机方面非常类似。②

作为理由的基础，弗格森与莫里斯声明，日本公司已经取得成功，其非常出色地把很好定义的、稳定的、开放的、普及的标准作为商业化工具……尽管产业在快速变化，标准在不断发展，当标准本身只对一个个体的公司起控制作用时，这是商业化工具的不利环境。③

据弗格森与莫里斯所述，当日本信息通信企业在商业化与集成

① C. H. Ferguson and C. R. Morris, *Computer Wars: How the West Can Win in a Post - IBM World*, Times Books, New York, 1993.

② C. H. Ferguson and C. R. Morris, *Computer Wars: How the West Can Win in a Post - IBM World*, Times Books, New York, 1993.

③ C. H. Ferguson and C. R. Morris, *Computer Wars: How the West Can Win in a Post - IBM World*, Times Books, New York, 1993，第 113、114 页。

方面有很强的资本时，他们最终都缺乏更重要的能力（从赢利角度来说）来赢得“高层建筑竞赛”，原因是机构的能力与形势，对在商业化与集成方面的强大竞争力需求，是与善于建立专有的市场上的标准相矛盾的。

所有公司……那些控制或为控制专有市场的标准而奋斗的公司都是美国的公司……日本的公司在市场的竞技场上还没有适应；**发展世界最好的商业化工具的技能设置，貌似不能适应市场的竞争。**唯一一家我们能识别的，成功建立了一个专有的，能与微软的标准相比的市场标准的日本公司，是 Nintendo 与 Sega。[①] 因为在“商业化”领域内，日本面临的竞争对手不仅来自西方，还来自韩国与中国台湾，弗格森与莫里斯推断日本公司：“全部被挤到无吸引力的、高投资、低回报的产业，而其他国家与地区的市场领先者割取了‘甜美’的利润。”[②]基于这一结论，作者对日本电脑产品公司的政策与战略进行了评论：

单独关注的，长达 30 年聚集于 IBM 在大型电脑业的地位让日本产业过分局限于制造业与大型电脑战略的商业化。富士通与日立是 IBM 大型电脑在收缩的大型电脑市场上主要的二级制造商，而其他的日本巨头则沦落到了外国市场的商业化工具的地位。[③]

---

① C. H. Ferguson and C. R. Morris, *Computer Wars: How the West Can Win in a Post-IBM World*, Times Books, New York, 1993, 114.着重部分本文添加。

② C. H. Ferguson and C. R. Morris, *Computer Wars: How the West Can Win in a Post-IBM World*, Times Books, New York, 1993, 230.

③ C. H. Ferguson and C. R. Morris, *Computer Wars: How the West Can Win in a Post-IBM World*, Times Books, New York, 1993.

如何证实这些论点呢？为了更严格地回答这个问题，弗格森与莫里斯的论点，将通过这两个假设而得到：

假设1：日本信息通信企业在商业化与集成方面实力强大；

假设2：日本信息通信企业在发展专有市场的标准方面实力较弱。

支持与反对假设的证据

弗格森与莫里斯评论里有一个非常重要的事实。在一些投资集中、制造技术集中以及改进学习集中的领域，一些明确数据表明，日本信息通信企业在国际上都表现得很好。但从“美国中心”的角度讲，则是一个看上去对日本公司毫无了解的公司把他们的能力限定在这些对成功很必要的领域。

弗格森与莫里斯没有“看到”这些能力的原因是他们的视野被误导限定在美国信息通信企业。英特尔与微软在美国微机制造以及个别的个人电脑软件方面占统治地位，但这种统治有历史的偶然性。有 dejure 与 defauto 专有限制的支持，再加上这两个公司富有创造的努力（在本书前面的部分，弗格森与莫里斯展示了历史的偶然性让 IBM 将电脑的微型处理器系统分包给了英特尔及微软，而这种分包很容易被其他公司得到，从而获得可观利润）。

英特尔与微软在美国市场的统治，同时也限制了其他在这一领域有着强大技术能力的公司——如 IBM、摩托罗拉、AT&T 的活动空间，日本信息通信企业也面临了同样的限制。认为日本信息通信企业缺乏发展专有市场标准的能力也是不正确的（至少是片面的）。这些资源（详见第四章、第六章）曾被开发的例子是 NEC 的个人电脑 9800 系列，这些产品基于一个专有的市场标准，在日本市场上发展，相对日本其他公司，包括对 IBM 日本，其卖得很好。另一个例子是在第三章中分析过的富士通与 NEC 开发的数字时区分割通信装置以及 ATM 装置。类似的，如第四章中强调过的，所有日本主要电脑供应商都为他们的日本顾客开发过专有的信息处理系统。在 20 世纪 90 年代早期，富士通决定，由于大型电脑收入的减少，导致继续付费使用其软件标准带来的收入甚微，该公司决定立即结束与 IBM 的合约并把它的注意力转移到小型电脑的网络开发上，显然，富士通如果没有这些市场能力是不可能做到这一点的。

这些例子所讲述的能力是日本公司为复杂的信息通信产品与系统在设计开发建筑与应用方面积累的，本书已经强调了这些能力在很大程度上适应了日本市场的需要。在一些情况下——如专有电脑系统、中心办公通信设备以及 NEC 的个人 9800 系列——这种适应导致了产品与美国和欧洲市场的标准和条件不兼容。但这些产品与系统为日本信息通信企业赢得了利润，更重要的是，它们帮助这些公司积累了重要的技术能力。

弗格森与莫里斯断言日本信息通信企业缺少发展专有市场标准的能力显然是不正确的。但是对在日本以外主要信息通信市场公司的劣势（本书简介中已提到的）需要作一些解释。为了做到这一点，我们需要一个更全面的区别，以有别于弗格森与莫里斯作出的“商业化——生产商——建筑的——标准——制定者”二分法。

有待解释的疑惑

这里有两个相关疑惑有待解释,为什么日本信息通信企业能够在存储器、液晶显示器、无线电以及传真机方面取得全球成功?为什么它们在大型电脑、工作站、个人电脑以及中心办公通信设备方面没有取得这些全球性成功?

为了解开这些困惑,将信息通信产品分为三等将非常有帮助。

信息通信产品的分类

日本信息通信企业生产的产品可以分为三类,如表 A3 - 1 所示,这种分类是为强调能力,特别是在公司竞争力上有重要作用的能力而设计。但它们并没有准确地限制描述,并且从某种程度上来说,它们相互有重叠部分,更有甚者,相同产品被包含在几种分类中。

类别 1: 制造——技术——集中,投资——集中产品。

第一类由制造技术能力以及成功产品专有投资对竞争力起重要决定作用的 IC 产品组成。它们的重要性决定其他影响竞争力的特性,如产品设计与软件能力,以及市场与销售网络。

这一类产品包括存储器、液晶显示器、传真机以及无绳电话。

表 A3－1　信息通信产品系统分类

制造技术型、高投资型产品	设计及软件型产品	特殊顾客需求型产品
存储器	微型处理器	中央办公装置
半导体设备	个人电脑	PBXs（个人局部交换）
液晶显示器	工作站	特殊电脑系统
传真机	微型控制器	集成 IC 系统
无线电话	软件包	特殊需求集成电路
……	PBXs（个人局部交换）	……
	自动指纹系统	
	……	

类别 2：设计——集中，软件——集中产品（专有的市场与标准，以及互补的市场与销售“资产”也可能很重要）。

在这些产品中，设计与软件能力在竞争力中起支配作用，但专有的市场与标准、互补的“资产”如同市场与销售网络也可能有影响。其他特性，如制造能力与投资比例，也可能很重要，但不影响赋予公司竞争力。

第二类产品包括个人电脑、微型处理器、微型控制器与封装软件。

类别 3：专有——客户——需求——集中产品与系统。

这些产品的竞争力决定性的依赖于公司满足顾客特殊要求的能力，虽然其他因素也可能影响竞争力——如产品与过程开发能力、软件能力、投资比率以及市场与销售“资产”——满足特殊顾客的特别需要的能力是决定竞争力的主要因素。如为了适应其他顾客群，通常需要高成本，如第三章所示，到 1986 年，ITT 耗资 2 亿美元，为了让它“杰出”的数字中心的办公装备在欧洲开发而在日本应用。除了中央办公通信装备,这一类也包括个人局部交换、定制信息处理系统、组合电脑与通信系统以及应用专有组合回路(ASICs)。

日本在三类信息通信产品中的国际竞争力

第一类:日本信息通信企业在这些产品上有变得相应成功的趋势,一个例子是动态随机半导体存储器在电脑产品中的运用。动态随机半导体存储器同时是制造—能力—集中与投资—集中的产品。图 A3-1 展示了在研发与设备方面的投资要求生产组合回路的宽度,从 1984 年的 1.5 微米减小到了 1994 年的 0.35 微米。

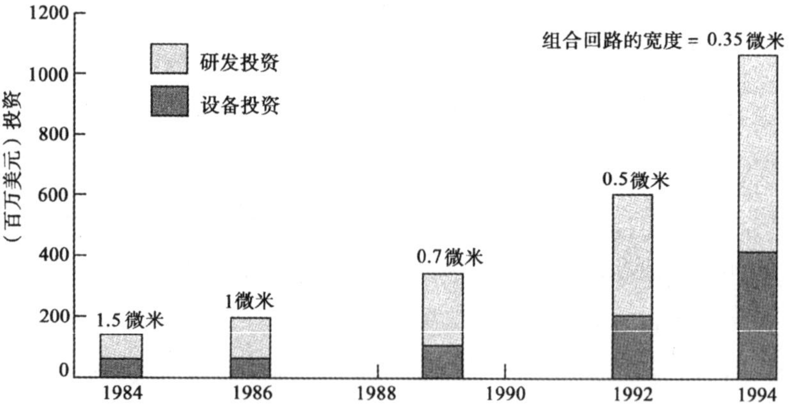

图 A3-1　在研究发展 LSI 设备方面的投资

日本公司在半导体方面的能力在设计生产新一代组合晶片所需要的平板以及设备方面取得成功，相当重要的，它们已经能够生产随着持续投资增加的能够增长生产能力、质量与利润的创新产品。

NEC 就是一个例子，日本最大的半导体公司，生产过三种主要半导体板于 Kyushu、Japho、Living stone、Scotland 与 Roseville、California。新板与过程创新最开始在 Kyushu 板中引进，进而传送到 Scotland 以及 California。重要的增加的创新在其中任一个中产生都被传到其他两个。

第二类，与弗格森与莫里斯的认为相矛盾，日本信息通信企业当然有这类产品所需要的能力。一个例子是 NEC 的 PC9800 系列，在写这本书时仍占有 50% 以上的日本个人电脑市场。依靠 NEC 专有市场，这个产品同时涉及软件集中，NEC 不仅需要为个人电脑开发操作系统软件以及微型处理器，也必须组织有独立软件公司大量生产的重要应用软件。更有甚者，为了支配日本市场，NEC 需要很强的互补市场及销售“资产”。

以成功所需要的设计及软件能力的方式来说，PC9800 系列很大程度上与由 Nintendo 和 Sega 开发销售的游戏有很多相同之处，但 NEC 能力明显比后两个公司走得远，包括他们运作必要的能力设计、开发与产品装备方面，以及产品方面能力，网络能力，国外信息通信系统的个人电脑。

但与 Nintendo 和 Sega 的游戏不同的是，NEC 的 PC9800 系列不

能在美国销售。其原因与技术能力无关,而是由于 Defacto 标准。当 Nintendo 与后来的 Sega 能够创出同时在日本与美国通用的游戏标准,但这两个国家的个人电脑有着根本的差别。在美国,由于 IBM 的规模与声望,不可避免的,该公司将在它最后进入个人电脑市场时支配该市场。Defacto 标准来自 IBM, Intel,以及微软(因为 IBM 将其微型处理器与操作系统分包给 Intel 与微软)。

NEC 的 PC9800,从另一方面讲,是为日本市场而设计并与 NEC 其他的在该市场销售而不能够在美国销售的专有操作系统兼容。虽然,NEC 为美国市场开发了与 IBM 兼容的个人电脑系列(包括笔记本电脑),他并不拥有特色资源使其与美国对手竞争。因此,虽然它基于贴牌基础而为 AT&T/NCR 提供笔记本电脑,NEC 与诸如苹果、康柏及戴尔的公司相比,在占据美国个人电脑主流上显得很失败。

类别 3: 在这一类别中,日本信息通信企业也有技术能力来开发并生产产品。来自包括由 NEC、富士通以及日立生产的中央办公装置;由富士通、日立及 NEC 生产的专有的电脑系统(包括定做的软件),由 NTT Data、富士通、NEC 及日立生产的,应用在国际银行结算,航空线路线之上的集成信息处理系统。

在这些情况下,将系统输送到美国及欧洲最大的阻碍来自特定顾客群,而不是产业内广泛使用的 de facto 或 de jure 标准。这意味着这将耗资巨大来修改系统以适应其他顾客市场群体。

一个很好的例子就是在第三章中详细分析过的中央办公装置。

当专有顾客的需求强制的限制阻碍了NEC与富士通在美国市场的成功，同样的限制也阻碍了统治美国市场的AT&T与北方电信在欧洲销售他们装置的能力。

个人分支交换(PBXs)情况

PBX是一个同时拥有第二种类与第三种类两种特性的系统的例子。他们提供了一个实例来说明日本信息通信企业在机动工具与电子消费的美国市场上建立与在日本市场上已经建立了的同样"强"的地位的困难(如第一章所说)。

表A3-2提供了1991年日本通信设备进出口的下滑情况。① 如表所示，日本通信设备出口主要由终端设备占统治地位。出口到日本最大的国外市场——美国的情况，终端设备出口达到全部通信设备出口的89%，而网络设备出口仅占11%。最大单独生产种类是无线电传真机，占到了出口通信设备的61%，电话占27%。出口到美国的中央办公装置以及个人分支交换只占总数的0.5%。在日本缺少这类产品的国际竞争力的情况下，从美国进口的中心办公装置与个人分支交换是从日本出口到美国的17倍。这两类产品占了从美国进口到日本的通信设备总数的一半。

① 这里我将从日本Dataquest公司得到的所有数据说明个人看法，包括个人分支交换。

表 A3-2　日本的通信设备的进出口(1991 年，单位：十亿日元)

	出　口			
	北　美	欧　洲	其　他	总　计
电话	51 088	26 239	39 318	116 645
传真机	113 571	103 298	52 034	268 903
终端设备	164 659	129 537	91 352	385 548
COS/PBX	993	2 339	53 019	56 351
KTS	152	2 005	6 023	8 180
Tx	20 542	3 649	18 497	42 688
网络设备	21 687	7 993	77 539	107 219
总计	186 346	137 530	168 891	492 767
	进　口			
	北　美	欧　洲	其　他	总　计
电话	793	46	11 953	12 792
传真机	—	—	0	—
终端设备	793	46	11 953	12 792
COS/PBX	17 578	251	1 349	19 178
KTS			0	
Tx	16 169	1 181	1 345	18 695
网络设备	33 747	1 432	2 694	37 873
总计	34 540	1 478	14 647	50 665

无线电、传真机与电话被划到这里提出分类的第一类。而个人分支交换被划分到第二、三类之间。更有甚者，传真机与电话市场并不是日本信息通信企业(如 NEC、富士通、日立与东芝)统治而是由日本电子消费公司统治。在 1992 年，例如，据《日本经济新闻》数据

显示，16.2%的日本传真机市场由松下持有，16.1%由佳能，11.2%由夏普，以及 10.0%由 NEC 持有。日本无线电话市场，22%由夏普持有，20.5%由三洋，以及 8.0%由索尼持有。NTT——由 NEC、富士通以及日立持有股份的——持有 16.0%的市场份额。日本电子消费公司能够动用他们的能力在批量生产、高质量以及相对低成本的产品（这些能力最初通过生产收音机、电视机以及摄像机积累）上从而生产传真机以及电话。更有甚者，他们能够将这些能力运用在美国的市场及销售上。在美国，他们已经有了强大的网络。

而个人分支交换情况有何不同？表 A3－3 及 A3－4 提供了日本与美国的个人分支交换市场份额数据。如表 A3－3 所示，个人分支交换的日本市场由四家日本通信设备公司统治——NEC、富士通、日立及冲电气——东芝同时也持有很大的份额而变为第五。在美国，从表 A3－4 可以看出，日本公司被西方公司统治。AT&T 与北方电信公司持有美国市场的最大份额（他们甚至在中央办公装置市场占有很大份额，如第三章所示），西门子，通过美国罗姆公司的附属公司，成为第三。富士通、日立以及东芝联合起来比西门子单独的市场份额还要少。

表 A3－3　日本个人分支交换市场（1990—1992 年）

	1990 年		1991 年		1992 年	
	收入（十亿日元）	份额%	收入（十亿日元）	份额%	收入（十亿日元）	份额%
NEC	18.6	30.0	19.5	30.9	18.0	31.0
富士通	17.4	28.0	18.3	29.0	16.8	28.9
日立	10.6	17.1	10.1	16.0	9.0	15.5

（续表）

	1990年		1991年		1992年	
	收入（十亿日元）	份额%	收入（十亿日元）	份额%	收入（十亿日元）	份额%
冲电气	8.1	13.0	7.6	12.0	6.7	11.5
东芝	4.3	6.9	4.4	7.0	4.1	7.1
其他	3.1	5.0	3.2	5.1	3.5	6.0
总计	62.1	100.0	63.1	100.0	58.1	100.0

来源：*Dataquest* Estimates。

表A3-4　个人分支交换的美国市场（1991年与1992年）

	1991年	1992年	%费用1991—1992年	1991年市场份额（%）	1992年市场份额（%）
AT&T	1 323.2	1 292.1	-2.4	27.9	28.1
北方电信	1 099.4	1 225.1	11.4	23.2	26.6
ROLM/Siemens	873.6	710.2	-18.7	18.4	15.4
NEC	296.6	298.9	0.8	6.3	6.5
Mitel	265.0	245.0	-7.5	5.6	5.3
富士通	160.0	168.9	5.6	3.4	3.7
InteCom	113.0	108.0	-4.4	2.4	2.3
日立	100.0	90.0	-10.0	2.1	2.0
东芝	85.5	80.0	-6.4	1.8	1.7
其他	420.5	385.5	-8.3	8.9	8.4
总计	4 736.8	4 603.7	-2.8	100.0	100.0

来源：*Dataquest*。

为什么这些日本信息通信企业没有取得与日本公司在汽车、电视、摄影机、传真机以及电话方面相同强大的地位呢？关于第二类与第三类产品的特性已经在上面分析过了。部分答案已经在表9-2以及第九章中给出。在那里给出了与个人分支交换关联的主要特性的顾客价值有所下滑。基于这一点，行为与知识的能力是指整个价值链，而不是指技术能力。能够看到，技术能力主要指产品质量与价格。这些特征能够在被个人分支交换主要用户认为重要的六种特性表的第一类与第六类中；其他四种特性与技术本质没有太大关系。并且这四种特性对于用户来说非常重要。售后服务特性与产品质量同样重要（得分比为 105.85∶107.03）。销售（包括销售产品的信息提供），对消费者的承诺，以及培训证明分别得分：102.93，101.13 以及 93.42。最特别的是价格被看成是最不重要的，仅得 90.45 分。

表 A3－2 显示日本公司 NEC 以及富士通如何对抗市场主导——AT&T 与北方电信——为顾客提供这些特性。这提供了一个“中间物”的市场份额的解释（如表 A3－4 所示），至少这四个公司都涉及了。通过用户例子，它显示 NEC 与富士通一般说来不能提供与 AT&T 和北方电信一样的特性。总的来说，富士通比 NEC 稍微表现好点，得分为 96.64∶96.32。但他们同时显然不如 AT&T（102.15）与北方电信（100.63）表现好。

但是在单独的表现方面富士通与 NEC 是不一样的。在质量与服务方面 NEC（相应得分为 106.10 与 104.63）比富士通（97.70 分与 98.84 分）表现好，但是在这两方面特性上日本公司落后于产业平均水平。

个人分支交换实例更宽广的暗示

更困难的是对这些分数作出“最终”解释的工作。对必须给出一个完美的解释而缺少必要的大量附加信息情况下，下面可能被认为是有说服力的假定。

日本公司并不缺乏在个人分支交换上竞争的技术能力。不然他们也不可能统治日本市场：他们的顾客，尽管与他们的供应商有长期债务关系，如果他们日本供应商缺乏必要的能力，都可能随时转投外国公司。在美国的不佳的表现反映了两个特征：个人分支交换需要适应个体消费者以及美国通信网络的环境，并且在美国，日本公司存在着“资产分配”的弱势。这两个特征都是由于日本信息通信企业赋予了日本市场以重要性，该重要性（如第一章提到的国外销售比例的证明）远比机动工具以及电子消费公司给予的大得多。

日本信息通信企业第二类与第三类产品如个人分支交换上，在未来如何操控？两个更深层次的特性是决定性的。第一个是提高日本信息通信企业的全球化，如果这些公司在海外市场实现全球化——并相对减少他们对日本本土市场的关注（有时候仅限于本土市场）——他们可能能够赢得海外市场更大的市场份额。这两类产品中尤其重要的是“资产分配”如市场、销售以及售后服务能力。以及满足特定国家特定顾客对产品及系统的需求的能力。由数据显示——例如 PBX 现有的这里给出的图案以及国外销售比率——日本信息通信企业还有很多方法来关注这个。

第二点：日本信息通信企业在扩充他们拥有的、通过整个合成电脑及通信系统的类似系统的电子装置范围内的互补能力方面具有了潜力。

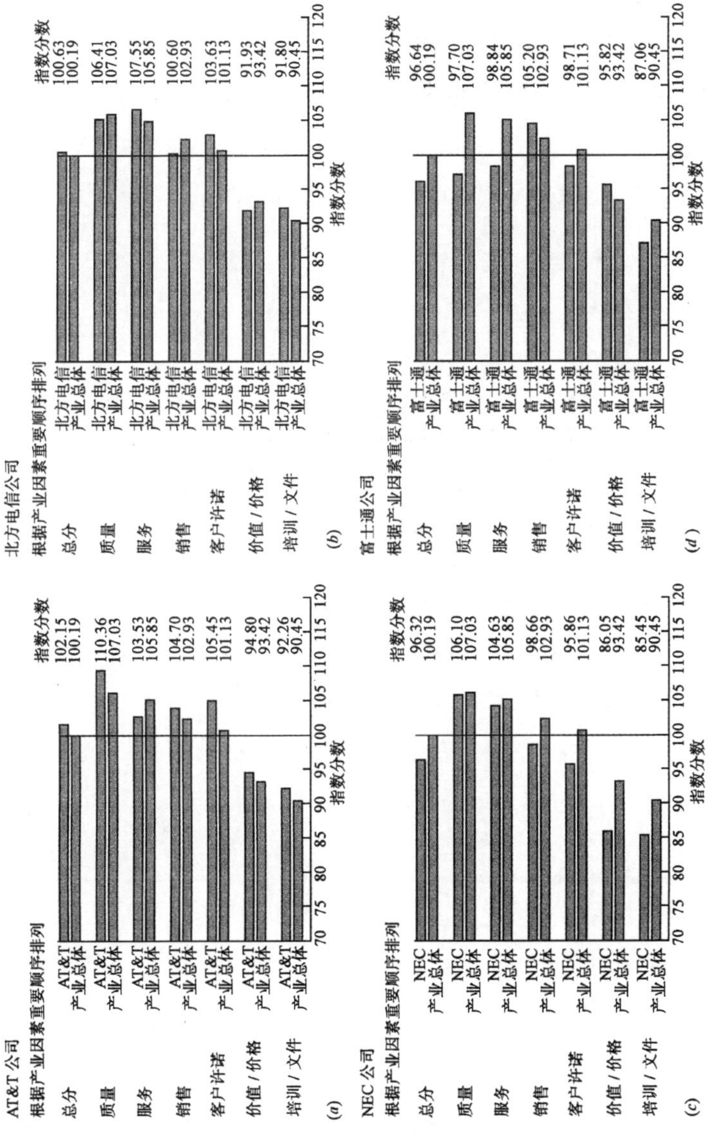

图 A3－2　美国市场用户对交换机销售因素的客户评价（1992 年）

来源：*Dataquest*。

这些图表暗示日本信息通信企业还没有意识到在第二类与第三类产品的显著的国际竞争力方面的可能性。在将来,全球化更明显时,他们能够通过合作资源作为更大的杠杆效应。这一点在第九章详细说明。

附录 4　日本与西方信息和通信企业的财务绩效

表 A4－1 至 A4－5 提供了一些选中的日本与西方信息和通信企业的经济绩效指标，在本书中用来比较。

日本 IT 公司与西方 IT 公司的收益情况比较是什么结果？表格将提供西方信息和通信企业相比日本公司在收益上明显要好的显著

表 A4－1　部分西方 IT 公司的盈利情况（1993 年）

	市场价值（百万美元）	净销售额（百万美元）	利润（百万美元）	利润营收比	股本回报率
IBM	30 143	64 523	−6 865		−28.2
DEC		13 931	−2 078		
英特尔	23 205	5 844	1 067	0.182 6	25.3
摩托罗拉	21 416	13 303	576	0.043 3	12.7
北电	8 960	8 409	548	0.065 2	12.9
爱立信	9 283	6 535	67	0.010 3	2.9
西门子	21 328	49 346	1 128	0.022 9	12.8
Alcatel Alsthom	16 328	30 085	1 312	0.043 6	14.1
GE	79 341	57 073	4 305	0.075 4	18.9
飞利浦	4 819	32 788	168	0.005 1	2.0

表 A4－2　部分日本 IT 公司的盈利情况(1993 年)

	市场价值（百万美元）	净销售额（百万美元）	利润（百万美元）	利润营收比	股本回报率
NEC	14 370	32 764	422	0.012 9	5.1
富士通	12 780	32 297	–304		–2.8
日本	25 842	70 382	719	0.010 2	2.6
东芝	21 738	43 219	192	0.004 4	1.7
Matsushita	25 031	65 901	355	0.005 4	1.1
索尼	15 640	37 244	336	0.009 0	2.5
佳能	10 116	17 866	335	0.018 8	4.9

表 A4－3　部分西方 IT 公司和日本 IT 公司的平均盈利情况(1993 年)

	市场价值（百万美元）	净销售额（百万美元）	利润（百万美元）	利润营收比	股本回报率
西方公司平均数	23 869.22	28 183.70	22.80	0.056 1	8.16
日本公司平均数	17 931.00	42 810.43	293.57	0.010 1	2.16

表 A4－4　部分西方 IT 公司的财务绩效(1994 年)

	净销售额(百万美元)	市场价值①(百万美元)	收益率②(%)	股本回报率③(%)	市账率④	市盈率	净销售额与市场价值比
IBM	62 716	36 673	1.6	negative	2.0	loss	1.71
DEC	14 371	2 976	0.0	negative	0.6	loss	4.83
英特尔	8 782	26 125	0.4	29.9	3.5	12	0.34
摩托罗拉	16 963	26 049	0.6	16.9	4.1	24	0.65
北电	8 148	7 820	1.2	2.3	2.6	111	1.04
爱立信	8 078	10 644	1.2	14.8	3.9	26	0.76

（续表）

	净销售额（百万美元）	市场价值[①]（百万美元）	收益率[②]（%）	股本回报率[③]（%）	市账率[④]	市盈率	净销售额与市场价值比
西门子	49 664	23 500	2.7	11.7	2.1	18	2.11
Alcatcl Alsthom	27 817	15 598	3.7	12.2	1.5	12	1.78
GE	60 562	84 938	2.9	17.1	3.3	19	0.71
飞利浦	31 918	9 130	1.0	8.2	1.4	17	3.50
AVERAGE	28 902	24 345	1.5	14.14[⑤]	2.5	18[⑥]	1.74

① 市场价值指 1994 年 3 月 31 日的股价乘以最新的投资者拥有的已发行股票数量；
② 收益率指最近 12 个月的每股红利占 1994 年 5 月股价的百分比；
③ 股本回报率指最近 12 个月的每股收益除以每股净值或者普通股的权益投资；
④ 市账率指 1994 年股价除以每股账面值或者普通股的权益投资；
⑤ IBM 和 DEC 除外；
⑥ IBM、DEC 和北电除外。
来源：根据《商业周刊》统计。

表 A4－5　部分日本 IT 公司的财务绩效（1994 年）*

	净销售额（百万美元）	市场价值（百万美元）	收益率（%）	股本回报率（%）	市账率	市盈率	净销售额与市场价值比
NEC	34 208	17 515	0.8	0.8	2.3	277	1.95
富士通	29 997	19 093	0.7	negative	1.8	loss	1.57
日立	70 710	33 866	1.0	2.0	1.2	62	2.09
东芝	44 241	25 950	1.2	1.1	2.4	224	1.71
AVERAGE	44 789	24 106	0.9	1.3[①]	1.9	188[②]	1.83
Matsushita	63 255	36 647	0.7	0.7	1.1	157	1.73
索尼	35 641	22 212	0.8	1.2	1.7	152	1.61
佳能	17 545	13 281	0.7	2.9	1.9	66	1.32
AVERAGE	38 814	24 047	0.7	1.6	1.6	125	1.55

＊定义：见表 A4－4。
① 富士通除外；
② 富士通除外；
来源：根据《商业周刊》统计。

性证据。西方信息和通信企业的平均利润营收比为0.056 1,而日本公司的比率为0.010 1。类似的,西方公司的股本回报率为8.16%,而日本公司的该指数为2.16%。

更深层次的,1994年经济绩效指数由表A4-4与A4-5提供。这些表显示,西方公司的股本回报率为14.14%,而日本信息和通信企业(NEC、日立以及东芝)仅有1.3%的收益。日本电子消费公司(松下、索尼、佳能)的指数为1.6%。西方公司利润为1.5%,日本信息和通信企业(包括富士通)为0.9%,日本电子消费公司为0.7%。

日本公司相对低的收益性,在一定程度上是这些公司明显更高的市盈率(P/E)的平衡造成的。日本信息和通信企业市盈率为188,日本电子消费公司为125,而西方公司仅为18。

为什么日本公司的利润比西方公司的利润少这么多呢?其中一个原因就是日本公司为更大的市场份额以及销售上的长期增长有牺牲收益性的趋势。这让它们的产品在相同条件下,与西方竞争者相比,价格更低而质量更高。由此可推断,这部分反映了日本公司终身雇佣的重要性。与西方公司相比对股东来说终身雇佣体系意味着,长期雇用的安全性得到了更大的保障。①

这些数据也意味着日本与西方公司行为不能够通过股票市值来

① 这一点可以从切让(H. Odagiri)发表在《商业战略评论》(*Business Strategy Review*)1990年夏季的文章《揭秘日本公司的低利润率》(*Unraveling the Mystery of Low Japanese Profit Rates*)得到进一步的佐证;同样可以参考戴维斯等(E. Davis, S. Flanders, and J. Star)发表在《商业战略评论》1991年夏季的文章《世界上最成功的公司是什么》(*Who Are the World's Most Successful Companies*)。

妥当地进行比较。由于东京股票市场与西方股票市场制度上的差异,在这些市场上不同的每股收益以及市盈率说明了可变的这些指数并不能适当地反映“真实”行为差别。更深层次的,公司股票价格在特定的股票市场受宏观经济的量级如资金浮动、权益以及交易的差异影响。任何试图通过易变的相关股票价格来比较日本与西方公司的行为则更为不妥。

附录5　NTT、AT&T以及BT绩效比较

这三个公司相比的收益性如何？表A5-1中提供的数据表明用市值衡量，NTT是最大的公司。的确，NTT是全球市值最大的公司。但是，用销售额相比却大不一样，AT&T比NTT稍大，两个公司都差不多是BT的3倍。用利润—销售比率来衡量收益性的话，BT成为第一，并且P/E比率是NTT的3倍多；在每股收益上，AT&T做得最好，BT也比NTT稍好。

表A5-1　BT、AT&T以及NTT收益性(1993年)

	BT	AT&T	NTT
市场价值(百万美元)	40 701	82 400	140 521
销售额(百万美元)	20 674	64 900	59 741
利润(百万美元)	1 952	3 850	1 783
销售利润率	0.094 4	0.059 3	0.029 9
股本回报率	10.4	21.0	4.5

在表A5-2中给出了1994年更多的经济绩效数据。这个表格显示了与另两个公司相比NTT极大的市盈率。在附录4中显示，P/E比率的差异是由日本与西方公司的一般类型差异造成的。

表 A5-2 选择的通信运营商的经济行为(1994 年)

	NTT	AT&T	BT
净销售额(百万美元)	63 542	67 200	20 657
市值(百万美元)	128 938	73 875	33 893
收益率(%)	0.6	2.4	5.8
股本回报率(%)	3.5	31.8	14.4
市账率	3.2	5.3	1.8
市盈率	270	17	13
净销售额与市场价值比	0.49	0.91	0.61

来源: calculated from *Business Week*.

表 A5-3 提供了三个公司技术绩效方面的数据。每个公司在研发密集度(研发占销售收入的比例)上均有显著差异。这个原因在第七章中分析过了。① 至 1992 年,AT&T 是美国拥有专利最多的公司,并且拥有最多的单位销售额的专利数量。但在专利影响指数(公司专利被其他专利引用频率)上,NTT 做得最好。AT&T(因影响指数而增加的专利数量)的"技术力量"超级强大,从侧面反映了这家公司在美国拥有大量的专利权;BT 在"科学联系"指数(指科学期刊学术文章引用专利的次数)方面得分最高。在单位研发支出的专利数量指标上,通过衡量研发的生产能力表明,AT&T 表现最好,随后是 BT,NTT 在这一方面远远落后。但是,这个数据是指在美国的专利,

① 表 A5-3 所指的 AT&T 公司研发密集度比一些统计出版物要高,部分是由于 AT&T 的销售额中有一部分要付给小贝尔在承接当地网络的服务。如果扣除这一部分数据,AT&T 的真实研发密集度应该在 7%上下。

而不是一个合适的涵盖 BT 与 NTT 所有研发生产力的指数。特别是作为国内主要运营商的 NTT。

表 A5－3　BT、AT&T、NTT 的研发行为

	BT	AT&T	NTT
研发(百万美元)	416	2 911	2 157
研发支出占销售额比例(%)	±2.0	±7.0	±4.0
专利数量(1992)	60	528	71
单位销售额的专利数量	0.29	0.81	0.12
当前专利影响指数	1.34	1.81	2.05
技术力量	80	955	145
科学联系	3.02	1.57	1.23
单位研发支出的专利数量	14.42	18.14	3.29

附录 6　国际竞争力：NEC 和爱立信

表 A6－1 给出了 NEC 和爱立信在全球不同市场的数字电信交换机的销售情况，这些数据显示了这两家公司在相关方面的竞争力。具体相关细节，参见第三章。

表 A6－1　NEC 和爱立信销售的数字交换机（1990 年）

	NEC（NEAX6－1）			爱立信		
	交换局的数量	本地交换机	中转交换机	交换局的数量	本地交换机	中转交换初
亚洲/大洋洲						
澳大利亚	1	0	480	235	1 424 000	205 973
孟加拉	5	0	8 200	—	—	—
文莱	2	8 000	660	—	—	—
中国	82	679 896	41 754	31	253 952	79 729
库克群岛	1	2 000	0	—	—	—
斐济	—	—	—	5	14 000	540
中国香港	7	83 660	810	2	0	38 912
印度	99	58 988	0	—	—	—
日本	10	5 700	5 684	—	—	—

（续表）

	NEC（NEAX6－1）			爱立信		
	交换局的数量	本地交换机	中转交换机	交换局的数量	本地交换机	中转交换初
韩国	—	—	—	99	1 216 320	242 688
中国澳门	—	—	—	2	61 440	0
马来西亚	270	1 051 528	82 230	56	779 384	53 248
马尔代夫	1	10 000	0	—	—	—
缅甸	4	12 800	0	—	—	—
新西兰	213	890 008	395 660	—	—	—
巴基斯坦	1	0	0	3	30 000	3 072
菲律宾	16	21 385	2 680	—	—	—
新加坡	7	171 000	67	—	—	—
所罗门群岛	4	3 000	0	—	—	—
斯里兰卡	16	18 996	7 949	—	—	—
泰国	115	814 416	165 770	30	220 160	22 050
汤加	—	—	—	5	2 304	314
合计	854	3 831 377	711 944	468	4 001 560	646 526
欧洲/中东/非洲						
阿尔及利亚	—	—	—	9	73 472	57 856
巴林	1	2 000	112	4	48 384	26 000
博茨瓦纳	—	—	—	5	24 192	2 048
塞浦路斯	—	—	—	9	80 768	7 580
丹麦	—	—	—	98	635 408	337 472
埃及	54	114 000	7 033	4	5 120	27 030
埃塞俄比亚	—	—	—	13	58 088	7 872
法罗群岛	—	—	—	1	14 592	2 560
芬兰	—	—	—	48	261 324	166 144

（续表）

	NEC（NEAX6－1）			爱立信		
	交换局的数量	本地交换机	中转交换机	交换局的数量	本地交换机	中转交换初
法国	—	—	—	70	913 571	0
希腊	2	40 000	60	2	0	15 513
匈牙利	—	—	—	1	0	6 739
冰岛	—	—	—	9	38 656	2 048
伊朗	2	12 620	0	—	—	—
伊拉克	89	88 000	0	—	—	—
爱尔兰	—	—	—	20	279 040	66 644
意大利	—	—	—	92	1 348 736	137 760
约旦	1	2 000	0	—	—	—
肯尼亚	—	—	—	1	0	1 024
科威特	2	25 000	57	20	358 144	46 092
黎巴嫩	—	—	—	1	0	6 656
莱索托	—	—	—	9	14 592	4 608
利比里亚	—	—	—	2	0	3 584
利比亚	2	13 000	0	—	—	—
马拉维	—	—	—	1	4 096	0
毛里求斯	1	0	0	—	—	—
摩洛哥	—	—	—	10	70 016	10 240
莫桑比克	—	—	—	1	0	1 855
荷兰	5	90 000	398	111	919 936	297 106
挪威	1	25 000	0	3	22 528	27 136
阿曼	—	—	—	6	26 652	0
波兰	1	0	124	—	—	—
葡萄牙	1	0	0	—	—	—

（续表）

	NEC（NEAX6－1）			爱立信		
	交换局的数量	本地交换机	中转交换机	交换局的数量	本地交换机	中转交换初
沙特阿拉伯	—	—	—	66	513 100	185 460
塞舌尔	—	—	—	1	4 232	0
西班牙	—	—	—	102	1 174 222	487 424
瑞典	—	—	—	122	2 174 678	235 884
瑞士	—	—	—	58	275 096	87 648
叙利亚	3	100 000	0	—	—	—
突尼斯	2	3 000	0	13	119 808	10 742
土耳其	1	0	32	—	—	—
阿联酋	1	5 908	627	15	146 048	29 184
英国	1	35 000	90	104	1 890 110	270 336
也门	1	0	0	—	—	—
南斯拉夫	—	—	—	52	298 496	76 631
赞比亚	1	10 000	2 367	1	0	1 024
津巴布韦	—	—	—	1	0	3 072
合计	172	565 528	10 900	1 085	11 793 105	2 648 972
北美及拉丁美洲						
安提瓜	1	0	0	—	—	—
安的列斯	—	—	—	1	16 000	0
阿根廷	37	193 161	144 971	7	50 560	18 432
巴巴多斯	1	0	0	—	—	—
百慕大	1	0	0	—	—	—
巴西	17	76 413	55 042	84	780 816	180 960
开曼群岛	—	—	—	1	7 552	690
智利	12	102 080	16 281	2	12 416	4 864

（续表）

	NEC（NEAX6－1）			爱立信		
	交换局的数量	本地交换机	中转交换机	交换局的数量	本地交换机	中转交换初
哥伦比亚	97	105 565	23 162	43	426 136	88 968
哥斯达黎加	—	—	—	2	0	20 000
厄瓜多尔	11	63 500	19 292	10	73 000	23 174
萨尔瓦多	—	—	—	7	58 112	7 000
危地马拉	—	—	—	5	76 160	21 566
圭亚那	2	0	223	—	—	—
洪都拉斯	—	—	—	1	15 680	3 387
牙买加	4	10 300	2 111	1	0	1 534
墨西哥	—	—	—	144	781 632	641 824
巴拿马	6	37 500	2 500	9	71 608	3 460
巴拉圭	1	0	0	—	—	—
秘鲁	18	150 000	8 396	—	—	—
波多黎各	36	271 690	96	—	—	—
特立尼达和多巴哥	—	—	—	1	0	1 424
乌拉圭	—	—	—	9	189 056	8 704
美国	142	617 296	440 283	32	111 085	72 654
委内瑞拉	10	44 000	4 000	20	105 070	21 600
合计	396	1 671 505	716 357	379	2 774 883	1 120 241
总计	1 422	6 068 410	1 439 201	1 932	18 569 548	4 415 739

附录 7　日本信息与通信产业不同产品的市场份额

个人电脑
1992 年国内产量

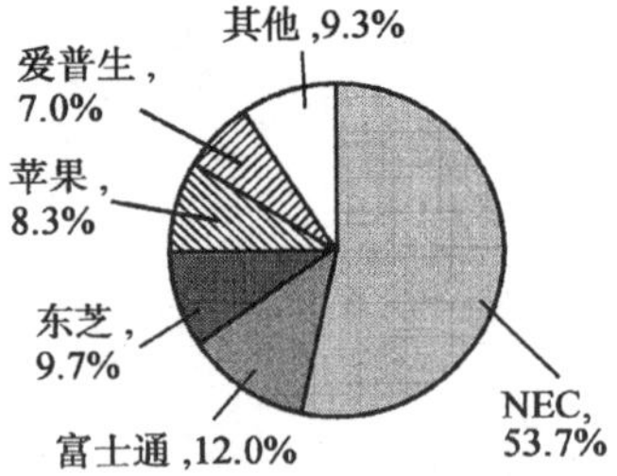

集成电路
1992 年国内产量

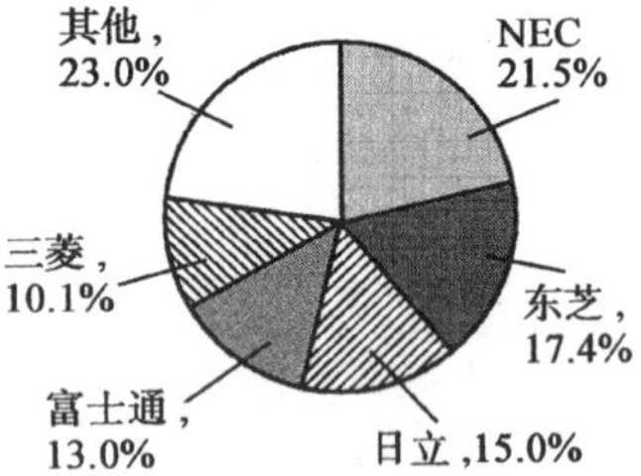

家用电话
1992 年国内销售额

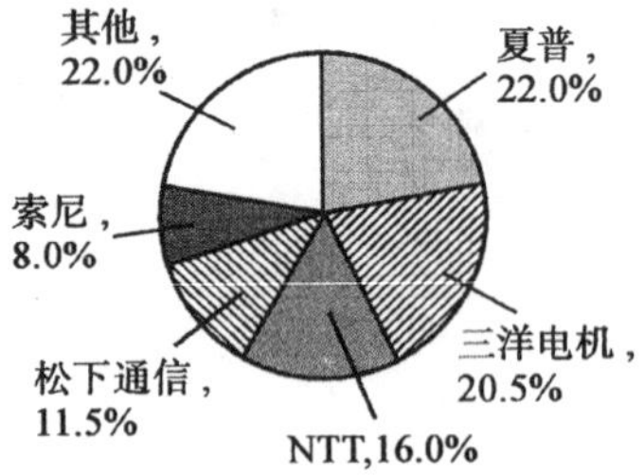

大型机
1992 年国内装配成本

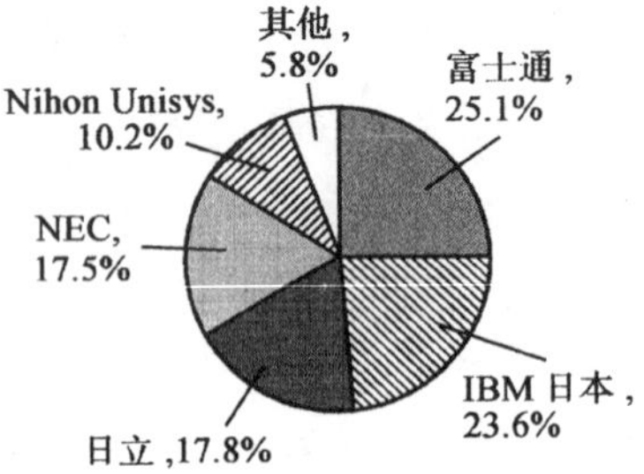

附录 7

日本信息与通信产业不同产品的市场份额

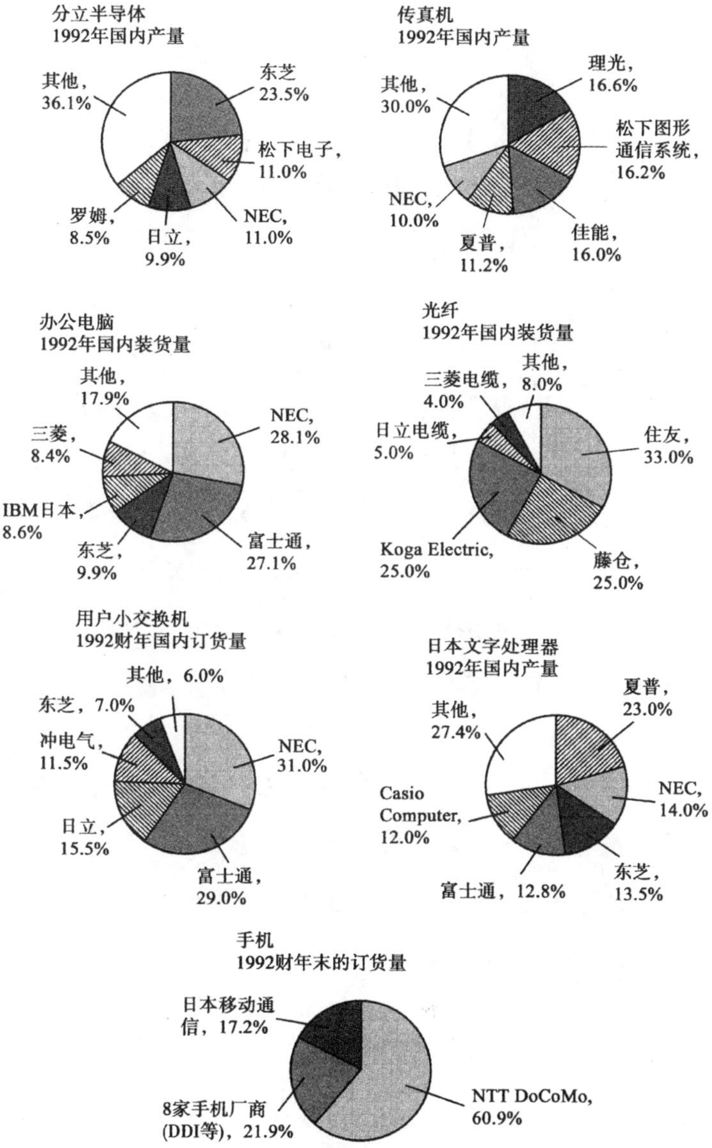

图 A7－1　日本市场份额局势(按财政表现,结算)

自主创新丛书
第一辑

《牛津创新手册》

作为学术界颇负盛名的牛津手册系列之一,《牛津创新手册》继承和发扬了这一手册系列的特点,为读者提供理解创新的综合性视角,是一部全面且权威的创新理论知识手册。创新是一个多层面的现象,在快速发展的创新研究中,必然是各学科观点并存的。本书集几十年创新研究之大成,各章的作者都是所在研究领域的学术带头人,同时也是当今创新学界的权威,包括了经济学家、地理学家、历史学家、心理学家和社会学家。他们从各个角度对创新进行分析和定义,概括而全面地介绍了创新的研究成果,起到了正本清源的作用。全书共 4 部分,包含 21 章经过精选的内容,每章聚焦于创新的某个特定方面,既有宏观的创新与经济增长、国家创新体系,又有中观的产业创新体系、区域创新体系,再到微观的创新网络、企业创新等,集中展示了创新领域多年来最优秀的学术成果。

《剑桥创造力手册》

本书共 22 章,深入浅出地呈现了关于人类创造力研究的高度复杂的思考和技术方法,包括个案分析、历史测量、心理测量、实验法等，涵盖了创造力研究领域广泛的要点和话题，研究面广、信息量大。创造力与智力有什么不同？我们如何才能测量一个人的创造力？在创造性思维中涉及哪些认知过程？一个创造性产品是如何产生的？什么样的经历会造就一个创造性的人？创造性个体具有什么特征？是什么在激励着具有创造性的人？创造力的生物和进化基础是什么？社会或文化情境是如何影响创造力的？创造力是少数精英的特权？还是每个人都可以有创造力？创造力是如何发展的？人们可以通过学习而变得更有创造性吗？这些就是本书所涉及的问题。本书可以帮助读者很好地了解创造力研究的观点、方法和主要的研究成果。

《创新的先知：熊彼特传》

本书由哈佛大学商业史学者、普利策奖得主托马斯·麦克劳主笔。熊彼特是20世纪享有盛誉的世界著名经济学家，他对企业家精神和创新的强调，对资本主义、社会主义和民主的分析，以及他对经济思想史的梳理，无不影响深远。在中小企业大发展、技术不断创新的今天，重读熊彼特更具有十分重要的现实意义。本书以熊彼特一生的经历为线索，以熊彼特所处的时代背景为基础，以熊彼特的心路历程为依托，以熊彼特的感情生活为点缀，以熊彼特的学术贡献为旨归，以熊彼特的工作情况为补充，向读者讲述了熊彼特的主要思想是什么、他是如何提出这些思想的、他提出这些思想的依据是什么这三方面的问题，全面真实地展现了熊彼特波澜壮阔、别开生面的一生。

《研发组织管理：用好天才团队》（第三版）

随着人类的经济活动从生产商品转向生产信息，研发组织的作用变得越来越重要。本书探讨了改善研发组织生产力和促进业绩的各种途径，对如何制定研发组织战略、如何建立高效的研究开发机构、如何进行针对科学家的职业设计、如何领导研发组织、如何对待组织中的冲突、如何评价科学家的贡献、如何实现技术转移等问题作了分析。从跨文化的角度论述了美国、欧洲以及环太平洋国家和地区研发组织的不同形式和政策，并讨论了研发组织特有的战略规划要素。新版还增加了研发机构如何进行创新的内容。

《用户创新：提升公司的创新绩效》

在不断发展的计算机和通信技术的帮助下，用户越来越善于为自己开发新产品和新服务，并采取多种形式把这些成果向他人无偿公开。本书密切关注这种以用户为中心的创新系统，对这一现象进行了详尽阐述，解释了背后深层次的社会和经济因素。作者通过信息产品和物质产品领域的实例，提出制造商需要正视这一挑战，重新设计自身的创新流程，把握其中的机遇，通过各种可能的方式如提供设计工具箱，参与这一伟大的创新变革。作者还呼吁政府调整有关政策，以消除用户创新的障碍，发挥用户创新对社会福利的积极效应。

自主创新丛书
第二辑

《产业创新经济学》

本书对产业创新的动态和趋势作了深刻的分析,是创新经济学领域的一部名著,在经济学发展史上有其独特的地位。全书共19章,分成4篇。首先是对工业革命以来的重大产业创新历史的分析,然后是对创新微观经济学、宏观经济学和创新政策的分析,全面、系统和历史地分析了创新经济学中主要的现象和规律、动态和趋势。本书是作者在创新经济学领域几十年研究成果的结晶,也是当今创新经济学领域中内容极为丰富的高级教材。

《经济增长的源泉》

本书揭示了技术进步是经济增长的首要力量,实物投资及人力投资主要作为技术进步的伴随物对经济增长发挥作用。凭借对经济史和技术史的深刻理解,以及对经济分析工具的熟练掌握,纳尔逊揭示了政府政策、研究型大学与技术进步之间的内在联系。纳尔逊对比了各国的创新体系,研究了美国在20世纪迅速崛起,成为世界上最重要的技术强国,以及后来由于其他国家奋起直追而使得这一领导地位衰落的历程。《经济增长的源泉》对若干产业和技术领域的个案进行了详尽的分析，表述清晰，论述广泛，易于理解。

《创新的源泉：追循创新公司的足迹》

本书是一部挑战传统思维的杰作。传统观点认为，技术创新主要由制造商完成，制造商觉察到市场对新产品的需求，然后进行产品开发，并将产品推向市场。本书对这一传统观念发起了挑战，认为技术创新在不同的产业有着不同的主体，在许多产业，用户和供应商是技术创新者。这是管理界的一次思想革命！全书的思想是突破性的。在国外，如何发挥用户在创新中的作用已经成为许多大公司提高创新效率的重要战略，包括美国3M在内的一些大公司，近些年应用本书的思想，着力从用户身上挖掘创新思维，使得公司的创新能力得到了大幅度提升。

《赢在创新：日本计算机与通信业成长之路》

20世纪90年代，日本信息和通信产业已明显崛起，如日中天。作为第一本对日本计算机和通信产业进行全面研究的扛鼎之作，本书全面分析了日本信息和通信产业崛起的过程、全球地位及其优势和不足，自出版以来备受各国众多知名学者的好评，也广受相关产业的关注和推崇。

作者马丁·弗朗斯曼是国际著名技术创新学者，也是英国爱丁堡大学日欧技术研究院院长，长期关注日本信息技术和产业。他的研究与著作多在此领域，本书在其诸多相关著作中，堪称集大

成之作,也是一部具有重大历史里程碑意义的著作。本书探讨了如下问题:

为什么日本信息和通信产业能够成功地追赶上西方竞争对手,甚至在某些领域还实现了赶超?日本政府在产业发展中起到怎样的作用?受控竞争系统起到了什么作用?日本信息和通信产业在发展过程中又存在哪些不足……

当前,信息通信技术依然是国际竞争的焦点,日本产业演化和企业发展以及政府参与引导等经验教训,对当今处于激烈的国际竞争形势下的中国无疑是具有高度的参考价值。